A DIÁSPORA IORUBÁ NO MUNDO ATLÂNTICO

Coleção África e os Africanos

Coordenadores:
Álvaro Pereira do Nascimento – Universidade Federal Rural do Rio de Janeiro (UFRRJ)
José Costa D'Assunção Barros – Universidade Federal Rural do Rio de Janeiro (UFRRJ)
José Jorge Siqueira – Universidade Federal do Maranhão (UFMA)

Conselho consultivo:
Alexsander Gebara – Universidade Federal Fluminense (UFF)
Kabengele Munanga – Universidade de São Paulo (USP)
Mariza Soares – Universidade Federal Fluminense (UFF)
Mônica Lima – Universidade Federal do Rio de Janeiro (UFRJ)
Nei Lopes – Universidade Federal Rural do Rio de Janeiro (UFRRJ)
Robert Wayne Slenes – Universidade Estadual de Campinas (Unicamp)
Selma Pantoja – Universidade de Brasília (UnB)

Dados Internacionais de Catalogação na Publicação (CIP)
(Câmara Brasileira do Livro, SP, Brasil)

A Diáspora Iorubá no mundo atlântico / organização Toyin Falola, Matt D. Childs ; tradução de Fábio Roberto Lucas. – Petrópolis, RJ : Vozes, 2024.

Título original: The Yoruba diaspora in the Atlantic world.
ISBN 978-85-326-6807-3

1. Diáspora africana 2. Escravidão – América – História 3. Iorubá (Povo africano) – América – História 4. Migração – África, Ocidente I. Falola, Toyin. II. Childs, Matt D. III. Lucas, Fábio Roberto.

23-186037   CDD-970.00496333

Índices para catálogo sistemático:
1. Iorubá : Diáspora africana : América : História
970.00496333

Aline Graziele Benitez – Bibliotecária – CRB-1/3129

Editado por TOYIN FALOLA E MATT D. CHILDS

A DIÁSPORA IORUBÁ NO MUNDO ATLÂNTICO

Tradução de Fábio Roberto Lucas

EDITORA VOZES

Petrópolis

© 2005 Indiana University Press.
Esta tradução para o português é licenciada junto à editora do original na língua inglesa, Indiana University Press.

Tradução do original em inglês intitulado *The Youruba Diaspora in the Atlantic World* editado por Toyin Falola e Matt D. Childs;

Direitos de publicação em língua portuguesa:
2024, Editora Vozes Ltda.
Rua Frei Luís, 100
25689-900 Petrópolis, RJ
www.vozes.com.br
Brasil

Todos os direitos reservados. Nenhuma parte desta obra poderá ser reproduzida ou transmitida por qualquer forma e/ou quaisquer meios (eletrônico ou mecânico, incluindo fotocópia e gravação) ou arquivada em qualquer sistema ou banco de dados sem permissão escrita da editora.

CONSELHO EDITORIAL

Diretor
Volney J. Berkenbrock

Editores
Aline dos Santos Carneiro
Edrian Josué Pasini
Marilac Loraine Oleniki
Welder Lancieri Marchini

Conselheiros
Elói Dionísio Piva
Francisco Morás
Gilberto Gonçalves Garcia
Ludovico Garmus
Teobaldo Heidemann

Secretário executivo
Leonardo A.R.T. dos Santos

PRODUÇÃO EDITORIAL

Aline L.R. de Barros
Marcelo Telles
Mirela de Oliveira
Otaviano Cunha
Rafael de Oliveira
Samuel Rezende
Vanessa Luz
Verônica M. Guedes

Conselho de projetos editoriais
Isabelle Theodora R.S. Martins
Luísa Ramos M. Lorenzi
Natália França
Priscilla A.F. Alves

Editoração: Debora Spanamberg Wink
Diagramação: Victor Mauricio Bello
Revisão gráfica: Heloísa Brown
Capa: Editora Vozes
Imagem de capa: Expedição ao Museu 1922, Robert B. Woodward Memorial Fund., de Ali Amonikoyi (1880-1920), fotografia do Museu do Brookling.

ISBN 978-85-326-6807-3 (Brasil)
ISBN 0-253-34458-1 (Estados Unidos)

Este livro foi composto e impresso pela Editora Vozes Ltda.

*Para os filhos de Oduduwa espalhados pela diáspora
Para Timothy e Dotty Childs
Para o Dr. A. Olusegun Fayemi,
patologista, fotógrafo e ativista social*

Ori lo mo ibi ti ese nre.
O destino de uma pessoa guia as suas jornadas na vida.

Sumário

Agradecimentos, 13

1 Metodologia e pesquisa utilizadas nesta obra, 19

    Matt D. Childs e Toyin Falola

Parte I – A terra natal e a diáspora iorubás, 41

2 A diáspora de falantes de iorubá, 1650-1865: dimensões e implicações, 43

    David Eltis

3 O fator iorubá no tráfico transatlântico de escravizados, 75

    Paul E. Lovejoy

4 A escravização iorubá, 97

    Ann O'Hear

Parte II – A diáspora iorubá nas Américas, 123

5 Nagô e Mina: a diáspora iorubá no Brasil, 125

    João José Reis

    Beatriz Galloti Mamigonian

6 Os iorubás em Cuba: origens, identidades e transformações, 177

    Michele Reid

7 Africanos em uma colônia crioula: os iorubás na Costa Rica Colonial, 201

    Russel Lohse

8 Os iorubás no Caribe Britânico Uma perspectiva comparatista sobre Trinidad e Bahamas, 241

Rosalyn Howard

9 O influente passado iorubá no Haiti, 267

Kevin Roberts

Parte III – As fundações culturais da diáspora iorubá, 277

10 O processo de "nagoização" no Candomblé da Bahia, 279

Luis Nicolau Parés

11 A Santeria em Cuba: tradição e transformação, 315

Christine Ayorinde

12 De Gbe a Iorubá: mudança étnica e nação Mina no Rio de Janeiro, 349

Mariza de Carvalho Soares

13 Os papéis familiares, de gênero e parentesco entre os iorubás durante a escravidão no Novo Mundo, 373

Kevin Roberts

14 Revolução e religião: a música sacra iorubá na Cuba socialista, 391

Robin Moore

15 Reivindicando o passado: elementos iorubás nas artes afro-americanas, 437

Babatunde Lawal

16 "Iorubanismos" nos padrões de "fala" afro-americanos, 471

Augustine H. Agwuele

Parte IV – Retorno à Iorubalândia, 501

17 Escravizados libertos iorubás que retornaram à
África Ocidental, 503

Robin Law

18 A diáspora iorubá na sociedade Krio de Serra Leoa, 527

C. Magbaily Fyle

19 Escravizados libertos e o Islã na África Ocidental do
século XIX, 551

Gibril R. Cole

Bibliografia, 583

Sobre os autores, 649

Índice, 653

AGRADECIMENTOS

No livro *Rise of African slavery in the Americas* [*Ascensão da escravidão africana nas Américas*, 2000], de David Eltis, uma declaração em particular se destacou de forma significativa, exigindo atenção extra. Aproveitando o enorme banco de dados sobre o tráfico transatlântico de escravizados, Eltis observou que, embora os iorubás não constituíssem a maioria dos africanos submetidos ao cativeiro e enviados através do Atlântico, eles "tiveram um impacto desproporcional ao [seu] peso demográfico relativo" na cultura da diáspora nas Américas (Eltis, 2000, p. 253). Tendo lido esse livro após defender minha dissertação, na primavera de 2001, na Universidade do Texas, em Austin, conversei com Toyin Falola sobre a razão pela qual os iorubás tiveram (e continuam a ter) uma influência tão grande na definição da cultura diaspórica no Novo Mundo. Quando enunciei a Falola a pergunta construída a partir dos dados de Eltis, ele abriu um sorriso e deu risadas com explícito orgulho iorubá, comentando: "Eu sei a resposta, mas ela não atenderia aos critérios do rigor acadêmico". Como Falola sabia que meu trabalho estava centrado na diáspora nas Américas, ele sugeriu que coeditássemos um livro para examinar a diáspora iorubá no mundo atlântico, numa obra que reunisse africanistas e americanistas (ou seja, estudiosos de todas as Américas). Mal sabia eu que Falola já vinha idealizando esse volume há algum tempo, o que permitiu que o projeto se desenvolvesse rapidamente.

Com base em nossas respectivas áreas de especialização, trabalhamos para fornecer uma cobertura detalhada das origens iorubás, de sua dispersão pelas Américas, de suas influências culturais e, por fim, de sua migração de retorno para a África Ocidental. A coedição de um volume desse porte, que tenta dialogar com literaturas tanto africanas quanto americanas, não poderia ter sido feita apenas por nós mesmos. Estudiosos que estavam espalhados pela América do Norte, pela América do Sul, pela África e pela Europa prontamente responderam ao nosso apelo por capítulos. Ficamos desapontados, porém, em relação a um ponto: apesar do contato com vários estudiosos da história afro-americana dos Estados Unidos, nenhum historiador respondeu ao nosso chamado para contribuir com um artigo. Em muitos aspectos, isso é indicativo de um fenômeno historiográfico particular da história norte-americana. A historiografia nos Estados Unidos tem se concentrado quase exclusivamente em questões de raça e racismo e em uma consciência racial abrangente entre os escravizados e seus descendentes, ao mesmo tempo que largamente ignora os legados culturais, sociais e históricos específicos de grupos culturais africanos específicos.

No processo de coedição de um volume com 19 capítulos, as dívidas que fizemos são numerosas, e não haveria aqui espaço para que todas fossem reconhecidas. Como revela a lista de colaboradores, os autores deste volume representam uma perspectiva "atlântica" sobre os iorubás, reunindo estudiosos da Europa, da América Latina, dos Estados Unidos, do Canadá e da África. Por todo o contato com os autores, ao receber vários rascunhos de capítulos por anexos de e-mail e ao obter respostas rápidas para consultas sobre o estilo ou a bibliografia, devemos agradecer a Al Gore ou a quem quer que tenha inventado a internet. Sem o poder comunicativo dela, este livro não poderia ter reunido tantos estudiosos de uma maneira tão eficiente e oportuna.

Quanto aos agradecimentos específicos de cada editor, Matt Childs agradece ao Departamento de História da Universidade Estadual da Flórida pela licença de pesquisa, pelo "Prêmio de Professor Assistente do Primeiro Ano" – dado para começar a ler, estudar e pesquisar em campos distantes de minha dissertação –, e um *gracias* especial a *el jefe* Neil Jumonville por todo o seu apoio. Em particular, Childs agradece ao Departamento de História, por apoiar Jennifer McCarley, e muito especialmente a Amy Carney, por suas longas horas de trabalho na bibliografia. Toyin Falola gostaria de agradecer a Ashley Rothrock, que o ajudou com alguns aspectos da bibliografia. Ele ainda está em dívida com aqueles que continuam a pressioná-lo a contribuir com textos sobre escravidão, mais notadamente Paul Lovejoy. Este livro é ofertado como um sacrifício para aplacar o espírito daqueles que buscam a intervenção de Falola e como agradecimento aos ancestrais escravizados que se recusam a nos deixar em paz.

Matt D. Childs
Toyin Falola

A DIÁSPORA IORUBÁ NO MUNDO ATLÂNTICO

1

METODOLOGIA E PESQUISA UTILIZADAS NESTA OBRA

Matt D. Childs e Toyin Falola

A diáspora africana como campo de investigação acadêmica tem sido estudada há mais de 100 anos, e esse interesse não dá sinais de declínio à medida que o mundo se torna cada vez mais integrado[1]. Conforme conflitos étnicos e raciais contemporâneos pontilham o globo, as lições sobre opressão racial e étnica e as estratégias de resistência à exploração que caracterizaram a diáspora africana por mais de cinco séculos parecem ainda mais relevantes. De fato, como notou o teórico de questões raciais Howard Winant (2000, p. 170), "a história mundial tem sido indiscutivelmente racializada pelo menos desde a ascensão do sistema mundial moderno; a hierarquia racial continua global mesmo no presente pós-colonial; e os conceitos populares de raça, por mais variados que sejam, seguem em uso diário em quase todos os lugares". O século XX assistiu ao surgimento da diáspora como estudo histórico e por fim aceitou sua legitimação junto com a história africana. As duas disciplinas, porém, têm sido os campos mais marginalizados da profissão historiográfica. Mais recentemente, instituições de ensino superior de ambos os lados do Atlântico deram mais atenção ao papel dos africanos e de seus descendentes ao redor do mundo.

---

1. Para abordagens concisas da diáspora como campo de estudo, cf. Echeruo (1999), Mann (2001) e a introdução de Heywood (2002) à obra *Central Africans and Cultural Transformations in the American Diaspora*.

Este volume é uma contribuição à crescente literatura que procura entender como a maior migração forçada da história humana essencialmente moldou os quatro continentes que fazem fronteira com o mundo atlântico. Para examinar em detalhes o legado da diáspora africana, este livro concentra-se especificamente na experiência iorubá na África e nas Américas, principalmente entre os séculos XVII e XX.

O trabalho pioneiro de afro-americanos, como W. E. B. Du Bois e Carter G. Woodson, lançou as bases para o estudo da diáspora africana. Como Linda Heywood (2002, p. 3) e Kristin Mann (2001, p. 3-4) enfatizaram, os campos de atuação de Du Bois e Woodson não reconheceram o suficiente seu trabalho de catalisação das investigações científicas sobre a diáspora africana em debates acadêmicos fora da área de estudos africanos e afro-americanos. As publicações de Du Bois, tais como *The suppression of the African slave trade to the United States of America, 1638-1870* [*A supressão do tráfico de escravizados africanos para os Estados Unidos da América*], em 1896, e *The negro*, em 1915, entre outras, colocaram a história afro-americana dentro da moldura de uma diáspora que se estendia muito além dos Estados Unidos (Du Bois, 1969, 1970). Carter G. Woodson, por sua vez, fundou a Association of Negro Life and History (Associação de Vida e História Negra) em 1915 e, na *Journal of Negro History* (Revista da História Negra), publicou uma ampla gama de tópicos sobre a cultura e a história dos africanos ao longo da diáspora. A partir dos anos 1920, o antropólogo Melville Herskovits iniciou uma longa carreira de estudos do que ele argumentava serem sobreviventes africanos nas Américas, pessoas que moldaram tanto a vida religiosa quanto a vida secular. Assim, ele defendeu que muito poderia ser compreendido a respeito da atual condição da população de descendência africana nas Américas por meio do estudo da história e da cultura africanas[2]. Fora dos Estados

---

2. Cf. a obra mais conhecida de Herskovits (1958), *The Myth of the Negro Past*.

Unidos, estudiosos como Nina Rodrigues e Gilberto Freyre, no Brasil, e Fernando Ortiz, em Cuba, entre outros, apreenderam a cultura afro-brasileira e afro-cubana dentro da moldura da diáspora formada durante a primeira metade do século XX (Freyre, 1946; Ortiz, 1975, 1995; Rodrigues, 1932). Coletivamente, esses trabalhos são uma demonstração da importância da diáspora como campo de estudo, mas estão hoje manchados pela imprecisão e fracassaram em mostrar como as culturas dos dois lados do Atlântico mudaram e tornaram-se mais complexas com o tempo.

Uma nova direção no estudo da diáspora africana se inicia com o livro de Philip Curtin (1969), *The slave trade: A Census* [O tráfico de escravizados: um censo]. O trabalho impactante e inovador de Curtin foi o primeiro censo extensivo do comércio transatlântico de escravizados a mapear suas principais rotas e o volume total ao longo de quatro séculos. Tempos depois, os estudiosos deixaram de focar a elaboração e a revisão dos números de Curtin para se concentrarem, em vez disso, no rastreamento das origens africanas e dos destinos americanos dos escravizados. Como resultado de esforços colaborativos, assistência informática e construção de bancos de dados, ficou mais fácil para os estudiosos evitar termos genéricos pouco descritivos, como "África" e "africano", e identificar com mais precisão de onde vinham os escravizados e para onde eles foram no Novo Mundo. David Eltis, David Richardson, Stephen D. Behrendt e Herbert S. Klein compilaram um banco de dados facilmente acessível de mais de 27 mil viagens do tráfico escravista, que agora tornam possível rastrear, com maior precisão do que nunca, as origens dos africanos no Velho Mundo e seus destinos nas Américas (Eltis *et al.*, 1999). Complementando esses bancos de dados demográficos reunidos sobre o tráfico de escravizados, a equipe de estudiosos envolvidos no projeto de Paul Lovejoy, na Universidade de York (Canadá), dedicado a estudar como esse tráfico atuou no interior da Nigéria, está reunindo material biográfico sobre as vidas e experiências dos escravizados na diáspora africana[3]. Uma vez que o conhecimento demográfico e biográfico a respeito dos escravizados tem se acentuado pelo menos nos últimos 30 anos, hoje os historiadores da África e das Américas estão engajados num diálogo produtivo que expandiu muito o estudo das diásporas africanas em ambos os lados do Atlântico.

Embora nosso conhecimento da diáspora e das conexões entre a África e as Américas tenha aumentado acentuadamente desde os anos 1960, os estudiosos ainda não chegaram a um consenso sobre qual paradigma fornece a melhor estrutura analítica. Como os historiadores continuam estudando e detalhando os efeitos históricos, culturais e sociais do tráfico transatlântico escravista sobre as pessoas que vivenciaram todos os horrores desse meio de passagem e sobre seus ancestrais, dois modos de investigação podem ser, em uma visão geral, identificados. Em um ensaio bastante influente, escrito em 1976, Sidney Mintz e Richard Price (1992) argumentaram que a natureza aleatória do comércio de escravizados impedia que os africanos expatriados pudessem, "no início, formar grupos" identificáveis com uma única cultura específica e singular existente em sua terra natal no Velho Mundo. Pelo contrário, esses autores diziam, os escravizados africanos transportados para o Novo Mundo representavam "multidões" de grupos e culturas disparatadas, "e multidões bastante heterogêneas quanto a isso". Mintz e Price não ignoravam as tradições culturais que os africanos traziam consigo, mas sugeriam com força que os estudos acadêmicos deveriam examinar a criação de culturas crioulas e inovações no Novo Mundo, como resposta ao fato de que "era a escravidão aquilo que eles [os escravizados] inegavelmente compartilhavam". Mintz e Price advertiram os estudiosos contra a busca de semelhanças entre tradições africanas do Velho Mundo e do Novo Mundo, encorajando-os, em vez disso, a concentrar

---

3. Para uma visão geral do projeto de Lovejoy dedicado ao estudo do tráfico escravista no interior nigeriano, incluindo lista de membros, publicações e conferências, cf. www.yorku.ca/nhp/index.htm. Acesso em: 20 jun. 2003.

sua análise na maneira como diversas culturas africanas se uniram e começaram a formar e inventar novos laços de associação e identidade nascidos da escravidão por meio do processo de crioulização. Em resumo, esses autores defenderam que os estudiosos dedicassem suas pesquisas ao "trabalho dos africanos escravizados no Novo Mundo na organização e na criação de instituições que se provassem pertinentes com as necessidades da vida cotidiana, sob as condições limitantes que a escravidão lhes impunha" (Mintz; Price, 1992, p. 18-19). Desde os anos 1970, a fortuna crítica sobre escravidão nas Américas, especialmente a escravidão nos Estados Unidos, tem seguido em grande parte o modelo de crioulização de Mintz e Price, com sua ênfase nas inovações do Novo Mundo e sua minimização das origens culturais africanas.

A partir dos anos 1990, surge uma nova direção no campo dos estudos diaspóricos, que desafia o modelo de crioulização, ao empregar o Oceano Atlântico como objeto de estudo. Os livros de John Thornton (1998) – *Africa and Africans in the making of the atlantic world, 1400-1680* [*A África e os africanos na formação do mundo atlântico*, primeira edição de 1992] – e de Paul Gilroy (1993) – *The black Atlantic* [*O atlântico negro*] – incitaram os estudiosos a ver a diáspora africana como um processo moldado por eventos e experiências em ambos os lados do Atlântico. Ao mesmo tempo, historiadores da África, como Joseph Miller, Paul Lovejoy, Michael Gomez, Robin Law, John Thornton, David Eltis e outros, manifestaram um interesse crescente pela escravidão nas Américas[4]. Abraçando um modelo atlântico para estudos da diáspora, tais acadêmicos enfatizaram que os escravizados forçosamente transportados para as Américas levavam consigo suas próprias histórias, culturas e identidades, fatores que moldaram de modo decisivo sua experiência no Novo Mundo. Desafiando a sugestão feita por Mintz e Price de que o tráfico de escravizados

---

4. Cf., por exemplo, Miller (1988), Lovejoy (2000d), Gomez (1998), Law (2001b), Thornton (1998) e Eltis (2000).

tinha uma natureza aleatória e teria resultado naquela "multidão" de diferentes culturas, esses historiadores começaram a identificar padrões de migração específicos a partir de fontes quantitativas e qualitativas que ligam regiões de deportação de escravizados na África com destinos específicos nas Américas[5]. Uma quantidade cada vez maior de pesquisadores está focalizando uma única região de origem na África e um único destino nas Américas para traçar em detalhes como ambos os lados estavam intimamente ligados pelo tráfico escravista[6]. Aqueles que favorecem um modelo atlântico dos estudos diaspóricos não negam (e muitos até estudam) mudanças culturais e inovações que foram aspectos fundamentais da experiência dos africanos nas Américas, mas argumentam que, para entender sua história e suas lutas no Novo Mundo, de fato é necessário estudar ambos os lados do Atlântico.

Os colaboradores deste volume identificam-se com o modelo atlântico para o estudo da diáspora, mas também enfatizam as importantes mudanças e inovações na cultura e na história africana produzidas pela escravidão nas Américas, que fazem parte do modelo de crioulização. A fim de criar um diálogo entre as duas abordagens, em vez de fixá-las como dois modelos interpretativos opositivos, os autores se concentraram na diáspora iorubá no mundo atlântico, desde meados do século XVII até o século XX. Poucos poderiam discordar do argumento evidente (porém esmagadoramente negligenciado) de Paul Lovejoy (1997b), que instiga os pesquisadores a reconhecer que os escravizados "interpretaram suas experiências vividas nos termos de suas histórias pessoais, como qualquer um faria, e nesse sentido o lado africano do Atlântico continuou a ter relevância". O foco na dimensão atlântica da diáspora "é fundamental, porque coloca o 'meio de passagem' no meio" das experiências dos escravizados (Lovejoy, 2000b, p. 2).

---

5. Cf., por exemplo, Eltis (2000, p. 245) e Thornton (1998, p. 192).
6. Cf., por exemplo, Heywood (2002) e Mann e Bay (2001).

O sentido de "África" para os africanos nas Américas, como em todos os tópicos históricos relacionados à identidade, variou ao longo do tempo e do lugar. Os iorubás não são exceção. Em Cuba e no nordeste do Brasil do século XIX, houve um enorme influxo de escravizados desse povo (como vários capítulos deste volume detalham), a ponto de Havana e Salvador, na Bahia, poderem ser consideradas cidades iorubás no Novo Mundo. Mas é preciso enfatizar que os iorubás estavam nas Américas e, portanto, tiveram de se adaptar e ser criativos nessa adaptação a seu novo ambiente, mesmo quando se esforçaram conscientemente para continuar suas tradições culturais africanas. Em outras regiões, como nos Estados Unidos ou na América Central, onde o número total de escravizados iorubanos era muito menor, as forças culturais de crioulização tiveram um papel muito mais proeminente após a primeira e a segunda gerações terem se estabelecido. Nesses locais, as inovações do Novo Mundo parecem mais destacadas nos processos que resultaram em transformações da identidade. Porém, como a crioulização é definida como a criação de novas culturas, não se pode entender o processo sem estudar o que foi mudado. Isso torna o componente atlântico uma parte necessária para compreender a crioulização entre os africanos e seus descendentes. A diáspora iorubá demonstra que os estudiosos devem levar em consideração tanto o modelo atlântico quanto o modelo de crioulização, pois eles fornecem diferentes abordagens analíticas a respeito de instituições culturais, fraternas, políticas, sociais e religiosas utilizadas pelos africanos e seus descendentes nas Américas, para darem sentido concreto à sua vida cotidiana.

Como revelam os vários colaboradores deste volume, os iorubás desafiam uma classificação precisa. Apesar dos vários nomes usados para identificá-los ao longo da diáspora, como "Lucumi" em Cuba e "Nagô" no Brasil, os iorubás, ao contrário de outros africanos, foram muitas vezes apontados como um grupo cultural específico, o que permite aos pesquisadores focar as experiências deles em detalhes. Uma origem de sua identidade e sua cultura comuns é a região de Iorubalândia, terra natal que liga os iorubás espalhados pelo mundo atlântico. Assim como nos esforços para classificar a identidade iorubá, também tem sido difícil definir com precisão a área de Iorubalândia. Samuel Johnson (*apud* Falola; Adebayo, 2000, p. 6), em seu estudo clássico, delimitou os limites da região no "oeste imediato do Rio Níger (abaixo da confluência) e ao sul da Quorra (isto é, o ramo ocidental do mesmo rio acima da confluência), tendo Daomé ao oeste e a Baía do Benim ao sul. Seria aproximadamente a área entre a latitude 6º e 9º Norte e a longitude 2º 30' e 6º 30' Leste". Essa definição geográfica de Iorubalândia não mascara a diversidade política e étnica dentro da região, tanto no passado como no presente, mas apenas delimita a área onde a língua iorubá é em geral mais falada.

O exame das origens e da dispersão dos iorubás ao longo da diáspora contribuirá para uma fortuna crítica mais ampla sobre o surgimento e as transformações da identidade iorubana a partir do século XVII. Nos últimos 20 anos, vários estudiosos argumentaram que as experiências na diáspora fizeram com que os elementos comuns da cultura iorubá ganhassem um nítido destaque em comparação com outros africanos encontrados no Novo Mundo. Por meio da busca de semelhantes negros escravizados e livres nas Américas, oriundos de Iorubalândia, eles começaram a reconhecer uma identidade Iorubá comum, enquanto na África as diferenças ligadas à região, à cultura política e aos costumes eram mais suscetíveis de enfatizar suas disparidades. O historiador Biodun Adediran sugere que o termo "Lucumi" foi usado no Novo Mundo para se referir a todos os subgrupos iorubás sob uma única categoria. Como eles foram tão amplamente identificados pelo termo "Lucumi" e, mais importante, vieram a se identificar por meio dele, Adediran (1984, p. 57-70) argumenta ser muito provável que uma identidade pan-Iorubá já existisse na África, mas teria se tornado mais forte nas Américas. Ao explicar como os iorubás de diversas regiões ficaram conhecidos como "Nagô" no Brasil, João José Reis (1997a, p. 361) escreve: "Os iorubás dos reinos Oió, Egba, Ijebu,

Ilexa e Ketu tornaram-se nagôs na Bahia ao longo de complexas trocas e convergências de signos culturais, com a ajuda de uma língua comum, de divindades aparentadas (Orixás), da unificação de muitos sob o Islã, de uma longa experiência como súditos dos *alafins* (reis) do Império de Oió, das tradições urbanas iorubanas e, obviamente, uma vida de escravidão na Bahia". Essa identidade mais inclusiva prosperou onde os falantes de iorubá encontraram membros de outras culturas étnicas e linguísticas africanas nas Américas, encontro que os tornou mais conscientes dos elementos culturais partilhados que os ligavam a outros povos iorubás.

Já o historiador Robin Law, colaborador deste volume, argumentou que uma identidade pan-Iorubá não se formou tão rapidamente no Novo Mundo, como os termos inclusivos "Lucumi" ou "Nagô" poderiam indicar. Ele defende que o fato de esses termos parecerem designadores étnicos reflete mudanças no tráfico escravista, mais do que oferecem "nomes alternativos para uma mesma entidade", tal como outros estudiosos argumentaram para atestar essa identidade iorubana englobante. Law menciona o fato de que antes de 1720 a maioria dos escravizados da diáspora vinham da região sul de Iorubalândia, conhecida como Lucumi. Porém, durante o século XVIII, os escravizados iorubás capturados pelos estados de Daomé e Oió passaram cada vez mais a ser identificados como Nagô. Portanto, argumenta Law, os termos "Lucumi" e "Nagô" refletem mais a persistência de identificações locais de Iorubalândia transportadas para a diáspora do que uma identidade pan-Iorubá que teria se formado na diáspora (Law, 1997a, p. 205-219).

Ao examinar o fim do século XIX e o início do XX, J. Lorand Matory argumenta que a cristalização de uma identidade Iorubá reconhecível e mutuamente compreendida surgiu quando africanos de Cuba, Brasil, Jamaica, América do Norte, Ilhas Virgens e Serra Leoa retornaram a Lagos. Ao voltar à sua terra natal "ancestral", e com uma boa conexão econômica e política oferecida por oficiais britânicos, diversos comerciantes, viajantes, escritores e sacerdotes aproveitaram suas experiências na diáspora para criar mitos fundacionais e um sistema de crenças que fabricaram uma identidade Iorubá comum. O ensaio pioneiro do Matory demonstra como as identidades da diáspora foram formadas por meio de um diálogo em ambos os lados do Atlântico, diálogo esse que foi reformulado com constância. Tal como todas as identidades socialmente construídas e enraizadas em seu próprio tempo histórico e cultural, o sentido de ser Lucumi, Nagô ou Iorubá variou muito de região para região e ao longo do tempo (Matory, 1999c, p. 72-103).

Em seu exame dos aspectos históricos, culturais, demográficos, políticos, sociais e econômicos da diáspora iorubá no mundo atlântico, este volume está dividido em quatro partes. A Parte I, "A terra natal e a diáspora iorubás", examina os diferentes processos que resultaram na escravização dos iorubás na África e sua dispersão pelas Américas. A Parte II, "A diáspora iorubá nas Américas", explora em detalhes as experiências dos iorubás no Novo Mundo, com capítulos específicos centrados no Caribe Britânico, na América Central, em Cuba, no Haiti e no Brasil. A Parte III, "As fundações culturais da diáspora iorubá", oferece uma perspectiva multidisciplinar e faz uso de contribuições da literatura, da antropologia, da etnomusicologia e de outras disciplinas, visando explorar as influências e os legados religiosos, linguísticos, sociais, poéticos, familiares, musicais e materiais da cultura iorubá no Novo Mundo. Por fim, a Parte IV, intitulada "Retorno à Iorubalândia", examina a característica única da diáspora Iorubá, que a distingue das outras diásporas africanas: o retorno dos ex-escravizados à sua terra natal ancestral. Juntos, os capítulos proporcionam uma discussão bastante detalhada sobre os iorubás, desde as origens na África até suas experiências nas Américas e, finalmente, o retorno deles à África.

O capítulo escrito por David Eltis mapeia as origens e as condições que instigaram o processo que canalizou os iorubás até o tráfico escravista transatlântico. Eles entraram no comércio de escravizados em larga escala somente no fim do século XVIII. Portanto, na história geral da escravização transatlântica, os iorubás só surgem com destaque quando esse tráfico estava chegando ao fim. Esse fato tem ajudado os estudiosos a rastrear a etnia, pois, à medida que nos aproximamos do presente, a quantidade de documentação tende a aumentar. Um exemplo é o uso dos arquivos do tribunal da Comissão Mista Britânica para os africanos "libertados", registro que fornece detalhes extraordinários sobre a identidade deles para a análise da etnia. Os iorubás se concentraram em três grandes áreas no fim do século XVIII e durante o século XIX: Cuba; Bahia, no Brasil; e São Domingos. Contudo, é importante analisar a concentração nessas áreas principais levando em consideração que nenhum grupo migrante europeu emigrado às Américas entre 1651 e 1850 havia se espalhado por um território de tal amplidão como o Novo Mundo, indo dos Estados Unidos até a Argentina, nem se aproximado dos iorubás em número total. Eltis delimita uma questão crucial explorada ao longo deste volume, a saber, que a influência cultural dos iorubás sobre a diáspora foi desproporcional em relação a seus números.

Os iorubás são conhecidos e identificados, bem como têm identificado a si próprios, como Lucumi e Nagô desde pelo menos o século XVI. Como em outras sociedades e nações, uma linguagem comum foi crucial para fomentar uma identidade Iorubá coletiva a partir de raízes díspares. Paul Lovejoy examina como o "guarda-chuva de uma língua" partilhada contribuiu para a criação de uma etnia Iorubá comum, mesmo que ela não tenha sido sua língua materna ou sua língua principal. Seguindo o trabalho de John Peel, Lovejoy considera a religião e sobretudo o Islã uma contribuição fundamental para formar uma identidade coletiva tanto na África Ocidental quanto nas Américas, uma vez que o termo "Iorubá" tem origem muçulmana e foi mais tarde adotado pelos cristãos (Peel, 2000). Examinando as relações políticas, sociais e econômicas que ligavam o interior da Nigéria com a costa e depois com as sociedades escravizadas do Novo Mundo, Lovejoy demonstra a relação direta entre a instabilidade política na África, muitas vezes causada pela *jihad*, e os destinos dos iorubás nas Américas. Essas relações se acentuaram, em especial, quando tensões dentro do Império de Oió começaram a surgir na década de 1790, levando eventualmente ao colapso e à exportação de escravizados, sobretudo para a Bahia, no Brasil, e para Cuba. Lovejoy também fornece um perfil dos escravizados por meio de uma análise demográfica das proporções de idade e sexo e observa que o tráfico deveria ser esmagadoramente masculino quando a escravização ocorria a 100 ou 200 quilômetros da costa, ao passo que, perto da costa, haveria predomínio do comércio de mulheres e crianças. Complementando o capítulo de Eltis, o leitor é introduzido em uma interpretação concisa do importante papel dos iorubás no comércio transatlântico de escravizados.

A seleção feita por Ann O'Hear constrói uma análise detalhada de um dos aspectos demográficos mais decisivos dos iorubás no tráfico escravista transatlântico, abordado por Eltis e Lovejoy. Em comparação com outros grupos étnicos e culturais africanos, somente no século XIX os iorubás são inseridos no comércio de escravizados em grande número. De modo similar aos processos que resultaram em uma grande diáspora congo no século XVIII, a guerra incessante ludibriou os iorubás para o tráfico escravista. Explicando a ascensão de cidades-Estado tão importantes, como Ilorin, após o colapso do Império de Oió, O'Hear oferece um exame atento da política interna e da guerra militar que causaram deslocamentos e mudanças na escravização iorubá. Com base em fontes de arquivos europeus e nigerianos, a autora consegue dar corpo às disputas bizantinas pelo poder, que contribuíram para os processos de escravização iorubá, e elucidá-las. Especialmente relevante para entender a diversidade da experiência da diáspora iorubá é a análise de O'Hear sobre o processo contínuo de escravização dentro do território da Iorubalândia, que prosperou em interação com circunstâncias locais durante muito tempo após o encerramento do tráfico pelo Atlântico.

Os historiadores brasileiros João José Reis e Beatriz Galloti Mamigonian analisam o papel fundamental dos iorubás conhecidos sob as categorias abrangentes de "Nagô", na Bahia, e "Mina", no Rio de Janeiro. Explorando as experiências que viveram, a continuidade de práticas como a escarificação (conhecida como *abaja*), crenças religiosas (como o Islã e o candomblé) e suas próprias formas de organização social na comercialização de bens, eles mostram como tradições oriundas de Iorubalândia foram transformadas e remodeladas no Brasil. No século XIX, a identidade étnica Nagô tornou-se bem conhecida e temida no Brasil, ainda mais na Bahia, devido à participação e à liderança iorubás em inúmeras rebeliões de negros escravizados, mais notadamente a Revolta dos Malês, de 1835. Embora mais proeminentes na Bahia, os iorubás podiam ser encontrados em todo o Brasil. Em outros lugares, sobretudo no Rio de Janeiro, eles eram conhecidos como "Mina". Mesmo rodeados por uma população escravizada, a maioria de origem centro-africana, uma identidade ligada ao Golfo de Benim seguiu influenciando a maneira como os escravizados e libertos se definiam. Os negros minas buscavam ativamente outros minas para criar relações sociais e elaborar suas estratégias de resistência. A experiência dos iorubás no Brasil demonstra os benefícios de examinar a diáspora sob uma perspectiva constituída pelo modo como os africanos se definiam por meio de categorias étnicas, uma perspectiva que complica as interpretações focalizadas em grande parte nas categorias raciais.

Michele Reid volta sua atenção para um exame dos iorubás em Cuba, com ênfase especial em sua influência cultural e religiosa sobre a sociedade. Embora Cuba tenha sido colonizada pela Espanha a partir dos anos 1490 e os primeiros iorubás tenham chegado à ilha nos anos 1500, a importação de um maior número de escravizados só começou durante os séculos XVIII e XIX. Cuba e Iorubalândia estavam intimamente ligados por meio da guerra, do comércio transatlântico de escravizados e da *plantation* agrícola baseada em mão de obra escravizada. Como Lovejoy, Eltis e O'Hear demonstram em seus capítulos, a escravidão dos iorubás se acelerou à medida que a agitação política perturbava Oió, alimentando tanto o tráfico transatlântico de escravizados quanto a escravidão em Iorubalândia. Em resumo, o declínio do Império de Oió apresentou condições que resultaram na ascensão de Cuba como uma das colônias de *plantation* mais importantes do Caribe do século XIX. Reid explora como os Lucumi, termo que designava os iorubás em Cuba, continuaram a se distinguir culturalmente como um grupo africano separado dos muitos outros, por meio da formação de associações fraternas organizadas etnicamente, e por meio da prática de Santeria, religiosamente. Por fim, Reid destaca o ciclo de repressão e ressurgimento de dilemas de origem iorubá na Cuba do século XX. Como em outras partes das Américas exploradas e discutidas neste volume, os iorubás em Cuba puderam exercer uma impressão marcante sobre a cultura diaspórica mais ampla.

As correntes comerciais do Atlântico fizeram com que os iorubás estendessem sua influência cultural por todo o Novo Mundo. Russell Lohse provê um relato fascinante de como – mesmo quando era pequeno o número de escravizados iorubanos, situação que vigorou até o fim do século XVIII – nosso conhecimento sobre a escravidão muito se enriquece quando nos concentramos nos iorubás nas Américas. Bastante distanciada adentro nas fronteiras da América Central, a Costa Rica colonial do século XVIII não tinha grandes populações urbanas de africanos nem uma sociedade de *plantation* onde a cultura iorubá tendia a florescer. Ainda assim, valendo-se de registros judiciais, notariais e paroquiais particularmente ricos, Lohse mostra como a identidade Iorubá pode ter moldado a experiência das pessoas escravizadas, levando-nos a considerar que processos similares devem ter ocorrido em outros lugares. Instigantes, ainda que esparsas, as fontes que Lohse usa para estudar os iorubás na Costa Rica devem incentivar outros pesquisadores a reexaminar a presença iorubana nas franjas do império em todas as Américas. Por meio de uma leitura atenta das fontes fundamentadas nas práticas culturais dos iorubás, Lohse chega a sugerir que as experiências do Velho Mundo podem ter estruturado a moldura interpretativa que os escravizados usaram para dar sentido à realidade que viviam nas Américas.

Rosalyn Howard constrói uma comparação reveladora entre duas ilhas colonizadas pelos britânicos e as experiências diferentes e afins dos iorubás na América Central. O Caribe Britânico revela os processos gerais que então levaram os iorubás ao Novo Mundo, atravessando o conhecido e horrível comércio transatlântico de escravizados, processos que também incluíram contratos de trabalho escravizantes, mesmo após a abolição, ou africanos "libertados" pelos britânicos para interceptar navios de tráfico escravista. Com base em sua formação antropológica fundamentada em fontes primárias e secundárias, Howard estrutura sua análise dos iorubás em torno do debate em curso sobre a presença de traços culturais africanos, ou "africanismos", no Novo Mundo. Reconhecendo o perigo de adotar termos como "África", "africanos" ou "africanismos" como noções gerais de cultura, ela questiona tais conceitos explorando as origens e mudanças contínuas do culto de orixás em Trinidad, com o objetivo de avaliar as influências culturais específicas dos iorubás. Para as Bahamas, Howard faz um exame das provações sofridas pelos africanos "emancipados" ao chegar nesse território, bem como de seu assentamento, que constituiu o conjunto conhecido como três "Aldeias Africanas". Em ambas as ilhas, os iorubás influenciaram as relações culturais e sociais por continuarem se identificando com seu passado africano, gesto que foi eloquentemente exposto em artigo do jornal *The Freeman*, publicado pela comunidade negra das Bahamas ao celebrar o cinquentenário de sua chegada.

Um dos legados mais longos e atualmente mais vibrantes da diáspora iorubá nas Américas é sua religião. Conhecida como Santeria em Cuba ou Candomblé no Brasil, ou mais genericamente como o culto aos orixás, as práticas religiosas iorubanas estendidas através do Atlântico e seus adeptos podem ser encontradas em números sempre crescentes, de Nova York a Buenos Aires e em muitas áreas entre elas. Christine Ayorinde examina o importante papel da Santeria como a religião afro-cubana dominante, ainda hoje amplamente praticada e com cada vez mais praticantes. Os aspectos ritualísticos da Santeria e os locais de culto oferecem um espaço crucial onde a cultura iorubá tem continuado a prosperar e a se renovar ao longo dos séculos.

O processo pelo qual o Candomblé se associou intimamente com os iorubás e seus descendentes no Brasil começou a partir de uma origem muito mais heterogênea do que os estudiosos em geral têm reconhecido. Luis Nicolau Parés evita as armadilhas que muitas vezes atormentam os estudos diaspóricos que focalizam as semelhanças na África e nas Américas sem levar em conta sua evolução e sua transformação específicas. Parés argumenta que as origens do Candomblé na Bahia foram influenciadas por outros grupos étnicos que não poderiam ser rastreados até Iorubalândia. Tais grupos não iorubanos desempenharam um papel decisivo na formação do sistema de crenças e até mesmo na linguagem da religião. Ao longo dos séculos XIX e XX, no entanto, os iorubás no Brasil, conhecidos como nagôs, começaram a exibir maior influência sobre a religião, fenômeno que Parés descreve como a "nagoização" do Candomblé. Uma nota interessante é que os negros crioulizados e a população de origem africana de ascendência não iorubá muitas vezes optam por se definir como Nagô, pois essa identidade conota a afiliação religiosa, e não exclusivamente uma identidade étnica. Os estudos de Parés sobre as construções culturais das identidades e sua maleabilidade ao longo de tempos e lugares distintos demonstram a necessidade de os pesquisadores examinarem questões de etnia por meio de estruturas culturais e sociais fundamentadas nas próprias histórias desses grupos.

A historiadora brasileira Mariza de Carvalho Soares examina a diversidade dos iorubás por meio de um estudo de sua experiência no Rio de Janeiro. Duas correntes dominantes do comércio escravista transatlântico conectaram firmemente o Brasil à costa africana. Uma delas, examinada por vários autores neste volume, focaliza os iorubás do Golfo de Benim à Bahia, enquanto a outra corrente ia do centro-oeste africano até o Rio de Janeiro. Os estudiosos tendem a negligenciar o fato de que escravizados e negros libertos oriundos de Iorubalândia podiam ser encontrados no Rio de Janeiro como parte do tráfico interno de escravizados brasileiros da Bahia ou como resultado de uma rota menor desde o Golfo de Benim, mesmo que eles fossem uma minoria entre os mais numerosos africanos do centro-oeste, como explicado por João José Reis e Beatriz Gallotti Mamigonian. Baseando-se em fontes primárias ricas e detalhadas, incluindo um relato escrito por um africano nos anos 1780, Soares consegue traçar a vida e a experiência dos povos de língua gbe e iorubá – que ficaram conhecidos como "Mina" no Rio de Janeiro, do século XVIII ao início do século XX.

A diáspora iorubá para as Américas estava enraizada nas experiências do tráfico escravista, mas o processo constante de criar e estabelecer conexões com uma terra natal ancestral continuou muito tempo após a abolição da escravidão. O povo iorubá fez um esforço contínuo e consciente para se definir em termos locais e globais, concebidos a partir de elos diaspóricos.

Historiadores, antropólogos e sociólogos há muito reconhecem o importante papel da família como uma instituição crucial na criação e na transmissão de traços culturais. Os iorubás da diáspora não são exceção. Kevin Roberts examina como os papéis de parentesco, família e gênero foram preservados e transformados no mundo atlântico durante a escravidão. Ao pesquisar os principais destinos dos iorubás analisados por outros autores neste volume, a saber, Brasil, Caribe e Serra Leoa, Roberts demonstra como eles foram capazes de continuar, de forma alterada, suas principais práticas de família estendida, parentesco fictício e mesmo papéis de gênero. A família iorubana serviu, assim, como uma instituição essencial para a transferência e a criação cultural no desenvolvimento de estratégias para sobreviver à escravidão no Novo Mundo.

O papel da música na formação de identidades e cultura diaspóricas há muito tem sido reconhecido pelos estudiosos. Robin Moore fornece um relato provocativo sobre o papel da música na Santeria e em outras religiões populares de origem africana em Cuba, após o triunfo da Revolução Cubana de Fidel Castro, em

1959. Inicialmente, o governo revolucionário permitiu que a Santeria florescesse, considerando-a uma religião das "classes populares", que enfraquecia o poder institucional da Igreja Católica. Esse cenário político da revolução de 1959 abriu caminho para uma profusão de apresentações religiosas afro--cubanas e forneceu uma nova liberdade para as performances públicas baseadas na estética africana. No entanto, como na maioria dos aspectos da vida social em Cuba e sua revolução, havia limites fora dos quais essas práticas culturais poderiam ser perseguidas, qualquer que fosse a influência do governo. À medida que a Revolução Cubana se alinhou plenamente com a ideologia marxista, a religião e a cultura africanas passaram a ser consideradas um obstáculo para o desenvolvimento de uma sociedade comunista. Por consequência, o papel central da música na Santeria e em outras cerimônias e práticas religiosas afro-cubanas foi suprimido e restringido. A partir dos anos 1970, porém, com a participação de Cuba em lutas revolucionárias em Angola, Moçambique, Etiópia e África do Sul, houve uma nova abertura para abraçar a solidariedade com a África por meio de uma herança cultural compartilhada. Com o colapso da União Soviética, em 1991, e a economia voltada para o turismo, a cultura afro-cubana tornou-se uma atração que trouxe estrangeiros para a ilha e criou uma abertura para a expressão de crenças religiosas cubanas que antes nunca haviam existido. O capítulo de Moore ilustra de forma notável como a expressão e a prática da cultura e da música afro-cubana como parte de uma identidade diáspora sempre foram condicionadas por eventos políticos maiores e em constante mudança.

De modo semelhante aos estudos pioneiros de Robert F. Thompson e de sua investigação sobre a arte congolesa na África e nas Américas, a arte iorubana no Novo Mundo também pôde se tornar uma categoria analítica para estudar diferentes dimensões da diáspora. Como Babatunde Lawal demonstra, a arte é usada pelos iorubás não apenas para fazer a mediação entre mundo humano e espiritual, mas também para enriquecer a qualidade de vida e celebrar a alegria de viver. Os iorubás influenciaram as artes visuais e performáticas da diáspora por meio dos legados culturais que trouxeram consigo durante toda a passagem, tais como escultura, dança e arquitetura. Mais recentemente, entretanto, a população de ascendência africana, talvez impossibilitada de traçar sua linhagem direta com os iorubás, abraçou a estética iorubana como forma de reivindicar um legado ancestral africano. Assim, as artes visuais fornecem um exemplo particularmente pungente de como o passado real e imaginário dos iorubás nas Américas continua a moldar de maneira decisiva a identidade na diáspora de hoje.

Uma das características singulares e únicas da diáspora iorubá no mundo atlântico, que a distingue, portanto, de outras diásporas de grupos culturais e étnicos africanos, foi a grande migração de retorno que partiu de Cuba, do Brasil, de outras regiões nas Américas e de Serra Leoa. Tal corrente migratória teve força marcante no século XIX, mas Robin Law aponta para exemplos dos séculos XVII e XVIII, que revelam uma elaborada rede de relações comerciais e políticas que permitiram a migração transatlântica em ambas as direções. Os historiadores têm tradicionalmente minimizado a migração de retorno no âmbito geral da diáspora, focalizando em vez disso as origens africanas e os destinos americanos. Importantes observações sobre a experiência iorubá nas Américas e na África podem, porém, ser aprendidas com o estudo daqueles que desejavam retornar a uma terra natal ancestral após a emancipação. Como resultado de sua experiência na diáspora, muitos dos retornados mantiveram uma identidade distinta, como os Krio, que C. Magbaily Fyle examina em seu capítulo. No seu retorno à África Ocidental, muitos dos ex-escravizados empregaram sua ampla identidade diaspórica em vez de retomar uma identidade local firmemente enraizada, visando assim facilitar seu papel como comerciantes e negociantes. Concordando com Lorand Matory, para quem os iorubás devem ser conceituados como uma "nação transatlântica", Law e Fyle demonstram que os escravizados libertos que retornaram à África Ocidental contribuíram de modo significativo para formar uma identidade para o povo Iorubá.

Pesquisadores dedicados a estudar os africanos que foram "libertados" ou "resgatados"[7] e que voltaram para Serra Leoa ou outras regiões da África Ocidental há muito enfatizam o papel fundamental do cristianismo e dos missionários no processo de reassentamento. Tal como com as questões discutidas no capítulo de Robin Law, em que ele enfatiza a importância das crenças católicas trazidas por repatriados brasileiros na diáspora de retorno, Gibril Cole argumenta que o Islã também merece menção especial entre os "resgatados".

As guerras islâmicas em Iorubalândia resultaram na canalização de muitas pessoas para o tráfico transatlântico de escravizados. Não surpreende que muitos dos africanos "libertados" fossem muçulmanos e mantivessem sua fé islâmica, apesar dos esforços dos missionários cristãos. O governo colonial britânico em Serra Leoa, tal como o governo brasileiro, começou a perseguir muçulmanos e processá-los, pois sua fé religiosa proporcionava uma identidade de união e resistência contra sua posição subalternizada na sociedade. Apesar dos esforços britânicos, os iorubás muçulmanos tiveram prosperidade na sociedade serra-leonesa, porque desempenharam um papel crucial como negociantes do comércio com o interior. Surpreendentemente, muitos compraram navios escravistas condenados e os transformaram, de símbolos de sua antiga escravidão, em veículos sob seu comando, visando transportar e comercializar mercadorias ao longo da costa e do interior da África Ocidental.

A ação desses comerciantes muçulmanos de transformar os navios do condenado do tráfico escravista em navios para enviar mercadorias apreende de forma eloquente a experiência diaspórica

---

7. Nesse contexto, a palavra designa os escravizados que a marinha inglesa resgatava dos navios que ela barrava, quando o tráfico escravista transatlântico foi oficialmente proibido pelo império britânico [N.T.].

iorubana. Ao analisar a diáspora iorubá – desde o tráfico transatlântico de escravizados, que enviava africanos por todo o mundo atlântico, até suas experiências no Novo Mundo e seu retorno para a África Ocidental –, este livro propõe uma perspectiva detalhada dos processos sociais, culturais, políticos, econômicos e históricos que constituíram a maior migração forçada da história humana e moldaram decisivamente o mundo moderno.

Parte I

A TERRA NATAL E A DIÁSPORA IORUBÁS

2

A DIÁSPORA DE FALANTES DE IORUBÁ, 1650-1865: DIMENSÕES E IMPLICAÇÕES

David Eltis

O estudo da escravidão – e, de modo mais abrangente, da chegada de novas populações às Américas – foi moldado por estudiosos preparados para se envolver tanto com dados quanto com textos. Por exemplo, o senso comum sugere que qualquer avaliação do processo de crioulização requer algumas informações básicas sobre quantos imigrantes vieram de onde e durante qual período. Os iorubás têm tanta relevância no deslocamento forçado de povos da África para o Novo Mundo, que é surpreendente terem sido feitas tão poucas análises quantitativas a respeito deles, e se essa é a situação para um grupo tão conhecido, então certamente ela não é melhor para outros. A fortuna crítica sobre a diáspora africana aborda muito mais as regiões costeiras de origem do que a forma como as pessoas capturadas pelo tráfico de escravizados se identificavam. Nosso conhecimento atual limita-se em grande parte a amplas tendências geográficas. Para o Golfo de Benim, o vetor ao leste de origem dos escravizados tomados pelo comércio transatlântico desde o interior da região está bem estabelecido, mas a extensão e o momento dessa mudança permanecem obscuros. Como os iorubás residiam na região leste, supõe-se que eles se tornaram cada vez mais implicados no tráfico. Os africanistas começaram a avaliar sistematicamente as preliminares da posição das nações africanas na migração forçada, mas tais avaliações ainda estão muito aquém do que foi alcançado para os africanos livres migrados para a Europa. Neste capítulo, eu tento fazer uma avaliação mais sistemática de seu envolvimento e explorar a implicação das conclusões para algumas questões mais amplas a respeito do repovoamento nas Américas.

Como muitos grupos de imigrantes, no começo os iorubás não existiam como um povo coeso e consciente de si mesmo. No sentido da autoidentificação, o surgimento dos iorubás – ou "Lucumi" em espanhol, ou "Nagô" em português – pode não ter ocorrido antes que a diáspora iorubá estivesse bem avançada, talvez até o século XIX. Nenhuma unidade política jamais envolveu falantes de iorubá, e nenhum ponto único de embarque na África Ocidental deslocou os iorubás para o tráfico escravista transatlântico. Alguns estudiosos argumentaram que falantes da língua iorubana passaram a se ver como iorubás somente como resultado de suas experiências no Novo Mundo (Law, 1997a, p. 205-219), embora pareça mais provável que a identificação com o termo tenha se desenvolvido em ambos os lados do Atlântico ao mesmo tempo, em uma resposta a pressões similares. O colapso do Império de Oió no Velho Mundo desencadeou um amplo processo de fuga e migração, espalhando fragmentos de muitos grupos diferentes de falantes de iorubá, que se reuniam em novos ambientes junto com muitos falantes de outras línguas. Tal ruptura no Velho Mundo deve ter replicado de perto as condições no Novo Mundo criadas pelo tráfico de escravizados. Circunstâncias como essas tendem a acelerar a constante renovação da formação da identidade que é característica de todas as culturas. É provável que o impacto inicial do trauma social da migração tenha se dado com a busca de grupos semelhantes e com uma redefinição da identidade social, com base em elementos compartilhados, em especial a língua ou a religião. A analogia mais bem documentada talvez esteja na Europa, e não na África, na situação dos emigrantes de língua alemã do século XVIII, tanto para as Américas como para a Europa Oriental. Sem unidade política em sua terra natal, eles não se concebiam como alemães, mas sim como renanos ou suíços ou prussianos. A emigração remodelou de maneira radical as percepções do grupo migrante sobre si mesmo e seus descendentes, mas não, a princípio, como ocorreu com cidadãos britânicos, americanos ou russos. Pelo contrário, a migração inicialmente os tornou alemães aos seus próprios olhos e aos olhos dos outros[8].

Avaliar tal processo requer alguma noção da dimensão e da direção do movimento dos povos. Como David Richardson, Stephen Behrendt e eu desenvolvemos de modo mais completo em outros textos, o método básico de derivar estimativas de partidas de escravizados para a costa africana é fazer cálculos de cinco anos (ou de intervalos mais longos, quando não houver dados quinquenais disponíveis) sobre o tamanho nacional do tráfico e distribuir as estimativas pelas oito regiões costeiras africanas de acordo com a evidência da atividade escravista revelada na obra *The transatlantic slave trade: a database on CD-ROM* [*O tráfico transatlântico de escravizados: um banco de dados em CD-ROM*, referido a partir daqui com a sigla TSTD], que registra mais de 27 mil viagens (Eltis *et al.*, 1999)[9]. Alguns falantes de iorubá deixaram a África através da costa leste do Golfo do Biafra, em portos como o dos Rios Brass e Ubani, mas a grande maioria embarcou em portos localizados no Golfo de Benim. Consideramos que tal golfo abrange desde a costa do Rio Volta até o Rio Nun[10]. O comércio

---

8. Cf. Wokeck (2002) e a fortuna crítica citada por ela.

9. Esse procedimento se baseia em estimativas da distribuição, pelas oito regiões costeiras africanas, de escravizados transportados em agrupamentos nacionais por navios oriundos da Europa e das Américas. As estimativas não são apresentadas aqui, mas são fáceis de derivar para quase qualquer período após 1675, a partir da consulta do mencionado banco de dados.

10. Nem todos os navios de escravizados chegaram às Américas ou mesmo à África. Felizmente o conjunto é bastante rico em informações sobre o resultado da viagem, pois para quase 90% delas sabemos se o navio obteve escravizados, e para pouco mais de 90% sabemos se o navio chegou à África antes de iniciar o comércio. Em geral, quase uma viagem de escravizados em dez, incluídas no conjunto atual, não entregou cativos às Américas, e apenas 82% de todos os navios o fizeram enquanto ainda estavam sob o controle dos proprietários originais.

de escravizados nas costas da África Ocidental e no Centro-Oeste sempre foi dominado por alguns pontos de embarque. Exceto na Costa do Barlavento, o tráfico escravista não se desenvolveu por meio de traficantes de escravizados transatlânticos operadores de um extenso comércio de cabotagem antes de se assentar no meio de passagem. Navios e comerciantes africanos parecem ter concentrado suas atividades em poucos portos de cada região desde o início, embora a identidade desses portos tenha mudado devagar, com o passar do tempo. O Congo, Old Calabar, Uidá e o Rio Gâmbia parecem ter dominado suas respectivas regiões desde o início. O tráfico se expandiu com a adição de novos portos ou com a substituição dos antigos.

Os padrões de tráfico escravista dentro da África estão muito menos bem documentados do que as práticas desenvolvidas com navios, mas todos os indícios sugerem que, em geral, os escravizados chegaram até a costa pela rota mais direta. No interior da Costa do Ouro e nos Golfos do Benim e do Biafra, o comércio ou movimento extensivo entre leste e oeste de pessoas escravizadas destinadas aos mercados atlânticos, especialmente através das principais fronteiras étnicas, era incomum, ao menos na ausência de uma rota navegável conveniente, como o Alto Níger. As rotas comerciais dentro da África revelaram-se flexíveis e adaptáveis face às guerras e mudanças políticas, mas é razoável procurar grandes grupos linguísticos deixando os portos mais próximos do ponto em que se tornaram destinados ao tráfego transatlântico.

Tal afirmação é ilustrada por uma notável série de documentos nos registros do Tribunal Anglo-Espanhol de Comissão Mista, que se reuniu em Havana, entre 1821 e 1845. Como suas contrapartes localizadas ao redor das bacias atlânticas, a Corte julgou o caso de navios escravistas capturados por estados signatários (dos quais a Grã-Bretanha sempre foi um) de tratados bilaterais. Na fase final de sua evolução, os tratados instituíam tribunais com autoridade para condenar e destruir embarcações escravistas e todo seu conteúdo, bem como libertar formalmente quaisquer escravizados encontrados a bordo. Por insistência britânica, tomou-se grande cuidado para identificar quem eram as pessoas libertadas, pois elas deveriam ser liberadas em sociedades onde a pele negra fosse um fator suficiente para tornar a re-escravização um grande risco. Para assegurar uma base permanente de identificação dos escravizados libertados, cada tribunal manteve duas cópias de um registro de indivíduos resgatados, uma das quais foi enviada para Londres[11]. Assim como registros mantidos pelos tribunais de comissão mista em Serra Leoa (a maioria dos quais também acessíveis hoje), tais documentos anotaram nome, idade e local de moradia de todos os africanos que se enquadravam na jurisdição do tribunal. A corte acrescentou altura e sexo da pessoa, uma descrição da cicatrização mais visível e, naturalmente, o nome do navio que transportou os resgatados da África[12]. Em mais de 99% dos casos, o nome da pessoa que foi libertada é registrado no livro em sua forma nitidamente africana, o que faz desses registros uma das poucas fontes pré-coloniais existentes para nomes africanos[13]. Todas essas informações parecem ter sido mediadas por intérpretes africanos oriundos da mesma região da costa desde a qual o navio capturado embarcara escravizados, pessoas cujas identidades foram então acrescentadas ao livro de registros. Ao contrário do caso de Serra Leoa, onde a prática de registrar o local de moradia foi interrompida em poucos anos, a coluna da terra

---

11. Os registros de Havana estão no Gabinete de Registros Públicos Britânicos, FO 313, vols. 56-62. Para consultar os trabalhos que são provavelmente os únicos a utilizar esse material, cf. Adderley (1996). Os registros de Serra Leoa (na série FO 84) foram utilizados por Meyer-Heiselberg (1967), Northrup (1978, p. 58-65) e Eltis (1982, p. 453-475; 1990, p. 521-540). Cf. tb. Nwokeji e Eltis (2002a, p. 191-210; 2002b, p. 365-379).

12. Os registros distinguem, de um lado, os "cortes", "inscrições", "marcas" e "tatuagens" – termos que tomamos como evidência de procedimentos voluntários de cicatrização – e, de outro, as "cicatrizes". É mais provável que as últimas sejam resultado de atividades involuntárias. A maioria dessas cicatrizes teria pouco significado cultural.

13. Um exemplo de menor relevância é o do nome dos réus nos processos judiciais que se seguiram à revolta da Bahia em 1835. Cf. Reis (1993, p. 155-156).

natal dos libertados foi completada durante todo o período de funcionamento do tribunal em Havana. Os registros contêm o nome africano e o país de origem de 10.390 indivíduos, duas informações que fornecem uma base para identificar a região natal de cada resgatado sem atravessar o campo minado de identificações das etnias africanas por inspiração europeia, prática que atormentou as tentativas de identificar as pátrias dos africanos nas Américas[14]. Além disso, as informações nos livros de registro podem ser comparadas ao que é conhecido sobre o porto africano de embarque de cada um dos 41 navios que o tribunal julgou. Cada uma dessas embarcações pode ser encontrada no banco de dados publicado sobre o tráfico transatlântico de escravizados (TSTD), e em cada caso a origem costeira africana dos navios escravistas também é evidenciada.

A Tabela 2.1 mostra uma pormenorização preliminar das designações étnicas que o tribunal atribuiu a 3.663 homens, mulheres e crianças do Golfo de Benim naqueles anos. Tais designações são agrupadas por grandes regiões geográficas no interior – oeste, norte e leste – e, no caso da região leste, faz-se uma subdivisão separando os que são iorubás dos que não o são. O domínio geral iorubano é imediatamente evidente. Para os espanhóis daquela época, parece que o termo "Lucumi" não era sinônimo de iorubá, apesar de tal suposição ter sido feita. As extensões de aplicação do termo "Lucumi" na tabela indicam que os cubanos atribuíam essa designação a muitas pessoas não iorubás. Além disso, alguns africanos libertados que saíram de portos exteriores, mas adjacentes ao Golfo de Benim, também são descritos como Lucumi, ao passo que outros saídos dos portos mais orientais ao golfo são identificados como Carabali. Assim, pelo termo "Lucumi", é possível que os cubanos não estejam se referindo a alguém que veio pelo meio de passagem desde portos beninenses ou mesmo a um

---

14. É preciso sublinhar que a ligação dos nomes à etnicidade não traz nenhuma implicação necessária para a definição da etnia propriamente dita. Para uma discussão sobre essa questão, cf. Nwokeji and Eltis (2002a, p. 191-192).

indivíduo que se identifica como iorubá. A melhor definição das palavras que com mais frequência indicam o país, como "Lucumi" e "Carabali", é geográfica, tal como outros termos usados para preencher os registros do tribunal, como "Congo" e "Ganga". Lucumi são aqueles que viviam no interior do Golfo de Benim; Carabali são seus pares detrás do grande Golfo do Biafra; Congo são os oriundos do centro-oeste da África; e Ganga são os vindos do amplo interior de Serra Leoa.

Essas designações genéricas são evidentemente muito pouco úteis aos pesquisadores modernos interessados nas nações ou etnias daqueles forçados ao meio de passagem, mas a Tabela 2.1 também mostra que a maioria dessas atribuições foi qualificada por informações muito mais específicas que, para a maioria dos escravizados, podem ser vinculadas a nações conhecidas pelos estudiosos modernos. A identificação provisória desses termos sugere que 62,5%, ou a esmagadora maioria dos que deixaram o Golfo de Benim, via-se como iorubá. Poucos eram oriundos de países que não podiam ser identificados[15]. Como não parece haver nenhuma razão particular para que a marinha britânica tenha capturado mais escravizados de uma etnia do que de outra[16], não há nenhum viés conhecido na amostra exposta na Tabela 2.1, e as proporções de nomes de países nela apresentadas podem ser vistas como indicativas dos anos de 1826 a 1839 como um todo. A aplicação dessas proporções ao volume de migração forçada desde o Golfo de Benim nesses mesmos anos leva a uma estimativa de

---

15. O segundo maior do grupo iorubá na Tabela 2.1 (p. 50-51) é chamado de Ecumacho, palavra que não tem uma contrapartida moderna. Em comunicação pessoal, Ojo Olatunji, da Universidade de York, sugeriu que o termo pode se referir a Ikumeso ou Ekun Eso; em iorubá, "a província do valente". *Eso* é o título para a elite militar do Império de Oió, tirada da província oriental do reino. De todo modo, o nome pessoal dos indivíduos desse grupo são principalmente iorubás.

16. A maioria dos navios capturados foram tomados nas Américas, e não perto da África, de modo que a localização dos portos africanos e possivelmente a etnia dos prisioneiros deviam se constituir de modo quase aleatório.

101.750, ou 7.200 por ano, de partidas de escravizados iorubás durante esse período de 14 anos[17].

TABELA 2.1 – Pessoas africanas levadas de Portos no Golfo de Benim, tal como identificadas nos Registros do Tribunal de Comissão Mista de Havana

Lucumi Arara	Aladá	142	5%
Mina Popo	Popo	317	10%
Mina	?	307	10%
Mina Janti	Fanti	88	3%
Arara	Aladá	41	1%
Magin	Mahi*	62	2%
Mago Arara	Aladá	77	3%
Total regional		1.034	34%
Mandinga Fula	Fulani	2	0%
Lucumi Jausa	Hauçá	6	0%
Lucumi Tapa	Nupe	22	1%
Lucumi Bogu	Borgu	1	0%
Lucumi Cacanda	Kakanda	1	0%
Lucumi Chamba	Konkomba ou Gurma	61	2%
Total regional		93	3%
Iorubá			
Lucumi Ello	Oió	1.236	41%
Lucumi Aguia	?	23	1%

(Continua)

17. Derivado da multiplicação dos 162.800 escravos que deixaram o Golfo de Benim entre 1826 e 1840 (cf. Eltis; Richardson; Behrendt, no prelo) por 0,625 (a proporção de todos os resgatados identificados que eram iorubás da Tabela 2.1 (p. 50-51). Embora a estimativa global do volume do Golfo de Benim utilizado aqui seja de 15 anos, alguns iorubás partiram dos portos do Golfo do Biafra e, portanto, não estão incluídos na estimativa beninense. O viés ascendente da inclusão do ano extra é compensado pelo viés descendente da omissão da saída de iorubás desde portos fora do Golfo de Benim.

TABELA 2.1 – Pessoas africanas levadas de Portos no Golfo de Benim, tal como identificadas nos Registros do Tribunal de Comissão Mista de Havana (*continuação*)

Lucumi Efu	Efom/Ekiti	1	0%
Lucumi Eba	Egba	58	2%
Lucumi Llabu	Yagba ou Ijebu?	74	2%
Lucumi Ecumacho	Ikumeso ou Ekun Eso	470	15%
Lucumi Ota	Ota (Awori)	49	2%
Lucumi Yesa	Ijexá	3	0%
Lucumi Sabe	Sabe	1	0%
Total regional		1.915	63%
Não Iorubá			
Carabali Oru	Oron	3	0%
Total regional		3	0%
Total identificados		3.045	
Total de Lucumis não identificados		582	
Outros (16 grupos)		36	
Total geral		3.663	

*Curtin (1969, p. 183) não associa "Magin" a "Mahi" e deixa a primeira coluna não identificada.

Fonte: Calculado a partir do Public Record Office, Foreign Office, série 313 (FO 313), vol. 56-62.

As fontes básicas utilizadas para identificação dos termos étnicos são de Crozier e Blench (1992), Curtin (1969) e Smith (1988). Oscar Grandio, Paul Lovejoy e Ojo Olatunji, todos da Universidade de York, Canadá, guiaram-me por territórios desconhecidos.

As fontes básicas utilizadas para identificação dos termos étnicos são de Crozier e Blench (1992), Curtin (1969) e Smith (1988). Oscar Grandio, Paul Lovejoy e Ojo Olatunji, todos da Universidade de York, Canadá, guiaram-me por territórios desconhecidos.

Para a era pré-1826, é necessária uma abordagem muito diferente que depende de amplas tendências históricas dentro da África e dados detalhados sobre partidas de portos individuais. Um passo preliminar na análise é estabelecer a proposta geral, já feita, de que migrantes forçados de uma determinada nação africana tenderiam a partir do porto mais próximo de onde essa mesma nação estava localizada. A Tabela 2.2 mostra os dados espanhóis sobre etnia distribuídos pelos portos dentro do Golfo de Benim, onde embarcaram indivíduos que alegavam pertencer a essa nação. Os painéis correspondem bastante à região costeira ocidental, Popo; à região costeira central, Uidá; e à região oriental, Badagri e Lagos. Como era de se esperar, a proporção de iorubás que embarcaram aumentou à medida que pesquisávamos os portos de oeste a leste. No leste, a esmagadora maioria dos africanos resgatados se designavam como iorubás.

TABELA 2.2 – Povos Africanos levados do Golfo de Benim: condição iorubá ou não iorubá (colunas) por maior Porto de Embarcação (linhas), tal como identificado nos registros do Tribunal de Comissão Mista em Havana, 1826-1839

	Nº	%	Nº	%	Nº	%	Nº	%	Nº	%
Popo	777	79,7	81	8,3	0	0	117	12	915	100
Uidá	269	18,2	12	0,8	1	0,1	1.194	80,9	1.476	100
Lagos	5	0,8	0	0	2	0,2	605	98,9	611	100

Fonte: Calculado a partir da Tabela 2.1. Os portos de embarque para os navios listados em FO 313, vol. 56-62, foram identificados pelo TSTD.

Não há razão para que esse padrão não estivesse em vigência muito antes da década de 1820. Na ausência de qualquer impedimento político ou militar conhecido para embarcar escravizados em Lagos ou Badagri, é razoável supor que os falantes de iorubá teriam formado, na melhor das hipóteses, uma minoria dos que foram transportados desde portos ocidentais no período anterior. Dito de outra forma, se um grande número de falantes da língua iorubana tivesse sido despachado para as Américas antes (digamos, no colapso do Império de Oió, no fim do século XVIII), então seria esperável que Lagos e Badagri se tornassem grandes canais para tal movimento. Para os proprietários de escravizados na África e nas Américas, bem como em um meio de passagem conduzido pela revolta, escravizados adultos masculinos, por mais valiosos que fossem, eram um problema potencial e uma despesa, particularmente quando em trânsito. Uma rota direta entre a venda inicial ou a captura e o embarque era essencial para sustentar os lucros. A maioria das narrativas de escravizados que indicam uma rota lenta e sinuosa para a costa são baseadas em experiências de crianças fáceis de controlar.

O segundo passo para estimar uma presença de falantes de iorubá na era pré-1820 foi distribuir a partida de pessoas escravizadas ao longo do tempo dentro do Golfo de Benim. Felizmente, tanto os dados sobre tais partidas quanto os padrões da história pré-colonial da Costa da Escravidão – sobretudo do Golfo de Benim – são os mais bem documentados de qualquer região que forneceu grande número de pessoas submetidas ao cativeiro para o Novo Mundo. A Tabela 2.3 fornece a distribuição portuária estimada, com informações diretas de uma versão atualizada do banco de dados TSTD. Assim, demonstra-se primeiramente a forte preponderância dos portos da região ocidental e central da Costa dos Escravizados no envio de pessoas em cativeiro para as Américas no século XVII e no início do XVIII. Por certo, demonstra-se, sobretudo, o extraordinário protagonismo de Uidá no primeiro quarto do século XVIII, pouco antes da conquista do porto por Daomé. Essa preeminência não se deu apenas no Golfo de Benim, mas também provavelmente em toda a costa africana, onde durante certo tempo Uidá teve o maior volume de embarques para um único porto. Após a conquista, os portos imediatamente a leste de Uidá – primeiro Epe e depois Badagri – entraram no tráfico, bem como o porto de Popo a oeste, embora seja certo que antes daquele momento houvesse algum tráfico costeiro de escravizados desses portos até Uidá. As partidas de escravizados diretos de Epe começaram por volta de 1737, mas durante o segundo e o terceiro trimestres do século XVIII foi modesto esse deslocamento das

TABELA 2.3 – Estimativa de partidas de escravizados (em milhares) de portos no Golfo de Benim por quarto de século, 1650-1865

1651-1675	0	1	20,9	0	0	0	0	0	0	21,9
1676-1700	2,7	133,4	85,9	0	0	0	0	0	0,9	222,9
1701-1725	1,8	374,4	28,6	0	0	0	0	1,2	1,6	407,5
1726-1750	43,8	177,9	21,2	36	0	15,3	0	10,9	1	306,2
1751-1775	20,1	130,4	0,6	17,2	11,7	32,8	3,6	36,2	0,3	253
1776-1800	15	78,3	5,6	0,5	96,8	18,1	24	25,1	0,9	264,4
1801-1825	7,2	72,5	0,9	0	19,2	14,1	114,2	4,6	4,7	236,6
1826-1850	11,9	82,9	1,9	0	7,7	5,2	170,6	1,2	6,8	288,4
1851-1865	1,1	24,7	0	0	0	0	4,9	0	7	37,7
1651-1865	103,6	1.075,5	165,6	53,7	135,4	85,5	317,3	79,2	23,2	2.039

*Como o ponto de embarque era frequentemente chamado de "Popo", esta coluna combina "Pequeno Popo" e "Grande Popo", mesmo que esses portos estivessem a 24 quilômetros de distância. Para as viagens em que a distinção era feita, 95% embarcavam os escravizados em "Pequeno Popo".

Fonte: Eltis, Richardson e Behrendt (no prelo).

atividades do tráfico, que tendiam a sair de Uidá e se mover para o leste. Esse retardamento serviu para preencher a lacuna deixada pela destruição de Jakin, levada a cabo por Daomé em 1732. Epe e Badagri despacharam juntos menos de um terço do número de escravizados que deixaram Uidá entre 1726 e 1750, e as partidas de Popo representaram apenas um quinto das partidas de Uidá.

A Tabela 2.4 traz estimativas quinquenais de partida de escravizados para o período crítico de transição entre 1751 e 1800, durante o qual o Porto Novo tomou o lugar de Uidá como o principal porto de tráfico escravista. A característica marcante desse meio século foi a luta entre Daomé e os portos orientais por escravizados oriundos do interior do leste daomeano, e tão ao leste, de fato, quanto o Benim. Epe foi o principal porto oriental no início. Como Badagri, ele tinha negociações um pouco mais fortes com os franceses e era suscetível aos efeitos depressivos que as guerras europeias provocavam sobre o tráfico de escravizados. O Benim era menos afetado pelas guerras no Atlântico, pois atendia mais ao inglês geralmente vitorioso, esporadicamente a partir da década de 1720 e consistentemente a partir de meados da década de 1750, embora muitos desses cativos não viessem do Benim em si, mas de regiões administrativas adjacentes de língua edo e itsekiri (Ryder, 1969, p. 197-98). Durante 15 anos após 1755, Benim foi o principal ponto de partida desde a região leste do Golfo de Benim. Isso não indica necessariamente um aumento no tráfico de escravizados, porque é certo que alguns deles teriam saído em um período anterior via Uidá, Epe ou Badagri. Ademais, mesmo sem considerar os escravizados de Benim (e menos de Oió), Uidá ainda despachou entre duas e três vezes mais escravizados para as Américas naqueles anos que Benim. Badagri ultrapassou Benim por um breve período após 1770, como um ponto de contato direto com os europeus, talvez auxiliado por taxas alfandegárias mais baixas para comerciantes tanto africanos quanto europeus. Contudo, a instabilidade política dentro da federação distrital de Badagri logo interferiu no comércio, e quando Oió retirou a proteção que dava a

TABELA 2.4 – Estimativa de partidas de escravizados de portos no Golfo de Benim por períodos de cinco anos, 1751-1800 (em milhares)

1751-1755	4	28,1	0	0	8,4	0	1,8	8,6	51
1756-1760	9	21,7	0	0	0	0	7,2	0	37,8
1761-1765	4,8	30	0,6	1,6	4,1	0,6	10,1	0,9	52,7
1766-1770	3,7	21,7	0	5,6	2,7	1	11,3	4,5	50,5
1771-1775	2,2	29,8	0,6	4,4	13,1	2	9,4	0	60,9
1776-1780	3,2	18,8	1,6	17,8	6,8	1,8	3,2	0	53,2
1781-1785	1	21,7	2,5	8	2,7	3,2	5	0	44,2
1786-1990	0	12,1	0,9	33,9	3,3	8,4	7,4	0,3	66,3
1791-1995	11,5	16,5	0	11,8	1,9	6,6	2,2	0	50,4
1796-1800	4,6	15,5	0	15,3	1,4	3,3	0	0	50,3
1751-1800									2.039

*Como o ponto de embarque era frequentemente chamado de "Popo", esta coluna combina "Pequeno Popo" e "Grande Popo", mesmo que estes portos estivessem a 24 quilômetros de distância. Para as viagens em que a distinção era feita, 95% embarcavam os escravizados em "Pequeno Popo".

Fonte: Eltis, Richardson e Behrendt (no prelo).

essa região, Daomé formou uma aliança com outros portos orientais e lançou uma série de ataques, culminando na destruição tanto de Epe quanto de Badagri (Law, 1994, p. 32-59; Sorensen-Gilmour, 1999, p. 85-86). Mas é Porto Novo, mais do que Daomé, que emerge como o principal beneficiário da aliança, despachando mais pessoas em cativeiro do que qualquer outro porto da Costa dos Escravizados no último quarto do século XVIII. É impressionante como as estimativas quinquenais de partida de escravizados estão de acordo com o que é conhecido sobre a atividade política e militar daquele período, um conhecimento derivado tanto de tradições orais africanas quanto de relatórios europeus.

A dominação de Porto Novo não durou muito. As partidas de Lagos se expandiram entre quatro e cinco vezes no período entre o último trimestre do século XVIII e o primeiro trimestre do século XIX. Mas poucos eventos ocorridos no fim do século XVIII podem indicar o papel de Lagos como o principal ponto de embarque da Costa dos Escravizados do século XIX[18]. Cerca de mil escravizados partiram a cada ano da década de 1790, e os comerciantes escravistas britânicos quase dobraram essa média anual nos poucos anos anteriores a 1807. Mas a maior parte da quadruplicação das saídas anuais entre 1801 e 1825 ocorreu em razão das atividades do tráfico escravista português, sobretudo os que levavam escravizados para a Bahia. O tamanho da amostra em que se baseiam as estimativas para 1801-1825 da Tabela 2.3 é pequeno pelos padrões do conjunto de dados, mas adequado (o porto preciso de embarque é conhecido por apenas um quinto das pessoas que se estima terem sido levados em cativeiro), e é possível que a estimativa para Lagos seja muito alta; porém, ainda assim, o aumento de embarques de escravizados no início do século XIX deve ter sido substancial. Quando o comércio escravista transatlântico se encerrou, juntos Lagos e Uidá haviam embarcado 90% de todas as pessoas que embarcaram em cativeiro nos navios

---

18. Este parágrafo e o próximo são baseados em Eltis (1987, p. 168-169).

negreiros que atravessaram o Atlântico partindo da Costa dos Escravizados, sendo Lagos, sozinha, responsável por 60% delas antes do ataque britânico e da ocupação da ilha em 1851, 16 anos antes do fim do restante do tráfico transatlântico. A súbita retirada de Lagos do comércio escravista, por efeito do ataque britânico, devolveu a Uidá sua antiga posição de maior – por vezes, de fato, o único – ponto de embarque da Costa dos Escravizados.

A preeminência tardia de Lagos no tráfico escravista foi moldada em parte pela política e em parte por sua localização. Como no século anterior, Uidá oferecia um mercado menos atraente para os comerciantes de fora de Daomé, em comparação com Lagos e Porto Novo. A evolução do coletivo mercantil escravista daomeano independente da autoridade real estava, então, bem estabelecida. Menos deportados de Uidá foram capturados pelas forças de Daomé ou escravizados por elas na década de 1840 do que um século antes. No entanto, o controle estatal permaneceu, e as cidades-Estado do leste não só compraram quase todos os escravizados que venderam, como também deram oportunidades aos estrangeiros de comerciar por conta própria. Muitos representantes de empresas sediadas no Brasil, provenientes da comunidade afro-portuguesa, exerciam suas atividades em Lagos[19]. O porto dessa cidade também estava mais perto da maior fonte de escravizados do que os outros portos naquela época, dado que o colapso do Império de Oió provavelmente acarretou a escravização da maioria das pessoas que foram embarcadas para as Américas a partir da Costa dos Escravizados, depois de 1825. No entanto,

---

19. Sobre o tráfico escravista em Lagos na década de 1840, cf. Mann (2007), capítulos 1 e 2. A correspondência do Rei Kosoko – capturada pelos britânicos e publicada letra por letra nos *Sessional Papers* (vol. 22, 327-366, 1852-1853) da Câmara dos Lordes – demonstra o rei vendendo escravizados na Bahia, mas respondendo por menos do que 10% de todos os cativos vendidos em 1848 e 1849. Kosoko também encomendou a construção de seu próprio navio escravista na Bahia. Cf. tb. os anexos em H. Wide para Calhoun, 1º de novembro de 1844, Congresso dos Estados Unidos, H. Exec. Doc. nº 148, p. 28-29, 44-47. Sobre Uidá, cf. Law (1977a, p. 559-571; 1989b, p. 45-68).

Lagos também era mais suscetível ao ataque direto do mar do que esses outros grandes portos. O sistema de lagunas na região permitia que os escravizados fossem transportados rapidamente para pontos de embarque, além do conhecimento de patrulhamento de cruzadores, o que é uma das razões pelas quais o tráfico escravista durou mais tempo aqui do que em qualquer outro lugar. Mas, em nítido contraste com Uidá e Porto Novo, no caso de Lagos, uma frota marítima poderia bombardear as instalações dos comerciantes de escravizados e manter uma ocupação incorrendo em um custo menor do que o de uma ação similar contra quase qualquer outro grande centro de escravatura na costa da África Ocidental. Dois ataques britânicos foram necessários antes de Lagos ser ocupada, mas essa ocupação foi possível e acabou imediatamente com o tráfico escravista.

A terceira etapa na derivação de uma estimativa das partidas de iorubás é ligar determinados portos com nações africanas. Não há nada similar ao material espanhol para estimar o número de iorubás antes da década de 1820. Com efeito, como já lembrado, é possível que os registros se refiram não a um grupo conscientemente Iorubá, mas a falantes da língua iorubana. Uma primeira abordagem é desenvolver a discussão anterior sobre a relação entre a localização das principais nações africanas e os portos de embarque. A Tabela 2.2 mostra os iorubás embarcando em portos localizados mais próximos de sua terra natal. Considerando que esse parece ter sido um fenômeno universal para os povos do Velho Mundo que se deslocaram para o Novo, quer os imigrantes fossem forçados a entrar a bordo de navios, quer fizessem isso voluntariamente, não seria possível aplicar as proporções de etnicidade portuária da Tabela 2.2 a toda a era pré-1820? Para isso, é necessário primeiro agrupar os pontos de embarque mostrados na Tabela 2.3 em regiões ocidentais (Grande e Pequeno Popo), centrais (Uidá, Offra, Epe, Porto Novo) e orientais (Badagri, Lagos, Benim). A parcela de iorubás escravizados mostrados na coluna 8 da Tabela 2.2 é atribuída a esses três grupos para todo o período. Tais proporções são então utilizadas para converter as estimativas de partidas brutas da soma dos portos que compõem cada grupo da Tabela 2.3 em estimativas de partidas apenas de iorubás. A estimativa resultante do tamanho da diáspora iorubá é, portanto, uma função, primeiro de uma amostra detalhada da etnia em um período de 14 anos no século XIX e, segundo, de uma distribuição das partidas de escravizados a partir dos grupos de portos da Costa dos Escravizados por períodos de 25 anos, entre 1651 e 1867. Esse procedimento rende um total de 1,67 milhões para a diáspora iorubá, que se estende por 217 anos[20].

Surpreendida, uma boa parte dos historiadores considerará mecânica demais a decisão de deixar a estimativa, nessa fase de primeira passagem, dependente de uma distribuição retirada do século XIX. O que as fontes que não podem ser reduzidas a um banco de dados têm a oferecer sobre o assunto? A etnia dos cativos que deixaram o Golfo de Benim é menos conhecida do que as lutas militares e políticas entre comunidades costeiras que moldaram a partida desses cativos, e a visão geral da proveniência

---

20. A derivação é demonstrada na seguinte tabela:

Total de escravizados em Benim (em milhares)	Números estimados de escravizados partindo de agrupamentos de pontos de embarque expostos na Tabela 2.3 (em milhares)			Porcentagens estimadas de iorubás partindo dos principais pontos de embarque expostos na coluna 8 da Tabela 2.2			Partidas de iorubás estimadas (em milhares)
	Oeste	Centro	Leste	Popo	Uidá	Lagos	
1651-1675	21,9	0	21,9	0	12	80,9	98,9	17,7
1676-1700	222,9	2,7	220,2	0	12	80,9	98,9	178,5
1701-1725	407,5	1,8	404,6	1,2	12	80,9	98,9	328,7
1726-1750	306,2	43,9	235,9	26,3	12	80,9	98,9	222,1
1751-1775	253	20,1	160,1	72,7	12	80,9	98,9	203,8
1776-1800	264,4	15,1	181,8	67,4	12	80,9	98,9	215,6
1801-1825	236,6	7,3	94,5	135,6	12	80,9	98,9	211,4
1826-1850	288,4	12,2	94,7	181,3	12	80,9	98,9	257,4
1851-1865	37,7	1,4	30,3	6	12	80,9	98,9	30,7

de escravizados nesse golfo oferecida aqui resume o que já é conhecido, mais do que lhe trazer algo novo. Três grandes fases podem ser discernidas nos dois séculos depois de 1650: a primeira, até 1725; a segunda, desde a conquista de Uidá até a emergência de Lagos como o porto dominante, por volta de 1800; e a terceira, de 1800 até o encerramento do comércio de escravizados.

Uma expansão extremamente rápida do comércio escravista ocorreu no primeiro período, o que elevou os volumes ao nível mais alto jamais alcançado (pelo menos no Golfo de Benim) entre 1701 e 1725. O tráfico se processava ao longo de Uidá, Popo e Offra, portos que, se não "livres" no atual sentido europeu, certamente atraíam vendedores de escravizados a partir de 128 quilômetros ou mais do interior. Os cativos lucumi (incluindo iorubás e não iorubás) aparecem no início do século XVIII em Cuba (um mercado muito pequeno para escravizados naquele período), mas não há evidência de um forte componente iorubá nessa primeira fase do tráfico. O Caribe Britânico foi o principal mercado para pessoas cativas da Costa do Escravizados entre 1670 e 1714, quando o comércio escravista atingiu seu pico regional. As extensas fontes primárias sobre o comércio escravista britânico para esses anos mencionam muitos povos africanos, mas não tenho conhecimento de nenhum que identifique os escravizados como iorubás ou como outros povos que eventualmente foram englobados por esse termo. As referências muito ocasionais a grupos denominados Lucumi nos registros das Américas, bem como as baixas proporções desse mesmo grupo entre os cativos da Costa dos Escravizados apresentadas pelos observadores na costa africana, sugerem que eles não constituíam mais do que 12% das partidas do Golfo de Benim. Como nem todos os Lucumi eram falantes de iorubá, a proporção de pessoas iorubanas teria sido menor novamente[21]. As atividades de Daomé geraram uma grande proporção dos escravizados que deixaram o Golfo de Benim naquele momento, mas a ausência

---

21. A evidência é resumida e discutida por Law (1991c, p. 186-191; 1997a, p. 205-219, esp. 207).

de iorubás sugere que a expansão militar de Daomé foi para o norte, e não para o leste, com a agitação decorrente da queda do Império Akwamu a oeste. As atividades de Oió ao leste devem ter proporcionado números muito menores. A grande maioria dos escravizados enviados para as Américas deve ter sido Evé, Adja, Huea ou Fom, como abordado por Law (1997a, p. 207; 1997b, p. 101-104) e por Lovejoy e Richardson, em artigo não publicado.

A segunda fase abrangeu o declínio relativo de Uidá do fim da década de 1720 até sua substituição definitiva por Lagos como o principal centro de exportação do Atlântico no início do século XIX. As ações de Daomé contra os rivais sediados em lagunas no negócio de exportação escravista instigaram a apreensão de cativos e deslocaram a proveniência de escravizados para o sul – para mais perto da costa, mas a tentativa de Daomé de assumir um papel de intermediário e obter comercialmente cativos de fora de seu território teria em parte compensado esse deslocamento para o sul. Os portos orientais que surgiram nessa fase capturaram escravizados principalmente de falantes da língua iorubá ao leste, que eram afetados mais pelas atividades de Oió do que de seu principal rival a oeste, Daomé. A maioria dos cativos de Epe e Badagri vinha de Oió, muito ao norte e ao leste, e operou um desvio no fluxo que anteriormente passara por Uidá, e é provável que boa parte deles fosse falante de iorubá (Law, 1991c, p. 309-14; 1994, p. 32-59). Mas Badagri e Lagos juntos representavam apenas 15% de todos os deportados do Golfo de Benim na segunda metade do século XVIII. Pode-se postular a hipótese de uma mistura de povos de língua evé, fom, e gbe, bem como falantes de iorubá, com fluxo menor de cativos apreendidos da região etnicamente diversa do Delta do Níger e transportados via Benim.

Na terceira fase de partidas de escravizados, o equilíbrio entre falantes de iorubá e cativos Evé, Fom e Gbe se deslocou fortemente em direção aos primeiros. Como já observado, o papel intermediário de Uidá aumentou no século XIX, com mais cativos originários para além das fronteiras de Daomé. Sugere-se que esses escravos viessem principalmente do nordeste, pelo fato de que após 1810 mais da metade de cativos que partiram da Costa dos Escravizados para as Américas desembarcaram na Bahia. Então as tradições iorubá e, em muito menor grau, do povo Hauçá, não Evé-Fom, dominavam as comunidades de escravizados do século XIX na Bahia. No fim do século XVIII, por outro lado, em São Domingos – colônia que também obtinha muitos escravizados de Uidá – os iorubás eram quase tão numerosos quanto os Evé-Fom. Com base em 221 inventários de escravizados na região da Bahia entre 1737 e 1841, Verger 1976, p. 7) observou "a ausência quase total dos Nagô-Iorubá até o início do século XIX, e sua presença em massa por volta de 1830 [...] Daomeanos estão presentes desde o início"[22]. Após 1851 e a supressão do tráfico escravista para o Brasil e Lagos, Uidá paradoxalmente parecia alargar sua área de captura, pois os escravizados que teriam passado por Bonny eram agora embarcados na Costa dos Escravizados, mas os volumes naqueles últimos anos eram apenas 2 mil por ano em média, em comparação com 11 mil no período entre 1826 e 1850.

Uma estimativa mais baixa de partidas de iorubás é obtida ao se dividir todo o tráfico escravista tendo como referência o ano 1800. Antes desse marco, poderíamos assumir que só 10% de todos aqueles forçados a deixar o Golfo de Benim eram iorubás. Já para o século XIX, poderíamos aceitar a evidência de Havana, reforçada pela avaliação dos inventários de *plantations* baianas feitas por Verger, que postula um aumento maciço das chegadas de iorubás após 1800, depois de níveis muito baixos antes daquele ano. Dez por cento do total pré-1800 na última coluna da Tabela 2.3 é 147,6 mil, e a parcela pós-1800 do total de iorubás, estimada anteriormente (cf. nota   ), é de 499,4 mil. A estimativa total de partidas de iorubás para todo o período é, portanto, de 647 mil.

A distância entre as maiores e as menores estimativas – de 1,67 milhões e 650 mil, respectivamente – é grande a ponto de desconfortar, mas a discussão anterior e as novas estimativas

---

22. Sobre São Domingos, cf. Geggus (1989, p. 23-44) e Eltis (1987, p. 169-170).

de saída de escravizados desde a região do Golfo de Benim nos permitem ao menos nos concentrar no que precisamos saber e nas outras suposições que podem ser necessárias. Em resumo, sabemos que relativamente poucos iorubás (ou aqueles que mais tarde passaram a ser chamados de iorubás) partiram para as Américas antes da conquista de Uidá – talvez não mais do que 10% de todos aqueles que partiram do Golfo de Benim. A estimativa mais alta está certamente errada em sua suposição de que quatro a cada cinco deportados de Uidá e Offra eram falantes de iorubá antes de 1726. Na outra ponta do espectro temporal, temos a amostra de Havana sugerindo que quase 9 em cada 10 dos que foram forçados a embarcar desde o Golfo de Benim depois de 1800 eram iorubás, em sua acepção mais ampla. Entre 1725 e 1800, e com efeito para qualquer período antes de 1800, podemos supor que quase nenhum dos que saíram dos portos ocidentais do golfo beninense eram falantes da língua iorubana. Pontos de embarque orientais como Badagri e Lagos, em contraste, devem ter despachado principalmente falantes de iorubá, mas entre 1726 e 1800 esses portos enviaram apenas cerca de 93 mil escravizados para o tráfego – pouco mais de mil por ano – e nenhum antes de 1726[23]. A principal área problemática, e uma das principais fontes da grande diferença entre as estimativas maiores e menores, é a baía central dos portos de Benim, particularmente Uidá, durante os últimos 75 anos do século XVIII. Na atualidade, não é possível ter nenhuma certeza sobre como se identificavam as quase 600 mil pessoas que foram embarcadas nesses portos durante esse período.

No entanto, algumas suposições adicionais, amplamente consistentes com as tendências estabelecidas na fortuna crítica, permitem

---

23. Seria possível defender a inclusão do Porto Novo no grupo oriental para esta avaliação. Qualquer viés resultante da decisão de manter Porto Novo no grupo central de portos, no entanto, é compensado pela inclusão, no grupo oriental, do porto de Benim. Esse foi o principal porto de comércio escravista do leste entre 1726 e 1775 e teria introduzido altas proporções de Edo, povos do Delta ocidental e outros não iorubás no tráfico, embora faltem provas concretas da etnia dos cativos que deixaram tal porto antes da década de 1770.

a construção de uma terceira estimativa de partidas. Para os portos centrais, parece razoável projetar um aumento gradual, ainda que acelerado, dos deportados de língua iorubana ao longo do tempo, desde a década de 1720 até o início do século XIX, com a maior parte dessa aceleração ocorrendo no fim do período, em razão da desordem causada pelo declínio do Império de Oió. Assim, supomos um aumento de 10% dos iorubás no primeiro quarto do século XVIII, em incrementos de 16% sobre cada um dos próximos três quartos do século – ou seja, 26% em 1726-1750, 42% em 1751-1775 e 58% em 1776-1800. Depois de 1800, assumimos um aumento mais substancial, ocasionado pelo declínio de Oió, chegando aos 81% fundamentados pelos dados de Havana. Para os números relativamente pequenos que partiram dos portos ocidentais antes de 1800, 5% de iorubás podem ser assumidos, e para os portos ocidentais a proporção de 98,9% de escravizados iorubanos, usada no primeiro conjunto de estimativas, é mantida. Essas suposições geram as estimativas mostradas na coluna 1 da Tabela 2.5 e constituem a série preferida. Deriva-se dela uma migração total de 968 mil iorubás, dois terços dos quais partiram para as Américas entre 1776 e 1850 – com os anos de pico ocorrendo entre 1826 e 1850[24].

---

24. A derivação revisada – refletida nas colunas 5 a 8 – é demonstrada na seguinte tabela:

	Total de escravizados em Benim (em milhares)	Números estimados de escravizados partindo de agrupamentos de pontos de embarque expostos na Tabela 2.3 (em milhares)			Estimativas revisadas das porcentagens de iorubás partindo dos principais pontos de embarque expostos na coluna 8 da Tabela 2.2			Partidas de iorubás estimadas (em milhares)
		Oeste	Centro	Leste	Oeste	Centro	Leste	
1651-1675	21,9	0	21,9	0	5	10	98,9	2,2
1676-1700	222,9	2,7	220,2	0	5	10	98,9	22,2
1701-1725	407,5	1,8	404,6	1,2	5	10	98,9	41,7
1726-1750	306,2	43,9	235,9	26,3	5	26	98,9	89,5
1751-1775	253	20,1	160,1	72,7	5	42	98,9	140,1
1776-1800	264,4	15,1	181,8	67,4	5	58	98,9	172,9

A Tabela 2.5 também mostra uma estimativa de como esses totais por quarto de século se distribuíram pelas Américas. O método usado para derivar essa série é descrito mais detalhadamente em outros lugares. Em resumo, o banco de dados transatlântico revisado informa um destino americano para 849 mil escravos que deixam o Golfo de Benim entre 1651 e 1865, de um total projetado de pouco mais de duas milhões de partidas. Esse grande número fornece uma base para estimar os destinos que não estão especificados, embora os leitores devam notar que, nessa fase, não tentamos separar o destino dos iorubás daqueles reservados aos não iorubás (Eltis; Richardson; Behrendt, no prelo, cap. 3). Dado que a mortalidade média na passagem pelo oceano era de cerca de 13,4% (com base em 756 viagens deixando o Golfo de Benim), os dados da Tabela 2.5 não devem ser confundidos com chegadas. Talvez somente 838 mil sobreviventes tenham desembarcado nas Américas e em Serra Leoa. Não é preciso enfatizar a dificuldade desse exercício. A proporção de falantes de iorubá entre os deportados de 1726 a 1800 pode muito bem ter seguido uma curva mais dramática do que a usada para derivar a Tabela 2.5. Há poucas dúvidas de que essa primeira tentativa de reconstruir a diáspora para uma língua africana (e eventualmente uma etnia) será refinada no futuro, à medida que mais informações se tornarem disponíveis.

A tabela mostra uma diáspora notavelmente dispersa. Os falantes de iorubá constituíam menos de 9% dos africanos levados para o Novo Mundo, mas foram transportados para a maioria dos territórios americanos entre Chesapeake no norte e o Rio da Prata no sul. No século anterior a 1850, nenhum grupo de imigrantes europeus se estendeu por tantos territórios das Américas, ou se aproximou do número de falantes de iorubá[25]. Apesar disso, os destinos de bem mais de dois terços dos iorubás se concentravam

---

25. Os portugueses e britânicos foram os que mais chegaram perto disso, antes de 1850, mas cada um desses países enviou talvez apenas dois terços do total de iorubás (cf. Eltis, 2002, p. 62-63).

TABELA 2.5 – Série preferida de partidas de cativos falantes de iorubá da África e seus destinos nas Américas por quarto de século, 1651-1867 (em milhares)

	Número estimado de iorubás	Continente Britânico, América do Norte	Ilhas de Sotavento Britânicas	Ilhas de Barlavento Britânicas e Trinidad	Jamaica	Barbados	Guianas	Ilhas de Barlavento Francesas
1651-1675	2,2							2,2
1676-1700	22,2		0,6		4,4	7,6	0,7	0,7
1701-1725	41,7	0,5	0,8		6,7	3,6	4,6	5,1
1726-1750	89,5	0,4	2,4		4,1	2,2	9,8	25,2
1751-1775	140,1	2,6	1,6	2,2	20	2	2,1	8
1776-1800	172,9		0,4	10,9	18,7	1,3	1,7	2,4
1801-1825	211,4	1,4		3,6	5,9	1,5	7,1	1
1826-1850	257,4			2,8		1,5	0,4	1,2
1851-1867	30,7							
Período total	968,2	4,9	5,7	19,5	59,9	19,7	26,5	45,7

(*Continua*)

TABELA 2.5 – Série preferida de partidas de cativos falantes de iorubá da África e seus destinos nas Américas por quarto de século, 1651-1867 (em milhares) (*continuação*)

	São Domingos	América Hispânica	Caribe Hispânico	Caribe Holandês	Nordeste do Brasil	Bahia	Sudeste do Brasil	Outras Américas	África
1651-1675									
1676-1700		0,3		1,4		4,8		1,6	
1701-1725	6,3	1,5	0,1	3	0,1	9,1	0,1	0,1	
1726-1750	39		0,3	0,9	0,7	4,7		0,5	
1751-1775	49,8		0,3	0,4	0,7	50,6		0,3	
1776-1800	54,7		2,9			79,3		0,2	
1801-1825		0,7	5,6		3,8	175,2	977		7,8
1826-1850			65,6		1,7	116,2	28,4	5,4	32,4
1851-1867			25				2,2		1,8
Período total	149,9	2,5	99,8	5,7	6,9	439,8	31,7	8,1	41,9

Fonte: Eltis, Richardson e Behrendt (no prelo); cf. texto.

em apenas três locais: São Domingos, Cuba (que representa quase toda a coluna do Caribe Espanhol na Tabela 2.5) e Bahia. Notavelmente poucos iorubás chegaram ao Caribe Britânico, exceção feita às ilhas de barlavento britânicas e Trinidad, no curto intervalo de 1792 a 1807, o período entre o fim da guerra do tráfico francês e a abolição britânica do comércio de escravizados. Vinte mil embarcaram para a Jamaica no terceiro quarto do século XVIII, mas tanto aqui como nas ilhas de barlavento britânicas e em Trinidad e Tobago, eles representavam menos de 7% de todos os africanos levados para essas ilhas naquela época. É muito provável que os iorubás não fossem o maior grupo linguístico africano transportado para as Américas na era do tráfico escravista; embora chegassem a formar a grande maioria das pessoas que deixaram o Golfo de Benim, em apenas um destino – a Bahia – eles chegaram a constituir até dois quintos das chegadas de pessoas escravizadas, entre todas as regiões americanas de recepção[26]. Como mostra a Tabela 2.5, os iorubás entraram tardiamente no comércio de escravizados e em geral o fizeram em volumes de pico, conforme os fortes laços entre determinados locais na África e nas Américas, aparentes no início do tráfico, começaram a se romper. Cuba, em particular, tendo recebido mais de 95% de seus escravizados após 1790, atraiu números significativos de africanos de todas as partes da África subsaariana, exceto Senegâmbia e a costa nordeste. O número máximo de chegadas de iorubás em Cuba não pode ser mais do que 12% e certamente representou menos de 20% das pessoas levadas para São Domingos. Na Bahia, por outro lado, é possível que os iorubás totalizassem quase 40% e fossem o maior entre os grupos tomados individualmente[27].

---

26. Mesmo aqui, as evidências obtidas dos registros de inventário de Salvador, a maior cidade da então província da Bahia, indicam uma proporção muito menor de iorubás – apenas um quinto. Cf. Reis (1993, p. 140).

27. Essas proporções são derivadas pela comparação da coluna 1 na Tabela 2.5 com estimativas do total de partidas desde diferentes regiões nas Américas – cf. Eltis, Richardson e Behrendt (no prelo). Para a confirmação do pequeno número de iorubás no Caribe britânico, cf. o detalhamento da

Toda essa discussão sobre a direção da diáspora iorubá não leva em conta as migrações secundárias que ocorreram quando o tráfico escravista chegou ao seu fim. O movimento de milhares de iorubás de volta para suas terras natais, retornando de Serra Leoa, do Brasil e de Cuba, é agora bem conhecido (Kopytoff, 1965, esp. p. 44-60; Sarracino, 1988, p. 47-124)[28]. Embora pareça que o povo iorubá tenha sido particularmente proeminente em tais esforços de retorno à África, é improvável que essa volta de repatriação tenha sido grande em comparação com a saída – talvez não tenha chegado a alguns milhares. Em número, mais importantes foram os deslocamentos de uma parte da diáspora para outra. Cerca de 40 mil africanos foram levados para o Caribe Britânico após 1834, sobretudo para Jamaica, Guiana Britânica e Trinidad, entre os quais é provável que não mais do que um quinto fosse falante de iorubá. Eles vieram principalmente de Serra Leoa, onde os resgatados pelos navios britânicos foram, primeiro, registrados e, em seguida, reassentados dentro da colônia. Contudo, os navios também os traziam de Santa Helena, Rio de Janeiro e Cuba (Asiegbu, 1969; Northrup, 1995; Schuler, 1980). A maior, ao menos entre as mensuráveis, recolocação dentro da diáspora ocorreu antes do fim da escravidão, quando os plantadores se mudaram com ou enviaram seus escravizados para outras partes das Américas. O Caribe Francês, como já vimos, recebeu o segundo maior contingente de escravizados de língua iorubá das Américas. Os plantadores franceses deixaram as Antilhas Menores francesas com seus cativos no fim do século XVIII, deslocando-se para Trinidad

---

análise dos dados de registro de escravizados feita por Barry Higman (1984a, p. 442-458). Uma estimativa alternativa com base nos registros de inventário de Salvador, a maior cidade da Bahia, traz uma proporção muito menor de iorubás do que aqui sugerido: apenas um quinto. Cf. Reis (1993, p. 140).

28. Fontes britânicas, especialmente FO 84 no Gabinete de Registros Oficiais, contêm muito material sobre esse assunto, material esse que ainda está para ser explorado, inclusive o caso notável do "San Antonio" (código da viagem 3456 em *TSTD*). Em 1844, esse navio transportou, na sua viagem de ida, africanos livres que haviam pagado pela passagem para voltar até a região de Lagos. Na volta, a embarcação tentou retornar para Cuba trazendo pessoas escravizadas.

e Tobago antes de esses territórios se tornarem britânicos. Outros deixaram São Domingos para Louisiana e Cuba antes e depois da emergência da Revolução Haitiana, a revolta de escravizados mais bem-sucedida da história. A migração secundária e a de retorno são muitas vezes dramáticas, mas devemos mantê-las em proporção com a diáspora como um todo. Certamente, muito menos de 10% das pessoas enumeradas na coluna 1 da Tabela 2.5 mudaram-se para regiões completamente novas, seja no Velho Mundo, seja no Novo, após sua migração forçada inicial. A migração de retorno à África aponta para as aspirações dos iorubás, e não para a realidade de sua experiência, ao menos na maioria dos casos.

Por fim, vale notar que os idiomas e, mais amplamente, as culturas de alguns grupos parecem migrar com mais facilidade e sucesso do que outros. Assim, os falantes de alemão – que foram o maior grupo europeu a migrar para a América do Norte no século XVIII (superando, de fato, o número de falantes de iorubá antes de 1808) e ainda tiveram o acréscimo de muito mais migrantes em meados do século XIX – parecem ter se integrado à sociedade anfitriã com notável rapidez, além não terem acrescentado muitos elementos facilmente distinguíveis como "alemães" à cultura dessa sociedade. Dentro da história de migração forçada dos povos africanos, os iorubás estiveram entre os últimos a chegar, e não eram nem os mais numerosos nem os menos espalhados pelas Américas. Estimativas razoavelmente precisas para outros grupos ainda ficarão disponíveis, mas é provável que os Igbo e alguns povos do centro-oeste africano fossem maiores e mais concentrados do que os iorubás – os Igbo em partes do Caribe Britânico e alguns dos que foram denominados grupos do Congo no sudeste do Brasil. Porém, o impacto da cultura iorubana nas sociedades crioulas que surgiram em muitas partes das Américas parece, aos olhos dos pesquisadores modernos, ter sido forte e, à luz das evidências aqui apresentadas, desproporcional em relação ao tamanho relativo das chegadas de iorubás. Os "sobreviventes" Igbo em Chesapeake receberam muita atenção, mas as comparações com iorubás no continente americano como um todo apontam, contra as expectativas, para uma relativa fraqueza das tradições orais dos Igbo, especialmente no que diz respeito a canções, rituais religiosos, histórias, provérbios e assim por diante.

Nas plantações do oeste de Cuba, em qualquer ano do século XIX, os iorubás não tiveram outra escolha senão misturar-se com povos mais numerosos, como os Susu oriundos de Serra Leoa e Guiné-Conacri; os Igbo de todo o território hoje atribuído ao sudeste da Nigéria; com os Yao do sudeste da África e com os Lunda do Vale do Kasai em Angola. Não havia ali nenhum grupo específico numericamente dominante. A ilha, de fato, recebeu a maior mistura de povos africanos do que qualquer outra grande região das Américas. Os *cabildos* de Havana e os rituais da religião politeísta Santeria – praticados por grande número de afro-cubanos – podem ou não ter sido imediatamente reconhecidos, por exemplo, pelos povos Egba, Ijeba ou Ijexá da África Ocidental, mas seria difícil encontrar muitas de suas raízes na África não iorubá.

Em Trinidad, uma situação semelhante existia em uma escala muito menor. Os falantes de iorubá estavam, sem dúvida, representados entre os escravizados por plantadores franceses que chegaram a convite do governo colonial espanhol antes do domínio britânico. Comerciantes de escravizados ingleses trouxeram mais iorubás imediatamente após a anexação britânica, depois de voltarem com força para a antiga Costa dos Escravizados, após o colapso do tráfico escravista francês, e um terceiro afluxo veio sob a forma de trabalhadores registrados de Serra Leoa. No entanto, fluxos muito maiores chegaram de outras partes do ocidente e do centro-oeste africano, e o número de iorubás entre os 13.984 cativos africanos identificados no primeiro registro de escravizados de Trinidad em 1813 só pode ser descrito como diminuto (Higman, 1984a, p. 449). Ele contrasta de maneira estranha com a grande presença iorubana detectada na língua, na religião e, com efeito, nas comunidades, tanto urbanas quanto rurais, que foram identificadas como iorubás já no fim do século XIX e no início do século XX (Warner-Lewis, 1990, p. 9-20; 1996)[29]. Mais uma vez é difícil evitar a conclusão de que a influência iorubana era desproporcional ao seu número. É possível encontrar todo tipo de comentário imaginável sobre os povos africanos nos registros europeus, mas a opinião de Aimé de Verteuil enunciada em 1858 foi repetida por muitos outros no século XIX, bem como por seus vizinhos modernos na África. Os iorubás, disse ele, "foram guiados em grau marcado pelo senso de associação; e [...] o princípio de combinação para o bem comum tem sido plenamente sustentado onde quer que eles se tenham estabelecido, qualquer que tenha sido seu número; de fato, pode-se dizer que toda a raça iorubana forma uma espécie de liga social de apoio e proteção mútua" (Aimé de Verteuil, 1858, p. 175 *apud* Warner-Lewis, 1990, p. 44).

Na Bahia, como já observado, os falantes de iorubá formaram uma proporção maior de africanos do que em Cuba ou Trinidad, mas ainda eram uma minoria. Mesmo deixando de lado acontecimentos espetaculares, como a rebelião de escravizados baianos em 1835, quando os iorubás constituíram mais de três quartos dos rebeldes levados aos tribunais, a presença iorubana aqui é a mais forte e a mais bem documentada do que qualquer povo africano em qualquer região americana (Reis, 1993, p. 140; Verger, 1976). De todos os laços transatlânticos estabelecidos entre a África e as Américas durante a era do comércio escravista, o que se estabeleceu entre a Bahia e o Golfo de Benim foi provavelmente o único que, após a supressão desse tráfico, prosseguiu com base em mercadorias, embora com médias de valor extremamente reduzidas. Um mercado de têxteis iorubás na Bahia perdurou na segunda metade do século XIX, apesar da revolução da manufatura têxtil no Atlântico Norte.

Por certo, o ambiente americano foi decisivo na formação de todas as sociedades do Novo Mundo – inclusive as europeias e africanas. Mas o caso dos iorubás sugere que nem todas as culturas que chegavam tinham papéis proporcionais ao seu número

---

29. Para padrões similares em Guiana e Belize, cf. Olawaiye (1980).

de pessoas no contexto de interação tanto dos povos migrantes entre si quanto na relação deles com o ambiente, interação essa que produziu as sociedades crioulas. Ao analisar a crioulização, não se pode nem simplesmente confiar no número relativo de pessoas dos diferentes povos – sejam africanos, sejam europeus –, nem se pode ignorar por completo a origem dos migrantes. Os historiadores talvez devessem prestar mais atenção à origem dos migrantes, ou pelo menos dos migrantes africanos coagidos, mas, em última análise – e talvez por ironia, dada a natureza deste ensaio –, o tamanho de um grupo não é necessariamente um indicador confiável do impacto desse grupo.

Nota: Por seus comentários sobre versões anteriores desse ensaio, estou em dívida com Stanley L. Engerman, Paul Lovejoy, Ugo Nwokeji, Philip Morgan e David Richardson, bem como com os participantes do Seminário de História da Universidade Johns Hopkins, realizado em novembro de 2002, e do Columbia Seminar sobre a História do Atlântico, que ocorreu na Universidade Estadual de Nova York em Stony Brook, em fevereiro de 2003.

3

O FATOR IORUBÁ NO TRÁFICO TRANSATLÂNTICO DE ESCRAVIZADOS

Paul E. Lovejoy

Por meio de dados demográficos, este capítulo procura explicar a forte influência iorubá na diáspora africana nas Américas, bem como na África Ocidental, desde o fim do século XVIII. Segundo o capítulo anterior, escrito por David Eltis, quase metade dos escravizados que deixaram os portos do Golfo de Benim eram iorubás, o que representava cerca de um milhão de pessoas[30]. A escala da migração, fortemente concentrada no período de 1780 a 1850, faz da passagem de iorubás pela diáspora uma das maiores migrações transatlânticas até aquela época, pois ela rivaliza com todos os outros grupos étnicos africanos, e até mesmo europeus, em escala de reassentamento. Essa tentativa de estimar quantos iorubás foram movidos à força, bem como para onde e quando foram, levanta questões sobre o sentido do conceito "iorubá" e de termos correlatos, no sentido de quais são as pessoas a que se referem.

Os iorubás estavam presentes nas Américas desde pelo menos o início do século XVII, conhecidos sob as denominações "Lucumi" e "Nagô". Seu número aumentou durante o século XVIII, tornando-se particularmente significativo em suas últimas décadas e sobretudo no século XIX, quando se tornou o mais importante agrupamento etnolinguístico no comércio do Golfo

---

30. Cf. Eltis (cap. 2 desta obra).

de Benim. No século XVIII, muitos iorubás foram levados para o Caribe Francês e para a Bahia, enquanto no século XIX eles foram sobretudo para a Bahia, depois para Cuba e, em razão das medidas antiescravistas do Império Britânico, para Serra Leoa e Trinidad. Ao determinar os contornos gerais do deslocamento da população desde o Golfo de Benim, meu propósito é, em primeiro lugar, estimar suas origens étnicas e, em segundo lugar, fornecer o contexto para os dados biográficos que foram reunidos sobre os indivíduos escravizados.

A questão de quem deve ser identificado como iorubá suscita o dilema complicado de definição da etnia e importância relativa de uma nomeação reconhecível para tal definição. Robin Law demonstrou que os vários termos ("Lucumi", "Nagô", "Aku", "Iorubá") têm sua própria história, e o uso do termo "Iorubá" foi mais do que uma conveniência. Os cristãos iorubás adotaram conscientemente o termo em meados do século XIX, para descrever o agrupamento pan-étnico e linguístico que se tornara coeso nas Américas, em Serra Leoa e nos lugares onde, esperava-se, uma consciência semelhante da própria Iorubalândia fosse desenvolvida[31]. Como Adediran (1984, p. 54-70) indicou, as diferentes designações dos subgrupos étnicos iorubanos são complexas e intimamente ligadas a desenvolvimentos históricos e localidades específicas[32]. A escolha do termo "Iorubá" é de certo modo curiosa, em especial porque tem origem muçulmana e foi adotado pelos cristãos. Os intelectuais que surgiram entre os repatriados estavam comprometidos com uma agenda nacional que exigia uma identidade pan-Iorubá específica, como Matory (1999c, p. 72-103) mostrou em sua discussão sobre a influência dos "pensadores iorubanos" no desenvolvimento da consciência étnica na Bahia na última parte do século XIX, embora não esteja claro por que eles usaram uma palavra muçulmana para se descreverem como

---

31. Law fornece um resumo útil sobre a adoção do termo "Iorubá" no meio da elite cristã de Serra Leoa no século XIX.

32. Adediran argumenta que houve uma percepção consciente da herança e da etnia comuns bem antes da adoção de um termo comum.

uma comunidade. Nem Law nem Matory abordam essa questão; contudo, sugiro que, tanto simbólica quanto figurativamente, o termo escolhido é relevante. Seu uso enfatiza a importância do Islã para ajudar a moldar a coesão étnica entre aqueles que vieram a se ver como "iorubás". Com efeito, empregar um termo muçulmano serve para corrigir a subestimação do Islã na discussão sobre a gênese dos iorubás como um grupo étnico, e assim reforça a análise de John Peel em sua discussão sobre o papel da religião na "criação dos iorubás"[33]. Ao examinar a etnia iorubana, é necessário entender o papel do guarda-chuva da língua, a semelhança na cultura expressa pelas práticas de divinação e por sua visão de mundo, bem como a inter-relacionada tradição histórica das origens comuns a partir de Ifé. O papel do cristianismo e do islamismo na formação da etnia foi profundo, como Peel argumentou ao abordar seu significado e a mudança dele mudou ao longo do tempo.

O conceito de "Iorubá" tem sido uma categoria descritiva para pessoas que falam uma língua comum no interior do Golfo de Benim desde pelo menos o século XVI, e provavelmente ainda antes (Hunwick; Harrak, 2000). A primeira referência ao termo está nos escritos de Ahmed Baba em 1613, mas é possível inferir que Baba estava descrevendo uma etnia que já existia há algum tempo. Ademais, é quase certo que a referência não estava restrita a uma seção particular dos iorubás, como os Oió, que na época eram apenas uma comunidade menor. Yarabawa, em língua hauçá, refere-se a pessoas, não a um lugar, ou seja, ao povo Iorubá, o que sugere um país, não necessariamente um Estado político. Mais uma vez, o uso da expressão entre os Hauçá parece ser anterior à ascensão de Oió e, portanto, parece ter tido uma conotação mais ampla do que qualquer Estado em particular[34]. Da mesma forma,

---

33. O reconhecimento de um forte fator "islâmico" entre os Iorubá tem uma exceção importante em Peel (2000).

34. Para uma leitura diferente, que equaciona "Iorubá" com "Oió", cf. Law (1977b, p. 5). Law fundamenta sua conclusão nas observações de H. Clapperton (1966, p. 4).

o termo mais antigo usado nas Américas ("Lucumi") parece ter tido conotação genérica, e é provável que não se referisse em específico a um Estado ou grupo particular de iorubás. Apesar disso, tal como ocorre com a palavra "Iorubá", "Lucumi" às vezes presume uma referência a Oió, Ifé ou Ijebu (Law, 1997a, p. 207)[35]. Contudo, a palavra surge nas Américas quando Oió entra em sua fase imperial. Tal como utilizado por Alonso de Sandoval no início do século XVII, ela se referia nitidamente a uma categoria ampla de pessoas ou a uma região que pode ter incluído outras, de povos que não falavam iorubá, talvez englobando áreas onde essa língua era ainda assim compreendida. Lucumi foi, portanto, um fator significativo no início do tráfico no Golfo de Benim. A associação do termo com outras identificações, tais como Lucumi Kakanda e Lucumi Arara, sugere que ele tem um significado que incluía outras designações não iorubás de origem (Sandoval, 1987, p. 104-126)[36].

O termo "Nagô" como usado no Brasil e nas colônias francesas não aparece antes do início do século XVIII (Law, 1997a, p. 208). A palavra deriva de "Anagô", um subgrupo iorubano que vivia ao leste do Rio Weme, mas nas Américas teve seu uso derivado de um conceito genérico da terminologia dos povos Fom e Aladá para todos os iorubás. A equação de Anagô com um termo geral para os iorubás provavelmente reflete a situação histórica que espremia a terra natal desse povo entre as atividades expansivas, por um lado, de Aladá e depois Daomé e, por outro, de Oió. A terra de Anagô era vulnerável à invasão de Aladá e Daomé a oeste, e assim, entre as línguas gbe, "Nagô" tornou-se o termo para todos os iorubás. A adoção dele no Brasil pode muito bem refletir o fato de que muitos dos primeiros iorubás a chegar lá foram de fato Anagôs, que parecem ter sido

---

35. Cf. tb. Thornton (1998, p. 112), que cita documentos que datam até 1547. Sobre a ascensão do Império Oió, cf. Law (1977b, p. 37-44, 56-60).

36. Para uma leitura diferente, cf. Eltis (cap. 2 desta obra). Cf. tb. Thornton (1998, p. xxii-xxiii, 112).

dizimados na luta pelo poder entre Aladá, Daomé e Oió. Nem "Lucumi" nem "Nagô" foram utilizados em Serra Leoa, onde um grande número de resgatados iorubás foram estabelecidos no século XIX, o que é compreensível, porque esses resgatados não passaram pelo filtro da terminologia gbe e não foram identificados de acordo com o uso espanhol em Cuba ou com a nomenclatura brasileira. Em vez disso, o termo "Aku" foi usado como uma designação étnica, aparentemente por refletir uma saudação comum aos iorubás (Fyfe, 1962, p. 170).

A questão da etnia iorubana é ainda mais complicada porque muitos cativos estão associados direta ou indiretamente a Oió, que não só era uma fonte de iorubás escravizados mas também estava envolvido no trânsito do comércio de pessoas escravizadas, algumas das quais se aculturaram como iorubás. Esses cativos de língua iorubana entraram no comércio escravista no século XVIII por meio de Oió, em especial no período sob o Alafim Abiodun e o desenvolvimento da rota através de Egbado até Porto Novo como meio de contornar Daomé (Morton-Williams, 1964b, p. 25-45). Embora as origens de muitos desses escravizados sejam desconhecidas, eles foram, ainda assim, chamados de "Oió". Outros iorubás podem ter sido incluídos no nome geral usado pelos portugueses para essa seção da costa, "Mina", embora o termo tenha sido usado de modo mais genérico para os grupos linguísticos Gbe. Pode-se supor que muitas pessoas designadas por "Nagô", "Lucumi", "Aku" ou "Iorubá" provavelmente não falavam a língua iorubana como sua primeira língua, e é certo que alguns indivíduos tinham múltiplas identidades étnicas e falavam mais de uma língua. Entretanto, com a desintegração de Oió no início do século XIX, os escravizados que na verdade deveriam ser identificados como oriundos desse império tornaram-se numerosos. Além disso, como a religião também se tornou um indicador das origens étnicas no século XIX, as pessoas identificadas como iorubás incluíam muçulmanos e cristãos, bem como aqueles que consultavam *orixás*.

Escala de exportação dos povos falantes de iorubá

O número de africanos escravizados que partiram dos portos do Golfo de Benim entre 1650 e 1865 foi estimado em pouco mais de 2 milhões de pessoas[37]. De acordo com Eltis, os iorubás constituíram a maior proporção da população deportada, talvez chegando a 968.200 do número total de pessoas. As evidências históricas indicam a presença iorubá nas Américas no século XVII, embora os números fossem pequenos naquele período. O número de iorubás aumentou ao longo do tempo, especialmente depois de 1715, como notou Law (1991c, p. 187), e atingiu seu pico somente no século XIX. Como Manning (1979, p. 125-129) demonstrou pela primeira vez, o comércio precoce do Golfo de Benim foi fortemente concentrado ao longo da lagoa ocidental, sendo os vários grupos Gbe (Eue/Fom/Aladá) os que mais sofreram em termos de perda populacional. Essas pessoas ficaram conhecidas nas Américas de várias maneiras, entre elas "Jeje", "Aladá", "Fom" e "Mahi", e algumas vezes apenas como "Mina" (Hall, 2002; Soares, 2000b, 2001). Os iorubás vieram em grande parte nos 100 anos após 1750, quando o número total de escravizados exportados desde o Golfo de Benim foi superior a um milhão de indivíduos, divididos quase que igualmente entre 1751 e 1800 e entre 1801 e 1865. O número de escravizados deportados caiu de modo substancial durante as guerras europeias entre os anos de 1790 e 1815. Apesar de a abolição britânica em 1807 ter sido um fator complicador, a eliminação dos navios holandeses e franceses do alto-mar foi a principal razão para o colapso do tráfico após 1793. Somente nos anos 1770 e 1780 os britânicos se envolveram com força na compra de escravizados do Golfo de Benim, por isso sua retirada

---

37. O número de africanos escravizados que deixaram o Golfo de Benim foi previamente estimado em 2.019.300; cf. Lovejoy (2000d, p. 51, 56, 146). A série preferida é derivada de uma análise de David Eltis (Eltis *et al.*, 1999). Uma pesquisa inicial sobre o banco de dados não retorna essa estimativa, mas sim um número consideravelmente menor (1.130.765), e isso parece ser devido ao número de indivíduos listados com origens regionais "não especificadas" (2.244.809).

após 1807 teve pouco efeito direto sobre o tráfico naquele local. O volume das exportações se recuperou depois de 1815, e especialmente entre o fim das décadas de 1820 e 1840, com o tráfico voltado sobretudo para Cuba e Bahia (Mann, 1996; Eltis, 1987).

Os dados demográficos revelam que as origens da população deportada mudaram ao longo do tempo. Inicialmente o comércio fluía de Oió para o litoral, via Aladá ou Daomé e Uidá. No último terço do século XVIII, os principais portos do tráfico haviam mudado em direção ao leste, primeiro para Epe e Porto Novo, depois para Badagri, e enfim para Lagos[38]. Esse deslocamento para o leste foi refletido por uma mudança no número relativo de iorubás entre a população escravizada que era então deportada; além disso, coincidiu com a grande migração iorubana para Bahia, Cuba e Serra Leoa. Antes da década de 1760, a esmagadora maioria dos escravos partiu de Uidá, e em menor escala de Keta, Pequeno e Grande Popo, a oeste de Uidá, e os portos de Aladá no Lago Nokué (Offra e Jakin) (Law, 1991c). Na década de 1760, com o porto de Uidá sob controle de Daomé, portos ao leste da cidade se tornaram importantes alternativas. Apesar dessa competição, os registros de partidas de escravizados revelam a importância contínua de Uidá. Seus competidores só ganharam uma parte significativa do mercado no fim da década de 1780. Um grande número de navios que fizeram transações comerciais no Golfo de Benim só é identificado como oriundo da "Costa da Mina", mas parece que em muitos casos isso se referia a Uidá[39]. Como Eltis demonstra, metade dos escravizados cujo porto de saída no Golfo de Benim é conhecido partiu de Uidá. Entre 1662 e 1863, sabe-se pelos registros que 272.500 entre eles deixaram Uidá. Por outro lado, entre os portos orientais, 189.100 partiram de Epe e Porto Novo, outros 85.500 de Badagri, e 317.300 de Lagos, que se

---

38. Patrick Manning foi o primeiro a reconhecer a importância dessa mudança para o leste; cf. seus trabalhos (Manning, 1979, p. 107-141; 1982).

39. Sobre a importância relativa de Uidá no tráfico do Golfo de Benim, cf. Eltis, Lovejoy e Richardson (1999) e Law (2004).

tornou o porto principal no século XIX (Eltis, cap. 2 desta obra; Mann, 1996). Estes últimos juntos representam 591 mil cativos, em comparação com os milhões que partiram de Uidá. Na década de 1790 e na primeira década do século XIX, o comércio nesse porto quase entrou em colapso, quando ele foi declarado como ponto de embarque para apenas 21 navios. Sem dúvida, outras embarcações pararam em Uidá, mas o declínio ainda foi dramático. As exportações de escravizados desde esse porto se recuperaram na segunda década do século XIX, mas o número de cativos embarcados nunca atingiu os níveis do século anterior.

Essa mudança para o leste respondeu às fontes de abastecimento para as remessas de escravizados – o interior iorubá. Uidá se ligava aos mercados iorubanos por rotas ao longo do oeste do Rio Weme e depois ao nordeste, ao passo que Porto Novo, Badagri e Lagos estavam diretamente ao sul do ponto central do território iorubano e, portanto, mais próximos para a maior parte da nação Iorubá. Antes de 1762, sabe-se que somente 5.700 escravizados eram provenientes dessa área, em nítido contraste com o extenso comércio em Uidá. As exportações de cativos cresceram no quarto de século entre 1762 e 1786, chegando a níveis que foram em larga medida mantidos até a década de 1850. Durante esse período, parece que a grande maioria dos deportados eram ou iorubás ou do Sudão Central, muitos dos quais eram muçulmanos. A proporção relativa dessas duas categorias pode ser determinada de forma aproximada, isolando-se assim o fator iorubá para análise (Lovejoy, 2000c, p. 11-44).

Eltis, em uma estimativa conservadora e com reconhecidas reservas, afirma que quase um milhão de iorubás foram deportados entre 1650 e 1865 (Eltis, cap. 2 desta obra). No último quarto do século XVII, estima-se que, aparentemente, 22 mil pessoas estiveram entre as deportadas. O número de iorubás dobrou no primeiro quarto do século XVIII, subindo para 41.700, antes de dobrar de novo no segundo trimestre para 89.500, e continuou a aumentar em ritmo acelerado (140.100 no terceiro trimestre do século XVIII e 172.900 no quarto trimestre), aumentando ainda mais no século XIX (de 211.400 no primeiro trimestre para 257.400 no segundo). Estas são, é óbvio, estimativas aproximadas que minimizam a mistura das etnias e das múltiplas identidades. O início do século XIX foi também o período em que as exportações do Sudão Central se tornaram uma característica notável do tráfico; os escravizados do Sudão Central eram provavelmente representados de modo eventual como iorubás, sobretudo se tivessem sido retidos no território iorubano antes de serem exportados.

Padrões étnicos do tráfico escravista no Golfo de Benim

As categorias étnicas para os povos do Golfo de Benim podem ser distinguidas entre, de um lado, os vários grupos Gbe, que foram chamados de "Mina" e às vezes de "Jeje" – ao menos em alguns territórios da diáspora e ainda que o uso desses termos tenha variado – e, de outro, os iorubás, que foram identificados de diferentes maneiras com os termos Nagô e Lucumi. Há também uma distinção entre os iorubás "Mina" ao sul, ou nagôs, e os povos da savana ao norte, incluindo os identificados como Hauçá, Nupe, Borno, Borgu e "Chamba", ou, mais genericamente, Gurma. Os povos que com frequência foram chamados de "Mina" e que representavam Aladá, Hueda, Fom, Evé e Mahi foram particularmente numerosos no período inicial, até pelo menos a conquista de Aladá e Hueda, onde Uidá se situava, na década de 1720[40]. As estimativas de exportação de escravizados, baseadas em dados de embarque, não fazem uma distinção imediata entre tais categorias, mas a correlação dos números de deportados com a história política pode fornecer um indicador de quando os iorubás foram inseridos no tráfico e, portanto, implicitamente para onde eles foram nas Américas, embora muita da informação sobre etnia tenha

---

40. Localmente, o porto é conhecido como Glehue, ao passo que o nome do pequeno reino de Hueda, onde Glehue estava localizada, é a origem do nome Uidá ou Whydah; cf. Law (2004).

de ser inferida, assim como os destinos das pessoas nas Américas. O banco de dados de viagens, por exemplo, identifica o destino de apenas uma parte daqueles que deixaram o Golfo de Benim[41]. Nesse sentido, a estimativa de Eltis pode ser usada como número aproximado para a possível quantidade de pessoas identificáveis, de alguma forma, como "Iorubá". Esse cálculo pode ser comparado à pesquisa sobre a etnia dos escravizados nas Américas, sobretudo

---

41. É preciso observar que o banco de dados de viagens (Eltis *et al.*, 1999) é particularmente frágil no que diz respeito ao deslocamento da população desde o Golfo de Benim. A porção desconhecida desse deslocamento é tão grande, que traz limitação severa ao uso do banco de dados. Há um grande número de indivíduos cuja região de partida na África não é conhecida, calculado em 349.033 chegadas, e o número daqueles que saíram do Golfo de Benim e foram encaminhados para destinos desconhecidos inclui 405.976 indivíduos. Ainda há um conjunto suplementar de 756.009 pessoas que podem ter ido ou para Cuba ou para o Brasil.

Oriundos do Golfo de Benim escravizados em Cuba e Bahia: consideração dos fatores desconhecidos

	Chegadas	% dos desembarcados
Cuba-total desembarcados	563.551	100
Cuba-Benim	30.741	5,4
Cuba-desconhecido	407.908	72,3
Bahia-total desembarcados	223.699	100
Bahia-Benim	40.357	18
Bahia-desconhecido	47.115	21
Regiões não especificadas do Golfo de Benim	405.976	
Origens não especificadas	349.033	

Ademais, as origens de quase três quartos daqueles que se sabe terem chegado em Cuba não são conhecidas, e apenas a 5,4% se atribui a partida desde o Golfo de Benim, o que representa apenas 30.741 pessoas. Para a Bahia, apenas 40.357 pessoas são registradas como oriundas do Golfo de Benim, e uma proporção muito menor de indivíduos é listada em origem desconhecida (47.115), embora tais números estejam seriamente distorcidos por causa das categorias muito inespecíficas discutidas aqui, categorias essas que afetam os dados da Bahia em particular.

em São Domingos e Bahia, colônias que receberam um número desproporcional de cativos do Golfo de Benim, no século XVIII para o primeiro território e nos séculos XVIII e XIX para o segundo (Geggus, 1990, p. 14-29; 1993, p. 73-98, 314-318; Nishida, 1993, p. 361-391; Rodrigues, 1977, p. 90-97, 178-179, 218-226, 334-365; Verger, 1976). Como seria de se esperar, a avaliação sobre os padrões de etnias presentes no tráfico do Golfo de Benim revela forte concentração de iorubás. Os registros de *plantations* em São Domingos revelam que eles constituíam uma corrente discernível dentro da população escravizada (Debien, 1961, p. 363-387; 1962, p. 1-41; 1963, p. 1-38, 215-266). O estudo de Geggus (1989, p. 32; 1993) abrange 4.552 escravizados, incluindo cada decênio desde a década de 1720 até a de 1790, mas se revela mais concentrado no fim do século XVIII. Para o propósito do exercício atual, assumimos que a amostra de Geggus reflete padrões de exportação mensurados para o período após 1750. Com efeito, os iorubás foram encontrados em todo o Caribe Francófono, inclusive em Louisiana e Trinidad, para onde plantadores franceses se mudaram após a revolução em São Domingos na década de 1790. Iorubás também chegaram em números consideráveis a Trinidad após 1807, por causa do assentamento de africanos resgatados pela marinha britânica. Segundo o estudo de Higman (1978, p. 163-180), os iorubás também se concentraram em Trinidad na década de 1830, muitos deles tendo sido assentados como resgatados de navios escravos[42].

A concentração iorubana na Bahia pode ser traçada até a segunda metade do século XVIII. Maria Inês Côrtes de Oliveira provê dados sobre a etnia de 537 escravizados na Bahia entre 1775 e 1815, segundo registros de inventários, documentos de emancipação e dados do censo. As informações indicam as proporções de

---

42. Cf. tb. Warner-Lewis (1996; 1971, p. 40-49). À época da redação deste livro, Verene Shepherd e David V. Trotman estão com um trabalho em andamento de análise dos registros de escravização no período pós-1807, em que os indivíduos escravizados são listados por etnia.

diferentes grupos étnicos do interior do Golfo de Benim: dos 267 cativos do Golfo, 104 eram Jeje (38,9%), 100 eram Nagô (37,4%) e os 63 restantes eram Hauçá (50), Tapa (12) e Barba (1), que juntos constituíam 23,6% dos escravizados cuja identidade étnica estava indicada nos registros. Como visto por Oliveira, o grande afluxo de iorubás se reflete nos inventários e em outros documentos, que mostram a seguinte identificação étnica dos cativos: antes, um número substancial vinha de Angola e de outras partes do centro-oeste africano; depois, houve uma preponderância de iorubás na população. Nos documentos de 1816 a 1850, iorubás constituíam 69,1% de todos os escravizados cuja identidade étnica ou regional era conhecida (amostra de 2.593 escravizados). Aqueles que se identificavam como oriundos do centro-oeste africano diminuíram de 50,2% para apenas 14,7%, enquanto os iorubás aumentaram de 18,6% para 69,1% (Côrtes de Oliveira, 1992, p. 98)[43]. Dentro do Golfo de Benim, a proporção de iorubás aumentou de 37,4% para 82,3%. A amostra utilizada aqui é baseada em registros de inventário e abrange 1.612 negros urbanos livres e alforriados na Bahia entre 1819 e 1835 estudados pelo historiador brasileiro João Reis (1993, p. 140). Reis também fornece provas da etnia de escravizados e negros livres acusados após a revolta muçulmana na Bahia em 1835. Dos 250 réus, 196 (78,4%) eram Nagô (Iorubá); 32, Hauçá (12,4%); 10, Jeje (Evé-Fom) (4,0%); 7, Borno (2,8%); e 6, Tapa (Nupe) (2,4%). Da mesma forma, Mieko Nashida demonstrou que os iorubás eram numerosos na população de escravizados baianos do século XIX. Segundo Nishida, a proporção de iorubás na população da Bahia aumentou no século XIX, refletindo o que se sabe sobre o tráfico. Os registros de pessoas libertadas entre 1808 e 1842 incluem 662 indivíduos, 318 homens e 344 mulheres. Destes, 31,3% eram Iorubá; 24,5%, "Jeje" ou falantes de língua gbe; e 17,2%, "Mina", grupo que

---

43. Extraído de "Testament et inventaires après décès: Chartes de Liberté", "Enquête du Calundu de Cachoera"; "Liste des Africains résidant dans la Paroisse da Penha".

pode ser identificado com Mahi e outros no interior do Golfo de Benim. Entre 1851 e 1884, os registros indicam 410 indivíduos, entre os quais os iorubás foram a esmagadora maioria (73,9%). Nishida também analisa os registros de indivíduos listados como "Nagô" em documentos de emancipação entre 1838 e 1888. Entre os identificados como "Nagô" ou "Iorubá" entre 1838 e 1848, a parcela iorubana foi de 53,6% dos libertados, ao passo que, entre 1852 e 1888, ela foi de 79,3%. Dentro desse último grupo, 58,5% eram mulheres (Nishida, 1993, p. 370-378)[44].

A composição de gênero e idade da população iorubá escravizada e deportada mudou do século XVIII para o século XIX. A característica mais marcante diz respeito à distância da costa, que parece ter algum tipo de correlação com sexo, idade, religião e, é óbvio, etnia. Parece ter havido tentativas deliberadas de distinguir certos grupos entre a população escravizada que estava sendo deportada. Especificamente, muçulmanos iorubás podem ter sido expulsos de alguns lugares, embora também tenham acabado como escravizados em Ibadan, Lagos, Abeokuta, Ijebu e outras cidades iorubanas. Havia muitos muçulmanos escravizados, muitas vezes do Sudão Central, cuja presença era considerada uma ameaça, mas a proporção do Islã como fator na seleção de quem seria deportado ainda está para ser determinada. A proporção de homens na população deportada aumentou, sobretudo depois de 1810, quando o número de prisioneiros políticos da jihad que revolucionou o interior da Nigéria foi vendido aos comerciantes europeus. Em especial depois de 1817, os muçulmanos, incluindo muçulmanos iorubás, tornaram-se proeminentes entre esses prisioneiros. A revolta do exército de Oió em 1817 produziu uma onda de exportações, a maioria das quais parece ter ido para a Bahia. A Guerra de Owu em 1822-1823 e o colapso de Oió no início da década de

---

44. Baseado em cartas de alforria, Arquivo Público do Estado da Bahia (APB), Seção histórica, e APB, Seção Judiciária, Livros de registro de testamentos da capital.

1830 foram responsáveis por ondas adicionais de deportação, apesar de muitos dos deportados não serem muçulmanos. A consolidação de Ilorin e dos emirados Nupe teve ligação direta com a escravização dos iorubás, incluindo Iabás, Ibominas e outros iorubás "Okun" ao nordeste (Kolapo, 1999; Obeyemi, 1978, p. 61-87). A retaliação de Ibadan e de outros estados não muçulmanos resultou na escravização de muitos outros, fossem ou não muçulmanos. Distinguir entre iorubás que eram muçulmanos e muçulmanos do norte que haviam se tornado reconhecidos como iorubás é muitas vezes impossível, mas os homens tendiam a vir do interior e tinham maior probabilidade de serem muçulmanos, quaisquer que fossem suas origens, ao passo que as mulheres e crianças tendiam a vir de perto da costa e em geral não eram muçulmanas.

As proporções de idade e sexo da população deportada sugerem que mulheres e crianças eram inicialmente uma parte significativa daqueles que embarcavam no Golfo de Benim, mas a proporção de homens aumentou com o tempo, como Eltis e Engerman demonstraram (Eltis, 1993, p. 308-323; Eltis; Engerman, 1992, p. 237-257). Houve uma variação temporal considerável, inclusive entre as diferentes regiões para as quais os números foram calculados. Com base em uma amostra de 41.121 escravizados enviados pelos franceses do Golfo de Benim entre 1715 e 1792, Geggus (1989, p. 23-44) calculou que 48% eram homens; 30%, mulheres; 13,8% meninos; e 8,6%, meninas; ou seja, 61,8% dos escravizados eram homens e 22,4% eram crianças. De acordo com Eltis, 61,1% dos escravizados que deixaram o Golfo de Benim entre 1750 e 1799 eram homens, dos quais 61,1% eram adultos, ao passo que as crianças representavam 16,9% da população deportada (Eltis, 1993, p. 308-323).

As proporções de homens e mulheres, adultos e crianças mudaram entre o fim do século XVIII e o auge do tráfico no século XIX; geralmente o comércio envolvia mais homens e sobretudo mais meninos, enquanto o número de mulheres diminuía. Essa mudança na composição de gênero e idade da população deportada para mais homens e para uma população mais jovem foi um fenômeno geral de todo o tráfico escravista, não apenas o do Golfo de Benim, mas nessa região razões específicas explicavam a situação. Entre 1811 e 1867, a proporção de homens havia aumentado para 68% do número total de pessoas deportadas. De acordo com Eltis e Engerman, 46% eram homens adultos, e 21%, mulheres, com um adicional de 22% de meninos e 12% de meninas. Com efeito, a proporção de mulheres adultas diminuiu de 30% na última parte do século XVIII para 21% após a abolição britânica, enquanto a proporção de crianças aumentou de 22,4% para 34% (Eltis; Engerman, 1986, p. 259, 264)[45]. A proporção de adultos do sexo masculino permaneceu em grande parte a mesma. Esse padrão pode ser explicado por transformações no interior, por mudanças nos custos de transporte e pela redução dos riscos associados à movimentação de escravizados por grandes distâncias (Eltis, 2000). A proporção de homens adultos do sexo masculino parece ter sido sustentada pela deportação de homens, em sua maioria muçulmanos, do interior. Os números daqueles portos a partir dos quais os escravizados foram deportados dos territórios iorubanos e do Sudão Central sugerem que o declínio no número de mulheres – especialmente as adultas – implicou uma deportação menor de iorubanas. Segundo Eltis, os homens eram 63,4% dos escravizados que deixaram os portos de Porto Novo, Badagri e Lagos antes da abolição britânica, mas a proporção aumentou para 67,4% depois disso. A população, ademais, era cada vez mais jovem. Os homens adultos representavam 57,5% dos grupos embarcados antes da abolição, sendo as mulheres a maior parte do restante: 33,8%. Após a abolição britânica, os homens adultos declinaram para 44% da população que partia, enquanto as mulheres foram reduzidas para 20,2%. As crianças,

---

45. A amostra de gênero é baseada em 29.504 escravizados, tal como relatado em 114 observações; a amostra de idade e gênero é derivada de 23.326 escravizados, em 96 observações.

sobretudo os meninos, se tornaram mais comuns. Havia mais meninos do que mulheres adultas na maioria dos navios depois de 1810, e eles compreendiam 23,3% das cargas. Não é evidente qual a razão para isso, exceto, talvez, a intenção de se livrar de uma geração mais jovem, que poderia ter vivido para lutar outra vez. Também é possível que, conforme o tráfico de escravizados masculinos atingia partes mais distantes dentro do continente, os meninos perto da costa se tornavam mais visados, em comparação com o aumento do custo de transporte de escravizados do interior.

Muitos dos homens vieram de partes longínquas do interior, incluindo aqueles classificados como Hauçás, Nupe e Borno, bem como iorubás. As mulheres e crianças da zona costeira eram todas iorubás. Estimou-se que 95% dos escravizados identificados nesses três grupos não iorubás eram homens adultos. Embora o tráfico no interior fosse muito menor do que as deportações de iorubás, os números ainda eram grandes o suficiente para influenciar o padrão geral. No período após a abolição britânica, o total foi estimado entre 43 mil e 108 mil escravizados do Sudão Central. Os outros deportados parecem ter sido iorubás, um total composto por cerca de 120 mil mulheres, 77 mil meninas, 144 mil meninos, e entre 168 mil e 230 mil homens (Tabela 3.1). Postulo que muitos dos escravizados deportados oriundos das áreas a norte do território iorubá também eram em grande parte homens adultos, e muito provavelmente prisioneiros políticos da jihad e de guerras e invasões relacionadas. O perfil que emerge após estimativas é ajustado para o fator Sudão Central, e a escravização de iorubás no interior sugere um quadro demográfico onde se destaca a crescente importância das crianças que foram tiradas de perto da costa. Parece que a maioria da população deportada de áreas imediatamente adjacentes à costa não era apenas de crianças, incluindo também mulheres. Além disso, esse mesmo padrão se mostra nos documentos biográficos que sobreviveram.

TABELA 3.1 – Proporções de homens e mulheres no tráfico escravista da região leste do tráfico no Golfo de Benim, 1810-1865

Gênero	Total	%	Região Iorubá	%	Sudão Central	%
Homens total	415.000		310.000-372.000		41.000-103.000	
Adultos	271.000	44.0	168.000-230.000	33-40	41.000-103.000	95
Meninos	144.000	23.3	144.000		—	
Mulheres total	202.000		199.000-202.000		2.000-5.000	
Adultas	125.000	20.2	120.000-123.000	21-24	2.000-5.000	5
Meninas	77.000	12.5	77.000		—	
Total	617.000		509.000-574.000		43.000-108.000	

Fonte: Eltis e Engerman (1986, p. 259, 264). Estimo as exportações do Sudão Central entre 10 a 25% do número total de deportados; cf. Lovejoy (1994b).

Aqueles iorubás, hauçás e outras pessoas que nitidamente vieram do interior incluíam poucas mulheres, adultas ou não, e pouquíssimos meninos. Nesse ponto, a presente análise apoia a tese de que a proporção de homens entre as deportações para as Américas tendia a aumentar com a distância da costa. A identificação de escravizados muçulmanos entre a população deportada a partir do Golfo de Benim durante os 100 anos depois de 1750 também deve ser notada. Não só havia uma correlação entre sexo e distância da costa, mas também os homens do interior do Golfo de Benim tendiam a ser muçulmanos, alguns dos quais eram iorubás. Estimei a proporção da divisão de gênero, sugerindo o valor desses números no cálculo da quantidade relativa de homens e mulheres que embarcaram no Golfo de Benim, e, portanto, a proporção de homens e mulheres dentro da população Iorubá. A Tabela 3.1 se baseia na conclusão de que cerca de 95% dos escravizados do Sudão Central eram homens, e, como a proporção de gêneros para a população deportada foi calculada, é possível demonstrar que, entre os povos escravizados das áreas de iorubá perto da costa, havia uma proporção maior de mulheres do que nos números de deportados como um todo. Embora o período tenha sido de ajuste às guerras napoleônicas e à abolição britânica, os iorubás ainda assim formaram um número importante do tráfico total, talvez até a metade de todas as exportações dos anos 1790 até meados dos anos 1820, e ainda mais depois disso.

Existiam dois padrões de tráfico: o primeiro era de predomínio masculino, adulto, de distâncias entre 100 e 200 quilômetros dos portos costeiros; e o outro era amplamente um tráfico de mulheres e crianças da zona próxima à costa. Muito menos homens adultos eram comprados em mercados de escravizados locais do que do interior. Eles eram especialidade da exportação e tinham, portanto, um aumento de preço a partir do interior. O paradoxo dos preços diferentes entre o interior e a costa precisa ser explicado: no interior, as mulheres custavam mais do que os homens, muitas vezes por um terço de diferença, e ainda assim, por conta de fatores europeus, havia disposição de se pagar mais pelos homens na costa. Esse paradoxo parece ignorar a importância do resgate na determinação do preço dos escravizados; os homens nascidos livres muitas vezes demandavam resgates cujo valor era o dobro de seu preço de mercado como escravizados (Lovejoy, 2002b, p. 247-282). Aparentemente, havia três categorias de escravizados à venda para os europeus: meninas e mulheres obtidas em mercados próximos à costa; homens de alto preço, muitas vezes presos políticos, do interior; e homens, em especial meninos, de perto da costa. Proporções significativas de muçulmanos faziam parte da população deportada no início do século XIX.

Em uma amostra de escravizados do interior distante, cuja identidade religiosa nos parece certa, em torno de 56% podem ser identificados como muçulmanos por meio de seus nomes, apesar de a utilização ou não de nomes muçulmanos ser um indicador seguro de afiliação religiosa (Lovejoy, 2000c, p. 27). A prevalência de tais identificações reflete que eram maioria no sistema comercial do interior. Evidências da Bahia sugerem que havia um número significativo de muçulmanos entre os escravizados iorubás no início do século XIX. É possível que o norte do território iorubano incluísse grandes proporções de homens e uma quantidade considerável de muçulmanos, o que reforça a ideia de que era grande o número de homens muçulmanos na população do Sudão Central sendo escravizados. Em contraste, a população deportada ao sul do país iorubá tinha proporções muito maiores de crianças e mulheres. Nesse sentido, houve aparentemente dois padrões na deportação de iorubás no século XIX, correlacionados com idade, sexo e religião: o primeiro ligado ao interior e estendendo-se até o Sudão Central; o segundo vinculado às regiões iorubanas próximas à costa, áreas que estavam sujeitas a guerras periódicas e deslocamento populacional.

Pode parecer surpreendente que as mulheres e as crianças fossem mais propensas de escravização perto da costa e não fossem retidas dentro da África Ocidental, onde aparentemente o preço de mercado das escravizadas costumava ser mais alto (muitas vezes um terço a mais) do que o de seus homólogos masculinos da mesma idade, fossem crianças ou adultos em seu auge de forças. Os preços de homens e mulheres tornavam-se quase iguais somente em idade avançada, quando nenhum dos dois tinha muitos anos de trabalho produtivo pela frente. Parece ser evidente que havia razões internas e estruturais para que mulheres e crianças ficassem concentradas no comércio perto da costa, em vez de serem trazidas desde o longínquo interior ao sul. Essas razões estão relacionadas à interconexão entre o mercado local de escravizados em Iorubalândia e a articulação dos mecanismos locais de cobranças de dívidas com o tráfico escravista. Sabe-se que ao menos algumas mulheres e crianças foram escravizadas por causa de dívidas inadimplentes, pelas quais elas eram dadas como penhor. As mulheres eram empenhoradas com mais frequência do que os homens e, portanto, a inadimplência nos acordos de penhora tendia a recair sobre elas. A forma mais lucrativa de se beneficiar delas era vendê-las a traficantes de escravizados, o que aumentava a chance de uma venda a traficantes europeus. Homens no auge da força escravizados, ao contrário, tendiam a ser presos políticos e "criminosos" deportados desde o interior distante; devido ao diferencial de preço que mantinha as mulheres como caução, era menor a probabilidade de elas serem vendidas para o Golfo de Benim (Lovejoy, 2000c, p. 22).

Os dados demográficos sobre a exportação de africanos escravizados desde o Golfo de Benim demonstram um quadro relativamente nítido da importância da migração de iorubás sob as condições da escravização transatlântica. A fim de identificar ainda mais a população "Iorubá", é necessário examinar as identidades iorubanas subétnicas singulares e as guerras e campanhas militares específicas, capazes de explicar a presença da maioria dos escravizados que deixaram o Golfo de Benim nos séculos XVIII e XIX. Os registros de africanos libertados em Havana entre 1826 e 1839 nos oferecem um ponto de vista sobre a determinação da etnia Iorubá para aquele período, que pode ser correlacionada com as consequências das guerras de Owu, sobrepondo-se ao período de desintegração do Império de Oió (Eltis, cap. 2 desta obra). As distinções entre a população "Lucumi" incluem pessoas dos povos Oió, Egba, Ijebu, Ota, Ijexá, Sabe e outras designações. O termo abrangeu pessoas que também passaram pelo território iorubá para chegar à costa, tais como Hauçá, Nupes e Baribas. Nessa amostra de 3.663 indivíduos, 68% (2.497) foram classificados como iorubás, 26% (946) foram classificados dentro dos grupos Gbe, e apenas 1% (32) estava explicitamente identificado como oriundo do Sudão Central. É bem possível que entre os classificados como Lucumi, sem identificação adicional, existam indivíduos do Sudão Central; caso contrário, a amostra pareceria ter uma sub-representação do interior distante.

Os relatos biográficos de escravizados iorubás, muitas centenas dos quais sobreviveram ao tempo[46], confirmam as principais

---

46. As fontes materiais da informação biográfica estão espalhadas, mas incluem os Arquivos da Church Missionary Society, Missões Iorubá, Níger e Serra Leoa. Cf. Kolapo (1999, apêndice 4). Esses materiais foram incorporados ao *Biographical Database of Enslaved Africans*, do Centro de Recursos Harriet Tubman sobre Diáspora Africana, Universidade de York. Para uma discussão preliminar, cf. Lovejoy (1997a).

descobertas aqui apresentadas: primeiro, a dicotomia entre costa e interior na composição de gênero e idade da população deportada; segundo, a importância da jihad como fator de escravização, sobretudo ao norte de Iorubalândia, com um correspondente aumento na incidência de escravização ao sul do território iorubá sendo um resultado indireto da jihad por meio do movimento de refugiados do sul e do estabelecimento da nova ordem política do século XIX após o Império de Oió. Os dados biográficos disponíveis permitem a identificação de subgrupos iorubás específicos, bem como outras categorias identificadas como Iorubá (Gambari para Hauçá e Imale para muçulmanos). Os dados biográficos demonstram que houve uma alta proporção de escravização e venda decorrente da jihad e da luta de sucessão que ocorreu depois.

Tal ligação com a jihad traz dificuldades para examinar o fator iorubá, pois várias etnias estão disfarçadas nas identificações utilizadas pelas fontes. É possível isolar algumas características, tais como nomes muçulmanos, referências a Fulani e a correlação com guerras específicas, incluindo a revolta de Ilorin de 1817, as guerras de Owu no início da década de 1820, a destruição de Egbado e Nupe e as campanhas contra os iorubás Okun do Nordeste. Além disso, na maioria dos casos, é provável que certos atos de escravização, incluindo por dívidas, adultério e sequestro, no sul de Iorubalândia não estivessem relacionados ao fator muçulmano, exceto se um comerciante muçulmano comprasse uma vítima desse tipo. Ainda assim, o perfil pessoal dos escravizados reforça a imagem de que o Islã contribuiu para a evolução da identidade Iorubá. Parece que a escolha do termo para descrever a lealdade pan-étnica e refletir a consciência étnica pode de fato ter se relacionado com as percepções decorrentes do fator muçulmano. Os cristãos recentemente convertidos que adotaram o termo "Iorubá" podem muito bem ter escolhido expressar sua identidade étnica de uma forma que se adaptasse às percepções muçulmanas.

Nota: Gostaria de agradecer ao Conselho de Pesquisa em Ciências Sociais e Humanidades do Canadá e à Cadeira Canadense de Pesquisa na História da Diáspora Africana pelo apoio a este estudo. David Eltis generosamente forneceu dados que fundamentam parte desta análise, e Mariza de Carvalho Soares fez comentários sobre um rascunho, e agradeço a ambos.

4

A ESCRAVIZAÇÃO IORUBÁ

Ann O'Hear

O colapso do Império de Oió no início do século XIX e as prolongadas guerras iorubanas levaram à escravização de um grande número de iorubás e a um aumento acentuado do número de escravizados iorubanos que foram transportados pelo Atlântico para o Novo Mundo, como demonstrado por David Eltis e Paul E. Lovejoy. O século XIX é também o período para o qual informações detalhadas estão disponíveis sobre atividades específicas do escravismo. Este capítulo se concentra na escravidão imposta aos falantes de iorubá no século XIX por meio de um exame dos processos de escravização (incluindo guerra, invasão e sequestro); pesquisa os estados, grupos e indivíduos que estiveram envolvidos nesses processos; e estuda as pessoas que foram escravizadas, incluindo suas áreas de origem e suas histórias individuais[47]. Além disso, o capítulo examina os destinos dos iorubás escravizados, se eles terminaram sua jornada dentro da própria Iorubalândia ou se foram enviados em direção ao Novo Mundo, através dos portos dos Golfos de Benim e do Biafra. Discute a demanda interna por escravizados (que sobreviveu e muito ao comércio para o exterior) e os possuidores de escravizados internos. O capítulo termina com um breve relato do declínio da escravização em Iorubalândia no

---

47. Parte do material deste capítulo apareceu anteriormente em O'Hear (1997) e é reproduzido aqui com a permissão da University of Rochester Press. Cf. tb. O'Hear (2003a, 2003b).

fim do século XIX, conforme os britânicos gradualmente, e de forma fragmentada, estabeleceram seu controle sobre os falantes de iorubá no que é hoje a Nigéria.

O processo de escravização

Bem antes do século XIX, o Império de Oió exportava um número significativo de escravizados que passavam pelos portos da Costa dos Escravizados a caminho das Américas. Entre eles, criminosos cuja maioria provavelmente era falante de iorubá do próprio estado de Oió. É certo que alguns dos escravizados exportados eram iorubás desse império e de outros grupos de língua iorubana, que também foram capturados em sequestros de escravizados por Daomé e depois deportados. Mas é alta a probabilidade de que os criminosos constituíssem apenas uma pequena proporção do número total de escravizados deportados do sul de Oió, enquanto um grande número dos cativos era originário dos vizinhos ao oeste e ao norte, não falantes de iorubá. Muitos Mahi e Bariba foram capturados na guerra, e muitos escravizados foram obtidos por comércio com Nupe, Borgu e outros lugares. Mesmo o grande aumento da exportação de escravizados de Oió no fim do século XVIII pode ter sido alimentado em grande parte pelo comércio com o norte (Eltis, 1998, p. 86; Law, 1977b, p. 225-227, 306-308; Law, 1991c, p. 190-191; Morgan, 1997, p. 129). Assim, é provável que os falantes de iorubá tenham sido uma minoria entre os escravizados que foram exportados da Costa dos Escravos no período anterior ao século XIX.

A partir do início do século XIX, porém, os falantes de iorubá passam a dominar o êxodo de cativos que partem da Costa dos Escravizados, incluindo a emergência do porto de Lagos e em outros lugares, embora os escravizados Hauçá trazidos de territórios mais longínquos do interior nigeriano também tenham sido numerosos dentro do tráfico escravista (Eltis, 1998, p. 86; Eltis; Richardson, 1997, p. 27; Law, 1977b, p. 308; Lovejoy, 1994b, p. 354; Lovejoy; Richardson, 1995, p. 40; Mann, 2001, p. 9; Morgan, 1997,

p. 129). Milhares de iorubás e outros escravizados também foram absorvidos pela escravização interna, dentro dos diversos estados iorubanos e não iorubanos, um processo que seguiu bem depois do fim do tráfico para o exterior.

Os métodos mais comuns de escravização dos falantes de iorubá no século XIX incluíram guerra, invasões, expedições de sequestro e pilhagem. Foi um período de guerra quase contínuo e sem lei em Iorubalândia. Os conflitos bélicos estavam ligados à queda do Império de Oió e à ascensão de Ilorin. A cidade de Ilorin, que estava situada na parte nordeste do Império de Oió, tinha uma população em grande parte Iorubá[48]. Ela se tornou o centro de um emirado do Califado de Sokoto/Gwandu e fez certos esforços (que encontraram forte resistência) para expandir a jihad (que tinha levado à criação do califado no início do século XIX) mais ao sul.

O emirado Nupe-Fulani de Bida, também parte do califado, invadiu as pequenas cidades do nordeste de iorubá ao sul do Níger. Os governantes provinciais de Oió e outros chefes aproveitaram a oportunidade para tomar esses territórios independentes para si mesmos e para invadir e controlar seus vizinhos. A guerra se espalhou para o sul e o leste nas guerras de Owu. O reino de Owu e os antigos assentamentos Egba foram destruídos; os Egba fundaram um novo assentamento em Abeokuta e lutaram para obter uma rota comercial segura para a costa. Os Estados que sucederam o antigo Império de Oió lutaram entre si. A crescente cidade-Estado de Ibadan, que se tornou o mais bem-sucedido desses Estados sucessores, acabou por destruir a cidade-Estado de Kurunmi, Ijaye. Ibadan também embarcou em guerras de expansão territorial nas

---

48. Em 1929, de acordo com o residente de Ilorin H. B. Hermon-Hodge (1929, p. 272), na cidade de Ilorin: "Ajikobi e Alanamu são definitivamente grupos Iorubá, assim como Ibagan [sic] e Okaka são subgrupos dos grupos Gambari e Fulani, respectivamente. O grupo do emir e dois dos subgrupos do grupo Fulani têm governantes fulani, e três subgrupos do grupo Gambari, uma administração hauçá; mas em nenhuma delas, exceto Zongo e Karuma no grupo Gambari, bairros essencialmente hauçá, predominam na população comum povos não iorubás".

áreas de Ekiti, Akoko e Ijexá. Ao sul, Egba e Ijebu lutaram para impedir o contato direto de Ibadan com a costa. E os Ekiti e Ijexá, ajudados por Ilorin, procuraram recuperar sua independência de Ibadan nas guerras de Ekitiparapo[49]. Todos esses assaltos, guerras, expedições e formas frequentes de desordem resultaram na "produção" de um grande número de escravizados iorubás. A cidade-Estado de Ilorin assumiu parte do papel de Oió como fornecedor de escravizados, tanto pela captura como pelo tráfico. O governante pré-Emirado de Ilorin e general rebelde de Oió, Afonja, capturou e escravizou pessoas na área imediatamente ao redor da cidade de Ilorin e nas áreas do Império de Oió: Igbomina, Igbolo e Epo, reassentando-as ao redor de Ilorin, absorvendo escravizados masculinos em seu exército e vendendo mulheres e crianças para obter armas (Law, 1977b, p. 278; Johnson, 1976, p. 200)[50]. Os aliados muçulmanos de Afonja se moveram para o oeste e fizeram incursões na província de Ibarapa do império, partindo de uma base em Iseyin. Entre os escravizados capturados nessas incursões estava um rapaz da cidade de Osogun, que foi vendido para o comércio do Atlântico, libertado pela esquadra britânica contra a escravidão e desembarcado em Freetown. Ele era Samuel Ajayi Crowther, que ficou famoso como bispo anglicano e estudioso[51]. Os sucessores muçulmanos de Afonja em Ilorin atacaram os Igbomina e Ekiti ao leste, continuando assim o papel de Ilorin como fornecedor de escravizados[52].

---

49. Para um panorama das guerras iorubanas do século XIX, cf. Falola e Oguntomisin (2001, p. 3-8). Cf. tb. Eltis (1998, p. 88), Law (1977b, p. 258, 274-276, 280, 284-285) e Lovejoy (1994b, p. 354).

50. A província Epo incluía as regiões ao sul e sudoeste da Antiga Oió, mais as áreas de Nova Oió e Iwo (Law, 1977b, p. 105; Johnson, 1976, p. 13).

51. Cf. o capítulo 9 de Ajayi (1997), incluindo as p. 396, 302-304 sobre sua captura. O capítulo 9 inclui uma introdução escrita por J. F. Ade Ajayi e "A Narrativa de Samuel Ajayi Crowther".

52. No reinado de Emir Abdusalami de Ilorin, "muitos escravizados" foram levados durante campanhas ao sul de Omu, na área de Igbomina (Arquivo Nacional Nigeriano Kaduna [NNAK] SNP 7/13 4703/1912, Distrito Omu – Divisão Offa – Relatório de Avaliação, junho de 1912 [por C. S. Burnett],

Com o transcorrer do século, Ilorin começou a invadir comunidades iorubá de menor porte, que se estendiam até a área da confluência dos Rios Níger e Benué, ora disputando-as com Ibadan e com o emirado Nupe-Fulani de Bida, ora em cooperação com esses Estados concorrentes. A região de Akoko sofreu com a competição entre os três Estados rivais, sendo, nas palavras de Hogben e Kirk-Greene (1966, p. 300), "um daqueles distritos infelizes atacados alternativamente por Nupe, Ibadan e Ilorin". Em um caso de ataque cooperativo, em 1875-1876 Ilorin e Ibadan uniram forças na campanha Wokuti, que Samuel Johnson (1976, p. 403), o eminente historiador iorubá, descreveu como uma "expedição de caça para escravizar" no país Ekiti, Yagba e Akoko.

Em anos posteriores, Ilorin, em aliança com o Ekitiparapo, que lutava pela independência do Ekiti, entrou em prolongado conflito contra Ibadan, o que também deu às forças de Ilorin oportunidades para prender e escravizar. Durante o longo cerco de Ilorin contra sua revoltosa cidade vassala de Offa, por exemplo, um certo Nathaniel Popoola Olawoyin foi preso e vendido a um homem Abeokuta. Ele se tornou cristão, voltou a Offa em 1907 e ajudou a fundar uma igreja da Church Missionary Society (CMS, Sociedade Missionária Cristã) (Olawoyin, 1993, p. 10)[53]. Embora as atividades de Ilorin estivessem, em certa medida, limitadas pela competição com seus poderosos vizinhos, ainda se encontravam, em datas tão tardias quanto 1894, relatos de que ela "começou

---

parágrafo 9; mesmo arquivo, Relatório de Avaliação do Distrito de Omu Isanlu, por V. F. Biscoe, 1912, parágrafo 6). Nos anos 1840, os escravizados foram capturados durante os ataques de Ilorin às cidades ekiti (Rhodes House [RH] Mss. Afr. s.1210; C. W. Michie, Political Situation Northern Provinces and History of Ilorin, Relatório sobre a Reforma do Governo Local nos Distritos de Bala e Afon do Emirado Ilorin, 1954, parágrafo 11; NNAK SNP 10/4 304p/1916, Relatório de Avaliação Distrital Osi de G. O. Whitely).

53. J. S. Olawoyin, um proeminente político Offa da segunda metade do século XX, era neto de Nathaniel Popoola Olawoyin. Sobre as atividades de captura de escravizados durante o cerco de Offa, cf. tb. O'Hear (1997, p. 24).

uma expedição de sequestro", em distância de cerca de 20 dias de viagem de Ilorin para o leste, "adentrando a terra Akoko"[54].

Os ataques nupe ao sul do Níger, no nordeste do território iorubano, podem ter começado mesmo antes da fundação do Emirado de Bida. Segundo um funcionário britânico, as invasões já haviam iniciado antes que os Fulani dominassem o reino de Nupe: "Deve-se em grande parte [...] às invasões dos Majia o fato de as tribos da Divisão Kabba serem tão mistas. Os Yagba, Bunu, [e] Aworo [Oworo] [...] parecem ter pagado tributo a Nupe, ou ficaram um bom tempo sem serem visitados" (Elphinstone, 1921, p. 30). As invasões e cobranças de tributo continuaram durante o século XIX, e as apreensões de escravizados se intensificaram pela última vez nos últimos anos antes da derrota do Emirado de Bida pela Companhia Real do Níger, em 1897. Por exemplo, de acordo com o relato dado pelo oficial britânico C. K. Meek em 1918:

> Por volta do fim de Maliki e no início do reinado de Abubakr, os Bida Filanis, apreciando plenamente os preparativos da Companhia Níger para a guerra, fizeram um ataque final contra o distrito de Aworo [Oworo] e é seguro dizer que nele hoje não há um único homem ou mulher com mais de 30 anos de idade que não tenha sido escravizado em Bida[55].

Outro Estado não iorubá que escravizou iorubás foi Daomé ao oeste, que atacava Egba regularmente. Durante o cerco de Ijaye por Ibadan, por exemplo, um exército invasor daomeano atacou uma cidade de Egba perto de Abeokuta e submeteu à escravidão todos que puderam (Ajayi; Smith, 1971, p. 108).

---

54. *Lagos Weekly Record*, 29 de setembro de 1894. Sobre a circunscrição das oportunidades de captura de escravizados por Ilorin ao longo do tempo, cf. tb. O'Hear (1997, p. 24).

55. NNAK SNP 10 393p/1918, Relatório de Avaliação sobre o Distrito Aworo (Oworraw) da Divisão Kabba, por C. K. Meek, Assistente do Gabinete Distrital, parágrafo 45. Acerca dos ataques nupe-fulanis contra o território dos grupos do nordeste iorubano no reino do Emir Maliki, cf. tb. Mason (1970, p. 201) e Dupigny (1920, p. 20).

De todos os Estados sucessores do antigo Império de Oió, Ibadan se tornou o mais poderoso e o mais bem-sucedido em obter escravizados e lucrar com eles. Logo após a fundação da nova cidade de Egba de Abeokuta (datada por Saburi Biobaku por volta de 1830), por exemplo, facções de Ibadan e Ijebu estavam invadindo fazendas e sequestrando "em plena luz do dia qualquer um que se aventurasse além da muralha da cidade"[56]. O período de escravização mais bem-sucedido de Ibadan, no entanto, parece ter ocorrido entre as décadas de 1850 e 1860, durante o declínio do tráfico escravista do Atlântico e após seu desaparecimento, enquanto Ibadan lutava pelo controle dos territórios Ekiti e Ijexá. O missionário da CMS David Hinderer, por exemplo, fez em 1855 relatos sobre os prisioneiros que os soldados Ibadan trouxeram das cidades Ekiti:

> A guerra do Ibadan enfim terminou, e os guerreiros voltaram para casa com grandes riquezas, infelizmente! digo eu, com multidões de escravizados. Embora não muitos sejam vendidos para a costa, exceto para Porto Novo através de Abeokuta, ainda assim o preço é alto. Suas fazendas estão cheias deles, e muitos dos ricos guerreiros criam novas fazendas com eles[57].

O Cônsul Campbell em Lagos estimou que cerca de dez mil cativos foram trazidos para Ibadan como resultado das campanhas Ekiti de 1855[58]. Em 1877, o missionário da CMS James Johnson afirmou que os Ijexás eram a maioria entre escravizados em Ibadan. Em 1882, o governante Ijexá, Owa Agunloye, relatou:

---

56. Cf. Biobaku (1991, p. 17, incluindo n. 2, p. 18); sobre os saqueadores de 1834, cf. tb. p. 22.

57. Arquivos da Church Missionary Society (CMS, Sociedade Missionária Cristã), Universidade de Birmingham, Reino Unido, CA2/049(a), Hinderer a Venn, 26 de outubro de 1855 (*apud* Oroge, 1971, p. 161-162).

58. PRO FO 84/976, Campbell a Clarendon, 7 de dezembro de 1855 (*apud* Oroge, 1971, p. 162).

Eu mesmo fui levado em cativeiro [...] mas consegui escapar; quase não há homem ou mulher, em todos os 1.460 vilarejos e cidades sobre os quais governo, que não foram três ou quatro vezes escravizados pelos Ibadans[59].

Outros estados iorubás também participaram da apreensão de pessoas para escravizar, incluindo estados que, em outros momentos, foram eles próprios vítimas de ataques de escravização. No começo dos anos 1830, os Egba de Abeokuta foram vítimas desse tipo de invasão. Alguns anos depois, seus chefes de guerra estavam trazendo de volta "cativos Oió, Ife ou Ijebu, que eles absorveram em suas casas, quando não foram vendidos no exterior, como escravizados domésticos" (Biobaku, 1991, p. 24-25). Em 1862, Freeman, governador de Lagos, afirmou que Egba havia vendido à escravidão um número maior de pessoas Ijaye, que eles supostamente deveriam proteger, do que fizera Ibadan, um inimigo dos Ijaye[60]. Os Ijexá, perseguidos por Ibadan, por sua vez, invadiram grupos mais fracos do leste do território iorubano. Os guerreiros Ijexá, incluindo o famoso Ogedemgbe, conduziram campanhas militares privadas das quais retornaram com muitos escravizados (Oroge, 1971, p. 176)[61]. O olupo (rei) de Ajasse, em Igbomina, juntou-se a Nupe para invadir Oworo ao leste (Elphinstone, 1921, p. 19). Os guerreiros Ekiti Aduloju de Ado e Eshu (Esugbayi) de Aiyede também invadiram o nordeste iorubá em busca de pessoas para escravizar (Oroge, 1971, p. 177)[62].

---

59. Gabinete de Registros Públicos, Londres (PRO) CO 147/48, Declarações... feita por Sua Majestade, o Rei Owa Agunloye-bi-Oyibo... 12 de janeiro de 1882, invólucro 10 em Rowe a Kimberley, 14 de março de 1882 (*apud* Oroge, 1971, p. 176).

60. PRO CO 147/1, Freeman a Newcastle, 4 de junho de 1862 (*apud* Falola; Oguntomisin, 2001, p. 221). Cf. tb. Ajayi e Smith (1971, p. 98-99).

61. Citação de Bolanle Awe, "Ogedemgbe of Ilesha: An Introductory Note", comunicação de seminário não publicada, Lagos, 1969, p. 4.

62. Citação de S. A. Akintoye. Sobre Aduloju, cf. tb. Falola e Oguntomisin (2001, p. 84-88).

Guerreiros ambiciosos, competindo pelo poder quando o Império de Oió desabou, capturavam escravizados para servir como membros de seus exércitos, para alimentar suas casas e para serem vendidos a fim de comprar armamento. Afonja de Ilorin foi um desses guerreiros. Outros incluíam o Timi de Ede, que declarou independência em relação a Oió e em seguida atacou seus vizinhos; Ojo Amepo, que deixou Ilorin, instalou-se em Amese, na província de Epo, e fez amplos ataques a partir de lá; por fim, Atiba, filho do Alafim (Rei) Abiodun de Oió, que antes se juntara a Oja, um invasor que operava a partir de Ago Oja. Quando o próprio Abiodun se tornou *alafim*, sucessor dos governantes do antigo império, ele instalou sua corte em Ago Oja, que passou a ser conhecida como Novo Oió (Law, 1977b, p. 280, 295-296, 298)[63]. Outro guerreiro, Kurunmi, migrou para Ijaye com muitos escravizados e depois continuou a expandir seu número de seguidores:

> [Quando] jovem, ele era um notório flibusteiro e caçador escravista. Com vários seguidores, que se apegaram a sua fortuna, ele saía de [Ijaye] para alguma província distante em excursões predatórias. Ao sequestrar pessoas nas fazendas e saquear caravanas, ele se tornou rico e poderoso, líder de um partido que favorecia sua ambição de se tornar o governante da cidade[64].

Da mesma forma, o guerreiro Oluyole usou seus muitos escravos para estabelecer sua base em Ibadan. Ogedemgbe, outros guerreiros Ijexá, e guerreiros Ekiti imitaram seus mentores Ibadan nos últimos anos (Falola, 1994, p. 225)[65].

Guerreiros menos proeminentes e até mesmo soldados escravizados também se juntaram ao processo de escravização. Em Ilorin, um informante afirma que um escravizado tomou outras

---

63. Sobre a carreira de Atiba, cf. tb. o capítulo 3 de Babayemi (1990).

64. Cf. Stone (1900, p. 53-54 *apud* Oroge, 1971, p. 92).

65. Sobre as atividades dos inúmeros guerreiros, cf. os capítulos 2-9 de Falola e Oguntomisin (2001).

pessoas escravizadas como seu senhor e, embora "ainda escravizado [...] recebia um tratamento diferente"[66]. Em outros lugares de Iorubalândia, um escravizado que tomasse escravizados poderia reter alguns deles, para usar para seus próprios fins, ou receber uma recompensa monetária. Um chefe de guerra também poderia recompensar um soldado escravizado, libertando-o[67].

Além de escravizar por meio da guerra, os Estados poderosos podiam obter escravizados como tributo de grupos vassalos. Entre os habitantes do nordeste do território iorubá, por exemplo, que se tornaram tributários de Bida, o pagamento da vassalagem passou a se dar na forma de escravizados, e não mais em moedas de conchas, à medida que essa forma monetária foi se desvalorizando cada vez mais, durante o reinado de Masaba (1873)[68]. Aqueles que foram dados como tributo podiam já ter sido escravizados antes de serem entregues, mas nem sempre era o caso. O Reverendo C. E. Wating, que viajou no nordeste do território iorubá com os Bispos Tugwell e Phillips em 1894, fez relatos sobre Ayeri, uma cidade perto de Kabba:

> [...] o rei veio nos chamar [...] e nos disse que o rei inglês era o governante do mundo, e nos pediu que os homens brancos viessem e o ajudassem. Ele disse que há quatro anos, ao chegar ao trono, os Nupes vieram e levaram 300 de seu povo. Ele nos disse que a opressão tem sido a regra aqui por 40 anos; que no início os Nupes só exigiam mensageiros [conchas?[69]], depois produtos agrícolas, e agora eles também exigem pessoas escravizadas. Uma vez que todos os seus

---

66. Entrevistas com Salumanu, Magaji Yaba, Ilorin, 29 e 30 de setembro de 1988.

67. Cf. Johnson (1976, p. 325-326); e PRO CO 520/92, "The Laws and Customs of the Yoruba", Egerton a Crewe, 11 de abril de 1910 (seção 8), ambos citados em Oroge (1971, p. 131-132).

68. Cf. Mason (1970, p. 205; 1981, p. 77); NNAK SNP 10 393p/1918, Relatório de Avaliação sobre o Distrito Aworo, por C. K. Meek, parágrafos 29 e 30.

69. O relato original traz a palavra *couriers* ("mensageiros"), termo cuja semelhança fonética e gráfica com *cowries* (conchas) leva a à suspeita de um erro na transcrição do relato [N.T.].

106

próprios escravizados já partiram como tributo, eles têm de dar seus próprios filhos, e muitos, depois de darem suas esposas e seus filhos, deixaram a cidade e não voltaram – entre outros, seus próprios irmão e primo; e que quase não há jovens no país, e que sua nação está se extinguindo[70].

Entre os cativos oferecidos como tributo aos Estados guerreiros estão incluídos aqueles que foram escravizados como punição por algum crime. Para punir um assassinato em Ibadan, relatou Hinderer, "os chefes [...] não se contentam em apenas tomar uma vida por outra, mas, além disso, capturam e vendem toda a família do infrator"[71]. Em 1879, Egba decretou que qualquer pessoa que infringisse seu embargo ao comércio com o Ibadan deveria ser escravizada e vendida[72]. E na maior parte de Iorubalândia, dizia-se que "um ladrão, bandido ou qualquer um que não pudesse pagar suas dívidas ou as multas aplicadas contra si era vendido junto com a esposa e os filhos"[73]. Além disso, de acordo com Samuel Johnson (1976, p. 102), havia "casos bem comprovados em que um membro de uma família fora condenado à escravização por um voto unânime de todos os parentes por ter causado vergonha para a família".

Embora os indivíduos pudessem ser vendidos à escravidão como punição por crimes, no entanto, a maioria dos escravizados entrou no tráfico escravista, seja externo, seja interno, após terem sido adquiridos como tributo e, mais especialmente, como resultado de guerras e ataques realizados por Estados que competiam por importância como sucessores do Império de Oió, por Estados não iorubás e por guerreiros ambiciosos.

---

70. Reverendo C. E. Wating (*apud* Vandeleur, 1898, p. 189-190).

71. CMS CA2/049(b), David Hinderer, Journal for the Quarter Ending, 25 de setembro de 1851 (*apud* Oroge, 1971, p. 132).

72. CMS CA2/056, Johnson a Wright, 9 de maio de 1879 (*apud* Oroge, 1971, p. 132-133).

73. PRO CO 520/92, "The Laws and Customs of the Yoruba", Egerton a Crewe, 11 de abril de 1910 (seção 10) (*apud* Oroge, 1971, p. 133).

Os escravizados

Membros de muitos grupos falantes de iorubá foram escravizados em vários momentos no século XIX, ao longo de um território de escravização cujas fronteiras eram flutuantes, móveis. Como David Eltis (1998, p. 88-89) aponta, grandes áreas do que hoje é chamado Iorubalândia seguiram "não afetadas de início", e houve "poucos indícios de ruptura nas sociedades da parte ocidental iorubá, pelas quais Clapperton e os Landers passaram nos anos 1820". Nos anos 1850 e 1860, os Ekiti e os Ijexá sofreram forte perseguição. Mas no fim, aparentemente, os grupos que perderam o maior número de pessoas devem ter sido as pequenas comunidades da região nordeste do território iorubá, incluindo os Yagba, Ijumu, Bunu, Oworo, Akoko e Owe, que foram atacados por Ibadan, Ilorin, Nupe e até por seus próprios vizinhos, Ekiti e Ijexá (Oroge, 1971, p. 176-177).

Na época, esses pequenos grupos do nordeste iorubano não eram considerados "Iorubá". No século XIX e no início do século XX, fez-se uma distinção, tanto por nigerianos de formação ocidental quanto por oficiais coloniais, entre os grupos iorubanos mais centrais e os grupos periféricos do nordeste, que falavam dialetos da língua iorubá. Ao mesmo tempo, é altamente improvável que o nordeste iorubano partilhasse alguma noção de identidade "pan-Iorubá" que os abrangesse. Até mesmo o ex-escravizado Bunu James Thomas, que voltou à confluência como missionário da CMS em meados do século XIX, distinguia seu povo e os "Iorubá", embora concordasse que seus idiomas eram "quase iguais" (Kolapo, 2000, p. 190)[74]. É possível que tal diferenciação tenha tornado mais aceitável aos grupos chamados "Iorubá" a ideia de

---

74. Entrada para 17 de julho de 1859. Durante o século XX, o nordeste iorubá chegou a reivindicar uma conexão com o mundo iorubá, e é muito provável que fosse como compensação por sua posição precária e isolada como povo falante de iorubá largamente não muçulmano, no contexto do que era, até 1967, a região norte da Nigéria. Cf. Askari (1964-1965, p. 9) e Lloyd (1973, p. 209).

escravizar os povos do nordeste, apesar de a incapacidade dessas comunidades menores em resistir às cidades-Estados e seus líderes de guerra deva ter sido o fator decisivo. E, nas condições fluidas e perigosas do século XIX, mesmo laços culturais e linguísticos estreitos não necessariamente eram suficientes para impedir a escravização mútua.

Parece, no entanto, que os iorubás em geral desaprovavam aqueles que tentavam escravizar pessoas de suas próprias cidades (além de criminosos ou daqueles que causavam vergonha), especialmente, argumenta Oroge, depois que Oluyole e Kurunmi lideraram uma expedição contra a cidade de Abemo, após uma guerra civil na qual membros do lado perdedor foram capturados pelos vencedores (Johnson, 1976, p. 270-272; Oroge, 1971, p. 124-125). Um relato abeokuta de meados do século testemunha a severa punição aplicada aos que foram considerados culpados de escravizar seus próprios concidadãos, embora também confirme que essa prática ainda continuou:

> Mantém-se uma vigilância rigorosa sobre os suspeitos de roubar pessoas [...] a casa de um indivíduo executado por este crime em Abeokuta foi arrasada até o chão. Descobriu-se que ela continha cômodos dentro de cômodos, portas opostas, para facilitar a captura e a ocultação das vítimas. A prática é atrair alguma pessoa incauta e lá confiná-la até que alguma oportunidade se ofereça para transportá-la (Tucker, 1853, p. XVI-XVII).

Relatos de Ondo e Ibadan também atestam a seriedade com que o crime de escravizar o povo da própria cidade foi considerado (Oroge, 1971, p. 125-126). No fim do século XIX, a escravização de pessoas da própria área pode ter aumentado por um breve período, em uma última tentativa desesperada de tomar escravizados antes que os britânicos assumissem o controle.

Alguns relatos de experiências individuais de escravização estão disponíveis. Um deles é o de Samuel Ajayi Crowther, que foi capturado quando Osogun foi atacado por uma força de "maometanos oió" (em outra versão, a narrativa de Crowther fala em "maometanos iorribá"), acompanhados por Fulanis, em 1821. Ele tinha cerca de 15 anos de idade naquela época. Inicialmente, foi levado para Iseyin, o quartel-general de seus atacantes. Depois de ser vendido várias vezes, acabou chegando a Lagos, onde foi vendido aos portugueses:

> Sendo um veterano na escravidão [...] e não tendo mais esperança de voltar ao meu país, acolhi pacientemente tudo o que ocorria; embora tenha tido grande medo e tremor ao receber, pela primeira vez, o toque de um homem branco, que me examinou para ver se eu estava são ou não. Homens e meninos estavam inicialmente agrilhoados juntos, com uma corrente de cerca de seis braças de comprimento, amarrada através de um grilhão de ferro ao pescoço de cada indivíduo, e apertada em ambas as extremidades com cadeados. Nessa situação, os meninos foram quem mais sofreram [...] Finalmente nós garotos [fomos] separados dos homens [...] fomos amarrados juntos, por nós mesmos. Assim, entrávamos e saíamos, tomávamos banho juntos, e assim por diante. O sexo feminino não teve tratamento muito melhor. Ficamos desse jeito por quase quatro meses[75].

Eventualmente, Crowther e os outros escravos embarcaram em um navio português com destino ao Brasil. O navio foi interceptado e Crowther foi desembarcado em Freetown, Serra Leoa, em 1822 (Curtin, 1997, p. 311-314).

Outro escravizado iorubá que deixou um registro de suas experiências foi Osifekunde, um comerciante Ijebu. Era jovem quando foi capturado em 1820 nas lagoas perto da costa nigeriana, enquanto seguia seu caminho para o leste de Lagos, onde

---

75. "Narrative of Samuel Ajayi Crowther" (Curtin, 1997, p. 310-311). Sobre a declaração de Crowther de que os conquistadores de Osogun eram "maometanos Oió", cf. p. 302. Sobre os "maometanos Iorriba", cf. p. 302, n. 29.

comprara mercadorias europeias, que seriam levadas para uma cidade identificada como Mahin. Foi emboscado por piratas Ijo, que o levaram para o porto de Warri, no Delta do Níger; lá, foi vendido e enviado ao Brasil. Na década de 1830, seu proprietário o levou para Paris, lugar no qual descreveu sua primeira vida, sua escravidão e sua terra natal para um estudioso francês, D'Avezac-Macaya[76].

Posteriormente, mas antes da fundação de Abeokuta em 1830, um garoto Egba que mais tarde tomou o nome de Joseph Wright, foi escravizado quando sua cidade foi capturada durante os ataques sofridos por seu povo após a queda de Owu. Anos mais tarde, ele ainda tinha lembrança vívida de sua experiência e do destino daqueles que foram ainda menos afortunados:

> Os inimigos se satisfaziam com crianças pequenas, meninas pequenas, homens e mulheres jovens; e por isso não ligavam para os idosos e pessoas envelhecidas. Eles os mataram sem piedade[77].

> Fui levado [ao acampamento deles] no mesmo dia em que a cidade foi tomada [...] Quando cheguei àquele lugar, o homem que me levou para a cidade me deu de presente ao chefe de guerra que comandava o bando a que ele pertencia, pois o costume era este: quando qualquer um de sua companhia participava dos saques de guerra, se fizesse cativos, metade dos escravizados seria dado a seu capitão[78].

---

76. "Osifekunde of Ijebu" (Curtin, 1997, cap. 8). O capítulo 8 inclui uma introdução por P. C. Lloyd e um relato por d'Avezac-Macaya, "The Land and People of Ijebu" ("A terra e o povo de Ijebu"), escrito com base em informações de Osifekunde, traduzidas por Philip D. Curtin. Cf. a introdução ao capítulo 8, p. 236-237.

77. "Joseph Wright of the Egba" (Curtin, 1997, cap. 10). O capítulo 8 inclui uma introdução por Philip D. Curtin e o texto "The Narrative of Joseph Wright" ("A narrativa de Joseph Wright"), que foi encontrada em um caderno de notas numa caixa com a etiqueta "Sierra Leone, 1835–1840", nos arquivos da Sociedade Missionária Metodista, Londres. Para a citação, cf. a "Narrative", p. 326.

78. Cf. "Narrative of Joseph Wright" (Curtin, 1997, p. 327).

Enquanto eu estava com esses inimigos no acampamento [...] vi uma criança de cerca de 18 meses ser jogada para fora do acampamento, pois ela era tão jovem que ninguém a compraria. Aquele pobre órfão ficou lá chorando até morrer por cerca de dois dias, e ninguém teve pena de pegá-lo[79].

O relato de Wright expõe os tipos de escravizados que eram valorizados e o tratamento brutal que poderia ser dado aos cativos que não eram considerados vendáveis, capazes de se transportar ou hábeis para trabalhar. Dizia-se que os escravistas preferiam os jovens, incluindo "crianças pequenas", mas isso obviamente não se aplicava a crianças tão jovens que não pudessem andar ou carregar cargas. E apesar de os escravizados mais velhos poderem ter seu uso em uma economia mais estabelecida, eles eram em grande parte um estorvo no mundo móvel dos invasores.

Como Crowther, Wright acabou sendo enviado para o sul e vendido para os portugueses em Lagos. O navio escravista no qual ele embarcou foi interceptado pelos britânicos, e Wright foi desembarcado em Serra Leoa, recebeu uma educação e se tornou um clérigo. Mas ao contrário de Crowther e vários outros "resgatados" (pessoas escravizadas libertadas por esquadrões antiescravista) que eventualmente retornaram à Nigéria, Wright permaneceu em Serra Leoa e se engajou no trabalho missionário cristão por lá[80].

Direções e demandas no tráfico escravista interno e externo

Alguns escravizados iorubás foram enviados para o norte, incluindo os muitos nordestinos iorubanos que se encontravam em Bida, em razão de cobrança de tributos ou invasões. Houve também algum tráfico escravista de Ilorin para o norte, e os escravizados

---

79. Cf. "Narrative of Joseph Wright" (Curtin, 1997, p. 328).
80. "Joseph Wright of the Egba", introdução por Philip D. Curtin (1997, p. 320-322).

foram enviados para lá a partir dessa cidade, como vassalagem aos seus senhores em Gwandu ou Sokoto[81]. Contudo, os cativos que foram colocados no mercado em Ilorin entraram num comércio que fluía esmagadoramente do norte para o sul, para Ibadan, Abeokuta, Ijebu Ode, Lagos, e mais além. Mesmo depois de o comércio de escravizados transatlântico a partir de Lagos declinar e, por fim, acabar, o fluxo norte-sul continuou inalterado ao longo do século XIX, uma vez que os cativos continuavam a ser incorporados em famílias tanto de grande como de pequena escala nos estados de Iorubá (O'Hear, 1997, p. 26-27)[82].

Várias vilas e cidades tornaram-se centros de comércio escravista nesse intercâmbio norte-sul, seja temporariamente, seja a longo prazo, e os Egba e Ijebu estabeleceram sua posição como poderosos intermediários ao longo do século (Falola, 1994, p. 230 e referências). Nos anos 1820, os Ijebu foram os principais fornecedores de escravizados para Lagos (Law, 1977b, p. 274, p. 281-282). Abeokuta firmou-se como outro grande fornecedor para Lagos no início dos anos 1830, logo após a sua fundação (Biobaku, 1991, p. 19-20)[83].

Diversos comerciantes envolveram-se. As famílias mais poderosas frequentemente vendiam escravizados das suas casas particulares, como em Ibadan e Ilorin (O'Hear, 1997, p. 28; Oroge, 1971, p. 164). Na década de 1870, em Ibadan, os chefes e outros tinham a seu dispor agentes de comissão. Segundo o missionário James Johnson, em 1877,

> Havia vários mercados privados de escravos em [Ibadan] que abasteciam as suas exigências e as de Abeokuta, Ijebu, Porto Novo e outros locais [...] Parei num

---

81. Cf., por exemplo, CMS CA2/066/88, Reverendo A. C. Mann, Journal for the Quarter Ending, setembro de 1855 e 2 de agosto; cf. O'Hear (1997, p. 25).

82. Cf. tb. referências, especialmente p. 207-208, n. 56.

83. O povo Egba também desempenhou um papel de mediação no tráfico escravista antes da disrupção de seus antigos assentamentos e da fundação de Abeokuta. Cf. "Narrative of Samuel Crowther" (Curtin, 1997, p. 305-306, incluindo n. 46).

desses mercados, propriedade de um agente da comissão maometano [...] Ele confundiu-me com um de seus clientes anglófonos de Abeokuta[84].

Até mesmo muitos "Saro", eles próprios ex-escravizados que foram desembarcados na Serra Leoa e mais tarde retornaram para Iorubalândia, estavam envolvidos na propriedade e no comércio de escravizados (Oroge, 1971, p. 217-219).

Muitos dos cativos levados para o sul eram deportados através dos portos da Costa dos Escravizados. Entre eles, de longe o mais importante era Uidá, mas no início do século XIX o porto de Lagos ganhou relevância, e a partir de 1837 passou a exportar mais escravizados do que Uidá (Eltis; Richardson, 1997, p. 22; Law, 1977b, p. 274). Na primeira metade do século XIX, os cativos iorubás dominaram as partidas desses dois portos (Eltis, 1998, p. 86). Na década de 1850, o tráfico escravista de exportação a partir de Lagos diminuiu precipitadamente, como resultado das atividades britânicas em relação ao tráfico tanto na África quanto no Brasil, e por fim se encerrou após a anexação de Lagos pela Grã-Bretanha, em 1861.

Os esforços britânicos para fechar o comércio brasileiro tiveram sucesso em 1851, mas o comércio cubano continuou até 1867, com muitos iorubás partindo de Uidá para Cuba (Bergad; García; Barcia, 1995, p. 57-59; Eltis, 1998, p. 91; Mann *apud* Law, 1995, p. 145). Há até evidências de escravizados oriundos de territórios tão distantes quanto o norte de Aboh, no baixo Níger, que foram levados para Uidá no fim da década de 1850 (Eltis, 1998, p. 91, 96, nota 22). Esses cativos podem muito bem ter incluído alguns iorubás do nordeste, que haviam sido enviados rio abaixo para o Níger.

Até o fim da década de 1830, a maioria desses escravos do nordeste iorubano teria sido exportada para o tráfico transatlântico

---

84. CMS CA2/056, Relatório do Reverendo J. Johnson, Abeokuta, agosto de 1877 (*apud* Oroge, 1971, p. 164).

através dos portos do Golfo do Biafra, indo especialmente para Cuba e, por um tempo, para o Caribe Francês (Eltis; Richardson, 1997, p. 21; Lovejoy; Richardson, 1995, p. 38). Em 1834, James Thomas foi vítima de sequestro em sua área nativa de Bunu. Ele foi levado para o Níger, depois para o sul de Aboh e de lá até Bonny, vendido para o comércio escravista do Atlântico, resgatado e desembarcado em Serra Leoa. Tornou-se cristão e serviu como missionário da CMS em Gbebe e Lokoja na confluência dos Rios Níger e Benué, entre 1858 e 1878. Visitando Aboh em 1858, ele conheceu os escravizados Bunu empregados nas canoas de guerra daquela cidade, assim como o filho do homem que o vendera a Bonny (Kolapo, 1999, p. 135-136, 138-139)[85].

O comércio escravista continuou por Aboh, embora se presuma que grande parte se destinasse para o mercado interno[86]. Samuel Crowther comentou o "acúmulo de escravizados" pelos ricos nas cidades de Aboh, Idah e Igbegbe ao longo do Níger, explicando que, "depois de o comércio de escravizados ter sido abolido no Golfo do Biafra, eles se tornaram muito baratos; [os ricos] têm os meios de comprar um grande número de cativos" (Crowther; Taylor, 1859 *apud* Law, 1995, p. 7).

A demanda interna por escravizados foi particularmente notável dentro da própria Iorubalândia no século XIX. Como muitos estudiosos perceberam, os estados e líderes iorubás que lutavam pelo poder precisavam de escravizados para integrar seus exércitos; para alimentar suas tropas, seus seguidores e suas famílias; para se engajar em trabalhos artesanais; e para agir como transportadores e agentes comerciais. Tudo isso precedia em muito tempo a era anterior ao fim do tráfico escravista transatlântico, mas o

---

85. Cf. tb. Kolapo (2000, p. 170), entrada para 2 de agosto de 1858.

86. Cf. Kolapo (2001) sobre o tráfico escravista continuado por Okeyea, um dos filhos de Obi Osai, em Aboh. Presumivelmente, os "negociantes de bronze" mencionados ali estavam comprando escravizados para trabalho nas canoas ou para outras tarefas envolvendo bronze, ou para a venda em cidades no baixo ou no delta do Rio Níger.

crescimento do comércio "legítimo" de óleo de palma aumentou a demanda por mão de obra[87]. Embora não fossem embarcados pelo oceano, os cativos que permaneceram em Iorubalândia foram em certa medida integrados ao mundo atlântico por meio dos itens que produziam.

Os escravizados eram considerados um bom investimento. De acordo com James Johnson,

> Os Egbas [...] têm apego inveterado ao trabalho escravizado, assim como os outros, e muitas vezes investem dinheiro nisso dizendo ser de absoluta necessidade para seu trabalho. Consideram melhor investir em escravizados do que em panos e contas [...] que podem ser facilmente consumidos pelo fogo[88].

O exemplo clássico do uso interno de escravizados é Ibadan, aqui descrito por Samuel Johnson (1976, p. 324-325) com referência, talvez, ao período por volta de 1860:

> Ibadan havia [...] crescido muito, não só por causa dos imigrantes [...] mas também pelos milhares de escravizados levados até lá a cada ano [...].
>
> Exceto sob circunstâncias de especial urgência, agora os chefes não vendem seus escravizados, ou melhor, presos de guerra, exceto os velhos e enfermos, e fazem isso principalmente para adquirir armas e munições.
>
> Os homens em boas condições são mantidos e treinados como soldados, e tornou-se lei e costume que os soldados escravizados nunca fossem vendidos em nenhuma circunstância; eles devem permanecer sempre como membros da casa. As mulheres jovens e belas

---

87. Cf. Ajayi e Smith (1971, p. 124-125), Falola (1987, p. 96-97; 1994, p. 223, 225, 242; 1998, p. 232-233) e Oroge (1971, p. 90, 183, 185-186). O cônsul britânico William Baikie (*apud* Law, 1995, p. 198), em 1862, observou que o crescimento do comércio "legítimo" em Iorubalândia levara a "um aumento na demanda e no preço dos escravizados".

88. CMS CA2/056, Johnson a Wright, 21 de junho de 1878 (*apud* Oroge, 1971, p. 179).

> são alistadas aos haréns pelos poderosos, e os homens jovens economizam as despesas de um dote, tomando como esposa qualquer mulher que venha estar ao seu alcance [...] Todo o resto é enviado para as fazendas, cada um para ser empregado em um ramo de trabalho próprio. Os chefes tinham grandes fazendas e casas agrícolas, contendo de cem a mais de mil almas. Os homens são postos para desbravar o mato, cultivar o solo, cortar nozes de palma e fazer outros trabalhos masculinos; as mulheres fazem óleo de palma, óleo de nozes, sabão e tapetes de tecelagem, criam aves e rebanhos menores, plantam legumes de todos os tipos, para a cozinha e para os mercados semanais e feiras; as mulheres mais velhas preparam e fiam algodão, descascam nozes de palma etc. Todos são empregados como "mãos" na época da colheita.
>
> Essas *plantations* extensivas não apenas sustentam seus enormes estabelecimentos, mas também abastecem os mercados, de modo que, apesar de um Estado militar como era Ibadan, os alimentos, por lá, ficavam realmente mais baratos do que em muitas outras cidades[89].

Esse relato ilustra os inúmeros usos a que os escravizados eram submetidos e a escala e a complexidade da economia que cresceu em torno dos grandes líderes de guerra e outros grandes detentores de cativos. As mulheres escravizadas podiam ser usadas tanto para fins reprodutivos quanto para outras funções. Os homens poderiam capturar outros escravizados na guerra. Ambos, porém, eram amplamente empregados na agricultura e em outras produções, não apenas para fins domésticos, mas também para o mercado. Homens e mulheres desempenhavam seu papel na produção de óleo de palma para o novo comércio "legítimo" que vinha substituir o tráfico escravista para o exterior.

---

89. Sobre os vários tipos de trabalho feito pelos escravizados em Iorubalândia no século XIX, cf., por exemplo, Falola (1994), O'Hear (1997, cap. 2) e Oroge (1971).

Muitos iorubás eram proprietários de escravizados em grande escala. Por exemplo, dizia-se que Kurunmi, de Ijaye, tinha 300 esposas e mil cativos. Uma de suas fazendas foi registrada com uma extensão de mais de cem acres e com um exército de escravizados em sua operação (Falola, 1994, p. 226). Em Epe, na década de 1850, Kosoko, o rei exilado de Lagos, e seu capanga, Tapa Osodi, tinham cada um mais de 5 mil escravizados trabalhando em suas "várias *plantations*"[90]. Em Abeokuta, também nos anos 1850, entre os grandes proprietários, incluíam-se alguns do povo Saro, "detentores de um número considerável de escravizados em suas fazendas"[91]. Nos anos posteriores, na mesma cidade havia "grandes produtores individuais detentores de grupos de 100 a 500 escravizados trabalhando para eles"[92]. Ao mesmo tempo, diz-se que o Balogun de Ikorodu, em Ijebu, teria tido mais de 400 cativos[93]. Em Ondo, na segunda metade do século XIX, ter grande posse de escravizados significava provavelmente ter cerca de 100 cativos em média, mas Edun, o Lisa (alto chefe) de Ondo, tinha mais de 800, "com um *seraglio* [harém] com cerca de 300 a 400 mulheres"[94]. Em Ilorin, o Balogun Ajikobi, um dos anciões chefes de guerra iorubás, tinha "muitas" *plantations*, com "ao menos 25 escravizados trabalhando em cada uma" (O'Hear, 1997, p. 30). Também havia mulheres como grandes proprietárias. Em 1854, relatou-se que Madame Tinubu tinha "algumas centenas de escravizados armados"[95]. Samuel Johnson observou que Efusetan de Ibadan "possuía cerca de 2 mil cativos

---

90. PRO FO 84/1175, Beddingfield a McCoskry, 26 de janeiro de 1862, arquivado em McCoskry a Russell, 8 de fevereiro de 1862 (*apud* Falola, 1994, p. 228).

91. PRO FO 84/1031, Campbell a Clarendon, 2 de julho de 1857 (*apud* Oroge, 1971, p. 216).

92. PRO CO, evidência de J. P. L. Davies arquivada em CO 147/133, Denton a Chamberlain, 4 de junho de 1898 (*apud* Oroge, 1971, p. 166-167).

93. PRO CO 147/134, Denton a Chamberlain, 3 de agosto de 1898 (*apud* Falola, 1994, p. 228).

94. Cf. Oroge (1971, p. 169), Falola (1994, p. 228) e fontes citadas lá.

95. PRO FO 84/950, Campbell a Clarendon, 11 de agosto de 1854, citado por Oroge (1971, p. 182).

somente em suas fazendas, contando apenas os que estavam nelas. Além deles, ela tinha seus próprios capitães de guerra e meninos guerreiros" (Johnson, 1976, p. 393).

Em Ilorin, propriedades de pequena escala eram aparentemente comuns, pois um escravizador como o Balogun Ajikobi poderia dividir seus escravizados entre várias fazendas dispersas, e porque "a maioria dos detentores de cativos tinha apenas um punhado" deles. O guerreiro Ilorin Ojibara – que, segundo relatos, tinha "cerca de quatro" *plantations* com "não menos de dez escravizados" trabalhando em cada uma delas – representaria o nível médio da classe de proprietário (O'Hear, 1997, p. 30). Em Ibadan, em 1868, um padre Ifa tinha "cerca de 12 homens cativos" trabalhando em sua fazenda. E. Adeniyi Oroge (1971), que dá esse exemplo, aponta que havia muitos proprietários de escravizados, de diferentes portes, em Iorubalândia no século XIX[96].

Nem todos os cativos dos proprietários de escravizados iorubás eram eles próprios iorubás. Certas tarefas especializadas eram realizadas pelos escravos Fulani e Hauçá (Oroge, 1971, p. 196-197). Relatos afirmam que Basorun Oluyole, de Ibadan, teve milhares de escravizados, sobretudo de língua hauçá[97]. Segundo o missionário James Johnson, os escravizados em Abeokuta eram "extraídos principalmente da tribo conhecida como Gambari", ou seja, Hauçá, em 1880. O mesmo missionário relata que os falantes de hauçá eram predominantes entre os escravizados em Ijebu no fim do século[98]. Esses relatos podem refletir o uso de um número significativo de cativos falantes dessa língua (embora não necessariamente Hauçá por etnia), mas é provável que eles sejam um tanto exagerados.

---

96. Cf. Oroge (1971, p. 180), incluindo CMS CA2/075, fragmentos do diário de D. Olubi para a metade do ano, encerrando em junho de 1868.

97. Cf. Akinyele ([1911?], p. 37 *apud* Oroge, 1971, p. 159).

98. CMS CA2/056, Johnson a Wright, Relatório Anual, janeiro de 1880 (*apud* Oroge, 1971, p. 167); PRO CO 147/133, Evidência do Reverendo James Johnson, arquivado em Denton a Chamberlain (confidencial), 4 de junho de 1898 (*apud* Oroge, 1971, p. 168).

Escravização: intensificação final e declínio

A escravização iorubá seguiu até o fim do século XIX. Os Emirados de Bida intensificaram sua extração de escravizados entre os iorubás da região nordeste nos últimos anos antes de o emirado ser derrotado pelos britânicos em 1897[99]. Diz-se que Ilorin se juntou a Etsu Maliki (que morreu em 1895) e seu sucessor, Etsu Abubakar, em "extensos ataques de escravização nas terras de Kabba [...] e Oworo"[100]. Entre 1897 e 1900, houve um período de aumento de captura de escravizados em Ilorin e arredores, sem dúvida em reação ao êxodo de um grande número de cativos depois que a cidade foi derrotada pela Companhia Real do Níger, em 1897, e também devido a uma percepção da necessidade de recuperar o maior número possível de perdas de escravizados antes que os britânicos retornassem para assumir o controle da área. A reação de Ilorin à perda de cativos e à ameaça de perder a possibilidade de "produzir" escravizados no futuro foi resumida – quando a cidade foi derrotada pelas forças da Companhia Real do Níger em 1897 – na carta que seu emir escreveu pedindo a Goldie, líder da expedição inimiga, que devolvesse os escravizados que haviam fugido durante a batalha. Isso ilustra a importância da escravidão até mesmo para um Estado que não tinha nenhuma colheita para vender no comércio "legítimo"[101]. Ilorin não estava sozinho em seus medos, já que "muitos guerreiros" em outros lugares "se voltaram para dentro, invadindo suas próprias vizinhanças", embora isso tenha sido rapidamente interrompido pelas autoridades britânicas (Falola, 1994, p. 226).

O domínio britânico pôs fim à escravização de iorubás por meio de capturas na guerra, ataques, sequestros e coletas de

---

99. Cf. p. 102 e nota 55 acima.

100. Cf. Jimoh (1994, p. 167-168). Jimoh não dá nenhuma fonte para a informação de que Ilorin se juntou a Nupe nesses ataques. Cf. Hogben e Kirk-Greene (1966, p. 300-301), cujo trabalho Jimoh utiliza, que não mencionam tal cooperação entre Ilorin e Nupe.

101. Cf. O'Hear (1997, p. 63-68). Sobre a carta do Emir Suleiman para Goldie, cf. p. 119.

tributo. O comércio aberto de escravizados desapareceu, apesar de o tráfico clandestino de crianças da colônia alemã dos Camarões e dos povos "pagãos" do norte da Nigéria ter continuado, através de Ilorin, por vários anos. A escravidão em si persistiu em Iorubalândia como em outros lugares, mas começou a declinar à medida que as condições continuaram a mudar, e na década de 1930 estava se aproximando do fim[102].

Os escravizados de língua iorubá foram enviados para as Américas muito antes do século XIX. Entretanto, no início dos anos 1800, houve um grande aumento no tráfico de cativos iorubás para o Novo Mundo, reforçado pelo colapso do antigo Império de Oió e por prolongadas guerras iorubanas. Os falantes de iorubá foram escravizados no século XIX por meio de guerras, ataques, sequestros e pilhagens, bem como por pagamento de tributos. Os principais Estados e líderes de guerra tiveram destaque nos processos de escravização, posse e comércio, e até mesmo soldados escravizados e cativos libertados se juntaram a tal processo. Pessoas de vários grupos falantes de iorubá foram escravizadas ao longo de uma fronteira em movimento, mas parece provável que o nordeste iorubano tenha sido, em geral, o mais severamente afetado.

O comércio transatlântico continuou até meados do século, enviando falantes de iorubá para a diáspora do Novo Mundo, como é ilustrado por uma série de relatos em primeira mão. Mas o movimento interno de escravizados sobreviveu ao tráfico escravista transatlântico por muitos anos, uma vez que os cativos eram altamente valorizados na economia do século XIX. Mesmo aqueles escravizados que continuaram em Iorubalândia podem ser contados, em certo sentido, como integrados ao mundo atlântico, por meio de seu envolvimento na produção para o comércio "legítimo".

---

102. Cf. Oroge (1971, cap. 6) e Falola (1994, cap. 6). Sobre o tráfico clandestino, cf. Oroge (1971, p. 366, 410, 418) e O'Hear (1997, p. 79).

Parte II

A DIÁSPORA IORUBÁ NAS AMÉRICAS

5

NAGÔ E MINA: A DIÁSPORA IORUBÁ NO BRASIL

João José Reis
Beatriz Galloti Mamigonian

A extensão e o volume do comércio escravista brasileiro, bem como a conexão especial entre a Bahia e o Golfo de Benim, fizeram do Brasil, junto com Cuba, o lar de uma das maiores concentrações de povos de língua iorubá nas Américas. Este capítulo aborda a distribuição da diáspora iorubana pelo Brasil, concentrando-se principalmente na Bahia e no Rio de Janeiro, no século XIX. Nessas duas áreas, devido às condições particulares do sistema escravista e à diferente composição étnica de sua população africana, a identidade Iorubá tomou formas distintas sob os termos locais "Nagô" (sobretudo na Bahia) e "Mina" (no sul do Brasil). O tráfico de escravizados para o Brasil, que se estendeu de meados dos anos 1500 a 1850, trouxe por volta de 3,5 milhões de africanos cativos para os territórios portugueses na América do Sul, territórios que se tornaram, depois de 1822, o Brasil independente. Embora a África Central e Oriental tenha contribuído com mais de três quartos desse total, o comércio da África Ocidental constituiu um ramo importante do tráfico escravista brasileiro. Apesar de a maior parte do comércio de escravizados ter se realizado a partir dos portos da colônia portuguesa de Angola e seus arredores, os negociantes da Bahia estabeleceram no século XVIII um intercâmbio direto com o Golfo de Benim, que mudaria o perfil da população cativa na colônia (Curtin, 1969; Eltis *et al.*, 1999; Verger, 1968).

A migração forçada dos povos de língua iorubá para o Brasil pode ser retraçada até o comércio de escravizados realizado na "Costa da Mina" durante os primeiros três quartos do século XVIII e principalmente até os negócios com o Golfo de Benim dos anos 1770 até os anos 1850. Durante este último período, os comerciantes baianos consolidaram sua rede existente na região e concentraram seu comércio ao leste de Uidá, nos portos de Porto Novo, Badagri e Onim (mais tarde, Lagos). Eles desafiaram a proibição contra o tráfico escravista português ao norte do Equador imposta pela Grã-Bretanha em 1810 e continuaram "importando novos africanos" para o Brasil depois que o comércio de escravizados foi proibido pelo tratado anglo-brasileiro, em 1830, e por lei nacional, em 1831 (Bethell, 1970; Tavares, 1988; Verger, 1968, p. 287-323). Os números registrados relativos ao volume do tráfico escravista brasileiro não são satisfatórios, em especial para o século XVIII. Para o período mais bem documentado – 1801 a 1856 –, estima-se que a África Ocidental forneceu pouco menos de 10% do número total de escravizados deportados pelo Brasil. Mais certa é a peculiar concentração geográfica dessa diáspora: 88% dos cativos que partiram do Golfo de Benim para o Brasil desembarcaram na Bahia[103].

A missão de seguir os iorubás no lado brasileiro do Atlântico nos leva pelas rotas dos escravizados dentro do país e nos coloca a questão adicional de identificá-los entre os outros cativos africanos. No Brasil, os escravizados da África Ocidental foram identificados pelo termo geral "Mina", o mesmo nome dado pelos traficantes escravistas portugueses à costa africana de onde eles embarcavam.

---

103. Uma nova coleta de dados com foco no Atlântico Sul provavelmente fornecerá uma imagem melhor do comércio de escravizados para o Brasil do que a que temos agora. De acordo com David Eltis, parte do comércio da África Ocidental para a Bahia entre 1816 e 1830 foi registrado como se tivesse saído do centro-oeste da África por comandantes de navios tentando escapar da perseguição. Como consequência, não apenas o volume mas também a proporção de escravizados da África Ocidental na Bahia será revista para cima na segunda edição do conjunto de dados.

Oriundos de vários grupos étnicos do interior ou da costa, os africanos escravizados deixavam a África a partir dos portos de Grande Popo, Uidá, Porto Novo, Jakin, Badagri ou Onim, e todos se tornavam "Minas" aos olhos dos comerciantes e senhores quando chegavam ao Brasil. Distribuídos a partir da Bahia e, em menor escala, do Rio de Janeiro e de outros portos que faziam comércio com a costa da África Ocidental, os escravizados Mina podiam ser encontrados em todo o Brasil em meados do século XVIII. Um fluxo muito importante forneceu cativos para o *boom* da mineração nas capitanias interiores de Minas Gerais, Goiás e Mato Grosso. Os africanos viajariam da Bahia para as regiões de mineração no Brasil central, ou por mar para o Rio de Janeiro e de lá para Minas Gerais e Goiás. No século XVIII, a viagem do Rio de Janeiro a Goiás através de Minas Gerais levava pelo menos três meses para comboios armados; e o trajeto certamente durava mais tempo para as caravanas de mercadorias comerciais, animais de carga e novos africanos.

A presença de falantes de iorubá é documentada positivamente para a Bahia e Minas na primeira metade do século XVIII. Muitos escravizados "Courana" (Kuramu) estão listados em um censo realizado em 1748-1749 na região mineira baiana de Rio de Contas, que também registrou a presença de um único cativo "Nagô". Esses escravizados também foram descritos como "nascidos na Costa da Mina", com seu etnônimo mais específico, nesse caso Courana e Nagô, registrado como parte de seus nomes: Joana Courana e Francisco Nagô, por exemplo. Na pequena aldeia de Paracatu, em Minas Gerais, um grupo de mulheres da nação Courá (outra variação de Kuramu) foram presas em 1747 por funcionários da Inquisição devido a seu envolvimento em rituais religiosos africanos. Finalmente, os Nagô são citados entre os grupos africanos encontrados em Goiás no fim do século XVIII[104].

---

104. Sobre Goiás, cf. Karash (1996, p. 240-262; 2002, p. 117-151). Sobre os grupos de mulheres da nação Courá em Minas Gerais, cf. Mott (1988, p. 87-118); sobre Rio de Contas, cf. "Matrícula Seg. do Anno de 1848", Arquivo Municipal de Rio de Contas, não catalogado.

Embora provavelmente já estivessem entre os "Minas" deportados e espalhados pelo Brasil durante o século XVIII, os escravizados iorubás só foram identificados como um grupo separado ao longo do século XIX, à medida que chegavam em grande número. Na Bahia, eles passaram a ser conhecidos como "Nagô", enquanto os iorubás em outros lugares do país continuaram a ser designados pelo termo "Mina", nomeação que apenas em circunstâncias particulares era complementada por suas origens e identidades específicas.

Registros de 2.757 viagens pelo Atlântico. As colunas percentuais excluem o número de escravizados importados de regiões não especificadas. Estima-se que o volume real do tráfico de escravizados tenha sido muito maior.

Nagô: os iorubás da Bahia

Africanos de origem iorubá passaram a representar a grande maioria dos escravizados na Bahia, que foi uma das mais importantes áreas de plantação de açúcar do Brasil entre a virada do século XVI e meados do século XIX. O açúcar era cultivado nas terras úmidas de solo macio e barrento que circundavam a Baía de Todos os Santos, região conhecida como Recôncavo, no extremo oeste de onde ficava Salvador, a capital da Bahia. Outras culturas semeadas na região incluíam o tabaco e a mandioca: o primeiro era bastante utilizado no comércio com o Golfo de Benim, e a segunda era o principal alimento básico local. O açúcar, no entanto, era o rei, mesmo quando a colheita vivia tempos difíceis. Desde o fim do século XVII, a competição com o Caribe levou a região a sérias dificuldades, situação que perdurou até a Revolução Haitiana e a consequente destruição da escravidão e da economia de plantation na ilha, o que de novo abriu o mercado para o produto brasileiro. Na virada do século XIX, a economia de exportação da Bahia estava em plena expansão. O número de plantações de açúcar – chamados de *engenhos* – expandiu-se significativamente,

TABELA 5.1 – Regiões africanas de embarque dos escravizados deportados para o Brasil (1801-1856)

	Nordeste	%	Pernambuco	%	Bahia	%	Sudeste	%	%Total
Centro-Oeste da África	8.046	56,70	22.107	80,00	56.161	42,50	682.040	76,10	71,8
Sudeste da África	**221**	**1,6**	**3.251**	**11,8**	**3.152**	**2,4**	**190.366**	**21,3**	**18,4**
Golfo de Benim	484	3,4	1.022	3,7	45.102	34,1	5.247	0,6	4,8
Golfo do Biafra	1.008	7,1	800	2,9	8.076	6,1	11.094	1,2	2
Senegâmbia	4.433	31,2	306	1,1	294	0,2	0	0,0	0,5
Serra Leoa	0	0,00	0	0,0	1.779	1,3	1.412	0,2	0,3
Costa de Ouro	0	0,00	156	0,6	17.535	13,3	5.654	0,6	2,2
África Ocidental (total)	**5.925**	**41,7**	**2.284**	**8,3**	**72.786**	**55,1**	**23.407**	**2,6**	**9,8**
Não especificado	1.730	(10,87)	3.573	(11,4)	52.623	(28,49)	108.081	(10,77)	(13,4)
Total	15.922	100,00	31.215	100,00	184.722	100,00	1.003.894	100,00	100

Fonte: Eltis et al. (1999).

e esse aumento foi seguido por uma intensificação do comércio de escravizados africanos para a região[105].

Durante a primeira metade do século XIX, o perfil étnico africano da Bahia mudou substancialmente. Estima-se que pelo menos 318.200 cativos foram deportados para a Bahia entre o início e meados de 1800, pelo menos 70% deles oriundos da região do Golfo de Benim e seu interior[106]. Pessoas escravizadas do centro-oeste africano, ou seja, da atual Angola, que havia representado a maior parte das chegadas de cativos até o último quarto do século XVIII, continuaram a vir, embora em números cada vez menores. Os dados dos registros de inventários no Recôncavo, incluindo Salvador, indicam que, em 1805 e 1806, cativos oriundos da África Ocidental representavam 63% dos escravizados africanos; o número cresceu para 75% anos depois; e chegou perto de 90% no encerramento do comércio escravista em 1850. Mas a mudança mais impressionante ocorreu dentro do grupo da África Ocidental, como observado na cidade de Salvador, um importante centro de trabalho servil, onde a proporção de escravizados na população variou em torno de 40%, dos quais apenas 30% eram nascidos no Brasil. Em 1820, 67% dos cativos africanos tinham vindo da África Ocidental, e nesse grupo apenas 16% eram falantes de iorubá. Quinze anos depois, esse número aumentou para 31%. Na década de 1850, os Iorubá abrangiam 76% dos africanos escravizados nascidos na África e 86% dos escravizados da África Ocidental na cidade. Para a Bahia em geral, em toda a segunda metade do século XIX, os Nagô representavam 79% dos escravizados nascidos na África e 54% das pessoas libertadas[107].

---

105. Sobre o sistema de plantation da Bahia, cf. Schwartz (1985) e Barickman (1998).

106. Cf. Eltis (1987, p. 243-244). Este número difere daquele apresentado na Tabela 5.1 (p. 129), porque reflete uma estimativa de Eltis sobre o possível número "verdadeiro" de escravizados importados para a Bahia.

107. Esses cálculos estão baseados em uma lista de escravizados em registros de inventários, parte de um projeto em colaboração com Paul Lovejoy, e nas seguintes fontes: Andrade (1988, p. 189-190), Reis (1997a, p. 390-391) e Côrtes de Oliveira (1992, p. 107, 109).

Esses números resultaram da concentração quase exclusiva do comércio de escravizados da Bahia em regiões iorubanas nas três décadas anteriores à abolição final do tráfico escravista brasileiro. Do outro lado do Atlântico, esse fenômeno estava ligado ao declínio e à queda do Império de Oió, às guerras civis que se seguiram e à expansão muçulmana em Iorubalândia. Esses eventos estavam relacionados, e todos eles alimentaram a produção de milhares de vítimas para o tráfico de escravizados.

Embora os africanos ocidentais também pudessem ser conhecidos como Mina na Bahia, na segunda década do século denominações mais específicas, que já estavam disponíveis, tornaram-se mais comuns. Com o avanço dos anos, os falantes Gbe, por exemplo, ficariam conhecidos como Jeje, embora etnônimos mais particulares, como Daomé, Ardra (para Aladá), Maki (ou Mahi) e Savalu, às vezes apareçam no registro, assim como etnônimos compostos, como Jeje-Mahi.

Havia também os Nupe, conhecidos na Bahia pelo termo iorubá "Tapa", e os Hausa, que eram chamados de Uçá ou Hauçá, a identificação mais próxima – ao menos foneticamente – de uma designação original autoconcedida. Por fim, os iorubás passaram a ser conhecidos como nagôs. Esse etnônimo não foi inventado na Bahia, mas no outro extremo do circuito do tráfico escravista. Os escravizados iorubás deportados através dos portos das regiões de língua gbe, ou seja, aqueles sob influência ou controle de Daomé, como Uidá e Porto Novo, foram chamados de Nagô, termo oriundo de "Anagô" – a designação dos vizinhos imediatos a leste de Daomé em Iorubalândia[108]. Entretanto, os escravizados que se tornaram nagôs na Bahia originalmente não se consideravam membros de um povo unificado. Como se sabe, tal identidade só foi formada no decorrer da segunda metade do século XIX sob o termo "Io-

---

108. Cf. Law (1997a, p. 205-219). Para uma discussão geral sobre os etnônimos africanos na Bahia durante a era da escravidão, cf. Côrtes de Oliveira (1997, p. 53-63).

rubá", que deriva de "Iarriba", palavra utilizada pelos Hauçá em referência a Oió. Na verdade, em meados do século XIX, Iorubá, Iorubáni e variações em torno dessas expressões já haviam sido adotadas na literatura missionária europeia (Doortmont, 1990, p. 101-108; Peel, 1989, p. 198-216). O próprio termo "Iorubá" não era conhecido no Brasil como referência aos escravos "Nagô", palavra que os africanos de língua iorubana adotaram para se identificar. Em suma, os falantes de iorubá se tornaram nagôs na Bahia antes de se tornarem iorubás na África.

O *termo* "Nagô" surgiu no lado africano da rota do tráfico escravista, mas a *identidade* Nagô era uma criação brasileira, mais especificamente uma criação baiana. Os escravizados na Bahia utilizaram boa parte de sua origem africana comum para se reconhecerem como *parentes*. A palavra portuguesa "parente" foi assim adotada para significar o vínculo étnico. No caso dos Nagô, o elemento mais saliente que os unificava era precisamente a língua, mas havia outros. Eles tinham origem mítica comum como descendentes de Oduduwa, e Ifé era considerada uma cidade sagrada para todos os iorubás. Embora os cultos dos Orixás regionais fossem importantes, muitos deuses haviam expandido sua influência além das fronteiras. A crença em um deus superior conhecido como Olorum, mestre do céu, e o sistema de divinação ifá tiveram ampla difusão. A longa hegemonia do Império de Oió em Iorubalândia favoreceu a expansão do culto de Xangô – típico de tal império e uma divindade verdadeiramente imperial ligada às dinastias governantes –, assim como de como Ogun, o deus do ferro e da guerra, que se tornou muito popular durante os conflitos militares que se seguiram à queda de Oió. A própria existência de uma potência imperial na região ajudou a criar algum sentimento de pertencimento, apesar de secundário, a uma comunidade maior. Os iorubás eram um povo cosmopolita, engajados no comércio de longa distância, e eram todos altamente urbanizados, vivendo em pequenas, médias e grandes vilas, em torno das quais estabeleciam empreendimentos agrícolas. Todas essas experiências anteriores e comuns contribuíram para a formação de uma identidade Nagô no Novo Mundo. Acrescente-se a isso o fato de a maioria dos escravizados baianos de língua iorubá terem vindo do reino de Oió e, portanto, serem o subgrupo Iorubá mais importante na criação de uma identidade local Nagô[109].

No entanto, muitas das antigas identidades africanas mais específicas e antigas continuaram a fazer sentido no novo contexto brasileiro. Os Nagô se conheciam por nomes dados por suas famílias em sua terra natal, o que contrastava com o que eles chamavam de seus "nomes da terra dos brancos [ou cristãos]", usados para interagir com senhores brasileiros e outras pessoas livres, exceto homens e mulheres africanos libertos. Os nomes africanos raramente aparecem nos documentos baianos. Uma das poucas fontes para mencioná-los são os registros de julgamento relacionados com a revolta de 1835 em Salvador. Lá encontramos nomes como Ajayi, Alade, Dada e Ojo, assim como nomes muçulmanos que também trouxeram da África, como Sule, Bilal e Ahuna[110].

Outro sinal relevante de identidade, que poderia ligar indivíduos a grupos étnicos Iorubá específicos, foi a *abaja* ou escarificação facial. Quando a pessoa ainda era criança, essas marcas eram inscritas no corpo, particularmente no rosto, com instrumentos de metal muito afiados manipulados por especialistas, geralmente um devoto de Ogum. Entre os Ijebu, a operação era realizada quando as crianças atingiam a idade de seis ou sete anos e era feita por um sacerdote conhecido como *alakila*, ou seja, o mestre da escarificação. A marcação da *abaja* representava uma etapa

---

109. Cf. Law (1973, p. 207-222). Em seu ensaio, J. F. A. Ajayi (1974, p. 133) escreve explicitamente sobre a disseminação do culto Sango. Sobre a disseminação de Ogum, cf. Barnes e Ben-Amos (1997, p. 39-64) e Peel (1997, p. 263-289). Outra discussão sobre esse tema pode ser encontrada em Matory (1994, p. 13-22). Oba Olorum, Ogum, Obatala e Elegba foram mencionados por Osifekunde, de Ijebu, e Obatala por Crowther, de Osogun (sul de Oió). Cf. Lloyd (1967, p. 274-275) e Ajayi (1997, p. 294).

110. Cf. os registros de tribunais da rebelião de 1835 depositados no Arquivo Público do Estado da Bahia (doravante indicado pela sigla APEBa); cf. tb. Reis (1993, p. 156).

essencial no processo de socialização da criança na família e sua integração mais profunda dentro de um determinado grupo étnico. A marca tinha tanta importância como sinal de pertencimento a uma comunidade que, segundo o testemunho de 1820 de Richard Lander, quando alguém foi expulso do grupo – ele provavelmente se referia a Oió – por um crime grave, a *abaja* foi mutilada usando o mesmo método empregado para criá-la. Quem quer que fosse punido assim se tornava um renegado em seu próprio povo[111].

Os Nagô presos em 1835 tinham frequentemente sua *abaja* descrita nos registros da polícia, e anúncios de escravizados fugitivos publicados em jornais também ofereciam essa informação. A maioria, entretanto, era apenas vagamente mencionada como "sinais de sua nação" ou "sinais de sua terra natal no rosto". Acusada de conspiração em 1835, a mulher libertada pelo nome de Agostinha trazia "muitos sinais longos" em sua face. Outra, chamada Teresa, exibia em seu rosto "muitos sinais de sua pátria e alguns na testa". Algumas vezes a descrição podia ser mais detalhada. Um Nagô liberto chamado Jorge da Cruz Barbosa havia sido marcado com "três sinais de sua pátria em cada lado do rosto", e Licutan, um escravo provavelmente de Oió e um dos líderes em 1835, exibia "sinais perpendiculares, outros transversais em seu rosto"[112]. Aparentemente também de Oió, uma jovem Nagô de nome Raquel foi anunciada em 1859 como fugitiva e descrita como possuidora de "cinco sinais em cada lado da face, e outro cruzando os dois lados". Essas marcas se assemelham ao *keke* ou *gombo* com a linha *ibamu*[113]. Nem todos os Nagô, por outro lado, eram *alabaja*, uma pessoa marcada com a *abaja*; vários foram descritos sem ela nos documentos. Um anúncio de jornal em 1847 dizia

---

111. Cf. Lander (1967, p. 217-218) e Lloyd (1967, p. 255-256). Sobre os especialistas em escarificação e sua relação com Ogum, cf. Drewal (1997, p. 235-260).
112. "Devassa do Levante de Escravos Ocorrido em Salvador em 1835" (1968, p. 131-135).
113. *Jornal da Bahia*, 24 de maio de 1859. As marcas faciais iorubás são discutidas por Johnson (1966, p. 104-109).

que Vitória era "uma Nagô, mas sem sinais no rosto, apenas alguns arranhões na barriga". O proprietário dessa escravizada sabia que os baianos estavam mais familiarizados com nagôs com marcas faciais, e por isso desejava enfatizar que ela não as carregava. Outra evidência de que os senhores podiam, até certo ponto, decifrar o código cultural inscrito nas marcas faciais é dada por um anúncio de uma Luiza, com cerca de 20 anos, da qual se dizia ser "uma Nagô com sinais de Jeje". Uma explicação possível para as marcas dessa mulher, que não são descritas, é que ela teria sido levada para Daomé quando ainda criança e acabou sendo marcada de acordo com os costumes locais, mas por alguma razão manteve sua identidade Nagô[114].

Osifekunde, um Ijebu escravizado no Rio de Janeiro por muitos anos e libertado na França nos anos 1820, disse a sua entrevistadora francesa, a etnóloga Marie Armand d'Avezac, que em Iorubalândia somente indivíduos de Kuramo e Itsekiri não usavam escarificações. Os dados baianos não são detalhados o bastante para confirmar essa informação. Duvidamos que, entre os Nagô baianos, somente pessoas dessas duas áreas tivessem rosto intacto. Grupos do leste de Iorubá, como Ijexás, Efom, Igbomina, Yagba e Ondo, aparentemente só adotaram a *abaja* quando as guerras civis associadas com a ruína de Oió envolveram toda a região, e o fizeram porque um tratado antigo, anterior a 1820, elaborado por Oió, protegia os *alabaja* da escravidão. É evidente que a escarificação facial era característica típica, embora não exclusiva, de Oió. Que tantas pessoas *alabaja* terminassem escravizadas na Bahia confirma o papel dos Oió na invenção da nação Nagô[115].

---

114. *Correio Mercantil*, 29 de março de 1847.

115. Cf. Oroge (1971, p. 114). Segundo Oroge, devotos do Orixá Oko, um deus agrícola, também foram protegidos da escravização (p. 130). Samuel Johnson, escrevendo no fim do século XIX, notou marcas faciais usadas por nativos de Yagba, Ijexá, Ondo, Efom e Igbomina, todos eles membros de grupos que, segundo Oroge, não as utilizavam. É possível, porém, que tais grupos tenham desenvolvido esse costume posteriormente, essa sendo a razão para que Johnson pudesse identificar suas marcas étnicas (Johnson, 1976, p. 104-109).

Pode-se dizer que a nação Nagô era uma confederação de diferentes subdivisões étnicas de língua iorubá vivendo na Bahia, mas a concepção de nação poderia às vezes ser expandida para incluir subgrupos não iorubá, ou, pelo contrário, ser reduzida para especificar subdivisões iorubanas. A identidade, nesse caso, era altamente fluida e estrategicamente empregada, de acordo com a situação. Os indivíduos pertencentes a grupos não iorubá poderiam participar das redes Nagô e se tornar nagôs por associação. Por exemplo, quando interrogado pela polícia em 1835, um homem Nupe disse que sua nação era Nagô-Tapa, e uma mulher africana declarou que "era Jeje mas só falava nagô"[116]. Jeje, Tapa e Nagô, por exemplo, eram vizinhos na África em uma proximidade que permitia o intercâmbio cultural e a circulação de indivíduos de um lugar para o outro como comerciantes, soldados ou escravizados. Nos registros baianos consultados, nenhum dos numerosos angolanos tinha um relacionamento com Nagô semelhante ao do homem Tapa e da mulher Jeje que acabamos de mencionar.

Por outro lado, mesmo para os falantes de iorubá, "Nagô" poderia ser um termo amplo demais para definir sua filiação étnica. Um escravizado de nome Antônio, interrogado pela polícia em 1835, disse: "Apesar de sermos todos Nagô, cada um tem sua pátria"[117]. O homem que pronunciou essas palavras estava tentando dizer à polícia que não pertencia à facção nagô que havia mobilizado a rebelião. Ele era de Egba, ao passo que a maioria dos Nagô rebeldes eram provavelmente nativos de Oió. Entretanto, apesar da estratégia de Antônio para salvar sua pele, a identidade Nagô funcionava como um poderoso mecanismo de solidariedade dentro dos grupos iorubás e como ferramenta de comunicação e negociação entre eles e outras nações da comunidade africana baiana e da sociedade em geral, incluindo os brancos. Suas próprias palavras sugerem que

---

116. "A justiça de Pedro Pinto, Nagô, forro", APEBa, Insurreições, maço 2849, fl. 9v.

117. "Devassa do levante", Anais do APEBa, p. 7.

ser um Nagô foi algo significativo para aquele indivíduo, embora ele não pudesse operar sempre sob tal identidade – na verdade, ele não podia garantir que faria isso. Ao tentar dizer que não era rebelde, Antônio negou sua "nagoidade" à polícia.

A criação de uma identidade Nagô na Bahia foi, sobretudo, resultado da experiência dos iorubás sob a escravidão. Os africanos, afinal, foram trazidos ao Brasil para trabalhar como escravizados nas plantações, aldeias e cidades maiores, como Salvador. Há evidências de formação de uma etnia Nagô tanto na área rural quanto na área urbana desde o início do século XIX. Por exemplo, um dia, no fim de dezembro de 1808, na vila de Santo Amaro, no coração da região de plantação de açúcar da Bahia, um grupo de escravizados rurais – que uma autoridade local considerava pertencentes à nação Nagô – reuniu-se durante um feriado de Natal para uma festa ao som de tambores, usando adornos dourados em seus corpos seminus, e banqueteando-se com comidas suntuosas. Outros grupos africanos também se reuniram para aproveitar o dia livre do trabalho – a saber, angolanos, Jeje e Hauçá. Nessa ocasião, de acordo com um relatório policial, os Nagô formaram uma aliança com os Hauçá em um barulhento batuque e uma vigorosa sessão de danças, que durou para além do pôr do sol, contra as ordens policiais e regras eclesiásticas, enquanto os outros dois grupos festejavam de maneira silenciosa, separados um do outro, e voltaram para casa dentro da hora estabelecida. Rituais extraordinários como esses consolidavam as identidades étnicas, mas também ajudavam a promover alianças interétnicas que floresceram e foram cultivadas na vida cotidiana dos canaviais, engenhos de açúcar e bairros de escravizados nos distritos das *plantations*. Quatro décadas depois, no distrito de Nazaré, onde tanto o açúcar como (em especial) a mandioca eram cultivados, um escravizado Nagô com o nome de Bernardo foi acusado de distrair outros parentes étnicos, retirando-os do trabalho para tocar os tambores. Bernardo era conhecido na vila como "príncipe dos Nagô", um título que talvez pudesse ser explicado por sua filiação a uma família de governantes na África, mas que era reatualizado na Bahia provavelmente por causa de sua liderança genuína dentro da comunidade local de escravizados Nagô. A propósito, ele era um escravizado que se movia livremente pela vila, onde havia construído uma casa para si mesmo, sinais de que tinha feito um bom negócio com sua amante. Esses dois episódios sugerem que o trabalho, os rituais – inclusive os ritos de trabalho – e a identidade étnica estavam interligados na consolidação de uma comunidade Nagô na região das *plantations* da Bahia[118].

Há consideravelmente mais informações sobre a organização étnica e a ritualização do trabalho na capital, Salvador. Aqui, os africanos trabalhavam sobretudo como empregados domésticos e escravizados para tarefas contratadas; também trabalhavam na cozinha, lavando roupas, costurando, como alfaiates, pedreiros, comerciantes, carregadores, entre outras atividades. Aqueles que trabalhavam nas ruas, fossem escravizados ou livres, eram chamados *ganhadeiras* (mulheres) ou *ganhadores* (homens). Seguindo uma tradição bem estabelecida da África Ocidental, a maioria das mulheres africanas que trabalhavam fora o fazia como comerciantes, indo de um extremo a outro da cidade para vender todos os tipos de alimentos cozidos e crus, tais como vegetais, frutas, peixe, carne de baleia, iguarias africanas e assim por diante. Com frequência elas vendiam tecidos trazidos da costa ocidental africana – incluindo de Iorubalândia – por homens libertos que viajavam através do Atlântico Sul em navios escravistas, como pequenos comerciantes internacionais. Muitos africanos libertos operavam como comerciantes itinerantes entre Salvador e o Recôncavo, através da Baía de Todos os Santos, vendendo tecidos para escravos rurais e libertos e trazendo frangos, porcos, frutas e outros produtos para vender na capital. Mas a maior parte dos tais ganhadores trabalhava como carregador, carregando e descarregando barcos no porto, levando

---

118. Sobre a celebração em Santo Amaro, cf. Reis (2002, p. 104-114). Sobre o Príncipe Bernardo, cf. Reis (1992, p. 121-126).

cargas e barris pesados em grupos de quatro e seis que iam para o porto e voltavam dele, além de subir e descer as colinas de Salvador para entregar mercadorias às lojas e residências ricas. Muitos também trabalhavam como carregadores de liteiras, nas quais transportavam passageiros que, assim, evitavam as ruas lamacentas e poeirentas da cidade, ao mesmo tempo que desfrutavam de uma das características mais simbólicas da supremacia branca e da subalternidade africana na Bahia. Para os Nagô, deve ter sido particularmente humilhante carregar pessoas em seus ombros, se acreditarmos no relato que Hugh Clapperton fez em 1825 de sua visita a Iorubalândia, onde não encontrou ninguém que aceitasse carregá-lo junto com outros membros de sua expedição, nem mesmo os doentes, a bordo de redes. Ele ouviu de um Obá em Oió que a população local não carregaria outro homem, pois "uma pessoa não é um cavalo". Porém, na Bahia, os iorubás, escravizados ou livres, eram forçados a deixar de lado sua autoestima para ganhar o salário diário carregando liteiras[119].

A escravidão na cidade se baseava no sistema de aluguel ou de *ganho* (de onde vinham os termos *ganhador* e *ganhadeira*), segundo o qual os cativos eram contratados por senhores para lhes trazer uma certa soma diária ou semanal (mais frequente), podendo ficar com o excesso para si próprios. Os escravizados circulavam livremente pelas ruas vendendo ou transportando mercadorias, bem como oferecendo outros tipos de serviço. Era comum, embora não prática geral, que os proprietários de escravizados permitissem que vivessem em quartos alugados, dos quais muitas vezes ex-escravos eram proprietários. Eles retornavam aos seus senhores para "pagar pela semana". Escravizados que trabalhavam duro em condições favoráveis de mercado conseguiam economizar dinheiro suficiente para comprar sua liberdade depois de anos de labuta. Em geral, os escravizados libertos exerciam os mesmos ofícios que faziam

---

119. Cf. Clapperton (1966, p. 11, 15). Ao longo dessa narrativa, Clapperton menciona fabricantes de tecido e de casas de tinturas no país Iorubá.

quando estavam em cativeiro, mas alguns prosperavam a tal ponto, que eles mesmos se tornavam senhores de outros africanos. Este é um aspecto importante: a comunidade Nagô não era igualitária, pois havia escravizados e escravizados libertos e, entre estes últimos, ricos e pobres. Uma pequena amostra de proprietários africanos de escravizados da paróquia de Santana em Salvador em 1849 ilustra uma mistura de etnias que atravessa as divisões de classe: dos 78 escravizados pertencentes a homens e mulheres africanos libertos, 49 (60%) pertenciam ao mesmo grupo étnico que o de seus escravizadores. Entre os Nagô, essa proporção salta para 76%; ou seja, de 41 escravizados Nagô cujas nações dos escravizadores africanos puderam ser identificadas, 31 eram de propriedade de outros Nagô[120].

O mesmo censo indica que 60% dos ganhadores nasceram na África, entre os quais 78% eram Nagô. Essa nação também prevalecia entre os ex-escravizados empregados como trabalhadores de rua, com a representação de 70% do grupo. Outro dado é que 40% dos homens eram listados como empregados domésticos, mas isso não deve nos levar a acreditar que eles trabalhavam exclusivamente nas casas de seus senhores. Um aspecto bem conhecido da escravidão urbana era que os escravizados podiam trabalhar tanto na casa como na rua. Além disso, muitos senhores declaravam que seus escravizados eram domésticos para que pudessem evitar a tributação imposta pelo governo sobre os empregados nas ruas em certos ofícios. Dos Nagô que tinham registro explícito como escravos para serviços contratados, 50% trabalhavam como carregadores de cargas e de pessoas e a bordo dos barcos que cruzavam a baía ou transportavam cargas de e para os navios. Os outros trabalhavam como sapateiros, alfaiates, pedreiros, padeiros, barbeiros e carpinteiros. Quanto aos Nagô libertos, 30% declaravam ser carregadores

---

120. "Relação dos africanos libertos e escravos residentes na Freguesia de Santana", APEBa (1849), Escravos (assuntos), nº 2898. Sobre o mercado de trabalho urbano para escravizados e libertos, cf. Andrade (1988), Mattoso (1992, p. 527-543) e Reis (1997a, p. 355-393; 2001b, p. 199-242).

de liteiras. Quase dez anos depois, em 1857, um registro de toda a cidade contava 77% indivíduos Nagô entre os escravizados para serviços contratados, sem especificar suas ocupações (Reis, 1997a, p. 391). Esses números refletem a intensa importação de cativos de Iorubalândia nas últimas duas décadas antes da abolição final do comércio escravista para o Brasil, em 1850.

Os ganhadores eram organizados em grupos chamados *cantos*, que, durante a maior parte do século XIX, reuniam trabalhadores escravizados e libertados pertencentes aos mesmos grupos étnicos. O *canto* – referência à ideia de "ponta", mas também à de "canção" – introduziu ritmos e rituais peculiares ao trabalho urbano africano. Enquanto escravizados e libertos esperavam pelos clientes, os muçulmanos costuravam roupas islâmicas, estudavam árabe, praticavam a escrita ou liam textos islâmicos; os curandeiros africanos aplicavam sanguessugas e ventosas, prescreviam ervas e faziam divinações para seus trabalhadores ou para forasteiros. Quando os ganhadores carregavam mercadorias volumosas em grupos de quatro ou seis, eles se mantinham ritmados ao som de canções de trabalho africanas cantadas em um estilo típico de chamada e resposta.

Não sabemos quando os primeiros cantos foram formados na Bahia, mas eles já estavam lá no início do século XIX, antes da importação massiva de iorubás. É provável que tenham sido modelados de acordo com diferentes tradições da África Ocidental de trabalho coletivo e voluntário. Os Iorubá tinham suas próprias tradições, conhecidas como *òwe* ou *aró*, cujos membros eram, em geral, devotos de certos deuses como *Oke*, *Oko* e *Aja Saluga*, relacionados, respectivamente, aos morros, à agricultura e à riqueza. Os cantos tinham seus líderes ou *capitães*, cuja função era contratar serviços com clientes, alocar tarefas e receber e redistribuir pagamentos. Assim como o canto pode ter sido inspirado nas sociedades *aró*, os capitães podem ter sido modelados a partir do *aláàro bò* iorubá, que significa "intermediário", ou, mais especificamente, o *àró bó*, que significa "mediador em um negócio". Os Nagô podem não ter inventado os cantos, mas é certo que colocaram sua marca cultural neles. Assim como líderes e oficiais na África carregavam um bastão como símbolo de autoridade, o mesmo fizeram os capitães africanos dos cantos na Bahia. Porém, não devemos reificar detalhes como esse e concebê-los como um significante puramente africano, pois na Bahia os oficiais municipais e judiciais também usavam objetos similares para representar o poder estatal estabelecido. As duas tradições podem ter convergido.

A cerimônia de posse dos capitães de cantos é um bom exemplo da ritualização africana da identidade étnica no local de trabalho, e aqui a participação iorubá é evidente, porque a informação vem de um testemunho do fim do século XIX, época em que os Nagô representavam nada menos que 80% dos trabalhadores de rua africanos em Salvador. Os membros do canto enchiam um barril com água do mar e o levantavam com a ajuda de cordas e uma longa haste, o mesmo método que usavam para carregar barris de cachaça. O recém-eleito capitão montava o barril, carregando uma garrafa de cachaça em uma mão e um ramo de árvore (provavelmente folhas sagradas) na outra. O cortejo marchava pelas ruas do distrito portuário cantando e voltava ao território do canto, onde o capitão derramava uma libação de cachaça no chão. O barril cheio de água salgada simbolizava talvez o oceano – ele mesmo repleto de espíritos aquáticos – que trouxe os Nagô desde a terra natal até a diáspora baiana. A libação caracterizava a saudação aos deuses e é um gesto comum na Bahia até os dias de hoje. As folhas talvez indicassem um aspecto da natureza sagrada africana. Dessa forma, etnicamente organizados, os trabalhadores do canto pareciam produzir cerimônias que dramatizavam a ruptura com a terra natal e o retorno ritual às origens. Ritos como esse reforçavam a identidade étnica na dimensão do trabalho[121].

Também existiam redes étnicas africanas na comercialização de mercadorias do Recôncavo. Expomos a celebração de Natal dos

---

121. A descrição desta cerimônia pode ser encontrada em Querino (1955, p. 88-89).

escravizados em 1808 como prova da identidade étnica Nagô naquela região. Esses escravos trabalhavam principalmente nos canaviais ou no processo de fabricação de açúcar, mas muitos também dedicavam parte de seu tempo ao cultivo de alimentos, sobretudo da mandioca, que, transformada em farinha, representava o principal alimento básico dos escravizados e da população pobre da Bahia e de outras partes do Brasil. O excesso de produção de hortas para escravizados era vendido nos mercados locais, mas a farinha de mandioca também era produzida e comercializada por pequenos agricultores, incluindo africanos libertados. Em geral, esses últimos preferiam vender seus produtos a outros africanos, e não para compradores nascidos no Brasil, o que indica a operação de uma espécie de rede comercial étnica na Bahia. Quando os Nagô se tornaram o grupo predominante dentro da comunidade africana na década de 1850, é provável que tenham conseguido controlar grande parte dessa rede. Em 1855, por exemplo, comerciantes baianos estabelecidos em Salvador fizeram acusações – contra africanos e, em alguns casos, contra escravizados africanos de comerciantes portugueses – de que eles monopolizavam o abastecimento e a distribuição da farinha de mandioca na cidade. Segundo a denúncia, os produtores de mandioca eram "quase todos africanos e escravizados [que] só vendem para seus companheiros [africanos], deixando os abaixo-assinados [comerciantes] inibidos de competir no mercado de farinha, com grave perda para seus interesses". Para consternação dos comerciantes baianos, esquemas organizacionais semelhantes ao canto pareciam unir os africanos, tanto os produtores de alimentos quanto os vendedores ambulantes, possivelmente nagôs em sua maioria. Há provas indiretas disso. Voltando ao censo paroquial de 1849, 55 dos 91 africanos livres empregados no comércio eram Nagô, e esses comerciantes representavam 52% de todos os Nagô livres registrados na Paróquia de Santana[122].

A formação de um grande grupo africano livre na Bahia resultou do uso extensivo de alforrias individuais pelos africanos como uma

---

122. APEBa, Legislativa. Abaixo-assinados, vols. 983 e 984.

forma de mobilidade social, mesmo se, na corrida para a liberdade, os senhores favorecessem crioulos (isto é, negros brasileiros) e escravizados mulatos em detrimento dos cativos africanos. As alforrias não remuneradas muitas vezes recompensavam longos anos de bons serviços e lealdade, registrados em testamentos como instruções a serem seguidas após a morte dos senhores. Muitos Nagô obtiveram sua liberdade dessa forma. Em 1809, Antônia Maria da Conceição prometeu que libertaria João após sua morte, desde que ele cuidasse dela na velhice; em 1815, Antônio Carvalho alforriou Ana por seus bons serviços durante 20 anos; e em 1819, Maria Matos libertou Antônia após 25 anos de trabalho. Mulheres e crianças eram favorecidas nesse processo devido a maior proximidade e, às vezes, relações afetivas com escravizadores e senhoras. Raramente, porém, um escravizado se via libertado pela razão evocada no caso de Ana, uma mulher Nagô. Em 1836, seu escravizador crioulo, Bernardo de Jesus Monteiro, descobriu que ela era sua mãe, tendo se tornado sua escravizada como parte de uma herança recebida de seu falecido sogro, provavelmente um liberto nascido na África, talvez ele mesmo Nagô. Também alforriada sem pagamento em 1836 foi a pequena escravizada crioula de nome Maria, com apenas seis meses de idade. Segundo seu escravizador, João Maciel de Souza, ele a libertou "pelo amor que tenho por ela, pela sua inocência e pelos bons serviços [recebidos] de sua mãe", Prudência, uma mulher Nagô que permaneceu em cativeiro. A maioria das alforrias sem custo eram condicionais, sendo a condição mais comum servir aos senhores até a sua morte. Mas havia outras. No Natal de 1848, Jacó, por exemplo, receberia sua liberdade sem custos, desde que ensinasse a outro cativo de seu escravizador como desempenhar seu trabalho como faxineiro de rua. Caso ele não cumprisse essa condição, teria de pagar uma certa quantia ao seu mestre[123].

---

123. APEBa, Livros de Registros do Tabelião, vol. 162, João (1º de dezembro de 1809); vol. 200, Ana (11 de março de 1815); vol. 197, Antônia (3 de março de 1819); vol. 249, Ana (7 de agosto de 1836), Maria (3 de outubro de 1836); vol. 288, Jacó (25 de dezembro de 1848).

Todos esses Nagô obtiveram sua liberdade gratuitamente, mas a maioria dos escravizados, e os Nagô não foram exceção, tiveram de pagar por ela. A compra da liberdade não era desconhecida em Iorubalândia, onde o termo *owo irara* definia o dinheiro utilizado em tais transações, o que significa que os Nagô baianos estavam familiarizados com elas (Oroge, 1971, p. 142). Uma amostra aleatória de 36 alforrias obtidas na Bahia por escravizados Nagô revelou que apenas oito foram dadas de graça, sete para mulheres e uma para homem. Na verdade, as mulheres representavam 67% da amostra, uma inversão da proporção homem/mulher na população. Além disso, dentro do grupo feminino, 17 de 24 mulheres tiveram de pagar por sua liberdade. Havia diferentes formas de alforria remunerada. Assim como a alforria livre de cobrança monetária poderia ser condicional, uma alforria onerosa também poderia sê-lo. José Thomas de Aquino recebeu 450 mil réis de Tibério, que só desfrutaria de sua liberdade se permanecesse na companhia de seu mestre em troca de comida e "outras necessidades". Os escravizados podiam pagar uma quantia fixa ou em parcelas. Martiniana de Santana, uma ganhadeira, deu à sua senhora Rita Maria da Silva 500 mil réis e foi autorizada a pagar gradualmente os 100 mil réis restantes que elas haviam acordado. A soma de 600 mil estava abaixo do valor de mercado para uma escravizada como Martiniana em 1856, razão pela qual sua senhora acrescentou uma condição ao negócio: até a morte de Rita, a mulher agora libertada teria de lhe fazer serviços domésticos não especificados. Por fim, o contrato entre uma senhora de escravizados e a mãe nagô não denominada de um homem chamado João combinava algo único: em 1836, essa mulher escravizada comprou a liberdade de seu filho por 50 mil réis enquanto ele ainda estava em seu ventre, para que ele não nascesse na escravidão[124].

---

124. APEBa, Livro de Registros do Tabelião, vol. 268, Tibério (27 de outubro de 1839); vol. 326, Martiniana (8 de agosto de 1856); vol. 255, João (4 de agosto de 1836).

Ao mesmo tempo que as alforrias refletiam a luta dos escravizados para obter liberdade por meio do esforço pessoal, a decisão de concedê-las individualmente permanecia com os senhores, até uma lei aprovada em 1871, que obrigou esses últimos a libertar os escravizados que oferecessem seu valor de mercado "justo". Antes dessa lei, a conquista da liberdade dependia apenas da negociação direta entre as partes envolvidas e funcionava como um meio de controle dos escravizados (Cunha, 1985, p. 17-61). Na verdade, a lei dava aos senhores o direito de revogar a liberdade dos seus escravizados por atos de deslealdade. Muitas das alforrias pagas incluíam cláusulas que obrigavam os escravizados libertos a obedecer aos antigos senhores. José da Costa encontrou um método original para punir a rebeldia de Domingos, seu escravizado Nagô. Ele cobrou 350 mil réis pela liberdade dele e declarou nos seus documentos de libertação que, "uma vez que o escravizado possuía uma disposição muito insolente, eu imponho as seguintes condições: Ele será sempre muito obediente tanto a mim próprio como a qualquer outra pessoa livre, em particular aos meus familiares e vassalos, e no caso de não se comportar de tal forma, será novamente sujeito ao cativeiro, e eu devolverei a soma que recebi dele"[125]. Domingos não foi o único escravizado Nagô a sair em liberdade por seus senhores sentirem que não podiam controlá-los sob a escravatura. Antônio Baptista Correia libertou um dos seus cativos em 1844 porque, escreveu ele, "quero paz de espírito, pois não posso sofrer mais a insolência do meu escravizado, Eliseu da nação Nagô, por ter recebido dele 800 mil réis pela sua liberdade"[126]. Adivinha-se o que ocorreu: Eliseu tinha dinheiro para comprar a sua liberdade, mas seu amo estava demorando para lhe vendê-la, e por isso Eliseu se tornou desordeiro, para obrigar Antônio a agir. Em vez de facilitar o controle do cativo, a possibilidade de obter

---

125. APEBa, Livro de Registros do Tabelião, vol. 207, Domingos (4 de julho de 1840).

126. APEBa, Livro de Registros do Tabelião, vol. 288, Eliseu (22 de abril 1844).

alforria podia instigar uma resistência diária quando os senhores não agissem de acordo com suas promessas ou seus papéis esperados.

Escapar da escravidão por meio desse método nem sempre era um esforço individual exclusivo. Além da ajuda de parentes e amigos, existiam sociedades de alforrias, chamadas *juntas*, que também se organizavam de acordo com a etnia. Eram organizações de crédito que, em um sistema rotativo, ajudavam os escravizados a adquirir sua liberdade. Depois de pedir emprestado ao grupo a quantia total ou, como era mais frequente, dinheiro suficiente para complementar suas economias e pagar ao mestre, o agora africano liberto continuava a contribuir até pagar integralmente a soma que havia pegado emprestado. A junta era dirigida de forma semelhante a uma sociedade iorubá *esusu*, que acreditamos ter servido de modelo para os escravizados Nagô na Bahia. O *esusu* é descrito por Samuel Johnson (1976, p. 119) da seguinte forma: "Uma quantia fixa acordada é dada por cada um em um horário e um local fixos (geralmente todas as semanas), sob um presidente; a quantia total é paga a cada membro em rodízio. Isso permite que um homem pobre consiga adquirir algo valioso quando um pagamento único de valor alto é necessário". Alfred Ellis chamou essas associaçõces de "sociedades *esu*" e observou que elas foram amplamente disseminadas entre os Iorubá no fim do século XIX. Seus membros, segundo ele, reuniam-se todo quinto dia do ciclo de mercado para cobrar as contribuições e dar crédito (Ellis, 1966, p. 150).

Os Nagô da Bahia também tentaram obter liberdade por meio de métodos menos convencionais. A resistência dos escravizados era parte da escravidão. Além dos desafios diários aos quais submetiam seus senhores, como vimos antes no caso de Domingos e Eliseu, os Nagô tentavam fugas individuais e também organizavam rebeliões coletivas e outras formas de movimentos de resistência. A Tabela 5.2 mostra o volume dessas fugas nas populações de escravizados e de fugitivos ao longo do século XIX. Os Nagô não fugiam mais frequentemente do que escravizados de outras nações africanas ou do que os escravizados nascidos no Brasil.

Na verdade, se não considerarmos estes últimos e levarmos em conta apenas os grupos africanos com maior presença na Bahia – Nagô, Hauçá, Jeje, Angola, Cabinda e Mina –, descobrimos que os Nagô ficavam 4% atrás de seu potencial de fuga, ou seja, eles eram 50% dos africanos na população escravizada e apenas 46% entre os fugitivos. Os angolanos, Hauçá e Cabinda, em proporção, fugiam mais do que os Nagô, e os Jeje fugiam menos do que todos os outros grupos com identificação explícita.

TABELA 5.2 – Escravizados anunciados como fugitivos em jornais e a distribuição da população escravizada na Bahia do século XIX

Nação	Fugitivos (amostra)	%	Escravizados em Salvador (amostra)	%
Nagô	432	19,7	1.601	22,9
Hauçá	96	4,4	276	3,9
Jeje	75	3,4	520	7,4
Angola	201	9,1	425	6,1
Cabinda	73	3,3	172	2,5
Mina	61	2,8	210	3
Outros e africanos não identificados	328	14,9	657	9,4
Crioulos	533	24,3	2.319	33,1
Outros brasileiros	398	18,1	815	11,6
Total	2.197	100	6.998	100

Fonte: Banco de dados de escravizados fugitivos do autor; Andrade (1988).

Os anúncios de jornal para cativos fugitivos anunciavam algumas das circunstâncias em torno da fuga de indivíduos Nagô. Muitas mulheres, por exemplo, escapavam com seus filhos. Em julho de 1824, Luiza fugiu com seu filho, que tinha entre seis e sete meses. Ela foi descrita como alta, magra, com uma cicatriz de bala na perna, talvez marca de uma fuga anterior. Como era bem aculturada ou *ladina*, o que significava falar bem português, ela pôde fingir ser uma cativa libertada, segundo seu senhor. Gertrudes, por sua vez, fugiu quando estava grávida, no quarto ou quinto mês de gestação. Ela havia sido comprada no início de sua gravidez, e seu novo mestre, um próspero alfaiate mas também comerciante de escravizados, pode ter decidido vendê-la mais uma vez, talvez fora da Bahia, longe de amigos e entes queridos, talvez longe do pai de seu filho por nascer. Esses foram dias – no início de 1840 – de intenso comércio de escravizados dentro do Brasil[127].

Como Luiza, muitos outros Nagô considerados *ladinos* usaram seu conhecimento da terra e da língua para escapar da escravidão, mesmo que momentaneamente. Efigênia, por exemplo, era uma ganhadeira que andava pelas ruas de Salvador todos os dias, até que decidiu não voltar para seu mestre. Ao fazer o anúncio de sua busca, ele explicitou duas de suas características mais notáveis: está sempre vestida de preto e "fala [português] muito bem". Quem, entre os bons católicos baianos, assediaria uma mulher de luto que falava tão bem a língua do homem branco? Efigênia sabia como manipular os códigos culturais locais em seu próprio benefício. Outro escravizado a quem foi dado o nome (inadequado) de Fiel era considerado um "bom falador" (*"prosista bastante"*). Ele tinha uma história na ponta da língua, segundo a qual ele fora alforriado em testamento por um mestre falecido. Para assumir sua nova personalidade de forma mais convincente, ele também havia mudado seu nome para Jacó. Estava vivendo uma nova vida em liberdade sob essa nova identidade por quase três anos, quando seu angustiado senhor publicou um anúncio complementar em 1857. Depois de tanto tempo, seu mestre ainda sentia falta de um escravizado que descreveu como "bonito e alegre, com os dentes

---

127. *Grito da Razão*, 27 de julho de 1824; *Correio Mercantil*, 18 de janeiro de 1840. Sobre as fugas de famílias escravizadas na Bahia, cf. Ferreira dos Reis (2001, cap. 3).

da frente um pouco abertos, três pequenos sinais em cada lado do rosto, sempre com seus cabelos para cima e bem penteados"[128].

Entretanto, os escravizados Nagô que ousavam fugir não tinham necessariamente de estar familiarizados com a Bahia. Muitos Nagô recém-chegados também podiam ser mencionados em anúncios que relatavam cativos fugitivos, como foi o caso de Frederico, entre 16 e 18 anos de idade, que, em novembro de 1847, estava perdido há três dias, apesar de ser, segundo seu mestre, "pouco experiente com as ruas desta cidade". Três outros casos do mesmo ano ilustram a intensidade do comércio ilegal na década de 1840. João, um jovem rapaz, fugiu do Firmino Rodrigues, um comerciante escravista que gerenciava um armazém no porto. Segundo um anúncio, João era alto, magro, tinha três marcas em cada lado da testa – uma escarificação nagô incomum – e "fala pouco português porque é muito bruto". Um menino Nagô que também tinha fugido da área portuária alguns meses antes, cujo nome cristão nem sequer era mencionado – é provável que talvez ainda não tivesse adquirido um –, "não carregava os sinais de sua pátria e entendia pouco português", mas tinha "olhos grandes e vivos". Em 1825, antes da proibição do tráfico transatlântico de escravizados, o proprietário de José podia dizer de maneira explícita que seu cativo fugitivo era "um negro novo", expressão usada no Brasil para os africanos recém-chegados. É certo que esses Nagô recém-chegados à terra não ousariam escapar se não encontrassem pessoas que entendessem sua língua e estivessem prontas para ajudá-los e escondê-los – em outras palavras, outros Nagô familiarizados com o novo ambiente. Esse tipo de solidarie-dade também pode ser encontrada em outras situações, sem que negros novos estivessem envolvidos. Uma escrava Nagô de nome Thereza costumava fazer fugas temporárias de seu senhor e se esconder nos aposentos de outros escravizados urbanos. Ciente da situação, seu mestre pediu a outros proprietários de escravizados

---

128. *Jornal da Bahia*, 14 de janeiro e 28 de abril de 1857.

que o ajudassem a encontrar Thereza em suas casas, acrescentando que esse comportamento era muito comum entre os cativos locais. Temos poucas dúvidas de que as redes étnicas estavam por trás desse tipo de experiência dos escravizados em Salvador, assim como nos distritos das *plantations*[129].

A identidade e a solidariedade étnica estavam por trás de formas mais ousadas de resistência. Os Nagô foram os grandes responsáveis pela reputação de rebeldia que os escravizados na Bahia tinham em todo o Brasil. O grande número de Nagô deportados para lá é apenas uma explicação parcial dessa dimensão rebelde. A quantidade deles, é claro, facilitou a formação de uma forte identidade local Nagô, mas não era suficiente para alimentar a resistência coletiva. Nesse sentido, a grande maioria dos iorubás deportados nas três primeiras décadas do século XIX eram jovens homens adultos, e muitos tinham experiência como guerreiros. A ideologia religiosa também desempenhou um papel importante, tanto a devoção a Orixás bélicos, como Xangô e Ogum, quanto a presença na Bahia de uma marca de islamismo militante estreitamente associada à expansão dessa religião em Iorubalândia, em especial dentro do território de Oió[130].

Os Nagô, certamente, nem sempre agiram sozinhos. Os Hauçá compartilhavam com eles a reputação de levar adiante movimentos organizados e violentos de protesto contra a escravidão. Foram os Hauçá que prevaleceram em revoltas durante as duas primeiras décadas do século XIX, depois foram seguidos pelos Nagô nas duas décadas seguintes, quando as importações de escravizados de Iorubalândia aumentaram de modo drástico. Há evidências, no entanto, de que os Nagô se uniram aos Hauçá e a outros africanos em pelo menos duas ocasiões: em 1814 e 1816. O movimento de

---

129. *Correio Mercantil*, 6 de novembro, 21 de junho e 8 de abril de 1847; *Grito da Razão*, 2 de agosto de 1825.

130. Os parágrafos seguintes sobre as revoltas dos escravizados nagôs são baseadas em Reis (1993).

fevereiro de 1814 começou como uma fuga maciça de escravizados de Salvador para uma comunidade quilombola ou fugitiva próxima, de onde prosseguiram para a costa e atacaram estações de pesca de baleias nas praias do norte dos distritos rurais da capital. Eles também atacaram a vila de Itapuã antes de seguirem para o interior, em direção à zona de *plantation*, que nunca chegaram a alcançar, pois foram barrados por tropas enviadas para controlar a situação. Foram mortos 58 rebeldes; outros cometeram suicídio em vez de se entregar. Mais tarde, no mesmo ano, foi descoberta uma vasta conspiração, também liderada por pessoas Hauçá, sobre a qual há relatos de que teria incluído quase todas as outras nações africanas, assim como indígenas. Mas essa conspiração nunca se materializou. Dois anos depois, outra revolta ocorreu no coração do Recôncavo, após uma celebração de escravizados na aldeia de São Francisco do Conde. Os rebeldes atearam fogo em várias *plantations* antes de serem completamente subjugados três dias depois. Não há indicação de qual grupo africano era maioria nessa revolta, mas é provável que indivíduos tanto Nagô quanto Hauçá estivessem entre eles.

Das mais de uma dúzia de revoltas de escravizados na década de 1820, a de dezembro de 1826 fornece mais informações do que as outras. Como a revolta de 1814, essa envolveu a convergência de escravizados fugitivos para uma comunidade fugitiva na periferia de Salvador, um lugar chamado Urubu. Armados com arcos e flechas, facas, forquilhas, machadinhas e lanças, os rebeldes resistiram com sucesso ao primeiro combate contra os caçadores de escravizados, matando três e ferindo três. Mas, com a chegada dos reforços, eles foram derrotados em uma breve mas violenta batalha, e assim não puderam prosseguir com seu plano de atacar Salvador na véspera de Natal. Apenas uma mulher africana de nome Zeferina foi presa em Urubu. Ela era uma Nagô, e confessou que a maioria dos rebeldes pertencia a essa mesma nação. Outras evidências indiretas também apontam nessa direção. O esconderijo fugitivo serviu de local para o candomblé, um grupo religioso africano dedicado aos

Orixás. A maior parte do material religioso confiscado pela polícia tinha cor vermelha, que é a cor do Orixá Xangô, deus do trovão, adorado com especial intensidade pelo povo Oió e reverenciado entre os Nagô na Bahia.

Entre 1827 e 1830, uma série de revoltas abalou os distritos das *plantations*. Algumas rebeliões ficaram restritas a uma ou duas plantações, mas outras envolveram escravizados de várias delas. A revolta mais grave ocorreu em setembro de 1827, em São Francisco do Conde, onde os rebeldes queimaram dez plantações antes de serem subjugados. Em março do ano seguinte, os escravizados pertencentes às estações de pesca de baleias voltaram a se levantar em armas, queimando várias casas, redes de pesca e campos de cana, e só foram derrotados quando marcharam em direção ao Recôncavo. Pelo menos 20 escravizados perderam suas vidas, e outros se refugiaram na floresta. A maioria deles pareciam ser Nagô recém-chegados, incluindo os quatro rebeldes presos, dos quais apenas um, chamado Joaquim, foi punido com 150 chibatadas. As autoridades baianas em certa medida se contiveram, precisamente porque consideravam os negros novos menos passíveis de punição do que os já ambientados. Duas outras revoltas – uma em setembro, a outra em novembro do mesmo ano – também envolveram escravizados recém-chegados. Ambas as rebeliões ocorreram no coração da região produtora de açúcar. No primeiro incidente, os rebeldes queimaram a repartição dos escravizados e saquearam a casa do capelão da *plantation*, que também atuava como produtor de cana. Escravizados de outras plantações aderiram ao movimento, e os que se recusaram a participar, incluindo artesãos africanos libertados, foram mortos ou feridos. O episódio de novembro incluiu um ataque à sede da *plantation* e a morte de um capelão e de alguns escravizados crioulos. A esposa do capataz também sofreu com um severo espancamento. As chamas consumiriam outros campos de cana entre o fim de 1828 e o início de 1830, quando o governo enfim concebeu um plano militar, com apoio financeiro de plantadores, envolvendo ocupação de militares nas *plantations* mais importantes. Esse plano parecia ter acalmado os rebeldes Nagô na região – até 10 de abril de 1830, quando eles se deslocaram para agir na cidade de Salvador.

No início da manhã daquele dia, cerca de 20 ganhadores assaltaram três lojas de ferragens, abasteceram-se de espadas e facas longas importadas da Alemanha, chamadas *parnaíbas* na Bahia, e atacaram um armazém que expunha escravizados para venda. Mais de 100 iorubás negros novos se juntaram aos insurgentes, e outros 18 – que talvez não fossem iorubás – tinham se recusado a fazer isso e foram mortos no local. Fortalecidos em número, eles tentaram invadir uma delegacia de polícia, matando um soldado no processo. A guarnição resistiu ao ataque, até que mais soldados chegaram para ajudar, pondo fim à revolta. Uma vez derrotados, os africanos foram brutalmente linchados pelos policiais e pela multidão.

Esse movimento foi um ensaio malsucedido para a rebelião mais grave do período, que ocorreu cinco anos depois, também em Salvador. No fim da noite de 24 de janeiro de 1835, um grupo de milicianos prevenidos, liderados por um juiz de paz, invadiu uma casa no coração da cidade, a poucos metros do palácio do governo, da casa do conselho municipal e da catedral. Lá dentro, um grupo de aproximadamente 60 Nagô havia feito os últimos preparativos para uma revolta no início da manhã do dia seguinte, um domingo dedicado à celebração de Nossa Senhora da Guia. Apesar de terem sido surpreendidos na casa, alugada por dois Nagô libertos, os rebeldes superaram seus atacantes com facilidade e empurraram a luta para as ruas, onde seus números aumentaram à medida que outros africanos, respondendo a seus chamados, juntaram-se ao grupo. Eles atacaram a guarda do palácio, a prisão municipal, várias delegacias de polícia e quartéis militares em diferentes partes da cidade. Incapazes de conquistar ou ocupar qualquer um desses bastiões e símbolos do poder local, e expostos a fogo muito pesado, eles tentaram sair de Salvador e chegar ao Recôncavo, onde haviam sido feitos contatos anteriores com escravizados de diferentes *plantations*. No caminho, no entanto, estava o quartel da cavalaria, cujos homens batalharam e derrotaram duramente os rebeldes. Os 500 a 600 insurgentes, que lutaram durante quase quatro horas, tinham muito poucas armas de fogo à sua disposição, sendo sua arma principal as parnaíbas. Pelo menos 70 africanos morreram na luta, que custou apenas nove vidas no acampamento do adversário, incluindo transeuntes.

A maioria dos rebeldes eram trabalhadores urbanos, mas contavam também com a ajuda de alguns escravizados das *plantations*. A revolta foi liderada por pregadores muçulmanos, e seus seguidores formavam o núcleo dos insurgentes, embora não muçulmanos Nagô também tenham se juntado a eles. Alguns historiadores sugeriram que era uma continuação na Bahia da jihad liderada pelos Fulani em Hauçalândia[131]. Embora a ideologia jihadista possa ter inspirado alguns de seus líderes, isso por si só não faz do movimento em si uma jihad, muito menos uma inspirada pelos Fulani. Na verdade, havia poucos deles entre os escravizados baianos, e nenhum deles estava envolvido naquele movimento. A maioria dos muçulmanos em 1835, inclusive seus líderes mais importantes, eram iorubás. Escravizados e libertados Hauçá, um grupo particularmente devotado ao Islã, também tinham envolvimento, mas muito modesto. O quase monopólio do movimento pelos Nagô é demonstrado em numerosas evidências. Os rebeldes ficaram conhecidos como *Malês*, e a insurreição, a Revolta dos *Malês*, termos derivados do iorubá *Imale* para muçulmanos. Da meia dúzia de grupos conspiratórios de maometanos que a polícia identificou, cinco eram formados somente por pessoas Nagô. Um grupo, porém, era liderado por um alufá do povo Nupe, ou seja, um sacerdote, de nome Luís Sanin, cujos seguidores, porém, eram todos Nagô; outro grupo era liderado por um *malam* Hauçá, conhecido pelo nome cristão

---

131. Este é um ângulo interpretativo que foi inaugurado no início do século XX pelo antropólogo brasileiro Nina Rodrigues (1932, p. 61-62). Cf. tb. Bastide (1971b, p. 150-143), Verger (1968, p. 325-354), Lovejoy (1994a, p. 151-180) e Costa e Silva (2002, p. 9-33), entre outros.

de Elesbão do Carmo e pelo nome africano de Dandará, que dizia que ele só "ensinava para seus parentes", ou seja, outros Hauçá. Os muçulmanos na Bahia pareciam ter uma vida etnicamente segregada. Nenhum Hauçá podia ser encontrado nos grupos de oração Nagô (que também serviam como células conspiratórias), grupos liderados por Manuel Calafate, Pacífico Licutan (provavelmente Lakitan ou Olakiitan, expressão que significa "a riqueza nunca acaba"), Sule (que levava o nome cristão de Nicobé) e Dassalu (ou Mama), todos escravizados Nagô, exceto Manuel, que fora libertado. Também Nagô era um escravizado chamado Ahuna, que várias testemunhas apontaram como o líder superior em 1835, mas que nunca foi preso para contar sua história.

Os 73% de escravizados e libertados nagô entre os rebeldes que foram presos eram uma representação excessiva dos 30% de Nagô na comunidade africana de Salvador. Enquanto isso, os Hauçá eram 10,5% dos presos e 9,4% dos africanos na cidade. A polícia, porém, foi excessivamente zelosa na prisão dos Hauçá, particularmente dos libertados hauçás, por causa de sua conhecida familiaridade com a escrita árabe; orações muçulmanas e passagens do Alcorão usadas como amuletos eram uma das mais importantes provas em tribunal, porque os rebeldes carregavam-nas como dispositivos de proteção durante os combates. Mas, ao contrário de dezenas de Nagô que confessaram ou foram delatados por outros insurgentes durante o inquérito policial, apenas um hauçá confessou ser rebelde, e dos 31 presos apenas três foram considerados culpados (Reis, 1985, p. 119-138).

Evidências sugerem que os Nagô lutaram essa guerra praticamente sozinhos, não sendo a ideologia islâmica suficiente para unir, sob a bandeira de Alá, todos os muçulmanos africanos que viviam em Salvador em 1835. Assim como evitavam participar de grupos de oração liderados por alufás nagô, a grande maioria dos Hauçá se recusava a participar de uma rebelião dominada por esse grupo. Os Hauçá se orgulhavam, talvez, de pertencer a um grupo com uma formação islâmica muito mais forte do que os

Iorubá, mas foram esses que se tornaram majoritários e os mais militantes da comunidade muçulmana local. A maioria dos Iorubá, talvez todos, eram de Oió, e no período mais específico de Ilorin, o bastião muçulmano iorubá, cujo *baálè* pagão Afonjá se rebelara contra o alafim com a ajuda de escravizados hauçás em Oió e iorubás muçulmanos livres (por volta de 1817), para mais tarde ser morto por seus aliados iorubás não muçulmanos (por volta de 1823-1824). Os muçulmanos nagôs na Bahia haviam sido vítimas das forças de Oió, mas é provável que muitos dos capturados em meados de 1820 eram seguidores de um homem conhecido como Solagberu, líder dos muçulmanos iorubás, que foi eliminado pelo líder Fulani Abdul Salami, o primeiro Emir de Ilorin, que temia a competição política com um líder nativo. Nessa cidade iorubá, os muçulmanos fulanis, hauçás e iorubás viviam segregados em seus próprios quarteirões, embora pudessem lutar juntos contra inimigos de Ilorin. O equilíbrio étnico de que eles desfrutavam em casa provavelmente entrou em colapso no contexto baiano, e é certo que o poder político foi revertido. Antes, os Hauçá e sobretudo os Fulani controlavam Ilorin; agora eram os muçulmanos iorubás ou malês que representavam a verdadeira ameaça para controlar a Bahia, e com ela os Hauçá e outros africanos. Em 1835, os Hauçá, que haviam sido os militantes muçulmanos do passado, desistiram de seu caminho revolucionário[132].

Como é óbvio, nem todos que foram indiciados tinham de fato participado da revolta ou eram muçulmanos. As evidências sugerem que pelo menos essa revolta em particular era em grande parte um movimento étnico dos Nagô. Durante a revolta, o grito de guerra ouvido nas ruas de Salvador foi *"Viva Nagô"*. Diz-se muitas vezes que o papel do Islã em 1835 foi ter criado uma aliança multiétnica, mas a revolta na verdade não conseguiu mobilizar o maior grupo étnico muçulmano, os Hauçá. Quem dominava eram

---

132. Sobre os eventos em Ilorin, cf. Law (1977b, p. 255-260) e Danmole (1980, caps. 2 e 3).

os Nagô, tanto numérica quanto politicamente, e eles conseguiram recrutar apenas alguns indivíduos de outros grupos étnicos, como Hauçá, Tapa, Borno, Gurma e Jeje. Por outro lado, alguns Nagô não muçulmanos, recente ou hesitantemente convertidos, juntaram-se à revolta. Para emprestar uma expressão usada em outro contexto mais recente, é possível que, entre os Nagô da Bahia de 1835, a "muçulmanidade" e a "iorubanidade" tenham em grande parte convergido[133].

Mais de 62% dos réus africanos eram escravizados. Essa é uma constatação importante, mesmo se tivermos em mente que a proporção de libertados entre os réus (perto de 38%) superou em 17% sua proporção estimada dentro da comunidade africana de Salvador. Alguns autores rejeitaram a hipótese de que a luta contra a escravidão fosse tema relevante ou nem sequer a consideravam uma preocupação da rebelião, apontando para o fato de que havia muitos libertados entre os envolvidos[134]. Mas, para aceitar essa visão, seria necessário tomar por certo que as revoluções são feitas somente pelos totalmente despossuídos. O que se pode dizer a esse respeito é notar como o Islã, embora não tenha conseguido promover uma frente multiétnica consistente, facilitou a convergência entre escravizados e livres. Entretanto, a maioria dos réus eram escravizados, e entre os réus nagô eles eram uma grande maioria, ou seja, 73%. Além disso, dos sete líderes muçulmanos que conseguimos identificar de modo explícito, cinco eram escravizados, incluindo os mais reverenciados alufás, Ahuna e Pacífico Licutan, cujo nome muçulmano era Bilal – nome do *muezim* negro de Maomé e que funciona muitas vezes como sinônimo de muezim na África Ocidental.

---

133. A dimensão étnica da rebelião de 1835 é discutida em detalhe e é baseada em evidências novas, apresentadas em uma edição revisada e consideravelmente expandida de Reis (1993), intitulada *Rebelião escrava no Brasil* (Reis, 2003). Sobre a construção da identidade iorubá pelos muçulmanos, cf. Farias (1990, p. 109-147).

134. Cf. os trabalhos de Nina Rodrigues, Bastide e Verger mencionados na nota 131 acima.

Sob interrogatório, Bilal afirmou que ele e seus companheiros nagôs – referidos pela expressão *parentes* – sofriam de "mau cativeiro", uma nítida referência à situação dos escravizados urbanos, e dos escravizados muçulmanos nagôs em particular[135]. Embora não tenhamos uma ideia clara dos planos a longo prazo dos líderes rebeldes, não há dúvida de que eles lutaram contra a escravidão dos africanos na Bahia e de que eles contavam com a ocorrência de uma rebelião geral de escravizados africanos como um seguimento das ações realizadas por aqueles que iniciaram a luta. Como é evidente, isso não ocorreu, e os rebeldes foram derrotados.

Quatro réus – três escravizados e um liberto, todos eles nagôs – foram executados. Só conhecemos o nome iorubá do liberto: Ajayi, escrito Ajahi nos jornais da polícia. Centenas foram chicoteados e presos; a maioria dos libertados foram deportados de volta à África onde, por ironia, ficaram conhecidos como "brasileiros". Muitos escravizados foram vendidos fora da Bahia, sobretudo para o Rio de Janeiro e o Rio Grande do Sul, ambos importantes mercados tradicionais visados pelos traficantes escravistas baianos. Em qualquer lugar do Brasil, e em particular na Bahia, é óbvio, negros encontrados com escritos muçulmanos tiveram prisão imediata. A rebelião malê teve tremendas repercussões em todo o país: leis locais e nacionais foram aprovadas para reforçar o controle dos escravizados, aí incluída a pena de morte para cativos acusados de matar ou ferir gravemente os senhores, supervisores ou membros de suas famílias. Se, por um lado, é verdade que a repressão contra os muçulmanos e o endurecimento das leis escravistas tenha sido branda quando comparada à maneira como outros países e colônias nas Américas trataram seus rebeldes escravizados, por outro lado isso aconteceu numa época em que o discurso liberal, incluindo as primeiras sementes do abolicionismo, abundou na sociedade e no governo brasileiros.

---

135. "Devassa do levante", Anais do APEBa, p. 85.

A Revolta dos Malês foi o último movimento violento no qual os Nagô desempenharam um papel importante, quase exclusivo. Foi, de fato, a última revolta de escravizados notória na Bahia. No entanto, os Nagô e outros escravizados baianos não deixaram de resistir. De 1836 a 1837, uma tentativa do governo provincial de abolir os cantos enfrentou oposição sistemática dos ganhadores, que se recusaram a se juntar a grupos de trabalho criados e controlados por funcionários do governo. Quando mestres e comerciantes, consternados com a interrupção dos negócios, aliaram-se a escravizados e libertos contra as novas regras, o governo foi forçado a recuar. Outros 20 anos se passaram antes que uma nova tentativa fosse feita para controlar os ganhadores (Reis, 1997a, p. 372-393).

Em 1857, o conselho municipal promulgou uma lei impondo um esquema de registro para escravizados africanos e trabalhadores livres empregados como carregadores nas ruas de Salvador. A partir de então, os ganhadores deveriam se registrar no município, pagar uma taxa anual de 10 mil réis – o equivalente a cerca de uma semana de salário – e levar uma placa metálica suspensa no pescoço. Os trabalhadores cessaram suas atividades por uma semana, paralisaram a cidade e produziram assim a primeira greve geral urbana em um setor de trabalho específico na história do Brasil. O movimento foi organizado pelos cantos, e esses grupos, em 1857, eram em grande parte nagôs. Dentro do grupo de 477 escravizados ganhadores que puderam ser encontrados, foi possível identificar a nação de 241 e, dentro desse grupo, 77% eram Nagô. Quanto aos libertados, apenas 11 Nagô e um Jeje declararam suas nações, os outros 17 simplesmente disseram ser "africanos". Isso não significa que a greve foi organizada somente pelos Nagô, mas por certo seus números superiores facilitaram a mobilização deles para a greve. Em outras palavras, a identidade étnica desempenhou um grande papel nesse movimento relativamente bem-sucedido. Dentro de três dias após a greve, sob pressão de empresários que precisavam muito de trabalhadores para transportar suas mercadorias do porto para o armazém e ao redor da cidade, o governo provincial forçou os membros do conselho municipal a abolir a taxa, mas o uso da placa foi mantido. Os africanos permaneceram em greve por mais alguns dias, mas depois voltaram ao trabalho de modo gradual. Contudo, um por um, eles foram se recusando a usar a placa, pois consideravam seu uso humilhante (Reis, 1997a, p. 355-393).

A greve de 1857 foi um movimento pacífico, e mesmo assim ocorreu numa época em que os Nagô eram mais fortes numericamente. Algo havia acontecido entre os anos 1820 e 1850, que mudou de modo radical o estilo de resistência coletiva entre eles. Primeiro, devemos considerar as mudanças no lado dos adversários escravistas. Nos anos 1820 e 1830, não eram apenas os escravizados africanos, mas também a população livre, nascida no Brasil, que era rebelde, embora seus movimentos nunca convergissem, exceto quando os africanos se juntaram aos rebeldes livres como indivíduos. Nessas duas décadas, a Bahia havia vivido uma guerra contra a guarnição portuguesa em 1822-1823, seguida de revoltas e conspirações populares, militares e federalistas em 1824, 1828, 1831, 1832, 1833 e 1837. As divisões entre as classes livres diminuíram sua capacidade de manter controle efetivo sobre a classe escravizada. Quando o governo e os plantadores tomaram sérias medidas para controlar os rebeldes escravizados, instalando tropas nas *plantations* em 1828, o número de revoltas diminuiu. Apesar das sérias rebeliões do povo livre, apenas duas insurgências de escravizados ocorreram na década de 1830, ambas em Salvador. Após 1837, os rebeldes livres voltaram para casa, e as classes dirigentes baianas passaram a ficar mais vigilantes contra os escravizados.

As coisas também haviam mudado no lado dos escravizados. Entre os Nagô, agora sendo importados, o número de guerreiros treinados e muçulmanos militantes diminuíra de modo considerável. À medida que as guerras civis iorubás se deslocavam para o sul no fim da década de 1830 e nos anos 1840, mais e mais da população "civil" se tornava vítima dos comerciantes escravistas, o que se reflete no número sem precedentes de mulheres e crianças entre os cativos vendidos à Bahia (Eltis, 1987, p. 257). O que estava acontecendo com a comunidade de língua iorubá desse lado do Atlântico era igualmente importante. A repressão que se seguiu à revolta de 1835 perturbou e dispersou os Nagô, em particular o seu setor muçulmano. Numerosos escravizados foram vendidos para o sul do Brasil, e centenas de homens e mulheres libertos foram deportados para a África ou decidiram eles próprios voltar para lá, visando escapar da perseguição policial.

Aqueles que ficaram no Brasil, por outro lado, adotaram outras formas de resistência além da rebelião coletiva direta. A maioria dos Nagô na verdade não se envolvera nas revoltas do período, pois tinha decidido seguir o caminho da negociação por mais espaço para respirar dentro da própria escravidão. Foi o caso daqueles que trabalharam para sair da escravidão através da alforria, por exemplo. Mas existiam outros mecanismos de adaptação, e a religião era um dos mais importantes. Já vimos que o Islã militante estava por trás da revolta de 1835 e provavelmente de outras rebeliões da época. No entanto, havia também uma marca mais adaptável de Islã, na qual alufás e malês, em vez de proselitismo, direcionavam seus adeptos para a divinação, a fabricação de amuletos, a cura de bruxarias e práticas similares. Muitos muçulmanos desse tipo se tornaram vítimas de processos policiais em 1835 sem ter contribuído para a revolta.

Esses muçulmanos nagôs aderiram, por um lado, às formas religiosas locais, predominantemente pragmáticas, mas dominadas pelo catolicismo; e, por outro, ao candomblé, termo de origem angolana utilizado para definir a religião africana em geral na Bahia do século XIX. Como outros africanos, os Nagô poderiam pertencer a ambos os sistemas religiosos. O catolicismo africano se desenvolveu em torno de irmandades leigas dedicadas às santas e aos santos patronos, sendo a mais popular entre eles Nossa Senhora do Rosário, bem como os santos negros Benedito, Efigênia e Antônio de Catageró. Embora a tendência fosse para irmandades de base étnica, os Nagô de fato estavam presentes em várias delas. Em 1825, por exemplo, Gertrudes Maria do Espírito Santo escreveu em seu testamento que queria ser acompanhada até o túmulo por cinco irmandades: a Irmandade de Jesus, Maria e José, sua favorita; duas irmandades dedicadas a Nossa Senhora do Rosário; uma irmandade dedicada a São Benedito; e uma dedicada a Nosso Senhor Jesus da Redenção. Em 1832, Custódia Machado de Barros deixou instruções de que queria ser enterrada numa cova dentro da igreja conventual de São Francisco, que abrigava sua irmandade de São Benedito. Mas ela também queria a companhia de irmãos e irmãs das irmandades de Santa Efigênia, Nosso Senhor da Redenção e Nossa Senhora do Rosário na paróquia central da Sé. Esta última irmandade, por outro lado, foi a única que outra mulher nagô liberta, Maria da Conceição, menciona em seu testamento, datado de 1828. Por fim, como gesto de devoção, Maria Agostinha de Brito Machado quis, em 1836, que 10 mil réis de seus modestos pertences fossem dados à mesma Irmandade de Nossa Senhora do Rosário e outros 10 mil ao altar de Santana[136].

A devoção a essas santidades não era expressa apenas quando a morte se aproximava. A relação entre santo e devoto tinha o caráter de um contrato que definia a realização de "promessas" em troca de auxílios geralmente nos domínios da saúde, do dinheiro e do amor. O pagamento podia ser feito na forma de orações, missas e esmolas. Irmãos e irmãs também organizavam festivais anuais luxuosos para celebrar seus santos padroeiros, com muita música, fogos de artifício, comida e bebida, que se seguiam a procissões mais convencionais lideradas por padres católicos. Durante esses festivais, reis e rainhas negras eram com frequência coroados, e novos oficiais da irmandade eram eleitos[137].

---

136. Testamento-Capital de Gertrudes Maria do Espírito Santo, APEBa, nº 3/1343/ 1812/62; Inventário de Custódia Machado de Barros, APEBa, nº 5/2023/2494/7; e APEBa, Livro de Registro de Testamentos, vol. 17, fls. 44-45; e vol. 26, fls. 90v-91v.

137. Sobre as irmandades católicas negras, entre muitos outros títulos, cf. Reis (1997b, p. 7-33), Mattoso (1979, p. 169-171), Russell-Wood (1974, p. 567-602) e Mulvey (1976). Sobre as cerimônias de coroação negras, cf. Mello e Souza (2002).

Entre esse tipo de catolicismo e o candomblé, havia o que se poderia chamar uma semelhança estrutural, uma vez que os devotos candomblecistas também negociavam com seres espirituais, oferecendo sacrifícios em troca de ajuda. Essa pode ser uma das razões para que os africanos e seus descendentes circulassem tão facilmente entre os dois sistemas religiosos. Os Nagô, em particular, podem ter sido inspirados ao menos em parte por sua experiência com o catolicismo para adaptar a religião dos Orixás à Bahia. Assim como as igrejas católicas veneravam vários santos no mesmo lugar, o candomblé nagô inaugurou a tradição de reunir Orixás de diferentes regiões e grupos étnicos em Iorubalândia sob o mesmo teto. Assim, a convergência de todos os Iorubá em uma identidade Nagô unificada teve uma dimensão ritualística na forma como os Orixás deviam ser homenageados no Brasil. Dessa maneira, o candomblé cumpriu um papel fundamental na constituição de uma unidade cultural nagô na diáspora brasileira, sobretudo baiana, e, com o declínio tanto das irmandades quanto dos grupos muçulmanos na segunda metade do século XIX, o candomblé se tornaria a principal expressão religiosa da nação Nagô. Para sermos justos, os Nagô não estavam sozinhos nesse processo, pois tanto os angolanos com seus inquice quanto os Jeje com seus vodus também contribuíram de modo considerável para a paisagem religiosa afro-baiana. Mas não há dúvida de que a contribuição nagô se tornou cada vez mais dominante à medida que o século avançava[138].

Os minas no Rio de Janeiro e em outros lugares

Fora da Bahia, onde a população escravizada era predominantemente de origem centro-africana, os cativos oriundos da

---

138. Cf. Reis (2001a, p. 116-134). Sobre o candomblé na Bahia do século XIX, cf. tb. Harding (2000), Silveira (comunicação não publicada, 2001) e Parés (comunicação não publicada, 2022). Sobre a construção da hegemonia religiosa nagô na Bahia do século XIX, cf. Parés (cap. 10 desta obra).

África Ocidental criaram uma identidade única e muito abrangente em torno do termo "mina". Uma porção significativa deles era de origem iorubá e espalhou-se por todo o país. Após 1835, como mencionado, um fluxo importante do comércio interno de escravizados levou nagôs para o sudeste, em especial para o Rio de Janeiro e o Rio Grande do Sul. Lá eles passaram a ser conhecidos pela expressão "Mina" ou, quando era preciso ser específico, "Mina-Nagô", e tiveram um papel fundamental na formação da cultura local.

A presença dos Mina também foi significativa nas regiões de mineração do interior do país. Sua proporção entre os escravizados africanos está particularmente bem documentada para Goiás no século XIX, onde, entre 1810 e 1824, os cativos oriundos da África Ocidental representavam 66,7% daqueles vendidos no norte da província e 37,6% daqueles vendidos no sul. Goiás estava situada ao fim das duas principais rotas escravistas que levavam os africanos ocidentais para o interior do Brasil – a primeira partia da Bahia, e a segunda, do Rio de Janeiro –, e a variação regional na composição étnica da população refletia esse fato (Karasch, 2002, p. 136). Os escravizados mina eram considerados bons mineiros, uma reputação que, é provável, ganharam por conta das habilidades adquiridas em suas regiões de origem na África. Acreditava-se que as mulheres Mina, em especial, traziam sorte e prosperidade para seus senhores (Soares, 2000b, p. 85-86).

É na cidade do Rio de Janeiro que a vida dos Mina africanos, e em particular dos Nagô, está mais bem documentada fora da Bahia. Ser um "mina" no Rio de Janeiro do século XIX, como Mary Karasch (1987, p. 25-27) observou, assumira vários significados. Com esse termo, podiam ser identificadas pessoas pertencentes aos grupos Fanti, Axante, Gbe, Hauçá, Nupe, bem como Iorubá. Seu *status* de minoria em uma população que era esmagadoramente centro-africana ajudou a delimitar esse grupo distinto a ponto de Mina se tornar sua forma de autoidentificação diante de outros grupos dentro da sociedade escravizada. Isso não significava, de maneira alguma, que os Mina formavam uma comunidade homogênea, e tal aspecto é evidenciado pelo fato de pessoas de diferentes subgrupos Mina terem se filiado a diferentes devoções religiosas, separadamente[139].

Ser Mina também significava, ainda mais depois de 1835, uma inclinação potencial para a rebelião. Essa reputação foi conquistada pelos muçulmanos entre eles, por hauçás, e particularmente por nagôs, muitos dos quais haviam sido vendidos ao Rio de Janeiro após a revolta em Salvador. Os Mina muçulmanos, com frequência alfabetizados, eram tidos por pessoas orgulhosas, corajosas e trabalhadoras, que acumulavam suas economias para conquistar a alforria. A polícia do Rio levou muito a sério a potencial ameaça representada pelos Mina, e em particular pelos Malê, e esforçou-se para acompanhar de perto suas atividades, na esperança de evitar a repetição dos eventos na Bahia. A descoberta, em duas ocasiões distintas, de escritos árabes em posse de africanos apenas alimentou a preocupação pública de que os escravizados estavam conspirando em códigos secretos. Em 1849, o chefe de polícia do Rio relatou que

> alguns negros minas residentes nesta cidade se reuniram em associações secretas onde, sob mistério impenetrável, havia práticas e ritos que se tornaram suspeitos; eles se comunicavam entre si por meio de escritos cifrados, e também fiquei sabendo que os negros da mesma nação existente na Bahia se correspondiam com eles, assim como os de São Paulo e Minas [Gerais] (*apud* Soares, 2001, p. 387, 389).

A batida policial num desses locais de reunião rendeu "uma infinidade de papéis escritos com tintas diferentes e em caracteres desconhecidos, alguns livros também manuscritos" que, "traduzidos, interpretados e decifrados" por especialistas revelaram seu conteúdo: "orações tiradas do Alcorão, em árabe espúrio, às quais

---

139. O caso de Maki, explorado por Mariza Soares, é um exemplo. Veja seu livro *Devotos da cor* (Soares, 2000b) e o capítulo 12 desta obra, escrito por ela.

foram enxertadas palavras nos idiomas mina e malê". Entretanto, o chefe da polícia, admitindo que os Malê tinham o direito ao culto privado, não encontrou motivo para mantê-los na prisão. Ele decidiu, no entanto, ficar de olho neles, porque

> é natural que o espírito da associação religiosa os leve mais longe, e que os seguidores que se reúnem, fanáticos por seus princípios, usem esta religião para justificar e transmitir as ideias contra a escravidão, pois vejo, em tudo o que foi apreendido nas recentes buscas, exatamente o que também foi encontrado na Bahia na época da revolta dos escravizados em 1835 (*apud* Soares, 2001, p. 389).

O tamanho da comunidade muçulmana no Rio de Janeiro, que não fosse isso estaria envolta em segredo, pode ser estimado pela demanda de edições do Alcorão: o ministro francês no Brasil, o Conde de Gobineau, relatou em 1869 que os livreiros franceses Fauchon e Dupont vendiam 100 exemplares do livro islâmico sagrado a cada ano no Rio de Janeiro[140].

As evidências dispersas sugerem que havia comunidades muçulmanas africanas, ou pelo menos indivíduos, em outras províncias também. Além daqueles de São Paulo e Minas Gerais mencionados no relatório policial citado antes, outras notícias chegaram ao Rio de Janeiro sobre a apreensão de uma cópia do Alcorão e de muitos documentos escritos, bem como sobre a prisão de um alufá iorubá de nome Rufino, na capital de Pernambuco, em 1853. Sob interrogatório, esse homem disse que era de Oió, que seu pai também havia sido um alufá por lá e que ele tinha sido capturado em um ataque de hauçás, depois embarcado para a Bahia. Da Bahia, antes da revolta de 1835, ele foi vendido ao Rio Grande do Sul, a província mais austral do Brasil, onde obteve sua liberdade, e mais tarde foi para o Rio de Janeiro e embarcou como cozinheiro em um navio de escravizados, que acabou sendo capturado pelos ingleses,

---

140. Cf. Costa e Silva (2001, p. 83-90). Sobre a prática do Islã no Rio, cf. tb. Karasch (1987, p. 284-285).

e ele, levado para Serra Leoa. Lá, Rufino frequentou uma escola corânica por alguns meses, voltou ao Brasil por um tempo e depois retornou à Serra Leoa, onde passou quase dois anos recebendo mais treinamento islâmico. Por fim, ele voltou para Recife, capital de Pernambuco, e dedicou sua vida a divinação, cura de feitiçaria e fabricação de amuletos. Rufino era um típico muçulmano pragmático, mas ainda assim devoto. Embora não fosse um rebelde social, durante seu interrogatório, ele deu ampla prova de sua fé, que defendeu com grande dignidade, para o espanto dos policiais e outros homens brancos presentes na delegacia[141].

Como nagô, Rufino provavelmente não se sentiu só durante os anos que viveu no Rio Grande do Sul, onde existia uma grande comunidade desse povo. Por exemplo, ele não foi o único nagô que comprou sua liberdade lá. De uma amostra de 419 alforrias obtidas naquela província na segunda metade do século XIX por africanos cujos etnônimos específicos podiam ser identificados – sem contar os "Mina" –, 61% eram Nagô. Ao mesmo tempo, Rufino, como muçulmano, também não estava isolado. Em 1840, um belo livro manuscrito, com capa em couro e escrito em árabe foi confiscado de um "clube mina", na capital da província, e mais tarde doado ao Instituto Histórico Brasileiro no Rio de Janeiro, onde está guardado até hoje. É possível que o próprio Rufino pertencesse a tal clube, pois ele aparentemente deixou Porto Alegre naquele mesmo ano, talvez temendo perseguições[142].

No entanto, a maioria dos iorubás não era muçulmana e, em vez de se manterem isolados, eles se espalhavam e se tornavam bastante visíveis entre os africanos em cidades como Rio de Janeiro e Porto Alegre. Nesta última, os registros de alforria sugerem que os cativos oriundos da África Ocidental representavam a grande maioria (67% dos alforriados) da comunidade africana livre. Em

---

141. No momento da escrita deste texto, A história de Rufino foi estudada por Reis, Gomes e Carvalho (2010).

142. Sobre alforrias no Rio Grande do Sul, cf. Staudt Moreira (1996, p. 90).

contraste, no Rio de Janeiro, eles nunca representaram mais de 7% da população africana antes de 1850 nas amostras compiladas por 'Mary Karasch. Ela observou que a maior parte deles não vinha diretamente da África para o Rio, mas sim da Bahia, e é provável que isso fosse verdade também para aqueles que viviam no Rio Grande do Sul (Karasch, 1987, p. 25). Esse fluxo de iorubás aculturados na Bahia para o sul cresceu de modo significativo após 1835, alimentado pelo medo de sua participação em outra revolta de escravizados e pelas pressões sobre o mercado escravista após a abolição do comércio transatlântico de escravizados em 1850, o que criou um vigoroso comércio interno escravista para as províncias mais prósperas do país. Isso se reflete nos registros de inventário, onde escravizados da África Ocidental representavam 19% e 15% dos africanos no Rio de Janeiro rural e urbano, respectivamente, de 1860 a 1864 (Florentino, 2002, p. 9-40). Isso não significa que os Mina haviam duplicado sua presença na cidade em poucas décadas; a população escravizada do Rio de Janeiro atingira seu pico em 1849, com 78.800 cativos (38,3% da população da cidade), e passou por um constante declínio, tanto em número quanto em proporção, nas décadas seguintes (Karasch, 1987, p. 64-65). O que de fato isso significa, no entanto, é que os Mina haviam duplicado sua importância e seu peso dentro da população africana da cidade.

Como na Bahia, os escravizados minas no Rio podiam ser encontrados nas habituais ocupações urbanas para os cativos, sob o sistema de contratos para serviços específicos. Os Mina estavam bem-posicionados no mercado de trabalho, realizando atividades bem-remuneradas que facilitavam a compra da liberdade. Os carregadores no porto do Rio, em particular os carregadores de café, eram a elite entre os chamados ganhadores, e há indícios de muitos Mina entre eles. A venda de alimentos era notoriamente controlada por mulheres africanas, e evidências dispersas sugerem que as mulheres minas eram numerosas entre aqueles que de fato tinham quitandas ou bancas de mercado. Trazer produtos para serem vendidos na cidade e vender alimentos preparados nas ruas era o ganha-pão e o meio de obter a alforria para muitas escravizadas. De maneira similar ao que ocorreu na Bahia, ter uma banca de produtos, ou uma barraca de alimentos ou "casa de angu", colocava essas mulheres na confluência das comunidades escravizadas rurais e urbanas e no centro da vibrante vida cotidiana africana e crioula urbana.

Os Mina eram monitorados de perto pela polícia devido a sua potencial ameaça à ordem social. Alguns casos demonstram que, no Rio de Janeiro, eles dominavam os códigos do sistema escravista e usavam tal conhecimento em seu benefício de várias maneiras. O caso de Henrique José, conhecido como "Riscadinho", um mina alforriado responsável por um *zungu*, um local de encontro e abrigo temporário para escravizados que viviam longe dos senhores, é emblemático[143]. Riscadinho – apelido que aludia a suas escarificações faciais – estava envolvido em uma rede de "aliciamento" de escravizados na década de 1840 e, mais de uma vez, fingindo ser informante da força policial, forneceu-lhe informações enganosas. Em 1845, o chefe da polícia da cidade detalhou a operação desse "aliciamento" e identificou os responsáveis:

> São os libertos, principalmente os Mina, que, através de comércios insignificantes que chamam de "pombear" ou "casa de vender angu", atraem os escravizados e os aliciam, prometendo-lhes um futuro sorridente. Atraídos, eles entregavam as moedas para os condutores que os levavam, e os agentes aliciadores assumiam novas tarefas (*apud* Soares, 1998, p. 60).

Riscadinho foi identificado como o grande aliciador de escravizados na cidade em 1845, tarefa que realizou graças à sua posição privilegiada como proprietário de um pequeno estabelecimento onde cativos e libertos convergiam para comer angu, um prato típico

---

143. O caso de "Riscadinho" e a discussão sobre as "casas de angu" e os "zungus" foram retiradas de Soares (1998).

da África Central adotado por todos os escravizados no Rio[144]. Os locais que eram casas de angu durante o dia tornavam-se zungus de noite, onde muitas vezes abrigavam divinações ou sessões de jogos ilegais. Essas casas de angu serviam como conexão urbana com as comunidades fugitivas do interior. Pequenos comerciantes (os "pombeiros") serviam como intermediários e agentes nessa rede de "aliciamento", cujo funcionamento implicava a participação tanto do escravizado aliciado quanto de seus aliciadores. Em uma cidade na qual a maioria dos escravizados eram ou da África Central ou seus descendentes, o fato de Riscadinho, com sua condição de estrangeiro estampada em seu rosto e transmitida em seu apelido, ter adquirido uma posição tão proeminente e conquistado a confiança dos cativos e libertos de outras origens – convencendo-os da possibilidade de um "futuro sorridente" – atesta a atitude aberta dos Mina para participar da sociedade afro-carioca. Reconhecendo o perigo potencial de Riscadinho, o governo imperial o deportou para Angola, deixando-o assim muito longe de seu provável país de origem em Iorubalândia.

Apesar de seu notável perigo potencial, era raro os Mina se destacarem em atos de resistência aberta registrados no Sudeste, o que provavelmente se deve ao seu pequeno número na população cativa. É óbvio que escravizados minas fugiam; contudo, eles o fizeram em uma proporção menor ou igual ao seu peso na população: nas batidas policiais contra comunidades fugitivas na cidade rural de Itaguaí, província do Rio de Janeiro, entre 1816 e 1877, apenas um mina entre 41 africanos de origem identificada foi preso. Em uma amostra de 203 fugitivos anunciados em um jornal da cidade do Rio entre 1809 e 1821, apenas 9 africanos ocidentais foram listados como segue: 4 minas, 1 mina-hauçá, 2 hauçás e 2 calabares. Esses números são comparáveis com a proporção de escravizados minas no Rio da época e também reproduzem o

---

144. O angu é um prato cremoso feito de farinha de mandioca e água, pedaços de carne e vegetais, óleo de palmeira e temperos.

padrão entre os fugitivos nagôs na Bahia. O pequeno tamanho da comunidade mina na capital do Brasil não os impediu de exercer esse estilo de resistência[145].

Os Mina distinguiam-se dos outros africanos quando se tratava de ganhar a alforria e lutar pela liberdade dentro do sistema. No Rio de Janeiro, os escravizados oriundos da África Ocidental parecem ter constituído o grupo com maior capacidade de acumular poupanças: foram responsáveis por 50% das alforrias pagas entre 1840 e 1859, representando apenas entre 9% e 15% da população de cativos (Florentino, 2002, p. 25-40). A sua alta taxa de alforrias alimentou um grupo crescente de emancipados, que representavam quase um terço da população africana libertada na cidade. Grupos de trabalho e associações de poupança, muito provavelmente de base étnica e formadas a partir do modelo das juntas existentes na Bahia, estiveram por trás do seu sucesso. Gobineau relatou a existência de tais organizações entre os Mina no Rio de Janeiro, em 1869 (Karasch, 1987, p. 323).

Um último exemplo sugere que a identidade Mina, em conjunto com a reputação de rebeldia que ganharam na Bahia, foi utilizada para fomentar lutas legais pela liberdade no Sudeste do país. A solidariedade étnica teve um nítido uso como arma por um grupo único de africanos libertos de origem iorubá, que desembarcaram na Bahia após a proibição do tráfico escravista em 1831, e estavam, portanto, emancipados. Transferidos para o Rio de Janeiro, foram peticionar essa emancipação 20 anos depois da sua chegada[146]. Esses homens nagô a princípio emanciparam-se no fatídico ano de

---

145. Os minas eram 1,5% dos africanos em Vassouras entre 1837 e 1840 (Gomes, 1995, p. 146, 217). Os dados sobre o perfil étnico dos fugitivos na cidade do Rio foram retirados da *Gazeta do Rio de Janeiro* e foram gentilmente fornecidos por Flávio Gomes. Cf. tb. Gomes (1996, p. 68-93).

146. Os africanos libertos dos navios operadores do tráfico escravista ilegal formavam uma categoria especial de pessoa, "nem escravizada nem livre". Eles tinham de cumprir períodos de aprendizado e, durante esse período, permaneciam sob a custódia do governo local. Esse caso foi discutido por Mamigonian (2000, p. 71-95).

1835, serviram os 14 anos de aprendizagem no Arsenal da Marinha na Bahia e, ao exigirem seu direito à "plena liberdade" em 1848 ou 1849, foram enviados para o Rio de Janeiro e forçados a continuar a cumprir seus termos. Alguns deles, enviados para a Fundição de Ferro de Ipanema, no interior da província de São Paulo, encenaram um episódio invulgar de resistência: apresentaram uma petição escrita ao juiz local reafirmando o seu pedido de emancipação definitiva e efetiva. O documento demonstrava sua firme decisão de lutar de maneira coletiva, mas pacífica – tal como os grevistas baianos de 1857 – dentro do sistema estabelecido. Considerados perigosos para a ordem na fábrica, foram enviados de volta ao Rio de Janeiro, onde se juntaram a antigos companheiros e, na década de 1850, retomaram a sua busca legal de liberdade, agora sob petições separadas e individuais. Todos eles se identificavam mutuamente como Mina e Nagô e com frequência usavam sua ligação baiana para reivindicar direitos diferentes dos conferidos a outros africanos libertados.

O uso mais eloquente dessa identidade étnica veio de um africano liberto de nome de Cyro, em sua luta contra o indivíduo para quem ele havia trabalhado e que queria impedi-lo de receber sua carta de emancipação. Dionísio Peçanha, o contratante de seus serviços, conseguiu que o africano fosse preso e posto em uma prisão de trabalho pesado enquanto negociava a transferência de Cyro para a longínqua província do Amazonas, na Região Norte do país. Enquanto isso, os dois filhos de Cyro, que haviam perdido sua mãe, não tinham ninguém além de seu pai para cuidar deles. O africano escreveu uma nota a Peçanha solicitando que fosse à Casa de Correção no dia seguinte para liberar seus filhos e insistiu que Peçanha obtivesse sua libertação imediata. Em gesto de ameaça, Cyro afirmou que, se suas exigências não fossem atendidas em três dias, Peçanha "descobriria o que um Mina é capaz de fazer"[147]. Embora não se negasse a negociar, ele empregou de modo eficaz

---

147. A nota é endereçada a Peçanha por meio do Ministério da Justiça, 26 de março de 1856, documento de Cyro Mina, Petição de Emancipação, 22 de março de 1855, Arquivo Nacional, Diversos SDH – cx. 782 pc.2.

a reputação de rebeldia e ferocidade dos Mina em seu favor e conseguiu que seus desejos fossem atendidos.

Os Mina no Rio de Janeiro, apesar de serem uma minoria dentro da população africana, que gradualmente diminuiu e envelheceu depois de 1850, passaram a ocupar um lugar notável entre os afro-cariocas. Juntando-se no Rio a mais pessoas libertas, ex-escravizados e suas famílias da Bahia, mesmo após a abolição, eles construíram um lugar singular na cidade. Na virada do século XX, os "baianos" estavam concentrados em uma área urbana conhecida na região como Pequena África. Credita-se à animada vida cultural desse local uma influência decisiva na prática do candomblé e a constituição da raiz da cultura do samba do Rio de Janeiro. Esse fenômeno não era exclusivo dessa região do Sudeste brasileiro. Além disso, no Rio Grande do Sul, no início da década de 1880, um grupo chamado Clube Carnavalesco Nagô desfilou nas ruas da cidade de Pelotas, a segunda em importância na província, exigindo a abolição da escravidão. O escriba desse clube era um sacerdote candomblé, e seu líder alegórico era um personagem chamado Rei Oba. No Rio Grande do Sul, *batuque* é o termo usado para designar o candomblé, e o ramo religioso iorubá se divide em oiós, ijexás e nagôs (Mello, 1994, p. 43-46, 57-71; Moura, 1995; Oro, 2002, p. 345-384).

Um dos maiores grupos da diáspora iorubana, os iorubás brasileiros desempenharam um papel singular dentro da sociedade escravista do Brasil. De início conhecidos como "Mina", termo que identificava todos os africanos trazidos da África Ocidental pelo tráfico português escravista, os Iorubá construíram, nas primeiras décadas do século XIX, uma identidade distinta para seu grupo, nomeado pelo termo "Nagô". A estreita ligação comercial entre o Golfo de Benim e a Baía favoreceu sua concentração naquela província brasileira; as guerras em torno da queda do Império de Oió explicam sua intensa presença no comércio escravista baiano. Os falantes de iorubá chegaram a representar, no decorrer no século XIX, a maioria entre os escravizados nascidos na África e os africanos libertos na Bahia. Como tal, eles imprimiram profundamente seus modos, rituais, organizações e crenças na cultura escravizada baiana.

A inclinação de iorubás para desafiar a escravidão – seja através de mecanismos institucionais, alforria ou petições legais, seja pela resistência diária, da fuga individual ou da rebelião coletiva – conduziu a uma série de revoltas e complôs de hauçás e iorubás que não têm paralelo na história da escravidão no Novo Mundo. Isso lhes rendeu a reputação de "rebeldes" e ao mesmo tempo determinou, de variadas formas, sua dispersão por todo o país. Vendidos em grande número fora da Bahia depois de 1835, os nagôs se juntaram a grupos existentes de escravizados "minas" em cidades do sul do Brasil, como Rio de Janeiro e Porto Alegre. Em pequeno número, em meio a uma população escravizada oriunda majoritariamente do centro-oeste africano, eles se destacaram dos demais grupos africanos escravizados e libertos por seus fortes laços étnicos e pelas organizações de base étnica, o que facilitou seu controle sobre partes do mercado de trabalho e promoveu a mobilidade social de seus membros. Entretanto, os iorubás demonstraram também sua capacidade de integrar e muitas vezes liderar grupos crioulos e de outras etnias africanas na vida cotidiana sob escravidão ou sob liberdade apenas nominal. A história da religião nagô e sua disseminação no Brasil é talvez o melhor exemplo da forma como os iorubás exerceram uma política de inclusão e expansão de sua cultura, sendo a inclusão, nesse caso, a chave para a expansão. Do norte ao sul do Brasil, a diáspora iorubá deixou uma marca duradoura na paisagem cultural do país.

6

Os iorubás em Cuba: origens, identidades e transformações

Michele Reid

De Havana a Santiago de Cuba, passando pelas cidades no caminho, a presença quatro-centenária da diáspora iorubá pulsa através de Cuba neste século XXI. As influências iorubanas na Cuba contemporânea podem ser encontradas na música, na dança e na religião, e os principais exemplos incluem os sons e visões do *son* (salsa), da rumba e da Santeria, dentro e fora da ilha. Muito mais do que sobrevivências ou reservas culturais isoladas, tais fenômenos e muitos outros fazem parte das diversas trajetórias complexas e contínuas envolvidas na formação cultural cubana (Furé, 2000, p. 156-167; Lovejoy, 1997b; Mintz, 1984, p. 286-305, 299; Sahlins, 1981, p. 7). Ao sintetizar os fatores históricos que promoveram o desenvolvimento dos componentes culturais iorubanos ou influenciados por iorubás – tão constitutivos da cultura cubana contemporânea e de sua identidade nacional –, este ensaio destaca as principais contribuições e transformações dos Iorubá e seus descendentes como um meio para compreender o impacto transformador da diáspora africana em Cuba.

Sobretudo, este capítulo explora as origens, na África Ocidental, dos Lucumi (termo pelo qual os iorubás eram conhecidos em Cuba) durante o período colonial espanhol e suas lutas durante o regime escravista cubano do século XIX e conclui com uma visão geral das contribuições multifacetadas de suas tradições culturais para a formação da identidade nacional cubana. A primeira seção apresenta o envolvimento dos Iorubá e da Espanha no comércio escravista transatlântico, a ascensão da escravidão cubana e as fortes iniciativas de cativos e libertos lucumi para manter sua identidade e lutar pela liberdade. A seção seguinte centra-se na transformação das práticas iorubás, particularmente no que concerne à redefinição religiosa, sob a esfera das associações socioculturais de ajuda mútua. Ao fim, o ensaio destaca a aceitação e a apropriação de temas afro-cubanos em nível nacional.

Origens dos iorubás em Cuba: lucumi, iorubá, Espanha e o tráfico escravista

Usando critérios de língua comum, religião, continuidade geográfica e organização sociopolítica, os estudiosos reconstruíram as origens históricas dos iorubás na África Ocidental, principalmente na Nigéria e no Benim. Na Nigéria, o território iorubano compreende a região sudoeste, incluindo os estados de Lagos, Oió, Ogum e Ono; e as regiões Kabba e Ilorin do estado de Kwara. Em Benim (antiga Daomé), a Iorubalândia fica entre a fronteira sul da Nigéria e o Rio Weme e também se estende para o oeste, até a região de Atakpame. Essa localização estratégica facilitou intercâmbios locais, regionais e internacionais. Através de rotas terrestres e tributárias, os Iorubá se comunicavam com outros povos e culturas da África Ocidental. O acesso ao mar no sul e as ligações com pontos ao norte do Deserto do Saara aumentaram os contatos externos com europeus e outros africanos (Asiwaju, 1983, p. 28; Klein, 1999, p. 63; Law, 1991b, p. 123-124). A interação com agentes da Europa e o crescimento das colônias de *plantation* no Novo Mundo deram origem ao comércio de escravizados no Atlântico. Com efeito, dos séculos XVI ao XIX, o tráfico escravista levou milhares de cativos iorubás para Cuba e para as Américas.

O influxo massivo de cativos com origens culturais lucumi ou similares, sobretudo no século XIX, iria se tornar fundamental para moldar a identidade lucumi em Cuba.

Os iorubás e o tráfico escravista

O nível de envolvimento dos iorubás no comércio de escravizados no Atlântico variou tanto ao longo das regiões quanto ao longo do tempo. Os relatos do início do século XVI feitos por funcionários portugueses detalham a compra de cativos e de marfim de Ijebu, o reino iorubano ao sul. O tráfico escravista de Iorubalândia continuou de forma intermitente na região sul até o século XVII, quando seu foco mudou para o oeste, em direção ao reino Aladá de Daomé, no atual Benim. Grupos étnicos iorubás, porém, seguiram como uma importante fonte de escravizados para venda através desse reino. O monopólio real de Daomé sobre a venda de cativos contribuiu muito para as receitas do Estado. Relatos holandeses sobre Aladá de meados do século XVII indicam que os escravizados ali vendidos eram de um reino do interior, na região nordeste, conhecido como Ulkuma ou Ulkami. Uma característica distintiva dessa região era seu grande tráfico escravista, principalmente de prisioneiros de guerra e criminosos, com portugueses e holandeses, visando ao transporte ao Novo Mundo (Castellanos; Castellanos, 1988, p. 29; Klein, 1999, p. 63; Law, 1991b, p. 123-124; Ryder, 1965, p. 196)[148].

No início do século XVIII, o principal centro de comércio europeu havia se deslocado para o leste em Uidá, mas, como ocorreria com Aladá, os escravizados continuaram a ser fornecidos a partir dos territórios iorubás. Os marinheiros franceses das

---

148. "Valdes remite copia de varias comunicaciones dando cuenta de la aprehensión por los carabineros del puerto de Cabañas de 413 negros bozales llegados en un bergantín português", de 31 de maio a 30 de setembro de 1841, Havana, Arquivo Histórico Nacional, Madrid, Ultramar Collection, Cuba, Estado, 8037, Exp. 17 (doravante identificado pela sigla AHN-UCE).

primeiras décadas do século XVIII listaram as nacionalidades dos escravizados vendidos via Uidá, incluindo os ayois e os nagôs. Os primeiros representavam Oió, o Estado mais poderoso ao norte de Iorubalândia. Os nagôs derivavam de uma pequena população no sudoeste do território iorubá e se tornaram um nome genérico usado por seus vizinhos ocidentais em referência a todo o grupo Iorubá (Law, 1991b, p. 123). A guerra entre Daomé, Whyday e Aladá perturbou o comércio escravista no interior. Em resposta, o Estado iorubano dominante, Oió, atacou e reivindicou com sucesso Daomé. A vitória de Oió contra Daomé estabilizou novamente o tráfico de escravista no porto de Uidá, e novas saídas marítimas foram abertas em Porto Novo e Badagri, portos rivais a leste de Daomé (Klein, 1999, p. 63; Law, 1991b, p. 123). Na década de 1780, a escala e a intensidade do comércio de escravizados de Oió acelerara rapidamente. A combinação dos sistemas de comércio de Oió e Daomé fizera do Golfo de Benim a segunda maior zona de comércio de escravizados da África. Do total dos cativos que deixaram a África Ocidental no século XVIII, 18% (1,2 milhões) foram enviados dessa região (Klein, 1999, p. 63). O império espanhol, direta e indiretamente, recebeu milhares de cativos iorubás em suas colônias nas Américas.

A Espanha e o tráfico escravista

A Espanha começou a introduzir escravizados em seus territórios caribenhos no início do século XVI; os primeiros chegaram em 1518. De início, a Coroa espanhola concedeu licenças individuais para transportar um ou mais cativos. Em 1528, emitiu *asientos*, ou contratos de monopólio, para comerciantes de escravizados estrangeiros, como portugueses, ingleses, holandeses e franceses (Castellanos; Castellanos, 1988, p. 42; Ortiz, 1975, p. 81-82). Consequentemente, as colônias espanholas nas Américas passaram a receber escravizados de todas as costas africanas. Em geral, as primeiras fontes de cativos para Cuba eram na região da Guiné, entre o Rio Senegal e o Cabo das Palmeiras. Na segunda metade do século XVII, a área se estendeu para o sul, até Angola (Castellanos; Castellanos, 1988, p. 42). No século XVIII, a Espanha emitiu um grande *asiento* para a Inglaterra, cedendo aos britânicos o controle sobre o fornecimento de escravizados para toda a América espanhola. Nos primeiros 25 anos, os mercadores escravistas ingleses importaram cerca de 75 mil africanos. Um fluxo constante de cativos chegou aos portos de Cartagena, Alto Peru, Buenos Aires, da região do Rio da Prata, do istmo panamenho e da costa norte da América do Sul. A crescente indústria açucareira no Caribe Espanhol, em particular em Cuba, solidificou a região como o novo centro de importação de escravizados (Klein, 1999, p. 38).

A ocupação britânica de Cuba, em 1763, iniciou uma era econômica sem precedentes na ilha, e um aumento dramático na importação de cativos acompanhou a nova administração. Embora o controle inglês de Cuba tenha durado menos de um ano, estima-se que 4 mil escravizados africanos chegaram à ilha. Esse número representava de 8% a 10% de todos os cativos importados nos 250 anos anteriores (Fraginals, 1978, p. 35-36; Murray, 1980, p. 4; Saco, 1937, p. 318; Thomas, 1971, p. 49-50; Tinajero, 1996, p. 35). Depois de retomar Cuba, a Coroa espanhola iniciou um desenvolvimento comercial em larga escala nas suas colônias. Ademais, em 1789, a Espanha implementou uma política de tráfico livre de escravizados para as colônias hispano-americanas, válida para todas as nações. Isso resultou no crescimento da escravidão nos territórios que hoje são a Venezuela e a Colômbia, e nas ilhas caribenhas de Porto Rico e Cuba. No fim, Cuba emergeria como a maior colônia de escravizados da América Espanhola (Klein, 1999, p. 38).

Os iorubás em Cuba: a ascensão de Cuba e a queda de Oió

A guerra tanto no Caribe quanto em Iorubalândia provou ser decisiva na ascensão de Cuba e na queda do Império de Oió. Em 1791, a revolução envolveu a colônia francesa de São Domingos

(Haiti), mudando para sempre o equilíbrio de poder e a distribuição de escravizados no Caribe no século XIX. A rebelião dos escravizados haitianos, a única bem-sucedida nas Américas, destruiu a maior sociedade de plantation de açúcar e forçou a abolição da escravidão na ilha (Klein, 1999, p. 39). Por sua vez, a queda de São Domingos, combinada com a política colonial de livre tráfico de escravizados, iniciou a ascensão de Cuba como líder mundial na produção de açúcar. Com o avanço da Cuba colonial e de sua indústria açucareira baseada no trabalho africano escravizado, no outro lado do Oceano Atlântico, o Império de Oió passou a enfrentar um sério declínio. Um conflito em larga escala entre Ijebu e Oió fora provocado por Owu, a principal força ao sul de Iorubalândia, que tentava suprimir os conflitos entre comerciantes escravistas de Oió e invasores Ijebu. Com a ajuda de refugiados deslocados das guerras civis no Império de Oió, Owu foi destruída em 1821. Esse acontecimento, entretanto, desencadeou uma série de batalhas devastadoras na região sul (Curtin, 1969, p. 248; Law, 1991b, p. 123-125). A guerra rompeu as rotas comerciais do interior, fazendo com que a demanda europeia de escravizados passasse a extrair pessoas de dentro do território iorubá. Como consequência, o já enfraquecido Império de Oió passou a lidar com revoltas tanto de dentro quanto de fora. Após uma série de ataques vitoriosos de Daomé e com uma guerra civil e uma rebelião muçulmana no primeiro terço do século XIX, o Império de Oió colapsou completamente (Falola, 1991, p. 140; Law, 1991).

Os efeitos combinados do crescimento da demanda europeia por escravizados nas Américas, da guerra de Iorubá e do resultante colapso do Império de Oió produziram níveis sem precedentes de deportação de cativos a partir de Iorubalândia (Falola, 1991; Law, 1991b). No século XIX, a região tornou-se o ponto de embarque de escravizados mais ativo da África Ocidental ao norte da linha do Equador, continuando o embarque de cativos até a década de 1860. Ao longo do século, cerca de 421 mil africanos escravizados foram embarcados para as Américas (Klein, 1999, p. 63). Embora a maior parte fosse para o Brasil, Cuba recebeu uma porção significativa para atender à demanda de mão de obra necessária para produzir açúcar e café nas áreas rurais e para suprir as solicitações dos setores urbanos.

Mais de 85% dos escravizados que entraram em Cuba chegaram após 1800. Nos censos feitos entre 1817 e 1861, a população cativa permaneceu consistentemente entre 36% e 46% do número total de habitantes. Quando pessoas livres negras são incluídas, o número total de homens e mulheres de ascendência africana aumenta, variando entre 52% e 56% de uma população de cerca de 800 mil habitantes (Kiple, 1976, p. 84-86, 88-90; Sagra, 1863, p. 42). O aumento da população negra alimentava os temores coloniais cubanos de uma revolta de escravizados ao estilo haitiano, mas não o suficiente para suprimir as ambições econômicas dos plantadores e funcionários espanhóis. Para manter sua economia em rápida expansão, em específico entre 1820 e 1840, Cuba teve aumento exponencial em suas importações de escravizados. Os estudiosos estimam que 271.659 cativos foram introduzidos legal e ilegalmente entre 1820 e 1853 (Ortiz, 1975, p. 101). No fim dos anos 1850, Cuba era o único importador de escravizados nas Américas, recebendo 121 mil cativos africanos somente naquela década (Klein, 1999, p. 198).

Os estudiosos dão várias razões e evidências para explicar como, entre os milhares de africanos escravizados que chegaram a Cuba, as tradições e influências iorubás persistiram, particularmente no século XIX. Pesquisas indicam que numerosos africanos transportados em cativeiro para Cuba, e para outros lugares das Américas, foram capturados em grupos, como prisioneiros de guerra, com muita probabilidade de serem oriundos da mesma cidade (Crowder, 1973, p. 77). Exemplos entre os grupos que falam iorubá incluem os Oió, Ifé, Iyebu, Egba, Egbado, Iyesa, Ekiti, Onod, Owo e Akoko (Asiwaju, 1983, p. 28-29; Hewitt, 1981, p. 19; Ajayi, 1997, p. 289-316). Considerando que os escreventes e traficantes de escravizados com frequência registravam os nomes étnicos dos africanos cativos ao acaso, nota-se nos registros de escravizados vendidos em Cuba entre 1790 e 1880 que, dos quase 7 mil africanos de origem conhecida, pelo menos 9% eram iorubás (Bergad; García; Barcia, 1995, p. 72). Além disso, os escravizados iorubanos chegaram à ilha de modo clandestino, contornando o tratado da Espanha com a Inglaterra para abolir o comércio escravista. Por exemplo, documentos do governo espanhol ao longo da primeira metade do século XIX relatam a captura de navios que transportavam "negros bozales" (negros nascidos na África) "de nación Lucumí" (termo referente à nação ou ao grupo étnico Iorubá) (AHN-UCE). Além disso, os estudiosos concordam que, entre 1817 e 1860, os Iorubá compreendiam a maior proporção, com pelo menos 30%, dos escravizados importados para Cuba (Castellanos; Castellanos, 1988, p. 43; Curtin, 1969, p. 247; Eltis, 1977, p. 419; Fraginals, 1978, p. 9). Assim, as sucessivas e crescentes ondas de cativos iorubanos chegando a Cuba contribuíram para sua capacidade de manter a integridade cultural de numerosas práticas. Além disso, a contínua interação dos escravizados africanos, europeus e crioulos (pessoas nascidas nas Américas) acrescentou múltiplas camadas demográficas, culturais e políticas que reconfigurariam as identidades coloniais na ilha.

Os Lucumi em Cuba

Em Cuba, e em outros lugares do Novo Mundo, os Iorubá recém-chegados eram conhecidos como Lucumi[149]. Os historiadores sugerem que o nome é oriundo de reino iorubano da região nordeste, chamado de Ulkuma ou Ulkami. Os estudiosos também especulam que o termo "Lucumi" deriva da saudação comum iorubá "oluku mí" (meu amigo) e que os escravizados usavam tal frase para dizer aos novos cativos de língua iorubana em Cuba que eles

---

149. O termo "Lucumi", com variações na escrita, também foi usado para nomear os iorubás na Venezuela, na República Dominicana e em Porto Rico. Cf. tb. Valdés (1986, p. 54-74).

não estavam sozinhos em uma terra estrangeira (Hewitt, 1981, p. 19; Law, 1991b, p. 123). Fontes do século XVI ao XIX também documentam a presença dos Lucumi em Cuba. Por exemplo, dados de licenças para o comércio escravista emitidas em Havana entre 1570 e 1699 listam os Lucumi entre mais de 40 etnias africanas (Fuente García, 1990, p. 135-150). Como já citado, documentos do governo espanhol do século XIX relatam a captura de navios escravistas portugueses que transportavam ilegalmente cativos "de nación Lucumí" (AHN-UCE). Uma vez em Cuba, a princípio os cativos iorubanos podem ter se identificado de acordo com seu subgrupo étnico, chamando-se Lucumi-Adó, Lucumi-Oió, Lucumi-Egbá, Lucumi-Yebú e assim por diante (Castellanos; Castellanos, 1988, p. 30; Valdés, 1986, p. 72-73). Além disso, os registros coloniais listam Lucumi como a etnia dos escravizados cubanos, como é o caso de Ramón Montalvo, e de negros livres, como Antonio Abad. Alguns indivíduos, como Santiago Lucumi, chegavam a portar sua etnia como sobrenome. *Cabildos de nación* (associações socioculturais de ajuda mútua) também tinham como base etnias africanas específicas, embora a afiliação não se limitasse àqueles com a mesma origem étnica. As associações iorubanas incluíam Lucumi Ello e Lucumi Aguzá e eram frequentemente ligadas a um santo católico, como os *cabildos* Lucumi de San Pedro Nolasco, Nuestra Señora del Rosario e Señora de las Nieves (Chapeaux, 1983, p. 42)[150]. A documentação da origem lucumi de escravizados e libertados, reais ou impostas, e a categorização dos *cabildos de nación* por afiliação étnica permitiram aos iorubás reafirmar suas raízes culturais em um cenário estrangeiro e opressivo. Como consequência, sua identidade não podia, de fato, permanecer estática. Muito pelo contrário, em resistência e em resposta às forças sociais internas e externas

---

150. Cabildo San Pedro Nolasco ao Governador Político, Havana, 5 de julho de 1862, Archivo Nacional de Cuba, Havana (doravante identificado pela sigla ANC), Gobierno Superior Civil Collection, Leg. 1677, nº 83997; Morell de Santa Cruz, "El Obispo Morell de Santa Cruz oficializa los cabildos africanos donde nació la santería, convirtiéndolos en ermitas", Havana, 6 de dezembro de 1755 (*apud* Marrero, 1980, vol. 8, p. 160).

da sociedade escravocrata, os iorubás em Cuba participaram de maneira ativa da reformulação de sua identidade (Lovejoy, 1997, p. 32; Sarup; Raja, 1998, p. 171).

Dignos de nota foram os esforços dos Lucumi para desafiar os limites da escravidão com seu envolvimento em revoltas no século XIX. Em 1812, o governo acusou José Antonio Aponte, um negro livre, de conspirar para derrubar o domínio colonial e a escravidão. Aponte era um oficial aposentado da milícia cubana negra, líder do *cabildo* Xangô Tedum, um proeminente praticante da religião lucumi e membro do Ogboni, uma poderosa sociedade secreta de Iorubalândia. Usando suas habilidades de liderança e conexões como carpinteiro, Aponte uniu artesãos habilidosos – tais como marceneiros e fazedores de móveis, sapatos e selas, juntamente com condutores de carros de bois e sineiros – e espalhou planos para uma insurreição entre os membros de seu *cabildo* por toda a ilha. Oficiais condenaram Aponte e seus colaboradores à execução por enforcamento. Em 1835, Hermengildo Jáurequi e Juan Nepomuceno Prieto, este último um líder de um *cabildo* lucumi e um oficial de milícia aposentado, planejaram uma conspiração lucumi. Tal como Aponte, eles queriam abolir a escravidão e derrubar o governo. As autoridades também descobriram seus planos e frustraram a rebelião. Ademais, em 1844, as autoridades cubanas acusaram "libres de color" (pessoas livres de descendência africana) de liderar uma revolta, conhecida como a Conspiração de La Escalera, em colaboração com escravizados, brancos cubanos e abolicionistas britânicos, para derrubar a escravidão e o domínio espanhol na ilha. Lucumis, tanto escravizados quanto libertos, foram incluídos entre as centenas de pessoas, predominantemente de descendência africana, condenadas pela Comissão Militar (Howard, 1998, p. 73-75, 78-79)[151]. Por exemplo, o cativo Ramón Montalvo foi absolvido de seu envolvimento na conspiração, mas

---

151. Para uma discussão detalhada das conspirações de 1812, 1835 e 1844, cf. Franco (1963), Childs (2003) e Paquette (1988, p. 33).

foi submetido à vigilância constante durante um ano. Antonio Abad, por sua vez, foi expulso pelos oficiais da ilha, por conta de seu envolvimento na conspiração[152]. Esses casos destacam a luta dos Lucumi e os esforços coletivos dos africanos e seus descendentes em geral para lutar por uma vida sem servidão em Cuba. Sua capacidade de organizar e manter as tradições, bem como de ampliar os limites da liberdade em uma sociedade escravocrata, ilustram seu poderoso impacto e sua grande influência na Cuba colonial e, mais tarde, na pós-colonial.

Identidades no Novo Mundo

Os milhares de africanos que foram levados para Cuba no século XIX podem ter chegado lá sem cultura material, mas carregavam consigo suas identidades pessoais e coletivas, e os iorubás não foram exceção (Dalton, 1995, p. 107; Jones, 1995, p. 53-70). Rodeados de línguas, costumes e crenças estrangeiras, num ambiente coercitivo e brutal, eles forjaram uma nova identidade. Os iorubás, e outros africanos e seus descendentes em Cuba, foram forçados a adaptar ou abandonar suas marcas linguísticas, religiosas, sociais, criativas e políticas, vindas do Velho Mundo. Ao fazer isso, os Lucumi reformularam suas crenças em contexto cubano. As seções seguintes abordam duas importantes instituições de manutenção e coesão cultural: as organizações chamadas *cabildos de nación* e a religião de inspiração iorubá chamada Santeria.

Cabildos de nación

Para manter suas tradições culturais e melhorar suas condições de vida, os escravizados, juntamente com negros livres, integravam *cabildos de nación*, organizações sociorreligiosas e culturais

---

152. "Expediente seguido por la Sección de la Comissión Miliar residente en esta ciudad para cobran las costas causadas en la causa formada contra Gabriel de la Concepción –Placido", 30 de junho de 1844, Havana, ANC-Asuntos Políticos, Leg. 42, nº 15.

de ajuda mútua para homens e mulheres livres e escravizados de origem africana (Chapeaux, 1971, p. 31). Essas organizações conservavam o núcleo dos sistemas africanos de crenças, danças, práticas rituais, línguas, instrumentos, cânticos e canções (Daniel, 1995, p. 34). Os *cabildos de nación* vieram das "cofradías de negros" (confrarias africanas) organizadas no início do século XVI em Sevilha, Espanha, e eram em muitos aspectos semelhantes às organizações sociorreligiosas da África Ocidental (Howard, 1998, p. 21; Ortiz, 1992a, p. 9-15; Paquette, 1988, p. 108). Tais associações apareceram pela primeira vez em Cuba no século XVI, quando a escravidão surgiu na ilha. Os membros do *cabildo* eram geralmente associados a ancestralidade comum. Assim, pessoas com laços com os Lucumi, bem como com outros grupos étnicos como os Arará, Carabali, Congo, Gangá, Mandinga e Mina, participavam delas (Chapeaux, 1971, p. 34-42; Paquette, 1988, p. 108, 127; Ortiz, 1981, p. 28). À medida que a população de ascendência africana crescia, a Espanha estabelecia *cabildos de nación* para fornecer assistência e atividades culturais para os escravizados e libertar mulheres e homens (Howard, 1998, p. 20). Os registros indicam que em 1573 o Conselho de Havana autorizou os *cabildos* de negros a celebrar uma data popular de Sevilha (Ortiz, 1992a, p. 14). O estabelecimento precoce e contínuo dessas associações proporcionou aos iorubás e a outros grupos africanos um espaço para manter e reforçar as expressões culturais e prover as necessidades sociais e econômicas dos membros do *cabildo* e de suas famílias.

Supervisionados pelo "capataz" (rei), pela "matrona" (rainha) e por um conselho eleito, os *cabildos de nación* proporcionavam uma rede de apoio social, recreação e assistência aos doentes e pobres, especialmente para pessoas de ascendência africana em áreas urbanas. Vale notar que tais instituições adquiriam terrenos ou casas para uso organizacional. Registros de Havana de 1691 indicam que o *cabildo* Arará Magino foi o primeiro a comprar uma casa (Chapeaux, 1971, p. 31). Os imóveis dos *cabildos* eram muitas vezes alugados, o que permitia à associação gerar fundos para outras atividadeś, tal como a compra da liberdade de entes queridos ainda em cativeiro (Chapeaux, 1971, p. 31; Howard, 1998, p. 21, 28; Knight, 1972, p. 301; Martinez-Alier, 1989, p. 94; Paquette, 1988, p. 108). Os registros documentam que, entre os aproximadamente 79% (755 de 954) de cativos que foram mantidos em Havana em 1810 e 1811, muitos receberam alguma ajuda dos *cabildos de nación* (Franco, 1961, p. 129; Paquette, 1988, p. 64). A administração colonial tentou regular certos aspectos da vida dessas associações, chegando inclusive a formar alguns deles e a determinar onde e quando eles podiam se reunir, mas sua supervisão se mostrou inconsistente (Chapeaux, 1971, p. 33-34; Howard, 1998, p. 52, 55).

Conforme essas organizações se espalhavam pela ilha, elas permitiam que seus membros fomentassem e transformassem as tradições africanas e também adotassem e utilizassem práticas europeias em favor dos membros do *cabildo*. Seus líderes serviam como embaixadores ou conselheiros legais quando era necessário lidar com as autoridades coloniais e locais. Se os membros do *cabildo* desejassem apresentar uma queixa junto às autoridades espanholas, ou fossem presos ou multados, o capataz assumia o encargo de representar cada um dos integrantes do *cabildo* e de atenuar ou quitar a fiança afixada (Howard, 1998, p. 39; Paquette, 1988, p. 109). Além disso, os capatazes e matronas protegiam os direitos de propriedade da sua instituição. Por exemplo, no *cabildo* San Francisco de Paula, da nação Carabali, seus membros homens e mulheres protestaram quando o senhorio de sua sede tentou condená-la e destruí-la (Howard, 1998, p. 42). Tais responsabilidades garantiam-lhes um alto nível de prestígio social dentro dos grupos negros e com as autoridades coloniais (Howard, 1998, p. 39; Paquette, 1988, p. 109). A capacidade dos *cabildos* de manobrar com sucesso o sistema jurídico colonial certamente fomentou o desejo de igualdade numa época em que cada vez mais afrodescendentes nasciam em Cuba e tinham contato com a crescente população negra livre.

Além disso, os *cabildos de nación* constituíam um componente-chave para sustentar as tradições musicais e de danças iorubanas na Cuba colonial. As atividades recreativas e espirituais incluíam a reunião em dias de festa para tocar tambor, dançar e cantar (Chapeaux, 1971, p. 31; Howard, 1998, p. 36). Registros do fim do século XIV fazem referência às danças e celebrações de escravizados africanos em Sevilha, Espanha, práticas que continuaram quando eles chegaram às Américas (Ortiz, 1992a, p. 9-10). As descrições do século XIX retratam integrantes de um *cabildo de nación* exibindo uma bandeira com a imagem de seu santo padroeiro e apresentando performances musicais enérgicas que incluíam canto e dança, especialmente em dias de festival, tal como o Día de los Reyes (Dia dos Reis) em 6 de janeiro (Bachiller y Morales, n.d., p. 114). Tambores, como dundun, batá, bembé e iyesa, e cabaças, como chekere ou agbe, continuaram com suas funções rituais. A instrumentação das canções e danças de origem lucumi acabaria se tornando uma das mais fortes influências musicais do legado iorubá em Cuba, fazendo parte, assim, da identidade nacional cubana (Rodríguez, 1994, p. 96).

Localizados em toda a ilha, os *cabildos de nación* ofereciam um senso de identidade coletiva, coesão étnica e um meio para os africanos e seus descendentes em Cuba preservarem os costumes de sua terra natal. Porém, essas organizações não viviam sem seus conflitos étnicos e divisões. Por exemplo, existiam rivalidades constantes entre os Carabali e os Congo (Chapeaux, 1971, p. 43; Paquette, 1988, p. 108, 125, 127). Também existiam divisões entre bozales e crioulos (negros nascidos em Cuba), bem como entre escravizados e negros livres. Por exemplo, a maioria dos líderes de *cabildo* na primeira metade do século XIX era de negros livres nascidos em Cuba (Howard, 1998, p. 28, 36, 40). Mas, apesar do atrito interno, os *cabildos de nación* se tornaram refúgio para muitos. O deslocamento dos iorubás para as Américas os obrigou a reconstruir, adaptar ou reinventar suas crenças em um novo contexto. Embora operassem num mundo bastante limitado, os *cabildos de nación* lhes proporcionava um espaço autônomo para a realização dessas atividades.

Santeria

Uma das contribuições mais importantes e duradouras da tradição iorubá à cultura cubana se deu na esfera de sua religião popular, a Santeria. Santeria, que significa "o caminho dos santos", é também conhecida como "La Regla de Ocha", a regra ou lei do orixá. Oriunda de formas de expressão iorubanas e católicas, a Santeria é um sistema religioso neoafricano do Novo Mundo. Forjada pelo sincretismo, uma mistura feita de adaptação, influência mútua, combinação e representação do sagrado, ela evoluiu a partir dos sistemas multiculturais de crença africanos e europeus, adorando os orixás, o panteão de deuses iorubás, por trás da imagem dos santos católicos (Brandon, 1993, p. 1-2; Castellanos; Castellanos, 1988, p. 11-12; Gomez, 1998, p. 10; González-Wippler, 1989, p. 3, 7, 10; Hagedorn, 2001, p. 253; Lachatañeré, 1992, p. 97; Murphy, 1993, p. 32; Taylor, 1996, p. 5)[153]. Esse foi um processo complexo que continua até o presente.

Os escravizados, particularmente os das colônias espanholas, tinham de lidar com diferentes níveis de controle religioso. Por exemplo, de acordo com relatos do século XVII na Venezuela, ordens católicas como os jesuítas apresentavam imagens aos negros escravizados, para instruí-los na conversão religiosa. Desenhos comuns incluíam representações de Cristo em uma cruz, com um padre recolhendo o sangue e derramando-o sobre sua congregação negra. Seguia-se um quadro com dois lados. No primeiro, aparecia um desenho de mulheres e homens negros felizes que haviam aceitado o catolicismo e sido batizados. O reverso retratava as tristes expressões dos cativos negros que se recusaram a conformar-se à conversão religiosa (Reynolds, 1949, p. 122). Essa "conquista espiritual" imposta às populações africanas e indígenas nas Américas se mostrou inconsistente e incompleta. Em muitos casos, a conversão pareceu ocorrer na superfície, em especial quando os

---

153. Para mais discussões sobre o sincretismo de religiões nas Américas, cf. Mills (1997).

sistemas de crenças do colonizador e dos colonizados tinham semelhanças significativas, como era o caso entre as religiões iorubá e católica (Ricard, 1966; Taylor, 1996, p. 53).

À medida que mais e mais escravizados chegavam em Cuba, a Igreja Católica tentava estimular a conversão religiosa e a instrução dos cativos por meio dos *cabildos de nación*. Por exemplo, antes da primeira metade do século XVIII, a Igreja exigia que os integrantes do *cabildo* se reunissem sobretudo aos domingos e feriados. Contudo, a partir de 1755, quando houve reconhecimento oficial dos *cabildos*, a Igreja Romana passou a querer impor a conversão religiosa cristã entre os negros nascidos na África e os crioulos (ou seja, nascidos em Cuba). O novo bispo de Havana procurou restringir as atividades dos *cabildos* e associá-los de maneira mais direta aos santos católicos. Ele visitava cada sede dessas associações para administrar o sacramento e orar diante da imagem de Maria, designando-lhes um santo para o qual rezar. Além disso, o bispo nomeou um sacerdote específico para cada um dos *cabildos*, que ficava encarregado de atendê-los nos dias santos e nos domingos, além de instruí-los na doutrina cristã (Klein, 1999, p. 100; Santa Cruz *apud* Marrero, 1980, vol. 8, p. 159-161). Apesar desses e de outros esforços da Igreja Católica, os *cabildos* facilitavam apenas nominalmente os objetivos religiosos cristãos. Ao mesmo tempo, forçados a habitar uma estrutura social organizada e sancionada pela Igreja Católica, os cativos iorubás ajustavam muitas de suas próprias práticas para se adaptarem a essa nova situação. O simbolismo disponível no catolicismo proporcionou um espaço para que as crenças religiosas iorubanas fossem reinterpretadas e reemergissem (Murphy, 1993, p. 8-29, 113-114; Paquette, 1988, p. 125; Ribas, 2001, p. 12-13).

O catolicismo na Cuba colonial enfatizou dois fatores principais que permitiram a transformação da Santeria: há um só Deus junto de mediadores religiosos ativos (Murphy, 1993, p. 113-114). A tradição religiosa iorubá é baseada na crença em um Ser Supremo – chamado de *Olodumarê*, *Olorum*, *Olofi* ou *Olofim*.

Contextos específicos se aplicam ao uso de cada nome. Por exemplo, Olodumarê é usado em referência às criações divinas. Olorum pode ser usado nesse contexto, mas com conotações celestiais ou paradisíacas. Olofim é invocado em referência às interações divinas com os seres humanos. No entanto, em geral, esses nomes são intercambiáveis. Ademais, há uma série de mediadores divinos chamados de orixás, que personificam e governam as forças do universo. Para cada atividade importante, há um orixá que exerce seu poder. Tradicionalmente os iorubás chegaram a reconhecer cerca de 1.700 orixás, cada um deles sendo adorado por uma comunidade específica (Bastide, 1971a, p. 116; Castellanos; Castellanos, 1998, vol. 3, p. 18; Thompson, 1984, p. xv). A traumática transferência dos iorubás para Cuba perturbou seu contexto religioso, mas o foco do catolicismo sobre a veneração dos santos facilitou o surgimento de orixás em Cuba. O calendário anual celebrava um ciclo de dias santos, e pessoas, cidades, vilas, bairros e até engenhos de açúcar levavam o nome de um santo padroeiro. Além disso, as imagens divinas abundavam em casas e igrejas, com santuários criados para o santíssimo (Bastide, 1971a, p. 116; Thompson, 1984, p. xv). Como resultado, as centenas de orixás conhecidos pelos distintos grupos étnicos iorubanos se fundiram ao Novo Mundo em Cuba, ainda que apenas os mais importantes tenham sobrevivido e se transformado dentro da Santeria.

Central ao sistema de crenças da Santeria é o princípio de que cada pessoa é guiada e protegida por uma divindade particular chamada orixá, ou santo. Esse princípio se aplica a todos, independentemente de escolherem acreditar ou não na Santeria. O relacionamento com o orixá é semelhante ao de pai e filho, e os seguidores muitas vezes se referem a si mesmos como filho ou filha de seu orixá (Canet, 1973, p. 29; Castellanos; Castellanos, 1998, vol. 3, p. 27-57, 81; González-Wippler, 1989, p. 13; Hagedorn, 2001, p. 212). Além disso, cada divindade está associada a uma força da natureza, a um interesse humano e a um santo católico. Por exemplo, Oxum é a orixá da água do rio. Ela representa o amor, a fertilidade e o casamento e toma a forma da Virgem da

Caridade. Xangô, ou Santa Bárbara, controla o trovão, o fogo e o relâmpago. Como guerreiro, simboliza o poder e o controle sobre as dificuldades, mas também encarna a virilidade e a paixão. Outra divindade importante é Iemanjá, ou a Virgem de Regla, que é a irmã de Oxum. Ela é a orixá do mar e representa a maternidade. Enquanto isso, Oxalá, o mais velho dos orixás, é considerado o pai. Ele simboliza a pureza, a paz, a educação e a iluminação. Ele é mais frequentemente associado à Virgem da Misericórdia, mas também a Jesus, São José e São Miguel. Eleguá, o único orixá infantil, simboliza equilíbrio e destino e carrega mensagens entre os indivíduos e os outros orixás. Ele é conhecido como um *trickster*, um trapaceiro, porque abre e fecha o caminho para as mudanças – para o sucesso ou para o desastre. Além disso, tem numerosas afiliações com santos, incluindo São Bento, Santo Antônio de Pádua e o Santo Menino Jesus de Praga (Aróstegui, 1990, p. 35-41, 79-80, 91-95, 107-108, 116-117; Castellanos; Castellanos, 1998, vol. 3, p. 27-57, 81; González-Wippler, 1989, p. 4, 28-33, 37-41, 57-60; Valdés, 2001, p. 225, 233). Esses e vários outros orixás são focos centrais para alcançar proteção, orientação e sucesso na vida diária dos milhares de adeptos da Santeria. Ao longo dos séculos de domínio colonial, a formação da Santeria produziu mais do que conversão religiosa. Essas deidades, suas imagens e seus significados reconstruídos ao longo do tempo figuram uma definição étnica e socialmente mais ampla da cultura nacional cubana (Díaz, 2000, p. 46). Ademais, os iorubás e outros cativos africanos e seus descendentes utilizaram ferramentas de adaptação e invenção para facilitar a transformação ideológica, manter a integridade espiritual e resistir à opressão colonial.

O desenvolvimento e a prática da Santeria em *cabildos de nación* enfrentou crescentes pressões governamentais, bem como hostilidade e medo da população em geral durante a era colonial e até o século XX. Foi somente nos anos 1920 e 1930 que as tradições culturais influenciadas por iorubás se tornaram reconhecidas como componentes positivos e essenciais da identidade nacional cubana. Embora uma discussão detalhada dessas manifestações em áreas como música, dança e religião na Cuba contemporânea esteja além do escopo deste texto, a seção final destaca a luta dos afro-cubanos para que sua herança e suas contribuições sejam aceitas e validadas nos períodos nacional e revolucionário.

Sigue la lucha: *as influências culturais afro-cubanas nos séculos XX e XXI*

Com o fim legal da escravidão em Cuba em 1886 e a independência do país em 1902, os *cabildos de nación* foram reconfigurados para a sociedade pós-abolição e para a nova nação cubana. Reformulados em comunidades chamadas de "reglas", os antigos cabildos passaram por uma regulamentação de sua vida institucional e de suas práticas como associações de ajuda ou de "socorros mútuos". Com isso, sua dimensão étnica e religiosa perdeu importância; menos afro-cubanos podiam reivindicar o nascimento na África, pois a maioria dos membros já eram crioulos (nascidos em Cuba) (Cabrera, 1970, p. 15-16; Murphy, 1993, p. 33). Ademais, autoridades cubanas e alguns afro-cubanos consideravam tais instituições vestígios de uma era antiga, que seriam obstáculos para o estabelecimento de uma sociedade moderna; e os políticos ainda acreditavam que os *cabildos de nación* e as sociedades secretas de origem africana eram uma ameaça à estabilidade social e política. O envolvimento anterior dos Lucumi e outros membros de *cabildos* nas conspirações de 1812, 1835 e 1844 perturbara o governo cubano, que embarcava na construção de uma identidade pós-colonial. No entanto, mesmo depois que os cubanos de ascendência africana provaram sua lealdade com a ampla participação nas lutas anticolonialistas da ilha contra a Espanha, eles ainda assim enfrentaram discriminação contínua sob a nova república[154].

---

154. Para uma discussão detalhada sobre a participação afro-cubana na independência de Cuba e na luta por igualdade política, cf. Franco (1961), Paquette (1988), Ferrer (1999), Helg (1995) e Fernández Robaina (1994a).

Como consequência disso, o valor das contribuições da cultura iorubá e de outras influências culturais africanas para a sociedade cubana não foi de fato reconhecido pelo Estado até o movimento do afrocubanismo, nos anos 1920 e 1930. A derrota do governo Machado (1924-1933) fomentou o sentimento nacionalista e colocou a música e a dança cubanas de influência africana no centro das atenções (Moore, 1997, p. 2). O afrocubanismo, um movimento musical, literário, teatral e das belas artes realizado por afro-cubanos, impactou praticamente todas as arenas da arte popular e erudita. Os artistas partiram em busca de contatos em primeira mão com a cultura popular afro-cubana e suas práticas religiosas, unindo cubanos de todas as cores. O movimento promoveu um nível de tolerância e interesse pelas tradições africanas, como a Santeria, que não existia no passado (Brandon, 1993, p. 92). Além disso, ele inspirou a rápida ascensão nacional e internacional de várias músicas e danças inspiradas nas tradições iorubanas, incluindo a salsa e a rumba (Daniel, 1995, p. 118-119; Moore, 1997, p. 2-3, 284, 285). Antes ignorada ou descartada pela classe média, a expressão artística afro-cubana surgia como símbolo da nacionalidade cubana (Moore, 1997, p. 2) e demonstrava, assim, a dinâmica simultânea de continuidade e mudança dos costumes iorubás no contexto colonial e pós-colonial cubano.

Apesar de o movimento afrocubanista ter recebido ampla aclamação, nem todos abraçaram a nova tendência de imediato. Quando o movimento começou a abordar a condição política e social dos afro-cubanos, numerosos artistas foram forçados ao exílio ou presos (Brandon, 1993, p. 92-93). A princípio, críticos em Cuba desacreditaram o afrocubanismo, alegando que ele adulterava as tradições nacionais (Moore, 1997, p. 134). Ainda assim, admitiam, embora contrariados, que a rumba e o son eram "danças características" de Cuba e tinham "principalmente" origem africana (Leuchsenring, 1932, p. 9, 12; Sánchez de Fuentes, 1932, p. 102). Outros concordavam com seu apelo massivo e diziam que os temas afro-cubanos estavam "longe de enfraquecer". Pelo contrário, eles estavam enfim sendo reconhecidos como elementos "essenciais" da música de dança contemporânea cubana, bem como em outras práticas culturais de divertimento (Leuchsenring, 1932, p. 80).

As décadas de 1940 e 1950, porém, assistiram a um rápido declínio nos temas africanos, em particular entre os artistas da classe média cubana. No começo inspirados pelo catalisador criativo, muitos passaram a considerar a expressão afro-cubana esteticamente limitante, radical em excesso e não mais representativa da Cuba contemporânea (Brandon, 1993, p. 93). Ainda assim, os afro-cubanos continuaram suas pesquisas artísticas. Por exemplo, Jesús "Chucho" Valdés, famoso diretor musical, compositor e pianista cubano, lembra-se de crescer "cercado pelos ritmos característicos da Santeria" no seu bairro em Havana (Kirk; Fuentes, 2001, p. 67, 72). Celia Cruz, Obdulio Morales e Mercedita Valdés, junto dos cubanos brancos Celina González e Reutilio Domínguez, apresentavam obras com temas religiosos de tradição iorubá com foco para lançamento comercial e promoviam programas de rádio semanais que estrelavam composições afro. Cruz e Valdés seguiram com seus esforços nos anos 1950, gravando os cantos sagrados da Santeria em iorubá. Contudo, no 50º aniversário da república cubana, ainda existiam críticos que não reconheciam a música afro-cubana e negavam a importância de qualquer contribuição africana à cultura nacional de Cuba (Moore, 1997, p. 221-224). Apesar das críticas, os cubanos de ascendência africana continuaram seus esforços, dominando o campo da cultura popular, sobretudo na música e na dança, assim como os adeptos da Santeria e de outras religiões de origem africana seguiram com seus cultos de adoração, mesmo em segredo, quando necessário (Brandon, 1993, p. 94; Vélez, 2000, p. 71-72).

Os anos 1960 e 1970 testemunharam outro ciclo de ressurgimento e supressão dos temas afro-cubanos, influenciados, em parte, pela Revolução Cubana em 1959 e pela subsequente saída do país de milhares de cubanos, sobretudo brancos (Brandon,

1993, p. 100; Moore, C., 1998, p. 315; Moore, R., 1997, p. 224-225; 2002, p. 63). Considerando todas as manifestações culturais ferramentas de apoio à revolução, o Estado assumiu o controle da gestão, do patrocínio e da promoção de apresentações culturais. O governo se apropriou de aspectos específicos da expressão afro-cubana, integrando-os ao patrimônio nacional e à cultura socialista. Por exemplo, a fundação do Conjunto Folclórico Nacional foi a primeira instituição apoiada pelo governo a oferecer cursos de dança e música tradicional afro-cubana. Enquanto, de um lado, o Estado reconhecia publicamente o significado das religiões afro-cubanas para a herança cultural da ilha, Castro, por outro, promovia um socialismo científico e racional que deixava pouco espaço para o ritual religioso e a crença. Desse modo, o novo governo socialista tomou medidas para restringir ou ignorar outras formas de práticas de origem africana. A instrução em temas afro-cubanos foi quase inexistente até meados da década de 1970. Os estudantes que tentaram formar grupos de estudo privados sofreram perseguição e até mesmo prisão. Além disso, o Estado proibia todos os tipos de expressão religiosa, incluindo Santeria (Brandon, 1993, p. 101; Moore, C., 1998, p. 315; Moore, R., p. 224-225; Vélez, 2000, p. 76).

Foi somente nos anos 1980 e 1990 que o regime castrista se tornou mais tolerante com temas de influência africana. Em parte influenciado por melhores relações com uma variedade de nações africanas e visitas de ativistas afro-americanos e africanos nos anos 1970, o governo cubano começou a discutir questões raciais antes consideradas controversas por conta da idealização dos efeitos de igualitarismo da revolução. Nos anos 1980, mais negros foram nomeados para posições de destaque no partido, e os eventos culturais afro-cubanos foram promovidos de maneira mais aberta. Como resultado, inúmeras instituições, como a Casa de África, e grupos como os Muñequitos de Matanzas, além do Conjunto Folclórico Nacional, foram estabelecidos ou receberam maior atenção. Ademais, o Estado cedeu contratos de gravação aos líderes religiosos e artistas adeptos da Santeria. Ainda, em 1988 foi realizado o I Congresso sobre Cultura Iorubá, marco a partir do qual a Casa de Américas passou a fazer reuniões anuais sobre as influências africanas na América Latina. Com a queda da União Soviética em 1989 e a necessidade de uma moeda forte no início do Período Especial em 1990, a indústria do turismo de Cuba procurou capitalizar a popularidade da cultura afro-cubana. O governo criou pacotes de "turismo folclórico", enfatizando a música e a dança de influência africana, com o cuidado de "dessacralizar" o conteúdo religioso (Brandon, 1993, p. 101; Moore, 1997, p. 225-226).

Desde os anos 1990 e até o século XXI, as expressões criativas de influência iorubá reemergiram com ainda maior fervor. Elas têm recebido aceitação e reconhecimento amplos da população cubana e do Estado, bem como no cenário internacional, em níveis inéditos desde o movimento afro-cubano dos anos 1920 e 1930. Por exemplo, os artistas populares geralmente incorporam letras e melodias religiosas em apresentações seculares. Criam músicas que fundem cantos de Santeria e ritmos de batuque com instrumentos eletrônicos contemporâneos, gesto presente em inúmeros lançamentos populares de grupos como Mezcla, Síntesis, NG y La Banda's e Los Orishas e de artistas como Lázaro Ros e Pachito Alsonso (Moore, 1997, p. 226). Eventos como os da Casa de Música ou de outros locais na histórica Havana, com danças, músicas e apresentações religiosas afro-cubanas, tornaram-se essenciais para a construção da economia através do turismo. Se, por um lado, essas atividades anunciam contribuições afro-cubanas, por outro os estudiosos da ilha têm alertado para os perigos da "prostituição da religião tradicional cubana" e de outras formas culturais. Esse "marketing do patrimônio", enquanto constrói e celebra marcadores culturais, muitas vezes objetiva a cultura afro-cubana como "exótica", "sensual" e "mística", em um esforço para estimular o consumo internacional da cultura nacional (Daniel, 1995, p. 127; Dominguez, 1986, p. 546; Foster, 1991, p. 249; Furé, 2000, p. 159; Schwartz, 1997, p. 87).

Enquanto isso, no cotidiano, o adepto já iniciado na Santeria pode ser visto vestindo abertamente seus trajes brancos sagrados, e não é raro que crianças tenham nomes como Ayamey – a orixá Yemaya (Iemanjá) soletrada ao contrário (Blum, 2002, p. 217). O ressurgimento popular e a apropriação estatal das práticas de influência iorubá trouxeram um novo nível de tolerância e expressão cultural e religiosa, não só transformando as práticas de tradição iorubana mas também reformulando o significado da identidade nacional cubana, sobretudo as representações fabricadas para o consumo estrangeiro dentro e fora da ilha. Somente estudos futuros poderão determinar quanto dessa mudança foi instigada pela dura realidade de escassez econômica e desespero ideológico causado pelo Período Especial.

Apesar das inúmeras tentativas de supressão sob regimes coloniais, republicanos ou revolucionários, os Iorubá e seus descendentes continuaram a sustentar sua expressão individual e coletiva em múltiplos níveis da sociedade. Durante quase quatro séculos, os *cabildos de nación* forneceram aos Lucumi o espaço para conservação e adaptação das expressões sociais, políticas e culturais iorubanas em um novo contexto. Através da resistência individual, da luta organizada e de práticas secretas, as tradições de origem iorubá se fundiram com estruturas europeias, criando expressões afro-cubanas que se tornaram uma parte intrínseca da identidade cubana. Sistemas de crenças lucumis e católicos se misturaram na Santeria, que hoje conta com milhões de praticantes em todo o mundo. As tradições musicais iorubás e espanholas também se misturaram para criar o son, formando a base para a salsa, um estilo musical popular internacional. As raízes iorubanas continuam a ser expressas de muitas novas maneiras, do turismo às práticas de nomeação. Este ensaio tentou demonstrar as principais formas como as tradições e influências iorubás foram moldadas e misturadas às identidades do Novo Mundo em Cuba, em características que foram se transformando, entrelaçando e reformulando até se tornarem componentes constitutivos da sociedade contemporânea. A contribuição rica e dinâmica dos Iorubá e de seus descendentes são testemunhos do duradouro legado iorubano em Cuba.

7

AFRICANOS EM UMA COLÔNIA CRIOULA: OS IORUBÁS NA COSTA RICA COLONIAL

Russel Lohse

A diáspora iorubá na América Central difere-se de maneira substancial de exemplos mais conhecidos, como os de Brasil, Cuba e Trinidad, onde a influência iorubana provou ser particularmente forte. A Costa Rica Colonial, talvez entre as mais isoladas e negligenciadas de todas as colônias espanholas americanas, não desenvolveu uma economia de plantation em grande escala dedicada à exportação de alimentos básicos, nem foi o local de surgimento de grandes cidades portuárias – condições que favoreceram o crescimento de comunidades étnicas africanas noutros locais. O comércio de escravizados para a América Central já havia terminado quando a quantidade maior de cativos de língua iorubá chegou a outros lugares da diáspora, e em nenhum lugar do istmo eles se tornaram dominantes em número entre os escravizados africanos.

Essas condições permitiram aos cativos iorubás que chegaram à Costa Rica construir identidades e práticas culturais em linhas diferentes daquelas seguidas em sua terra, línguas e religiões conhecidas na África, e de modos também diferentes daqueles que os iorubás fizeram em outros períodos e em outras partes da diáspora. Na Costa Rica, o número e a dispersão geográfica dos falantes de iorubá foi pequena, o que os impediu de formar organizações, praticar a endogamia ou manter práticas culturais exclusivamente iorubanas. No entanto, suas origens permaneceram importantes e formaram a base de uma identidade de origem africana na Costa Rica. Experiências partilhadas da escravidão e do meio de passagem pelo Atlântico encorajaram a ligação entre os cativos iorubás e os nativos da Costa dos Escravizados. Durante esse processo de "adaptação", os iorubás seguiram estendendo a mão a companheiros de diferentes origens étnicas. O vínculo de parceria durante a transição de navio criou teias de relações mais amplas do que qualquer etnia ou vínculo de terra poderia proporcionar na Costa Rica e tornou-se uma referência-chave para iorubás e outros africanos escravizados. Ao mesmo tempo, o contato contínuo e íntimo promoveu relações com negros crioulos, mulatos, índios, mestiços e espanhóis nascidos na Costa Rica.

Ao contrário dos arquivos cubanos ou brasileiros, os arquivos na Costa Rica não contêm documentos abundantes relativos aos escravizados lucumi ou nagô, seja em registros de embarque, inventários das plantações, investigações criminais de rebeliões de cativos ou listas de membros de confrarias religiosas. Tais nomes muito raramente aparecem nos documentos costa-riquenhos, em parte porque poucos iorubás chegaram à colônia, mas também porque os senhores escravistas e as autoridades confundiam muitas vezes os cativos iorubanos com membros de outros grupos étnicos, como os Popo ou os Arará da Costa dos Escravizados, ou os identificavam por nomes desconhecidos, como Nangu ou Aná. Neste capítulo, examino como as particularidades da escravidão costa-riquenha moldaram as experiências de um grupo iorubá de escravizados, transportados em dois navios escravistas específicos. Antes de fazê-lo, é necessário discutir em detalhe as fontes que permitem a identificação dos iorubás na Costa Rica.

Negros bozales de Casta Aná: identificando os iorubás na Costa Rica

Embora os cativos de língua iorubá, em geral conhecidos como Lucumi, tenham chegado à América espanhola a partir do século XVI, até a primeira metade do século XVIII eles geralmente podiam ser contados em dúzias, não em centenas ou milhares. Entre o século XVI e o início do XVII, primeiro a Alta Guiné e depois o centro-oeste africano forneceram a maioria dos africanos escravizados ao Novo Mundo; poucos falantes de iorubá foram vendidos no início do tráfico escravista transatlântico (Lovejoy, 2000d, p. 47-50)[155]. Só em meados do século XVII o Golfo de Benim se tornou um importante fornecedor de cativos para as Américas, ganhando o nome de "Costa dos Escravizados" e liderando todas as regiões africanas na exportação de cativos entre 1700 e 1730 (Lovejoy, 2000d, p. 50). Os falantes de iorubá constituíam uma parte significativa desses cativos, mas no início do século XVIII eles ainda eram uma minoria das centenas de milhares de escravizados exportados a partir dessa costa (Law, 1991c, p. 184-191, sobretudo p. 188-189)[156].

A consideração das condições nas origens africanas de fornecimento de escravizados é tão importante quanto a das condições de sua recepção nas colônias americanas. Durante grande parte do período colonial, o sistema de *asiento* restringiu o comércio legalizado de cativos na América espanhola a alguns portos autorizados, como Veracruz, Havana, Cartagena e Cidade do Panamá. Antes de meados do século XVIII, mesmo as colônias espanholas americanas com acesso regular às importações de escravizados, tais como México, Peru e Colômbia, recebiam no máximo algumas

---

155. Por exemplo, o México, na época o maior importador de escravizados africanos da América Espanhola, recebeu poucos lucumis, se é que recebeu algum, durante esse período, e apenas um punhado depois. Cf. Palmer (1976, p. 2), Beltrán (1972, p. 133-134, 240-241), Chávez-Hita (1987, p. 27) e Carroll (1991, p. 32-33, 158). Uma pesquisa similar e extensiva em documentos de tabeliões peruanos datados entre 1560 e 1650 revelou até 22 escravizados Lucumi dentro de um total de 7.573 africanos. Todos esses lucumis chegaram entre 1605 e 1650 e espalharam-se mais ou menos uniformemente em grupos de um, dois ou três em períodos de cinco anos. Cf. Bowser (1974, p. 40-43).

156. Na Colômbia, 47 dos 624 africanos importados para Cartagena entre 1705 e 1713 foram descritos como Lucumi, ou cerca de 7,5%; outros nativos da Costa dos Escravizados (chamados de Arará, Popo e Fom) representavam 210, ou 33,65% adicionais (Colmenares, 1979, p. 48).

dezenas de iorubás, em vez de centenas ou milhares[157]. Em sua pequena, isolada e empobrecida província, os proprietários de escravizados costa-riquenhos não tiveram acesso direto ao tráfico de cativos africanos. Os escravizados quase nunca chegavam – e nunca por vias legais – em grandes remessas diretas da África. Em geral, os senhores compravam cativos individualmente ou em pequenos grupos de províncias vizinhas do Panamá e da Nicarágua, e, com mais frequência, esses eram crioulos, nascidos na América. Contudo, apesar de seu alto custo e da disponibilidade limitada, os escravizados nascidos na África ainda eram demandados e continuaram a chegar durante todo o período colonial, em particular no fim do século XVII e no início do século XVIII, quando a província experimentou um breve *boom* na produção de cacau (Cáceres, 1997, p. 6-7). Para contornar as restrições ao comércio colonial, os colonos costa-riquenhos recorriam a contrabandistas ingleses e holandeses; embora sua proporção nunca chegue a ser conhecida com certeza, os africanos "contrabandeados" podem ter ultrapassado com facilidade aqueles que foram importados de modo legal (Bulgarelli, 1997, p. 182-183; Obando, 1997, p. 102). Quando ocorriam, os naufrágios de cativos escravizados em outros lugares despertavam a avidez dos proprietários da Costa Rica na busca pelos sobreviventes[158]. Ironicamente, esses acidentes imprevisíveis proporcionaram algumas das maiores entradas de africanos documentadas na história da colônia.

---

157. Para exemplos, cf. notas 155 e 156.

158. Um incidente como esse ocorreu em novembro de 1700, quando uma tempestade atingiu o navio espanhol *Nuestra Señora de la Soledad y Santa Isabel*, que partira da Cidade do Panamá com destino a Paita, no Peru, e afastou-o de seu curso em direção a La Caldera, no literal costa-riquenho no Pacífico. Percebendo algumas irregularidades nos documentos da embarcação, o Tenente Governador Don Gregorio Caamaño confiscou sua carga e leiloou tecidos, armamentos e outros bens, assim como 42 africanos, para colonos costa-riquenhos em 1701. Cf. Archivo Nacional de Costa Rica (doravante identificado pela sigla ANCR), Sección Colonial Cartago (doravante C) 109 (1700-1701); Archivo General de Indias, Seville, Guatemala 359 (1703-1704), peças 4-6.

Um grupo de cativos de língua iorubá chegou à Costa Rica por um acidente desse tipo. Os capitães dos navios escravistas *Christianus Quintus* e *Fredericus Quartus* da Dinamarca pretendiam, a princípio, navegar não para a América Central espanhola, mas até São Tomás nas Índias Ocidentais dinamarquesas. Entre março e setembro de 1709, os navios juntaram suas cargas humanas nas Costas do Ouro e dos Escravizados, nos territórios onde hoje se localizam Gana, Togo e Benim. Em 15 de setembro, alguns dos cativos revoltaram-se a bordo do navio enquanto ele estava ancorado ao largo da Costa dos Escravizados; a tripulação matou o suposto líder da revolta e torturou um número indefinido de rebeldes, como punição exemplar para os outros, antes que o *Fredericus Quartus* navegasse para São Tomás em outubro (Nørregård, 1948, p. 71-73, 75; 1966, p. 89)[159]. Como eles cometeram um erro no trajeto, numa latitude total de três graus, os navios nunca chegaram à ilha dinamarquesa de açúcar. Depois de se perderem no mar por semanas, por fim chegaram a um lugar no continente, que chamavam "Punta Carreto" e acreditavam se localizar na Nicarágua, em 2 de março de 1710. Mas, na verdade, "Punta Carreto" ficava no território de Punta Cahuita, agora na província de Limón, Costa Rica (Nørregård, 1948, p. 81)[160]. Ali, as tripulações dinamarquesas se amotinaram e embarcaram em um navio inglês para Portobello, Panamá, depois de deixar em terra 650 sobreviventes africanos no dia 4 de março. Esses africanos desapareceram imediatamente no meio da floresta (Holm, 1978, p. 185-186; Nørregård, 1948, p. 79-84).

---

159. Cf. Erick Lygaard para os Diretores, Christianborg, 19 de agosto de 1709, em Justesen (2005, documentos V.20, V.23, V.25). Sou especialmente grato ao professor Justesen por me permitir citar seu volume ainda em preparo para publicação.

160. Embora o erro dos náufragos marinheiros dinamarqueses tenha sido repetido por seu cronista moderno, Georg Nørregård, no nome de seu artigo, dois mapas do século XVIII no Museu Britânico mostram "Pt. Carrett" e "Point Carata" no território de Punta Cahuita moderna, na província de Limón, na Costa Rica (Holm, 1978, p. 185).

Uma semana depois, colonos costa-riquenhos capturaram um grupo de 24 africanos na praia perto de Moín, a mais de 50 quilômetros ao norte de Cahuita[161]. Eles identificaram esses africanos como pertencentes às "castas" (ou "nações") Arará, Mina e Carabali – nomes que associavam, respectivamente, à Costa dos Escravos, à Costa do Ouro e ao Golfo do Biafra[162]. Em 23 de abril, um segundo grupo de 45 africanos foi capturado, com seus homens e mulheres todos identificados como oriundos da nação Mina[163]. Nos dias seguintes, outro contingente de colonos espanhóis prendeu um terceiro grupo de 26 africanos. Quando o Capitão Don Juan Francisco de Ibarra apresentou 16 africanos – quatro homens e 12 mulheres – em Cartago em 11 de junho de 1710, todos eles foram descritos como membros da mesma nação, dessa vez a nação Nangu. O resto dos africanos havia morrido, afirmou Ibarra: um morrera doente em Matina, e nove sucumbiram afogados quando a canoa que os transportava naufragou no Rio Reventazón[164].

Na verdade, nenhum acidente de afogamento havia ocorrido, como as autoridades já suspeitavam na época. Esses nove africanos estavam muito vivos na Costa Rica. Apesar das persistentes investigações apoiadas por ameaças de tortura, nenhuma prova incriminatória pôde ser reunida contra Ibarra por quase uma década[165]. Mas em 1719 esses mesmos africanos testemunharam como Ibarra os escolhera para seu próprio uso ou para vendê-los

---

161. Auto de noticia de 24 negros, Cartago, 22 de março de 1710, ANCR, C 187, fols. 9, 10.

162. Inventario de negros, Cartago, 14 de abril de 1710, ANCR, C 187, fols. 12-13v.

163. Declaración del Cap. Antonio de Soto y Barahona, Cartago, 1º de maio de 1710, ANCR, C 187, fols. 73v, 75v-77v; Inventario de negros, Cartago, 11 de maio de 1710, ANCR, C 187, fols. 97-100v.

164. Inventario de 16 negros y negras, Cartago, 11 de junho de 1710, ANCR, C 187, fols. 147-149.

165. Declaración de Matías Trejos, Cartago, 6 de novembro de 1719, ANCR, Sección Colonial Guatemala (doravante G) 185, fols. 81v-82v.

a outras partes interessadas. Seus testemunhos demonstram de um modo inesperado a dinâmica de ocultamento e desvelamento da identidade Iorubá na Costa Rica.

Os 16 africanos nangu que Ibarra trouxe para Cartago e os nove dos quais ele se apropriou ilegalmente eram duas partes do mesmo grupo original de 26, que haviam sido capturados juntos[166]. É possível que "Nangu" representasse uma variante inicial de "Nagô", um termo atestado pela primeira vez em 1725 como referente a um "subgrupo" iorubá ocidental e que mais tarde seria muito aplicado aos falantes de iorubá em geral (Law, 1991c, p. 189; 1997a, p. 212)[167]. Usado por falantes de aja, ewe e fom na Costa dos Escravizados para se referir aos iorubás ocidentais, o termo provavelmente entrou no registro documental através de Francisco, um nativo da Costa dos Escravizados, da nação Arará, que serviu como intérprete para os africanos capturados (Adediran, 1984, p. 60; Law, 1977b, p. 154; 1991c, p. 189-190; 1997a, p. 208, 212)[168]. Outra possibilidade é que os africanos tenham se identificado como Nangu: "Anagô" (provável origem do nome "Nagô") é a autodesignação de um subgrupo do sudoeste de Iorubá na área de Ipokia/Itakete, no sudeste do Benim moderno (Adediran, 1994, p. 13, 15; Igue; Yai, 1972, p. 9; Law, 1997a, p. 212)[169].

A relação dos nomes "Nagô" e "Lucumi" com a identidade iorubana tem provocado um animado debate entre estudiosos africanistas. O historiador Biodun Adediran argumentou que a

---

166. Declaración de María de casta lucumí, Cartago, 25 de setembro de 1720, ANCR, G 185, fol. 40; Declaración de Petrona, negra, Cartago, 25 de setembro de 1720, ANCR, G 185, fol. 40v.

167. Um censo de Nova Granada registrou escravizados "Nango" em 1759, sem dúvida uma variante de "Nagô", que era então distinguido de Lucumi. Cf. Sharp (1976, p. 115) e Law (1997a, p. 208).

168. Nombramiento de Francisco de casta arará, esclavo del Cap. Francisco de la Madriz Linares, como intérprete, Cartago, 14 de abril de 1710, ANCR, C 187, fol. 17v.

169. Cf. tb. Adediran (1984, p. 58), Bascom (1969, p. 5) e Morton-Williams (1964b, p. 30-31).

palavra "Lucumi" era bastante utilizada nas Américas para se referir a todos os subgrupos iorubás, o que refletiria uma identidade pan-Iorubá existente na África. Essa identidade se fortaleceu, disse ele, em regiões fronteiriças onde falantes de iorubá muitas vezes lidavam com membros de outras etnias e grupos linguísticos, o que, por sua vez, tornava-os mais conscientes das semelhanças que os uniam a outros iorubás (Adediran, 1984, p. 60-61, 67). Entretanto, o historiador Robin Law sugeriu que, antes da década de 1720, muitos cativos falantes da língua iorubana vinham do sul de Iorubalândia, uma região que ele associou com o nome "Lucumi". Depois daquela época, os falantes de iorubá da região ocidental, conhecidos como nagô, entraram no tráfico de escravizados em número cada vez maior, conforme foram vitimados pelas invasões dos estados expansionistas de Oió e Daomé (Law, 1997a, p. 215). Nos primeiros registros, Law (1997a, p. 213) argumenta, "Nagô" e "Lucumi" tinham uso específico e se referiam de modo nítido a grupos separados; nenhuma das palavras ainda era aplicada a todos os falantes de iorubá.

Os arquivos costa-riquenhos contribuem para o debate contínuo sobre a etnia Iorubá, fornecendo evidências para ligar os Nagô aos Lucumi no início do século XVIII, à medida que as fontes de escravizados de língua iorubá, adentrando o comércio escravista transatlântico, deslocavam-se do sul para o oeste africano. María e Petrona foram capturadas em Matina pelo Capitão Don Juan Francisco de Ibarra, junto com o grupo chamado Nangu[170]. Como Adediran e Law afirmam em concordância, na África Ocidental, "Nagô" designava os falantes de iorubá da região leste (Adediran, 1984, p. 60; Law, 1977b, p. 154; Law, 1991c, p. 189-190; Law, 1997a, p. 208, 212). Tanto María quanto Petrona, quando lhes perguntaram qual era sua nação em 1719, responderam que "entre elas, sua nação é chamada de Saná; entre os espanhóis,

---

170. Declaración de María, negra de casta lucumí, Cartago, 25 de setembro de 1720, ANCR, C 267, fols. 49v-51; Declaración de Petrona, negra de casta lucumí, Cartago, 25 de setembro de 1720, ANCR, C 267, fols. 51v-52.

Lucumi"[171]. Saná parece ser uma variante de Aná, já que as mesmas mulheres foram assim descritas em uma nota de venda em 1710. Outro documento do mesmo ano especificava que María era uma "negra bozal [recém-chegada da África] de *casta aná, de acordo a resposta dela*" (grifo nosso)[172]. O nome "Aná", por sua vez, pode ser associado à Ana, denominação de um subgrupo também da região leste de Iorubá, no que hoje é o Togo moderno e o Benim (Adediran, 1984, p. 58; 1994, p. 15; Bascom, 1969, p. 5)[173]. O povo Ana naturalmente teria sido chamado de Nagô (Nangu) pelos falantes de ewe, aja ou fom – como Francisco, o intérprete de nação Arará. Já os espanhóis associaram o mesmo povo Ana aos Lucumi, como especificaram María e Petrona. As mulheres também evidenciaram que "Lucumi" não era o nome que os membros do povo Ana utilizaram para si próprios. Ambos os termos, "Nagô" ("Nangu") e "Lucumi", concebidos antes nesse período para se referir exclusivamente a subgrupos distintos de Iorubá, foram usados na Costa Rica para se referir a membros do mesmo grupo de pessoas de língua iorubá (Law, 1997a, p. 213).

É quase certo que María e Petrona foram embarcadas no *Christianus Quintus* em 1709, seja em Popo, na alta Costa dos Escravizados, região do Togo moderno, seja em Uidá, no atual Benim (Justesen, 2005, documentos V.20, V.23, V.25). Seja como for, elas

---

171. Declaración de María, San Francisco de Tenorio, 17 de setembro de 1719, ANCR, G 185, fols. 6v-7; Declaración de Petrona, San Francisco de Tenorio, 17 de setembro de 1719, ANCR, G 185, fols. 8-8v.

172. Cesión de dos negras, Cartago, 14 de julho de 1710, ANCR, G 185, fols. 25-25v; Cesión de esclava, Cartago, 4 de julho de 1710, ANCR, G 188, fol. 15.

173. Gonzalo Aguirre Beltrán incluiu os Aná em seu extenso catálogo de etnias africanas representadas nos documentos coloniais mexicanos, declarando que eles começaram a chegar ao México no fim do século XVI. Ele descreveu com precisão sua origem geográfica, ao longo do afluente Aná do Rio Mono no sul de Togo. Porém, ele identificou incorretamente os Aná como um grupo de falantes da língua ewe-fom (Beltrán, 1972, p. 131). O historiador costa-riquenho Carlos Meléndez (1989, p. 21) seguiu Beltrán nesse erro. Jorge Castellanos e Isabel Castellanos (1987, p. 96-98) também encontraram o termo "Aná" em documentos cubanos e associaram, de maneira similar, esse grupo com os Ewe-Fom.

vieram com certeza de uma população na fronteira ocidental do território iorubá, cercada por grupos de língua ewe e aja. Talvez, como afirmou Adediran, tais contatos tenham contribuído para o desenvolvimento de um maior senso de semelhança linguística e cultural com outros falantes de iorubá (Adediran, 1984, p. 67). Isso explicaria a identificação de María e Petrona com o termo "Lucumi", que Law sustentava ser aplicado sobretudo aos iorubás do sul, apesar do fato certo de que as origens delas ficavam na região oeste. Mas, se na África o oeste de Iorubalândia desenvolveu uma consciência elevada da diferença em relação aos Ewe e Aja, a experiência da escravidão e da passagem pelo Oceano Atlântico tendeu a reunir tais grupos. Além de suas singularidades, os povos dos territórios iorubanos e da Costa dos Escravizados compartilhavam laços culturais de séculos, que poderiam ser aprofundados e fortalecidos através do doloroso percurso do tráfico escravista e da escravidão.

Deuses do Trovão na América Central

Em 16 de abril de 1710, cerca de um mês depois de terem chegado a Punta Cahuita, vários africanos resgatados perto de Moín foram interrogados em Cartago por Francisco, nativo da Costa dos Escravizados da nação Arará, que serviu como intérprete[174]. Entre as perguntas que Francisco fez estava um raro pedido por um relato africano da transição pelo Atlântico. Ele falou primeiro com um homem africano chamado Juan, que explicou ter recebido esse nome nas praias de Matina[175]. Quando encontrados na praia, "os

---

174. Nombramiento de Francisco de casta arará, esclavo del Cap. Francisco de la Madriz Linares, como intérprete, Cartago, 14 de abril de 1710, ANCR, C 187, fol. 17v. Minha abordagem nesta seção deve muito ao trabalho de Robert W. Slenes, especialmente o artigo "*'Malungu ngoma vem!'* África encoberta e descoberta no Brasil" (1992, p. 48-67) e o capítulo "The Great Porpoise-Skull Strike: Central African Water Spirits and Slave Identity in Early Nineteenth-Century Rio de Janeiro" (2002, p. 183-208).

175. Declaración de Juan, negro bozal, Cartago, 16 de abril de 1710, ANCR, C 187, fol. 18v.

negros e negras não têm nenhum nome", afirmou o escravizador Gaspar de Acosta Arévalo; ele e Juan Bautista de Retana haviam nomeado cada um dos africanos à medida que eles eram capturados, presume-se que para distingui-los[176]. Embora seus captores tenham identificado esses africanos como oriundos das nações Mina (Alta Costa dos Escravizados ou do Ouro), Arará (Costa dos Escravizados) e Carabali (Golfo do Biafra), pelo menos algumas dessas designações estavam erradas. Agustina, uma iorubá que se identificou como pertencente à nação Aná, lembrou mais tarde que ela fora levada a Cartago por Retana, o que demonstrava a presença de iorubás, bem como de pessoas oriundas da Costa dos Escravizados e da Costa de Ouro, dentro desse grupo de cativos[177]. Por meio da experiência que compartilhavam e uma vez que tinham entendimentos comuns dessa experiência, Juan contou a história de Agustina também. Sua narrativa sugere quais eram as atitudes, naquela época, que iorubás e as pessoas na Costa dos Escravizados tinham em relação à moralidade do tráfico transatlântico escravista, o que constitui um relato raro de como se dava a passagem transatlântica pela perspectiva dos africanos escravizados.

"Juan", descrito como um homem negro de nação Arará, explicou que ele tinha mais de 40 anos, que era um nativo da "Guiné" e que "eles o roubaram de seu país e o colocaram com muitos outros de sua terra em um dos três navios que estavam ancorados"[178]. Um dos navios, disse ele, pegou fogo no mar, matando todos a bordo; os outros dois vagaram pelo oceano, por um longo tempo, quando um deles se perdeu. O navio restante, relatou Juan, foi tomado pelo "povo" e, tendo avistado terra, estava rumando na sua direção

---

176. Declaración de Gaspar de Acosta Arévalo, Cartago, 16 de abril de 1710, ANCR, C 187, fol. 29v.

177. Declaración de Agustina, negra de casta aná, Cartago, 5 de setembro de 1719, ANCR, G 187, fol. 2v; Inventario de 38 negros, Cartago, 11 de maio de 1710, ANCR, C 187, fols. 97-100v.

178. Declaración de Juan, negro bozal, Cartago, 16 de abril de 1710, ANCR, C 187, fols. 18v-19.

quando se depararam com "uma grande tempestade; muitos raios atingiram o navio, matando o capitão e muitas pessoas"[179]. Com seu navio muito danificado, os que estavam no comando partiram em duas canoas, depois de deixarem os africanos em terra. Esses não viram mais ninguém até que sete homens os capturaram e os levaram para um lugar que Juan soube que se chamava Matina, onde um dos africanos morreu[180]. Com algumas pequenas diferenças, mais dois homens africanos, chamados Nicolás e Miguel, repetiram quase literalmente o testemunho de Juan[181].

As narrativas de Juan, Nicolás e Miguel podem ser confrontadas com os relatos mais detalhados da viagem oferecidos em momento posterior pelos marinheiros dinamarqueses. O *Christianus Quintus* e o *Fredericus Quartus* pararam cada um em inúmeros portos na Costas do Ouro e dos Escravizados antes de navegarem para as Índias Ocidentais. Em 15 de setembro de 1709, alguns dos cativos revoltaram-se a bordo do navio enquanto este estava ancorado ao largo da Costa dos Escravizados; a tripulação reagiu matando o alegado líder da revolta e torturando um número não especificado de rebeldes como punição exemplar para os outros (Nørregård, 1948, p. 71, 72-73, 75; Nørregård, 1966, p. 89)[182]. Em 28 de setembro, os dois navios partiram da "Costa da Guiné"; até ali, 49 africanos no *Fredericus Quartus* já haviam morrido. Após meses no mar, as embarcações já deveriam estar se aproximando do Caribe oriental. Em 8 de fevereiro, dolorosamente ficou evidente que os

---

179. Declaración de Juan, negro bozal, Cartago, 16 de abril de 1710, ANCR, C 187, fol. 19.

180. Declaración de Juan, negro bozal, Cartago, 16 de abril de 1710, ANCR, C 187, fols. 18v-20v.

181. Compare Declaración de Nicolás, negro bozal de casta arará, Cartago, 16 de abril de 1710, ANCR, C 187, fols. 21-23; Declaración de Miguel, negro bozal de casta arará, Cartago, 16 de abril de 1710, ANCR, C 187, fols. 23v-25v.

182. Comandante Erich Lygaard aos diretores das Índias Ocidentais Dinamarquesas e da Companhia da Guiné, Christiansborg, 19 de agosto de 1709 (Justesen, 2005, documento V.20); Lygaard para os diretores, Christiansborg, 14 de janeiro de 1710 (Justesen, 2005, documento V.25).

navios haviam se desviado do curso. O abastecimento de alimentos diminuiu a um nível crítico; por volta de 18 de fevereiro, 135 africanos e 25 membros da tripulação haviam morrido (Nørregård, 1948, p. 75-79, 97).

Desesperados, os oficiais dos navios decidiram abandonar a viagem com destino a São Tomás e, em vez disso, vender as cargas de escravizados em Portobello, o porto atlântico do Panamá. Os dois navios partiram para Portobello, mas uma forte tempestade os desviou da rota para Punta Cahuita, onde os dinamarqueses se encontraram com dois barcos de pesca ingleses em 2 de março de 1710. Quando o Capitão Diedrich Pfeiff insistiu que eles se dirigissem de novo para Portobello, a tripulação se amotinou e deixou os africanos em terra no dia 4 de março, visando guardar para si as escassas provisões que restavam. Na noite de 7 de março de 1710, os amotinados queimaram o *Fredericus Quartus* e depois deixaram o *Christianus Quintus* encalhar na costa. Depois de destruir os navios escravistas, alguns dos dinamarqueses forçaram os ingleses a levá-los até Portobello em seus dois barcos (Nørregård, 1948, p. 78-84).

Apesar de alguns pontos em comum, as narrativas de Juan, Nicolás e Miguel diferem de forma marcante daquelas oferecidas pelos marinheiros dinamarqueses. Os africanos falaram de três navios "que haviam ancorado, e de lá foram para o mar"[183]. Sua afirmação de que um terceiro navio foi queimado no mar e de que todos a bordo pereceram não encontra eco no relato dos dinamarqueses, que não mencionaram nem um terceiro navio nem essas mortes. Em algum ponto da travessia, disseram os africanos, um segundo navio se "perdeu"; mais uma vez, o relato dos dinamarqueses difere, pois não menciona esse infortúnio e

---

183. Declaración de Juan, negro bozal, Cartago, 16 de abril de 1710, ANCR, C 187, fol. 19; Declaración de Nicolás, negro bozal de casta arará, Cartago, 16 de abril de 1710, ANCR, C 187, fol. 21v; Declaración de Miguel, negro bozal de casta arará, Cartago, 16 de abril de 1710, ANCR, C 187, fol. 24.

ainda sustenta que os dois navios iniciais permaneceram juntos[184]. A divergência mais dramática entre as narrativas dos africanos e dos dinamarqueses está na descrição que os primeiros fizeram do destino do último navio restante. Juan alegou que fora atingido por "muitos relâmpagos [...] matando o capitão e muitas pessoas". Os dinamarqueses, por sua vez, também lembraram de uma severa tempestade que os havia jogado para longe de seu curso pretendido para Cahuita. Porém, ainda segundo os dinamarqueses, os navios haviam sido destruídos por amotinados, não por uma tempestade. Eles não mencionaram nenhum raio; os tripulantes dinamarqueses que pereceram morreram de fome e doença; nem o Capitão Diedrich Pfeiff do *Fredericus Quartus* nem o capitão Anders Wærøe do *Christianus Quintus* haviam morrido ou mesmo sido feridos; com efeito, ambos acabaram retornando à Europa (Nørregård, 1948, p. 92, 96).

Algumas dessas discrepâncias podem ser explicadas de modo plausível. As fontes não fazem menção à linguagem específica utilizada por Francisco nas suas entrevistas; é possível que ele tenha entendido mal, e muito provavelmente tenha embelezado parte do que lhe foi dito. O testemunho traduzido, tal como foi preservado, só pode apresentar um ego muito frágil do que os africanos falaram e do que eles queriam dizer com o que falaram. Por exemplo, "Juan" quase certamente nunca disse que era da "Guiné", e é improvável que ele afirmasse ser da "nação Arará". Francisco deve ter oferecido essas glosas como tradutor procurando moldar e transmitir o sentido do que ouviu em termos compreensíveis para seu público de língua espanhola.

Nos breves relatos narrados para Francisco, os africanos Juan, Nicolás e Miguel resumiram, editaram e reformularam os terríveis acontecimentos dos últimos meses. É notável que

---

184. Declaración de Juan, negro bozal, Cartago, 16 de abril de 1710, ANCR, C 187, fol. 19; Declaración de Nicolás, negro bozal de casta arará, Cartago, 16 de abril de 1710, ANCR, C 187, fol. 21v; Declaración de Miguel, negro bozal de casta arará, Cartago, 16 de abril de 1710, ANCR, C 187, fol. 24v.

eles omitiram a rebelião dos cativos a bordo do navio, que a tripulação depois punira com execução e tortura; não fizeram nenhuma menção às centenas de africanos que morreram de doença e fome; nem se referiram às muitas paradas que os navios fizeram em sua viagem até Cahuita. Mas os africanos não só não relataram tudo o que viram como também relataram coisas que não tinham visto. É quase certo que eles não poderiam ter testemunhado a destruição dos navios, já que eles fugiram em 4 de março, e os navios só foram destruídos três dias depois. Não parece provável que tenham observado a queima de um primeiro navio ou a "perda" de uma segunda embarcação no mar, cuja existência mesma nem pode ser verificada. Sugiro que, nos relatos apresentados a Francisco, os africanos queriam contar outra história, baseada em seus próprios valores e concepções culturais.

Em 1710 Francisco, o intérprete escravizado, já vivia na Costa Rica há pelo menos oito anos[185]. Como um *"ladino* em nossa língua castelhana", ele era sem dúvida fluente em espanhol e compreendia as conotações das palavras que escolheu na tradução[186]. Os escravizados na Costa Rica, mesmo os africanos, quase nunca usavam palavras como "roubado" (*hurtado*) ou "tomado" (*cogido*) para descrever sua escravidão. Quando o faziam, era para fazer referência específica à apreensão pela força. Por exemplo, o cativo "congo" Felipe Cubero, do Centro-Oeste da África, alegou ter sido trazido à Costa Rica por espanhóis que o apreenderam (*lo cogieron*) na praia perto de Cartagena, Colômbia, depois de ele se

---

185. Memoria de los bienes del Cap. Pedro de Ibáñez, 16 de maio de 1702, ANCR, Mortuales Coloniales de Cartago (doravante MCC), 849, fol. 14; Testamento de Doña Manuela de Quirós, otorgado por su marido el Sarg. Mr. Francisco de la Madriz Linares, 5 de junho de 1716, ANCR, Protocolos Coloniales de Cartago (doravante PC) 878, fol. 85.

186. Declaración de Juan, negro bozal, Cartago, 16 de abril de 1710, ANCR, C 187, fol. 19; Declaración de Nicolás, negro bozal de casta arará, Cartago, 16 de abril de 1710, ANCR, C 187, fol. 18v.

aventurar fora da cidade para caçar iguanas[187]. Antonio Civitola, também um "congo", disse ter sido capturado (*lo cogieron*) pelos índios Miskito em Matina, que mais tarde o venderam a seu mestre costa-riquenho[188]. Micaela, uma iorubá da nação Aná, contava que Don Juan Francisco de Ibarra a capturara com muitos de seus companheiros de navio (*los cogieron*) na costa de Matina[189]. Todas essas narrativas se referiam a situações incomuns em que os africanos haviam sido capturados através de força avassaladora.

O emprego da palavra "roubado" (*hurtado*) era ainda mais raro; de fato, além de seu uso por Juan, Nicolás e Miguel, encontrei apenas um outro caso em que um africano a utilizou para se referir a sua escravidão. Em 1720, Miguel Largo, provavelmente oriundo do alto da Costa dos Escravizados, testemunhou, falando em um espanhol hesitante, que havia sido "roubado [quando era] pequeno na terra dos Mina" (*lo hurtaron chiquito en la tierra de mina*)[190]. Os africanos escravizados vinham em sua maioria de sociedades que reconheciam a legitimidade e a legalidade do escravismo em contextos prescritos, o que não quer dizer que eles estivessem satisfeitos com sua condição na África ou na América (Lovejoy; Trotman, 2001, p. 379-404). Assim, os africanos na Costa Rica podem ter enfatizado que foram "roubados" por se referirem ao fato de que sua escravização ocorrera em circunstâncias fora dos mecanismos habituais, tais como venda ou penhora por parentes, escravidão judicial ou mesmo captura em guerra, que teria sido mais bem traduzida como uma "apreensão" (*ser cogido*). Quando os africanos afirmam ter sido "roubados", suspeito que

---

187. Declaración de Felipe Cubero, negro de casta congo, Matina, 4 de dezembro de 1719, ANCR, C 243, fol. 8v.

188. Declaración de Antonio Civitola, negro de casta congo, Cartago, 18 de dezembro de 1719, ANCR, C 259, fol. 5v.

189. Declaración de Micaela, negra de casta aná, Cartago, 5 de setembro de 1719, ANCR, G 187, fol. 2.

190. Declaración de Miguel Largo, negro esclavo, Cartago, 30 de junho de 1720, ANCR, C 240, fol. 21.

pretendiam dizer algo especialmente apontado por essa palavra: eles eram pessoas livres que foram "roubadas" por "ladrões" que não tinham o direito de mantê-los como escravizados – nesse caso, os dinamarqueses.

Por volta de 1715, uma testemunha francesa anônima descreveu a adoração de um deus do trovão por nativos do reino de Uidá, na Costa dos Escravizados, divindade à qual se atribuía a capacidade de lançar relâmpagos contra os ladrões, como forma de puni-los (Law, 1991c, p. 111). Esse relato está entre as primeiras referências documentais ao deus So, divindade vodu dos relâmpagos e dos trovões na Costa dos Escravizados, deus também frequentemente conhecido como *Hevieso*, por causa de sua associação original com a cidade de Hevié (Herskovits, 1938, vol. 2, p. 151, 153; Law, 1991c, p. 332; Mercier, 1954, p. 213-214; Parrinder, 1970, p. 31). Entre os mais poderosos e temidos de todos os vodus, Hevieso exerce sua vingança sobre os malfeitores golpeando com seu machado de dois gumes na forma de relâmpagos. Basta um deles piscar para que Hevieso derrube uma vítima com seu machado infalível. As árvores derrubadas por tais relâmpagos, assim se acreditava, teriam sido lugares de reunião de bruxas, que Hevieso teria destruído a fim de lhes negar cobertura para seu trabalho maligno. Esse deus nunca errava seu alvo; se um raio fosse avistado, mas nenhuma vítima ou dano fosse encontrado, era porque ele tão simplesmente derrubara algum culpado em outro lugar (Parrinder, 1970, p. 31-32; Surgy, 1988, p. 111-112).

Hevieso, o deus vodu do trovão nos panteões ewe, aja e fom, está explicitamente ligado a Xangô, o deus trovão orixá iorubá (Herskovits, 1938, vol. 2, p. 153; Parrinder, 1970, p. 32; Surgy, 1988, p. 118). De fato, os dois partilham muitos atributos, incluindo o machado de dois gumes, a habilidade de lançar relâmpagos na forma de fragmentos de pedra, que devem depois ser recuperados por sacerdotes, e a vingança específica destinada a ladrões (Awolalu, 1979, p. 35-36). Embora as origens da relação entre os cultos dedicados a Hevieso na Costa dos Escravizados e os cultos iorubanos dedicados a Xangô ainda não tenham sido estabelecidas, no início do século XVIII o intercâmbio cultural, incluído o de elementos religiosos, entre os povos de Iorubalândia e da Costa dos Escravizados estava bem firme e tinha talvez muitos séculos de existência[191]. O mesmo francês anônimo que descreveu o culto ao deus do trovão notou a proeminência dos sacerdotes iorubás em Uidá por volta de 1715 (Law, 1997a, p. 210). Apesar de no fim das contas ser o mais celebrado, Xangô era apenas um dos deuses do trovão reverenciados pelos povos de língua iorubá. Jakuta, identificado tanto com Xangô quanto com Hevieso no século XX, pode ter sido em algum momento o protagonista de um culto mais antigo e independente. Entre os Iorubá ocidentais no território que é hoje Benim, Ara reinava como o deus do trovão local, antes de mais tarde se associar a Xangô. Tanto Jakuta quanto Ara partilham um complexo de qualidades míticas com Xangô e Hevieso, incluindo a punição dos ladrões por raios (Awolalu, 1979, p. 35, 36, 38; Herskovits, 1938, vol. 2, p. 164; Parrinder, 1970, p. 32; Schiltz, 1985, p. 67-84, sobretudo p. 67, 80).

Por volta de 1710, deuses do trovão como Hevieso, Xangô, Jakuta e Ara eram amplamente venerados e concebidos de forma semelhante em toda a Costa dos Escravizados e na região oeste de Iorubalândia. A divindade do trovão controlava uma força natural temível, que ele desencadeava não de forma aleatória, mas sim dirigida a seus inimigos, violadores de leis terrenas. Penso que os africanos na Costa Rica alegavam ter sido "roubados" quando quiseram enfatizar ter sido escravizados de maneira injusta por "ladrões", que não tinham direito a suas pessoas. Sem nenhuma autoridade tradicionalmente sancionada, os dinamarqueses haviam retirado pessoas com parentesco às linhagens às quais pertenciam. Tal como bruxas, por seus próprios motivos egoístas e gananciosos, eles fomentaram o caos na sociedade, desordenando os laços sagrados de parentesco e comunidade. A ha-

---

191. Dana Lynn Rush fornece exemplos e uma interpretação no segundo capítulo de sua tese de doutorado, *Vodun Vortex: Accumulative Arts, Histories, and Religious Consciousnesses along Coastal Benin* (1997).

bilidade maliciosa dos dinamarqueses de torcer forças sobrenaturais para seus próprios fins tornou-se evidente em sua navegação no mar aberto, outro mundo para povos sem tradição marítima, como os de Iorubalândia e da Costa dos Escravizados[192]. Porém, outras forças temíveis existiam para se contrapor aos dinamarqueses. O deus do trovão vingou tais crimes lançando relâmpagos sobre os ladrões e bruxas que violavam a ordem moral.

Na cosmovisão religiosa da Costa dos Escravizados e de Iorubalândia, os dinamarqueses que roubaram os africanos de sua terra natal haviam sofrido o resultado previsível de uma violenta tempestade. Como o raio do deus trovão nunca falhou seu alvo, os africanos asseguraram ao entrevistador que o capitão e sua tripulação de ladrões de seres humanos haviam sido atingidos por uma grande tempestade, que restaurara uma medida de justiça à terra[193]. O raio também destruiu seus navios escravistas, tal como derrubava árvores que abrigavam as bruxas, e pelas mesmas razões: ambos abrigavam o mal. A narrativa oferecida pelos ararás Juan, Nicolás e Miguel teria feito perfeito sentido para a Aná Agustina e para outros iorubás a bordo. Escondidos em seus detalhes intrincados estavam traços das concepções culturais que davam sentido a experiências partilhadas e particulares de escravização e da viagem transatlântica que os havia levado para a Costa Rica.

Vidas iorubás em uma colônia de crioulos

Certamente os Iorubá que chegaram à Costa Rica no *Christianus Quintus* e no *Fredericus Quartus* "interpretaram suas

---

192. Até boa parte do século XIX, muitos observadores europeus notaram a aversão dos povos da Costa dos Escravizados às aventuras no oceano. Cf. Law (1989a, p. 209-213).

193. Joan Wescott e Peter Morton-Williams escreveram sobre os devotos de Xangô na Nigéria do século XX: "Embora os adoradores sigam convenções do comportamento iorubá para evitar a violência e a destrutividade [...], há boas evidências de que eles têm fantasias a respeito disso e atribuem a si próprios o controle mágico da força destrutiva do trovão" (Wescott; Morton-Williams, 1962, p. 25, 27).

experiências vividas nos termos de suas histórias pessoais, como qualquer um faria, e, nesse sentido, o lado africano do Atlântico continuou a ter significado", como diz Paul Lovejoy (1997b) ao tratar dos imigrantes africanos escravizados em geral. De fato, era inevitável que eles compreendessem o doloroso mundo novo em que se encontravam a partir de seus próprios termos culturais. Ao mesmo tempo, por necessidade, eles formaram novas relações e confrontaram novas culturas, bem como foram forçados a novos regimes trabalhistas. Os primeiros meses de vida dos africanos na América constituíram um processo de "adaptação", no qual eles fortaleceram os laços uns com os outros, mesmo ao ter de se adaptar à escravidão à força. Como os barracões das fábricas africanas de escravizados e a própria passagem transatlântica, as primeiras terras americanas onde os africanos chegaram foram um local importante de intercâmbio cultural (Gomez, 1998, p. 13-14).

Em 1720, María e Petrona, escravizadas iorubás de "nação Aná ou Lucumi", narraram como haviam sido capturados na costa de Matina dez anos antes[194]. Após prender 26 africanos perto de Moín em 24 de abril de 1710, o Capitão Don Juan Francisco de Ibarra e seus companheiros levaram os negros para a fazenda de cacau de Ibarra, em Matina, onde os mantiveram por vários dias. Alguns dos africanos foram "muito maltratados" e estavam todos "morrendo de fome"; e, de fato, um deles morreu em Matina[195]. Após algumas semanas, Ibarra os transportou para o Vale Central, uma perigosa viagem por planícies castigadas pelo calor, trilhas sinuosas nas montanhas e rios torrenciais, uma jornada tradicionalmente superestimada em "50 léguas" (275 quilômetros) e que poderia durar de dez dias a um mês ou mais (Solórzano Fonseca,

---

194. Declaración de María, negra de casta lucumí, Cartago, 25 de setembro de 1720, ANCR, C 267, fols. 49v-51; Declaración de Petrona, negra de casta lucumí, Cartago, 25 de setembro de 1720, ANCR, C 267, fols. 51v-52.

195. Carta de Juan Francisco de Ibarra y Calvo, Moín, 27 de abril de 1710, ANCR, C 187, fol. 65 (citado); Inventario de 16 negros, Cartago, 11 de junho de 1710, ANCR, C 187, fol. 149; Declaración del Cap. Don Juan Francisco de Ibarra y Calvo, Cartago, 11 de maio de 1710, ANCR, C 187, fol. 156v.

1977, p. 32). Petrona lembrou viajar "dia e noite" por uma "estrada indígena onde há uma rede de dormir" – referência a uma estrada do interior através do território do povo Talamanca, onde uma frágil ponte de 32 metros cruza o Rio Reventazón[196]. Em um ponto escolhido, Ibarra separou María e Petrona, três outras mulheres negras e quatro homens negros do restante do grupo. Fingindo uma história para o relato oficial de que eles tinham afogado, Ibarra levou nove deles para sua "casa de campo" a cerca de 5,5 quilômetros fora de Cartago e enviou os outros 16 africanos para a capital[197].

Ibarra logo colocou os nove jovens africanos para trabalhar em um campo de milho em sua propriedade[198]. Sem dúvida, eles formaram relações próximas durante aqueles primeiros meses difíceis na Costa Rica, e a maioria daquele pequeno grupo de iorubás exerceu uma influência forte e duradoura sobre seus dois companheiros não iorubás. De fato, "María Popo" se tornou tão intimamente identificada com os iorubás que, em anos posteriores, seu escravizador e funcionários do governo, com constância, referiram-se a ela como parte da nação Aná, embora ela mesma tenha se declarado Popo[199]. Como nativa da Costa dos Escravizados, é certo

---

196. Declaración de Petrona, negra de casta lucumí, Cartago, 25 de setembro de 1720, ANCR, C 267, fol. 51v; Cf. Solórzano Fonseca (1977, p. 31).

197. Auto en que constan las nueve piezas de esclavos que se dieron por ahogadas, con razón de sus dueños, Cartago, 18 de outubro de 1720, ANCR, G 185, fols. 45v-46; Declaración de María, negra de casta lucumí, Cartago, 25 de setembro de 1720, ANCR, C 267, fol. 50; Declaración de Petrona, negra de casta lucumí, Cartago, 25 de setembro de 1720, ANCR, C 267, fol. 51v; Inventario de los bienes del Sarg. Mr. Don Juan Francisco de Ibarra y Calvo, Cartago, 7 de maio de 1737, ANCR, MCC 850, fol. 21.

198. Declaración de José Feliciano de Acuña, Cartago, 6 de novembro de 1720, ANCR, G 185, fol. 88; Declaración de Matías de Quesada, Cartago, 6 de novembro de 1720, G 185, fol. 88v.

199. Careo en el cual las negras María y Petrona identifica a María de casta aná como una de sus carabelas, Cartago, 5 de outubro de 1720, ANCR, C 267, fol. 58v; ANCR, G 185, fol. 45; ANCR, G 188, fol. 34v; Declaración de María negra de casta popó, Valle de Barva, 12 de novembro de 1719, ANCR, G 188, fol. 7v.

que María Popo estava familiarizada com elementos da cultura iorubá, e é muito provável que tivesse tido contato com falantes da língua iorubá – talvez até mesmo com os Aná – ainda na África; é possível que ela fosse capaz de conversar com eles. No contexto da escravidão comum na Costa Rica, tais laços culturais se aprofundaram e assumiram dimensões íntimas. Apesar de suas diferentes origens étnicas, María Popo mais tarde se referiu à iorubá Micaela, sua companheira de navio e colega na casa de campo de Ibarra, como "sua irmã"[200]. O jovem mina mais tarde chamado Manuel de Utrera, talvez nascido na Costa do Ouro ou na parte alta da Costa dos Escravizados, também foi adotado por seus companheiros iorubás escravizados. Apesar de anos de separação, quando o viram de novo dez anos depois, María e Petrona identificaram Manuel, sem hesitar, como um de seus companheiros na casa de campo de Ibarra e disseram que ele era chamado, "em sua língua, de Papa Ligua"[201]. E embora reivindicasse sua própria nação como Mina, Manuel, mais de 20 anos depois, ainda permanecia identificado como um iorubá da "nação Na"[202].

Após esse período de "adaptação" perto de Cartago, os Iorubá foram divididos e vendidos a diferentes escravizadores nas três principais zonas ecológicas e econômicas da Costa Rica – o Pacífico Norte, o Vale Central e as Planícies Atlânticas. Em setembro de 1710, María e Petrona foram conduzidas cerca de 323 quilômetros, até San Francisco de Tenorio, à fazenda de Doña Cecilia Vázquez de Coronado, no Vale do Pacífico Norte de Bagaces[203]. Separada do Vale Central da Costa Rica por uma cordilheira vulcânica e

---

200. Declaración de María, negra de casta popó, Valle de Barva, 12 de novembro de 1719, ANCR, G 188, fol. 7v.

201. Careamiento de esclavos, Cartago, 2 de outubro de 1720, ANCR, G 185, fol. 44.

202. Declaración de Manuel, negro de casta mina, Cartago, 17 de setembro de 1719, ANCR, C 268, fol. 1v; Venta de esclavo, Cartago, 31 de abril de 1731, ANCR, PC 906, fols. 29v-33.

203. Venta de dos esclavas, Esparza, 16 de outubro de 1710, ANCR, G 185, fols. 14-16; Cf. Quirós (1976, p. 195).

vários rios muitas vezes intransitáveis, a região desenvolveu fortes laços econômicos e culturais com a Nicarágua e o Panamá (MacLeod, 1973, p. 274; Quirós, 1976, p. 260-261). Dominada por grandes latifúndios dedicados à criação de gado e mula, Bagaces desenvolveu uma população muito móvel, diversificada étnica e culturalmente. Em 1688, 110 negros e mulatos constituíam cerca de 37% da população total do vale, que totalizava 297, incluindo 17 pessoas escravizadas (cerca de 5,7%)[204]. É quase cero que María e Petrona eram as únicas falantes de iorubá na região; não havia outros membros de sua "nação" aos quais elas pudessem recorrer para ajudar em sua adaptação[205]. Ainda que elas com certeza encontrassem negros e mulatos em Bagaces, livres ou escravizados, eles eram praticamente todos crioulos. Mesmo o gado e as mulas que tanto dominavam a paisagem devem ter parecido animais muito estranhos de início para elas, uma vez que não eram conhecidos na maioria dos territórios de Iorubalândia (Law, 1977b, p. 203).

As relações mais próximas que María e Petrona criaram foram, por necessidade, com membros de outros grupos étnicos e culturais. Embora a maioria dos proprietários de terras em Bagaces preferissem viver nas cidades mais confortáveis de Cartago ou Rivas, na Nicarágua, Doña Cecília Vázquez de Coronado e seu marido, o Sargento-Mor Don Salvador Suárez de Lugo, fizeram a escolha menos usual de residir em San Francisco de Tenorio durante todo o ano (Quirós, 1976, p. 165). Sem dúvida eles cumpriram papéis poderosos na vida de seus escravizados e foram os padrinhos do batismo de María e Petrona, ocorrido na cidade de Esparza após

---

204. Cf. o censo em "Los vecinos del Valle de Bagases pretenden formar una villa, ciudad o lugar en dicho valle, con independencia del gobierno de la provincia de Costa Rica. Año de 1688" (Fernández, 1976, p. 93-111). Cf. Quirós (1976, p. 284).

205. A afirmação de John K. Thornton, segundo a qual os africanos "poderiam facilmente encontrar outros que falavam sua língua e partilhavam suas normas em um novo ambiente, sobretudo em grandes propriedades ou áreas urbanas", não se mostra verdadeira no Vale de Bagaces nem na Costa Rica de modo geral (Thornton, 1998, p. 205).

16 meses de sua chegada em Bagaces[206]. Nada se sabe dos pais dos quatro filhos de María e Petrona, exceto, talvez, que não eram africanos: todas as crianças eram descritas como mulatas[207]. Como praticamente todos os escravizados em Bagaces, é quase certo que os outros cativos em San Francisco de Tenorio, incluindo Maria Egipciaca e seus dois filhos pequenos, Mónica de la Cruz e José Francisco, eram todos crioulos[208]. Era inevitável que as relações que María e Petrona formaram ali derivaram mais de suas experiências locais em Bagaces do que da África. Ainda que elas tivessem uma à outra, talvez continuassem a falar em iorubá e partilhassem memórias do Oceano Atlântico e de uma década de escravidão, a geografia e a estrutura demográfica do Vale de Bagaces promoviam forte ação contra qualquer preservação de sua herança iorubá. Elas viviam num mundo crioulo.

Em 1719, Micaela, ainda escravizada de Don Juan Francisco de Ibarra, lembrou que logo após María e Petrona terem sido levadas nove anos antes, Ibarra voltou e, como compensação pelo papel dele na captura delas, reivindicou Micaela, então com 14 anos; Agustina, com 20; e Manuel, com 16, todos iorubás da

---

206. Registro del bautizo de María y Petrona, negras esclavas de Doña Cecilia Vázquez de Coronado, Esparza, 20 de fevereiro de 1713, Archivo Eclesiástico de la Curia Metropolitana de San José, Costa Rica, Sección Sacramental (doravante ACM), Libros de Bautizos de Esparza, 1706-1819 /Family History Library (doravante FHL), VAULT INTL Film 1223548. Os manuscritos originais dos registros eclesiais em ACM não são mais disponibilizados para os pesquisadores e só podem ser consultados por rolos de microfilmes copiados pela Igreja de Jesus Cristo dos Santos dos Últimos Dias.

207. Declaración de María, negra de casta lucumí, Cartago, 25 de setembro de 1720, ANCR, C 267, fol. 50v; El Sarg. Mr. Don Salvador Suárez de Lugo hace manifestación de sus esclavos, San Francisco de Tenorio, 20 de novembro de 1719, ANCR, C 229, fols. 17v-18; ANCR, G 185, fols. 19v-20.

208. Registro del bautizo de Mónica de la Cruz, hija de María Egipciaca, negra esclava de Doña Cecilia Vázquez de Coronado, Esparza, 19 de maio de 1729, ACM, Libros de Bautizos de Esparza, 1706-1819/FHL, VAULT INTL Film 1223548; Venta de esclavos, Cartago, 8 de novembro de 1731, ANCR, PC 906, fols. 160v-164.

nação Aná[209]. Pouco tempo depois, o alferes Bernardo Pacheco – outro caçador escravista – vendeu Sebastiana, que tinha entre 18 e 20 anos de idade, também uma iorubá, para Ibarra, seu captor inicial[210]. Por ter dado certo auxílio na captura dos quatro jovens iorubás, Ibarra exerceu uma forma invulgarmente direta, violenta e pessoal de dominação sobre eles.

Por serem mulheres e jovens, é bem provável que Micaela, Agustina e Sebastiana trabalhassem principalmente na casa principal de Ibarra em Cartago e nos arredores. Em sua casa de barro, coberta com telhas em uma cidade onde a maioria das habitações era feita de palha, Ibarra cobriu suas paredes com 12 pinturas religiosas e mobiliou seus quartos com baús de casco de tartaruga, sedas chinesas e livros sobre a lei espanhola[211]. Segundo a historiadora costa-riquenha Rina Cáceres (2000, p. 74), os cativos de Cartago habitavam "o espaço da elite colonial, com seus bens e valores"; sem dúvida, seu contato com a sociedade espanhola era constante, direto, íntimo, às vezes brutal – Ibarra também mantinha dois pares de grilhões[212]. No entanto, mesmo para Micaela, Agustina e Sebastiana – cujo escravizador era a mesma pessoa que literalmente as capturara – havia outros espaços. Uma vez que as famílias de elite de Cartago possuíam o maior número de cativos, todos os dias a cidade oferecia oportunidades de contato com outros africanos.

Grupos de africanos do centro-oeste (Congo e Angola), bem como nativos da Costa do Ouro (Mina), da Costa dos Escravizados

---

209. Careamiento de negros, Cartago, 2 de outubro de 1720, ANCR, C 267, fols. 55-56.

210. Memoria de las personas que asistieron en la presa de negros, Cartago, 12 de agosto de 1710, ANCR, C 182, fol. 45; Venta de esclava, Cartago, 20 de novembro de 1715, ANCR, PC 877, fols. 212-214; Venta de esclava, San Antonio de Curridabat, 4 de novembro de 1717, ANCR, PC 883, fols. 43-45.

211. Inventario y avalúo de los bienes del Sarg. Mr. Don Juan Francisco de Ibarra y Calvo, Cartago, março de 1737, MCC 850, fols. 3v-14v.

212. Cf. Inventario y avalúo de los bienes del Sarg. Mr. Don Juan Francisco de Ibarra y Calvo, Cartago, 15 de março de 1737, MCC 850, fol. 11v.

(Arará e Popo) e da Alta Guiné (Mandinga), podiam ser encontrados em Cartago entre os mais numerosos escravizados mulatos e crioulos[213]. Na capital, os africanos encontravam condições para preservar suas identidades étnicas e línguas específicas. Ao mesmo tempo, o pequeno número e a mistura de africanos de diferentes origens, junto com o domínio inabalável da cultura crioula, trabalhavam contra tal preservação. Por exemplo, em 1720, Antonia de Aguilar, que sabia ter nascido na África, "não conhecia qual era sua nação, porque não entendia nenhuma língua" falada por outros africanos[214]. De um lado, ela dizia com clareza que os africanos falavam várias línguas em Cartago; de outro, Antonia não conhecia nenhuma delas e não se identificava com base em nenhum dos principais grupos étnicos africanos reconhecidos na Costa Rica. Ela estava longe de ser um caso incomum nesse aspecto: quando perguntados diretamente, nada menos do que 23 dos 82 (28%) cativos africanos entrevistados disseram que "não sabiam qual era sua nação", ao passo que 59 (72%) responderam com o nome de uma nação específica. Os africanos que "não sabiam" sua nação superavam em número aqueles que reivindicavam qualquer uma daquelas origens étnicas particulares[215]. Não surpreende que a idade no momento da chegada tenha desempenhado um papel crucial na memória étnica: um homem afirmou "não se lembrar" de sua nação; vários outros explicaram que não conheciam seu "país", porque haviam chegado à Costa Rica quando eram "pequenos"[216].

---

213. O nome de todas essas castas foi declarado por escravizados entre 1719 e 1720 (cf. nota 216 abaixo) e são encontrados em grandes números nos documentos de tabeliões PC 868 (1710)-PC 895 (1722).

214. Declaración de Antonia, negra esclava de Diego de Aguilar, Cartago, 13 de junho de 1720, ANCR, C 276, fol. 1v.

215. Esses números são obtidos de declarações de escravizados africanos em ANCR, C 211 (1716-1719), C 224 (1719), C 229 – 46 (1719), C 248 – 54 (1719), C 256 (1719), C 258 – 68 (1719), C 273 – 78 (1720), C 280 (1719), C 283 – 84 (1721), C 288 – 89 (1719-1720), C 292 (1722); ANCR, G 185 – 88 (1719).

216. Declaración de Miguel, esclavo de Doña Luisa Calvo, Cartago, 15 de novembro de 1719, ANCR, C 267, fol. 7; Declaración de Magdalena, esclava

No entanto, se a identificação com etnias africanas específicas pôde desaparecer, o fato de ter nascido na África e as relações formadas durante a passagem transatlântica e a "adaptação" permaneceram importantes. Em um ensaio clássico, os antropólogos Sidney Mintz e Richard Price (1992, p. 43-44, 48) afirmaram que a relação entre os companheiros de navio surgiu como uma das primeiras e mais duradouras instituições entre os africanos escravizados[217]. Após anos ou mesmo décadas de escravidão na Costa Rica, os africanos normalmente sabiam o paradeiro de seus companheiros de navio, apesar da separação pelo tempo e pela distância. Os laços entre companheiros de navio às vezes assumiam a força do parentesco (Mintz; Price, 1992, p. 43-44). Com cerca de 30 anos de idade em 1719, María, uma cativa de María Calvo, tinha chegado ainda menina e "não sabia qual era sua nação", apesar de seu rosto carregar cicatrizes de um ritual de identificação comum a muitos grupos étnicos da África Ocidental. Porém, ela tinha uma "irmã", María Victoria, que tinha chegado no mesmo navio. María Victoria – que também não sabia nomear sua nação – não chamara María de sua irmã, mas afirmou que elas eram companheiras de navio[218]. María Popo, uma nativa da Costa dos Escravizados, referiu-se à iorubá Micaela como "sua irmã". Embora reivindicassem origens étnicas diferentes, as duas mulheres haviam sido parceiras e companheiras de navio durante a "adaptação" na casa de campo de Ibarra[219].

---

de Doña Josefa de Oses, Cartago, 9 de setembro de 1719, ANCR, C 232, fol. 2v; Declaración de María, esclava del Sarg. Mr. Antonio de Soto y Barahona, Cartago, 14 de setembro de 1719, ANCR, C 233, fol. 1v; Declaración de Teresa, esclava del Sarg. Mr. Antonio de Soto y Barahona, Cartago, 14 de setembro de 1719, ANCR, C 233, fols. 2-2v; Declaración de Manuela, esclava del Cap. Francisco de Flores, Cartago, 28 de setembro de 1719, ANCR, C 254, fol. 1v.

217. Cf. tb. a perspectiva diferente de Gomez (1998, p. 165-166).

218. Declaración de María, esclava de María Calvo, Cartago, 10 de setembro de 1719, ANCR, C 242, fols. 1v, 2; Declaración de María Victoria, esclava del Cap. Don José de Mier Cevallos, Cartago, 6 de setembro de 1719, ANCR, C 266, fol. 1v.

219. Declaración de María negra de casta popó, Valle de Barva, 12 de novembro de 1719, ANCR, G 188, fol. 7v.

O africanista John K. Thornton (1998, p. 168) argumentou que, por serem poucas as propriedades de terra do Novo Mundo povoadas por chegadas dos mesmos navios, o vínculo de companheirismo formado durante a passagem marítima raramente poderia fornecer uma base para uma identidade comum. Mas na Costa Rica, uma colônia onde a chegada de um carregamento de africanos constituía uma ocasião memorável e onde a escravização era limitada, o elo de companheiro de navio transcendia os limites de propriedade e etnia e, para os africanos, poderia significar uma teia de relações mais ampla do que qualquer um desses agrupamentos permitia. De todo modo, esses laços não se excluíam, pois companheiros de navio e escravizados na mesma propriedade poderiam ajudar a reforçar a identidade étnica naqueles que haviam chegado muito jovens para se lembrarem da África. Se o vínculo de parceria na viagem transatlântica poderia ajudar os africanos a constituir novas identidades, poderia também ajudá-los a manter as antigas[220]. Pedro de Rosas, por exemplo, afirmou "não saber qual poderia ser" sua nação, mas que "quem poderia dizê-la é Pedro Mina [...] seu companheiro de navio [carabela]"[221]. Companheiros escravizados na mesma propriedade poderiam também reforçar a identidade étnica. Embora o próprio Pedro não se lembrasse, por ter chegado 20 anos antes quando jovem, "pelo que seus companheiros lhe disseram, sua mãe era da nação Congo"[222].

As iorubás Micaela, Agustina e Sebastiana, bem como o iorubá Manuel, encontraram outros companheiros de navio não apenas em Cartago, mas até mesmo na casa do seu escravizador. Em 1719, Don Juan Francisco de Ibarra e sua esposa, Dona Catalina González del Camino, possuíam 14 pessoas escravizadas, incluindo dois

---

220. Isso contrasta com a alegação de Mintz e Price (1992, p. 44) de que o vínculo de companheiro de navio "já anunciava o nascimento de novas sociedades fundadas sobre novos tipos de princípios".

221. Declaración de Pedro de Rosas, esclavo del Cap. Juan Sancho de Castañeda, Cartago, 26 de maio de 1720, ANCR, C 231, fol. 14v.

222. Declaración de Pedro, esclavo del Sarg. Mr. Don Francisco de Ocampo Golfín, Valle de Barva, 12 de novembro de 1719, ANCR, G 188, fol. 4.

outros que cruzaram o oceano junto com seus cativos iorubás[223]. Provavelmente, quando comprou Sebastiana, Ibarra deve ter comprado junto com ela Juan, um rapaz da nação Popo, da região alta da Costa dos Escravizados, com cerca de 10 anos de idade. Quem o vendeu foi o alferes Bernardo Pacheco[224]. Paul Lovejoy e David Trotman (2001, p. 382) declararam que as crianças africanas eram com frequência "adotadas" por membros de seus grupos étnicos em comunidades escravizadas americanas. É fácil imaginar que Agustina, Micaela, Sebastiana e Manuel também se preocuparam com o bem-estar de seu companheiro de navio mais jovem.

Dois jovens iorubás, chamados Felipe e Francisco, escravizados por Doña Nicolasa Guerrero, também viviam com companheiros de navio na casa de sua escravizadora, nos arredores da aldeia indígena de Ujarrás, 16,5 quilômetros a leste de Cartago. Em 1711, o governador costa-riquenho Don Lorenzo Antonio de la Granda y Balbín apresentou os dois garotos e duas meninas africanas de origem étnica desconhecida, Catalina e María Gertrudis, a Guerrero, sua amante de longa data e mãe de sua filha ilegítima. Todos os quatro africanos haviam chegado com os escravistas dinamarqueses e capturados nas praias de Matina[225]. Descritos

---

223. El Sarg. Mr. Juan Francisco de Ibarra y Calvo acusa recibo de los bienes que trajo su esposa Doña Catalina González Camino a su matrimonio, Cartago, 20 de junho de 1718, ANCR, PC 886, fols. 7-10v; El Sarg. Mr. Don Juan Francisco de Ibarra y Calvo hace inventario de los bienes que aportó a su matrimonio con Doña Catalina González del Camino, Cartago, 21 de junho de 1718, ANCR, PC 886, fols. 10v-14; Escritura de mancomún y obligación del Sarg. Mr. Juan Francisco Ibarra y Calvo y de Doña Catalina González Camino (dos esclavos), Cartago, 27 de julho de 1719, ANCR, PC 887, fols. 52v-54; Venta de esclavo, Cartago, 4 de setembro de 1713, ANCR, C 211, fols. 131-133v; Venta de esclavo, Cartago, 25 de maio de 1716, ANCR, G 187, fols. 30v-33.

224. Venta de esclavo, Cartago, 4 de setembro de 1713, ANCR, C 211, fols. 131-133v.

225. Cesión de cinco negros y negras, Cartago, 8 de janeiro de 1711, ANCR, MCC 774, fols. 82-84; Testamento de Doña Nicolasa Guerrero, Ujarrás, 20 de fevereiro de 1730, ANCR, PC 903, fol. 7; Permuta de esclavos, Cartago, 27 de março de 1722, ANCR, PC 895 fol. 32v-35; Declaración de Francisco Aná, Cartago, 12 de setembro de 1719, ANCR, C 267, fol. 2v.

ambos como meninos de 16 anos de idade na época, Francisco e Felipe foram mantidos com outros iorubás na casa de campo de Don Juan Francisco de Ibarra, assim como o Mina Manuel de Utrera, oriundo da Costa do Ouro ou da região alta da Costa dos Escravizados, que vivia ali perto. Muitos outros africanos também viviam em Ujarrás, como o companheiro de navio Nicolasa Mina e Josefa Arará, nativo da Costa dos Escravizados[226].

Além das relações que mantinham com seus companheiros de navio e com cativos de origem cultural semelhante em fazendas próximas, Felipe e Francisco interagiam com trabalhadores livres todos os dias. Como muitos espanhóis que viviam nas planícies ao redor de Ujarrás, Doña Nicolasa Guerrero tinha uma propriedade que plantava e moía cana de açúcar; também criava gado e cavalos[227]. A produção açucareira da Costa Rica permaneceu em pequena escala e, ao contrário de outras partes das Américas, nunca se tornou sinônimo de escravidão. Quando escravizados trabalhavam no cultivo do açúcar, em geral o faziam ao lado de trabalhadores livres (Fonseca, 1989, p. 83). Felipe e Francisco dividiam as tarefas com José Miguel, um órfão que Guerrero havia criado e a quem ela atribuíra a tarefa de supervisionar suas propriedades após sua morte[228]. Quando não estavam limpando a terra, ou plantando, tirando pragas, podando, carregando ou processando a cana, é provável que os homens estivessem cuidando do gado e dos cavalos de Guerrero, ou cultivando alimentos para a fazenda. Na época da colheita do açúcar, María Gertrudes e

---

226. Careamiento en el cual salieron otros esclavos de las nueve piezas ocultadas, Cartago, 3 de outubro de 1720, ANCR, C 267, fols. 57v-58; Petición del Sarg. Mr. Don Antonio de Utrera y Medina, Cartago, 4 de novembro de 1720, ANCR, C 268, fols. 19v-20v; Auto de deliberación sobre el negro Manuel, Cartago, 14 de dezembro de 1720, ANCR, C 268, fol. 24; Declaración de Josefa Arará, negra esclava de Doña Gertrudis Guerrero, Cartago, 20 de maio de 1720, ANCR, C 273, fol. 2.

227. Testamento de Doña Nicolasa Guerrero, Ujarrás, 19 de setembro de 1717, ANCR, PC 882, fols. 94-97v.

228. Testamento de Doña Nicolasa Guerrero, Ujarrás, 19 de setembro de 1717, ANCR, PC 882, fols. 94v, 97.

Catalina sem dúvida se juntavam ao trabalho; outros trabalhadores locais também podiam ser contratados.

Se, por um lado, Felipe e Francisco compartilhavam suas origens na nação Aná e com certeza a língua iorubá, Catalina e María Gertrudis tinham em comum suas experiências da passagem pelo Atlântico e da captura na costa da Matina. Conforme cada um deles se ajustava às condições de vida em Ujarrás, seus parceiros e companheiros de navio também faziam parte dessa experiência. Contudo, apesar de os escravizados iorubás terem forjado relações fortes com os africanos que estiverem com eles durante a travessia, tais relações raramente puderam ser estáveis. A separação ocorrida com a venda para outros escravizadores ameaçava todas as relações entre cativos. Em 1717, Guerrero havia vendido Francisco ao Capitão Gabriel Maroto[229]. Embora a relação entre eles não seja conhecida, é sugestivo que Catalina tenha chamado um filho Francisco, nascido por volta dessa época[230]. Em 1722, Felipe também deixou a propriedade, quando Doña Nicolasa Guerrero o trocou por outro escravo[231].

Para os escravizados cujos relacionamentos eram ameaçados pelas incertezas, e sobretudo para as mulheres, cuja vida sexual era muitas vezes ditada por seus escravizadores, o casamento sancionado pela Igreja Católica – que em teoria impedia a separação por venda e limitava a disponibilidade sexual da mulher a seu marido – tinha importantes implicações. Nos registros de casamento da igreja paroquial de Cartago, que remontam a 1664

---

229. Testamento de Doña Nicolasa Guerrero, Ujarrás, 19 de setembro de 1717, ANCR, PC 882, fols. 94-97v; Declaración de Francisco de casta aná, Cartago, 12 de setembro de 1719, ANCR, C 267, fol. 3; Petición de Doña Luisa Calvo, C 267, fol. 19.

230. Ainda que Guerrero tenha, em seu testamento de 1730, estimado que Francisco tivesse 16 anos, ele não é citado no seu testamento de 1717 (Testamento de Doña Nicolasa Guerrero Ujarrás, 20 de fevereiro de 1730, ANCR, PC 903, fol. 7).

231. Permuta de escravos, Cartago, 27 de março de 1722, ANCR, PC 895, fol. 32v-35.

e – deve-se notar – são reconhecidamente incompletos, a iorubá Agustina é a primeira mulher escravizada a aparecer neles. Em 3 de maio de 1733, ela se casou com Antonio García, da nação Mina, companheiro escravizado por Don Juan Francisco de Ibarra e um provável nativo da Costa de Ouro[232]. Pode-se dizer que, 23 anos após chegar à Costa Rica, a origem iorubá de Agustina constituía apenas um fator em seus relacionamentos. Mesmo que ela quisesse se casar com um companheiro iorubá, a relação sobreposta de companheiro de navio, tão importante na Costa Rica quanto os laços étnicos, poderia tê-la impedido (Mintz; Price, 1992, p. 43). Outras considerações, como o nascimento na África, a sobrevivência pela passagem transatlântica e ser propriedade do mesmo escravizador – todas qualidades que só poderiam ganhar importância no contexto da escravidão do Novo Mundo –, àquela altura, já poderiam parecer mais importantes para Agustina.

Para além dos laços que as mulheres iorubás desenvolveram com seus companheiros escravizados, certamente – para não dizer voluntariamente – elas tinham relações íntimas com membros da família de seu escravizador. Não podemos saber como Micaela se sentia ao cuidar dos filhos de Don Juan Francisco de Ibarra, em especial quando pelo menos três de seus próprios filhos haviam morrido em 1719[233]. Quando Ibarra morreu, em 1737, Micaela passou a trabalhar para seu filho, o Capitão Don Miguel Cayetano de Ibarra[234]. Após 36 anos de serviço à família dele, Micaela foi libertada pelo Ibarra mais jovem em 1746, quando tinha cerca de 52 anos de idade. Embora seja possível que ele só quisesse evitar ter de prover a Micaela em seus anos de maturidade, ele afirmou ter feito isso "em compensação pelo quão bem ela me serviu e

---

232. ACM, Libros de Matrimonios de Cartago, nº 3/FHL, VAULT INTL film 1219727, Item 8.

233. Razón de dos esclavas y los hijos que tienen, Cartago, 5 de outubro de 1720, ANCR, G 185, fol. 45.

234. Adjudicación de los bienes del Sarg. Mr. Don Juan Francisco de Ibarra y Calvo, Cartago, 20 de agosto de 1737, ANCR, MCC 850, fol. 88.

por ter me criado"[235]. Micaela foi a única dos Iorubá a conquistar sua liberdade.

Micaela e Agustina serviram na casa Cartago de Don Juan Francisco de Ibarra até sua morte, enquanto Manuel foi enviado para trabalhar nas fazendas de cacau de Ibarra, na planície atlântica do Vale da Matina[236]. As mulheres escravizadas viviam sob o nariz de seus escravizadores, ao passo que os homens cativos nessas fazendas de cacau na Matina, a mais de 160 quilômetros de distância, gozavam de notável autonomia. Os proprietários de *haciendas* de Cartago geralmente confiavam a seus escravizados o cultivo, a colheita, o transporte e às vezes até mesmo a venda de cacau, por isso eles visitavam suas terras em Matina só algumas poucas vezes por ano. Grande parte do resto do tempo os cativos viviam sozinhos ou em pequenos grupos de dois ou três em casas rudimentares nas fazendas, em grande parte sem supervisão dos brancos[237]. Eles tiveram sua independência aumentada por uma circunstância particular da Costa Rica, onde uma escassez crônica de prata levou à adoção do cacau como moeda legal[238]. O acesso direto dos escravizados da Matina à plantação lhes deu um raro poder de barganha. Muitas vezes eles cultivavam cacaueiro por

---

235. Carta de libertad, Cartago, 4 de agosto de 1746, ANCR, PC 934, fol. 59; Declaración de Micaela, negra esclava de casta aná, de 24 años al parecer, Cartago, 5 de setembro de 1719, ANCR, G 185, fol. 1v.

236. Inventario y avalúo de los bienes del Sarg. Mr. Don Juan Francisco de Ibarra y Calvo, Cartago, 15 de março de 1737, ANCR, MCC 850, fols. 12v-13; Notificación al Sarg. Mr. Don Juan Francisco de Ibarra y Calvo y su respuesta, Cartago, 23 de setembro de 1719, ANCR, G 187, fol. 8.

237. "Informe sobre la provincia de Costa Rica presentado por el Ingeniero Don Luis Díez Navarro al Capitán General de Guatemala Don Tomás de Rivera y Santa Cruz. Año de 1744" (1939, p. 583); Visita general de Nicaragua y Costa Rica por el obispo Pedro Agustín Morel de Santa Cruz, 1751-1752, University of Texas, Benson Latin American Collection, Joaquín García Icazbalceta Collection, vol. 20, n. 7, fol. 58.

238. "Pedimento del procurador síndico de Cartago al cabildo para que reciba el cacao como moneda en la compra de toda clases víveres y otros artículos de comercio. Año de 1703" (1937, p. 590-599); "Se dispone que el cacao corra en la provincia de Costa Rica para la compra de víveres por no haber en ella moneda de plata. Año de 1709" (1937, p. 600-603).

conta própria, acumulando capital que usavam para adquirir bens necessários e, cada vez mais no século XVIII, para comprar sua própria liberdade (Gudmundson, 1978, p. 17, 78, sobretudo p. 30).

A vida e o trabalho em Matina colocaram Manuel em contato regular com outros africanos, talvez incluindo Felipe e Francisco, seus camaradas iorubás e antigos companheiros na "casa de campo" que seu escravizador tinha fora de Cartago. Ambos foram transferidos por Dona Nicolasa Guerrero para proprietários de fazendas em Matina[239]. Manuel certamente conhecia homens africanos de origem cultural semelhante em Matina, como os nativos da Costa dos Escravizados Carlos García, da nação Arará, e Pedro Arará, que conquistara sua liberdade em 1719[240]. Em 1718, Manuel foi promovido ao cargo de superintendente (*mandador*) da fazenda de Ibarra, supervisionando o cultivo e a coleta do cacau e o trabalho de seus colegas escravizados, entre os quais seu companheiro de navio, o mina Antonio de la Riva[241]. Como em Cartago, os cativos africanos em Matina vinham de diferentes regiões; Manuel conhecia minas da Costa do Ouro e dos Escravizados, congos do centro-oeste africano e mandingas da Alta Guiné[242]. Matina

---

239. Permuta de esclavos, Cartago, 27 de março de 1722, ANCR, PC 895, fol. 32v-35; Declaración de Francisco de casta aná, Cartago, 12 de setembro de 1719, ANCR, C 267, fol. 3; Petición de Doña Luisa Calvo, ANCR, C 267, fol. 19.

240. Venta de esclavo, Cartago, 22 de setembro de 1705, ANCR, PC 861, fols. 49v-52; Negros esclavos asistentes en Matina, Matina, 23 de janeiro de 1719, ANCR, Sección Complementario Colonial (doravante CC) 3797, fol. 27; Lista general de gente y armas del Valle de Matina, Matina, 23 de janeiro de 1719, ANCR, CC 3797, fol. 25.

241. Sarg. Mr. Don Juan Francisco de Ibarra y Calvo hace inventario de los bienes que aportó a su matrimonio con Doña Catalina González del Camino, Cartago, 21 de junho de 1718, ANCR, PC 886, fol. 12v; Declaración de Antonio de casta mina, esclavo del Sarg. Mr. Don Juan Francisco de Ibarra, Cartago, 7 de novembro de 1719, ANCR, G 187, fol. 11.

242. Memoria de los prisioneros libres y esclavos, Matina, 1 de maio de 1724, ANCR, C 303, fols. 66-66v; Declaración de Juan Miguel Barahona, negro esclavo de casta mina, Matina, 4 de dezembro de 1719, ANCR, C 233, fol. 9v; Declaración de Francisco [alias Diego] Mina, esclavo del Cap. Luis Gutiérrez, Cartago, 7 de junho de 1720, ANCR, C 258, fol. 12v; Declaración

devia seu forte caráter africano não à predominância de qualquer "nação" em particular, mas à diversidade étnica.

Manuel mantinha estreita interação não só com africanos de outras etnias mas também com membros de outros grupos raciais, e muitas vezes em termos mais ou menos iguais. Juan Núñez e Benito Hernández eram trabalhadores livres que, como Manuel, trabalhavam na fazenda de cacau de Ibarra e se referiam a ele como seu "mestre [amo]"[243]. Os mulatos livres, muitas vezes soldados e proprietários de pequenas fazendas cacaueiras, formavam a maioria dos residentes livres de Matina, e muitas vezes tinham laços familiares tanto com escravizados quanto com brancos. Os cativos eram até mesmo mobilizados para o serviço militar na milícia colonial: em 1718, o iorubá Manuel serviu com outros 20 escravizados ao lado da milícia dos mulatos livres, munido com sua própria arma[244].

Porém, junto com a relativa independência que os homens africanos desfrutavam em Matina, eles enfrentavam sérios perigos e dificuldades, como a ameaça de invasão militar e a falta de companhia feminina. Os Misquitos Sambos da costa de Honduras e Nicarágua frequentavam as costas de Matina, às vezes negociando de maneira pacífica, em outras saqueando *haciendas* de cacau e sequestrando seus residentes (Vargas, 1995, p. 80). Os Misquitos mantinham um comércio de escravizados vigoroso em indígenas de outras etnias e, em menor escala, em negros e mulatos, que eles capturaram na América Central espanhola e venderam para seus

---

de Antonio, negro esclavo de casta congo, Cartago, 8 de setembro de 1719, ANCR, C 231, fol. 3; Declaración de Pedro, esclavo de casta congo, Matina, 5 de dezembro de 1719, ANCR, C 232, fol. 9v; Capital de bienes de Doña Agueda Pérez del Muro en ocasión de su casamiento con el Cap. Don Francisco Garrido Berlanga, Cartago, 16 de abril de 1722, ANCR, PC 895, fol. 51v.

243. Declaración de Juan Núñez, Paraje de Santiago, 2 de maio de 1724, ANCR, C 304, fol. 3v; Declaración de Benito Hernández, Paraje de Santiago, 2 de maio de 1724, ANCR, C 304, fol. 4.

244. Negros esclavos asistentes en Matina, Matina, 23 de janeiro de 1719, ANCR, CC 3797, fol. 27.

aliados britânicos na Jamaica (Helms, 1983, p. 179-197; Vargas, 1995, sobretudo cap. 11). Devido a esses riscos, os escravizadores costa-riquenhos raramente ou nunca enviavam suas escravizadas à Matina, e a área sofria de escassez de mulheres em geral; em 1719, segundo consta, não havia "nem mesmo uma mulher para fazer algo para comer" em todo o vale[245]. Essa segregação factual de gênero reforçou a tendência de os homens escravizados escolherem como esposas mulheres livres de outros grupos étnicos e raciais, enquanto era raro que as mulheres escravizadas se casassem (Gudmundson, 1978, p. 17-78).

Antes de amanhecer o dia 17 de abril de 1724, uma força de 500 Misquitos sambos entrou no Vale da Matina em 22 pirogas para um ataque surpresa. O iorubá Manuel era um dos 12 escravizados e 21 homens livres (19 deles mulatos) que foram aprisionados quando os Misquitos atacaram a Matina para saquear a colheita de cacau[246]. Aníbel, o governador misquito, dirigiu as operações desde a fazenda do escravizador de Manuel[247]. Depois de forçar seus prisioneiros a transportar até mil *zurrones* (107 toneladas ou 97 toneladas métricas) de cacau para seus barcos, os Misquitos navegaram para o norte, levando-os até seu território em Honduras[248]. Lá eles distribuíram os prisioneiros entre "diferentes mestres, indígenas Sambos e Mosquitos, que em geral davam a todos eles um bom tratamento"[249]. Manuel e seus colegas prisioneiros trabalhavam cultivando e preparando alimentos para os Misquitos,

---

245. Petición del Sarg. Mr. Don Juan Francisco de Ibarra, Cartago, 28 de agosto de 1719, Archivo General de Indias, Seville, Escribanía 353B, fol. 620.

246. Declaración de Diego Sánchez, pardo libre, Cartago, 8 de maio de 1724, C. 303, fols. 68v-69v; Memoria de los prisioneros libres y esclavos, Matina, 1 de maio de 1724, ANCR, C 303, fols. 66-66v.

247. Declaración de Agustín de la Riva, pardo libre, Cartago, 10 de maio de 1724, ANCR, C 303, fol. 72v.

248. Declaración de Diego Sánchez, pardo libre, Cartago, 8 de maio de 1724, ANCR, C 303, fols. 68v-69.

249. Declaración de los prisioneros que fueron restituidos al Valle de Matina Cartago, 19 de abril de 1725, ANCR, C 313, fol. 64.

alimentação que basicamente era feita de iúca, plátanos, tartarugas marinhas e peixes; de fato, os africanos duvidavam que os Misquitos pudessem sobreviver por muito tempo sem eles[250]. Se o trabalho a que os Misquitos obrigavam os cativos não era particularmente exigente, eles, por outro lado, exerciam uma vigilância mais próxima e com ameaças mais imediatas de violência do que os escravizados costumavam vivenciar em Matina. É certo que a experiência na prisão reforçou os laços entre os africanos de diferentes etnias, bem como entre os escravizados e os mulatos que eram livres, laços já presentes como um fato da vida em Matina. Professando apenas o desejo de melhorar relações com os espanhóis – mas também enfrentando tanto uma crise de subsistência após um recente furacão quanto, conforme Manuel e seus companheiros ouviram, pressões vindas do governador britânico da Jamaica –, os Misquitos repentinamente devolveram os prisioneiros à Matina em março de 1725[251]. Até então, Manuel havia sido apreendido, preso e transportado por escravistas pelo menos três vezes em sua vida: uma vez na África, onde havia sido vendido aos dinamarqueses em 1709; e duas vezes em Matina, quando Don Juan Francisco de Ibarra o capturou, em 1710, e quando os Misquitos o tomaram na fazenda de seu escravizador, em 1724. A fazenda à qual ele agora voltava era a mesma onde ele fora detido 15 anos antes, com 25 companheiros de navio iorubás da nação Nangu.

A experiência dos iorubás na Costa Rica diferiu de maneira significativa da história da diáspora iorubana em outros locais e períodos. Os falantes de iorubá, provavelmente membros do sub-grupo Aná do Togo e de Benim, que embarcaram em dois navios escravistas dinamarqueses em 1709 na Costa dos Escravizados da

---

250. Declaración de los prisioneros que fueron restituidos al Valle de Matina Cartago, 19 de abril de 1725, ANCR, C 313, fol. 65.

251. Carta del Sarg. Mr. Don Pedro de Alvarado y Jirón, Matina, 28 de março de 1725, ANCR, C 313, fol. 59v; Declaración de Juan Antonio Molina, cabo de la vigía de Matina, Matina, 28 de março de 1725, ANCR, C 313, fol. 60; Declaración de los prisioneros que fueron restituidos al Valle de Matina, Cartago, 19 de abril de 1725, ANCR, C 313, fol. 64v.

África Ocidental, formavam uma minoria de uma carga humana composta sobretudo de pessoas originárias da Costa do Ouro e da Costa dos Escravizados. Como membros de uma população do leste de Iorubalândia, rodeada por falantes de ewe e aja, os Aná podem ter sido especialmente conscientes das diferenças linguísticas e culturais que os distinguiam de seus vizinhos. Por isso, eles podem ter percebido de pronto suas semelhanças com outros falantes de iorubá, o que permitiu àqueles que chegaram à Costa Rica se identificar seja como Lucumi, seja como Nagô. No entanto, os povos iorubás e da Costa dos Escravizados tinham muito em comum culturalmente, incluindo a crença em um deus do trovão que vingava roubos e bruxaria. É possível que eles tenham entendido a experiência de escravização e a passagem pelo Atlântico de maneira muito semelhante.

A passagem transatlântica fortaleceu as semelhanças culturais existentes entre os povos de origem iorubá e da Costa dos Escravizados, e também os incentivou a recorrer aos companheiros de outros grupos étnicos. Após chegar à Costa Rica, alguns dos iorubás embarcados no *Christianus Quintus* e no *Fredericus Quartus* viveram juntos durante vários meses, formando relações duradouras entre si e seus companheiros de outras origens étnicas durante o processo de "adaptação". Com poucos membros de sua "nação" a quem recorrer na Costa Rica, os iorubás passaram a contar tanto com o vínculo de companheiro de navio quanto com a etnia ou a parceria na mesma propriedade, em suas relações com outros africanos. Chegando em números pequenos demais para formar associações em linhas exclusivamente iorubanas, suas origens africanas, no entanto, permaneceram importantes, pois os iorubás forjaram novas relações com indivíduos da Costa dos Escravizados e da Costa de Ouro. Os vínculos entre companheiros de navio se mantinham mesmo quando os indivíduos não conseguiam "lembrar" de sua etnia ou seu "país".

A separação causada pela venda para diferentes escravizadores acelerou o processo que levou os iorubás a forjar novas relações com membros de outros grupos étnicos, culturais e raciais espalhados pelo Pacífico Norte, pelo Vale Central e por planícies atlânticas da Costa Rica. As oportunidades para os contatos com africanos de origem e experiência semelhantes variaram ao longo de uma gradação contínua. Poucos escravizados nas fazendas de gado e de mula de Bagaces haviam nascido em algum lugar da África. Nos canaviais de Ujarrás, os iorubás encontraram vários companheiros de navio e outros nativos da Costa do Escravizados de origem cultural semelhante. As chances de forjar e buscar relações com outros africanos eram maiores no centro urbano de Cartago e nas fazendas de cacau da Matina. Na sua maioria separados de outros iorubás, eles formaram naturalmente suas relações mais próximas com africanos de outras etnias, com negros e mulatos crioulos livres e escravizados, bem como com indígenas, mestiços e espanhóis, num processo que os tornava parte da cultura crioula da Costa Rica. Assim como o vínculo de companheiro de navio, os elos formados pela condição cativa, pelo trabalho, pelo parentesco e por relações de amizade e de etnia forneciam cada uma apenas uma das bases sobre as quais os iorubás construíram suas vidas na Costa Rica.

Se os iorubás não deixaram nenhum legado cultural duradouro na Costa Rica, esse resultado foi determinado tanto pelos padrões do comércio transatlântico de escravizados da época quanto pelas características locais da escravidão na colônia aonde chegaram. Pesquisas futuras ajudarão a estabelecer como as experiências iorubanas na Costa Rica se assemelhavam ou divergiam das de outras regiões americanas do início e meados do período colonial, mas é quase certo que mesmo aqueles países que tinham forte presença de iorubás no século XIX pareciam muito diferentes em anos anteriores. Membros de uma minoria africana minúscula no mundo esmagadoramente crioulo da Costa Rica do século XVIII, os iorubás de nação Aná, no entanto, fizeram-se notar. Manuel ascendeu para administrar as *haciendas* de cacau de seu escravizador. Tão habilmente como qualquer soldado livre, ele pegou em armas para o rei da Espanha e, ao contrário da maioria dos militares, pode afirmar que sobreviveu a um ano de prisão entre os indígenas Misquitos. Agustina ganhou a distinção inédita de ter seu casamento reconhecido pela Igreja Católica enquanto ainda era escravizada. Depois de perder pelo menos três filhos, Micaela ganhou sua liberdade em idade avançada. Dentro dos limites sufocantes da escravidão, todos enfrentaram com sucesso o desafio da sobrevivência em uma nova cultura e esculpiram vidas dignas de respeito e lembrança.

Nota: Gostaria de agradecer a Sandra Lauderdale Graham, Mauricio Meléndez Obando e, em especial, Frances Lourdes Ramos, por suas leituras e sugestões para os vários esboços deste ensaio.

8

Os iorubás no Caribe Britânico
Uma perspectiva comparatista sobre
Trinidad e Bahamas_

Rosalyn Howard

A cultura iorubá foi transplantada para a região do Caribe com os seus aderentes africanos durante o holocausto do tráfico transatlântico de pessoas escravizadas. A região absorveu mais de 50% dos 10 a 20 milhões de africanos que saíram de maneira involuntária do continente e sobreviveram à passagem pelo oceano (Curtin, 1994, p. 45). A princípio, os membros do território iorubano na África não foram as vítimas desse tráfico, devido em grande parte à sua estrutura sociopolítica bem desenvolvida. Em certa medida, os Iorubá, junto com os Daomé, Axante, Fulani, Kom, Mandingo e Hauçá, tinham domínio sobre os povos vizinhos de muitos modos: político, econômico, militar e cultural. Porém, as circunstâncias mudaram de modo radical quando, entre 1700 e 1867, "o centro-oeste africano e as áreas costeiras do Golfo de Benim (estendendo-se próximo do leste de Gana ao oeste da Nigéria) e do Golfo do Biafra (abrangendo aproximadamente do centro da Nigéria ao oeste de Camarões) passaram a representar mais de 75% do número total de africanos enviados através do Atlântico" (Lovejoy, 2000d *apud* Houk, 1995, p. 48)[252]. A Costa dos Escravizados, tal como a região ficou conhecida, estava

---

252. Cf tb. Blassingame (1976, p. 3).

parcialmente centrada na área agora conhecida como Benim, lar dos iorubás, dos ibos e de outros grupos menos conhecidos (Pradel, 2000, p. 40).

Os africanos substituíram os trabalhadores indígenas nas Américas, cujas populações haviam sido dizimadas por diversas medidas, incluindo o excesso de trabalho, a exposição a doenças epidêmicas e epizoóticas e, no pior dos casos, submetidos a genocídios (Simmons, 1973, p. 58)[253]. Eles representavam uma fonte abundante de mão de obra cativa que poderia satisfazer o que os europeus exigiam para sua colonização do Novo Mundo (Higginbothan, 1978, p. 116).

Avaliações precisas do número de iorubás que foram desembarcados em Trinidad e nas Bahamas, ambas ex-colônias britânicas, são difíceis de serem apuradas, pois seus registros são esparsos. A confirmação de sua presença, entretanto, é demonstrada por reminiscências da cultura iorubana, que persistem, transformadas pelo tempo, pela repressão e pelo contato com outras culturas.

Tanto Trinidad como as Bahamas constituem exemplos relativamente anômalos da instituição da escravidão na maioria das colônias britânicas do Caribe. Trinidad não estava envolvida na produção de açúcar ao estilo da *plantation* até o fim do século XVIII, quando os britânicos tomaram controle da colônia, antes pertencente à Espanha. Ao chegar a Trinidad, apenas uma década antes de 1807, quando encerrou seu envolvimento no comércio de escravizados, os britânicos encontraram uma sociedade diversa, cultural e linguisticamente, que incluía: uma proporção de pessoas negras livres maior do que a de outras colônias britânicas; um número significativo da plantocracia crioula francesa, que migrara

---

253. Simmons oferece uma explicação romantizada para a morte dos povos nativos americanos, afirmando que "a terrível e rápida destruição que ocorreu entre eles após a conquista espanhola não foi o resultado do trabalho que lhes foi imposto, mas apenas a sujeição de seu espírito, o cálice amargo da humilhação, drogado pela servidão, que produziu seu rápido despovoamento".

para lá, tentando frustrar as ideias rebeldes dos africanos escravizados, que haviam sido engendradas pelos princípios da Revolução Francesa de liberdade, igualdade e fraternidade; e hispanófonos da Venezuela, que haviam trabalhado na indústria do cacau. Nos anos seguintes, a população de Trinidad se tornou ainda mais diversificada etnicamente com a importação de milhares de trabalhadores serviçais das Índias Orientais (Higman, 1979, p. 42). Os britânicos ganharam o controle nominal das Bahamas em 1670, quando Woodes Rogers, designado como governador, expulsou os piratas que há muito priorizavam esse território de localização estratégica. Era, no entanto, uma colônia marginal, que, tal como Trinidad, tinha uma grande população de pessoas negras livres e uma população escravizada que operava com uma grande medida de autonomia. Além disso, as Bahamas nunca tiveram uma economia de *plantation* constante e de larga escala. Durante um breve período, apoiadores da Coroa Britânica, refugiados da América do Norte e Central, restabeleceram ali suas plantações de algodão, mas estas não prosperaram muito tempo por razões ecológicas e econômicas que são detalhadas mais adiante neste capítulo. Embora essas semelhanças existam, há diferenças significativas que fizeram com que a manifestação da cultura e da religião iorubás divergisse nessas duas antigas colônias britânicas. Esses modos de "retenção" da cultura iorubana nos levam ao controverso debate sobre as sobrevivências culturais na diáspora africana.

A diáspora africana

O tráfico escravista provocou o deslocamento de populações muito heterogêneas de africanos, com um amplo espectro de variação cultural e linguística. As culturas tradicionais desses africanos estavam destinadas a se diversificar ainda mais pela exposição aos povos europeus e indígenas no Novo Mundo, criando uma "etnogênese diaspórica" de povos descendentes da África, com novas identidades e práticas culturais (Chambers, 2000, p. 55).

A medida dessa sobrevivência de elementos das culturas tradicionais africanas na diáspora tem sido há muito uma questão de debate e análise para historiadores, antropólogos e outros cientistas sociais[254]. Muitos estudiosos acreditam que a natureza integral das culturas tradicionais africanas na vida diária levou à manutenção de "africanismos" na língua, na religião, na estrutura familiar e nas instituições (Yelvington, 2001, p. 227). De fato, as análises contemporâneas das dinâmicas culturais entre os povos afrodescendentes continuam a ser enquadradas por africanismos e por suas concomitantes construções de "sobrevivências", "retenções" e "sincretismos" (Yelvington, 2001, p. 227)[255].

Com o tempo, porém, alguns estudiosos passaram a considerar essa perspectiva problemática e a questionar a afirmação de que africanismos são encontrados nas culturas do Caribe e das Américas, vendo nela o reflexo de uma abordagem essencialista que jogaria em favor do projeto hegemônico europeu (Hountonji *apud* Tidjani-Serpos, 1996, p. 3-18). Okpewho (1999, p. xvi) contrapõe que, como os africanos no Novo Mundo persistem em indicar suas origens africanas, "é certo que os estudiosos têm toda

---

254. O debate entre Herskovits e Frazier sobre as sobrevivências culturais africanas é lendário. O antropólogo Melville Herskovits, em um esforço para refutar as representações negativas dos africanos e de suas culturas (ou sua suposta falta de cultura), procurou descobrir africanismos nos comportamentos e práticas dos descendentes de africanos no Novo Mundo. Ele também tentou combater as suposições racistas sobre os povos da África e provar que as culturas dos africanos nas Américas de fato continham expressões de formas culturais tradicionais africanas (embora modificadas e em um nível profundo). O sociólogo E. Franklin Frazier, por outro lado, filiava-se à escola de pensamento segundo a qual os africanos nos Estados Unidos haviam sido despojados de todos os vestígios da cultura africana devido às experiências extremas da escravidão. Ainda assim, Frazier concedia que, devido a circunstâncias diferentes, era possível que africanismos pudessem ser encontrados nas culturas dos povos afro-caribenhos. Cf. Herskovits (1958) e Frazier (1966). Cf. tb. Yelvington (2001, p. 227-260) para uma excelente crítica a respeito desse debate.

255. Cf. tb. Johnson (2002, p. 301-327). Faye V. Harrison observa que são não antropólogos, sem muita informação sobre as críticas contemporâneas de Herskovits na área da antropologia afro-americana, os que mais frequentemente empregam essas categorias (correspondência pessoal).

a razão em lançar uma luz 'essencialista' sobre aqueles aspectos da conduta e do jeito de ser africanos, que espelham as tradições continentais da África". Outros ainda consideram o conceito de africanismo viável como uma ferramenta para examinar o passado através da memória social (Tidjani-Serpos, 1996, p. 3), ainda que advirtam para não se usar o termo em seu contexto tradicionalmente subentendido, que postula "uma noção mecânica e essencialista de cultura, que faz dela uma entidade reificada, semelhante a uma coisa que pode ser 'possuída', 'mantida' ou 'perdida', que 'decai' ou 'resiste' diante do contato cultural" (Yelvington, 2001, p. 5).

Ainda que tais debates estejam em andamento, há um forte consenso de que alguns elementos das práticas culturais contemporâneas e dos sistemas de crença encontrados entre os povos de origem africana nas várias regiões da diáspora parecem ter evoluído a partir dos legados das culturas africanas (Lovejoy, 2000b, p. 24; Warner-Lewis, 1999, p. 24). A tradição oral, constitutiva para os iorubás, bem como para outras culturas africanas, facilitou a transmissão desse sistema cultural através da liturgia, da literatura, das canções e dos eventos culturais como carnaval e festivais. Em referência à tradição oral africana, Pradel (2000, p. 38, 43) afirma que "divindades e tradições devem sua sobrevivência especialmente ao poder da memória e do discurso coletivo, que garante a perpetuação dos valores ancestrais". A memória de suas raízes culturais africanas e as práticas dela derivadas cumpriram e continuam a cumprir funções tanto psicológicas quanto pragmáticas em sua adaptação às sociedades do Novo Mundo (Okpewho, 1999, p. xv). Embora essas práticas culturais muitas vezes tivessem de permanecer sub-reptícias, "a mimese e a memória, bem como o temor de sanções ancestrais, serviram de base para a continuação de certas crenças, estratégias e estilos de vida" (Warner-Lewis, 1999, p. 21).

Elementos fragmentados da cultura iorubá, por exemplo, aparecem em muitas culturas do Novo Mundo, modificados por circunstâncias históricas e geopolíticas particulares, constituindo expressões de gramáticas culturais profundamente arraigadas (Warner-Lewis, 1999, p. 22-23; cf. tb. Matsuoka; Sorenson, 2001, p. 178). A colisão de culturas resultante do comércio de escravizados, porém, também serve para embaçar distinções que permitiriam a atribuição direta de origem cultural (Warner-Lewis, 2000, p. 125). Falar da conservação das tradições culturais "originais" iorubanas é conceituá-las como algo fixo. De fato, a cultura iorubá sempre foi permeável e mutável, influenciada não apenas pelo tempo mas também por contatos íntimos com diversos grupos étnicos na África pré-colonial (Taiwo, 2000, p. 188; cf. tb. Peel, 1997). A tradição de heterogeneidade, capacidade de inclusão e acomodação dos iorubás dentro da África pode fornecer uma explicação plausível da razão pela qual os sistemas de crenças iorubanos foram tão prontamente interpolados nas culturas do Novo Mundo.

Apesar das ricas texturas e da natureza vital das religiões tradicionais africanas na vida diária, alguns colonizadores estavam "convencidos de que os africanos ocidentais eram 'ateus absolutos' ou adoradores do Diabo, [e] a maioria dos colonos ingleses expressava perplexidade em relação às práticas religiosas de seus cativos e via poucas razões para convertê-los" (Gragg, 2000, p. 272)[256]. A cultura e a religião africanas foram "assiduamente postas em embalagens negativas" por colonizadores e missionários, que se recusavam a validar ou reconhecer sua existência (Oduyoye, 1998, p. xii). Essa era a perspectiva dominante entre os protestantes britânicos em particular. A princípio, a ortodoxia protestante não validava revelações contínuas – comuns em muitos sistemas de crenças africanos –, nem poderia tolerar as cosmologias africanas, como de certo modo faziam os católicos com seu quadro de santos que serviam como intermediários (Thornton, 1998, p. 270). Antes de meados do século XVIII – época em que os protestantes começaram a validar a possessão pelo Espírito Santo (uma forma de revelação contínua) e a evangelização como um mecanismo

---

256. Os quakers são uma exceção notável.

de controle social viável (Geggus, 1997, p. 4) –, foi o catolicismo que mais ressoou com os africanos; "o culto aos santos pode ter facilitado aos africanos de diferentes tradições nacionais a fundir suas próprias versões do cosmo com as revelações de seres cristãos do outro mundo" (Thornton, 1998, p. 270-271).

Antes de sua exposição ao Novo Mundo, alguns africanos já haviam sido introduzidos ao cristianismo, sobretudo nas regiões do Congo e de Angola. O que ali emergira foi um cristianismo africano, uma versão modificada de ambas as tradições, mas que era regionalmente específica, adaptada ao sistema de crenças particular de cada grupo étnico. No Novo Mundo, os convertidos cristãos africanos serviam como catequistas, como sacerdotes assistentes e como missionários na conversão de outros africanos. Essas conversões no Novo Mundo, entretanto, tiveram de ser realizadas lidando com diferentes grupos étnicos de africanos, um cenário que levou a novas encarnações do cristianismo africano. De maneira paradoxal, se, de um lado, o cristianismo foi listado como uma ferramenta para reforçar a lógica de escravidão e dominação dos africanos, inclusive com adoção de versículos bíblicos apropriados esse explícito propósito (p. ex., Ef 6,5-9; Fl 2,5-8; Cl 3,22-25; 1Pd 2,5-25) (Gossai; Murrell, 2000, p. 13), por outro, a Bíblia era o único documento de origem europeia que garantia aos africanos sua pertença à raça humana (Echeruo, 1999, p. 5).

Por mais modificada que tenha sido, a prática persistente das crenças e atividades religiosas africanas, buscando a intervenção dos ancestrais e de outros mediadores, permitiu aos africanos resistir à desumanização total (Oduyoye, 1998, p. xiii). Em muitos casos, quando enfrentaram as forças física e psicologicamente destrutivas da escravidão, os africanos demonstraram uma agência muito significativa, conciliando aspectos de suas tradições culturais africanas (que, como mencionado, às vezes também incluíam o cristianismo) com aqueles que encontraram no Novo Mundo. As diversas experiências de escravização do Novo Mundo, a forma dominante de cristianismo encontrada (católica ou protestante) e a quantidade de contatos com ele foram fatores importantes no grau de aceitação ou rejeição dos elementos cristãos dentro dos sistemas de crenças tradicionais dos africanos escravizados. O que se desenvolveu foi, em essência, um contínuo de variações cosmológicas e teológicas que segue em processo de renegociação, à medida que os sistemas de crença derivados da África interagem, tanto entre si quanto com discursos e matrizes de poder não africanos (Warner-Lewis, 1999, p. 24).

Iorubás em Trinidad

Trinidad é uma ilha caribenha no sul das Pequenas Antilhas, localizada bem ao largo da costa da Venezuela. Sua proximidade com esse país hispanófono, um influxo de imigrantes francófonos no século XVIII e a presença de grande número de africanos e indianos criaram o que é chamado de "cultura callaloo": ao mesmo tempo "uma mistura feliz e mutuamente transformadora de diversidade cultural, racial e religiosa" e "uma identidade particular e politizada, mesmo que se destine a conotar um escopo ideológico muito abrangente" (Khan, 2001, p. 7). Apesar da incidência de rebeliões e revoltas nas *plantations* em outros lugares do Novo Mundo, Trinidad foi relativamente pacífica; o único incidente digno de nota foi o "ardil" do Natal de 1805, que nunca se concretizou (Houk, 1995, p. 49)[257]. Já se sugeriu que a ausência de conflitos entre europeus e africanos em Trinidad se deveu a vários fatores: a duração relativamente breve da "instituição peculiar" da escravidão, a demografia e o tipo de economia de plantation ali instituída:

> Os colonos só iniciaram o cultivo do açúcar em estilo de *plantation* no fim do século XVII, e a emancipação completa ocorreu em 1838. Os espanhóis, franceses e britânicos importaram aproximadamente

---

257. Michael Craton (1982, p. 236) descreve essa "conspiração" como um acontecimento mais similar a "uma encenação do que a uma verdadeira rebelião, uma forma de sublimação que pode até ser aproveitada pela classe dominante".

22 mil escravizados africanos para Trinidad, a maioria dos quais chegou no fim do século XVIII. Nos anos 1600, havia uma lucrativa indústria de tabaco em Trinidad, seguida nos anos 1700 por uma bem-sucedida indústria de cacau, que deu lugar ao algodão na década de 1780; nenhuma delas utilizava mão de obra escravizada em grande escala. Então a indústria do açúcar começou sua ascendência [...] em 1784, com a primeira onda de imigração francesa (Houk, 1995, p. 50-51)[258].

Depois que os britânicos aboliram o comércio transatlântico de escravizados em 1807, eles policiaram as vias marítimas, libertando as "cargas" de navios escravistas destinadas quase sempre às *plantations* espanholas e portuguesas nas Américas. Os "africanos libertados" eram então instalados em várias colônias britânicas, incluindo Trinidad e Bahamas. A abolição da escravidão nas colônias britânicas – que não cessou por completo até o fim do chamado período de aprendizagem, em 1838 – testemunhou a chegada de um número significativo de africanos a Trinidad, seja como "libertados", seja como trabalhadores migrantes voluntariamente contratados.

De 1841 a 1861, mais de 6 mil trabalhadores africanos sob contrato foram instalados em Trinidad; a imigração iorubá teve forte concentração durante esse período (Warner-Lewis, 2000, p. 114). Segundo Maureen Warner-Lewis (2000, p. 114), "alguns dos imigrantes iorubás de Trinidad tinham origens culturais e étnicas complexas, que refletiam processos contínuos de mudança dentro da própria África". Seu contato com outros grupos étnicos africanos na África antes de sua chegada ao Novo Mundo levou a "processos que funcionaram de formas complexas para criar configurações

---

258. A imigração francesa foi uma resposta a um convite do governador de Trinidad, Ralph Woodford, dirigido aos proprietários de plantações das ilhas vizinhas. Isso resultou na adição de cerca de 2 mil africanos escravizados à população existente de 11.633 crioulos e 13.968 pessoas escravizadas nascidas em África.

culturais de base africana no Caribe" (Warner-Lewis, 2000, p. 125). Os imigrantes iorubás, a princípio, segregaram-se em uma aldeia separada na capital, Porto da Espanha (Nunley; Bettleheim, 1988), e a já diversificada população de Trinidad foi aumentada por um influxo de pessoas nascidas na África, sobretudo iorubás e congoleses (Nunley; Bettleheim, 1988), que nunca haviam sofrido as indignidades da escravidão no Novo Mundo.

Ao contrário da iorubá, a cosmologia congolesa não contempla um complexo conjunto de divindades, o que a torna menos receptiva a uma associação ou simbiose complementar (Desmangles, 1992) com o catolicismo, a religião predominante que os congoleses encontraram em Trinidad (Desmangles, 1992, p. 53)[259]. O complexo e maleável panteão iorubano facilitou justamente essa interpolação. James Houk, um antropólogo que conduziu uma extensa pesquisa sobre a religião dos orixás e que foi "iniciado" enquanto conduzia seu trabalho de campo, especula que a adição de um número substancial de africanos nascidos na África à população de africanos recém-emancipados foi a base do que viria a se tornar a religião dos orixás em Trinidad (Desmangles, 1992, p. 52)[260].

Religião dos orixás

A religião dos orixás espelha a cultura callaloo de Trinidad na figura de seus devotos, que representam uma colagem das populações da ilha. De acordo com um seguidor:

> É uma religião para a qual diariamente, 365 dias por ano, pessoas de todas as raças, de todas as cores, de todas as classes, fazem seu caminho; os devotos e iniciados declarados, assim como os necessitados de ocasião e os adeptos que não se declaram. Eles vêm

---

259. A influência do catolicismo foi estabelecida pelos imigrantes franceses e espanhóis de Trinidad, muito antes de os britânicos assumirem o controle da região.

260. A religião dos orixás também é chamada de "culto a Xangô" por Dale Bisnauth (1996, p. 172).

em busca de exorcismos, de medicação e de vidência. Querem ajuda em assuntos financeiros, que seus carros sejam abençoados [...] eles vêm em um fluxo interminável; os eruditos hindus, o celebrador do Kali Pujas, os empresários crioulos franceses, o funcionário do banco que quer apanhar alguém em casamento. Todos eles vêm (Springer, 1995, p. 91).

Como resultado de seu engajamento em múltiplas tradições culturais, a religião dos orixás tem sido caracterizada como uma religião sincrética, assim como outras religiões neoafricanas no Novo Mundo, como Santeria (Cuba), candomblé (Brasil) e o voodu (Haiti). O conceito de "sincretismo", popularizado nos anos 1940 pelo antropólogo Melville Herskovits, é definido como um processo multifacetado (ideologia e cultura material) e com múltiplos níveis (estrutura profunda e superficial) de mistura de elementos de uma cultura com outra, quando eles estão em situação de contato contínuo. Como resultado, a transformação cultural ocorre à medida que novos domínios do conhecimento cultural e da cultura material são criados[261]. Essa definição com frequência tem sido empregada como uma ferramenta de análise das culturas do Novo Mundo. Os estudiosos indígenas, afro-americanos e negros americanos criticam cada vez mais esse termo multivalente, argumentando em favor da adoção de novos paradigmas que reflitam uma concepção não eurocêntrica da experiência africana no Novo Mundo (Harrison, 1991). Desmangles (1992, p. 8) confronta esse dilema, sugerindo considerar uma "simbiose" o que ocorreu com as culturas tradicionais africanas, ao longo da convivência temporal e espacial no Novo Mundo – ou seja, uma coexistência sem fusão, em vez de "sincretismo", ou seja, mistura ou fusão.

A religião dos orixás, cujo nome deriva das divindades iorubás, é na verdade um complexo de cinco tradições religiosas ou espirituais: iorubana, católica, hindu, protestante e cabalista.

---

261. A tese da "criação original" inspirada por essa análise foi objeto de um debate de décadas entre Sidney Mintz e Mervyn Alleyne.

O sacerdote (*mongba*) e a sacerdotisa (*iya*) ganham prestígio pela amplitude de seu conhecimento. Quanto mais abrangentes forem suas práticas – ou seja, quanto mais inclusivos são seus santuários e festivais anuais (*ebo*) –, mais respeito e adeptos eles ganham. As muitas vozes iorubás ressoam em sua incorporação diferencial desses diversos sistemas de crenças. A contribuição feita por cada um desses componentes para a religião dos orixás varia em escopo e substância.

Devido às primeiras influências de imigrantes franceses e espanhóis, o catolicismo era a religião dominante em Trinidad. Os elementos católicos, portanto, foram os primeiros a serem incorporados à religião dos orixás; seu período de desenvolvimento ocorreu durante a escravidão, o que exigiu uma prática velada. A substituição da iconografia católica pelos orixás foi empregada da seguinte forma: São Miguel foi substituído por Ogum; São João da Cruz, por Xangô; Santa Ana, por Iemanjá; e Jesus Cristo (também São Bento), por Obatala (Desmangles, 1992, p. 97; Bisnauth, 1996, p. 173)[262].

Foram promulgadas leis para impedir a prática das religiões africanas em Trinidad, e alguma legislação restritiva ainda permanece: "A religião dos orixás ainda não é livre para ser praticada. Há leis nos livros estatutários que tornam obrigatória a obtenção de uma licença para um santuário antes da posse de um *Ebo* [...] No último ano [1995], uma pessoa foi processada sob tal lei" (Springer, 1995, p. 93).

Houk (1995, p. 65) observa que a "influência atual do catolicismo é praticamente nula, mas as crenças, práticas e parafernália católicas ainda são componentes importantes do sistema de crenças nos orixás". Ele afirma ainda que houve um forte movimento em direção a uma "africanização" da religião dos orixás, um esforço para dissociar suas divindades dos santos católicos. Esse movimento é liderado por devotos mais jovens e tem causado algum atrito entre eles e praticantes mais velhos, que acreditam que "rezar

---

262. Essa designação alternativa para Obatala vem de Bisnauth.

uma ave-maria ou duas nunca os impede de fazer 'O Trabalho do Orixá'" (Sringer, 1995, p. 97)[263]. Essas identidades religiosas emergentes são vistas como um meio para o empoderamento cultural, uma vez que, por meio delas, pessoas de origem africana geram narrativas contemporâneas de espiritualidade e crenças religiosas (MacGowan; Gordon, 2001, p. 1).

Existe uma relação bem estreita entre os devotos da religião dos orixás e os Batistas Espirituais, uma seita cristã protestante popular em Trinidad[264]. De fato, muitas pessoas são adeptas dos dois sistemas de crenças ao mesmo tempo, embora muitas vezes clandestinamente.

Há também uma afiliação moderada com a religião hindu que veio com os indianos, apesar de historicamente a relação entre afro-trindadenses e indo-trindadenses ser controversa: "há aproximadamente um século e meio os indo-trindadenses têm tentado fortalecer sua presença como grupo, em parte através de contrastes culturais (que se traduzem em fronteiras étnicas) entre eles e os afro-trindadenses" (Khan, 1999, p. 254). Apesar disso, alguns chefes de santuários estão começando a incluir artefatos e imagens religiosas hindus em seus complexos (Houk, 1995, p. 200). As deidades hindus, como as do catolicismo e as do panteão iorubano, são altamente antropomórficas, o que as faz parecer redundantes ou duplicações das deidades orixás e de seus domínios (Houk, 1995, p. 179).

A Cabala é uma mistura eclética de filosofias religiosas com origens judaicas, importadas pelos colonizadores espanhóis, franceses e britânicos (Houk, 1995, p. 36-37). Sua influência sobre a religião dos orixás não é uma verdadeira integração em si mesma. A inclusão limitada da Cabala como uma plataforma filosófica serve, em vez disso, para formular um sistema de crenças mais abrangente e assim atrair mais devotos.

---

263. Para uma discussão sobre a influência iorubá na música da religião dos orixás, cf. tb. Warner-Lewis (1994).
264. Tal como os iorubás, batistas espirituais são politeístas. Cf, Glazier (1983, p. 24-25).

Um contexto étnico e socioeconômico comum entre os seguidores da religião dos orixás facilita sua sinergia com os Batistas Espirituais e com os cabalistas (Houk, 1995, p. 201). A devoção aos orixás em Trinidad expressa a arte e os processos de fragmentação e recombinação de mosaicos cosmológicos e teológicos díspares em sistemas que permitem constante regeneração e transformação.

Carnaval trindadense

As influências culturais iorubás são evidentes na tradição carnavalesca de Trinidad. Celebrado durante a semana antes da Quarta-feira de Cinzas a cada ano, o Carnaval invoca as tradições iorubanas de reverência aos ancestrais e de culto aos orixás. Os foliões de Carnaval brincam em desfiles – chamados de "mas" – com fantasias que refletem as encontradas na África Ocidental. Tiras brilhantes de tecido multicamadas fazem lembrar os trajes de Egungun usados nos festivais de Benim e da Nigéria. Rostos pintados de giz branco evocam a adoração dos espíritos ancestrais. As redes cobrindo o rosto representam a fronteira entre o mundo dos vivos e o dos espíritos ancestrais, que só pode ser quebrada correndo-se um risco pessoal (Nunley; Bettleheim, 1988, p. 26). Os cantos iorubanos são repetidos, invocando o poderoso orixá Xangô. As penas, que os iorubás consideram artefatos poderosos na invocação de energia positiva (*axé*) e riqueza, também são elementos importantes na decoração de fantasias (Nunley; Bettleheim, 1988, p. 8-9).

Iorubás nas Bahamas

As Bahamas são um arquipélago composto por 700 ilhas (das quais apenas 30 são habitadas) e 2.400 ilhotas e rochas que se estendem da costa sudeste da Flórida, na direção leste, até a Passagem do Barlavento ao norte de Cuba e Haiti. Durante a era colonial, os espanhóis, franceses e britânicos reivindicaram intermitentemente a posse das Bahamas, mas os britânicos acabaram ganhando o controle nominal em 1670.

As Bahamas permaneceram colônia da Coroa Britânica até alcançar a independência em 1973, embora ainda fossem membro da Commonwealth Britânica. A região sofreu com uma escassez crônica de recursos naturais, uma população amplamente dispersa, epidemias e uma vasta destruição causada por furacões e guerras entre as potências europeias, que vinham para controlar a colônia – atraente sobretudo por causa de sua proximidade estratégica com a Corrente do Golfo, uma importante rota de navegação. Essas exigências criaram um cenário onde todos os baamianos, independentemente da cor da pele ou do *status* social, eram parte integrante do esforço para alcançar a viabilidade da colônia, o que explica até certo ponto a razão pela qual a instituição da escravidão ali divergiu daquela que se manifestou em outras colônias britânicas. A base social e econômica dos baamianos não foi definida pelas *plantations* de açúcar, que, mesmo após a abolição da escravidão no Caribe Britânico, continuaram a moldar os contornos sociais e econômicos de muitas colônias britânicas (Johnson, 1991, p. vi).

Em contraste com a maioria das Índias Ocidentais britânicas, muitos proprietários de plantations nas Bahamas eram residentes. Assim, eles ou seus supervisores demonstravam mais preocupação em preservar sua "propricdade" do que em cumprir quotas de produção (Hughes, 1981, p. 6-7). A geografia foi outro fator distintivo; a falta de solo superficial e o terreno rochoso na maioria das ilhas tornou praticamente impossível a agricultura de plantação em larga escala. A tentativa de colonos leais à Coroa Britânica de reconstituir suas plantações de algodão tiveram sucesso inicial, mas de curta duração[265]. A maioria desses colonos eram refugiados

---

265. De acordo com o registro histórico: "A chegada dos refugiados norte--americanos impulsionou a situação econômica da colônia à medida que eles introduziram o cultivo de algodão, antes feito na Geórgia. Mais tarde, foi cultivado o algodão anguilla, uma espécie de fibra longa que crescia o ano todo. Em 1778, a produção de algodão havia se tornado uma operação bem-sucedida, com mais de 8 mil acres de terra cultivados. As melhores ilhas de algodão eram as Ilhas Turks e Caicos, Long Island, Watlings Island, Cat Island e Exuma" (CO23/30/335 – Commonwealth of the Bahamas, 1989, p. 9). No entanto, as plantações de algodão fracassaram na década de 1830, principalmente por causa do solo inadequado e das pragas, como larvas de borboleta.

de Nova York, das Carolinas, da Geórgia e da Flórida, que, junto com seus africanos escravizados, buscaram asilo nas Bahamas em 1783, após serem derrotados na Guerra de Revolução dos Estados Unidos. Originalmente em fuga para o leste da Flórida desde Savannah, Charleston e Nova York após a guerra, eles acabaram deixando a Flórida e vindo para as Bahamas quando a Espanha recuperou a soberania dessa região, sob a autoridade do Tratado de Paris de 1783. Entre 1783 e 1785, estima-se que entre 5 e 7 mil colonos leais aos britânicos migraram da Geórgia e das Carolinas para as Bahamas (Saunders, 1990, p. 11).

Além disso, havia um grande número de africanos residentes que haviam sido "libertados" pela Marinha Real Britânica de navios escravistas a caminho das colônias espanholas e portuguesas pela Corrente do Golfo ao largo da costa ocidental das Bahamas; entre esses africanos, havia um número desconhecido de iorubás. De 1811 a 1860, "aproximadamente 6 mil africanos desembarcaram nas Bahamas, saindo de 26 navios escravistas, arvorando a bandeira espanhola ou portuguesa. Todos eles haviam sido capturados por navios britânicos ou naufragados nas rochas e recifes que circundavam as ilhas" (Johnson, 1991, p. 31) que, na época, não tinham faróis. Embora tecnicamente considerados "pessoas livres", esses africanos libertados não experimentavam verdadeira liberdade ao chegar a esse território britânico. A maioria deles, se não todos, estavam sujeitos a contratos de serviço com prazo aberto, que eram na prática equivalentes à escravidão.

As mulheres e os homens nascidos em África, a maioria dos quais eram congos, ibos, mandingos e iorubás (Saunders, 1991, p. 22-23), encontraram uma comunidade majoritariamente crioula de africanos que estava muito assimilada à cultura britânica[266]. A linguagem e o comportamento dos crioulos levaram o então

---

266. O panorama sociopolítico e sociocultural das Bahamas foi significativamente transformado pela chegada dos norte-americanos leais à Coroa Britânica e de seus africanos escravizados, muitos dos quais eram crioulos.

governador Colebrooke a observar que "muitos dos negros, à exceção da cor da pele, são tão ingleses como se tivessem nascido e crescido em tal país, e a aparência inglesa dos seus semblantes é tão acentuada que, ao olhar para eles, é de fato possível esquecer a característica africana"[267].

Os crioulos e africanos escravizados tinham um controle significativo sobre suas próprias vidas devido ao trabalho limitado nas *plantations* das Bahamas. Os proprietários de escravos lhes permitiam procurar emprego independente em empreendimentos comerciais e marítimos, exigindo-lhes que remetessem uma parte da sua remuneração. Esse sistema de contratação atenuou a distinção entre livres e escravizados a tal ponto que, segundo Johnson, "escravidão e liberdade deixaram de ser polos opostos". Nos anos que se seguiram ao colapso do algodão, quando a procura de mão de obra cativa diminuiu, tanto os escravizados rurais como os urbanos assumiram uma autonomia considerável, sem paralelo em outras partes do Caribe Britânico. Nesse contexto, surgiu um campesinato e um proto-campesinato anterior à emancipação" (Johnson, 1991, p. vii)[268].

O grande influxo de africanos libertos, principalmente para Nassau, alarmou a população branca das Bahamas e provocou, em especial, a hostilidade dos norte-americanos leais à Coroa Britânica, que haviam importado sua própria ideologia racista[269]. O descontentamento deles incitou a promulgação de leis rigorosas, proibindo moradias integradas e ordenando "que todas as pessoas de cor ficassem fora das ruas da cidade de Nassau após as 21h,

---

267. Colebrooke para James Stephen, 4 de outubro de 1835, CO 23/94 (*apud* Johnson, 1991, p. 39).

268. O sistema de contratação autônomo surgiu em 1784. Johnson (1991, p. 2) também nota que os escravizados "exerciam um controle substancial sobre suas vidas e seu trabalho, bem como conseguiam acumular propriedades, apesar de serem eles próprios bens móveis".

269. Além de suas crenças racistas, outra preocupação era que essa nova força de trabalho tivesse o efeito de diminuir o valor da "propriedade" humana dos norte-americanos leais à Coroa Britânica.

quando o sino da cidade tocasse" (Saunders, 1983, p. 45)[270]. Leis semelhantes foram promulgadas nas Ilhas Out (também chamadas de "Ilhas Family"), embora não fossem tão restritivas devido às diferenças substanciais no estilo de vida e na demografia dessas áreas remotas em comparação com Nassau. Essas leis tiveram o efeito de criar e codificar novas barreiras raciais.

O Governador J. Carmichael Smyth, um abolicionista, procurou resolver a questão criando "Aldeias Africanas" na Ilha de New Providence, ainda que elas estivessem localizadas a uma grande distância de Nassau. Ao chegarem, os africanos libertos eram tratados no hospital por causa de ferimentos ou doenças e recebiam roupas, já que a maioria deles chegava em uma condição descrita como "deplorável". Essa caracterização se referia não apenas à falta de comida e roupa de cama, mas também à falta de roupas para seus corpos nus. Aparentemente, essa visão era um grande atentado à sensibilidade dos britânicos vitorianos, tal como confirmado em um relato de 1831 do jornal *Argus*, que afirmava em parte: "É realmente ofensivo para os olhos de uma comunidade civilizada testemunhar as andanças dos bárbaros, na *Custom House* e em outros lugares, quase em estado de nudez" (Johnson, 1991, p. 39).

Além de Smyth, outros colonos das Bahamas simpatizavam com a situação dos africanos aprendizes. Essa atitude está refletida no seguinte trecho de um despacho do governador:

> Não estou disposto a acreditar na intuição do Governador de designar novamente para os Mestres as pessoas que haviam completado períodos de aprendizado, alguns deles com mais de 14 anos e nenhum deles com menos de 7, e que, como aparece no curso da investigação em andamento, tinham dado as provas mais

---

270. Antes da aprovação das leis sobre vagabundagem e separação racial, que foram trazidas pelos norte-americanos leais aos britânicos, as moradias dos bahamenses brancos e negros eram misturadas em Nassau. Foram aprovadas leis que proibiam o toque de tambores e a reunião de mais de seis africanos ao mesmo tempo, a menos que fossem parentes uns dos outros.

decisivas de que eram capazes de prover seu próprio sustento no fato absoluto de que, durante muitos anos de seu aprendizado, e alguns deles durante todo o período, haviam sido instruídos por seus titulares não só para fazer isso, mas também para pagar-lhes somas semanais ou mensais consideráveis [conforme o sistema de contratação adotado] [...] Parece-me que, após a conclusão de um período de aprendizado, a indústria deveria ser convertida para o interesse do africano em última instância, e não para o de um indivíduo que não tem nenhum outro tipo de consideração por ele[271].

Essa correspondência ilustra um grau de preocupação com o bem-estar dos africanos nas Bahamas, que repercutiu cada vez mais em todas as colônias britânicas até que a instituição da escravidão fosse finalmente encerrada pela Lei da Abolição, de 15 de fevereiro de 1834[272]. O período adicional de quatro anos de "aprendizado" imposto pela Lei da Abolição, porém, equivalia a mais quatro anos de trabalho não remunerado ou essencialmente não remunerado. Em 1837, o Conselho Africano foi criado para administrar as questões relativas a essas pessoas libertadas.

Infelizmente, informações muito limitadas sobre as origens desses africanos libertos podem ser obtidas em documentos que descrevem as três aldeias da África: Adelaide, Carmichael e Gambier. Os primeiros 157 colonos de Adelaide chegaram em 1831. Eles "receberam machadinhas e enxadas para a agricultura e deveriam ajudar na construção de suas próprias casas"[273]. Em 1834, o segundo grupo chegou lá, "depois que os navios *Felicidad* e *Hebe*, nos quais estavam viajando, foram capturados pela Marinha Real.

---

271. Major General Lewis Grant, *Governor's Despatches, 1827-1831*, Bahamas Department of Archives, citado por Howard (2002, p. 63-64).

272. Uma observação interessante é o fato de o primeiro "homem de cor" ter sido eleito para a Assembleia Legislativa nessa mesmíssima data.

273. Carta enviada pelo governador J. Carmichael Smyth a James Walker por C. R. Nesbitt, 19 de julho de 1831, CO23/84/297-99 (*apud* Williams, 1991, p. 3).

Não se sabe ao certo de que parte da África os viajantes podem ter vindo. Acredita-se que muitos eram originários do Congo, da Costa do Ouro e da Costa Leste da África"[274].

Os africanos libertos também se estabeleceram nas aldeias africanas de Carmichael e Gambier. Ali cultivavam legumes e frutas e os vendiam no mercado principal de Nassau. Porém, no ano seguinte, muitos desses colonos originais haviam migrado para uma área próxima a esse mercado, que era o centro do comércio[275]. Eles se fixaram em uma das três áreas geralmente conhecidas como "Over the Hill" ("Sobre a Colina"): Grant's Town, Bain Town e Fox Hill. Cleveland Eneas, um descendente de iorubás, escreveu um livro intitulado *Bain town*, que documentou a história desse assentamento específico, usando anedotas pessoais e história oral transmitida por seu pai e outros membros da comunidade. Seu relato atribui a origem desse lugar ao assentamento de iorubás e congos que haviam sido libertados de navios escravistas (Eneas, 1976, p. 22-29). Eneas nos relata a existência de vários iorubás entre esses novos colonos e conta que as mulheres iorubás, em particular, eram conhecidas por suas habilidades nos negócios e dominavam o mercado de Nassau. De acordo com Eneas (1976, p. 37),

> pode ser uma afirmação absurda, mas as senhoras idosas [...] acreditavam com convicção ter sido especificamente para elas que [...] foi construído o Mercado Municipal [...] algumas vendas eram realizadas, naquele local, por mulheres iorubás de Bain Town e Fox Hill, desde que se tem lembrança.

De acordo com Saunders (1995, p. 2), "mulheres afro-caribenhas também usavam a praça do mercado para organizar o 'asue', uma prática de origem iorubá (também conhecida como

---

274. Carta enviada pelo governador J. Carmichael Smyth a James Walker por C. R. Nesbitt, 19 de julho de 1831, CO23/84/297-99 (*apud* Williams, 1991, p. 3).

275. Muitos africanos libertos se casavam entre si ou tinham relações conjugais com mulheres e homens escravizados.

'sou-sou', 'parceiro' ou 'pague e vire') concebida para economizar e cumprir obrigações financeiras".

O povo Iorubá, ou N'ongos[276] como se autodenominavam, era descrito como "arrogante" e via os congos como inferiores, tanto social quanto economicamente. De fato, Eneas (1976, p. 29) afirma: "nenhum homem n'ongo se associaria a um congo em nenhuma circunstância. Ele o considerava alguém a ser evitado, e a segregação e a discriminação eram frequentes. Para um homem n'ongo, ser rotulado de 'homem congo' era um epíteto tão cruel quanto é possível imaginar". Os dois grupos mantinham distância; a cidade de Bain foi dividida em dois distritos: a Cidade do Congo (Contabutta) e a Cidade N'ongo (Iorubá). Os iorubás se segregavam não apenas dos outros africanos mas também dos negros crioulos, como haviam feito em Trinidad. Eneas (1976, p. 22) descreveu os grupos iorubanos nas Bahamas como "povo orgulhoso e progressista, que tinha um talento para a elegância e a beleza, [e que] era trabalhador, astuto e independente". *Bain town* retrata um assentamento de iorubás que estava prosperando social e economicamente e conseguindo preservar algumas de suas tradições culturais africanas.

Os limites físicos de Bain Town foram essencialmente apagados pelo crescimento de Nassau, onde hoje residem cerca de 65% a 70% da população total das Bahamas (304 mil)[277]. Assim como essas barreiras físicas, também ficaram imprecisas as distinções culturais das comunidades iorubá e congo – mantidas desde o fim do século XIX até a década de 1960, conforme atestado pela

---

276. O termo "N'ongo" é uma forma vernácula da palavra "Nagô", um termo arcaico para os iorubás (Toyin Falola, em correspondência pessoal)

277. Esse número é uma estimativa de 2003. Nassau tem essa população tão grande porque quase todas as oportunidades de emprego assalariado estão lá. Há menos disponibilidade em outras mecas turísticas, como Freeport e Grand Bahamas, e ainda menos na maioria das Ilhas Family. Assim, quem mora nelas (ou nas Ilhas Out) migra para Nassau em busca de emprego, sobretudo os mais jovens. Essa demografia provavelmente não contempla grande número de imigrantes haitianos, muitos dos quais são ilegais.

existência das diferentes Sociedades de Amigos e hospedagens Congo e Iorubá (Saunders, 1991, p. 22-23).

Algumas denominações cristãs fizeram um grande esforço para converter os africanos libertos logo após a chegada deles. A administração colonial, com efeito, ordenou que eles recebessem instrução religiosa e aprendessem habilidades viáveis. Os batistas e metodistas eram evangelizadores especialmente ativos entre os africanos. No Caribe Britânico, os missionários batistas, em particular, ganharam a reputação de "'amantes de negros' que corrompiam a mente dos escravizados com ideias erradas" (Gossai; Murrell, 2000, p. 17). Saunders (1990, p. 167) afirma que "os escravizados se identificavam com os primeiros pregadores batistas e metodistas, que eram originalmente negros, e é provável que participassem de cultos com músicas estranhas aos seus senhores e também de ritos fúnebres, como velórios e rituais de possessão, e, talvez, acreditassem em Obeah"[278]. Anglicanos e presbiterianos desdenhavam e ignoravam de maneira explícita os africanos, alegando, porém, que não havia espaço suficiente em suas igrejas para eles (Saunders, 1990, p. 167).

É possível que a prática das tradições religiosas iorubás nas Bahamas tenha sido extremamente restrita devido à influência sociopolítica das igrejas cristãs protestantes, que era significativa na época e continua sendo até hoje. De fato, afirma-se que "nenhum partido [político] nas Bahamas jamais chegará ao poder, a menos que seus líderes sejam vistos como cristãos de uma forma ou de outra" (Collinwood, 1989, p. 18-19).

A celebração do 50º aniversário da chegada às Bahamas, em 1837, de certo número de iorubás como africanos libertos foi noticiada no *The Freeman*, jornal publicado para a comunidade

---

278. A religião afrodiaspórica Obeah ainda é tema de discussão contemporânea nas Bahamas, mesmo que em tom mais abafado. Em vez de chamar as pessoas de "homens de Obeah" ou "mulheres de Obeah", a expressão *bush medicine doctor* ("médico da mata") é frequentemente empregada.

negra das Bahamas[279]. A edição de 8 de maio de 1888 tem como reportagem de capa "Jubileu do desembarque das tribos Iorubá e Egba nas costas livres de Nassau, N.P. [New Providence]". O periódico fornece extenso relato da chegada desses povos desde sua terra natal africana original, descrita como "a terra do mistério e da escuridão". Aparentemente, eles haviam sido cativos numa guerra travada pelo líder da nação Iorubá, o Rei Odoomawoom, contra dois de seus grupos étnicos rebeldes, os Foulah e os Baaba. O rei, que antes "dominava com mão de ferro", sucumbiu na batalha. Muitos dos líderes iorubás cativos e outros, incluindo os egbas, foram vendidos a dois traficantes escravistas americanos e destinados à escravatura em plantações de açúcar espanholas ou portuguesas. No entanto, ao entrarem em águas controladas pela Grã-Bretanha ao largo das Bahamas, foram "espiados por um homem de guerra britânico, que lhes disparou um tiro na proa e ordenou que rebocassem imediatamente". Os navios foram interceptados e entregues a um porto de Nassau, e "com o traje único da Natureza, que era da cor mais escura possível, os iorubás e egbas foram libertados dos buracos imundos onde estavam e desembarcaram como homens livres em solo britânico"[280].

A caracterização que Eneas (1976) fez dos iorubás e de seus descendentes nas áreas de Bain Town e Fox Hill, em Nassau,

---

279. *The Freeman*, maio de 1888. Documento do Departamento de Arquivos Nacionais das Bahamas. Com um senso de humor e humildade extraordinários, um "pedido de desculpas" foi impresso logo abaixo do cabeçalho, declarando: "Reconhecemos que se deve fazer um pedido de desculpas ao público por erros tipográficos e outros erros que frequentemente perturbam nossas colunas; mas, quando nossos leitores perceberem que somos ao mesmo tempo editor, supervisor, compositor, revisor, corretor, impressor, 'o diabo' e todas as outras funções necessárias a um jornal com a ajuda de dois garotos que viram o interior de uma gráfica pela primeira vez há três meses, temos certeza de que eles desculparão o que, de outra forma, seria considerado descuido ou negligência". Agradeço muito a Sherriley Strachan, do Arquivo Nacional das Bahamas, por chamar minha atenção para esse documento obscuro.
280. *The Freeman*, p. 1.

é muito parecida com a descrição feita no jornal de 1888: "Seus descendentes raramente se casam fora de sua tribo; e até mesmo sua língua é preservada [...] São quase todos uma raça econômica e parcimoniosa, e as casas de campo bem arrumadas que estão construindo para substituir rapidamente as cabanas de palha que fizeram logo de início, quando se instalaram, contam uma história de progresso e avanço no seu gosto e na sua condição"[281].

Por mais de um século, os iorubás nas Bahamas preservaram muitas de suas tradições culturais, inclusive o casamento endogâmico, alguns dos elementos do idioma, práticas econômicas[282] e traços de reverência aos ancestrais que são evidentes nos trajes de Junkanoo[283]. O Festival Junkanoo nas Bahamas teve origem durante a escravidão, quando os escravizadores permitiram aos escravizados tirar vários dias de folga de suas tarefas durante o feriado de Natal. Assim como em Trinidad durante o Carnaval, os trajes dos participantes do Junkanoo, montadas com tiras coloridas de várias camadas, lembram as vestimentas Egungun da África Ocidental[284].

---

281. *The Freeman*, p. 1.

282. Em 1985, Saunders (1990, p. 198), historiador das Bahamas, observou que "muitos costumes africanos, por exemplo, o *asue*, sobreviveram ao longo dos anos". Minha pesquisa no fim da década de 1990 confirma que o *asue* persiste como uma alternativa econômica viável para algumas pessoas desse país, inclusive os que vivem nas Ilhas Family.

283. Alega-se que a etimologia do termo "Junkanoo" deriva ou do nome de um soberano tribal da África Ocidental, John Canoe, que foi capturado e escravizado nas Índias Ocidentais, ou dos dizeres *gens inconnus* em francês, que significa "povos desconhecidos", referência à tradição de mascaramento dos celebrantes do festival (Nunley; Bettelheim, 1988). Outras possíveis origens do nome incluem John Cony, um príncipe comerciante africano da Costa do Ouro (Gana); Jankomo, um dançarino Axante; e John Kuner ou Kooner, uma figura benevolente característica do mundo da plantation, vestido com roupas esfarrapadas e listradas ("Junkanoo", Archives Exhibition 13 de fevereiro a 3 de março, Nassau, Bahamas, Department of Archives, 1978).

284. Archives Exhibition 13 de fevereiro a 3 de março, Nassau, Bahamas, Department of Archives, 1978, p. 28.

Considerações finais

O *status* dos Iorubá no Caribe Britânico variava em um *continuum* de africanos escravizados, africanos "libertos" e pessoas livres. Em Trinidad, a vitalidade de sua cultura permanece em evidência até hoje, principalmente por meio da religião dos orixás, que proporcionou um fórum para crenças e práticas oriundas dos iorubás durante e após a escravidão. Um líder espiritual iorubá, o Ooni de Ife, que visitou o santuário de uma ialorixá de Trinidad em 1988, reconheceu a estreita correspondência entre as divindades da religião dos orixás em Trinidad e a religião iorubá no sudoeste da Nigéria (Murray, 1998). O famoso carnaval anual de Trinidad também é um fórum para a expressão artística da cultura material iorubana por meio de trajes, dança e música. Warner-Lewis (1999) gravou canções iorubás em Trinidad, e sua análise "indica uma gama de temas afetivos e informativos que restauram a personalidade de seus cantores originais, refletindo seus traumas e crenças religiosas".

A cultura e a religião iorubás nas Bahamas, porém, tiveram expressão limitada. Historicamente, elas se evidenciaram sobretudo nas aldeias africanas, nas áreas "Over the Hill" que foram ali criadas e designadas para africanos e crioulos livres e escravizados em Nassau[285]. As expressões mais marcantes da cultura iorubá foram encontradas em Bain Town e Fox Hill; algumas dessas influências culturais persistem até hoje, em celebrações como o Dia da Emancipação e o Festival Junkanoo, bem como em formas de alimentação, conforme explicado por Eneas (1976 *apud* Cash; Gordon; Saunders, 1991, p. 231):

---

285. Essa afirmação se baseia nas informações históricas e anedóticas extremamente limitadas disponíveis. As narrativas dos próprios escravizados são inexistentes nas Bahamas. Segundo o historiador Saunders (1990, p. 162): "Infelizmente, como escritos de escravizados nas Bahamas não vieram à luz, certas áreas da vida deles, sobretudo sua vida cultural, são muito mal documentadas".

O maior evento do ano era o [...] o Dia de Fox Hill. Esse acontecimento geralmente começava com uma comemoração do Dia da Emancipação [...] era celebrado principalmente pelo povo Iorubá [...] havia barracas vendendo acara, moi-moi e agidi [...] havia peixe frito, sopa de quiabo, fufu, ervilhas e arroz e peixe cozido [...] Comida em abundância para aguçar o apetite de qualquer gourmet iorubano.

Uma análise comparativa desses dois países revela que, embora existam semelhanças históricas e sociais, há também diferenças substanciais entre eles, que impactaram significativamente a manifestação da cultura e da religião iorubás. Eles partilham a história de serem colônias do Caribe Britânico e de terem sido sociedades de plantation bem marginais[286]. No entanto, as distinções demográficas (Trinidad é muito mais diversificada, em termos étnicos, do que as Bahamas) e a dissimilaridade na afiliação religiosa predominante (ou seja, o catolicismo em Trinidad *versus* o protestantismo nas Bahamas) criaram cenários socioculturais e sociopolíticos divergentes, que impactaram de forma decisiva a evolução e a persistência das crenças e práticas culturais e religiosas iorubanas.

Nota: Gostaria de agradecer a Faye V. Harrison por sua crítica aguçada.

---

286. Entretanto, havia contrastes marcantes na estrutura familiar. As Bahamas tinham uma proporção muito maior de residências com famílias nucleares do que Trinidad (Craton; Saunders, 1992, p. 319).

9

O INFLUENTE PASSADO IORUBÁ NO HAITI

Kevin Roberts

Entre os destinos forçados para os quais os iorubás foram enviados no Novo Mundo, o Haiti ganha destaque, com grande número. Mesmo com o fim um tanto precoce do comércio transatlântico de escravizados para a ilha, em decorrência da Revolução Haitiana, os migrantes forçados do Golfo de Benim, tanto iorubás quanto não iorubás, somavam uma proporção tão grande da força escravizada em São Domingos, que sua herança cultural continua sendo uma influência importante na cultura haitiana moderna. De fato, nos domínios da religião, da arte e do idioma, a cultura iorubana é fundamental para o singular sincretismo cultural do Haiti. Em suma, esse componente geograficamente pequeno da imensa diáspora iorubana ilustra a influência cultural que os iorubás exerceram, mesmo quando escravizados, sobre o Novo Mundo. O amálgama de culturas da África Ocidental presente em São Domingos durante a escravidão, apesar de ter diminuído alguns elementos da cultura iorubá, acentuou as características que outros grupos culturais africanos compartilhavam. Ao adotar uma visão temporal ampla, desde a escravidão até a pós-independência e a cultura haitiana moderna, este ensaio ilustra a natureza profundamente enraizada da cultura iorubá em um componente único da diáspora desse povo.

Escravização

O auge da demanda, por parte de escravizadores de São Domingos, de escravizados durante a década de 1780 coincidiu com o período em que os iorubás constituíam grande parte do comércio transatlântico de cativos. Como resultado, o número de escravizados iorubás presentes no Haiti e a influência iorubana na cultura sincrética dos cativos da colônia foram bem maiores do que seria se os dois processos tivessem ocorrido separadamente, sem tal convergência nos anos 1780. Dos quase 1 milhão de escravos do Golfo de Benim que foram vendidos como escravizados no Novo Mundo, cerca de um terço foi enviado para São Domingos. De fato, o total de importações de cativos do Golfo de Benim para os três destinos mais comuns seguintes – Jamaica, Martinica e Barbados – mal equivale ao número de escravizados enviados somente para São Domingos. O quinto destino mais comum, a Província da Bahia, no Brasil, recebeu apenas um quarto do número de pessoas que partiram do Benim e chegaram a São Domingos, e o oitavo destino mais comum, Cuba, recebeu apenas um sexto. No entanto, os estudos sobre a influência dos iorubás e de outros povos do Benim na Bahia e em Cuba superam em muito os estudos sobre o Haiti[287]. Embora este ensaio não forneça a correção completa necessária, ele destaca as oportunidades existentes para que os estudiosos corrijam essa lacuna na fortuna crítica sobre a cultura escravizada no Novo Mundo.

Em geral, os números mais recentes indicam que cerca de 700 mil africanos foram vendidos como escravizados em São Domingos. A maior parte desse número veio do Centro-Oeste da África, local de origem de 330 mil pessoas, aproximadamente 48%, do total de importações de cativos para São Domingos. A única outra região

---

287. Consulta com os critérios "período integral e lugares onde os escravizados embarcavam = Golfo de Benim", feita no banco de dados de David Eltis *et al.* (1999). Para exemplos de estudos acadêmicos sobre as influências iorubás na Bahia e em Cuba, cf. Diaz (1992, p. 37-54), Reis (1993), Vega (2000, p. 39-50) e Wafer e Santana (1990, p. 98-114).

da África cujos habitantes vendidos para tal colônia somavam mais de 100 mil era o próprio Golfo de Benim. Cerca de 200 mil, ou 27%, do total de importações do Haiti foram originadas de lá, sendo muitos deles iorubás[288].

As estimativas sobre o número de iorubás vendidos como cativos no Haiti variam; o método imperfeito de corroborar etnônimos definidos de forma fluida com portos de partida na África torna essa tarefa ainda menos exata. O historiador Philip Curtin calcula que os escravizados do Golfo de Benim compunham a segunda maior proporção de cativos no Haiti, atrás dos escravizados do Centro-Oeste da África. Segundo os números de Curtin, cerca de 173 mil cativos da região de Benim, ou 28% das importações de escravizados para São Domingos, foram vendidos para serem escravizados na ilha. Desse número, talvez um quarto ou um terço fosse de etnia Iorubá, e o maior grupo da região de Benim vinha da costa de Daomé. A crescente guerra entre o estado iorubano de Oió e o estado de Daomé provavelmente contribuiu para o grande número de pessoas de cada uma dessas nações presentes no tráfico transatlântico[289].

Apesar de suas diferenças políticas e dos conflitos bélicos, os escravizados iorubás de Oió e Daomé tinham muitas semelhanças linguísticas e culturais que se acentuaram sob a escravidão em São Domingos. Como o trabalho de John Thornton demonstrou de forma convincente, os africanos escravizados tinham muito mais semelhanças linguísticas e culturais do que diferenças para reforçar sob a coação comum da escravidão. A presença em São Domingos de cativos de Daomé identificados como "Arada" e de cativos iorubás de Oió identificados como "Nagô", tanto quanto

---

288. Consulta com os critérios "período integral e lugares onde os escravizados desembarcavam = São Domingos", feita no banco de dados de Eltis *et al.* (1999).

289. Para uma excelente análise dos obstáculos metodológicos decorrentes da designação "Iorubá", cf. Law (1997a, p. 205-219) e Curtin (1969, p. 192-194, 200).

o aparecimento posterior do Voodu, são evidências do sincretismo cultural que Thornton argumenta ter sido provável, dadas as semelhanças culturais e linguísticas na África Ocidental. As cosmologias semelhantes dos povos Aladá e Iorubá tornaram a transição forçada e trágica para a escravidão no Novo Mundo mais fácil do que teria sido, pelo menos em termos culturais (Thornton, 1998, p. 252-253; Morton-Williams, 1973, p. 654-677).

Os iorubás não eram os mais numerosos entre as dezenas de grupos culturais africanos presentes em São Domingos. No entanto, eles constituíam um dos três ou quatro maiores contingentes de cativos da ilha, especialmente no fim do século XVIII. Durante a década de 1760, quando as importações do Golfo de Benim representavam 28% das importações de São Domingos, os iorubás eram responsáveis por mais de 6% do total de importações. Como os números do Benim aumentaram na década seguinte para 42% do tráfego do decênio, a participação iorubana também aumentou: durante a década de 1770, ela se tornou 15% das importações. Na última década antes do início da Revolução Haitiana, a década de 1780, as importações do Benim se estabilizaram em 35% do total de africanos trazidos para a ilha, com os iorubás respondendo por pouco mais de 7% do total. Junto com os cativos identificados como congos, igbos e oriundos da costa do Daomé, os iorubás eram uma pluralidade significativa em uma população que não tinha uma cultura africana numericamente dominante (Curtin, 1969, p. 192-194)[290].

Consequentemente, as circunstâncias em São Domingos sustentaram a influência iorubá na cultura pluralizada e emergente dos escravizados na ilha. Estudos acadêmicos sobre africanos em muitas sociedades escravistas do Novo Mundo demonstraram a influência de grupos africanos cujo número representava uma

---

290. Consulta com os critérios "período integral e lugares onde os escravizados desembarcavam = São Domingos", feita no banco de dados de Eltis *et al.* (1999).

"massa crítica" de memória, transferência e preservação cultural[291]. Além disso, os iorubás, onde quer que constituíssem essa "massa crítica", foram profundamente influentes na formação da vida cultural dos escravizados e da cultura pós-independência das colônias. O historiador David Eltis (2000, p. 253), ao observar esse fenômeno, argumenta que a cultura iorubá, "no amplo espectro de influência do Velho Mundo sobre o Novo [...] teve um impacto desproporcional ao seu peso demográfico relativo". Como demonstrará um exame da cultura haitiana pós-independência, sobretudo da prática religiosa, essa influência no Haiti se estendeu muito além dos anos de escravidão.

O século XIX

A Revolução Haitiana, além do óbvio impacto de acabar com a escravidão, ajudou a perpetuar a cultura sincrética entre africanos e crioulos afrodescendentes, cultura em cuja formação os Iorubá foram fundamentais. Além disso, a revolução também provocou uma dispersão dos proprietários escravistas de São Domingos e de seus escravizados, o que, por sua vez – dada a grande proporção de cativos da ilha que ou eram iorubás ou eram seus descendentes – provocou uma pequena ampliação da diáspora iorubana. A cultura dos cativos haitianos, influenciada pelos iorubás, foi exportada para sociedades escravistas em todo o Caribe, insular e continental. Embora os proprietários de escravizados de São Domingos tenham fugido para muitas outras colônias do Caribe e vizinhanças, o caso mais notável dessa migração – por ter excepcionalmente plantado uma presença iorubá onde ela não existia antes – foi a Louisiana. Em 1809, cerca de 10 mil pessoas de São Domingos – incluindo mais de 3 mil cativos e um número igual de pessoas negras livres – chegaram a Nova Orleans, depois de passar os anos anteriores em Cuba (Lachance, 1988, p. 109-141). Além

---

291. Para um exemplo desse tipo de estudo, cf. Gomez (1998).

de aumentar a crescente população de cativos em Nova Orleans e arredores, essa migração forneceu o único número substancial de africanos que eram iorubás ou descendentes de iorubás[292].

No Haiti, onde a independência se tornou uma realidade em 1804, iorubás e outros ex-escravizados continuaram a trabalhar em funções semelhantes às que exerciam quando eram cativos. Com poucos africanos realizando trabalhos como escravizados urbanos antes da Revolução Haitiana, os africanos e crioulos libertos continuaram sendo, em sua maioria, trabalhadores agrícolas nas décadas seguintes à revolta. Como uma população majoritariamente rural, e com interferência cultural mínima das elites urbanas, as tradições culturais, sociais e religiosas forjadas por esses ex-escravizados continuaram[293].

A mais significativa dessas tradições foi o Voodu, um amálgama religioso que os Iorubá, Aladá, Congo e Igbo desenvolveram como forma de mitigar os rigores da escravidão e preservar suas próprias tradições religiosas, incorporando elementos do catolicismo romano. Nesses bolsões de populações fortemente africanizadas, foram mantidas tradições sociais e culturais semelhantes às de sociedades específicas da África Ocidental. O mais notável foi a prática religiosa do Voodu, que não apenas continuou mas também cresceu, causando uma profunda divisão social e política dentro da incipiente república (Nicholls, 1985, p. 167-185).

O Voodu teve as suas origens nas religiões dos povos de Daomé e de Iorubalândia. Uma corruptela da palavra que significa "espírito" na língua dos daomeanos, o termo "Voodu" ganhou um sentido decididamente Atlântico no Haiti e em outros locais onde surgiram tradições africanas e do Novo Mundo semelhantes. Já em meados

---

292. Em minha pesquisa com quase 10 mil batismos de escravizados entre 1790 e 1811 na Catedral de São Luís em Nova Orleans, este é o único período em que os cativos foram identificados como "Nagô" nos registros.

293. Sobre esse status dos camponeses rurais do século XIX, cf. Nicholls (1985, p. 167-185).

do século XVIII, em São Domingos, o Voodu ctinha surgido como uma parte importante das transformações culturais entre os africanos escravizados. O elevado número de cativos provenientes do Golfo de Benim, que chegaram entre 1760 e 1790, desencadeou a expansão dessa prática religiosa. Durante a revolução, o papel do Voodu pode ter tido relevância, embora essa correlação tenha sido questionada (Fick, 1990, p. 92-94; Geggus, 1992, p. 22-35). Porém, após a revolução, a centralidade do Voodu nas atividades quotidianas e nas cosmologias das populações maioritariamente africanas do campo aumentou.

Apesar de o Voodu ter efetivamente se originado entre os escravizados de São Domingos, combinando as tradições religiosas de várias culturas africanas com o ambiente do Novo Mundo, o simbolismo religioso iorubano passou a dominar a iconografia da religião. As divindades de Iorubalândia ou de Daomé, como Ogum, o senhor do fogo, reúnem importantes sentidos religiosos, sociais e políticos no Haiti. Com seu símbolo de facão, Ogum representava, e ainda representa, uma fonte de poder para os haitianos. Além disso, Ezili, a deusa da água e do amor no Voodu haitiano, é um exemplo poderoso da influência iorubá e da simbiose cultural que acompanha as religiões da África Ocidental e o catolicismo romano. De acordo com um estudioso do Voodu, "Ezili no Haiti deriva de diversas tradições religiosas étnicas africanas [...] são muito notáveis as semelhanças entre as características de Ezili no Haiti e as de Oxum na Nigéria, e Ezili em Uidá, Benim" (Desmangles, 1992, p. 143-151). Ainda que a população escravizada como um todo tenha transformado a iconologia católica para vinculá-la aos símbolos religiosos africanos, a prevalência do simbolismo iorubano nas criações religiosas sincréticas ilustra o poder cultural iorubá durante e após a escravidão. Provável resultado de suas ricas tradições orais, a influência que a cultura iorubana exerceu sobre a população africana pluralizada da ilha indica a existência de uma língua iorubá para o contato, utilizada como língua franca entre os povos afrodescendentes no Haiti.

No fim do século XIX, o Voodu enfrentou uma hostilidade crescente do governo haitiano e dos intelectuais. Visto como uma instituição que impedia o desenvolvimento do Haiti como uma nação "civilizada", esses intelectuais do fim do XIX opunham à herança africana o mesmo obstáculo que a escravidão representava. Apesar desses desafios, o Voodu continuou sendo parte integrante da sociedade haitiana. O padrão que garantiu sua sobrevivência por décadas – o entrelaçamento de práticas religiosas africanas com as crenças oficialmente estabelecidas do catolicismo romano – impediu que o governo e os intelectuais prejudicassem seu crescimento contínuo. Tendo raízes profundas na população e sendo nebuloso em sua forma, o Voodu e sua herança cultural africana vivenciaram uma espécie de renascimento no início do século XX, quando uma nova geração de intelectuais "começou a levar o Voodu a sério como parte da herança nacional" (Nicholls, 1985, p. 212-213). Desde então, e nos últimos anos em especial, os estudiosos têm se interessado cada vez mais por essa prática religiosa, vista como exemplo do sucesso dos africanos escravizados na preservação de suas tradições culturais, sociais e religiosas. Seja explorando essa questão em relação aos afrodescendentes como grupo geral, seja explorando-a em relação a componentes importantes desse grupo, tal como os Iorubá, o Voodu continua ainda a ser um modelo convincente da influência da cultura iorubana e das formas criativas e duradouras pelas quais os povos escravizados forjaram uma maneira de mitigar a escravidão.

Ainda que essa finalidade não exista mais, a influência iorubá na arte, na dança e na cultura haitianas continua a ser significativa, em grande parte devido à natureza entrelaçada dessas formas expressivas e da prática religiosa. Mesmo que tenha se tornado cada vez mais difícil localizar, em muitas sociedades outrora escravistas no Novo Mundo, heranças culturais de sociedades específicas da África Ocidental, a influência iorubá no Haiti permanece ainda um elemento central na cultura haitiana moderna. O amálgama de muitas culturas, sobretudo a mistura das tradições de Iorubalândia, Daomé e Congo, produziu um sistema cultural que é mais reconhecível como haitiano do que como iorubano, mas a influência de milhares de iorubás escravizados na ilha durante o século XVIII ainda é um elemento importante dessa cultura haitiana.

Parte III

AS FUNDAÇÕES CULTURAIS DA DIÁSPORA IORUBÁ

10

O PROCESSO DE "NAGOIZAÇÃO" NO CANDOMBLÉ DA BAHIA

Luis Nicolau Parés

Candomblé é o nome dado ao desenvolvimento local da religião afro-brasileira no estado da Bahia. Como outras práticas religiosas originárias das tradições africanas trazidas ao Brasil pelos escravizados, o Candomblé diz respeito ao culto a uma série de entidades espirituais, geralmente associadas a forças da natureza, que recebem oferendas rituais periódicas em seus santuários. O Candomblé também é um culto de possessão de espíritos em que alguns devotos, por meio de diferentes processos de iniciação, são preparados para corporificar ou personificar essas divindades, que durante as cerimônias públicas dançam por horas ao som dos tambores. Supõe-se que a interação regular com os deuses traga fortuna ao grupo religioso e defenda-o contra infortúnios.

Além dos aspectos litúrgicos compartilhados e consensos conceituais (ou seja, ritos de divinação, iniciação, sacrifício, possessão espiritual, cura, celebração etc.) que permitem considerar o Candomblé uma instituição religiosa, os grupos de devotos frequentemente recorrem ao discurso sobre as "nações" para negociar, construir e legitimar suas diferenças rituais e identidades coletivas. Atualmente, os terreiros de culto de Candomblé em geral afirmam pertencer a uma entre as três principais nações (Nagô, Jeje e Angola) que se caracterizam pela adoração de diferentes tipos de entidades espirituais. Os Nagô cultuam os orixás; os Jeje, os vodus; e os Angola, os inquices. Há também os caboclos, embora as casas de culto exclusivamente dedicadas a essas entidades espirituais brasileiras poucas vezes reivindiquem constituir uma nação[294]. Cada um desses grupos de divindades africanas costuma ser louvado na língua ritual correspondente (iorubá, gbe[295] e formas dialetais derivadas do banto) e tem suas próprias particularidades litúrgicas (ritmos de tambor, danças, oferendas de alimentos etc.). Portanto, apesar do ecletismo criativo e do movimento de valores e práticas para além das fronteiras nacionais, certas características rituais fundamentais são consideradas importantes como sinais característicos da continuidade real ou imaginária de um passado e de uma tradição religiosa africana específica. No entanto, por trás da inclusão inerente ao conceito de nação, a unidade básica de identidade e orgulho coletivos é a própria congregação de devotos. Ainda que seja possível existirem elos de solidariedade e cooperação recíproca, congregações que pertencem à mesma nação não deixam de se envolver em uma dinâmica competitiva.

Durante um trabalho de campo na Bahia entre 1935 e 1937, o sociólogo americano Donald Pierson registrou uma frase frequentemente citada por Eugênia Ana dos Santos, Mãe Aninha, fundadora e líder do Axé Opô Afonjá e uma das mais famosas sacerdotisas do Candomblé em Salvador naquela época. "Minha seita é Nagô puro, como o Engenho Velho. Eu ressuscitei grande

---

294. Cada uma das três principais nações é dividida em subcategorias relacionadas a "terras" ou "províncias" africanas específicas. A Nagô compreende a Nagô-Ketu, a Nagô-Ijexá e a Efon. Os Jeje, etnônimo pelo qual os povos escravizados da área de língua gbe foram conhecidos na Bahia a partir do século XVIII, diferenciam-se entre Jeje-Mahi, Jeje-Savalu e Jeje-Mudubi. A nação Angola também inclui o Congo. Conforme discutido adiante, muitas casas de culto se identificam como pertencentes a uma combinação de nações (ou seja, Ketu-Angola, Jeje-Angola-Caboclo etc.).

295. Seguindo Hounkpati B. C. Capo (1991), uso o termo "Gbe" para me referir aos povos linguisticamente relacionados Fom, Gun, Aïzo, Mahi, Hueda, Hula, Ouatchi, Adja, Ouemenu, Agonli, Ewe, Gen e povos afiliados que ocupam as regiões do sul do Togo moderno e da República do Benim e que costumam ser chamados na literatura de Adja-Ewe.

parte da tradição africana que até o Engenho Velho esqueceu. Eles têm lá uma cerimônia para os 12 ministros de Xangô? Não! Mas eu tenho" (Pierson, 1971, p. 319). A citação é significativa por dois motivos.

Em primeiro lugar, como Vivaldo da Costa Lima nota, a identificação que Mãe Aninha faz de seu terreiro[296] com a nação Nagô deriva de sua filiação religiosa a uma casa de culto nagô – o Engenho Velho, onde ela foi iniciada –, e não de parentesco, já que os pais de Aninha eram conhecidos como Grunci, um grupo étnico da atual Gana sem laços culturais com Iorubalândia. Portanto, ao menos desde o início do século XX, os crioulos baianos podiam se identificar como nagôs em virtude de sua iniciação religiosa, não importa qual fosse sua ascendência étnica. Lima (1977, p. 20-21) observa como o conceito de nação pouco a pouco perdeu sua conotação política, tornando-se um conceito quase exclusivamente teológico. Na primeira parte deste capítulo, examino a historicidade da dinâmica expansiva e inclusiva do etnônimo Nagô e verifico se – uma vez restrito à dimensão religiosa – ele de fato perde sua conotação política.

Em segundo lugar, as palavras de Aninha também estabelecem uma associação conceitual explícita entre a ideia de "pureza" e a tradição religiosa nagô preservada em sua casa de culto e no Engenho Velho – "o candomblé brasileiro mais antigo", segundo a tradição oral. Implícita em sua observação está uma oposição entre a "pureza nagô" e outras tradições "impuras", "mistas" ou "sincréticas". Além disso, Aninha afirma ter "reavivado grande parte da tradição africana" que até mesmo o Engenho Velho teria perdido, o que implica maior proximidade e fidelidade à África, resultando em um complemento de "tradicionalismo" e autenticidade. Como vários autores demonstraram, a instituição dos 12

---

296. O termo "terreiro", referindo-se a um pedaço de terra, designa a casa de culto e, por implicação, o seu grupo. Neste capítulo, como sinônimo desse termo, também uso "candomblé" em letras minúsculas, enquanto "Candomblé", com letra maiúscula, refere-se à instituição religiosa como um todo.

ministros ou "obás" de Xangô (dignitários do sexo masculino que apoiam a liderança da suma sacerdotisa), introduzida por Aninha e seu amigo íntimo, o Babalaô Martiniano Eliseu do Bomfim, foi inspirada na organização política do reino de Oió e na lógica iorubá de divisão entre esquerda e direita. No entanto, da forma como se constituiu no culto religioso brasileiro, a instituição dos obás foi uma adaptação bastante criativa que não tinha equivalente em Iorubalândia (Braga, 1995, p. 47-48; Capone, 1999, p. 260-267; Lima, 1966, p. 5-36).

Concebida como legitimação de uma ortodoxia africana imaginada, a instituição dos ministros de Xangô poderia ser interpretada com tentativa autoconsciente de dar a um "passado perturbado" (expressão com que Sidney Mintz qualifica o passado de qualquer cultura afro-americana) continuidade e significado moral. Nesse sentido, seria um bom exemplo de "invenção da tradição" (Mintz, 1989, p. 14 *apud* Palmié, 1993, p. 93). Em última análise, a iniciativa serviu a objetivos políticos amplos de autodeterminação e fortalecimento dos negros, mas também funcionou como um marcador de diferença e de *status* em comparação com congregações religiosas concorrentes, como o Engenho Velho. A "ideologia do prestígio" fundada na tríade conceitual "África – pureza – tradição" é promovida no Candomblé desde seus primórdios, mas nas últimas décadas tornou-se mais explícita e difundida. A forte relação entre o que é frequentemente chamado de movimento de "reafricanização", os terreiros de culto "tradicionais" Nagô e Ketu na Bahia e o complexo cultural iorubá constituirão o foco da segunda parte do capítulo.

Esboço da etnogênese nagô e sua dinâmica expansivo-inclusiva

No Brasil, o etnônimo Iorubá era raramente ouvido até há pouco tempo, embora nos estudos afro-brasileiros Nina Rodrigues, sob a influência de trabalhos de Ellis, tenha utilizado esse termo em 1906, assim como Manoel Querino, em 1916. Durante o período do tráfico escravista no Brasil, e mais tarde no Candomblé, o termo mais usado para designar os povos de língua Iorubá era "Nagô"; portanto, proponho um exame breve da historicidade dessa denominação específica e as mudanças que seu sentido pode ter tido ao longo do tempo.

Pelo que sei, a primeira referência escrita aos nagôs na África Ocidental aparece em 1731, no relatório de Labat sobre a viagem do Chevalier des Marchais em 1725. Nessa época, o termo "Nagô" foi usado por traficantes escravistas europeus e locais em Uidá e Aladá para rotular um grupo específico de escravizados que eles diferenciavam de outros povos de língua iorubana, como os Ayois (Oió) ou Tebou (Ijebu) (Labat, 1730, vol. 2, p. 125-126). Os Nagô (Anagô, Nagot ou Nagônu) provavelmente eram um grupo étnico específico, que se estabeleceu em torno da cidade de Ifonyin na região de Egbado, a oeste do Rio Yewa. Como sugere Mercier, Anagô pode ter sido a autodenominação étnica original desse grupo. Porém, com o tempo, seus vizinhos de Daomé começaram a usar o termo – que, em Fom, também pode ter sido um apelido pejorativo, com o sentido de "sujo" ou "esfarrapado" – para se referir não apenas aos nagôs propriamente ditos, mas também a uma pluralidade de outros povos ocidentais falantes de iorubá (Lima, 1977, p. 16; Mercier, 1950, p. 30; Smith, 1988, p. 55, 70-71)[297].

A dimensão genérica que o termo adquiriu entre habitantes de Daomé explicaria por que, em 1846, o escocês John Duncan, ao cruzar as Montanhas Dassa (na vizinhança do território Mahi, ao norte de Abomey), chamou seus povos de "Annagoos", embora os Dassa (Idassa) – cuja genealogia política remonta a 1700 – reivindicassem Egbalândia como sua origem. O uso do termo "Anagô" para se referir genericamente aos povos ocidentais falantes de iorubá também parece estar relacionado ao contexto religioso. Em meados do século XVII, os cultos vodu de origem

---

297. Para uma análise detalhada das origens do termo "Nagô", cf. Law (1997a, p. 205-219).

iorubá, como os de Mawu e Lisa, eram bem conhecidos no reino de Aladá. No início do século XVIII, o culto de Sakpata, o vodu da varíola, também foi levado para Abomey pelo Rei Agadja, de acordo com vários relatos da cidade de Dassa-Zoumé. É interessante notar que os devotos desses vodus, assim como os de Gu, o vodu do ferro, recebem o nome de "Anago" ou "Anagonu" no fim de sua iniciação. Os devotos de Sakpata falam e cantam em uma linguagem ritual que também inclui palavras "arcaicas" de iorubá. Como é difícil imaginar que essas características religiosas essenciais sejam inovações recentes e como há evidências de que esses cultos existiam pelo menos desde o século XVII, pode-se especular não só que esses cultos de vodu tiveram uma ascendência protoiorubá, mas também que a prática religiosa, juntamente com o tráfico de escravizados, contribuiu para a expansão semântica do termo "Anagô" ou "Nagô" (Duncan, 1967, p. 41, 192-200; Labouret; Rivet, 1929; Segurola, 1963; Smith, 1988, p. 59; Verger, 1957, p. 97)[298].

Assim, uma autodenominação étnica interna era cada vez mais usada por grupos vizinhos como um rótulo externo para designar um universo mais amplo de pessoas culturalmente heterogêneas. Na mente de quem vivia em Daomé, a lógica dessa expansão semântica inclusiva partia da percepção de semelhanças linguísticas partilhadas por seus vizinhos e do fato de que eles estavam sob a influência política do reino de Oió. No entanto, é questionável se na África Ocidental o termo "Nagô" chegou a ter uma conotação política ou étnica reconhecida por todos os povos falantes da língua iorubá. Como afirma Gerhard Kubik (1979, p. 10), termos como "Nagô", "Mina" e outros estrearam no contexto do tráfico escravista como "marcas registradas para 'mercadorias' humanas a serem vendidas".

Na Bahia, a primeira referência a um escravo "nagô" que consegui encontrar data de 1734, mas o termo passa a ter uso mais comum apenas a partir de 1750, coincidindo com a mudança do

---

298. Celestin Dako, comunicação pessoal, Abomey, 1995.

comércio de escravizados de Uidá para os portos orientais de Porto Novo, Badagri e Onim (Lagos). No entanto, durante a segunda metade do século XVIII, os Jeje (área Gbe) e os Angola (África Central) eram os grupos africanos mais demograficamente predominantes na Bahia, enquanto os Nagô alcançavam apenas modestos 4% da população escravizada analisada[299]. Como já está bem documentado pelos historiadores, a importação maciça de cativos nagôs ocorreu na primeira metade do século XIX, coincidindo com a desintegração gradual do Império de Oió, iniciada pela revolta de Afonjá (por volta de 1797) e pela jihad lançada pelos Fulani em 1804. Conforme o século avança e a desintegração de Oió se acelera com suas guerras civis, os cativos nagôs se tornam cada vez mais numerosos e, em 1820, já eram o maior grupo de origem africana na Bahia. Entre 1840 e 1860, sua presença adquiriu tom avassalador: ela atinge, em Salvador, de 56% a 69% (de acordo com diferentes fontes) da população africana escravizada (Côrtes de Oliveira, 1992; Ott, 1952, p. 141-153)[300].

No princípio, o termo "Nagô" pode ter sido usado principalmente por traficantes escravistas, compradores de escravizados e membros do serviço de propaganda e administração da Igreja Católica, ajudando a categorizar a pluralidade étnica da população cativa. No entanto, os escravizados recém-chegados que falavam iorubá – por meio da capacidade linguística de se comunicar e, depois, por perceberem semelhanças culturais e religiosas –, de maneira progressiva, podem ter usado esse etnônimo já operacional em contexto local como uma autodenominação que enfatizava sua identidade coletiva. Dessa forma, "Nagô" também passou a designar a língua franca baseada no iorubá, falada ao longo do

---

299. Inventários, caixas 1-70, Seção Colonial-Judicial, Arquivo Regional de Cachoeira.

300. Considerando o total da população escravizada para o período entre 1830 e 1850, os nagôs compreendiam 36% (Andrade, 1975, apêndice, tabela 4). Para uma análise detalhada da população escravizada Nagô na Bahia do século XIX, cf. o capítulo 5 desta obra, escrito por Reis e Mamigonian.

século XIX pelos africanos e seus descendentes na Bahia. Diante dessa situação, é possível que pessoas não iorubás, fossem elas crioulas ou africanas, tenham aprendido a língua nagô e, dessa forma, tenham sido identificadas como tal[301]. No entanto, por trás da unidade nagô inclusiva, dentro de seus círculos sociais internos, os africanos preservaram os etnônimos de suas terras de origem, como Oió, Egba, Ijexá etc., contribuindo assim para a formação de um sistema múltiplo e relacional de identificação étnica.

Seja como for, as identidades coletivas eram articuladas e expressas por meio da participação em formas institucionalizadas de organização social. As "nações africanas" brasileiras, como Angola, Jeje e Nagô, definiram suas fronteiras sociais em uma relação dialógica, valorizando características culturais particulares para estabelecer diferenças entre elas. Essa dinâmica por contrastes, muitas vezes competitiva e favorecedora das identidades étnicas, encontrou terreno fértil em instituições como os grupos de trabalho (*cantos*), irmandades católicas e suas festas (*folias*), reuniões seculares de percussão (*batuques*) e congregações religiosas de origem africana (*candomblés*)[302].

As limitações de espaço não permitem uma análise de todas essas formas de organização coletiva, por isso me concentro na última. Basta dizer que a divisão dos batuques em nações foi

---

301. Por exemplo, na documentação policial e judicial da Revolta dos Malês em Salvador em 1835, há alguns casos de africanos Jeje que optam por se identificar como nagô. Independentemente de possíveis erros do transcritor, essa ambiguidade recorrente sugere haver certa fluidez das identificações étnicas e a possibilidade de que o rótulo nagô possa ter funcionado como um termo abrangente, proporcionando aos grupos minoritários a chance de se alinharem com um grupo mais visível, numeroso e poderoso ("Devassa do levante de escravos ocorrido em Salvador em 1835", 1971, p. 57; 1996, p. 59).

302. O documento escrito mais antigo conhecido em que se registra o termo "candomblé" se refere a um escravizado angolano, Antônio, que foi descrito por um capitão de milícia em 1807 como "presidente do terreiro dos candombleis" (Reis, 2001a). "Candomblé" é provavelmente um termo derivado do Banto, que sugere a importância dos grupos da África Central na formação da instituição religiosa. Para uma discussão sobre sua etimologia, cf. Karasch (2000, p. 573).

especialmente significativa na primeira metade do século XIX e foi até mesmo apoiada e incentivada por certos setores da classe dominante. O governador baiano Conde dos Arcos, por exemplo, permitia que os escravizados celebrassem suas festas como forma de mitigar sua angústia, mas também para estimular a animosidade entre diferentes grupos étnicos, a fim de evitar sua potencial união subversiva em revoltas (Rodrigues, 1977, p. 156)[303].

Se as identidades étnicas Jeje, Angola e Nagô encontraram um meio de expressão e diferenciação em formas rituais seculares como os batuques, foi provavelmente nas práticas religiosas de origem africana que essas identidades assumiram uma função crítica. Dando continuidade à tradição africana – na qual a identidade coletiva é construída em torno da adoração de entidades espirituais específicas –, essas atividades religiosas permitiram também, no Brasil, a reformulação de novas identidades comunitárias, apesar da desintegração das corporações de parentesco (ou talvez por causa disso).

Em meados do século XVIII, é provável que os Angola, Jeje e outros grupos da África Ocidental, como os Courana, já tivessem firmado a base para a futura institucionalização do Candomblé, promovendo a organização de congregações religiosas em esferas domésticas e, mais importante, extradomésticas (Mott, 1986, p. 124-147; Reis, 1988, p. 57-81, 233-249). Conforme argumentei em outro texto, essa última forma de organização religiosa – que não se resume a atividades isoladas de cura e divinação e envolve uma estrutura *eclesiástica* com santuários fixos, uma hierarquia sacerdotal e processos complexos de iniciação – pode ter sido muito influenciada por especialistas religiosos jejes, que tinham experiência anterior na organização de tais conventos ou "escolas místicas". Uma inferência lógica dessa hipótese é que, quando chegaram ao Brasil no fim do século XVIII e no início do século

---

303. Para um documento interessante que descreve um batuque de 1809 dividido em diversas "nações" africanas, cf. Harding (2000, p. 188-189).

XIX, os Nagô, apesar de compartilharem com os Jeje maneiras semelhantes de culto religioso, podem já ter encontrado um modo incipiente de institucionalização religiosa que envolvia o culto a várias divindades dentro do mesmo templo, bem como uma série de formas de performance ritual (Parés, 2004). Deve-se observar que esse argumento contrasta com a tradição oral contemporânea, segundo a qual o primeiro candomblé em Salvador foi o Ilê Iya Nassô ou Engenho Velho da nação Nagô-Ketu[304].

O registro indica a existência de vários grupos de culto religioso no início do século XIX; e, se nosso argumento estiver correto, poderíamos especular ainda que, apesar da enorme superioridade demográfica dos nagôs a partir de 1820, as tradições religiosas jejes eram os pontos de referência fundamentais na organização da prática ritual. Isso parece ser confirmado por dados históricos disponíveis aos 1860, bem como pelas evidências etnográficas linguísticas contemporâneas. Por exemplo, até hoje, nas casas que se dizem "nagô puras", os nomes para designar os membros do grupo de iniciação (*dofona*, *dafonitinha*, *gamo*, *gamotinha* etc.), a sala de iniciação (*hunco*), a sala do santuário (*peji*), os tambores (*hun*) e outras características rituais centrais são de terminologia jeje (ou seja, de origem linguística gbe). O fato de esses elementos fazerem parte da "estrutura profunda" do culto aponta para uma ação decisiva dos Jeje na fundação da instituição do Candomblé (Braga, 1995, p. 38-39, 56; Castro, 1981, p. 75; Lima, 1977, p. 72-73).

Temos disponíveis exemplares do jornal satírico *O Alabama* para o período entre 1863 e 1871. O jornal era publicado em Salvador por pessoas descendentes de africanos, pró-abolicionistas,

---

304. A data de fundação do Ilê Iyá Nassô é incerta. Alguns autores especulam que poderia ser o fim do século XVIII, enquanto uma hipótese mais conservadora sugere as primeiras décadas do século XIX. De qualquer forma, as tradições orais e os estudos afro-brasileiros muitas vezes têm insistido nesse "mito de origem" do Candomblé, que atribui ao Ilê Iyá Nassô o papel privilegiado de "terreiro mais antigo do Brasil". O Gantois e o Axé Opô Afonjá foram fundados em 1849 e 1910, respectivamente, por iniciados dessa casa de culto "original".

que lançaram uma campanha sistemática contra o Candomblé. Apesar de seu forte viés ideológico, *O Alabama* documentou o nome dos participantes, o local dos terreiros, toda a terminologia africana e muitas das festas e atividades religiosas, que às vezes eram testemunhadas por jornalistas capazes de fazer descrições quase etnográficas. Essa riqueza de informações explicita que, em 1860, o Candomblé já havia atingido um estágio de institucionalização com níveis de complexidade ritual e social muito semelhantes aos de hoje.

Esses dados, embora muitas vezes se refiram aos africanos envolvidos nos candomblés, não dão nenhuma indicação de que os terreiros eram identificados com nações específicas. Por outro lado, uma análise linguística quantitativa da terminologia africana neles empregada indica um número semelhante de termos jejes e nagôs, sugerindo um equilíbrio religioso Jeje-Nagô, se não uma leve predominância jeje. Por exemplo, *vudum* era o termo comum para designar as divindades africanas. O termo mais famoso atualmente, a palavra iorubá "orixá", só aparece então no termo composto "babalorixá", um título para designar o sumo sacerdote. As referências a divindades específicas também indicam um relativo equilíbrio entre vodus e orixás[305].

Além disso, levando-se em conta a origem étnica dos líderes do Candomblé (quando relatada) e a identificação contemporânea da nação de alguns terreiros mencionados em *O Alabama* – como os Gantois (Nagô), Bogum (Jeje) ou Batefolha (Congo-Angola) –, verifica-se um equilíbrio quantitativo semelhante entre as casas de culto nagôs e jejes, se não, mais uma vez, uma ligeira predominância dos Jeje sobre os Nagô. Outros exemplos poderiam ser

---

305. *O Alabama*, 1863-1871. Analisei em detalhes os dados de *O Alabama* em *Do lado de jeje: história e ritual do vodun na Bahia*, de Parés, não publicado. Contrariando meus resultados, a análise de Reis (2001a) desses mesmos dados sugere uma ligeira predominância nagô, e possível que isso tenha acontecido porque ele usou outras fontes do século XIX além de *O Alabama*. De qualquer forma, a diferença é pequena, e a proporção relativamente igual é mais relevante.

acrescentados, mas o ponto principal é que, apesar da significativa presença demográfica e cultural dos nagôs na sociedade afro-baiana de meados do século XIX, dentro da instituição do Candomblé não há evidências nítidas de que eles exerciam um domínio particular ou tinham mais visibilidade social do que outras nações, pelo menos até 1870. Esse caso também demonstraria como a influência cultural não está relacionada necessariamente à demografia.

A primeira etapa do processo de "nagoização": o fim do século XIX

Somente no fim do século XIX é possível identificar o surgimento e a visibilidade da tradição nagô no Candomblé. Em sua obra póstuma, *Os africanos no Brasil*, Rodrigues reconheceu que, no início de seus estudos, não era capaz de diferenciar as mitologias jeje e nagô devido à sua "fusão íntima". Ainda assim, ele concluía: "Hoje a mitologia Ewe [Jeje] é dominada pela mitologia Iorubá". Seguindo Ellis, ele explica a assimilação da cultura jeje pela nagô nos termos de um domínio linguístico da segunda e de uma natureza "mais complexa e elevada" de suas crenças religiosas. Embora o argumento evolucionista seja seriamente questionável, a percepção de uma supremacia da tradição nagô sobre a jeje (e implicitamente sobre todas as outras nações) foi reproduzida por Edison Carneiro e Artur Ramos nas décadas de 1930 e 1940 e persiste até hoje (Carneiro, 1991, p. 33; Ramos, 1979, p. 13; Rodrigues, 1977, p. 230-231; Santos, 1981; Verger, 1981).

Como será discutido a seguir, autores como Beatriz Gois Dantas argumentaram que o prestígio nagô se deveu sobretudo ao trabalho de intelectuais que concentraram suas pesquisas exclusivamente nos lugares de culto dessa nação. Mas por que tais intelectuais se aproximaram de terreiros nagôs em primeiro lugar? Nina Rodrigues de fato realizou sua pesquisa no terreiro de Gantois (Ilê Iyá Omin Axé Iyamassé), mas, conforme relatado em *O Alabama*, esse local (então conhecido como Moinho) já era bastante conhecido no fim da década de 1860. Décadas depois, em 1896, ainda liderado por sua fundadora africana, Tia Julia, e sua filha, Pulcheria, o Gantois continuou a chamar a atenção da comunidade afro-baiana com festas que atraíam multidões[306].

Assim, a reputação do Gantois já havia sido estabelecida bem antes de Rodrigues iniciar sua pesquisa, o que pode ter sido uma das razões pelas quais ele a abordou em primeiro lugar. Seu foco nessa congregação nagô provavelmente minimizou sua percepção da diversidade interna do Candomblé, da mesma forma que, ao estudar os grupos de trabalho (*cantos*), ele se concentrou nos africanos, ignorando os crioulos. No entanto, parece improvável que um observador atento como Rodrigues não tivesse notado o uso do termo "vudum" se ele ainda fosse de amplo uso na comunidade religiosa, como parece ter sido na década de 1860. Isso sugere que uma mudança significativa ocorreu entre 1870 e 1895, mudança que teria enfim levado os referenciais nagôs – tais como o termo "orixá", por exemplo – para o primeiro plano.

O primeiro estágio do que chamo de processo de nagoização no Candomblé não pode ser explicado como resultado de uma única causa. Em vez disso, ele deve ser entendido no contexto de uma interação complexa entre uma pluralidade de fatores que só podem ser explorados aqui de forma provisória. A agência dos grupos de culto nagô e o carisma de seus líderes devem ser observados como um primeiro vetor possível. Por exemplo, ao mencionar o vodu Jeje Loko, Rodrigues (1977, p. 231) comenta que "alguns negros nagôs tentaram me corrigir sobre o nome Lôco [...] dizendo-me que ele era somente um desvio crioulo do verdadeiro nome, Irôco". Em *O Alabama*, todas as referências a essa importante divindade das árvores aparecem sob a versão jeje, Lôco, mas no fim do

---

306. *O Alabama*, 4 de janeiro de 1868; 29 de dezembro de 1870; 31 de dezembro de 1870; e 24 de novembro de 1871. Entre outras atividades, a congregação do Moinho organizava uma "devoção" para Nossa Senhora da Conceição, junto com uma festa para a "Mãe d'Água" (provavelmente Oxum) em dezembro, e uma "festa do inhame novo" em novembro (*Diario de Notícias*, 5 de outubro de 1896 *apud* Rodrigues, 1977, p. 239).

século são os próprios praticantes nagôs que estão impondo sua versão iorubá, descartando o nome Jeje tradicional como um mero "desvio crioulo". Isso mostra que uma "purificação" etnocêntrica nagô oposta a esses desvios já estava em andamento, bem como demonstra como a atuação dos praticantes nagôs pode ter sido fundamental para sua promoção social e religiosa.

O efeito do carisma individual nas mudanças religiosas não tem sido enfatizado o suficiente. Dentro da relativamente pequena comunidade religiosa afro-baiana, personagens fortes como Pulcheria, Martiniano Eliseu do Bomfim, Aninha e outros conseguiram emergir como líderes cujas palavras e ações – fossem elas tradicionais ou inovadoras – de pronto podiam ser seguidas ou tomadas como modelos a serem imitados. Suas idiossincrasias de caráter, junto de sua capacidade de mobilizar uma ampla rede social, contribuíram muito para o prestígio de suas casas de culto e, por consequência, as práticas rituais de terreiros como o Gantois começaram a servir de modelo para muitas outras casas de culto que surgiram no período pós-abolição.

Conforme documentado pelos jornais locais, entre 1896 e 1905 parece ter havido um aumento significativo de novos candomblés (Rodrigues, 1977, p. 240-245). A percepção da atividade religiosa como um meio de ascensão social para os negros em um período tão tumultuado como o pós-abolição pode explicar parcialmente esse crescimento. A maioria dessas novas casas de culto foi fundada por mulheres crioulas, e não por africanos do sexo masculino, como fora a tendência nas décadas anteriores. Essa mudança de gênero na liderança não parece estar ligada ao processo de nagoização, exceto pelo fato de que o momento de expansão do Candomblé coincidiu com a emergência do prestígio nagô, contribuindo assim para a replicação mimética e a difusão dos padrões rituais dessa cultura.

Que circunstâncias teriam favorecido o reconhecimento de uma identidade Nagô e os esforços subsequentes para legitimar sua "superioridade" em relação às tradições concorrentes percebidas como "desvios crioulos"? A mudança de gênero pode não ter sido crucial, mas o antagonismo entre africanos e crioulos, há muito estabelecido, parece ter sido importante. No fim do século, ainda havia alguns terreiros africanos, conforme sugerido por uma idosa africana ao dizer a Rodrigues que não dançava no Gantois porque era de "gente da terra" [ou seja, crioulos e mulatos], enquanto seu terreiro era de "gente da costa" [ou seja, africanos][307]. De fato, o Gantois, fundado por africanos, tornou-se cada vez mais crioulo. Pode-se levantar a hipótese de que, por isso mesmo, à medida que os terreiros africanos começaram a desaparecer, as reivindicações de identidade africana por terreiros como o Gantois foram reforçadas, pois as práticas religiosas africanas ali partilhadas passaram a ser vistas como mais eficazes do que as explicitamente crioulas. Mas por que a tradição nagô foi a única a ganhar uma posição tão privilegiada? Isso pode estar relacionado a uma ideia particular de África, que estava tomando forma naquele exato momento.

Seguindo o exemplo de Paul Gilroy, Lorand Matory analisou a construção transnacional de identidades negras no Brasil. Examinando a rede de comunicação transatlântica negra do século XIX, ele observou que, "na encruzilhada, então dominada pelos britânicos, da interação entre africanos e afro-americanos, os iorubás adquiriram uma reputação altamente difundida de superioridade em relação a outros africanos. Essa reputação foi útil nas décadas de 1880 e 1890, quando a burguesia negra de Lagos começou a enfrentar novas formas de desvantagem econômica e discriminação racial". Levando em conta essa etnogênese transnacional dos iorubás, Matory argumenta ainda que os valores da pureza racial e religiosa negra associados ao Candomblé contemporâneo "parecem estar enraizados no nacionalismo racial e cultural do renascimento de Lagos na década de 1890" e que "muito do que parece 'sobreviver' da religião africana nas Américas é, na verdade, moldado

---

307. "O seu terreiro era de gente da Costa (africanos) e ficava no bairro de Santo Antônio; que o terreiro do Gantois era terreiro de gente da terra (creoulos e mulatas)" (Rodrigues, 1935, p. 171).

por uma política cultural africana que tem uma duração temporal muito mais ampla do que a do tráfico escravista" (Matory, 1999a).

Os dados etnográficos e históricos fornecem base para relativizar a tese de Matory, mostrando como o legado das práticas religiosas africanas durante o período do tráfico de escravizados, junto da atuação local de descendentes de crioulos, teve um papel importante na criação e na reformulação das identidades étnico-religiosas dentro do Candomblé. Entretanto, como sugere Matory, também é possível que as trocas culturais transatlânticas do fim do século XIX tenham tido alguma influência nesse processo.

A comunicação transatlântica entre a Bahia e a Costa da Mina estava em andamento desde o fim do século XVIII, mas aumentou depois de 1835, com centenas de africanos que retornaram e se estabeleceram ao longo dessa costa a cada ano, muitos deles em Lagos. Isso contribuiu para o renascimento iorubá mencionado antes, em razão do contato com outros que viajavam e faziam negócios entre as duas margens com regularidade. Nesse contexto, é possível que a disputa entre as potências coloniais inglesas e francesas nas décadas de 1880 e 1890 – cada uma delas promotora de novas identidades étnicas locais, como Iorubá e Djedje na Nigéria e em Daomé, respectivamente – tenha tido algum impacto sobre a comunidade afro-baiana (Matory, 1999b). Essa influência pode ter sido particularmente frutífera na área da religião, onde uma divisão étnico-ritual latente e estabelecida há muito tempo proporcionou um terreno fértil para reavivamentos "nacionalistas". Deve-se observar que Lagos era o destino mais comum dos navios durante esse período; portanto, é lógico que era mais provável que as notícias fossem trazidas da área cultural iorubana do que de outras regiões. Também vale a pena notar, para nosso argumento seguinte, que a cidade de Ketu, depois de ser destruída por Daomé em 1883 e 1886, só foi reconstruída em 1896, e a notícia sobre esses eventos pode ter chegado à Bahia nessa época.

Assim, as viagens factuais ou imaginárias de especialistas religiosos à África – visando adquirir conhecimento esotérico "autêntico" e, desse modo, recuperar uma "tradição" que havia sido perdida durante a experiência traumática da escravidão – constituíram um capital cultural simbólico que aumentou muito seu prestígio social, sua eficácia religiosa e seu poder. A viagem de volta às origens tornou-se um elemento narrativo central no mito de fundação do "candomblé mais antigo do Brasil", o Ilê Iyá Nassô ou Engenho Velho. Pierrè Veger coletou testemunhos orais nos quais se afirmava que Iyá Nassô – uma das fundadoras do terreiro –, junto com sua filha espiritual, Marcelina da Silva (Obá Tossi), e a filha biológica de Marcelina, Madalena, viajaram para a África e passaram sete anos em Ketu. Em seguida, voltaram à Bahia acompanhadas do babalaô africano Rodolfo Martins de Andrade (Bamboxé) e dos três filhos recém-nascidos de Magdalena.

De acordo com a versão de Bastide, Iyá Nassô chegou à Bahia como uma pessoa livre para fundar o candomblé na década de 1830; Obá Tossi também chegou como uma pessoa livre, mas retornou a Ketu por sete anos antes de assumir a liderança do terreiro após a morte de Iyá Nassô. Apesar da realidade factual possível, mas ainda não documentada por trás dessas narrativas contraditórias, o caráter mítico dessas viagens é evidente. Elas legitimam o mito da fundação do Engenho Velho, reforçando a ideia do contato direto com fontes africanas "puras", ao mesmo tempo que enfatizam o *status* livre de seus atores (Bastide, 1986, p. 323; Capone, 1999, p. 248-250; Carneiro, 1985, p. 48; Verger, 1981, p. 28-29)[308].

O caso de Martiniano Eliseu do Bomfim é provavelmente o outro exemplo mais conhecido de um "especialista religioso transatlântico" e tem sido bastante comentado nos estudos afro-brasileiros. Em entrevistas feitas por Pierson entre 1935 e 1937, Martiniano declarou que havia morado em Lagos de 1875 a 1886 e, depois,

---

308. Capone também atribui um caráter de mito de fundação à suposta jornada para a África feita por Marcos Teodoro Pimentel, fundador do primeiro culto egun na ilha de Itaparica (Bahia). A tradição oral jeje também reivindica que Ludovina Pessoa, a "primeira" sacerdotisa fundadora da nação Jeje, viajava todos os anos para a África (Parés, 2002).

fez duas viagens mais curtas também. Na África Ocidental, ele foi iniciado como babalaô e, após sua volta à Bahia, tornou-se informante de Nina Rodrigues, reforçando assim a tendência nagô já existente no olhar desse estudioso. Martiniano ajudou sua amiga Mãe Aninha a fundar o Axé Opô Afonjá, em 1910, e a estabelecer os ministros de Xangô, em 1937, quando já era famoso e respeitado. O carisma, o zelo religioso e o "purismo" iorubá fizeram dele um dos primeiros defensores da reafricanização do Candomblé ou, mais precisamente, um agente decisivo de sua nagoização (Braga, 1995, p. 37-58; Capone, 1999, p. 250-252; Lima; Oliveira, 1987, p. 45-53; Pierson, 1971, p. 278-279)[309].

Em resumo, o primeiro estágio da nagoização do Candomblé parece ser o resultado de uma série complexa de fatores inter-relacionados que favoreceram a visibilidade e o prestígio de um pequeno número de terreiros de culto. O fim do século XIX parece estabelecer a base conceitual para uma noção da África como o lócus original de uma "tradição" que precisava ser recuperada, reinventando continuidades a fim de superar um "passado desestruturado".

Essa idealização da África também constituiu uma alternativa e uma reação contra a crescente cultura crioula assimilacionista. Sincronizado com a ampliação da supremacia cultural iorubá no mundo negro atlântico, esse processo de reafricanização se constituiu efetivamente como um processo de nagoização e, dentro de alguns setores da comunidade religiosa, também pode ter sido percebido como uma estratégia para promover a força política dos negros.

---

309. No Arquivo Público do Estado da Bahia, folheando os livros de registro das chegadas de passageiros, identifiquei o desembarque de Lagos de um homem chamado Eleseo do Bomfim (africano liberto) em 26 de setembro de 1878 (livro 1) e a chegada do Rio de Janeiro de um Elizio do Bomfim (liberto, solteiro, trabalhador, 56 anos de idade) em 27 de outubro de 1880 (livro 3), mais um Elizeo do Bomfim (empresário, 40 anos de idade) em 18 de novembro de 1880 (livro 3). Também na década de 1880, Joaquim Francisco Devodê Branco (1856-1924), um mahi liberto, residente em Lagos, com negócios em Porto Novo, fez viagens regulares entre as duas costas. Ele era amigo íntimo de Mãe Aninha e avô de Mãe Senhora, a sucessora de Aninha no Opô Afonjá (Matory, 2005).

A "pureza" nagô contra a "mistura" cabocla e o papel dos intelectuais

Se no fim do século XIX já havia alguns sinais do mito da pureza africana associado a um número seleto de terreiros, na década de 1930 esse mito havia se consolidado e, de certa forma, se tornado "oficial". Em 1937, o II Congresso Afro-Brasileiro foi realizado em Salvador, com a participação de intelectuais e membros importantes do sacerdócio do Candomblé. Esse evento foi significativo como uma forte declaração em favor da liberdade religiosa e do reconhecimento social do Candomblé como um todo. Ao mesmo tempo, ele sancionou o tradicionalismo e a visibilidade social de algumas casas nagô-ketu. Nesse segundo estágio do processo de nagoização, o antagonismo étnico entre africanos e crioulos do fim do século XIX parece se transformar em um antagonismo religioso, opondo orixás e caboclos, e criminalizando estes últimos como um culto "misto". Ao mesmo tempo, a influência dos intelectuais na dinâmica interna do Candomblé começou a ser significativa.

A década de 1920 e o início da década de 1930 são lembrados como um período de forte repressão policial ao Candomblé. Foi durante o fim da década de 1920, por exemplo, que o lendário e temido chefe de polícia Pedrito estava no cargo. Os jornais locais relatam intervenções regulares em vários terreiros, denunciando suas práticas "bárbaras" e "incivilizadas". É significativo o fato de que a maioria dos terreiros que sofreram essa repressão não era nagô e era chefiado por homens, ao passo que não há nenhum relato de ataques aos principais terreiros tradicionais nagô-ketu (Lühning, 1995-1996, p. 194-220; cf. tb. Braga, 1995).

Seguindo uma tradição de longa data que remonta ao século XIX, os sacerdotes e sacerdotisas do Candomblé mantinham contatos regulares e, às vezes, relacionamentos íntimos com a elite política. Como observa Lima, essas estratégias devem ser analisadas sob a perspectiva de uma "ideologia de prestígio". Mãe Aninha tinha contatos com o presidente brasileiro Getúlio Vargas e conhecia Osvaldo Aranha, chefe da Casa Civil, bem como outros ministros e diplomatas. Bernardinho de Batefolha era amigo íntimo de Juracy Magalhães, que foi governador da Bahia entre 1934 e 1937, e teve um papel fundamental na criação de um clima político relativamente favorável ao Candomblé (Lima; Oliveira, 1987, p. 61, 92, 153).

Por volta de 1936, essa tolerância política havia levado a uma importante mudança positiva na representação do Candomblé na opinião pública. Tal mudança antecipou a realização, em janeiro de 1937, do II Congresso Afro-Brasileiro, organizado por Edison Carneiro e Aydano do Couto Ferraz e presidido por Martiniano Eliseu do Bomfim. Antes da conferência, Carneiro publicou no *Estado da Bahia* uma série de artigos informativos e entrevistas com sacerdotes como Martiniano, Jubiabá, Joãozinho da Goméia e Manoel Paim. A música de Candomblé foi tocada ao vivo por Joãozinho da Goméia e suas *filhas de santo* em uma estação de rádio local, trazendo trabalhos musicais "nagô, bantu e caboclo". A programação do congresso incluiu visitas aos três principais terreiros nagô-ketu – Engenho Velho, Gantois e Axé Opô Afonjá – e ao terreiro de Procópio, bem como uma cerimônia pública na casa de Joãozinho da Goméia. Nos meses seguintes, os jornais locais anunciaram as festividades públicas nos candomblés nagô-ketu Gantois e Engenho Velho, "os mais antigos e *puros* da Bahia", bem como as festas no terreiro de Alaketu[310]. Nos relatos posteriores, críticos ou favoráveis ao Candomblé, sempre que apareciam referências étnicas, elas eram nagô, iorubá ou, pela primeira vez, ketu[311]. Assim, apesar do esforço de Carneiro para incluir representantes de várias

---

310. *Estado da Bahia*, 12 de dezembro de 1936; 11 e 13 de janeiro de 1937; 24 e 26 de maio de 1937 (*apud* Lühning, 1995-1996, grifo nosso).

311. Por exemplo, Calmon escreveu sobre o perigo de "valorizar-se perante plateas estrangeiras" a toada nagô dos "terreiros de samba" (*Estado da Bahia*, 8 de julho de 1939). Um escritor de São Paulo que participou de uma cerimônia no Axé Opô Afonjá relatou: "Nosso pensamento é transportado para a terra dos iorubás, onde Xangô era rei. Parece que estamos vendo o grande rei entre os 12 membros de seu conselho: os obás [...] um perfeito parlamento da nação Quetô" (Domingos Laurito, Salvador, 30 de setembro de 1940 *apud* Lühning, 1995-1996).

tendências, o congresso veio reforçar a visibilidade dos nagôs e consolidar ainda mais a supremacia dos três terreiros tradicionais: Engenho Velho, Gantois e Axé Opô Afonjá.

A fim de obter e garantir a liberdade religiosa do Candomblé e apoiado pelo Congresso Afro-Brasileiro, Carneiro conseguiu organizar e fundar, em setembro de 1937, a União das Seitas Afro-Brasileiras, órgão que substituiria a polícia no controle das atividades religiosas. A união foi inaugurada com o apoio formal do governador Juracy Magalhães e incluía 67 terreiros, de um total estimado de 100 existentes na época. De acordo com Bastide, a união sinalizava o que Couto Ferraz já chamava de "retorno à África", ao unificar as casas tradicionais em busca da "pureza primitiva dos cultos" africanos, em detrimento e exclusão das práticas sincréticas, principalmente as que envolviam os caboclos (Bastide, 1986, p. 330; Carneiro, 1985, p. 44-45; Lima; Oliveira, 1987, p. 152-153; cf. Ferraz, 1939, p. 175-178).

Enquanto participava do congresso em 1937, o compositor Camargo Guarnieri coletou 152 canções rituais do Candomblé. Dessas, 46 foram descritas como ketu, jeje ou ijexá, 14 eram angola-congo, e 92 foram categorizadas como caboclo. O grande número de cantigas nessa última categoria pode ser um indicativo da importância do Candomblé Caboclo naquela época e também pode explicar por que seu culto, que vinha crescendo desde o fim do século XIX, era visto como uma ameaça. As entrevistas de Pierson indicam nitidamente a discriminação e até mesmo o desprezo pelos novos terreiros caboclos por parte de vários sacerdotes ortodoxos, que os denunciavam como "idiotice misturada" ou "imitadores" desprovidos de qualquer tradição. Lima ainda menciona a discriminação contra os novos terreiros na década de 1930, "chamados de 'clandestinos' pelos antigos sacerdotes e sacerdotisas em sua severidade etnocêntrica". Deve-se notar que foi durante esse período que Mãe Aninha enfatizou a pureza nagô de sua casa (Lühning, 1998, p. 66; Lima; Oliveira, 1987, p. 42; Pierson, 1971, p. 305).

Os especialistas em Candomblé têm, de fato, um senso crítico para diferenciar o que julgam "certo", "autêntico" e "verdadeiro" do que rotulam como "errado", "deturpado" ou "misturado". Esses critérios se fundamentam muito mais em aspectos formais da prática religiosa, e não em diferenças significativas de crenças. Em um mercado religioso competitivo, a eficácia e a pertinência de tais práticas são sempre avaliadas e julgadas, assim como, implicitamente, o conhecimento ou o poder espiritual de seus agentes. São as ordens estruturais e formais da práxis que se tornam alvo de críticas entre os especialistas. Nesse sentido, mediadas por rumores ou fofocas informais, as disputas entre esses especialistas em questões de ortodoxia ritual formam uma das principais arenas para operar identificações e diferenciações.

Como vimos, práticas de determinado grupo de culto são legitimadas em termos de uma suposta herança cultural africana transmitida pelas gerações anteriores por meio da iniciação e da genealogia espirituais. Quando esse passado histórico está ausente, um mecanismo fundamental para legitimar novos terreiros envolve o recrutamento ou a promoção de um membro sênior de uma casa de prestígio que, com o conhecimento esotérico necessário, assume uma posição hierárquica importante na nova congregação. Alternativamente, diz-se que o conhecimento religioso é "inspirado" pelas próprias entidades espirituais, o que em geral se traduz em uma imitação idiossincrática de modelos de prestígio. Por esses meios, apesar de acusações formais de "heterodoxia", alianças estratégicas são estabelecidas, e os valores e práticas rituais são replicados e perpetuados. Em última análise, toda a micropolítica das congregações religiosas sempre se baseia no alinhamento simultâneo com alguns terreiros aliados e com os ancestrais dos quais o conhecimento foi herdado, além de uma diferenciação (ou desqualificação) paralela de grupos religiosos concorrentes.

Em tal dinâmica dialógica, o conceito de pureza – concebido como a fidelidade a uma herança cultural africana perpetuada por gerações sem mudanças – torna-se uma categoria significativa no discurso dos participantes do Candomblé. Embora qualquer análise histórica das práticas religiosas revele que esse conceito de continuidade estática é apenas um ideal ou um mito, é preciso admitir que muitos especialistas religiosos acreditam seriamente nele e têm dificuldade em reconhecer mudanças, ao menos quando se trata de suas próprias práticas. Nesse sentido, a noção de pureza parece ter uma dupla finalidade ou dimensão, uma interna e outra externa.

Por um lado, ela serve para estabelecer fronteiras de identidade (articuladas no discurso das nações e das ortodoxias rituais) e para privilegiar o "antigo" e "tradicional" em relação ao "novo" e "moderno" (ou seja, o orixá africano em oposição ao caboclo brasileiro). Ao mesmo tempo, pressupõe hierarquias de poder espiritual (axé, força). Quanto mais pura for a tradição ritual, maior será sua eficácia religiosa; o valor final da pureza está em legitimar e reforçar o *status* de poder *dentro* da comunidade religiosa. Essa é a dimensão interna.

Por outro lado, há também uma dimensão externa que vai além da comunidade religiosa, atingindo a ordem social mais ampla. Aqui, o discurso da pureza africana, articulado pelos terreiros de maior prestígio, serve para legitimar e reforçar o poder social e político dessas comunidades religiosas como representantes emblemáticas da comunidade afro-brasileira como um todo. É nesse domínio que o discurso da imaginada pureza africana e das nações africanas adquire uma dimensão política real, e é nesse domínio que a discussão sobre a influência dos intelectuais no Candomblé se torna relevante.

Certamente, os estudiosos têm usado o conceito de pureza na análise do Candomblé, em especial em associação com os terreiros nagô. A partir da década de 1930, e sobretudo a partir dos anos 1970, suas publicações tiveram ampla circulação entre os grupos de culto, contribuindo para reforçar a visibilidade e o prestígio nagôs. Rodrigues, Ramos, Carneiro, Pierson, Bastide, Verger e Elbein dos Santos, para citar somente os autores mais conhecidos, conduziram suas principais pesquisas nos três principais terreiros nagô-ketu (Engenho Velho, Gantois e Opô Afonjá) e projetaram a imagem dessas casas como as sobrevivências mais fiéis da tradição africana no Brasil, em detrimento dos cultos de outras nações que eram vistos como sincréticos. Essa pureza nagô-ketu imaginada foi identificada com ideias positivas de resistência e permanência cultural, enquanto o sincretismo de outros cultos passou por associação implícita a ideias negativas de assimilação e mudança cultural. A questão principal é entender como os pesquisadores interpretaram e absorveram essa dinâmica contínua dentro do Candomblé girando em torno da pureza; como tomaram essa noção de pureza em seu valor êmico – interno àquela cultura – e o transformaram em categoria analítica de seus estudos; e como essa nova categoria, externalizada como um conceito objetificador, foi reinternalizada dentro do Candomblé.

O mito da pureza começou a ser criticado na década de 1970 com o trabalho de Lapassade e Luz, que começaram a reconhecer a importância da Macumba e da Quimbanda, mas surgiu de forma mais significativa na década de 1980 com os trabalhos de Beatriz Gois Dantas, Peter Fry e Patricia Birman (Birman, 1980; Dantas, 1987, p. 121-128; 1988; Fry, 1984, p. 37-45; Luz; Lapassade, 1972). Esses autores argumentaram que a obsessão em identificar "africanismos" nos cultos brasileiros e a subsequente valorização da pureza nagô foi sobretudo uma construção acadêmica de pesquisadores e antropólogos. Dantas sugeriu ainda que essa construção intelectual do nagô "como uma religião verdadeira, em contraste com a magia/feitiçaria banto", trazia escondido interesses de elites brancas euro-brasileiras e disfarçava uma forma sutil de dominação. De acordo com Dantas, as elites brancas, ao mesmo tempo que promoviam o reconhecimento da herança africana brasileira (favorecendo, assim, uma aparente ideia de "democracia racial", conforme concebida por Freyre), buscavam dois objetivos principais. Por um lado, tentariam "limpar" a religião africana de seus aspectos mais perigosos. A pureza nagô é muitas vezes associada à negação de práticas de magia negra, à crítica do crescente profissionalismo dos especialistas religiosos e, em alguns casos, a certas ideias de "matriarcado", que implicitamente desqualificam o sacerdócio masculino ou homossexual. Por outro lado, a ênfase na pureza africana "exotizaria" a cultura afro-brasileira e também promoveria de mdo implícito o estabelecimento de um "gueto cultural", que privaria seus agentes sociais de inserção e participação reais na ampla sociedade nacional (Dantas, 1987, p. 125; 1988, p. 200, 205, 208-209, 213)[312].

Posteriormente, Dantas recebeu críticas severas de vários autores por enfatizar demais o papel desempenhado pelos intelectuais na construção do mito da pureza nagô e por ignorar a atuação dos próprios participantes religiosos[313]. A dinâmica histórica do Candomblé não pode ser reduzida à influência de fatores externos e, mesmo que esses fatores existam, eles não justificam ou determinam todo o processo. Alguns dos exemplos mencionados confirmam nitidamente a agência interna ou o papel ativo dos participantes: Martiniano Eliseu do Bomfim estava defendendo a preservação das práticas e dos valores afro-iorubás desde o início do século, e, na década de 1930, houve um sério debate interno entre os sacerdotes sobre a pureza dos cultos de origem africana em confronto com a "mistura" dos cultos caboclos. Mãe Aninha pode ter lido as obras de Carneiro, mas é certo que suas atividades religiosas não foram modificadas por essas leituras, nem seu discurso sobre a pureza nagô foi modelado por elas.

Minha impressão é que, na década de 1930, um setor da liderança do Candomblé percebeu os laços com os intelectuais como mais uma estratégia para garantir posição e prestígio, e eles aproveitaram a oportunidade. Seu debate interno sobre a pureza

---

312. Sobre a desqualificação do sacerdócio masculino e homossexual, cf. Carneiro (1985, p. 96-98) e Landes (1940, p. 386-397).

313. Cf., entre outros, Silveira (1988, p. 191), Trinidade Serra (1995, p. 48-65) e Ferretti (1995, p. 64-70).

africana foi reproduzido pelos intelectuais em um novo discurso público que inseriu mais amplamente o Candomblé dentro da sociedade, ao enaltecer a pureza e o tradicionalismo e ao equipará-lo à resistência cultural. Como resultado, o "nagocentrismo" associado a esse processo, privilegiando a pureza africana, só poderia ser bem-recebido pelas casas tradicionais já hegemônicas. Os praticantes do Candomblé e os sujeitos sociais afro-brasileiros mais uma vez demonstraram sua própria iniciativa, apropriando-se do discurso "cultural" dos intelectuais e transformando-os em seu próprio discurso de resistência política e identidade negra, e isso nos leva algumas décadas adiante.

A "cruzada contra o sincretismo", resistência política e lócus da tradição

O prestígio alcançado pelos terreiros nagô-ketu, como o Engenho Velho, o Gantois e o Opô Afonjá, contribuiu para a formação de um ideal de pureza ritual e para a criação de um modelo de comportamento religioso (Lima, 1977, p. 23, 26). Isso gerou um efeito de espelhamento em cascata, e muitas casas de culto passaram a se identificar como pertencentes à nação Nagô ou Ketu, independentemente de qualquer afiliação espiritual com aqueles três terreiros.

Em 1937, a União das Seitas Afro-Brasileiras registrou 10 terreiros ketu, um alaketu, um iorubá e um nagô entre o total de 67 casas de culto. Alguns contemporâneos pensam que havia menos de 10 terreiros ketu, mas, de todo modo, eles não ultrapassavam 20% (Carneiro, 1985, p. 45). Em 1969, as casas nagô-ketu representavam 35% do total pesquisado[314]. O aumento gradual continuou, e em 1998 elas representavam 56% (Mott; Cerqueira, 1998, p. 13). Embora esses números devam ser tomados com cautela, é

---

314. Resultados do projeto de pesquisa sobre os candomblés de Salvador dirigido por Vivaldo da Costa Lima, CEAO, 1960-1969 (*apud* Santos, 1995, p. 21).

evidente que houve um crescimento progressivo na proporção de grupos de cultos nagô-ketu autodenominados. Também vale a pena notar que, a partir da década de 1930, Ketu, o nome de um reino iorubá específico, tornou-se sinônimo ou até mesmo substituto do etnônimo Nagô, pelo menos em Salvador.

Até onde sei, o etnônimo ketu não aparece no registro do comércio de escravizados, e, ao contrário da opinião de autores como Verger (1999, p. 230), podem ter sido muito poucos os africanos desse reino[315]. Data de 1789 a primeira evidência histórica de um ataque de Daomé contra o reino de Ketu, visando trazer escravos, mas não mais do que 200 cativos teriam sido exportados como escravizados. Incursões subsequentes documentadas historicamente contra as aldeias vizinhas de Ketu datam apenas de 1858 e 1860. Somente em 1878 houve uma primeira incursão iorubá na capital, invasão essa que antecedeu os ataques mais violentos de Daomé, que destruíram a cidade e chegaram a escravizar até mesmo o sacerdócio daquele lugar. Ora, tais ataques só ocorrem em 1883 e 1886, depois, portanto, do fim do tráfico escravista transatlântico. Além disso, conforme notado por Lima, Iyá Nassô não era um nome pessoal, mas o título (*oiê*) da suma sacerdotisa de Xangô na corte do reino de Oió (Dalzel, 1967, p. 202; Dunglas, 1957, p. 39, 133, 152; Lima, 1977, p. 24-25; cf. tb. Capone, 2003). Esses fatos levantam sérias dúvidas sobre a origem ketu dos fundadores do Ilê Iyá Nassô e indicam a possibilidade de essa origem ter sido forjada em outro momento.

É interessante notar que Pierson (1971, p. 306, 318) menciona "queito" como um dialeto que Aninha aprendeu com seus pais, diferente do nagô que aprendera no Engenho Velho. Já sugerimos a rede de comunicação transatlântica do fim do século XIX como um possível contexto para a popularização do ketu na Bahia. Poderia também estar relacionado à fundação do Axé Opô

---

315. Para uma crítica da valorização dos Ketu feita por Verger, cf. Lima (1977, p. 22-24).

Afonjá de Aninha em 1910? Testemunhos orais indicam que, na área do Recôncavo em torno de Salvador, a liturgia do ketu só foi introduzida na década de 1930, havendo antes uma tradição nagô distinta daquela conhecida na capital[316].

De qualquer forma, na década de 1960, Bastide (1986, p. 330) confirma a existência de um contínuo *"movimento de purificação* dentro dos candomblés contra a degradação da Macumba". Observado por Couto Ferraz nos anos 1930, o antagonismo contra os caboclos ainda permanecia, opondo os candomblés puros da Bahia à macumba do Rio e à emergente umbanda. Como evidência adicional desse processo de nagoização, vale notar que essa foi a época em que as primeiras casas de culto começaram a mudar ritualmente sua nação para a liturgia nagô-ketu (*troca de axé*)[317].

As viagens entre a África e a Bahia, nas décadas de 1950 e 1960, do fotógrafo francês Pierre Verger, muito ligado à Mãe Senhora (sacerdotisa do Axé Opô Afonjá), continuaram a consolidar os referentes iorubás como emblemas da pureza africana. Em 1952, por exemplo, ele trouxe da Nigéria um *xere* e um *edu ara* (emblemas de Xangô) e uma carta do rei de Oió investindo Mãe Senhora com o título de Iyá Nassô. Posteriormente, em 1967, Deoscóredes Maximiliano dos Santos (Mestre Didi), filho de Mãe Senhora, viajou para o Daomé com sua esposa, Juana Elbein dos Santos. O casal foi apresentado por Verger ao rei de Ketu e, quando recitou seu oriqui (verso de louvor à linhagem), Mestre Didi foi reconhecido como descendente dos Asipá, "uma das sete famílias fundadoras do reino de Ketu" (Santos, 1994, p. 18-19, 36)[318].

---

316. Entrevista com Luiza Frankelina da Rocha, Cachoeira, 25 de junho de 1999. Manoel Cirqueira de Amorim, conhecido como Nezinho da Mangabeira, um sacerdote ligado ao Gantois, foi responsável pela expansão ketu no Recôncavo.

317. Joãozinho da Gomeia, famoso sacerdote dos anos 1930, mudou a nação de seu terreiro de Angola para Ketu, com a colaboração de Mãe Menininha do Gantois em 1958-1960 (Capone, 1999, p. 280).

318. Para uma crítica sobre essa ligação com os Asipá, cf. Capone (1999, p. 257-258).

Outros intelectuais e sacerdotisas de Salvador, como Olga de Alaketu, também "descendente da família real Arô de Ketu" (Lima, 1977, p. 28), bem como Pai Balbino Daniel de Paula e Mãe Stella de Azevedo Santos (atual sacerdotisa do Axé Opô Afonjá), deram continuidade à tradição de longa data das viagens transatlânticas. Por esses meios, a identidade nagô-ketu continuou a consolidar seu já elevado prestígio como a mais autêntica tradição africana.

Em 1959, as primeiras aulas sobre iorubá foram ministradas no Centro de Estudos Africanos e Orientais (CEAO) da Universidade Federal da Bahia; de 1965 até a década de 1970, esses cursos foram oferecidos regularmente. Em 1974, a universidade inaugurou um programa de intercâmbio com vários países africanos, facilitando assim a chegada de professores e alunos de iorubá. A partir de 1976, cursos de cultura iorubá e afro-brasileira, muitas vezes envolvendo o aprendizado do sistema de divinação Ifá, foram realizados no Rio de Janeiro e, depois de 1977, a Universidade de São Paulo começou a seguir esse exemplo, oferecendo cursos sobre a cultura e a língua iorubás. Esses cursos costumavam ser frequentados por sacerdotes e sacerdotisas do Candomblé que, além de aprenderem o sentido dos cânticos religiosos, também queriam ter acesso ao conhecimento esotérico, atribuindo aos seus professores africanos um *status* religioso que eles às vezes não tinham. O aparecimento de sacerdotes-professores africanos "impostores" – que se aproveitavam do ingênuo fascínio brasileiro por tudo que parecesse africano –, pode ter sido mais agudo nas cidades do sul do que em Salvador (Capone, 1999, p. 272-284; Silva, 1995, p. 261-271).

Por um lado, coincidindo com um novo momento de reconhecimento social do Candomblé, a década de 1970 marca o começo de uma terceira fase do processo de nagoização, ainda que esse processo possa ser mais bem entendido como algo contínuo e não fragmentado. Por um lado, o establishment político baiano parecia perceber o valor da cultura negra como uma mercadoria exportável que poderia contribuir para moldar uma imagem da

Bahia que atraísse o mercado turístico nacional e internacional. Reciclando as representações da cultura negra baiana projetadas desde a década de 1940 por artistas como Jorge Amado, Dorival Caymmi, Pierre Verger e Carybe, instituições como a Bahiatursa (órgão oficial de turismo da Bahia) passaram a promover Salvador como uma cidade "mística", e o Candomblé, como uma atração turística e um espetáculo "exótico". Jornais como *A Tarde* também começaram a anunciar regularmente as festas de vários terreiros, entre eles os da nação Nagô-Ketu, "mais puros" e tradicionais.

Por outro lado, influenciada pelo movimento por direitos civis nos Estados Unidos, a década de 1970 registrou um crescimento significativo da organização política negra, com a fundação do Movimento Negro Unificado (MNU) e outras associações, como o grupo carnavalesco afro-cêntrico Ilê Aiyê. A formação de uma identidade étnica negra racialmente definida encontrou no Candomblé uma rica fonte de referências culturais e de ícones prestigiados para garantir a unidade necessária à conquista dos objetivos políticos de fortalecimento negro e igualdade social. A noção de uma pureza religiosa africana pode ter começado como parte de uma dinâmica interna da comunidade religiosa, visando estabelecer legitimidade. Entretanto, desde a década de 1970, o movimento negro desempenhou um papel ativo em sua articulação e sua disseminação, inserindo-a no conceito mais abrangente de uma África imaginada, emblemática da identidade e do orgulho negro. Os grupos de culto de elite, já conscientes de sua pureza africana, foram, é lógico, mais bem-sucedidos em atrair a atenção de ativistas negros que buscavam emblemas de uma identidade diferenciada. Por consequência, o complexo religioso iorubá-nagô foi mais uma vez reificado, e terreiros como o Gantois e o Axé Opô Afonjá, bem como sua liderança, surgiram como representantes políticos visíveis da comunidade afro-brasileira como um todo.

Em sincronia com a ideologia pan-africanista norte-americana, o ativismo negro brasileiro lutou contra a hegemonia branca e a discriminação racial, enquanto sua ala mais radical promovia ideias de separatismo político e cultural. Foi nesse contexto ideológico que surgiu o movimento contra o sincretismo nas religiões afro-americanas, tanto nos Estados Unidos quanto no Brasil. Essa tendência defendia a necessidade de separação entre as divindades africanas e os santos católicos, cuja mistura era percebida como o legado da aculturação branca e do período da escravidão. No Brasil, essas ideias foram galvanizadas em torno da Sociedade de Estudos da Cultura Negra no Brasil (SECNEB), fundada em 1974 pelo casal Juana Elbeim e Deoscóredes Maximiliano dos Santos e com participação de outros intelectuais negros importantes (Capone, 1999, p. 288).

A SECNEB foi responsável pela organização, em 1981, da primeira Conferência Mundial da Tradição Orixá e Cultura (Comtoc), realizada em Ifé (Nigéria), reunindo o sacerdócio da África e da diáspora africana. Durante a segunda Comtoc, realizada em 1983 em Salvador, Mãe Stella, suma sacerdotisa do Axé Opô Afonjá, declarou-se a favor da remoção das imagens católicas dos terreiros e se tornou a defensora mais visível do movimento de reafricanização. Julio Braga se refere a essa "cruzada contra o sincretismo" como uma busca pela "hegemonia nagô" (Braga, 1995, p. 38; Capone, 1999, p. 271-272; Silva, 1995, p. 269).

Tal "cruzada" ou "ato de descolonização" contra o catolicismo é uma indicação da relativa autonomia do discurso e da prática afro-brasileiros e questiona mais uma vez a hipótese de Dantas, que vê na construção de uma pureza nagô uma maquinação da elite branca euro-brasileira. Em vez disso, o processo de reafricanização poderia ser interpretado como um movimento contra a aculturação (como movimentos messiânicos ou fundamentalistas que louvam o retorno às origens) que ocorre quando a transformação cultural está avançada o suficiente para impedir qualquer recriação pura e simples da cultura original. Esse movimento contra a aculturação, longe de ser o retorno às origens que gostaria de ser, é apenas outro tipo de mudança cultural. Ela não regenera o antigo, mas cria o novo. Como afirma Bastide (1996, p. 78), o discurso da continuidade entre as tradições religiosas africanas e afro-brasileiras resulta de uma ideologia de compensação que tende a valorizar o enraizamento no passado para contrabalançar a ruptura e a descontinuidade reais.

As duas últimas décadas testemunharam a transformação final do Candomblé em uma "religião universal" aberta a qualquer pessoa, independentemente de cor, gênero ou classe social. Essa mudança levou a uma série de tensões e contradições internas. Enquanto alguns terreiros, na maioria das vezes do Rio e de São Paulo, encontraram no movimento de reafricanização – que envolvia cursos sobre iorubá, leituras de etnografias religiosas africanas e o estabelecimento de vínculos diretos com a África – uma forma de reivindicar "autenticidade" e legitimar suas práticas –, as antigas casas nagô-ketu afirmavam que a "verdadeira tradição" deveria ser mesmo encontrada na Bahia. Mãe Stella, por exemplo, apesar de defender a cruzada contra o sincretismo e de ter estado na África algumas vezes, afirmou, em uma conferência realizada em São Paulo em 1987, que "nossas raízes estão aqui [ou seja, na Bahia]. Ir para a África é apenas uma moda" (Silva, 1995, p. 278).

O debate sobre o verdadeiro local da tradição, fosse ele atribuído à África ou à Bahia, expressa de fato uma luta pela liderança e foi, de certa forma, paralelo ao que estava ocorrendo nos Estados Unidos desde a década de 1970. Lá, os santeros, formados em geral por brancos exilados de Cuba, consideravam sua herança Afro-Cubana de Regla Ocha a verdadeira tradição (*la tradición*), enquanto o movimento iorubá americano, ou Reversionismo Iorubá, sintetizado por Oba Ofuntola e sua comunidade Oyotundji, reivindicava sua identidade racial negra por meio de vínculos diretos com a África e lutava contra o sincretismo da Santeria, pretendendo assim recriar uma sociedade iorubá na Carolina do Sul rural (Palmié, 1993, p. 73-94). Esse antagonismo entre os "centrados na África" e "centrados na diáspora" também parece ter sido a base da cisma que dividiu os organizadores das conferências sobre a tradição dos orixás (Comtoc).

O que vale a pena reter para o nosso argumento é que, apesar dos antagonismos, ambas as tendências privilegiaram a cultura iorubá como a expressão da pureza africana. Para os afrocêntricos, a África era identificada exclusivamente com a Iorubalândia, em especial Ifé, ao passo que o grupo centrado na diáspora, em aliança com os intelectuais, promovia os terreiros tradicionais nagô-ketu como modelo hegemônico. No Brasil, o Instituto Nacional da Tradição e Cultura Afro-Brasileira (Intecab), fundado em 1987, embora incluísse representantes de todas as nações do Candomblé e apesar de promover certo ecumenismo sob a máxima da "unidade dentro da diversidade", considerava ainda assim a tradição nagô-ketu o modelo ao qual os grupos de culto menos orientados para a África deveriam aspirar eventualmente.

Seja como for, é importante observar que nem o ecumenismo centrado nos nagôs, do Intecab, liderado pelo casal Santos, nem o movimento contra o sincretismo, favorecido por Mãe Stella, tinham um apoio unânime dentro do Candomblé – e, vale notar, nem mesmo dentro dos próprios grupos de culto nagô. A cruzada de Mãe Stella contra o sincretismo encontrou resistência significativa por parte de outros terreiros tradicionais, que alegavam que os santos católicos faziam parte de sua herança cultural, e do Intecab, que argumentava que o culto caboclo era legítimo, uma vez que essas entidades eram os "donos da terra" originais (Capone, 1999, p. 291, 294; Trinidade Serra, 1995, p. 63-64). Na verdade, o que essas diferentes tendências evidenciam é uma luta contínua pela liderança, não apenas contra os prósperos terreiros afrocentrados das cidades do sul, mas também dentro do próprio campo religioso afro-baiano.

Da mesma forma, o alinhamento dos candomblés tradicionais com a agenda política dos ativistas negros (ou seja, afirmação da identidade étnica, promoção de atividades sociais nos terreiros e políticas contra o racismo) não é unânime. Há um interesse crescente entre certos grupos de culto em promover ações sociais voltadas para a comunidade, porque, além de seu significado moral, elas são percebidas como um modo de ganhar visibilidade e recursos materiais de órgãos públicos de financiamento. Um número cada vez maior de jovens ativistas e intelectuais negros também se tornou devoto, diluindo fronteiras entre os atores sociais internos e externos e favorecendo essa mudança política. Entretanto, essa tendência não enfraquece o discurso religioso mais conservador e menos consciente politicamente de outro importante setor de praticantes.

Portanto, apesar das lutas internas por poder e do crescente pluralismo de interesses dentro do Candomblé, a hegemonia nagô-ketu permanece inalterada. Alguns praticantes nagôs podem negar a ideia de uma dominação imposta, proclamando a existência de um ecumenismo tolerante, mas essa é a atitude típica esperada de poderes hegemônicos. Os membros de grupos de culto pertencentes a outras nações, como os Angola ou os Jeje, podem sentir certo desconforto quando confrontados com o centrismo Nagô existente, embora não o expressem abertamente. Se não ousarmos falar de uma hegemonia nagô-ketu no Candomblé contemporâneo, devemos pelo menos reconhecer que sua supremacia foi construída historicamente.

Neste capítulo, procurei examinar esse intrincado processo de longa duração que foi a nagoização do Candomblé baiano, sugerindo que não há explicações unívocas e que o processo envolveu uma pluralidade de fatores sociais inter-relacionados, bem como a agência de atores humanos internos e externos. Em um primeiro estágio, correspondente ao período pós-abolição, o antagonismo afro-crioulo localmente estabelecido há muito tempo foi ressignificado no campo religioso como contraste entre pureza e corrupção. Esse processo coincidiu com a diminuição da presença de africanos na Bahia e com uma crescente racialização das relações sociais, que favoreceu uma nova identidade negra associada a uma imagem idealizada da África. Sincronizado com o aumento da supremacia cultural iorubá no mundo negro atlântico, esse processo de reafricanização surgiu com força no Candomblé como um processo de nagoização que promoveu a visibilidade e o prestígio de um pequeno número de casas de culto, reivindicadoras da identidade étnico-religiosa nagô-ketu.

Nesse estágio inicial, a atuação dos praticantes nagôs foi enfatizada. Contudo, nos anos 1930, com o início do segundo estágio dessa nagoização, que coincidiu com o reconhecimento social do Candomblé como um valioso patrimônio nacional, a intervenção dos intelectuais foi fundamental para o uso de uma noção êmica de pureza, como uma categoria analítica que veio a reforçar o *status* e a autoridade dos já famosos terreiros nagôs. Em uma terceira etapa, a partir da década de 1970, os movimentos de reafricanização contra o sincretismo adquiriram um significado político evidente, cindindo a comunidade religiosa em uma diversidade de interesses, muitas vezes conflitantes. Nessa dinâmica, a imagem da África, usada de várias maneiras para legitimar a autoridade e a liderança religiosa, foi muitas vezes identificada com Iorubalândia, reificando mais uma vez a supremacia nagô. Assim, as ambições e as lutas das congregações nagôs contribuíram gradualmente para o estabelecimento de uma elite religiosa que, alinhando-se aos interesses dos intelectuais e do ativismo negro, bem como utilizando-se deles, garantiu seu poder por mais de um século. Porém, a visibilidade dessa minoria, apesar de sua influência generalizada, não deve nos levar a esquecer as contribuições significativas, embora menos aclamadas, de outros grupos menos visíveis.

11

A SANTERIA EM CUBA: TRADIÇÃO E TRANSFORMAÇÃO

Christine Ayorinde

A Santeria cubana, também conhecida como "Regla de Ocha" (a regra ou lei do orixá), é um exemplo de como formas culturais e religiosas que são vinculadas aos iorubás não só sobreviveram como também floresceram num novo ambiente. A pesquisa do antropólogo William Bascom, realizada na Nigéria e em Cuba nas décadas de 1930 e 1940, levou-o a sugerir que os iorubás poderiam ir ao Novo Mundo para aprender sobre a sua religião[319]. Este capítulo descreve algumas das características da Santeria que ilustram essa continuidade, mas também as mudanças que a transformaram em uma forma distintamente cubana. Essas mudanças refletem os desafios da transmissão cultural ao longo do espaço e do tempo, as restrições sociais sobre as práticas religiosas e o encontro com outras culturas. É importante notar, no entanto, que não são apenas os elementos do ritual, da língua e da cultura material que podem ser identificados como iorubá, mas também os *processos* pelos quais a Regla de Ocha foi capaz de incorporar

---

319. Cf. Bascom (1965, p. 127). Acreditava-se que a religião tradicional iorubá tinha poucas chances de se recuperar de sua condenação ao status de "religião do mato" sustentada por líderes cujos poderes foram substituídos pelo governo moderno. Cf. Beier (1962, p. 43; 1975, p. 14, 56ss). Obviamente, os governantes se tornaram cristãos e muçulmanos e transformaram antigas estruturas rituais em uma ideologia "cívica" de realeza ao mesmo tempo moderna e tradicional.

com sucesso novos elementos culturais e captar novos públicos. Embora o cristianismo e o islamismo pareçam ter afetado os orixás na África Ocidental, seria um erro atribuir a sua expansão nas Américas apenas aos efeitos da passagem transatlântica. Estudos sobre cultos dos orixás demonstram como a sua natureza integradora, descentralizada e flexível tornou-os eminentemente aptos para a transmissão e o crescimento[320].

A Regra de Ocha era originalmente a religião do povo que ficou conhecido como Lucumi nas colônias espanholas americanas[321]. Eles levavam consigo suas divindades, chamadas orixás ou, em Cuba, orichas[322]. Ainda que os africanos agrupados sob o etnônimo Lucumi tenham sido registrados desde a primeira metade do século XVII, a maioria deles foi levada às Américas no século XIX, no auge do *boom* do açúcar. As taxas de mortalidade eram altas ao extremo, e era mais barato substituir os escravizados do que escravizar seus filhos[323]. Os Lucumi foram enviados sobretudo

---

320. Cf. especialmente o trabalho de Barber (1981, p. 724-745; 1990, p. 313-337) sobre a natureza autônoma e portátil do culto aos orixás na Nigéria; e o de Drewal (1992) sobre o caráter improvisador dos rituais iorubás. Cf. tb. Matory (1994) e Peel (1997, p. 263-289).

321. O etnógrafo e criminologista Fernando Ortiz foi o primeiro cubano a atribuir uma origem iorubá às práticas lucumi em sua obra de 1906, *Los negros brujos*. Para obter uma lista abrangente dos rótulos genéricos Lucumi aplicados a subgrupos iorubás e grupos não iorubás em Cuba, cf. Valdés (1990, vol. 2, p. 342). Para uma discussão detalhada sobre a origem do nome Lucumi, cf. Law (1997a, p. 205-219).

322. Neste capítulo, o autor distingue "orichas" – entidades do panteão iorubano tal como celebradas especificamente pela Santeria cubana – e "orixás" (traduzido da grafia comum em inglês, "orisha"), termo aqui utilizado para se referir às mesmas entidades no contexto mais geral africano e afrodiaspórico das práticas religiosas iorubás. Vale notar que, ao longo do capítulo, seguindo o texto original, mantivemos a grafia espanhola dos nomes dos orixás, ritos e conceitos iorubanos da Santeria ("aché" em vez de "axé", "Changó" em vez de "Xangô", "Yemayá" em vez de "Iemanjá", "babalocha" em vez de "babalorixá" etc.) [N.T.].

323. As importações do Golfo de Benim e, especificamente, de Oió aumentaram em geral entre as décadas de 1850 e 1870. Cf. Eltis e Richardson (1997, p. 21). Enquanto nos séculos XVII e XVIII o Império de Oió capturava escravizados atacando vizinhos como os Mahi ou comprando-os

para as plantações na região de Havana-Matanzas, ao leste da ilha. Sua chegada tardia ao tráfico escravista explica a influência iorubá esmagadora nas formas culturais e religiosas cubanas, embora muitas vezes também seja atribuída a uma suposta superioridade cultural iorubana[324].

Os processos que moldaram a Regla de Ocha e outras práticas religiosas afro-cubanas começaram nas plantações e nos *cabildos de nación*. Também chamados de *cabildos* de africanos, eram instituições civis que os ajudavam a se adaptar ao novo ambiente, fornecendo assistência prática, enterro decente para os mortos e coleta de fundos para comprar a liberdade dos escravizados[325]. No período colonial, os africanos foram incentivados a se reunir em *cabildos* divididos de acordo com fronteiras étnicas, pois desse modo eles não se uniriam contra o regime escravocrata. Essa divisão facilitou a preservação e a reconstituição de suas práticas culturais e religiosas. Às vezes, a persistência dessas práticas perturbava as autoridades religiosas e seculares. Os desfiles públicos foram proibidos, e as danças e os cantos mais abertamente africanos não eram mais permitidos nos funerais. O aparente sincretismo religioso também era uma área de preocupação. Muitos achavam que não se devia dar permissão para que os negros erguessem altares aos santos católicos "visando dançar de acordo com os costumes de seu país" (Ortiz, 1992a, p. 9).

No fim do século XIX, durante o período da abolição da escravidão e das guerras de independência contra a Espanha,

---

do Norte, por volta de 1810-1820 a fraqueza militar desse império e a interrupção das rotas comerciais do norte fizeram com que a demanda europeia por escravizados tivesse de ser satisfeita dentro do próprio Oió. Cf. Law (1977b, p. 366ss).

324. "Na disputa natural entre as religiões africanas, a dos iorubás ou nagôs triunfou tanto em Cuba como no Brasil" (Ortiz, 1995, p. 67); "os Lucumi eram os melhores da África" (Cabrera, 1996, p. 21); a viajante sueca Frederika Bremer (2002, p. 101) referiu-se aos Lucumi como pertencentes a uma das raças mais nobres da África.

325. Cf. tb. Howard (1998).

essa política mudou. Em vez de manter as divisões culturais, procurou-se facilitar a assimilação da antiga população escravizada. Os *cabildos* passaram a ser considerados anacrônicos. Danças, rituais de máscaras e outros costumes começaram a ser vistos como vestígios da escravidão, inadequados e indesejáveis em uma nação em modernização. No entanto, apesar dos esforços para erradicar a africanidade cultural (e às vezes também biológica), em vez de desaparecer, ela se espalhou entre todos os setores da população. As tradições religiosas forjadas nos *cabildos* foram levadas adiante nas *ilé ocha* (casa[s] do oricha), grupos de culto etnicamente heterogêneos onde negros, mulatos e brancos podiam assumir uma identidade Lucumi por meio da iniciação.

Além dos dados históricos sobre as comunidades lucumis em Cuba, as informações que temos sobre o processo de reconstituição dos cultos aos orixás são encontradas em grande parte, mas não exclusivamente, em relatos orais transmitidos de geração em geração de praticantes. Esses relatos falam dos renomados *babalochas* (sacerdotes rituais) e *iyalochas* (sacerdotisas rituais) que estabeleceram linhagens cerimoniais ou "ramas", que continuam até hoje (Angarica, 1955, p. 22; Cabrera, 1996, p. 113). Em algum momento, houve uma troca de conhecimentos litúrgicos entre sacerdotes e sacerdotisas dos cultos dos orixás, antes independentes uns dos outros em Iorubalândia. Isso os levou a se fundir na Regla de Ocha[326]. Essa compressão é responsável por algumas das principais diferenças entre a prática cubana e a da África Ocidental discutidas neste capítulo.

Não se sabe quantos orixás são cultuados na África, apesar de as estimativas variarem de números míticos, como 401, até 1444.

---

326. Havia uma tendência semelhante na África: Beier (1975, p. 14, 56-57, 62) observou que o declínio no número de fiéis e o fato de que os orixás ficavam sem teto quando os antigos sacerdotes morriam indicava que a integração e o intercâmbio entre os grupos de culto em Oshogbo eram necessários para garantir sua sobrevivência.

Pesquisas em cidades específicas mostram que um número finito de cultos é importante para os habitantes (Apter, 1992; Barber, 1990b, p. 313-337). Em Cuba, a maioria das fontes sugere que entre 20 e 25 orichas são cultuados, com talvez cerca de 15 sendo os mais populares. O fato de alguns deles mencionados nos mitos não terem mais cultos ativos indica uma diminuição do conhecimento de seus rituais, embora em certos casos as condições sociais os tenham levado a se tornar menos relevantes[327]. Isso é verdade para os orichas ligados a atividades econômicas específicas; por exemplo, o Oricha Oko (agricultura) tornou-se menos importante em uma sociedade de plantation escravocrata. Em alguns casos, sua função foi modificada, como no caso de Ochosi, que protege os caçadores na África e, em Cuba, é invocado por qualquer pessoa que tenha problemas com a lei. As prisões são chamadas de *ilé ochosi* pelos adeptos[328].

Os orichas cosmológicos, como Obatalá, o criador da humanidade, e Orula (Orunmila), a divindade ligada ao oráculo ou sistema de divinação Ifá, continuam sendo importantes, ainda que não sejam necessariamente os orichas mais populares. Também se destaca Eleggúa (Eshu-Elegbara), o mensageiro dos deuses, que é invocado no início e no fim de todas as cerimônias da Santeria. Os mais reverenciados, no entanto, são aqueles ligados a aspectos da vida cotidiana: maternidade, amor, riqueza, saúde e sexo. Esses orichas – Yemayá (Iemanjá), Changó (Xangô) e Ochún (Oxum) – também são comumente cultuados em toda a Iorubalândia[329]. Em

---

327. O culto iorubano aos orixás é mantido pela atenção dos humanos. Cf. Barber (1981, p. 724-740). Na África, a rápida mudança social também obliterou alguns dos campos de experiência com os quais os cultos se preocupavam. Cf. Horton (1971, p. 86). Barnes (1997, p. 18-20) observa que a capacidade de um culto sobreviver ou se expandir dependia dos significados atribuídos a uma determinada divindade e de sua capacidade de capturar e comunicar uma parte da experiência humana.

328. No oeste de Ekiti, suas funções foram usurpadas por Ogum, e Oxóssi se tornou um curandeiro e protetor contra a bruxaria (Peel, 1997, p. 277).

329. Israel Moliner, entrevista com o autor, Matanzas, 12 de fevereiro de 1997; cf. Peel (1997).

Cuba, suas funções podem ser modificadas: Yemayá é associada ao mar, e não ao Rio Níger. Ochún, o orixá do Rio Oxum, tornou-se a deusa de toda a água doce. Isso reflete sua adaptação a uma nova geografia, mas, no caso de Yemayá, também mostra como o espaço semântico ocupado por um orixá, no caso a divindade africana do mar Olokun, tem sido gradualmente absorvido pelo culto de outro.

No entanto, essa adaptação ou transferência das características e funções dos orichas não é apenas um desenvolvimento cubano. O estudo de Karin Barber sobre a antropologia da literatura e da cultura orais iorubanas, em particular os *orikì òrìṣà* (poemas de louvor atribuídos aos deuses), indica que a sobreposição e a inconsistência dos seres espirituais iorubás é a norma na África Ocidental. Há uma tendência de fundir orixás que têm variantes regionais, de dividir aspectos separados de um único deles ou de partilhar os mesmos atributos entre diferentes orixás (Barber, 1990b). Os *caminos* ("caminhos") ou avatares dos orixás desempenham uma função semelhante em Cuba, ou seja, garantem a flexibilidade e a adaptabilidade do sistema de adoração.

Por exemplo, Obatalá, orixá com inúmeras manifestações regionais em Iorubalândia, tem uma profusão de *caminos* cubanos, cada um com características diferentes. Um conjunto de Obatalás é retratado como velho e geralmente feminino ou andrógino: Obatalá Achó, Ochabí, Orishalá, Osakunún e Baba Funké. Há obatalás ainda mais velhos que são representados como homens, a exemplo de Obatalá Alabuché, Alámoreré e Alayé. Eles são chamados de "donos do mundo" e às vezes são confundidos com Olofi, a Divindade Suprema. Outro conjunto de *caminos* está relacionado a um Obatalá guerreiro. Um deles, Obatalá Ayagguna, assemelha-se a Changó e tem atributos semelhantes: uma espada, um cavalo e um castelo. Dessa forma, os caminos podem refletir personalidades bastante distintas da identidade dominante do oricha. Ochún é uma prostituta em um *camino*, Yeyé Cari, e uma velha sábia em outro, Ibú Kolé[330]. Yemayá Asesú é violenta e tempestuosa, como o mar, enquanto Yemayá Awoyó é calma e maternal. Um *camino* específico de um oricha pode ter relação com outro oricha, que não é compartilhado pelos outros *caminos*. Por exemplo, Oggún Areré é amigo de Changó, enquanto Oggún Alagguede é seu inimigo. O ritual da Santeria reflete as múltiplas representações dos orichas, uma vez que os devotos são iniciados em um único *camino* de um oricha, tendo cada um deles seus próprios atributos, tabus e exigências.

Em alguns casos, um *camino* pode servir para vincular um oricha mais intimamente ao ambiente cubano. Além das representações de origem africana de Ogum como ferreiro (Oggún Alagguede ou Alawedde) e guerreiro (Oggún Arere), ele também é cortador de cana (Oggún Laibé e Obaniyé). A divindade histórica e terceiro Alafim de Oió, Changó, tem um *camino* "chinês" chamado Changó Sanfancón ou San Fan Kung. Um mito conta que o viajante inveterado visitou uma terra onde as pessoas eram "pequenas e amarelas, com olhos oblíquos" e foi transformado em um "chino" (chinês). Quando Changó retornou à sua terra natal, apenas Orula o reconheceu sob o disfarce de Sanfancón e o devolveu à sua forma original[331].

O processo de fusão com a Regla de Ocha não criou, como era de se esperar, um panteão mais coerente, colocando em ordem as divindades que estavam em cultos separados na África. Um exame da mitologia cubana e das declarações dos praticantes indica que a inconsistência nas relações entre os orichas também atravessou o Atlântico. Por exemplo, Yemayá é esposa de 10 orichas diferen-

---

330. Em Iorubalândia, ela é às vezes uma concubina, e outras vezes, uma mulher sábia. Cf. Beier (1975, p. 36).

331. Israel Moliner, "Patakines. Vol. 3 (Del ciclo Shangó)" (datilografado). Esse *camino* reflete a incorporação de elementos culturais trazidos a Cuba pelos trabalhadores contratados chineses. Do fim da década de 1840 até o início da década de 1870, eles forneceram uma alternativa de mão de obra, uma vez que as exigências britânicas para a abolição do comércio de escravizados estavam dificultando cada vez mais e aumentando os custos (Scott, 1985).

tes, sendo mãe e filha de Olokun e irmã e mãe de Ochún (Lahaye Guerra; Loureda, 1996). As estruturas existentes já eram flexíveis. Elas permitiam que o culto de orixás separados se reconstituísse, quando era possível, e que esses mantivessem suas referências históricas e campos de experiência africanos ou adquirissem outros mais relevantes para seu novo ambiente. Variantes regionais não precisavam necessariamente ser descartadas, mas podiam ser conservadas e agregadas a uma versão dominante do orixá. Os *pataki(n)es* (em iorubá [doravante, I.]: *pataki*, "importante") ou mitos servem para refletir e sustentar as relações em desenvolvimento entre os orichas e localizá-los em um contexto tanto cubano quanto africano.

Ritual e prática

A evidência física da fusão de cultos de orixás separados é visível na forma como os santuários de vários orichas são normalmente mantidos juntos em um único cômodo do ilé ocha, em geral também a casa de um babalocha/iyalocha. Isso contrasta com as práticas africana e brasileira, em que um altar para cada orixá ocupa um espaço separado. As *otanes*, pedras que incorporam o "aché" ou poder espiritual do oricha, são colocadas em terrinas de sopa de porcelana cobertas chamadas *soperas*. O Elegguá é guardado atrás da porta ou em um armário. Oggún, representado por objetos de ferro, vive em um caldeirão, e as pedras sagradas do trovão de Changó são armazenadas em uma *batea* (vasilha de madeira) em cima de um *pilón* (almofariz virado para cima). As *soperas* geralmente são colocadas em uma *canastillera*, um tipo de aparador, que pode ter portas para os itens sagrados serem escondidos da vista. Os devotos invocam os orichas sacudindo maracas ou "acheré" para Changó e Yemayá e tocando sinos ou "agogôs" para Obatalá e Ochún.

Um aspecto da prática africana foi afetado pela ruptura das linhagens familiares durante a passagem pelo atlântico: a herança

322

dos papéis e responsabilidades rituais dentro da família[332]. Em Cuba, para se tornar devoto de um determinado oricha, normalmente é preciso ser iniciado em seu culto. A fusão de cultos separados na Regla de Ocha se reflete no fato de que, embora apenas um oricha seja posto na cabeça (*asentado*), os devotos também podem ter relações rituais com outros orichas. Eles são recebidos em diferentes iniciações, que oferecem níveis crescentes de proteção contra forças negativas e a aquisição de conhecimento religioso, de modo constante ou quando necessário para funções rituais específicas.

Alguns devotos simplesmente recebem os *collares* ou *elekes* (em I., *ìlekè*, "contas"), um conjunto de colares de contas, codificados por cores para representar diferentes orichas e seu próprio Eleggúa pessoal. O iniciado recebe colares de cores diferentes, que representam quatro ou seis orichas (Eleggúa, Ochún, Obatalá, Changó, Yemayá e, possivelmente, Oyá, se a pessoa não for filha de Yemayá ou Changó)[333]. O próximo estágio é receber os combatentes, chamados de *guerreros* porque Eleggúa, Oggún, Ochosi e Osun "lutarão" para proteger uma pessoa, algo que se tornou cada vez mais importante nas condições de uma sociedade escravista[334]. Outros orichas, chamados de "oricha de adimú", como Olokun, Odua, Inle e Ibeji, podem ser recebidos quando isso é determinado por adivinhação. Por exemplo, acredita-se que receber Olokun, a divindade das profundezas do mar, dá mais estabilidade à pessoa.

Sugere-se a alguns devotos que entrem em um relacionamento mais profundo com uma divindade e façam uma iniciação

---

332. Na África Ocidental, a prática religiosa iorubá depende da descendência e da adivinhação, a primeira garantindo a continuidade e a segunda abrindo o sistema. Cf. Drewal e Drewal (1990, p. 247).

333. Isso ocorre porque Oiá "lutará com" esses orixás.

334. Eleggúa é um oricha essencial em Cuba e tem muitos *caminos*. Ele protege tanto a casa quanto seu dono. Na África, o *osun* é o bastão do babalaô. Cf. Thompson (1984, p. 44ss) e Lucas (1948, p. 168). Em Cuba, há um debate sobre o fato de Osun ser ou não um oricha. Ele representa a vida do dono e é considerado o mensageiro de Olofi ou o guardião de Obatalá.

chamada *asiento*[335], ou *kariocha* (fazer oricha). Esse é o ritual mais importante e hermético, durante o qual uma dessas divindades, determinada ou confirmada por adivinhação, é posta na cabeça do iniciado. Nem todos os orichas cultuados em Cuba podem ser *asentados*. As explicações dadas para isso afirmam que alguns deles são poderosos demais para caber na cabeça ou simplesmente que seus rituais foram esquecidos. Nesses casos, o oricha é posto de modo indireto por meio de outro oricha relacionado. Assim, para Olokun, faz-se o *asiento* de Yemayá na cabeça.

Como na África, essa iniciação representa o relacionamento definitivo com um oricha. Ela reforça o *orí* ou cabeça espiritual, permitindo que a pessoa realize todo o seu potencial, mas não é essencial para todos os devotos. O iniciado é considerado o filho do oricha (*omó oricha*), e este é chamado de *dueño de la cabeza* (dono da cabeça). Como parte do ritual de *asiento*, vários outros orichas, chamados de "santos de fundamento", também são dados ao devoto. Esses incluem Changó, Obatalá, Ochún, Yemayá e Oyá, a menos que um deles esteja posto na cabeça, caso em que os outros quatro serão recebidos. A entrega de orichas adicionais nessa iniciação difere tanto da prática africana quanto da brasileira.

Os rituais dentro do *igbodu*[336] (em I. *igbó odù*) ou *cuarto de santo* (quarto do santo) durante o *asiento* são proibidos para os não iniciados. Aparentemente, eles se assemelham ao *adosu* na África Ocidental, onde são feitas incisões no couro cabeludo do devoto. Em Cuba, essas marcas são pintadas na cabeça, embora sejam feitas pequenas incisões para inserir substâncias. É possível que o conceito iorubá de realeza sagrada seja reencenado na cerimônia de *asiento*, também chamada de *coronación* (coroação). Diz-se

---

335. Obviamente, o significado mais comum de *asiento* é "assento", referindo-se, portanto, ao trono no qual o iyawó se senta. Mas também pode significar um pacto ou contrato, como é, de fato, o caso entre o oricha e o devoto.

336. *Igbó odù* é o espaço sagrado associado ao culto de adivinhação Ifá na África.

que o *iyawó* (novo iniciado; em I. *ìyaw.o*, "noiva", "esposa") é "coroado" com o oricha e senta-se em um trono[337].

Um exemplo de iniciação necessária para uma função ritual específica é o *pinaldo* ou *cuchillo*, ou "faca de Oggún". Isso autoriza os babalochas a sacrificar animais de quatro patas. Para os babalaôs (adivinhos Ifá), isso seria equivalente ao chamado "wanaldo". As Iyalochas (sacerdotisas) podem receber a faca, mas não podem fazer sacrifícios desses animais. Um babalocha que tem *pinaldo* é conhecido como "oriaté". Ele atua como mestre de cerimônias nos rituais e precisa conhecer as normas e os ritos de todos os orichas que são postos na cabeça ou recebidos. Ele também é um adivinho especializado na adivinhação "diloggún" ou "italero"[338].

Muitos devotos ampliam seu leque de obrigações rituais (e proteção) ao serem iniciados no culto de Ifá. A *abofaca*[339] ou *mano de Orula* (mão de Orumilá) (para os homens) e o *icofá* (para as mulheres) são iniciações que podem ser feitas após o recebimento dos *collares*. Além de oferecer proteção espiritual e ter um efeito benéfico sobre a saúde, isso indica se um homem deve continuar no culto de Ifá para se tornar um babalaô (sacerdote do culto de Ifá, literalmente "pai dos segredos"). O devoto do sexo masculino recebe 19 *ikines* ou uma mão de nozes de palmeira. As mulheres recebem um ou dois *ikines* e não podem ir além na Regla de Ifá, pois somente os homens podem se tornar babalaôs. O sinal externo dessas iniciações é uma pulseira verde e amarela chamada "idé".

As iniciações são caras, e a maioria das pessoas as toma na esperança de melhorar suas circunstâncias materiais e psicológicas.

---

337. Para descrições das iniciações da África Ocidental, cf. Barber (1990b) e Bascom (1993); para o ritual cubano, cf. Cabrera (1996, p. 253). Ele se assemelha à iniciação de Xangô na África Ocidental, que condensa as principais formas simbólicas da soberania real de Oió, por meio da qual o *oba* ou rei se torna a noiva do deus. Cf. Matory (1993, p. 66).

338. *Oriaté* é um título cubano sem antecedentes africanos. Para uma discussão sobre o surgimento dessa função em Cuba, cf. Brown (1989, p. 94).

339. Em I.: *owò òkàn Ifá*, "primeira mão de Ifá".

Quando perguntei por que faziam isso, muitos informantes mencionaram a saúde como motivo. Outras razões incluíam sucesso profissional, ajuda com problemas legais ou emocionais, dinheiro e amor. Na África, os devotos também pedem aos orixás filhos, riqueza, saúde e vida longa (Barber, 1990b, p. 735). O que parece ter se tornado menos importante em Cuba são os filhos. Isso pode ser resultado do passado de escravidão, quando as mães escravizadas relutavam em ter filhos, ou pode indicar uma tendência mais recente para a construção de famílias menores. Até certo ponto, a descendência ritual pode ser um substituto para isso. Os "santeros/santeras" que iniciaram outros são chamados de *padrinos* ou *madrinas* (padrinhos, madrinhas), ao passo que os iniciados são seus *ahijados* (afilhados).

A eficácia faz parte do apelo. Como Ricardo Guerra, o babalaô, observou: "As pessoas não desejam mais milagres, elas querem soluções"[340]. Essa é uma das razões pelas quais muitos foram e são atraídos pela Santeria, ainda que por um tempo ela não fosse considerada socialmente respeitável e a prática fosse desencorajada pelo regime. Os devotos são capazes de controlar forças invisíveis com a ajuda dos orichas e dos "egun" (ancestrais), cujo favor é obtido por meio de oferendas ou sacrifícios, chamados de "alimentação" dos orichas. Eles esperam obter compensação material e espiritual e acreditam que os custos de sua devoção serão reembolsados[341]. Os rituais ou cerimônias são realizados para dar louvor ou agradecimento a um oricha e para atender uma adivinhação específica. Cada "oloricha" (pessoa que passou pela iniciação do *asiento* [em I. *olórìsa*]) também deve celebrar seus *cumpleaños en el santo* (aniversário no santo). Essa é uma comemoração anual do dia em que fizeram o *asiento* e deve ser tão luxuosa quanto seus recursos permitirem.

---

340. Entrevista com o Babalaô Ricardo Guerra, Lawton, Havana, 21 de janeiro de 1997.

341. Esse também é o caso na África (Barber, 1981, p. 735).

Os rituais começam com um *moyuba* (em I. *ijuba*, "saudar com respeito ritual") para homenagear Olofim e os ancestrais – tanto rituais quanto biológicos. Várias gerações de iyalochas, babalochas e babalaôs são mencionadas pelo nome. Em seguida, os orichas são chamados, começando por Elegguá, como convém à sua função de abrir caminhos, seguido por Oggún, sobre quem se diz, em rituais envolvendo sacrifício, que é o primeiro a comer, conforme a faca recebe o sangue do animal, e Ochosi (os três guerreiros), depois Oricha Oko, Inle, Obatalá, Dadá, Oggué, Agayú, Ibeyi, Changó, Yemayá, Ochún e Orula.

A liturgia é chamada de "oro" ou "oru" (em I. *òrò*, "palavras") e consiste em batuques e cantos liderados por um *akpuón*, ou cantor principal, enquanto os devotos cantam e dançam em círculo. Os instrumentos musicais são inspirados nos originais africanos. Os tambores mais sagrados, chamados "tambores de fundamento", são os tambores de batá consagrados. Esses tambores podem ser tocados em Cuba durante cerimônias para todos os orichas, não apenas para Changó, a cujo culto estão associados na África[342]. Na verdade, a proibição periódica dos tambores pelas autoridades fez com que, às vezes, eles fossem ou modificados para obter uma aparência menos "africana" ou substituídos por outros instrumentos, como *güiros* (instrumentos de cabaça) ou *cajones* (tambores de caixa).

Músicas ou cantos do oro são chamados de *suyeres* e estão em lucumi. Eles louvam os orichas ou se referem a fases de suas vidas. À medida que cada oricha é chamado, a dança se assemelha a uma performance ou pantomima de aspectos de suas personalidades. Changó pode se portar de modo guerreiro ou erótico, brandindo seu machado ou *oche* (em I. *oṣé*) ou flertando com o auditório.

---

342. Os percussionistas também devem ser consagrados. Eles são conhecidos como *olú batá* ou *olú aña*, em homenagem a *Aña*, a divindade do tambor (cujo nome vem da árvore *aayán* na qual Chango se enforcou). Um conjunto de *batá* consiste em três tambores, chamados *iyá*, *itótele* e *okónkolo*, em ordem decrescente de tamanho.

Yemayá se move de forma imponente como as ondas do mar. Ochún é paquerador e ri muito. Após os orichas terem sido saudados sucessivamente, seus "toques" (ritmos de tambor) podem ser usados para "derrubá-los". Nas cerimônias, uma pessoa pode ser possuída por um oricha. Ela é chamada de *elegún* ou *caballo* (montaria, cavalo)[343]. Durante o transe, ela assume as características desse oricha. Por exemplo, uma mulher idosa e frágil pode andar como o guerreiro Changó e realizar prodigiosos feitos de resistência. O poder espiritual ou "aché" (em I. *aṣe*) é recebido durante os encontros rituais.

O aché também é liberado das substâncias e plantas usadas nos trabalhos de cura e rituais. O "osainismo" ou conhecimento de ervas, que reflete a especialidade do herbalista ou médico oricha Osaín, é um elemento muito importante da prática. As *ewé* (em I. *ewé*, "plantas sagradas") são coletadas no *el monte* (floresta, "o mato"). Elas podem ser usadas para remédios à base de ervas e na preparação de sacrifícios. A substituição de alguns animais e plantas usados em rituais foi necessária na transferência para um novo ambiente, e os devotos buscaram equivalentes entre a flora e a fauna cubanas. Às vezes, a substituição tem uma origem mais recente, como quando o racionamento pós-revolucionário limitou a disponibilidade de gado. Isso aumentou o custo dos animais sacrificiais e, como resultado, os tipos de sacrifício exigidos se tornaram menos específicos ou pássaros começaram a substituir animais de quatro patas.

Sistemas de adivinhação

Um elemento muito importante da prática religiosa é a adivinhação. Usando conchas ou pedaços de coco, figuras são moldadas e interpretadas para elucidar um problema específico ou para determinar o destino de uma pessoa. O sistema de adivinhação

---

343. Em Oió, os sacerdotes da possessão são chamados de *elégùn*, e o termo *.e.sin* (montaria, cavalo) é usado. Cf. Matory (1994).

mais conceituado é realizado pelos babalaôs, videntes do sexo masculino iniciados no culto do oricha Ifá, também chamado de Orúnmila ou Orula. A adivinhação é um recurso atraente, pois oferece uma sensação de controle. Os devotos são informados sobre seus problemas e o que devem fazer para resolvê-los. Ela também é essencial para se comunicar com os orichas e descobrir suas exigências.

Houve algumas adaptações nos sistemas que são conhecidos como *los oráculos* em Cuba. "Obí", que significa "noz de cola" e também nomeia a adivinhação das quatro vacas, é comumente chamado de *los cocos*, uma vez que elas foram substituídas por pedaços de coco. Os pedaços são jogados para produzir cinco resultados possíveis, dependendo de quantos lados côncavos brancos ou convexos marrons estiverem aparecendo. Como em todos os sistemas de adivinhação, as combinações ou figuras produzidas são chamadas de "letras". Embora seja a forma mais simples, acredita-se que o obí seja eficaz e, às vezes, é usado pelos babalaôs para adivinhações menos complexas.

No diloggún, ou adivinhação das 16 vacas, as letras – o "odu" – são determinadas pelo número de conchas voltadas para cima com a boca serrilhada à mostra. A evidência de que diferentes cultos iorubanos se uniram é a forma como cada letra é associada a um número variável e mutável de orichas que podem falar por meio do oráculo, inclusive Orula. No *owó merindinlogun* africano, somente a divindade que preside o culto específico fala, e somente Orunmila fala na adivinhação Ifá. No entanto, apesar da aparição de Orula no diloggún, as letras 13 a 16 só podem ser lidas por um babalaô[344]. Essa restrição é apoiada por mitos. Em um deles, Yemayá está aprendendo o diloggún, mas em determinado momento é informada de que já adquiriu informações suficientes. Outro

---

344. A literatura sobre *owo merindinlogun* na África Ocidental sugere que os adivinhos também não pareciam dispostos a ler *odus* acima de 12. Cf. Bascom (1993, p. 782).

conta como Orula ensinou Ochún a divinizar, mas que ela não teve tempo de aprender todas as letras. Isso indica como o papel ampliado da adivinhação diloggún em Cuba – uma mudança que potencialmente dá mais poder às mulheres que lideram os grupos de culto – foi atenuado pela conservação da crença segundo a qual o conhecimento mais secreto só pode ser acesso por homens. Além disso, e em contraste com o Brasil, as sacerdotisas são excluídas de algumas das funções rituais mais elevadas dentro da Regla de Ocha, seja pelo oriaté ou pelo babalaô.

Outra inovação cubana é que o diloggún aparentemente se tornou mais complexo para se assemelhar ao Ifá, já que o jogo às vezes é feito para obter figuras combinadas ou *mellis* (em I. *méjì*, "casal") (5-5 = Oche Melli) e combinações de letras (3-8 Ogundá Elleunle, 8-3 Elleunle Ogundá). Essa complexificação parece contradizer a afirmação de Bascom (1993, p. 3) de que a relativa simplicidade do *owó merindinlogun* (que na África não tem figuras combinadas) é responsável por sua maior importância nas Américas. Vê-se aqui uma tentativa de melhorar o diloggún como substituto do Ifá. Isso é surpreendente, pois Cuba parece ser o único destino da diáspora a ter preservado o sistema de adivinhação Ifá até os dias atuais. Como na África, utiliza-se uma corrente ou nozes de palmeira (*ikines*) para vidência, com o objetivo de produzir o "odu"/"oddun", a figura. Informações específicas relacionadas ao oddun são coletadas usando o "igbo" para determinar se o caminho é "iré" (bom) ou "osogbo"/"osobo" (ruim). Há variações na ordem e na nomenclatura dos odus ou figuras em diferentes regiões da África, do Brasil e de Cuba[345].

Uma explicação para as mudanças no diloggún pode estar no fato de que, embora o Ifá tenha mantido sua posição como o sistema de adivinhação de maior prestígio, ele nem sempre é visto como o mais eficaz. Muitos creem que, além de Orula, vários outros orichas sejam videntes talentosos. Os mitos cubanos chegam

---

345. Para uma lista, cf. Bascom (1993, p. 775ss).

a tornar Changó o primeiro proprietário do tabuleiro de divinação Ifá ou, em alguns casos, Changó junto com Elegguá (Angarica, 1955, p. 54; Lachatañeré, 1992, p. 17). Não consegui encontrar esse mito em materiais oriundos da África Ocidental e, tal como ocorre com outras características da Santeria, ele parece sugerir o protagonismo de Oió ou a predominância de formas rituais desse reino após a importação em larga escala dessa região no fim do tráfico escravista[346].

Para adivinhações importantes, os praticantes cubanos podem escolher diloggún ou Ifá. Porém, acredita-se que a segunda opção é mais confiável para determinar qual oricha um devoto deveria ter feito na cabeça durante o *asiento*. Isso se deve ao fato de que, ao contrário dos orichas que podem lutar pela posse de uma cabeça, Orula, a divindade de Ifá, não pode ser assentado e, portanto, é imparcial. Porém, no terceiro dia do *asiento*, chamado de Día del Itá, a adivinhação diloggún é usada para revelar o *itá* ou a narrativa pessoal do iyawó[347]. Essa narrativa lista as previsões e os *ewos* (tabus) que devem ser observados ao longo de sua vida. Também indica os *caminos* específicos dos orichas a serem recebidos e o nome lucumi do iyawó. Uma *mano* (mão, conjunto) de búzios para o oricha feito na cabeça e um búzio para cada oricha recebido são dados ao iyawó[348].

---

346. Isso reflete também a influência centralizadora do Império de Oió e a forma como, após a sua queda, a dispersão dos refugiados espalhou o culto de Xangô por toda a Iorubalândia. Cf. Isichei (1997, p. 78). De acordo com a pesquisa de Peel sobre os documentos da Christian Missionary Society, Xangô e Ifá eram os orixás mais populares em Iorubalândia no fim do século XIX. Os sacerdotes de Xangô se intrometiam em áreas de especialização de outros orixás (Peel, 1997, p. 279).

347. Cf. a descrição de Margaret Thompson Drewal (1994, p. 171-190) do terceiro dia dos rituais de Ifá, chamado ìta Ifá, quando a adivinhação é usada para verificar o progresso dos iniciados.

348. Uma *mano* tem 18 ou 21 (para Elegguá) conchas, das quais 16 são usadas para uma leitura, e as demais, chamadas *adeles* (em I. *adèlé*, "adjunto"), são reservadas. A *mano* de Elegguá é usada com mais frequência, pois ele é o mestre da comunicação.

O desenvolvimento da relação entre o Ifá e a Regla de Ocha em Cuba também é evidente na forma como as funções e responsabilidades rituais podem ser atribuídas a babalochas ou babalaôs. Isso varia entre as casas de culto. Em algumas, certos rituais de adivinhação e o sacrifício de animais de quatro patas devem ser realizadas pelos babalaôs, enquanto em outras são tradicionalmente realizadas pelos oriatés. Entretanto, o ritual mais hermético da Regla de Ocha – o *asiento* – é vedado aos babalaôs, a menos que eles também tenham sido iniciados no ocha. A maioria dos babalaôs em Cuba agora tende a fazê-lo, pois isso amplia seu repertório ritual e aumenta seu prestígio[349]. Não é evidente por que certas funções rituais dentro da Regla de Ocha passaram a ser desempenhadas por sacerdotes de Ifá, que na África lidam apenas com o culto do orixá Orunmila e só oferecem adivinhação a membros de outros cultos. Isso pode indicar uma extensão da hegemonia do Ifá na diáspora, ou o contrário, apenas o fato de que no passado não havia tantos babalaôs cubanos. Bascom estimou cerca de 200 quando fez sua pesquisa no fim da década de 1940. Nem todos os ilé ocha dependem de serviços dos babalaôs, e a extensão do diloggún também sugere que os santeros muitas vezes dispensavam seus serviços como videntes. Seja como for, parece não haver consenso entre os praticantes quanto ao fato de a Regla de Ifá ter permanecido como um culto separado da Regla de Ocha ou se elas se fundiram em uma Regla de Ocha-Ifá. A competição entre as duas também gira em torno de questões de ortodoxia. A maioria dos babalaôs afirma que a Regla de Ifá é mais "africana" e que a de Ocha é mais sincrética e, logo, menos ortodoxa. Omotoso Eluyemi, o Apena de Ifé, aparentemente

---

349. Um babalaô que também tenha feito um oricha em sua cabeça é chamado de *oluwo* ou *olúo*. A iniciação do ocha deve ser realizada primeiro. Ele também tem *wanaldo* ou a versão ifá da faca de *Oggún*, que lhe permite fazer sacrifícios de animais de quatro patas. Na África, o *olu awo* é o grau mais alto de babalaô e o chefe de todos eles em Oió (Bascom, 1991, p. 83) ou, em Ede, o detentor do título sênior da sociedade Ogboni (Beier, 1959, p. 9).

apoiou esse ponto de vista em sua visita a Cuba em 1987, quando se referiu aos babalaôs como os guardiões do aspecto ritual da cultura iorubá[350].

Subgrupos iorubás

Conforme mencionado, na Santeria cubana, vários elementos específicos do culto a Xangô, o alafim ou rei de Oió, foram incorporados aos rituais de todos os orichas. Esses elementos incluem a coroa real, o almofariz e os tambores batá. Apesar disso, grupos de culto identificados como pertencentes a outros subgrupos iorubás ainda são encontrados na cidade e na província de Matanzas, que, até certo ponto, resistiu à tendência de homogeneização encontrada na prática de Havana. O Cabildo Iyessá Moddú San Juan Bautista, fundado em 24 de junho de 1845, tem como patrono o oricha Oggún Arere[351]. Seu nome e oricha patrono revelam origens entre o povo Ijexá do nordeste de Iorubalândia. Uma grande diferença entre esse e outros ilé ocha é que os orichas só podem ser herdados. Eles são chamados de "santos parados"[352]. Qualquer membro do *cabildo* que não pertença à família de fato – ou seja, não se trata de uma família ritual – deve ser iniciado em outro ilé ocha. Outros pontos de diferenciação podem ser encontrados no "osainismo", na linguagem ritual, nas danças e nos instrumentos musicais (Furé, 1979, p. 153).

Há também duas casas importantes que preservaram tradições que elas descrevem como Egguado, derivadas do Egbado iorubá. Elas têm cerimônias para o egun e máscaras, também chamadas de "caretas". A casa Egguado de Fermina Gómez

---

350. "Yoruba Culture Is Alive in Cuba", *Granma Weekly Review*, 5 de junho de 1987.

351. Antigas casas de Iyesá também foram encontradas em Havana e Las Villas (entrevista com Israel Moliner, Matanzas, 12 de fevereiro de 1997). Cf. tb. Furé (1979, p. 139).

352. Literalmente, "sem movimento ou santos parados" (Moliner, entrevista).

realizou festas em homenagem a Olokun até 1957[353]. Casas dessa tradição e de Iyesá são consideradas "clínicas especializadas" para problemas que estão além da experiência de outros santeros. A casa Iyesá é a autoridade máxima para os rituais de Ochún e Oggún[354]. Os chefes dessas casas de prestígio são mulheres[355]. Há também, de acordo com Israel Moliner, o que ele chamou de casas Iorubá ou casas Ibadan do sul, chamadas "sangá", em Unión de Reyes e Limonar, na província de Matanzas[356]. A principal variante é que uma cabaça chamada *agwe* ou *agbé* (em I. *agbè*, "cabaça") é usada como o principal instrumento cerimonial. Um estudo mais detalhado dessas variantes produziria informações importantes sobre os padrões de migração e lançaria mais luz sobre o processo de fusão ou reconciliação das formas regionais iorubanas em Cuba.

Orichas, santos católicos e sincretismo religioso

A maioria dos relatos sobre religiões derivadas da África na diáspora tende a se concentrar no sincretismo com o catolicismo romano. Isso significa que eles geralmente ignoram outros desenvolvimentos, tal como os detalhados anteriormente. Entretanto, é evidente que os cultos aos orixás entraram em competição não apenas com outros orixás ou variantes regionais deles mesmos, mas também com os santos católicos. Muitas vezes, escravizados eram forçados a esconder os deuses e rituais africanos por detrás de uma "máscara" de santos e festas católicas para escapar da perseguição religiosa. Mas,

---

353. Havia uma casa Egguado em Havana antigamente, a de Guillermo Castro em Guanabacoa, especializada em rituais de Yemayá (Lázaro Vidal, comunicação pessoal, Havana, outubro de 1996). Cf. tb. Ortiz (1981, p. 512). Drewal e Drewal (1990, p. 184, 242) comparam as festas Olokun com os cultos Gelede das áreas de Lagos e Egbado.

354. Na Nigéria, Ogum é associado a Ilexá (Peel, 1997).

355. Moliner, entrevista.

356. Cf. Valdés (1990, p. 342); possível sagá ou chagá (Egba) lucumi.

como Herskovits observou, os africanos nas Américas identificaram também semelhanças estruturais entre suas religiões e o catolicismo romano. O culto aos santos e a defesa da Virgem Maria pelo catolicismo popular já haviam incorporado práticas pré-cristãs, como promessas, voto de oferendas e a súplica de intervenção divina em problemas materiais ou afetivos. Como os orichas, eles eram vistos menos como intermediários de uma divindade suprema e mais como objetos de devoção em si mesmos (Herskovits, 1937, p. 635-643).

Os sinais mais visíveis de "sincretismo" são as correspondências traçadas entre oricha e santo. Em muitos casos, elas derivam da hagiografia e das litografias religiosas. No Brasil, Ogum, o orixá do ferro e da guerra, é associado a São Jorge, que carrega uma espada, enquanto em Cuba Ogún é comumente associado a São Pedro, que segura uma chave de ferro. Um ponto curioso é Changó, que, sendo polígamo na Nigéria e um "mulherengo" em Cuba, é associado à virgem Santa Bárbara. No entanto, uma análise da lenda da santa revela a lógica por trás disso: Santa Bárbara escolheu o martírio, e seu pai foi atingido por um raio como punição por tê-la matado quando ela se recusou a abandonar sua fé cristã. As litografias católicas retratam Santa Bárbara vestindo um manto e uma coroa vermelhos e carregando uma espada. Sua conexão com a realeza e o valor a identifica com o alafim de Oió, cujos atributos incluem a cor vermelha, uma espada e uma pedra de raio.

Qualquer preocupação que os devotos possam ter em relação à disparidade de gênero entre o oricha masculino e a santa católica feminina é tratada de forma direta em um *patakín* (narrativa), que conta como, em certa ocasião, enquanto fugia de seus inimigos, Changó pegou emprestado um vestido ou uma capa vermelha de Oyá. Quando vieram procurá-lo, essa o apresenta como sua irmã, Bárbara, e os manda embora em outra direção. Na África, há também uma representação feminina de Changó. Os sacerdotes de possessão de Xangô em Oió vestem trajes femininos e usam o cabelo com tranças[357]. Isso também foi levado para Cuba, pois antigamente os "omó-Changó" (homens iniciados no culto a Changó) tinham "um pequeno rabicho no cabelo, como os chineses" (Cabrera, 1996, p. 262; Lachatañeré, 1992, p. 99, 117). Além disso, quando Changó desce durante o transe de possessão, embora suas montarias possam adotar poses militares, elas às vezes falam em tons afeminados.

A relação entre santo e oricha às vezes resulta em uma transferência de qualidades de um para o outro. Um desses casos é Sòpònnón que, na África, tanto espalha quanto cura a varíola. Em Cuba, onde costuma ser conhecido como Babalú Ayé, ele é o patrono das pessoas que sofrem de doenças de pele, assim como seu homólogo São Lázaro, e é invocado sobretudo para a cura. Seu santuário fica ao lado de um antigo hospital de leprosos. Perto dali há um sanatório para vítimas da aids, fundado pelo governo revolucionário. Isso reflete, conscientemente ou não, a encarnação mais recente de Babalú Ayé como patrono dos que sofrem com a epidemia de aids.

Em outros casos, o santo católico é alterado por meio do vínculo com o oricha. A Virgem da cidade de Regla, localizada do outro lado da Baía de Havana, foi transformada em uma virgem negra por sua identificação com Yemayá. A santa padroeira de Cuba, a Virgen de la Caridad (Virgem da Caridade), cujo culto se concentra na antiga cidade mineradora de El Cobre, na região leste, era originalmente a Virgem da cidade de Illescas, perto de Madri. A virgem espanhola passou a ser associada a Ochún em algum momento do século passado e começou a ser representada como uma mulata, muitas vezes vestida de amarelo, a cor associada à oricha.

---

357. Cf. Matory (1993, p. 76). O gênero de determinados orixás nem sempre é consistente na África Ocidental. Cf. Barber (1990b, p. 313). Sobre a representação feminina de Xangô quando ele chega posteriormente em comunidades que já têm uma divindade masculina, cf. Peel (1997, p. 275-276, 285, n. 52).

É importante observar que, embora os termos "oricha" e "santo" sejam usados de forma intercambiável, isso não reflete necessariamente uma fusão dos dois na mente dos devotos. Muitas vezes, eles veem apenas as qualidades do oricha. Por outro lado, para aqueles que já são católicos, o uso de imagens e conceitos cristãos ajuda a explicar a Santeria em termos já familiares. A natureza desse relacionamento tem sido muito debatida pelos estudiosos; parece provável que cada praticante tenha sua própria concepção particular. Muitos santeros, embora não todos, exibem imagens dos santos católicos entre seus objetos rituais, mas os orichas são representados por *otanes* (pedras) que incorporam seu aché (poder espiritual). Contextos e abordagens rituais separados são reconhecidos e mantidos: as estátuas católicas em uma igreja ou em casa recebem flores e velas, enquanto os *otanes* são alimentados com sangue e ervas.

Segundo Bascom, os *otanes* seriam o equivalente cubano do *iponri* iorubá, o objeto material que representa o poder da divindade. Bascom (1950, p. 64-68) acreditava que esses objetos se tornaram mais importantes em Cuba, refletindo uma mudança, no sentido não de uma fusão com crenças católicas, mas de uma maior ênfase nas características distintivas da religião africana. Pelo mesmo caminhado, seria de se esperar que o culto aos orixás assumisse elementos do cristianismo e tivesse se aproximado do monoteísmo, mas não foi esse o caso. Embora tais afirmações tenham sido feitas para o candomblé brasileiro, na Santeria, Olofim continua sendo um *deus otiosus*: "Ele vive em um lugar remoto [...] não desce ao mundo", de acordo com um informante de Lydia Cabrera (1996, p. 71). Contudo, os nomes da divindade suprema, que na África refletem diferentes aspectos de Olodumarê, em Cuba mostram a influência do conceito católico de Santíssima Trindade. Assim, Olodumarê é Deus Pai; Olofi é seu filho, Jesus Cristo; e Olorum é o Espírito Santo[358].

---

358. Para uma discussão sobre os nomes da divindade suprema na África, cf. Idowu (1962).

Por outro lado, vários elementos católicos permaneceram visíveis na prática da Santeria, apesar da influência relativamente fraca da Igreja em Cuba, devido à história de anticlericalismo e à revolução marxista-leninista de 1959. Na maioria dos grupos de culto, o batismo é um pré-requisito para a iniciação na Regla de Ocha. Como parte do ritual, o iniciado também deve visitar uma igreja católica romana, que eles chamam de "ilé Olofi". As celebrações anuais em homenagem a Changó ocorrem na véspera de 4 de dezembro, a festa de Santa Bárbara, sua contraparte católica. Há uma importante peregrinação ao santuário de São Lázaro, nos arredores de Havana, cujo oricha equivalente é Babalú Ayé, na véspera de 17 de dezembro. Ainda que os principais rituais em homenagem aos orichas sejam realizados no ilé ocha (casa de culto), as práticas que se originaram de uma necessidade de ocultação se tornaram consagradas na tradição. Isso explica por que elas persistem mesmo quando não há mais a necessidade de esconder os orichas atrás de uma "máscara" de catolicismo.

Obviamente, outro ponto essencial é o fato de que a incorporação de elementos externos nem sempre ocorreu por motivos de perseguição. O culto aos orixás na África se desenvolveu num ambiente onde a cultura tradicional era a base para apropriação de novas culturas. Esse caráter incorporador é também uma característica de sua variante cubana. O ambiente em que os escravizados e seus descendentes sobreviveram incluía não só o catolicismo romano, mas outras práticas derivadas da África: as Reglas Congas ou Palo Monte, de origem da África Central Ocidental, e a sociedade secreta Abakúa, da região de Calabar, na Nigéria, bem como formas do espiritismo kardecista adaptadas para Cuba. Hoje em dia, é comum que as pessoas sejam iniciadas ou participem de várias práticas religiosas de acordo com a percepção (perfeitamente iorubá) de que "dois poderes podem destruir um inimigo" (Lachatañeré, 1992, p. 116). O Palo Monte e a Regla de Ocha servem a propósitos rituais complementares, pois alguns acreditam que o Palo tem poderes "mágicos" de abrangência extrema.

Alguns estudiosos da diáspora presumiram que o culto aos ancestrais se perdeu, ao contrário dos cultos aos orichas, que continuaram, porque não dependiam de sistemas de parentesco destruídos durante a passagem pelo Atlântico e pela escravidão[359]. No entanto, na Santeria, a importância de reconhecer os mortos é sintetizada no ditado "Ikú lo bi osha" ou "el muerto pare al santo", que significa: "O morto dá à luz o oricha". Desde a primeira metade do século XIX, o espiritismo tem oferecido possibilidades adicionais de culto para lidar com os mortos. Muitos santeros têm um pequeno altar para os espíritos chamado de *bóveda espiritual* (cofre espiritual). Normalmente, trata-se de uma pequena mesa coberta por um pano branco sobre a qual são colocados sete copos de água, um crucifixo e velas, além de outras oferendas. Muitos santeros realizam *misas espirituales* (missas espirituais, sessões) nas quais são feitas invocações aos mortos. Oyá, que é o oricha dos cemitérios de Cuba, às vezes indica aos devotos a prática do espiritismo e do Palo, ambos especializados no trabalho ritual com os mortos. Os versos de Ifá refletem o modelo incorporador estabelecido na África (Barber, 1990a; Matory, 1994). Eles mencionam o cristianismo e o islamismo, mas também o Palo, o espiritismo, a maçonaria e outras práticas, às vezes proscrevendo-as e às vezes recomendando-as. Em Havana, alguns preveem uma fusão de práticas religiosas populares em algo parecido com a umbanda brasileira. No entanto, em geral os espaços rituais para cada prática são mantidos separados. Alguns santeros e babalaôs também tentam minimizar a intrusão de elementos que consideram estranhos, alegando que nos rituais mais importantes, como o *asiento*, tudo têm origem iorubá ou que sistemas de divinação são menos "sincréticos" do que outros elementos rituais.

Outra consequência desses encontros entre culturas é que as formas iorubá se tornaram o modelo para outros cultos

---

359. Cf. Bastide (1978). Os *egun* em Cuba não são festivais de máscaras, embora haja evidências da existência de máscaras *egúngún* e Gelede em Cuba. Cf. Ortiz (1981, p. 347).

afro-cubanos. Os *mpungus* (divindades) de Palo Monte assimilaram características dos orichas, inclusive sua equivalência com os santos católicos: Nsasi Siete Rayos-Changó-Santa Bárbara; Madre de Agua-Yemayá-Virgem de Regla. A posição atribuída às tradições lucumi também se reflete em uma hierarquia de iniciação, com a posição mais alta concedida à Regla de Ifá. Por exemplo, se você quiser se iniciar tanto no Palo Monte quanto na Regla de Ocha, deverá tomar a iniciação do *palo primeiro*. O motivo é que, uma vez que o oricha tenha sido colocado na cabeça, você não poderá ser *rayado en palo* (iniciado no Palo Monte por meio de pequenas incisões feitas no corpo), pois isso seria um retrocesso, proibido pelo oricha.

A tradição oral escrita

Embora grande parte do conhecimento sagrado ainda seja transmitido oralmente, com orações, canções e práticas rituais aprendidas por repetição e observação, há também uma profusão de textos religiosos. Esse talvez seja um desenvolvimento inevitável em uma sociedade em que se atribui maior autoridade à palavra escrita, e o tempo disponível para a transmissão oral é limitado por outras obrigações. Como outros aspectos da Santeria, esse também tem um paralelo na África[360]. Para a Regla de Ocha, há dois tipos principais: *libretas* (cadernos) e *manuales* (manuais)[361]. As *libretas*, destinadas sobretudo ao uso individual, geralmente são cadernos de exercícios escritos à mão. Em vez de substituir a transmissão oral, eles têm como objetivo principal atuar como um

---

360. Cf. Barber (1990a) sobre o Ìwé Odù Mím.ó (Livro Sagrado do Odu), que organizou os textos ifá em um equivalente bíblico. O objetivo era demonstrar que os modos de adoração nativos são capazes de se desenvolver em dimensões equivalentes às das religiões mundiais.

361. Algumas libretas têm extensos vocabulários lucumi-espanhol que listam nomes de animais, itens usados em rituais e assim por diante, às vezes incorporando material do dicionário inglês-iorubá da Oxford University Press e traduções para o espanhol de textos antropológicos sobre os Iorubá. Cf. Guanche e Léon (1979, p. 17) e Furé (1979, p. 212).

recurso mnemônico pessoal (Léon, 1971, p. 141-151). Os *manuales* são destinados a um público mais amplo e listam as figuras do sistema de divinação diloggún e as narrativas que as acompanham, chamadas de *patakines* ou "histórias". Os mitos se enquadram em várias categorias; eles podem ser cosmogônicos ou relacionados aos *caminos dos orichas* e seus tabus. Por exemplo, o mito de Elegbara usando um chapéu preto e branco de duas faces tem um equivalente cubano quase idêntico, no qual Eleggúa usa uma roupa vermelha e branca. Outros mitos seguem o estilo iorubá, mas os personagens e temas correspondem à vida crioula cubana.

Há também extensas coleções de textos de adivinhação Ifá. O *Tratado de Oddun de Ifá* é uma obra que lista o que os praticantes chamam de "teologia" ou "doutrina" contida em cada signo ou *oddun*. As previsões ou conselhos são listados em volumes chamados *Dice Ifá* (*Ifá diz*)[362]. Eles revelam a aplicação da sabedoria ancestral a problemas contemporâneos na forma de conselhos, precauções e recomendações, bem como instruções do que fazer e do que não fazer, que devem ser seguidos. Ainda que alguns babalaôs consultem os textos durante uma sessão de adivinhação, outros não o fazem. Os escritos servem como uma ajuda para a memória, ou fornecem material adicional ou um caminho através de um oddun que o babalaô não conhece em detalhes. Devido às possibilidades reduzidas de longos períodos de aprendizado em Cuba, não há exigência de que os babalaôs memorizem um grande número de versos de Ifá antes da iniciação.

Apesar de até o momento ninguém ter tentado fazer um estudo prolongado desses textos, Bascom (1952, vol. 2, p. 169-179) encontrou correspondências nos versos de Ejiogbe para Cuba e

---

362. O primeiro *Dice Ifá* foi produzido na década de 1940 por Pedro Arango. Ele era filho de Oggún e havia recebido algumas iniciações ifá, embora não fosse, de fato, um babalaô. Atribui-se a ele o mérito de ter dado estrutura e organização às previsões ifá. Ele também escreveu um *manual de santero*. Cf. Arango (1990). Algumas de suas observações sugerem que ele pode ter passado algum tempo em Daomé e na Nigéria.

Nigéria. O corpus do Ifá cubano está em prosa espanhola, embora alguns versos, chamados de *suyeres*, estejam em lucumi, assim como os nomes de alguns dos "ebó" (sacrifícios). Enquanto o corpus do Ifá africano parece não apresentar uma qualidade temática ou afetiva para cada odu, nem uma ordenação sistemática dos versos, a existência de um corpus escrito facilitou as tentativas dos babalaôs cubanos de estruturar o material. Cada oddun tem temas específicos associados a ele. Eles se relacionam a quatro esferas: o corpo humano, o sistema religioso, as relações sociais e a natureza.

A escrita é claramente um fator importante na transmissão e na preservação do conhecimento que, de outra forma, poderia ter sido perdido e, em Cuba, é sancionado pelo próprio Ifá[363]. Entretanto, alguns praticantes se opõem à dependência excessiva da transmissão textual. Nesse sentido, a transcrição dos *rezos* (orações) tem mostrado que a tonalidade da linguagem ritual lucumi, preservada até certo ponto pela transmissão oral nas casas tradicionais, está se perdendo. Tanto a escrita quanto as gravações comerciais de cantos e orações também ameaçam a natureza adaptativa e integradora de um sistema de crenças não baseado em textos, um fator que garantiu sua transmissão bem-sucedida.

---

363. Uma história do odu Erdibre/Oddibre (Odi Ogbe) narra o seguinte (Yemiló, 1997): "Olofim foi dar três bênçãos a Oddibre e lhe disse: 'Onde quer que você vá, diga: 'Eu tenho paz, eu tenho segurança, eu tenho prosperidade''. Depois, Olofim afirmou: 'Escreva isso para que você não se esqueça'. Erdibre respondeu: 'Não, não preciso [...] Nunca me esqueço de nada'. O tempo passou e a guerra chegou à terra. Oddibre foi forçado a fugir e acabou indo para outros lugares, mas, esquecendo-se do que Olofim havia lhe dito, afirmou: 'Não tenho paz, não tenho segurança, não tenho prosperidade', então ninguém quis ajudá-lo, e ele passou por momentos muito difíceis. Lembrou-se de que Olofim havia lhe dito para escrever e de que, por causa de seu orgulho, não o fez, e portanto passou por dificuldades. Depois de algum tempo, ele soube que havia paz em sua terra natal e voltou para lá. Quando chegou, ajoelhou-se e pediu perdão por tê-lo desobedecido. Olofim disse: 'Muito bem, eu o perdoo, mas de agora em diante você deve tomar nota de tudo o que ouvir para não esquecer. Para Iban Echu'. Aqui se originou o fato de os babalaôs anotarem os patakines de Ifá para guardá-los e estudá-los em momentos oportunos".

A vitalidade das tradições iorubá em Cuba, assim como em outras partes das Américas, demonstra nitidamente a capacidade dos orixás de "viajar bem", como observou Soyinka (1992, p. 1). Eles não apenas conseguiram se adaptar a um novo ambiente, mas também sobreviveram às tentativas, ao longo dos séculos, de erradicar ou marginalizar as práticas culturais e religiosas afro-cubanas.

Um exemplo extremo foi o medo da *brujería* (bruxaria) nas décadas de 1910 e 1920, quando os praticantes que eram conhecidos como *brujos* (bruxos, curandeiros) sofreram com acusações falsas associadas a crimes como o sequestro e o assassinato de crianças brancas para fins de rituais. Isso alimentou uma aparente batalha entre a civilização e a "barbárie africana", o que levou as religiões afro-cubanas à clandestinidade e também fez com que algumas pessoas passassem a desprezar e rejeitar a herança cultural de seus antepassados. Porém, foi também na década de 1920 que alguns elementos da cultura afro-cubana começaram a ser usados para denotar a distinção nacional (Kutzinski, 1993, cap. 5).

Contudo, o problema continuou, uma vez que, embora no nível do discurso a "mestiçagem" ou mistura racial fosse frequentemente celebrada como uma característica positiva e definidora da *cubanía*, do ser cubano, persistia uma avaliação desigual dos diferentes ingredientes dessa mistura. A diversidade cultural tende a ser proibida dentro de certos parâmetros. Quando não eram ativamente suprimidas, havia a suposição de que o progresso e a educação acabariam por extirpar as formas religiosas afro-cubanas, deixando apenas os elementos puramente estéticos para serem assimilados na cultura nacional. Elas sobreviveriam como elementos folclóricos nacionais, e não como religiões vivas. Depois de 1959, a política cultural revolucionária deu continuidade ao projeto de tornar as formas afro-cubanas "respeitáveis", tentando separar a mitologia, a música e a dança da prática religiosa a elas associada[364]. Os itens rituais confiscados seriam colocados em museus,

---

364. Cf. as tentativas da África Ocidental de culturalizar a religião secularizando os rituais tradicionais (Peel, 1994, p. 150-166).

resgatados antes do seu inevitável desaparecimento com a construção de uma nova sociedade. Como em períodos anteriores da história, os estudos dos chamados "cultos sincréticos" ligavam os praticantes ao submundo do crime ou sugeriam que eles podiam apresentar distúrbios psicológicos.

Somente nos últimos anos o *status* da Santeria começou a se elevar, devido à disposição da liderança em acomodar todas as religiões e devido à expansão contínua das práticas afro-cubanas. Em 1987, o "Ooni" ou rei de Ifé, o berço dos iorubás, foi convidado a visitar Cuba por um órgão estatal, o Instituto Cubano de Amizade com os Povos (Icap). A visita conscientizou os praticantes da Santeria de que havia instituições na Nigéria às quais os cubanos poderiam recorrer para obter apoio e autenticação de suas práticas rituais. De fato, o Ooni fez várias declarações nesse sentido, pedindo a criação de um templo iorubano e a realização de um congresso iorubá em Havana. Posteriormente, em um encontro internacional sobre a cultura iorubá, em 1992, fez-se uma proposta para a "Yorubización" da Santeria[365]. Essa proposta defendia a ênfase nas raízes africanas desse sistema religioso e a recuperação da ortodoxia nos rituais por meio de um retorno à liturgia dos cultos dos orixás nigerianos e do corpus do Ifá. Os elementos sincréticos (católicos romanos e espíritas) deveriam ser eliminados da prática. A expressão "Regla de Ocha-Ifá" substituiria "Santeria", e as palavras "babalocha/iyalocha" seriam usadas em vez de "santero" ou "santera". Os orichas não deveriam mais ser chamados pelos nomes de santos católicos. Junto com a reapropriação da história e do idioma iorubás, houve pedidos para que a Regla de Ocha-Ifá fosse governada pelos ditames do Ooni. Essa iniciativa foi apoiada pela Associação Cultural Iorubá, fundada em 1991, que desde então se autoproclamou a perpetuadora reconhecida da tradição iorubá sob a jurisdição de Ifé. Parcialmente financiado pelo Ministério

---

365. O congresso foi relatado no *Granma International*, "The Freedom of Worship and Respect for All Religious Traditions", 14 de junho de 1992, p. 4.

da Cultura, seu centro cultural com um museu dos orichas ocupa um edifício impressionante no centro de Havana.

Para muitos adeptos de ocha, o recurso à prática africana faz parte de um processo de recuperação que visa completar ou aprofundar e ampliar o conhecimento ritual. Alguns acreditam que os ritos foram distorcidos e que os desvios ocorreram porque o conhecimento ritual de seus antepassados foi perdido na transmissão desde a África ou ao longo dos séculos em Cuba. Os textos nigerianos às vezes são usados para fins comparativos e para preenchimento de lacunas percebidas na prática cubana. A busca por maior ortodoxia também reflete a necessidade de reabilitar o que até agora era desabonado como forma sincrética e, logo, mestiça, inferior às "religiões universais". As tentativas de institucionalizar a prática e criar um sistema doutrinário e litúrgico uniforme fazem parte de um processo de reabilitação. É óbvio que isso traz consigo o perigo de congelar a religião em um passado imaginário "autêntico", sufocando o dinamismo que garantiu sua recriação bem-sucedida na diáspora.

O recurso à África também pode ser usado para defender, e não para questionar, a legitimidade da prática cubana. Tanto o Ooni quanto o estudioso iorubá Wande Abimbola confirmaram que os cubanos mantiveram a "línea directa del secreto". Para muitos, a Santeria cubana, com seus elementos católicos, não é menos ortodoxa do que os cultos dos orixás iorubás na África. Embora reconheçam e respeitem a continuidade, seus adeptos se sentem proprietários e cocriadores de uma religião[366]. Eles reconhecem que, se a Santeria prospera, a razão disso é ela não ser estática. As lacunas ou variações na prática cubana podem não significar necessariamente que ela seria apenas uma versão deficiente de um original. De acordo com o Babalaô Orestes Calzadilla: "o *como* [ou seja, os elementos e práticas rituais] foi transmitido de maneira fiel ao longo das gerações por meio da repetição imitativa, o que às

---

366. Entrevista com Lázara Menéndez, Havana, 5 de fevereiro de 1997.

vezes falta é a compreensão de *por que* as coisas são feitas de uma determinada maneira". Talvez um caminho desnecessariamente tortuoso tenha sido exigido para se chegar ao resultado desejado, mas a eficácia não é diminuída[367]. Com efeito, a defesa da atual versão cubana do culto aos orixás muitas vezes se baseia na ideia de que, se funciona, por que mudá-la? Itens rituais desconhecidos na África, como tabaco, bolos para comemorar *cumpleaños en el santo* (aniversários no santo) e *soperas* são exemplos do que a tradição cubana considera necessário para a eficácia (Vásquez, 1995, p. 38-51). Se o ilé ocha atrai membros, como de fato acontece, isso indica que ele é bem-sucedido.

Houve um aumento visível na prática religiosa da ilha desde o início da década de 1990, após a retirada do apoio da Europa Oriental, que obrigou o governo a considerar sua própria forma de liberalização em resposta à piora das condições econômicas. Como em outros lugares da diáspora, a mudança na resposta oficial às expressões religiosas de origem africana está fazendo com que elas emerjam de uma posição de marginalidade. Agora, não apenas as práticas culturais afro-cubanas mas também as religiões são cada vez mais reconhecidas como parte do patrimônio. A Santeria é hoje aclamada por muitos como a religião nacional de Cuba. Ela deixou de ser a religião dos iorubás e se tornou o símbolo de uma nação de *mestizos*.

Os nacionalistas da cultura, tal como alguns santeros, enfatizam que "la Santería cubana" é uma forma cultural cujos frutos são mais importantes do que suas raízes. O sincretismo cultural e religioso é visto não apenas como estratégia de sobrevivência, mas também como um processo de troca que alimentou a identidade nacional (Barnet, 1996, p. 48-50; Guanche, 1996, p. 43-46). Talvez a marca definitiva do sucesso do transplante dos elementos culturais e religiosos iorubás não seja apenas sua recriação em um novo ambiente, mas também a possibilidade de

---

367. Entrevista com Orestes Calzadilla, Havana, 18 de abril de 1998.

sua transformação. Independentemente de optarem por buscar na África a afirmação, seja de práticas religiosas e culturais, seja de uma identidade diaspórica, muitos cubanos, inclusive sua liderança, estão reconhecendo a centralidade da Santeria para a expressão da forma cubana de ser.

Nota: O autor gostaria de agradecer o auxílio financeiro da Comissão de Pesquisa de Artes e Humanidades da Academia Britânica e do Projeto da Unesco Interior Nigeriano.

12

DE GBE A IORUBÁ: MUDANÇA ÉTNICA E NAÇÃO MINA NO RIO DE JANEIRO

Mariza de Carvalho Soares

O povo Mina no Rio de Janeiro

No Rio de Janeiro, diferentes grupos étnicos africanos foram ocultados sob a categoria "Mina" nos séculos XVIII e XIX. Essa classificação dá uma falsa sensação de continuidade a um processo social e étnico que foi, de fato, extremamente flexível ao longo do tempo. No Brasil, a maioria dos cativos identificados como Mina era proveniente do Golfo de Benim, e eles haviam sido levados para lá desde Uidá, Lagos e outros portos. No século XVIII, o termo "Mina" se referia basicamente aos povos de língua gbe, mas durante o século XIX o termo também passou a incluir povos de língua iorubá, que na época eram a grande maioria. Este estudo enfoca os povos Iorubá e Gbe e seu papel dentro do grupo Mina do Rio de Janeiro[368]. "Gbe" e "Iorubá" não são termos usuais na historiografia brasileira. No Brasil, o nome usual para os povos de língua iorubá é Nagô (em especial na Bahia) ou Mina, como um nome genérico. Iorubá e Gbe são categorias extraídas do contexto linguístico que oferecem uma classificação operacional dos diferentes povos do Golfo de Benim.

---

368. As nações não são grupos étnicos, mas "grupos de proveniência", categorias mais amplas de identificação que recobrem os grupos étnicos. Cf. Soares (2000b, cap. 3).

De acordo com Mary Karasch (1987), a composição étnica da população africana no Rio de Janeiro consistia em vários grupos africanos, que no contexto brasileiro eram chamados de "nações", incluindo os Mina. A nação Mina no Rio de Janeiro foi analisada em um trabalho anterior meu (Soares, M., 2000b, 2001; cf. tb. Soares, C., 1999). O presente capítulo revisa as informações sobre o assunto para o século XIX, mas demonstra que os povos chamados de Mina também estavam presentes no século XVIII. Uma análise cuidadosa dos séculos XVIII e XIX sugere que o significado desse termo mudou ao longo do tempo. Durante o século XVIII, os povos Gbe (Fom, Ewe, Mahi, Aladá e outros) trazidos para o Brasil foram em grande parte enviados para a Bahia, mas alguns também terminaram no Rio de Janeiro e, desses dois os lugares, foram encaminhados para Minas Gerais. A questão aqui é elucidar quando os iorubás chegaram ao Rio e quando se tornaram visíveis na cidade.

A maioria dos iorubás do Rio de Janeiro chegou da Bahia no início do século XIX e se juntou a uma comunidade existente de pessoas identificadas como minas. Como se sabe, os Iorubá se concentraram na Bahia e migraram para o Rio de Janeiro, capital do império recém-independente desde 1822. No Rio, os iorubás eram chamados de minas. Na segunda metade do século XIX, no entanto, eles passaram a ser maioria devido à migração contínua da Bahia.

Essa pesquisa sobre os Minas no Rio de Janeiro vai contra uma tendência importante, que se concentra principalmente nas origens "banto" da população africana escravizada local. Portanto, este estudo sugere que o movimento de africanos para o Rio de Janeiro foi mais complicado do que aquela tendência reconheceu antes, que subestimou a migração menor, mas relevante, que ia do Golfo de Benim para o Rio, e de Angola para a Bahia, concentrando-se apenas nas principais rotas transatlânticas, que faziam o caminho cruzado: de Benim para a Bahia, e de Angola para o Rio[369].

---

369. Sobre o comércio de escravizados entre a África Ocidental e o Brasil, cf. Verger (1968) e Florentino (2002).

Um primeiro ponto a ser discutido é a terminologia. Como observou Robin Law (1997a, p. 208), as palavras "Iorubá", "Nagô" e "Lucumi" têm sido usadas de maneiras diferentes, tanto na África quanto nas Américas, dependendo do lugar e da época. O termo "Lucumi" foi usado já nos séculos XVI e XVII, enquanto "Nagô" aparece apenas no século XVIII. Além disso, a palavra "Lucumí" era usada com mais frequência na América Espanhola, enquanto os portugueses, franceses e ingleses tendiam a usar o nome "Nagô". Law também não encontrou nenhuma referência à palavra antes de meados do século XVIII. De acordo com Parés (cap. 10 desta obra), a palavra "Nagô" aparece pela primeira vez na Bahia em 1734.

Uma maneira de medir a relevância relativa dos povos Gbe e Iorubá no Rio é comparar as informações da documentação local sobre os minas com informações sobre o comércio de escravizados do Golfo de Benim para o Rio e para a Bahia. Infelizmente, devido a muitas lacunas na documentação disponível para o Brasil e, em especial, para o Rio de Janeiro, é impossível resolver a questão dessa forma (Eltis *et al.*, 1999). Um problema adicional é que muitos escravizados que chegaram à Bahia foram, na verdade, reenviados para o Rio de Janeiro. A transferência desses escravizados não está incluída no banco de dados de viagens. De acordo com a tradição oral e várias biografias, os iorubás começaram a ser reconhecidos como uma comunidade étnica representativa no Rio de Janeiro na década de 1830, quando os gbes ainda eram a maioria entre os Mina. Porém, na década de 1850, o grupo iorubano já havia se tornado o majoritário. A segunda metade do século XIX testemunhou o crescimento de uma nova e forte comunidade étnica iorubá composta por católicos, adoradores de orixás e muçulmanos, divisões religiosas que aparentemente não enfraqueciam a identificação étnica. De fato, o processo de mudança étnica permitiu que os iorubás se apropriassem de uma categoria que, no passado, referia-se quase que somente aos povos de língua gbe e que, na verdade, era um termo guarda-chuva que servia para incluir muitos povos.

Origens étnicas dos escravizados nascidos na África no Rio de Janeiro do século XVIII

No início do século XVII, a população do Rio de Janeiro era de cerca de 3.850 pessoas: 750 portugueses, 100 africanos e 3 mil ameríndios e pessoas de ascendência mista. Uma epidemia no ano de 1613 dizimou a população indígena, o que levou à solicitação de escravizados africanos (Araújo, 1948, vol. 2, p. 239-241; Carvalho, 1994, p. 32). Em 1699, a Coroa Portuguesa abriu oficialmente as relações comerciais entre o Rio de Janeiro e a Costa da Mina, que já comercializava com a Bahia desde 1670 com regularidade. Há poucas informações sobre a origem desses cativos. Os registros de batismo de escravizados de Irajá (1704-1708), uma paróquia rural no Rio de Janeiro, incluem 222 pessoas, 14 de crianças com mães africanas cujas identidades são fornecidas. Entre elas, 10 eram chamadas de Guiné, três de Mina e uma de Fula. Os registros também incluem os batismos de sete adultos africanos: 4 mulheres minas, 2 homens minas e 1 mulher loango, bem como 1 criança mina (Pinto, 1988, p. 129-173). Assim, é evidente que alguns minas já estavam no Rio de Janeiro no fim do século XVII.

Além disso, o comércio da África Ocidental para o Rio continuou no início do século XVIII. A Coroa Portuguesa subestimara a importância do ouro como fonte de riqueza no início daquele século e, no lugar dele, o Conselho Ultramarino tentara impor o desenvolvimento agrícola no Brasil. Como resultado, não havia uma rede comercial formal que abastecesse as minas de ouro de Minas Gerais com escravizados africanos. A lacuna foi preenchida por comerciantes independentes, todos eles trabalhando sem contratos regulares. Depois de 1699, os comerciantes receberam autorização, chamada de "licenças avulsas", para cada viagem. Esse sistema fornecia um pequeno número de cativos para trabalhar em cada mina, pagos em ouro. Como D. Rodrigo Costa, governador do Brasil, reclamou ao rei de Portugal em 1703, comerciantes do Rio de Janeiro estavam enviando navios para comprar escravizados no Golfo de Benim, utilizando ouro que deveria ter sido enviado como imposto a Portugal[370].

De 1651 a 1675, o comércio escravista de Uidá para as Américas totalizou 133.400 pessoas. Nos anos de 1701 a 1725, esse número chegou a 374.400 pessoas. No mesmo período, o tráfico de povos de língua iorubá para o Brasil chegou a 93 mil escravizados, com uma média de 3.720 pessoas por ano[371]. Com base nas observações de D'Elbée e Labat, Patrick Manning demonstrou que a maioria dos cativos exportados do Golfo de Benim para o México nesse período era de língua gbe, não iorubá[372].

Para o século XVIII, há evidências consideráveis de minas que eram principalmente falantes de gbe no Rio de Janeiro. Havia minas na Irmandade Negra de Santo Elesbão e Santa Efigênia, fundada em 1740. Uma Congregação Mahi foi estabelecida dentro dessa irmandade em 1762. O documento no qual essas informações se baseiam foi escrito por volta de 1786 e registra um diálogo entre dois homens mahi que mencionam suas origens africanas e descrevem suas vidas no Rio de Janeiro. Um desses homens, Francisco Alves de Souza, tornou-se o "rei" dos Mahi na década de 1780, quando o diálogo foi escrito[373]. De acordo com Francisco, "em 1748, quando cheguei a esta capital vindo da cidade da Bahia, encontrei esta Congregação ou Corporação de Minas Negros de diferentes nações daquela Costa, tais como Dagomê, Maquii, Ionno, Agolin [e] Sabarû"[374]. Tais grupos devem ser identificados

---

370. Carta de D. Rodrigo Gosta, Governador Português no Brasil (1702-1705), 29 de junho de 1703 (*apud* Verger, 1968, p. 47).

371. Cf. em Eltis (cap. 2 desta obra) a Tabela 2.3 (p. 54) e a Tabela 2.5 (p. 67).

372. Aja (15), Calabar (6), Fom (12), Aladá (7), Uidá (7), Popo (6) e Oió (1). Cf. Manning (1979, p. 125-129).

373. Francisco escreveu o diálogo em português, com algumas palavras no idioma gbe. Para obter mais informações, cf. Soares (2000a, p. 111-123).

374. Biblioteca Nacional, Rio de Janeiro, "Regra ou estatutos pormodo de hûm diálogo onde, se dá notícias das Caridades e Sufragaçoens das Almas que uzam os prettos Minnas, com seus Nancionaes no Estado do Brazil, expecialmente no Rio de Janeiro, por onde se hao de regerem e gôvernarem

como Daomé, Mahi, Oió, Agonli e Savalou, ou de Dassa. Naquela época, todos eram chamados de "Mina", ou "Negros Mina", tendo em comum a "língua geral mina", que parece ter sido uma língua gbe (Peixoto; Silveira; Lopes, 1945)[375]. A Irmandade de Santo Elesbão e Santa Efigênia também incluía africanos de Cabo Verde, Moçambique e São Tomé. Ao construírem a igreja entre 1746 e 1754, eles demonstraram sua capacidade de economizar dinheiro suficiente para a construção[376]. Além disso, pelo menos alguns desses minas haviam conseguido sua liberdade em 1740. Em geral, eles declaravam em seus testamentos a quantia que havia sido paga por sua emancipação. Se considerarmos o tempo necessário para economizar tais montantes, é provável que eles tenham chegado já na década de 1720, ou até antes. Estima-se que, entre 1711 e 1730, o Golfo de Benim exportou 351.700 pessoas escravizadas para as Américas, e é óbvio que algumas dessas pessoas foram levadas ao Rio (Lovejoy, 2002a, p. 96). Os cativos costumavam ser batizados na chegada, já que os senhores tinham cerca de seis meses para fazer isso. Parece que o pico de chegadas oriundas do Golfo de Benim ocorreu na década de 1720 e, muito provavelmente, por volta de 1722-1724.

Até 1751, a cidade do Rio de Janeiro tinha duas "freguesias" ou paróquias. De 1718 a 1733, a Freguesia da Sé registrou o batismo de 1.074 minas, todos com pelo menos 12 anos, considerados adultos, nas seguintes quantidades: 1718 (57), 1719 (64), 1720 (50), 1721 (95), 1722 (107), 1723 (73), 1724 (125), 1725 (79), 1726 (96), 1727 (89), 1728 (80), 1729 (29), 1730 (51), 1731

---

fora de todo o abuzo gentilico e supersticiozo; composto por Françîsco Alvês de Souza pretto e natural do Reino de Makim, hûm dos mais exçelentes e potentados daqûela ôriunda Costa da Minna", BN(MA) 9, 3, 11. Sobre a Congregação Mahi, cf. Soares (2000b, p. 21-22, cap. 6).

375. No Brasil, durante o século XVIII, a "língua geral de Mina" é o nome brasileiro para as línguas gbe. Para mais explicações, cf. Soares (2000b, cap. 6).

376. Arquivo da Irmandade de Santo Elesbão e Santa Ifigênia, Rio de Janeiro, Compromisso da Irmandade de Santo Elesbão e Santa Ifigênia, 1740-1767.

(37), 1732 (20) e 1733 (22, até agosto)[377]. É provável que essas pessoas tenham sido escravizadas durante a conquista de Aladá (1724) e de Uidá (1727) por Daomé[378]. Por exemplo, Pedro Costa, que se tornou rei dos minas, foi batizado em setembro de 1727. Ele havia sido comprado e batizado pelo Desembargador Ouvidor Geral do Rio de Janeiro, Manoel da Costa Mimozo. Se ele era de Daomé, Aladá, Uidá ou de outro lugar, talvez nunca saibamos[379].

O que merece atenção especial é o fato de Francisco se referir aos iorubás, bem como a vários grupos Gbe. Seu termo "Iono" ou "Ionno" parece se referir a Oió, aparentemente seguindo o uso francês da palavra "Oió". Por exemplo, os Mahi eram chamados de "Maquinos", que se assemelha à pronúncia francesa "Mahinous"; os franceses também se referiam aos Iono como "Ayonous" e aos Nagô como "Nagonous"[380]. O termo geral para Iorubá, "Nagô", aparece no início do século XVIII, derivado de Anagô, um subgrupo iorubá que vivia a leste do Rio Weme, e era o termo genérico para aqueles que falavam iorubá entre os Fom e outros falantes gbe, mas esse termo não era usado no Rio na época. A presença de Oió no Rio de Janeiro durante a primeira metade do século XVIII provavelmente estava relacionada à expansão do reino de Daomé (Law, 1991c; Lovejoy, cap. 3 desta obra).

A conexão entre o tráfico escravista português/brasileiro e o francês tem sido amplamente ignorada. Como Manning demonstrou, houve alguns iorubás enviados às Américas nesse período, e

---

377. Arquivo da Cúria Metropolitana do Rio de Janeiro, Rio de Janeiro, Livros de Batismo de Escravos da Freguesia da Sé, 1718-1726, 1726-1733.

378. Para mais informações sobre essa cronologia, cf. Law (2004).

379. Pedro é mencionado em dois documentos: seu registro de batismo e o diálogo. Cf. Arquivo da Cúria Metropolitana do Rio de Janeiro, Rio de Janeiro, Livro de Batismo de escravos da Freguesia da Sé, Rio de Janeiro, 1726-1733, 12 de setembro de 1727, fl. 38; Biblioteca Nacional, Rio de Janeiro, "Regra ou estatutos", BN(MA) 9, 3, 11 fl. 22.

380. Sobre a grafia das palavras fom, cf. Law (1997a, p. 212). Para a ortografia francesa dos nomes africanos, cf. Hazoumé (1978). Sobre os Oió na África, cf. Law (1977b).

alguns deles talvez foram levados para o Brasil. O comércio francês expandiu-se em 1701-1725 de cerca de 5.100 para 25.200 em 1726-1750. Esses números podem indicar a possibilidade de uma transferência temporária de escravizados da rota francesa para o Brasil durante a segunda metade da década de 1720 (Manning, 1979). Em 1723, a Coroa Portuguesa criou a Companhia da Costa da África, em geral conhecida como Companhia Corisco, a pedido de um francês chamado Jean Dansaint[381]. A Companhia deveria construir um forte no Rio Anges e na Ilha de Corisco, na costa do Gabão, e comercializar escravizados e outros bens por 15 anos, mas, na verdade, Dansaint parece ter feito negócios em outros lugares. A Companhia Corisco entrou em conflito com os interesses da Companhia Holandesa das Índias e também com os interesses dos comerciantes baianos que com frequência negociavam com eles. Segundo Verger, a Companhia Corisco estava negociando para o Rio antes de 1725; na verdade podemos supor que antes de 1723. Ela continuou depois desse período. Entretanto, Dansaint aparentemente não obedeceu aos termos da licença portuguesa. Como resultado de seus negócios irregulares na África Ocidental, ele foi condenado e preso em Portugal. É evidente, porém, que durante esse período os escravizados foram transferidos da Bahia para o Rio e Minas Gerais. Um volume de registro de passaportes de pessoas escravizadas (1718-1729) menciona pelo menos um lote de cativos que era propriedade da "Companhia da África"[382]. É provável que a interconexão do tráfico escravista português e

---

381. O conselho de administração da Companhia Corisco incluía Jean Dansaint, Noël Houssaye, Bartholomeo Miguel Vienne, Manoel Domingos do Paço, Francisco Nonez da Cruz e Lourenço Pereira (Verger, 1968, p. 75-76, 92-94). No Banco de Dados de Viagens de Escravizados, ele está listado como "Jean Danssainct", o capitão do navio negreiro *Reine*, que partiu de Nantes em 1713. O navio levou escravizados do Golfo de Benim para o Rio de Janeiro e para a Bahia (Eltis *et al.*, 1999, n° de registro 30038).

382. Um volume de passaportes de escravizados lista cerca de 19.500 cativos enviados da Bahia para Minas Gerais nesse período (Arquivo Público Estado da Bahia, Salvador, Livro de Passaportes e Guias, 1718-1729, doc. 248).

francês explique o uso brasileiro de expressões francesas para escravizados trazidos do Golfo de Benim naquela época.

De acordo com Francisco, havia iorubás no Rio de Janeiro e eles compartilhavam com os falantes gbe as responsabilidades e os benefícios da filiação dos minas à Irmandade Católica de Santo Elesbão[383]. A presença dos minas no Rio de Janeiro mostra que circunstâncias como alianças políticas e a partilha de religião e recursos em comum podem ter fornecido elementos de coesão necessários para reunir diferentes grupos étnicos e forjar uma identidade coletiva. Esses grupos se organizaram no cativeiro, criando elos que uniram diferentes etnias, embora se possa presumir que eles mantiveram algumas distinções. A nação Mina, portanto, deve ser considerada uma identificação "mais inclusiva", como argumentei em textos anteriores e como foi observado por Lovejoy (Lovejoy, 2000b, p. 11). As irmandades e outros locais onde os africanos se reuniam facilitaram a organização da nação Mina, transformando sua nacionalidade em uma identidade social forte e genuína, baseada em um passado africano comum. Essa identidade social acabaria por sobreviver à escravidão, perdurando até o século XX.

Origens étnicas dos escravizados nascidos na África no Rio de Janeiro do século XIX

De 1795 a 1811, conforme Manolo Florentino (2002, p. 79), cerca de 3% das pessoas escravizadas que chegaram ao Rio de Janeiro vieram da África Ocidental. Em meados do século (1830-1852), de acordo com Mary Karasch (1987, p. 25), uma pequena proporção do tráfico escravista para o Rio de Janeiro também era da África Ocidental (79,7% da África Centro-Ocidental, 17,0% da África Oriental, 1,5% da África Ocidental e 0,9% de origem desconhecida). Em geral, comércio é aqui compreendido como a

---

383. Em Cuba, os Araras (Aladás) são considerados "um subgrupo Lucumi" (Law, 1997a, p. 207).

rota da África diretamente para Salvador ou para o Rio de Janeiro e não inclui a transferência de escravizados da primeira para a segunda cidade. Portanto, é quase certo que o comércio interno levou ainda mais africanos ocidentais para o Rio de Janeiro.

Essa presença está refletida nos registros de batismo de escravizados da Paróquia de São José (1802-1821), que contém 5.909 registros, incluindo 397 do Golfo de Benim. Entre eles, 236 eram minas (sendo 95 mulheres), 38 calabares (com 12 mulheres) e 2 eram hauçás, ambas mulheres, chamadas "Ussa"[384]. A maioria desses batismos ocorreu entre 1810 e 1814. Tal como ocorrera nos anos 1700, o comércio de escravizados entre o Rio de Janeiro e o Golfo de Benim parece ter abastecido o próprio Rio de Janeiro. Contudo, durante século XVIII, a mão de obra era direcionada para as minas de ouro, ao passo que, no século XIX, ela foi provida por causa do estabelecimento da Coroa Portuguesa no Rio. Da mesma forma, 69 escravizados nascidos na África foram enviados da Bahia para o Rio de Janeiro em 1835, 59 dos quais eram iorubás (Karasch, 1987, p. 52)[385]. Os números são pequenos, mas estavam lá. O censo de 1849 indica que 66,4% da população escravizada do Rio de Janeiro havia nascido na África. De 1833 a 1849, um total de 1.735 cativos africanos foram enterrados na Santa Casa da Misericórdia; entre eles havia 110 africanos ocidentais, 85 identificados como Mina e 2 como Nagô[386]. Embora constituíssem apenas uma pequena proporção das diferentes nações africanas,

---

384. Arquivo da Cúria Metropolitana do Rio de Janeiro, Rio de Janeiro, Livro de Batismo de escravos, Freguesia de São José, 1802-1821. Gostaria de agradecer a Roberto Guedes por me enviar seu banco de dados pessoal. Enfatizo a atenção para a presença de duas mulheres hauçás. Sobre os hauçás no Brasil, cf. Lovejoy (2000c, p. 11-44).

385. Sobre os minas nesse período, cf. Soares (2001).

386. Karasch apresenta quatro navios de Calabar, 21 de Daomé, 2 de Mina (de Cabo Mount a Cabo Lopez), 30 da Nigéria e 5 da Ilha do Príncipe, chegando a um total de 62 navios entre 1830 e 1852. Para sepultamentos, os outros foram 20 de Calabar, 1 de Cabo Verde, 1 de Camarões e um de Hauçá (Karasch, 1987, p. 25, 8, 12, 371).

o povo Mina era bem conhecido na cidade. Essa visibilidade já existia desde o século XVIII.

Em 1846, Thomas Ewbank, um norte-americano que vivia no Rio, fez comentários sobre as várias nações africanas. Além de Congo, Angola, Mina e Moçambique, ele também mencionou os "Ashantee", grupo incomum no Rio (Ewbank, 1856, p. 94, 111, 114). Infelizmente, esse e outros relatos fornecem impressões gerais que não permitem uma identificação mais precisa das etnias. Às vezes, encontram-se representações pictóricas e fotografias que exigem uma análise cuidadosa. Esse é o caso das coleções de Jean Baptiste Debret, Johann Moritz Rugendas, Christiano Jr. e Francis de Castelnau, bem como das xilogravuras no estudo de Agassiz, entre outros. De acordo com Castelnau (1851, p. 26) (que esteve na Bahia em 1848), os nagôs constituíam "nove décimos" dos escravizados na Bahia e eram facilmente reconhecidos por suas escarificações faciais. Rugendas identificou escarificações semelhantes entre 1818 e 1825. Debret, que esteve no Brasil durante o mesmo período (1816-1831), mostra escarificações em seus desenhos, mas essas podem não ser escarificações iorubás, mas sim gbes. A representação de Castelnau é baseada em um homem nagô na Bahia, enquanto Rugendas (que visitou o Rio, a Bahia e muitos outros lugares) não indica onde encontrou a mulher mina que registrou. Debret, entretanto, permaneceu apenas no Rio de Janeiro, e a maioria dos africanos que retratou era de lá[387].

Na Igreja de Santa Efigênia, as autorizações de sepultamento e dois volumes de registros sobre a filiação de novos membros da irmandade revelam uma forte presença mina, como já observado. As autorizações mostram um total de 428 sepultamentos de 1832 a 1850[388], com 218 homens e 210 mulheres distribuídos da seguinte

---

387. Cf. Debret (1940, imagens 22, 26) e Rugendas (1979, imagens 2a; div. imagem 10).

388. Essas permissões de sepultamento não representam o número total de enterros no período. Os 428 registros são aqui considerados como uma amostra aleatória que pode induzir a erros. O cemitério foi fechado em 1850.

forma: 126 adultos, 125 crianças de até 12 anos e 177 para os quais não foi informada a idade. Desse total, concentro-me nos 147 nascidos na África: 85 homens (incluindo 44 homens minas) e 62 mulheres (incluindo 28 mulheres minas). Além da diversidade dos africanos enterrados na Igreja de Santa Efigênia, no entanto, os registros mostram uma nítida linha social que separa os minas dos outros. De 42 escravizados do sexo masculino, 15 estão listados como Mina, e 27 não; de 30 escravizadas, apenas 7 são minas, e as outras 23 não. Ao mesmo tempo, de 17 homens libertados, 13 são identificados como Mina, e apenas 4 não são; de 20 mulheres libertadas, 14 são minas, e 6 não são. Esses números revelam que os Mina eram o grupo mais importante em termos de números e posição social[389].

Embora se possa supor que a composição da população Mina do Rio de Janeiro deva ter sido semelhante à da Bahia, o porto de chegada de quase todos os navios oriundos do Golfo de Benim, os africanos transplantados adotaram estratégias organizacionais diferentes em cada cidade. Na Bahia, os Iorubá eram chamados de Nagô, ao passo que os do Rio de Janeiro eram geralmente chamados de Mina. Há usos ocasionais do termo "Nagô" no Rio, como entre os enterros da Igreja de Santa Efigênia, que incluem dois homens assim identificados, mas a maioria era simplesmente chamada de "Mina" sem nenhuma outra referência. Para o período de 1843 a 1900, os livros de filiação se referem a 609 homens e 335 mulheres, um total de 944 filiações. Esses números se dividem da seguinte forma: um total de 199 registros se referem a africanos, sendo 94 minas; 15 congos; 13 de Cabinda e Benguela; 11 de Moçambique; 7 de Calabar; 2 de Rebolo, Inhambane e

---

389. Os 147 africanos sepultados na Igreja de Santa Ifigênia incluem 72 minas (44 homens e 28 mulheres), 12 calabares, 4 congos, 9 angolas, 8 cabindas, 19 benguelas, 6 rebolos, 3 calanges, 1 monjolo, 1 inhanbane, 8 moçambicanos e 4 identificados como africanos (Arquivo da Irmandade de Santo Elesbão e Santa Ifigênia, Rio de Janeiro, Coleção de autorização para sepultamentos, 1832-1850).

Moange; e 1 de Monjolo, Tapa, Cassange, Cabo Verde e Mumbolo. Ainda, 23 foram registrados apenas como africanos. Mais uma vez, por razões desconhecidas, entre 94 minas (59 homens e 35 mulheres), 4 homens foram identificados como Jeje, 1 como Nagô e 1 como Mahi[390].

A grande maioria dos documentos que mencionam "nações" africanas no Rio de Janeiro sugere a configuração explícita de uma estratégia para usar a identidade Mina como guarda-chuva para várias etnias. Informações sobre prisioneiros Minas na década de 1820 parecem corroborar essa tese. Uma lista de prisioneiros africanos de 1826 a 1829 indica que 11% deles eram provenientes da África Ocidental, incluindo minas (7%) e nagôs (4%) (Soares, 2001, p. 600). A presença de alguns nagôs presos na década de 1820 sugere que eles estavam vindo da Bahia antes da revolta muçulmana de 1835. Em segundo lugar, o reconhecimento de dois grupos separados na década de 1820 evidencia que os nagôs eram diferentes dos gbes, reforçando a ideia de que o uso do nome "Mina" para esses dois grupos era uma estratégia local peculiar ao Rio.

Em 1830, o município do Rio de Janeiro adotou uma política urbana que se baseava em um novo código legal. Uma das prioridades era a saúde pública, o que significava a regulamentação dos bairros pobres localizados na Freguesia do Santíssimo Sacramento, próxima às igrejas e às residências dos povos negros. Naquela época, os adoradores de orixás frequentavam casas religiosas chamadas de Zungu, Batuque e Candomblé, sendo o último nome aquele que prevaleceu no século XX. A perseguição a essas casas, consideradas locais de desordem e rebelião, era um objetivo do código municipal[391]. Esses locais permitiam que os africanos se reunissem para praticar a religião, mas também para comer, dançar

---

390. Arquivo da Irmandade de Santo Elesbão e Santa Ifigênia, Rio de Janeiro, Coleção de autorização para sepultamentos, 1832-1850. Livros de registro de entrada de irmãos e irmãs para os anos de 1843-1900.

391. *Código de Posturas da Ilustríssima Câmara Municipal do Rio de Janeiro* (1930). Sobre os zungus, cf. Soares (1998).

e se organizar em muitas atividades, incluindo trabalho e proteção contra perseguição[392]. O código municipal tinha o objetivo de regular essas atividades e era direcionado, em especial, contra as redes de origem africana e, em particular, contra os minas. Em 1835, o chefe de polícia investigou várias casas onde eles se reuniam. Ele procurava por um homem cujo nome não foi informado, mas que era um líder religioso dos minas[393]. Infelizmente, não sabemos se ele era gbe ou iorubá.

O levante muçulmano na Bahia em 1835 foi um fator fundamental que influenciou o movimento de pessoas para o Rio e também explica em parte por que o termo "Mina" foi usado como um guarda-chuva para incorporar pessoas que poderiam querer esconder outras identidades, como a de muçulmano. As autoridades do Rio se opuseram a qualquer tipo de rede organizada com base na etnia africana e, por causa da revolta, tentaram reprimir a comunidade muçulmana e, na verdade, qualquer pessoa que fosse considerada uma ameaça à autoridade (Reis, 1993). Por exemplo, a mulher iorubá Luiza Mahin, que se mudou da Bahia para o Rio em 1837[394], foi presa no ano seguinte em uma "casa de dar fortuna" (local de adivinhação) com alguns "malungu"[395] e foi mantida na prisão por um tempo, desaparecendo em seguida. Trinta anos depois, seu filho, o abolicionista negro Luís Gama, foi ao Rio em busca dela. É interessante notar que ele perguntou por

---

392. Sobre as casas étnico-religiosas africanas em Minas Gerais no século XVIII, cf. Mott (1988); ademais, na Louisiana do fim do século XVIII, os escravizados chamados de Mina tinham organizações étnicas com casas usadas para "bailes". Durante um desses bailes, eles organizaram uma rebelião. Cf. Hall (1992, p. 317-342).

393. Arquivo Nacional, Rio de Janeiro, "Correspondência reservada recebida pela Repartição de Polícia", 1833-1840, códice 334.

394. Mahin é um dos principais grupos iorubás da divisão Ondo (Forde, 1951). Gostaria de agradecer a Alberto da Costa e Silva e Olatunji Ojo por esta informação.

395. "Malungu" é como os africanos no Brasil chamavam outros africanos que partilharam o mesmo navio durante a passagem transatlântica. Cf. Slenes (1991-1992, p. 48-67).

sua mãe entre os minas. Esse relato é essencial não apenas para a biografia de Luiza, mas também porque elucida como, trinta anos após esses eventos, a comunidade Mina ainda mantinha viva a memória de uma mulher que vivera entre eles por menos de dois anos (Gama, 2000, p. 180-183).

Com o fim do tráfico atlântico escravista em 1850, menos pessoas escravizadas nascidas na África chegaram ao Brasil, cortando o principal elo pelo qual as pessoas renovavam seus laços com a África. A década de 1850 marcou o ponto de virada para os iorubás no Rio de Janeiro. Uma vez que eles formavam a maioria dos identificados como Mina, sua identidade como nagôs ainda estava oculta sob esse termo guarda-chuva. A descrição do Rio de Janeiro feita por Elizabeth Agassiz, esposa do famoso naturalista Louis Agassiz, demonstra essa mudança. Agassiz ficou no Rio entre 1865 e 1866. Ao observar alguns grupos de Minas, ela notou que as mulheres eram mais "comumente empregadas como vendedoras de frutas e legumes do que como empregadas domésticas". Segundo seu relato, elas usavam "um turbante alto de musselina e um xale longo e de cores vivas". Algumas "dessas pessoas negras são maometanas e dizem permanecer fiéis ao seu profeta, embora cercadas pelas observâncias da Igreja Católica" (Agassiz; Agassiz, 1969, p. 83-85).

De fato, alguns dos iorubás que se mudaram da Bahia após a revolta de 1835 eram muçulmanos com motivos para partir. Algumas mulheres minas haviam sido libertadas e se distinguiam por seu lenço na cabeça, que era uma característica comum da vestimenta de iorubás e muçulmanos. Um visitante otomano que esteve no Rio em 1865 observou essa comunidade, embora não tenha identificado as pessoas como iorubás ou minas. Contudo, ele permaneceu no Brasil e interagiu com os muçulmanos por quase dois anos, dedicando seu tempo a ensinar e reformar as práticas religiosas da comunidade (al-Bagdãdï, 1865). Como Alberto da Costa e Silva (2001, p. 83-90) demonstrou, era possível comprar cópias do Alcorão importadas da França no Rio de Janeiro em meados do século XIX, e é quase certo que elas eram destinadas a essa comunidade.

Assim, a identidade como Mina incorporou características étnicas e religiosas distintas, incluindo aquelas associadas aos povos Gbe e Iorubá, independentemente de sua religião, fosse ela cristianismo, culto aos orixás ou islamismo. Os relatos de Agassiz também confirmam os comentários de Ewbank, de 1846, segundo os quais "jovens minas" tinha reputação de "mais inteligentes" entre vendedores ambulantes africanas. Em referência às "lavadeiras", ele notou que algumas eram minas, "como evidenciado por suas formas superiores e atenção ao vestuário. É raro elas estarem nuas até a cintura, como as outras costumam estar" (Ewbank, 1856, p. 94, 114). Essas vendedoras ambulantes e lavadeiras aparentemente não eram membros da irmandade da Igreja de Santa Efigênia. Os detalhes sobre o emprego de mulheres na igreja incluem duas lavadeiras, nove empregadas domésticas e 11 costureiras, nenhuma das quais era mina. Não há menção a vendedoras ambulantes, o que sugere que essas mulheres provavelmente eram iorubás que não faziam parte da irmandade. Elas talvez tivessem vínculos religiosos com as casas de orixás ou com a comunidade muçulmana. O mesmo parece ser o caso dos homens. Entre as 21 ocupações diferentes mencionadas para os homens na igreja, as relacionadas ao porto, à alfândega e à navegação não estão presentes[396].

A aparente contradição entre as informações sobre a presença mina na Igreja de Santa Efigênia e os relatos de viagem de minas na cidade como um todo sugere que a maioria dos iorubás tinha outras redes religiosas e sociais. A igreja em si parece ter permanecido no domínio dos gbes, e não dos iorubás. Como na África

---

396. Arquivo da Irmandade de Santo Elesbão e Santa Ifigênia, Rio de Janeiro, Livros de registro de entrada de irmãos e irmãs para os anos de 1843-1900. Os homens que trabalhavam na alfândega eram chamados de "carregadores de cangalhas". Eles foram retratados várias vezes, inclusive por Debret (1940, imagens 22, 36), que especificou que em geral esse era um trabalho para os africanos, não necessariamente para os Mina.

Ocidental, os grupos gbes não estavam associados ao Islã. Os que vieram da Bahia e foram identificados como Mina não eram todos iorubás. Pelo menos alguns eram hauçás. Como demonstra o caso de Luiza Mahin, muitos iorubás não eram católicos. Conforme seu filho relata, ela nunca foi batizada, permanecendo "infiel" (Gama, 2000, p. 180-183). Embora a identidade Mina tenha sido associada sobretudo ao gbes de início, em meados do século XIX os iorubás passaram a ser caracterizados assim, como forma de distingui-los do grupo muito mais numeroso, com origens em Angola e outras partes da África Centro-Ocidental.

A etnia e a religião iorubás no Rio de Janeiro

O fim do comércio atlântico de escravizados coincidiu com a migração de retorno dos africanos libertos para o continente onde nasceram. Por meio de suas atividades comerciais, algumas pessoas conseguiram economizar dinheiro e, assim, voltar à África. Quando isso não foi possível para elas, seus filhos chegaram a fazê-lo. Esse movimento de retorno reforçou os laços étnicos, apesar de a própria escravidão ter continuado no Brasil até 1888. Naquela época, não há dúvida de que a grande maioria das pessoas identificadas no Rio como Mina eram, na verdade, iorubás e estavam associadas a casas de orixás, à comunidade remanescente do Islã e, de alguma forma, à Igreja Católica. Não sabemos quem eram todas essas pessoas, mas elas consolidaram silenciosamente uma identidade iorubana dentro da comunidade africana que acabou sendo associada ao candomblé. Os frequentadores dessas casas eram cada vez mais os filhos daqueles que haviam nascido na África. Apesar de tais associações explícitas com o grupo Mina, essas casas de orixás aceitavam pessoas de qualquer origem. Uma vez iniciados, os adeptos recebiam nomes iorubás que eram usados tanto em situações rituais quanto na vida cotidiana[397].

---

397. Informação obtida em conversa com Agenor Miranda Rocha.

A nova geração incluía indivíduos como os fundadores do candomblé ketu, João Alabá[398], que morreu em 1926; Cipriano Abedé[399], que morreu em 1933; e Benzinho Bamboxê[400], que morreu alguns anos depois[401]. Todos os três morreram em idade avançada, o que sugere que nasceram no meio do século XIX, se não antes. Além disso, havia um líder muçulmano conhecido como "Alikali" em 1904, que foi o sucessor de líderes muçulmanos de antes. Os maometanos chamavam os adoradores de orixás de "auauadó-chum", e os adoradores de orixás chamavam os muçulmanos de "malês", mas todos estavam vinculados pela língua, que era o iorubá. Em 1904, o jornalista Paulo Barreto (1881-1921), conhecido como João do Rio, visitou muitas dessas casas. Seus artigos fornecem uma excelente descrição da vida dos povos de língua iorubá no Rio de Janeiro na virada para o século XX[402].

Duas casas de orixás merecem atenção especial: a casa de Guaiaku Rozenda[403] e a casa de Cipriano Abedé[404]. De acordo

---

398. "Alabá" é considerada uma palavra iorubá, cujo significado específico não consegui identificar. Supostamente, João Alabá nasceu no Brasil. Ele tinha uma casa na Rua Barão de São Felix e era muito conhecido entre as pessoas ricas da cidade, tendo muitos seguidores que frequentavam sua casa.

399. O nome "Abedé" é uma referência ao orixá pessoal de Cipriano, chamado de "Ogum Abedé" no Brasil. Abedé, no Candomblé Nagô-Ketu brasileiro, é considerado uma "qualidade" ou subsessão de Ogum. Sobre o orixá Ogum na África e no Brasil, cf. Verger (1981).

400. Benzinho Bamboxê, também conhecido pelo nome Felisberto Souza, foi um babalossaim na Bahia e mudou-se para o Rio de Janeiro em uma data incerta. Ele era membro da família Bamboxê, que era bem conhecida na Bahia e na África.

401. Entrevista com Agenor Miranda Rocha, 96 anos de idade, brasileiro do Candomblé Nagô-Ketu, filho ritual de Abedé. As entrevistas que ele me concedeu foram usadas como base para seu livro *Os candomblés antigos do Rio de Janeiro – a nação de Ketu* (Rocha, 1994).

402. A esse respeito, cf. o texto "No mundo dos feitiços: os feiticeiros" (Rio, 1976).

403. Segundo Agenor Miranda Rocha, Rozenda era uma filha do vodu Bessen. Sobre as casas de vodu da Bahia, veja Parés (2000, vol. 2, p. 1-30).

404. O primeiro título indica aquele que é encarregado da adivinhação Ifá e o segundo, do cuidado com as plantas sagradas.

com a tradição oral, Guaiaku Rozenda (falecida na década de 1930) era uma mulher livre cujo título "Guaiaku" sugere que ela era de origem gbe. Ela chegou ao Rio de Janeiro na década de 1850. Atualmente, sua casa é considerada o candomblé jeje mais antigo do Rio de Janeiro, mas, na verdade, isso é improvável, pois é bem possível ter havido casas anteriores que desapareceram. No entanto, a sua casa foi a última casa gbe a ser fundada. Após sua morte, ela foi substituída por Adelaide, que recebeu o título de "Mejitó". Na Bahia, o título "Guaiaku" refere-se a uma tradição "nagô-vodu" que misturava elementos iorubás e gbes, e o título "Mejitó" está relacionado especificamente à tradição Mahi[405]. Conforme argumentado por Luis Nicolau Parés, essa mistura de tradições sugere que, na Bahia, Gbe e Iorubá combinavam diferentes tradições religiosas dentro da mesma casa[406]. Algo similar parece ter acontecido no Rio.

Em outra rua, não muito longe da casa de Rozenda, ficava a casa de Cipriano Abedé (1829-1933), um dos mais famosos líderes de culto aos orixás no Rio de Janeiro, que certamente era de origem iorubá. A supervisora dessa casa ("ialorixá" em iorubá e "mãe de santo" em português) era uma mulher negra chamada Oiá Bomin, uma das esposas de Abedé. Embora não fosse sua primeira esposa, ela era encarregada dos assuntos religiosos da casa[407]. A existência desse tipo de cargo reforça a informação de que Abedé de fato ocupava uma posição especial como babalaô (aquele que sabe como desvendar o destino) e babalossaim (aquele que conhece os segredos das plantas sagradas). Acredita-se que ele tenha morrido aos 104 anos de idade. No início de sua vida, ele viveu em Lagos e falava tanto iorubá quanto inglês. Acredita-se que ele tenha vindo da Bahia, onde frequentou a Casa Branca do

---

405. Gostaria de agradecer Luis Nicolau Parés por esta informação.
406. Em *Do lado do jeje: história e ritual do vodun na Bahia*, de Parés, não publicado.
407. Entrevista com Agenor Miranda Rocha.

Engenho Velho, considerada a mais antiga casa nagô de Salvador e de origem Oió e Ketu. Ele também tinha uma posição importante na Irmandade do Rosário e na Igreja de Santa Efigênia. Mencionado pela primeira vez em uma carta anônima à polícia em 1898, sua casa no Rio é identificada com Ketu, e, naquela época, era bem conhecido como feiticeiro (Maggie, 1992, p. 31; Rio, 1976, p. 35; Rocha, 1994). Como Rozenda, afirma-se que ele nunca foi escravizado nem era descendente de escravizados[408]. No início do século XX, havia pelo menos duas outras casas associadas a Ketu no Rio. Entre elas estavam as casas de Benzinho Bamboxê e João Alabá. Embora as três casas tivessem laços estreitos com o candomblé baiano, elas não estavam associadas a Oió, como as casas nagô na Bahia.

Os muçulmanos iorubás no Rio moravam no mesmo bairro, nas Ruas São Diogo, Barão de São Félix, Hospício, Núncio, da América e outras, onde se localizavam casas de candomblé. Eles estavam sob o comando de líderes conhecidos como "alufá" (clérigo muçulmano) e tinham juízes conhecidos como "alikaly". Esses muçulmanos usavam saudações árabes e participavam de cerimônias públicas usando trajes muçulmanos que incluíam um "abadá" branco (uma veste longa e esvoaçante) e um "filá" vermelho (fez). Apesar de viverem na cidade na cidade, eles organizavam cerimônias que incluíam andar a cavalo nos subúrbios, sob a orientação de seus "lemanos" ou imãs. Setenta anos após o levante muçulmano,

---

408. Muitos desses importantes líderes estavam lá. Mas há poucos relatos da tradição oral sobre eventos específicos, e a maioria deles é, na verdade, baseada em uma reconstrução duvidosa do passado étnico, tendo sido coletada por várias pessoas que trabalham com a história do samba, e não por historiadores que pesquisam a escravidão ou a etnia. Desde o final da década de 1970, e especialmente durante a década de 1980, algumas publicações sobre a história do samba no Rio de Janeiro moldaram uma interpretação particular sobre os africanos no Rio, referindo-se basicamente ao povo Mina. Cf. a coleção editada pela Fundação Nacional de Arte (FUNARTE); cf. tb. a documentação da Corisco Filmes, com muitas entrevistas; a documentação do Museu de Imagem e do Som (MIS) e outros arquivos pessoais, como os de Marília Barbosa, Hermínio Bello de Carvalho e outros.

eles não precisavam mais esconder sua fidelidade ao Islã, como tiveram de fazer após o levante de 1835 (Rio, 1976).

Em uma série de artigos publicados entre 1904 e 1908, o jornalista João do Rio observou que uma parte dessa comunidade Mina falava "eubá". Essa parece ser a primeira referência ao uso do iorubá como língua no Brasil, ou pelo menos no Rio. Seu guia era Antônio, um homem negro que falava iorubá e havia morado em Lagos. De acordo com Antônio, os iorubás no Rio de Janeiro podiam ser classificados em dois grupos: os adoradores de orixás e os muçulmanos. O primeiro grupo era liderado por vários babalorixás (o líder das casas de orixá), o segundo pelo lemano, o imã que supervisionava a mesquita em uma rua chamada Barão de São Felix[409]. De acordo com Antônio, os minas que falavam iorubá ensinavam seus filhos a falar iorubá e, se pudessem pagar, chegavam até a mandá-los para Lagos, a fim de que fossem educados. Como Antônio informou a João do Rio, "quem sabe falar iorubá (eubá) pode atravessar desde a África e viver entre os negros do Rio" (Rio, 1976).

João do Rio entendeu que havia algo mais do que uma língua comum mantendo os minas unidos, porque a comunidade incluía adoradores de orixás e muçulmanos. Além do idioma, eles também partilhavam o que ele chamou de "costumes externos", que não especificou. A comunidade estava concentrada em um bairro atrás do porto, onde muitos deles trabalhavam (Moura, 1995). As casas dos orixás e a mesquita eram importantes como locais religiosos e territórios de socialização.

Entre os falantes de iorubá havia outro Antônio, cujo nome africano era Adeoiê. Ele também era conhecido como Antônio Mina. João do Rio o menciona como um babalorixá, mas Agenor Miranda o considera um feiticeiro, que nunca teve uma "casa".

---

409. Poucas pesquisas têm sido feitas sobre a história do Candomblé Ketu no Rio de Janeiro. Sobre os muçulmanos, cf. Vargens e Lopes (1982); cf. tb. Costa e Silva (2001, p. 84-90).

É o seu nome de batismo, Antônio Mina, que segue a regra de batismo dos africanos no Brasil, sugerindo que ele havia nascido na África. Segundo informações orais de Agenor Miranda, Antônio Mina desapareceu entre 1915 e 1920. De 1906 a 1915, Antônio foi preso pelo menos três vezes, por desordem e embriaguez. Ele foi preso pela última vez em 1915, data que coincide com seu desaparecimento[410]. Outro personagem memorável foi "Assumano Henrique Mina do Brasil", que morreu na década de 1930. No Rio, os muçulmanos eram chamados de "mussurumim" (na Bahia, "malê"). Ele foi talvez o último muçulmano dessa comunidade africana. Seu pai era Muhammad Salim, e sua mãe, nascida no Brasil, era Fátima Faustina Mina do Brasil. Seu nome lhe deu uma identidade e também revelou sua ascendência diversificada[411].

Apesar de pertencerem a tradições religiosas diferentes, Guaiaku Rozenda (adoradora gbe de orixás), Assumano (muçulmano) e Adeoyé (adorador iorubá de orixás) estavam todos relacionados de alguma forma com o fim do uso do termo "Mina" para designar essa comunidade no Rio de Janeiro. Eles também estão ligados à gênese da comunidade religiosa de Ketu, que na época era presidida por Cipriano Abedé, João Alabá e Benzinho Bamboxé. Todos

---

410. Arquivo Nacional, Rio de Janeiro, Processos do Código Penal, 1890-1940, Processo Crime n. 175, 1906; n. 648, 1912; n. 811, 1915.

411. "Assumano" é a versão brasileira para Uthman (árabe). O nome também é escrito Osumanu (hauçá) e Sumanu (iorubá). A proximidade com a grafia hauçá pode significar que seu pai era desse povo. Esse nome segue a regra muçulmana de que, quando o pai tem mais de uma mulher, o filho deve receber o sobrenome da mãe. Gostaria de agradecer a Bashir Salau por esta informação. Ao contrário dos nomes iorubás, os nomes muçulmanos não fornecem informações suficientes para distinguir quais seguidores dessa religião nasceram na África e quais nasceram no Brasil. Alguns desses nomes eram Alikali (o lemano), Abubaca Caolho (na verdade, Abubacar, já que caolho é um termo utilizado no Brasil para se referir a pessoas cegas de um olho), João Mussê e Luis Sanin (na verdade, Sani). Cf. Rio (1976). Gostaria de agradecer a João José Reis e, especialmente, a Paul Lovejoy, que me forneceram as informações necessárias e enfatizaram a importância de considerar o significado dos nomes muçulmanos ao tentar identificar as biografias de escravizados adeptos dessa religião.

eles morreram na década de 1930[412]. A tradição gbe desapareceu, assim como as primeiras casas iorubás. E nem mesmo se sabe ao certo onde ficava a mesquita (Costa e Silva, 2001, p. 86). A morte dos vários líderes religiosos nos anos 1930 estabelece uma nítida ruptura com o passado. Até então, o termo "Mina" tinha importância como rótulo étnico, mas, após a década de 1930, as novas casas fundadas deixam explicitamente de ter relação com a etnia e passam a ter vínculos com a identidade religiosa. A partir de então, adeptos da religião dos orixás se referiam à sua origem africana, mas já não mantinham elos reais com Iorubalândia, pois a memória dessa ligação havia se esvaído. Ora, o candomblé ketu continuou a funcionar no Rio e, desde então, até hoje, todos os que nele se iniciam são referidos pela origem de sua nação africana, por exemplo, "filhos da nação Angola", "filhos da nação Jeje" e "filhos da nação Ketu". Na verdade, porém, qualquer pessoa pode aderir.

A história do povo Iorubá no Rio de Janeiro é cheia de lacunas, mal-entendidos e mudanças, o que torna seu estudo uma empreitada arriscada para historiadores e antropólogos. O objetivo deste capítulo foi demonstrar que o tempo transformou a identificação étnica, calcada em parte na política e em parte na memória da terra natal africana. É provável que pesquisas adicionais revelem novas fontes e, sobretudo, que pesquisas comparativas com iorubás em outras partes das Américas e da África contribuam de maneira significativa para nossa compreensão do processo de identificação étnica e mudança religiosa no contexto do mundo atlântico mais amplo.

---

412. Assumano é mencionado em muitos relatos orais. Ele foi preso em 1927. Seu julgamento fornece informações importantes para sua biografia (Arquivo Nacional, Rio de Janeiro, Processos do Código Penal, 1890-1940, Processo Crime nº 261, 1927). De 1890 a 1940, o Código Penal Brasileiro autorizou a prisão de qualquer pessoa suspeita de praticar medicina ilegalmente. A maioria dos líderes religiosos negros foi presa durante esse período, incluindo Antônio Mina e Assumano. Esses julgamentos são uma fonte preciosa para a construção não apenas de biografias, mas também de uma rede religiosa completa. Cf. Farias (2002).

Nota: Esta pesquisa foi apoiada por bolsa da Capes, do Ministério da Educação do Brasil e pelo Conselho de Pesquisa em Ciências Sociais e Humanas do Canadá, por meio do Tubman Centre. Sou grata à Universidade de Vanderbilt, em especial a Jane Landers, por me receber como professora visitante. Gostaria de agradecer a Juliana Barreto Farias, que me auxiliou no Rio de Janeiro. Sou especialmente grata a Paul Lovejoy e João José Reis por suas valiosas sugestões para a versão final deste capítulo.

13

Os papéis familiares, de gênero e parentesco entre os iorubás durante a escravidão no Novo Mundo

Kevin Roberts

O estudo da família e do parentesco iorubás no contexto da diáspora iorubana conecta três grandes historiografias que pouco se comunicam entre si. Em primeiro lugar, examinar a maneira pela qual as estruturas familiares e as ideologias de parentesco iorubás foram transformadas durante a era da escravidão no Novo Mundo exige necessariamente basear-se nos volumosos estudos sobre famílias escravizadas no Mundo Atlântico. Em segundo lugar, para avaliar quais sociedades do Novo Mundo são dignas de serem incluídas em um estudo sobre o parentesco iorubá, é preciso contar com o animado debate dos historiadores tanto sobre o tráfico escravista transatlântico quanto sobre a África, campos de estudos que passaram a contar cada vez mais com o uso de bancos de dados para dar mais precisão a seus argumentos. Por fim, em terceiro lugar, a fortuna crítica que se tornou cada vez mais associada a esse segundo eixo – o estudo não apenas das origens africanas e destinos no Novo Mundo, mas também dos modos como os povos africanos escravizados nas Américas alteraram e foram forçados a alterar suas tradições e identidades culturais – compõe a base teórica para minha maneira de compreender o parentesco iorubá em toda a diáspora iorubá[413].

Ao analisar a família e o parentesco iorubás como o ponto de convergência desses três ricos eixos de estudos recentes, este capítulo postula que os estudiosos modernos podem encontrar evidências das principais estruturas do parentesco iorubá em sociedades específicas do Novo Mundo, para as quais foi vendido um número crítico de pessoas de etnia Iorubá. Mas o objetivo do capítulo não é simplesmente revisitar os debates já conhecidos sobre as "sobrevivências" culturais africanas e a "estabilidade" das famílias de escravizados negros. Trata-se, em vez disso, de examinar as sociedades onde os iorubás constituíram grande proporção da população escravizada e, como consequência, influenciaram as tradições culturais que surgiram durante a assimilação de tantos povos africanos diferentes, bem como as sociedades onde os Iorubá eram minorias notáveis no interior da população escravizada. Assim, este capítulo demonstra os fatores que foram cruciais para o surgimento de formas familiares e tradições culturais iorubás. O ponto mais central de meu argumento é afirmar que os iorubás no Novo Mundo preservaram, de modo alterado, suas práticas centrais de família estendida, parentesco fictício e até mesmo papéis de gênero em alguns casos, ao mesmo tempo que continuaram a enfatizar atividades comunitárias, como os lotes de horta, dos quais todos os membros da rede de parentesco participavam[414].

---

413. Para famílias escravizadas, cf. Gutman (1976), Higman (1984), Hudson Jr. (1997), Malone (1992) e Metcalf (1992). Para a fortuna crítica sobre as origens do tráfico escravista e da África, cf. Eltis (2000), Lovejoy (2000d), Miller (1988) e Thornton (1998). Para os bancos de dados, cf. Eltis *et al.* (1999) e Hall (2000). Cf. tb. o website do Centro de Pesquisa Harriet Tubman, da Universidade de York, Canadá: http://www.yorku.ca/nhp/index2.htm. Para questões culturais, cf. Gomez (1998), Hall (1992) e Mintz e Price (1992).

414. Para um panorama dos costumes de parentesco e da organização econômica dos iorubás, cf. Johnson (1966, esp. p. 98-140), Lloyd (1968, p. 67-81) e Mann (1981, p. 201-228).

Estudos sobre as famílias escravizadas e os sistemas de parentesco no Novo Mundo diminuíram nos últimos anos, devido à explosão de análises decisivas sobre esses assuntos na década de 1970. O estudo das famílias de cativos foi desencadeado pelo então analista de políticas Daniel P. Moynihan, cujo relatório governamental *The negro family* [*A família negra*] causou grande consternação, não apenas entre ativistas políticos negros mas também entre sociólogos e historiadores. Para historiadores da família e da escravidão, a confiança de Moynihan no estudo de E. Franklin Frazier, *The negro family in the United States* [*A família negra nos Estados Unidos*], e a citação frequente da obra de Stanley Elkins, *Slavery: A problem in American institutional and intellectual life* [*Escravidão: um problema na vida institucional e intelectual norte-americana*] deram início a uma nova direção nos estudos. A obra magna desse campo, *The black family in slavery and freedom* [*A família negra na escravidão e na liberdade*], de Herbert Gutman, provocou uma série de estudos sobre famílias escravizadas não só nos Estados Unidos como também em todo o Novo Mundo (Elkins, 1959; Frazier, 1966; Gutman, 1976; Moynihan, 1965).

Ainda que existam diferentes graus de concordância entre os estudiosos, o consenso é que os escravizados africanos e afrodescendentes conseguiram manter uma base mínima dos sistemas de parentesco africanos em suas circunstâncias no Novo Mundo. No entanto, até que ponto a atuação africana foi responsável por isso? Essa é uma pergunta ainda sem resposta, devido à escassez de evidências diretas. Segundo estudo de Philip Morgan (1998, p. 553), "talvez a compatibilidade das crenças da terra natal e os imperativos da escravidão tenham se unido para produzir esses padrões comportamentais". Tal afirmação parece estar mais próxima da resposta, pois ela enfatiza uma combinação de forças responsáveis pelos contornos finais das estruturas familiares e de parentesco dos escravizados. É certo que essa combinação existiu, porque as evidências da capacidade dos escravizados de mitigar os rigores da escravidão são volumosas. Em 1786, um relato da Virgínia, Estados Unidos, dizia que, entre os iorubás, "a natureza alegre, a disposição jocosa, a inteligência, o humor e a ludicidade [...] e a prontidão em obedecer, ajudavam muito a proteger um escravizado contra maus-tratos"[415].

Mesmo que seja improvável a questão da atuação africana ser resolvida de forma definitiva, o impulso nos estudos sobre a cultura dos escravizados foi auxiliado pela crescente especificidade das origens e dos destinos dos cativos. Esse desenvolvimento, por sua vez, levou à possibilidade de propor novas questões relacionadas à estrutura, à função e à ideologia da família entre povos africanos específicos que foram vendidos para a escravidão no Novo Mundo. Como uma proporção substancial do tráfico transatlântico de escravizados era composta por povos do Golfo de Benim, como demonstram os capítulos de Eltis e Lovejoy nesta obra, as culturas específicas dessa dispersão são lugares lógicos para iniciar essa nova direção de pesquisas sobre a família e a cultura das pessoas escravizadas[416].

Poucas culturas africanas são melhores casos de estudo para essa convergência de historiografias do que a iorubá. Dentro de um processo que afetou muitos povos, os iorubás vendidos para a escravidão no Novo Mundo adquiriram dominância numérica em certas sociedades e menos em outras. Em particular, conforme indicado em outra parte desta obra, os iorubás e sua cultura foram totalmente influentes no desenvolvimento cultural e identitário dos escravizados assimilados em sociedades como Brasil, Cuba e São Domingos, e constituem um dos poucos sistemas culturais com influência na Jamaica e em Trinidad. Além disso, os Iorubá eram a maioria dos repatriados para Serra Leoa e uma proporção significativa da população da Libéria. Assim, ao se concentrar nos estudos sobre famílias escravizadas nessas sociedades em que os

---

415. John Pryor, *Virginia Gazette or American Advertiser*, 10 de maio de 1786 (*apud* Morgan, 1998, p. 608).

416. Cf. Thornton (1998, p. 304) e Richardson (1989, p. 10).

Iorubá eram culturalmente influentes, é possível determinar melhor as semelhanças e diferenças entre práticas de parentesco da Iorubalândia e do Novo Mundo.

Ao examinar as sociedades onde os iorubás tinham relevância, mas não eram dominantes, pode-se também avaliar que influência exerceram mesmo quando superados em número por povos de outras culturas. Seria razoável esperar que escravizados de culturas africanas não numericamente dominantes em um determinado lugar fossem menos influentes na criação de identidades específicas ou da cultura assimilada por pessoas escravizadas. No entanto, os iorubás parecem ter sido mais influentes do que seus números em muitas sociedades do Novo Mundo, ainda mais porque determinados aspectos de sua visão de mundo se tornaram forças de ligação eficazes para povos de culturas africanas diferentes. A noção iorubana de parente, a ênfase no parentesco ampliado e a centralidade da família não só se encaixam bem nas tradições da maioria das outras culturas da África Ocidental e da Centro-Ocidental, mas também foram meios bem-sucedidos de amenizar os efeitos da escravidão. Ao analisar primeiro os principais contornos dessas práticas de parentesco em Iorubalândia e, em seguida, avaliar suas constantes e mudanças em certas sociedades do Novo Mundo, este capítulo demonstrará a centralidade do conceito iorubá de parentesco para a vitalidade da cultura iorubá e africana no Novo Mundo.

Família e parentesco em Iorubalândia

A era do tráfico transatlântico de escravizados transcorreu quando a Iorubalândia vivia repleta de conflitos internos, conflitos que produziam um fornecimento constante de escravizados para comerciantes europeus. Exceto pela prática incomum de vender um membro de seu próprio grupo étnico como escravizado, os vários subgrupos iorubás, tanto quanto seus inimigos próximos, fizeram com que os Iorubá fossem uma das etnias africanas mais numerosas no Novo Mundo durante o fim do século XVIII e o século XIX. Apesar dessas guerras e, em alguns casos, por causa delas, a Iorubalândia se tornou uma região repleta de líderes poderosos e uma complexa organização sociopolítica que, por sua vez, dependia inerentemente de um intrincado sistema de parentesco.

Os iorubás praticavam descendência patrilinear e eram, sobretudo em comparação com outras culturas da África Ocidental cujos membros eram vendidos a escravizadores do Novo Mundo, uma sociedade patriarcal. Após o casamento, a mulher se mudava para a casa do marido, que em geral ficava em uma aldeia composta por seus parentes. O agrupamento físico próximo de moradias e membros da família estendida enfatizava a importância cotidiana de uma rede de parentesco ampliada, dinâmica que seria transferida na lida com a escravidão no Novo Mundo. A congregação de famílias nucleares dentro da rede de parentesco expandida levou a uma fusão dos termos "família" e "parente" (Falola, 2001, p. 117-121; Goody, 1969, p. 165-167; Ojo, 1966, p. 132).

Além das importantes funções do parentesco ampliado na socialização das crianças, os grupos familiares expandidos em Iorubalândia tinham a função econômica igualmente essencial de cultivar terras de propriedade do grupo. A propriedade corporativa da terra e o trabalho comunitário sobre ela ajudavam a integrar cada família nuclear ao grupo ampliado de parentes e articulavam as funções sociais, culturais e econômicas do parentesco. Mesmo em empreendimentos não agrícolas, como a fundição, as famílias de parentesco iorubá estendido eram a força de trabalho dominante na economia da região (Ojo, 1966, p. 56, 97). A prática de equipes de trabalho sob a escravidão do Novo Mundo, que os escravizadores muitas vezes dividiam segundo grupos de parentesco, continuou, de forma ligeiramente alterada, a ser uma prática proeminente de iorubás e de povos da África Ocidental[417].

---

417. Para um exemplo desta prática, cf. "Notes on Work Crews, 1858-66" nos William J. Massie Papers, do Centro de História Americana, Universidade do Texas, Austin.

Dentro desse arranjo corporativo, havia divisões definidas de trabalho de acordo com o gênero. Enquanto os homens participavam do cultivo das terras do grupo, as mulheres participavam de um sistema de tecelagem que abrangia toda a comunidade. Explicando esse aspecto da vida iorubá, G. J. Afolabi Ojo (1966, p. 84) observa: "Antes do estabelecimento do contato europeu, todas as mulheres, auxiliadas por suas filhas, descaroçavam, cardavam e fiavam. Para garantir um suprimento constante e adequado de fios para tingimento e tecelagem, havia um sistema para o qual todas as mulheres de uma família estendida contribuíam com um determinado comprimento de fio a cada dia de mercado". Embora a escravidão no Novo Mundo tenha alterado essas práticas, os iorubás escravizados conseguiram ainda assim preservar alguns aspectos dessa divisão de trabalho por gênero; o fato de os escravizadores também terem visto o benefício de dividir os grupos de trabalho de acordo com o sexo igualmente reforçou a continuação dessas tradições.

Em comparação com outras culturas da África Ocidental, cujos membros constituíam uma proporção significativa de escravizados africanos no Novo Mundo, os iorubás, devido às suas tradições de trabalho com base no gênero, eram ironicamente mais adequados para suportar as pressões da escravidão. Ao comparar as sociedades patrilineares e patriarcais dos igbos, hauçás e iorubás, Carolyne Dennis (1987, p. 14) explicou: "As oportunidades para as mulheres participarem de outras atividades econômicas, como manufatura e comércio, variavam de uma sociedade para outra. Provavelmente, eram maiores na sociedade iorubá, onde a responsabilidade da mulher de prover o sustento da família era interpretada como um meio para [prover] os recursos materiais necessários a esse cuidado". Sob a escravidão, que muitas vezes separava as famílias e levava marido e esposa a viverem em propriedades apartadas, as tradições culturais das mulheres como provedoras materiais serviram como baluartes das famílias e das redes de parentesco ampliadas.

Apesar de a maior parte da atenção sobre a família e sobre as mudanças no parentesco dever ser dada, com razão, às sociedades escravagistas do Novo Mundo, processos semelhantes ocorreram na própria Iorubalândia. Esse desenvolvimento foi especialmente proeminente a partir do início da década de 1830, quando a jihad do califado de Sokoto acelerou o colapso do antigo Império de Oió. Embora muitos estudiosos tenham se concentrado nos efeitos políticos e nas motivações religiosas para essa desintegração de longo prazo do reino de Oió, o processo também teve efeitos monumentais nas práticas iorubás de parentesco. Observando os efeitos do colapso de Oió, o historiador S. A. Akintoye (1971, p. xviii) argumenta: "Talvez mais do que nunca, o século XIX testemunhou uma grande mistura de povos iorubás. Fragmentos dos vários subgrupos iorubanos foram lançados por toda a terra natal iorubá, a maioria sendo absorvida em seus novos lares". A dispersão maciça de iorubás durante esse período levou a uma mistura étnica não muito diferente das consequências do tráfico escravista e, portanto, semelhante em resultado para as relações familiares. Esse processo, sem dúvida, levou a uma ênfase semelhante nas relações de parentesco fictícias, uma ênfase que superou até mesmo a prática comum anterior ao início do século XIX[418].

Brasil

O resultado da jihad dos anos 1840 na Iorubalândia foi a criação de um grande número de migrantes escravizados não muçulmanos da região. Com o fechamento do tráfico escravista na maioria das sociedades do Novo Mundo nessa época, grande parte dos iorubás vendidos da região para as Américas durante esse período foi parar no Brasil e em Cuba, duas regiões onde a cultura iorubana já conquistara um lugar permanente na vida cultural das pessoas

---

418. Sobre o impacto dessa agitação política sobre os sistemas de parentesco e práticas de gênero, cf. Matory (1994, p. 13-15).

escravizadas[419]. Os migrantes forçados oriundos de Iorubalândia constituíam uma proporção significativa da população cativa brasileira durante o fim do século XVIII e o século XIX. Conhecidos no Brasil como "nagôs", os iorubás deixaram sua marca nos estudos de etnias africanas específicas e no estudo do Islã africano nas Américas, com seu papel na rebelião de 1835 na Bahia[420].

Enquanto alguns estudiosos se concentraram nas questões étnicas e religiosas que envolvem o papel desses iorubás na revolta baiana, um grupo totalmente diferente de acadêmicos focou as famílias escravizadas no Brasil. Por infelicidade, nenhum dos dois grupos de pesquisa se relaciona com o outro, em específico na avaliação de como as instituições culturais – sejam elas as famílias nucleares, sejam as redes de parentesco estendidas, sejam as numerosas irmandades leigas em todo o Brasil – afetaram o desenvolvimento da identidade coletiva necessária para a rebelião de 1835 ou para outras[421].

Estudos têm se concentrado em alguns aspectos da vida dos escravizados que vão além do argumento sobre estabilidade e a família nuclear, embora ainda não estejam ligados ao nível de especificidade das origens e destinos que seus estudiosos poderiam tentar obter. Alida Metcalf, por exemplo, demonstra que os casamentos entre escravizados e as taxas de fertilidade das mulheres cativas eram muito mais altas do que se costuma argumentar em relação ao Brasil. Como Herbert Gutman afirmou sobre os escravizados nos Estados Unidos, também para os cativos brasileiros a morte de seu senhor era o principal fator de impacto negativo

---

419. Sobre essa onda de escravizados iorubás saindo de Iorubalândia e chegando no Brasil e em Cuba, cf. Morton-Williams (1967, p. 42-43).

420. Para uma excelente abordagem das origens dos "nagôs", cf. Law (1997a, p. 205-219). Sobre a rebelião de 1835 na Bahia e o papel desempenhado pelos nagôs, cf. Reis (1993, p. 93-104, 124).

421. A fortuna crítica sobre a família escravizada no Brasil é extensa. Entre os muitos estudos de excelência, cf. Graham (1976, p. 382-402), Samara (1989, p. 27-44) e Slenes (1988, p. 89-103).

sobre suas chances de casar. No entanto, Metcalf defende que, nas grandes propriedades de Santana da Parnaíba (perto de São Paulo), as famílias nucleares eram mais a regra do que a exceção, enquanto em propriedades menores predominava a matrifocalidade (Metcalf, 1991, p. 283-297)[422]. Ainda que as evidências usadas por estudiosos de famílias escravizadas para examinar a estrutura de tais famílias nem sempre permitam identificações precisas de etnias africanas específicas, a prevalência de redes de parentesco ampliado e o importante papel das mulheres – sem mencionar as divisões de trabalho baseadas no gênero – favoreceram essa natureza mais destacada do parentesco iorubá nas Américas.

Tal como ocorria com as flutuações da estrutura familiar dos escravizados – seja por meio de ações dos escravizadores ou da atuação das próprias pessoas cativas ou ainda, mais provavelmente, por uma combinação dos dois –, o Brasil tinha certas configurações institucionais que ajudavam a revigorar as tendências africanas. Uma dessas instituições era a Igreja Católica Romana, que, em termos tanto teológicos quanto sociais, proporcionou aos iorubás e a outros africanos os meios para que aspectos essenciais de suas vidas, como o parentesco, pudessem prevalecer. Além disso, o sacramento católico do batismo preservou a tradição iorubá de parentesco fictício, cada vez mais importante. Com os escravizados tendo papéis ativos na escolha dos padrinhos – e com alguns deles servindo como padrinhos de muitos escravizados batizados –, o ato de batizar e apadrinhar ampliou a rede de parentesco e proporcionou uma semiautonomia a alguns cativos (Gudeman; Schwartz, 1984, p. 35-58; Metcalf, 1991, p. 292)[423].

---

422. Famílias centradas na figura da mãe, com pai ausente ou secundário [N.T.].

423. Um excelente estudo sobre o apadrinhamento em Nova Orleans oferece aos estudiosos do afro-catolicismo em qualquer sociedade escravocrata do Novo Mundo um modelo para compreender o papel central que os escravizados, e as mulheres em particular, tinham no apadrinhamento. Cf. Clark e Gould (2002, p. 402-448).

Além da fonte teológica para o parentesco fictício que os sacramentos católicos proporcionavam, as irmandades leigas negras, associações patrocinadas pela Igreja, forneceram aos iorubás e a outros escravizados africanos no Brasil um meio poderoso de enfatizar a dimensão comunitária tão predominante em Iorubalândia[424]. Essas associações de atuação vibrante e os membros que elas atraíam demonstram as diversas estratégias que os africanos e seus descendentes usaram para abrir um espaço social e cultural para si próprios, mesmo que os meios para atingir esse objetivo fossem patrocinados por brancos. Mieko Nishida (1998, p. 330) explica: "Não importa quão forte os escravizados nascidos na África tenham reagido inicialmente contra a conversão forçada ao cristianismo, eles logo descobriram que pertencer a irmandades leigas era benéfico para sua sobrevivência diária na sociedade escravista". Ao acomodar, ao menos em público, os desejos de seus senhores, os escravizados muitas vezes invertiam as metas de controle social dos brancos usando as mesmas instituições para seus próprios fins. As irmandades leigas negras constituíram um exemplo de extrema eficácia desse fenômeno[425].

Embora muitos iorubás aparentemente tenham se juntado às irmandades angolanas e, portanto, se apropriado da identidade ascendente de "angolano", apesar de sua origem étnica real, em meados do século XVIII os iorubás estabeleceram a irmandade de Nossa Senhora da Boa Morte em Salvador, Bahia (Nishida, 1998, p. 332). A identidade coletiva forjada por meio dessas irmandades se baseou em uma combinação da ênfase africana na família ampliada, na prática cada vez mais importante (durante a escravidão) de parentes fictícios e, é óbvio, no institucionalismo

---

424. A literatura sobre as irmandades negras no Brasil é ampla e impressionante. Por exemplo, cf. Cardozo (1947, p. 12-30), Mulvey (1976), Scarano (1979, p. 1-17) e Russell-Wood (1974, p. 567-602).

425. Obviamente, a acomodação dentro da resistência tem uma rica historiografia. Para o que permanece o padrão nesse campo, cf. Genovese (1976, p. 597-598).

da Igreja Católica Romana existente no Brasil. Assim, parecia que o debate não mais envolvia "atuação", "estabilidade" ou mesmo "sobrevivência", mas sim a forma inovadora com que os iorubás e seus descendentes usaram as instituições do Novo Mundo para promover as suas próprias instituições. O desenvolvimento posterior dos festivais de candomblé é igualmente simbólico do sincretismo cultural, religioso e de parentesco imposto pelos nagôs no Brasil (Nishida, 1998, p. 335).

Assim, os iorubás no Brasil encontraram algumas necessidades do regime escravocrata ironicamente em associação com suas próprias tradições de relações familiares, divisões de trabalho por gênero, parentesco fictício e redes de parentesco estendidas. Usando instituições como a Igreja Católica Romana para promover seu objetivo de enfatizar a "iorubanidade" em suas novas identidades sincréticas, os iorubás conseguiram construir uma versão americana da cultura iorubana no país com tantas outras pessoas de suas próprias culturas e de culturas relacionadas.

O Caribe

Assim como no Brasil, o povo Iorubá dominava as populações e a cultura dos escravizados em toda a região. Em especial, as colônias de Cuba, Jamaica, Trinidad e São Domingos foram destinos muito importantes para os iorubás. Não é de surpreender que seja possível encontrar indícios de laços de parentesco iorubano nesses locais.

Tal como no Brasil, o desenvolvimento de associações em Cuba tanto perpetuou certas etnias e identidades africanas quanto serviu como exemplo do tipo de comunidade construída por povos para os quais a família ampliada era tão relevante. Os *cabildos de nación*, ou sociedades afro-cubanas de ajuda mútua, surgiram durante o século XVIII e foram originalmente patrocinados pela Igreja Católica. Com o tempo, essas associações se tornaram mais seculares do que religiosas e, após a escravidão, ainda eram recipientes da cultura e da religião afro-cubanas. Em alguns *cabildos de nación*, os membros não apenas preservavam a mesma forma de comunidade que seus equivalentes nas irmandades brasileiras, mas também desfrutavam de um tipo de propriedade comunitária afro-cubana, inclusive de escravizados. Porém, o mais notável é que os membros viam a associação ao *cabildo* como uma família: há vários exemplos de escravizados cubanos falando de seus "familiares" e "parentes", em situações que não envolviam laço de sangue, e sim, simplesmente, a coparticipação em uma associação (Childs, 2001, cap. 6).

Ao contrário da maioria das regiões do Novo Mundo, Cuba não tem recebido a mesma atenção dos estudiosos interessados na estrutura das famílias escravizadas. Exames do tráfico escravista e da escravidão em Cuba, porém, revelam estatísticas demográficas que sugerem a existência de fortes famílias nucleares. Em particular, a grande dimensão das plantações de açúcar e tabaco, segundo a tendência encontrada em outras partes das Américas e do Caribe, parece sugerir que os escravizados afro-cubanos tiveram a mesma forma de organização familiar que seus pares em outras sociedades escravistas. Independentemente disso, até que mais pesquisas scjam feitas nos registros de inventário e nos arquivos sacramentais da Igreja Católica em Cuba, será necessário adiar a avaliação de semelhanças ou diferenças entre a família escravizada cubana e a linha principal de estudos sobre esse tema. Nesse ínterim, consideraremos evidência suficiente da expansão da ideologia de parentesco iorubá na diáspora iorubana o fato de esse povo, chamado de "Lucumi" no contexto cubano, ter sido um componente tão fundamental da população escravizada cubana, tanto numérica quanto culturalmente, e de seu ideal comunitário ter sido preservado pelos *cabildos de nación* nas cidades e pelas grandes propriedades de escravizados nas plantações (Bergad, 1990, p. 77).

A escassez de estudos sobre famílias escravizadas em Cuba é especialmente frustrante, dado o excesso virtual de estudos sobre o assunto nas colônias vizinhas do Caribe Britânico. Os escravizados iorubás eram muito menos numerosos no Caribe Britânico (e no comércio britânico em geral), mas algumas partes dessa região fornecem aos historiadores as melhores evidências da estrutura familiar em geral, que podem, é claro, ser transferidas para lugares onde iorubás eram mais numerosos. Em particular, o historiador Barry Higman demonstrou que em Trinidad, em 1813, os padrões familiares entre cativos nascidos na África e crioulos tinham certas diferenças significativas. Higman argumentou que os crioulos eram muito mais propensos a viver em lares chefiados pela mãe, enquanto a unidade familiar nuclear predominava quando os pais eram nascidos na África; talvez, como Higman observa, a família nuclear, que era a única norma para os congos, era "vista pela maioria dos nascidos na África apenas como o bloco de construção central para estruturas familiares ampliadas ou então poligínicas, enraizadas na linhagem e na localidade" (Higman, 1978, p. 171). A preponderância de escravizados nascidos na África que se casaram com alguém de outra etnia levou à rápida assimilação de culturas, o que, por sua vez, criou grandes redes de parentesco estendidas, em especial para os africanos e seus filhos. Assim, a especificidade das etnias não parece ter sido um fator de muita relevância nas estruturas específicas de parentesco favorecidas pelos africanos em Trinidad, ainda que ideias comuns – como as redes de parentesco ampliadas nas grandes plantações, famílias nucleares nas áreas rurais e matrifocalidade nas cidades – certamente foram uma função dos africanos e de seus descendentes, construtores de uma variedade de estratégias de parentesco que melhor se adaptaram à situação em questão (Higman, 1978, p. 176-177).

Nesse sentido, então, as práticas de parentesco dos iorubás, por serem tão semelhantes às dos povos vizinhos que também foram escravizados, conseguiram perseverar mesmo em sociedades onde eles constituíam uma pequena porcentagem da população cativa. Outras práticas fundamentais para a vida iorubana – por exemplo, preparação comunal de alimentos, casamento exogâmico dentro de grupos de parentesco estendido, hortas e quintais comunitários, bem como o costume do dia de mercado dominado por mulheres – eram partes predominantes da vida familiar dos escravizados em todo o Caribe Britânico[426].

Para que as práticas mencionadas fossem viáveis, os escravizados do Novo Mundo tinham de viver bastante próximos uns dos outros, todos em uma grande plantação ou na mesma vizinhança. A disposição física do bairro dos escravizados, bem como as próprias cabanas individuais, sugere um arranjo não muito diferente das aldeias patrilineares tão proeminentes em Iorubalândia durante o tráfico escravista transatlântico. Algumas moradias até representavam a natureza comunitária dos iorubás e de outros povos da África Ocidental – em sua arquitetura circular, grandes lareiras e cozinhas e refeitórios comunitários (Vlach, 1993, p. 12, 23-24, 85-86, 165-166, 187-188, 190-191, 247).

Quando os escravizados não podiam reforçar suas ideologias de parentesco com a arquitetura de suas moradias ou com a disposição física do bairro, eles recorriam a um domínio do qual o senhor apenas parecia ter controle, mas na realidade o tinha muito pouco: a nomeação das crianças. É possível que, mesmo na ausência total de membros da família em um local – seja em uma única plantação, seja ao longo de muitas delas –, os escravizados iorubás e outros oriundos da África Ocidental usassem práticas de nomeação para garantir de forma intangível o que não podiam fazer fisicamente[427].

Outra estratégia intangível, mas poderosa, associada à ideologia de parentesco dos iorubás foi a prática, na maioria das vezes realizada por mulheres, de fundir a religião iorubana com o cristianismo (Dennet, 1968, p. 32, 33). O sistema de crenças da

---

426. Sobre essas práticas na Iorubalândia, cf. Ojo (1966, p. 148) e Dennett (1968, p. 175-182). Sobre essas práticas no Caribe Britânico, cf. Craton (1979, p. 1-35), Genovese (1976, p. 535-537) e McDonald (1993).

427. Uma excelente análise da nomeação entre os escravizados é a de Handler e Jacoby (1996, p. 685-726). Cf. tb. Akinnaso (1983, p. 139-158), Cody (1982, p. 192-211; 1987, p. 563-596) e Higman (1984b, p. 59-81).

Iorubalândia se manifestou em todas as sociedades nas quais os iorubás predominavam em número. O candomblé no Brasil, a Santeria em Cuba e até mesmo o Voodu no Haiti e na Louisiana, baseado no Congo, mas influenciado pelos iorubás, foram afetados pelas práticas originais iorubanas e sua combinação com o catolicismo. Quase exclusivamente de domínio feminino, a prática das três principais formas de religião da África Ocidental no Novo Mundo negociou o poder político e econômico "real" que possuíam em Iorubalândia por algo que os brancos consideravam ainda mais poderoso.

Assim como no Brasil, os iorubás do Caribe conseguiram estabelecer uma identidade no Novo Mundo que se baseava mais em sua cultura nativa do que as pressões da escravidão poderiam levar a crer. Em ambas as regiões, o catolicismo forneceu aos iorubás uma estrutura institucional que eles usaram para se apropriar do espaço físico e cultural, o que levou às vibrantes identidades "Nagô" e "Lucumi", baseadas na cultura iorubana. Sem maiores evidências para o caso de Cuba, o que permitiria estudos ricos sobre a família escravizada cubana, tal como os estudiosos fizeram em relação ao Brasil, o papel dos iorubás na formação de famílias nucleares e de redes de parentesco ampliado na ilha permanecerá desconhecido. No entanto, o fato de os iorubás terem conseguido construir uma identidade, um idioma e uma forma musical próprios sugere que, tão logo os pesquisadores iniciarem estudos sobre esse tema em Cuba, encontrarão resultados semelhantes dentro da população de escravizados dominada pelos iorubás.

Ainda que seja possível usar qualquer cultura relevante da África Ocidental como estudo de caso para a ideologia de parentesco entre os escravizados no Novo Mundo, os iorubás são um exemplo instigante para os historiadores. As práticas bem conhecidas em sua terra natal, as tradições culturais vivazes e as identidades étnicas altamente visíveis em quase todas as sociedades onde foram vendidos fornecem muitas evidências para avaliar o sucesso dos iorubás e de seus descendentes nascidos no Novo Mundo no uso das tradições iorubanas, visando criar estratégias de sobrevivência aos desafios da escravidão. Entre as muitas práticas de parentesco notáveis entre os iorubás, a centralidade da rede de parentesco estendida, os papéis de gênero bem definidos no trabalho, a arquitetura da aldeia e as atividades comunitárias parecem ter sido partes centrais da existência diária e das estratégias de sobrevivência dos iorubás escravizados. Da mesma forma que a música, a cultura e as tradições religiosas foram transferidas e depois alteradas pelos iorubás, e suas ideologias e práticas de parentesco tornaram a transição do Velho para o Novo Mundo menos angustiante do que teria sido de outra forma.

14

REVOLUÇÃO E RELIGIÃO: A MÚSICA SACRA IORUBÁ NA CUBA SOCIALISTA

Robin Moore

> Quando a revolução triunfou e começou o estudo das raízes africanas da nossa cultura, muitos como eu sentiram-se muito felizes, verdadeiramente felizes. Mas depressa nos apercebemos que faltava alguma coisa, ou pelo menos que o trabalho sendo feito representava apenas uma única perspectiva. As nossas religiões eram vistas como algo que era pura tradição, algo que estava em vias de extinção, algo que se tornaria parte da história e da memória com o tempo... A revolução ajudou a trazer as lendas dos nossos deuses para o teatro, estudou mais a fundo as nossas músicas e danças. Algo que antes era visto como insignificante passou a ser visto como importante. Mas muitos tiveram de manter em segredo as suas crenças e a sua fé pessoal, as suas ideias, esconder os seus colares religiosos.
>
> *Enrique Hernandez Armenteros*

Aqueles que estudam as artes como um fenômeno pancultural há muito reconhecem os laços estreitos entre a música e a atividade religiosa. Quase todas as religiões incorporam o som de alguma forma à adoração: desde o canto gregoriano e as tocatas de Bach até as flautas de bambu dos sufis Mevlevi e os sinos de meditação budistas, os sons rituais são de uma diversidade infinita. Entoar e cantar são gestos muito proeminentes como meios de comunicação com o divino em quase todas as culturas. É interessante especular por que a música tem tanta importância nesses ambientes e qual é exatamente a sua contribuição. A música parece ajudar a marcar os limites entre o cotidiano e o excepcional, a promover um forte senso de comunidade entre os participantes, a instigar respostas emocionais poderosas e, em alguns casos, contribuir para estados alterados de consciência. Muitas religiões, inclusive a Santeria cubana, reconhecem os próprios instrumentos como fontes de poder divino. Seus fiéis os consagram, alimentam-nos ritualmente com sacrifícios de animais e os veem como a principal forma de comunicação com ancestrais e divindades.

A música e a dança são mais centrais na religião iorubá do que em muitas outras, inclusive no catolicismo. Diz-se que as próprias divindades "orichas" gostam tanto de música que raramente resistem à chance de visitar os fiéis em pessoa quando convocados por canções e ritmos percursivos dedicados a eles (Hagedorn, 1995, p. 189)[428]. Alguns descrevem as atividades que envolvem a Santeria e as religiões relacionadas como uma forma de liturgia mais coreográfica do que verbal, mas o componente musical da adoração é ao menos tão essencial quanto o cinestésico; o nome vernacular mais comum para eventos religiosos dessa natureza, por exemplo, é "toque" ou "tambor", literalmente uma apresentação musical e rítmica, um "batuque". O repertório associado à expressão religiosa iorubá é extenso, consistindo, em muitos casos, de intrincadas sequências percussivas tocadas em ordem ritual rigorosa, movimento corporal mimético, improvisação vocal e instrumental e centenas de canções responsoriais com textos sobretudo em línguas iorubás. Esse rico patrimônio folclórico é uma poderosa maneira de expressão individual e coletiva. As culturas africanas têm servido como a *fuente viva* – para citar a expressão de Miguel Barnet – que alimenta muitas inovações na produção musical comercial, assim como o gospel negro influenciou o blues,

---

428. Neste capítulo, manteremos a grafia dos termos religiosos iorubás em espanhol ("orichas" em vez de "orixás", "aché" em vez de "axé", "Changó" em vez de "Xangô" etc.) [N.T.].

o rhythm and blues e o soul nos Estados Unidos. As modalidades artísticas associadas à Santeria representam algumas das manifestações mais sofisticadas e envolventes da cultura nacional cubana.

A adoção da filosofia marxista pela liderança de Cuba em 1961 logo resultou numa tensão entre Estado e povo, no que diz respeito à atividade religiosa. A posição estatal em relação à religião é oficialmente neutra: ela não faz esforços ostensivos nem para "estimular, apoiar ou ajudar qualquer grupo religioso" nem para impedir tais atividades (Ministerio de Educación, 1971, p. 201). A doutrina do Partido Comunista garante aos cidadãos o direito de professar e se dedicar a qualquer religião de sua escolha, desde que não incorpore uma ideologia antirrevolucionária (Partido Comunista de Cuba, 1978, p. 101). No entanto, na prática, os líderes socialistas intervieram com vigor para suprimir as religiões desde os primeiros anos da revolução. Ainda que durante o governo de Batista a maioria dos cubanos se descrevesse como cristã, participasse da Santeria ou fizesse as duas coisas, em 1976 apenas 2% da população professava abertamente essas opiniões (Cox, 1987, p. 2, 4). O enviesamento contra a crença religiosa por parte do Estado levou a maior parte das práticas de devoção a desaparecer da opinião pública durante décadas. A liderança cubana reagiu à religião de modo semelhante ao de seus equivalentes no Leste Europeu (Rice, 1994, p. 171; Verdery, 1991b, p. 434), com vigilâncias e regulamentações sobre a expressão dos fiéis até mesmo em casas particulares, e com a classificação de muitas formas de cultura religiosa como absurdos supersticiosos.

Este capítulo descreve maneiras específicas como a música religiosa, em especial a dos grupos iorubás, foi afetada pela doutrina socialista ao longo dos anos. Ele discute o repertório religioso apresentado na década de 1960 e os primeiros conflitos entre revolucionários e praticantes religiosos. Analisa os momentos mais severos de repressão e, em seguida, o movimento gradual em direção a uma maior tolerância. Por fim, descreve a explosão de apresentações de música religiosa após as mudanças de política do IV Congresso do Partido, em 1991. O estudo se concentra na ambivalência dos formuladores de políticas em relação à música sacra durante muitos anos. Por um lado, o governo apoiava a música devocional de todos os tipos como um importante legado cultural, parte do patrimônio único de Cuba. Por outro lado, eles acreditavam que a religião era uma forma de falsa consciência, equivocada e infundada, um impedimento ao progresso social. As publicações militantes reservavam suas críticas mais severas à Santeria, ao Palo, ao espiritismo e ao ritual Abakuá, que acreditavam ser religiões, antes de tudo, primitivas dos incultos. Essas visões conflitantes – que opõem nacionalismo e ateísmo militante ou racismo cultural ou ambos – levaram a uma ampla variedade de ações contraditórias ao longo dos anos.

Religião e música no período pré-revolucionário

Havia sérias tensões raciais na Cuba pré-revolucionária que afetavam a vida cultural de várias maneiras e continuaram a afetar durante o período socialista. O início do século XX testemunhou campanhas brutais para suprimir a cultura iorubá e outras formas de herança cultural africana em nome do progresso (Carbonell, 1961). Com a abolição da escravidão (1886) e a fundação da nova República (1902), surgiu o desejo por parte dos líderes de modernizar a nação e despojá-la do que consideravam um legado africano vergonhoso. Nesse contexto, pouquíssimos cubanos, negros ou brancos, demonstraram interesse no estudo da cultura iorubá. Os poucos que o fizeram muitas vezes deixaram o país, pois encontraram um público no exterior mais receptivo ao seu trabalho. O pintor Wifredo Lam (1902-1982) acabou se estabelecendo na Espanha; Lydia Cabrera escreveu e publicou sua primeira obra, *Cuentos negros*, em Paris. Os músicos Amadeo Roldán (1900-1939) e Alejandro García Caturla (1906-1940) estrearam e executaram obras influenciadas por iorubá regularmente fora de Cuba, e não em seu país.

A religião teve destaque no discurso de quem estava preocupado com o legado da escravidão, mas apenas como pretexto para a repressão. Durante a maior parte do período pré-revolucionário, a sociedade cubana de classe média não se referia à "religião" oriunda da África, mas apenas à *brujería* ou feitiçaria. Ernesto Chavez Álvarez, em 1991, documentou meia dúzia de casos bem divulgados que ocorreram entre 1900 e a década de 1920, nos quais os praticantes da Santeria foram falsamente acusados de crimes associados a eventos devocionais. *Drumming for the gods* (2000), de María Teresa Vélez, descreve o ambiente inesperadamente antagônico enfrentado pelos crentes em Matanzas durante as décadas de 1940 e 1950. Ela afirma que o inspetor José Claro orientou sua força policial a perseguir os membros das religiões iorubás, confiscar seus instrumentos e prendê-los, caso eles continuassem a se apresentar em cerimônias[429]. A maior parte da sociedade de classe média, embora não tivesse contato direto com religiões de origem africana, acreditava que elas eram selvagens ao extremo (Carbonnel, 1961, p. 108). Eugenio Matibag (1990, p. 228) confirma que, na opinião burguesa predominante antes de 1959, a cultura iorubá representava "um estágio de barbárie" que a república acabaria superando.

Apesar da visão negativa em torno das religiões de origem africana antes de 1959, as referências musicais e verbais a atos sagrados em gravações comerciais da época são surpreendentemente frequentes. Poucos tambores ou cantos sagrados em si – e pouca cultura tradicional de qualquer tipo – foram gravados em Cuba antes de 1959, e supõe-se que a razão seja o fato de as gravadoras estrangeiras e, depois, mesmo as cubanas não os

---

429. Cf. Thomas (1971, p. 851). Thomas observa que Batista, um mulato, geralmente apoiava mais a Santeria durante as décadas de 1940 e 1950 do que os líderes socialistas que mais tarde o forçaram a deixar o poder; e que ele até mesmo deu apoio financeiro a proeminentes "casas de santo" na área de Havana. Embora isso possa ser verdade, o testemunho de Villamil sugere que as opiniões e ações pessoais do presidente não impediram a perseguição generalizada das religiões africanas.

considerarem dignos de interesse. No entanto, de maneira estilizada, as referências à religião iorubá e a outras – congo, daomé, efik – aparecem com constância em muitos gêneros diferentes, porque os negros da classe trabalhadora envolvidos com elas dominavam a performance da música popular. A música comercial com temas religiosos ganhou popularidade durante o período do "afrocubanismo", servindo como marcador de identidade local e nacional (Moore, 1997). Canções de sonoridade europeia, como o bolero de Rodrigo Prats "Una rosa de Francia", incluem saudações rituais a Yemayá e Ifá na versão de Antonio Machín de 1932[430]. A gravação de María Teresa Vera de "En la alta sociedade", de Ignacio Piñeiro, de 1925 é uma das dezenas que incluem a terminologia Abakuá: "obón" ou rei, "iyamba" ou sacerdote-chefe, "yuanza" ou consultor ritual e "eribó" ou tambor sagrado[431]. Outro exemplo é "Lindo yambú" de Piñeiro, de 1934[432]. Essa tendência tornou-se ainda mais acentuada nas décadas de 1940 e 1950. Arsenio Rodríguez incluiu vocabulário de origem africana em suas canções de "conjunto", a tal ponto que os não iniciados têm dificuldade de entender seu significado[433]. Muitos artistas brancos e negros estabeleceram suas carreiras compondo e gravando música popular com letras ou melodias, ou ambas, extraídas da liturgia iorubá, a exemplo de Rita Montaner, Miguelito Valdés, Merceditas Valdés,

---

430. Natalia Bolívar, entrevista com o autor, 7 de outubro de 1996. Bolívar indica que os termos encontrados incluem *iborere*, a saudação para o Ifá, e *akolona silaguao*, que corresponde a Yemayá.

431. Bolívar, entrevista.

432. Para obter mais informações sobre a gravação de "En la alta sociedade", cf. Calderón González (1986, p. 52-53). A terminologia de origem africana em "Lindo yambú", conforme interpretada por Natalia Bolívar, inclui *masa como indilisamba* (corra, mulato), *masamba me lo sambuye* (milho que oferecemos ritualmente), *gamba* (sol) e *jubilanga* (em embriaguez e alegria). Uma reedição da versão original de "Lindo yambú" está disponível em Piñeiro (1992).

433. O ápice das referências religiosas nas gravações de Rodriguez ocorre no álbum *Quindembo*, de 1964, no qual as referências verbais à sua formação congolesa se misturam com os cantos da Santeria performados junto com o "três", um instrumento de cordas afro-cubano (David Garcia, comunicação pessoal com o autor).

Celina González e Reutilio Domínguez, Noro Morales, Facundo Rivero, Celia Cruz e outros[434]. Muitos estavam fortemente envolvidos com a Santeria de modo privado, embora preferissem não manifestar seu conhecimento da música religiosa, como Ignacio Villa (Bola de Nieve), Enrique Jorrín e Benny Moré (Fernández Robaina, 1994b, p. 71).

O "pop religioso" dos anos 1950 tinha significados muito diferentes para diferentes grupos sociais em Cuba. Para os praticantes, a inclusão de terminologia de origem africana representava o único meio pelo qual eles podiam aludir em público às suas crenças sem correr o risco de sofrer assédio. Para os ouvintes de classe média que não eram simpáticos a essas crenças, as referências religiosas eram, por um lado, ininteligíveis e, por outro, toleradas como um meio de indicar elementos "coloridos" do folclore local. As contradições em torno desse repertório têm uma força que dificilmente poderia ser explicada: enquanto a música comercial cubana da Era Batista fazia alusão constante às religiões afro-cubanas, o público permanecia em grande parte (ou totalmente) ignorante a respeito da essência das cerimônias em si, de seus cantos tradicionais, dos padrões de percussão e danças e da ideologia religiosa que os conformava. De fato, muitos cubanos sabem pouco sobre elas até hoje. Fernando Ortiz e outros se esforçaram, a partir do fim da década de 1930, para fazer concertos públicos de música e dança religiosa afro-cubana, mas tais apresentações tiveram um público pequeno e acabaram sendo interrompidas[435]. A rádio cubana da década de 1950 divulgava pouquíssima música folclórica de qualquer tipo, com exceção de alguns *puntos*[436] e outras peças seculares de cordas.

---

434. Uma boa introdução desse tipo de material pode ser encontrada em Castellanos (1983).

435. A primeira delas foi realizada no Teatro Campoamor. Foi intitulada "La música sagrada de los negros iorubás en Cuba" (Furé, 1982, p. 3).

436. Estilo de canto musical cubano, constituído durante o período colonial, a partir da integração de elementos africanos em práticas musicais europeias (cf. Linares, 1999) [N.T.].

Em Cuba, na década de 1950, havia uma classe média muito forte, composta por banqueiros, funcionários de empresas telefônicas, do sindicato das companhias elétricas e do comércio. As donas de casa da classe média ouviam avidamente as novelas de rádio e tinham dinheiro para comprar os produtos anunciados no ar. Como resultado, seus gostos ditavam grande parte da programação. Se você tocasse um canto tradicional africano, elas não o ouviriam. Pelo contrário, elas o insultariam, porque acreditavam que era algo maligno [...] elas o viam como obscurantismo, atraso, algo perpetuado por negros analfabetos[437].

Em nenhum outro lugar a guerra cultural cubana sobre as influências iorubás transcorreu de forma mais agressiva do que no campo da música. Ao mesmo tempo que os José Claros dos anos 1950 continuavam a perseguir os praticantes da Santeria, os artistas faziam tentativas cada vez mais ousadas de incorporar canções devocionais em suas gravações, e com menos mudanças estilísticas. O LP *Panart Santero*, lançado por volta de 1954, um marco importante nesse sentido, apresentava as cantoras Merceditas Valdés, Celia Cruz, Caridad Suárez e o batuque "batá" liderado por Jesús Pérez (Diáz Ayala, 1981, p. 238; Panart LD-2060). Embora tenha sido arranjado com acompanhamento coral em quatro partes e outras concessões à estética europeia, o disco foi um dos primeiros a incluir sequências de batuques sagrados e cantos tradicionais iorubás completos. Ele apresenta "toques" (ritmos consagrados) e cantos de louvor a Changó, Babalú Aye, Ochún, Obatalá, Elegguá, Ogún e Ochosi, por exemplo, bem como *rezos* (cantos de louvor menos estritamente rítmicos sobre tambores) a Yemayá, Changó e outras divindades. Mais ou menos na mesma época, grupos de dança como o Sonora Matancera experimentaram o uso de batás como parte de composições de dança[438]. A estação de rádio Radio Cadena Suaritos (CMBL) e a estação do

---

437. Cristóbal Sosa, entrevista com o autor, 12 de novembro de 1997.
438. Helio Orovio, comunicação pessoal com o autor.

Partido Comunista Mil Diez desempenharam um papel fundamental na disseminação dessas gravações comerciais progressivas, apresentando os artistas mencionados e outros.

> Havia [...] duas estações de rádio, Radio Suaritos e La Mil Diez [...] quando havia a festa de La Mercedes, La Caridad, San Lázaro e Santa Bárbara, eles traziam tambores para a estação e davam toques para esses "santos" [as divindades], e você podia ouvi-los no rádio (García Villamil *apud* Vélez, 2000, p. 80)[439].

O compositor Obdulio Morales representa uma figura central na disseminação da música religiosa afro-cubana estilizada durante os anos pré-revolucionários, assim como o proprietário da estação CMBL e o *disc jockey* Laureano Suárez. Em 1943, Morales criou a Sociedad Folklórica de Cuba e, pouco tempo depois, com o apoio de Suárez, começou a organizar transmissões de música com temas religiosos uma vez por semana, das 19h às 20h[440]. O programa aparentemente começava – assim como as cerimônias de Santeria – com ritmos de "oru seco"[441] em tambores batá dedicados a Elegguá. Muitos devotos ouviam o programa com muito entusiasmo; um entrevistado de Havana observou que sua comunidade nunca perdia um show: "todos dançavam, desde o primeiro até o último toque" (Fernández Robaina, 1994b, p. 19). Porém, em Matanzas, a comunidade religiosa parece ter sido mais reticente em aceitar as transmissões. A Rádio Cadena Suaritos continuou transmitindo até o início da década de 1960, quando a estação foi nacionalizada e as autoridades decidiram suspender o programa.

---

439. Em uma comunicação pessoal com o autor, Cristóbal Díaz Ayala questiona a afirmação de Villamil segundo a qual Mil Diez cumprira um papel importante na disseminação de música popular com temas religiosos. Ele observa que era uma das estações mais populares em Havana, mas sugere que ela não fazia muito pela música religiosa em particular.

440. Cf. Furé (1982, p. 20); Jorge Prieto, comunicação pessoal com o autor.

441. Os eventos religiosos formais da Santeria começam com um complexo ciclo de ritmos instrumentais de tambor conhecido como "oru seco" ou "oru del igbodu". Em seguida, vem o "oru cantado" ou "oru del eyá aránla", acompanhado de música e dança.

O novo governo socialista e a religião

É difícil caracterizar em termos gerais a política do governo socialista de Cuba em relação à religião. É assim porque existem discrepâncias entre a posição oficial do partido e as experiências vividas por muitos cidadãos, e porque as experiências dos próprios indivíduos, em geral, têm pouco em comum. Todos os fiéis sofreram alguma perseguição ao longo dos anos, mas o grau de severidade e as formas pelas quais ela se manifestou são diferentes. A predisposição dos socialistas para desencorajar a religião deriva da visão de Marx de que ela era essencialmente uma farsa, uma invenção dos fracos e desorientados em busca de conforto: "O homem faz a religião, a religião não faz o homem [...] A religião é o suspiro da criatura oprimida, o coração de um mundo sem coração, assim como é o espírito de uma situação sem espírito. É o ópio do povo" (Marx; Engels, 1978, p. 53-54). É interessante notar que nem todos os intelectuais influenciados por Marx concordavam com ele nessa questão. Vários deles, inclusive William Morris e Franz Mehring, chegaram perto de dedicar suas vidas a fins religiosos (Solomon, 1973, p. 84, 99). O tom dos escritos do próprio Marx muitas vezes instiga uma sensação quase religiosa, guiada e impulsionada pelas mais sublimes das intenções. Marx de fato elevou o próprio espírito humano ao centro de sua própria religião secular, acreditando que ele é capaz de atingir qualquer objetivo, se for educado e nutrido de modo adquado.

Um grande número de protestantes e católicos protestantes, bem como de devotos da Santeria se juntaram à luta contra Batista na década de 1950. Esse fato evidencia que as eventuais posições adotadas por Castro e sua liderança contra a religião representam um estreitamento das políticas revolucionárias que a princípio eram mais inclusivas, ou pelo menos não tão bem definidas. O Bispo Pérez Serantes, de Santiago, amigo pessoal de Castro, intercedeu para poupar sua vida após o ataque em Moncada (Thomas, 1971, p. 1129). O Padre Guillermo Sardinas chegou ao posto de comandante no exército rebelde (Stubbs, 1989, p. 74). José Antonio Echeverría, ator proeminente na resistência urbana, também participou de uma organização estudantil católica (Cardenal, 1974, p. 79). Talvez o exemplo mais destacado em termos de envolvimento com religiões de origem africana seja o do ativista sindical de longa data e membro do Partido Comunista Lázaro Peña, um santero e filho de Obatalá (Vélez, 1996, p. 95). René Vallejo, médico pessoal de Fidel Castro, era um santero praticante e um "espiritista" (adepto do espiritismo)[442]. Diz-se que um sobrevivente do Granma, Juan Almeida, um dos poucos líderes afro-cubanos do exército rebelde, mantinha um altar dedicado a Changó em sua casa, até que membros do Comitê Central o persuadiram a removê-lo (Montaner, 1985, p. 138)[443]. Celia Sánchez, secretária pessoal de Castro, muitas vezes visitava os babalaôs para obter orientação e apoio (Montaner, 1985, p. 138). Muitos outros santeros lutaram na Sierra Maestra e em outros lugares em apoio à Revolução. Eles geralmente não viam contradição entre suas visões religiosas e os objetivos do estado socialista (Fernández Robaina, 1994b, p. 8-9, 20).

A maioria dos primeiros conflitos do governo revolucionário com a comunidade religiosa envolveu problemas com católicos, não com adeptos de religiões iorubás, por vários motivos. As instituições católicas eram mais hierárquicas e organizadas de forma centralizada; assim, seus líderes podiam fazer grandes pronunciamentos em nome de várias congregações, o que os tornava uma ameaça de maior potencial. O Cardeal Manuel Arteaga, de Havana, um dos porta-vozes mais proeminentes da Igreja, tinha uma estreita amizade pessoal com Batista e desde o início demonstrou apenas um apoio tênue aos líderes rebeldes (Castro; Frei Betto, 1987, p. 177). A maioria dos padres de Cuba vinha da Espanha, controlada na época por Franco, e tendia a ter visões políticas conservadoras, mais à direita (Cox, 1987, p. 24). Eles expressavam hostilidade aberta

---

442. Cristóbal Sosa, comunicação pessoal com o autor.

443. Antes de ser o nome do periódico oficial do Partido Comunista Cubano, Granma foi o nome da embarcação que em 1956 transportou para Cuba Fidel Castro e o grupo de rebeldes que iniciou a Revolução Cubana [N.T.].

à doutrina comunista mesmo antes de Castro se aliar oficialmente à União Soviética. Além disso, as pessoas que frequentavam as igrejas católicas tendiam a ser mais ricas, profissionais de classe média e elites (sobretudo mulheres) que viviam em áreas urbanas. Esse grupo era o que menos tinha a ganhar com as reformas políticas socialistas e foi o primeiro a se agitar por contra delas (Thomas, 1971, p. 1127). Essa classe social costumva mandar seus filhos para escolas paroquiais particulares e se ressentiam da nacionalização de todas essas instituições em 1961. Como resultado de todos esses fatores, os católicos se tornaram uma pedra no sapato dos revolucionários quase desde o início e enviesaram a liderança política contra a atividade religiosa[444].

A liderança revolucionária, em sua maioria branca e de classe média, também não aprovava as religiões de origem africana, mas as via de forma diferente das instituições cristãs. Talvez o mais importante seja o fato de que, enquanto associavam o catolicismo aos ricos, reconheciam a Santeria e suas práticas relacionadas como genuinamente populares. A Santeria cumpriu um papel relevante na vida das classes trabalhadoras, ainda mais na dos negros – as pessoas que a revolução pretendia ajudar com seus novos programas sociais. Além disso, as casas de culto afro-cubanas funcionavam de forma autônoma e não tinham uma liderança central em nível nacional que pudesse representar uma ameaça política. Por esses motivos, os fiéis da Santeria sofreram pouca perseguição durante o início da década de 1960, e talvez muito menos do que durante o governo de Batista. As evidências sugerem que Castro e seus partidários de fato tentaram associar o novo governo, na mente do público, às religiões africanas, para aumentar o apoio popular ao governo.

---

444. Conflitos de natureza semelhante, mas menos graves, surgiram logo no início entre grupos protestantes e a liderança revolucionária. Isso foi especialmente verdadeiro no caso das testemunhas de Jeová, devido ao seu credo de não violência e à sua recusa em se incorporar a muitos novos projetos sociais (Sosa, entrevista).

As cores vermelha e preta na bandeira do Movimento 26 de julho, por exemplo, também estão associadas ao oricha, ou à divindade iorubá, Elegguá. Assim como Elegguá abre caminhos espirituais, os revolucionários parecem ter sugerido com esse símbolo que o ataque de Moncada abriu novos caminhos políticos e sociais e que as divindades africanas tinham envolvimento direto com o processo. Em 8 de janeiro de 1959, durante um dos primeiros discursos públicos de Castro, alguém providenciou para que pombas voassem sobre a cabeça de Castro e para que uma delas pousasse em seu ombro (Oppenheimer, 1992, p. 344). Como as pombas e a cor branca estão associadas ao orixá Obatalá, isso também teve um significado especial para os crentes. A manipulação de imagens religiosas dessa maneira traz à mente o ditador haitiano François "Papa Doc" Duvalier e o uso que seu governo fazia do simbolismo vodu (Averill, 1997, p. 73). Entretanto, a abordagem de Castro tendia a ser mais sutil, talvez em uma tentativa de não alienar as classes médias que desaprovavam a cultura africana.

O período que vai de 1959 até meados da década de 1960 deu origem a uma profusão de apresentações religiosas afro-cubanas, bem como composições de arte "erudita" inspiradas na cultura religiosa popular. O escopo dessa atividade não tinha precedentes na história cubana e é um testemunho do espírito de liberdade cultural existente na época. A música religiosa iorubá era executada há séculos, é óbvio, mas quase nunca em público. Embora o governo não tenha organizado a maioria dos novos conjuntos dedicados a esse repertório, nem os tenha remunerado (pelo menos a princípio), também não desestimulou nem perseguiu os artistas, como as autoridades haviam feito durante a República. Assim, os membros da comunidade afro-cubana, com alguma justificativa, parecem ter acreditado que eles próprios e suas formas culturais haviam alcançado um nível maior de respeito sob a nova liderança. Incorporando-se ao movimento de artistas amadores, esses conjuntos de música tradicional criaram uma forte presença nacional[445]. Não há estatísticas formais publicadas sobre o número de grupos afro-cubanos estabelecidos nessa época, mas somente em Santiago surgiram sete deles, cada um com cerca de 30 membros (Millet; Brea, 1989, p. 92-118). Eles apresentavam música e dança associadas a Santeria, cerimônias vodu, ritos do Congo, espiritismo[446] e música Abakuá, além de peças seculares. Felipe García Villamil afirma que grupos semelhantes surgiram em todas as províncias de Matanzas e Havana (Vélez, 1996, p. 77). No fim da década de 1960, muitos artistas haviam alcançado o *status* oficial de trabalhadores culturais e recebiam salários mais altos do que os que recebiam como trabalhadores braçais (Vélez, 1996, p. 75).

Mais do que apoiar a apresentação da cultura religiosa por grupos amadores, o governo socialista também incentivou os artistas formados em conservatórios a incorporar elementos religiosos populares em suas obras. As pinturas a óleo de René Portocarrero (1912-1986), que retratam dançarinos "diablitos", ou seja, mascarados que simbolizam espíritos ancestrais africanos, e de Manuel Mendive (1944-) com a iconografia da Santeria são algumas das

---

445. O grande número de artistas afro-cubanos que apareceram nessa época pode ser resultado, em parte, das tentativas de diversificar a economia cubana durante os primeiros anos da Revolução. Muitos percursionistas, cantores e dançarinos religiosos estavam envolvidos na produção de açúcar; como esses empregos se tornaram mais difíceis de garantir, eles procuraram outras opções (Vélez, 2000, p. 69).

446. O "espiritismo" não é necessariamente considerado uma forma de expressão religiosa "afro-cubana". Como Reinaldo Román (2002) observou, existem variações da prática que contêm diferentes graus de influência das crenças religiosas africanas. O "espiritismo de mesa" (também conhecido como "espiritismo científico") é uma prática que se desenvolveu a partir dos escritos de Allan Kardec nas décadas de 1850 e 1860. Sua origem é, em essência, europeia e envolve sessões espíritas, ou seja, comunicação com espíritos com pessoas sentadas ao redor de uma mesa. O "espiritismo de cordão" tem associação íntima maior com religiões populares sincréticas de vários tipos. Seu nome deriva do fato de que os praticantes formam um círculo ou cordão de dançarinos que seguram as mãos uns dos outros durante a adoração. O "espiritismo cruzado" ou "espiritismo misto" contém evidentes elementos das religiões oriundas do Congo.

criações visuais mais influentes do período. Com base no trabalho de Wifredo Lam e outros, esses artistas fundiram elementos da religião popular e técnicas neoexpressionistas como forma de representar um nacionalismo modernista[447]. Obras musicais e coreográficas de natureza semelhante surgiram na mesma época, principalmente em produções do recém-criado Teatro Nacional, sob a direção de Isabel Monal. Fundado em 1959, esse teatro desempenhou um papel central nas atividades culturais do início da revolução. Ele tinha cinco departamentos dedicados à música clássica moderna, à dança moderna, ao teatro, às atividades corais e à cultura popular, respectivamente[448]. Desses, os departamentos de dança moderna, sob a direção de Ramiro Guerra, e o de cultura popular, sob direção de Argeliers León (1918-1991), faziam uso significativo de música religiosa. Deve-se observar que León, Guerra e outros também estiveram envolvidos em atividades semelhantes durante a década de 1950; os dois colaboraram em 1952, por exemplo, para produzir um esboço de balé chamado *Toque*, com música original do próprio León (Díaz Ayala, 1981, p. 313). Ademais, sua nova proeminência como formuladores de políticas e o número crescente de apresentações pelas quais eram responsáveis ressaltam o maior apoio à encenação da cultura popular religiosa no início da década de 1960.

A maioria das histórias culturais feitas em Cuba discute os seminários organizados por León sobre as religiões afro-cubanas

---

447. Tomás Fernández Robaina, em comunicação pessoal com o autor, sugere que o trabalho de Mendive foi influenciado tanto pelos escritos de Franz Fanon quanto pelos líderes do movimento pelos direitos civis nos Estados Unidos.

448. Hagedorn observa que todos os departamentos acabaram crescendo e desempenhando um papel ainda mais significativo na cultura nacional. O departamento de música, liderado pelo compositor Carlos Fariñas, transformou-se na Orquestra Sinfônica Nacional; o departamento de dança moderna acabou se tornando um conjunto independente de performance moderna; o coral, sob a direção de Serafín Pro, acabou se transformando no Coro Polifônico Nacional; e o grupo de folclore de Léon se dividiu para formar o Instituto de Etnologia e Folclore (um centro de pesquisa) e a Trupe Nacional de Folclore (dedicada à performance) (Hagedorn, 1995, p. 220).

em conjunto com seu trabalho no Teatro Nacional. Embora fosse inegável a alta qualidade, seu escopo e seu impacto foram exagerados. As palestras começaram em outubro de 1960, duraram até maio de 1961 e foram criadas para apoiar academicamente o desenvolvimento de apresentações musicais de origem africana no palco (Léon, 1966, p. 12). León concebeu suas palestras como um meio de educar pesquisadores mais jovens sobre a religião e a cultura afro-cubanas. Ele esperava que a disseminação dessas informações ajudasse a combater a ignorância e o medo que muitos ainda demonstravam em relação a esse assunto (Hagedorn, 1995, p. 225). Em parte devido ao interesse limitado e em parte porque a aceitação nas aulas exigia um convite pessoal de León, a participação era mínima; em qualquer sessão havia apenas de três a sete pessoas presentes[449]. Entretanto, alguns dos acadêmicos mais respeitados do país participaram desses seminários dando aulas, incluindo o próprio León, María Teresa Linares (sua esposa), os etnólogos Isaac Barreal e Alberto Pedro, o historiador Manuel Moreno Fraginals e o antropólogo alemão Peter Neumann. Mesmo que os seminários tenham durado pouco tempo, eles contribuíram muito para preparar as futuras gerações de estudiosos da cultura popular: Miguel Barnet, Rogelio Martínez Furé, Eugenio Fernández e outros autores conhecidos participaram e receberam um treinamento valioso. De fato, é lamentável que essas palestras não tenham sido mais amplamente divulgadas, não tenham sido repetidas em anos posteriores e nunca tenham se tornado parte permanente dos cursos universitários em Havana ou em qualquer outro lugar.

Uma análise das notas de programação dos arquivos do Teatro Nacional dá exemplos dos tipos de atividades apresentadas sob a orientação de León. Algumas das primeiras encenações parecem ter envolvido a apresentação de música artística do afrocubanismo em conjunto com danças folclóricas estilizadas por coreografias

---

449. Katherine Hagedorn, comunicação pessoal com o autor.

de Ramiro Guerra. O "Milagro de Anaquillé", de Amadeo Roldán, foi uma das peças apresentadas dessa forma, com aparições fantasiadas de figuras folclóricas do século XIX: o "negro curro", a "mulata del rumbo", dançarinos de "diablito" e um "oficial", um supervisor de plantação com seus escravizados. Os eventos posteriores tenderam a ter uma orientação mais acadêmica. Em 5 de maio de 1960, foi realizado um concerto intitulado "Bembé", com batuques religiosos de Jesús Pérez e cantos de Lázaro Ros, entre outros. "Congos reales", produzido em 18 de novembro de 1961 sob a orientação de León e Martínez Furé, recriou a música de procissão "tango-congo" no estilo dos *cabildos* coloniais do século XIX, organizações sociais que eram baseadas em etnias africanas específicas. "Yimbula: Fiesta de Paleros" estreou em 29 de novembro de 1961. Incluía música e dança sagradas de origem bantu associadas ao Palo Monte e tentava recriar a cerimônia no palco. As notas de acompanhamento são impressionantes, detalhando as crenças fundamentais da religião, os instrumentos e ritmos usados na adoração, as vestimentas sagradas empregadas e as danças que as acompanham. Cantos de saudação ritual para "abrir" o altar e saudar divindades específicas deram início ao evento e foram seguidos por música e dança menos formais: um "baile de maní" e um "toque de garabatos".

Menos fácil de documentar que a natureza rigorosa das apresentações do Teatro Nacional nessa época é a reação do público a esses eventos. Devido ao forte preconceito contra as religiões afro-cubanas por parte de muitos profissionais, o comparecimento aos shows foi, sem dúvida, reduzido, consistindo nos próprios praticantes e nos poucos acadêmicos e estudantes interessados. Os concertos não foram televisionados nem promovidos intensamente na mídia, o que limitou seu impacto. Dentro da própria comunidade religiosa afro-cubana, parece ter surgido também uma ambivalência considerável em relação à cultura religiosa encenada. Como suas cerimônias foram perseguidas por muitos anos, os fiéis em geral preferiam que os detalhes específicos dos rituais fossem mantidos em segredo. Em alguns casos, os bateristas que tocavam música sagrada no palco eram ameaçados fisicamente, acusados de trair outros membros de sua casa de culto; isso acontecia ainda mais em demonstrações públicas de Abakuá, como as organizadas pela Trupe Nacional de Folclore em 1964 (Vélez, 1996, p. 81). Com o tempo, a comunidade aprendeu a aceitar esse tipo de atividade educacional, mas os artistas continuaram a caminhar em uma linha tênue entre a lealdade à sua comunidade religiosa, por um lado, e ao Estado e seus objetivos culturais, por outro.

Cresce a intolerância contra toda atividade religiosa

A partir do fim da década de 1960, a relativa liberdade de expressão religiosa e artística associada ao início do período revolucionário começou a desaparecer. Em suas escolas reorganizadas e em publicações oficiais, o Estado defendia a renúncia à religião e a adoção do que chamava de "ateísmo científico"[450]. Os documentos do partido a partir daquela época reconheciam, entre as metas ideológicas do país, a de "superar" universalmente as crenças religiosas por meio da educação científico-materialista e de "elevar" o nível cultural dos trabalhadores (Partido Comunista de Cuba, 1978, p. 98). Assim, embora a posição oficial do governo desde o início da década de 1970 fosse permitir a liberdade de expressão religiosa (Ministerio de Educación, 1971, p. 201), na prática, ele tendia a suprimir religiões de todos os tipos. A dedicação do Estado em provar as falácias da religião durou até o fim da década de 1980. Esses esforços se manifestaram de várias maneiras: no âmbito da educação, por meio de treinamento em centros de trabalho e por meio de intervenções de nível mais pessoal em lares e bairros.

Alguns exemplos são suficientes para ilustrar a política bem documentada do governo em relação à religião e seus efeitos. Como mencionado, as notícias sobre questões religiosas desapareceram

---

450. Essa visão aparece em *El Militante Comunista* (janeiro de 1968, p. 43), por exemplo.

da mídia de massa a partir de 1961[451]. Desde o fim da década de 1960, qualquer pessoa que professasse abertamente uma fé não poderia ser membro do Partido Comunista, uma afiliação benéfica ao extremo para as oportunidades educacionais e a carreira de uma pessoa. O mesmo se aplicava à filiação a sindicatos (Fernández Robaina, 1994b, p. 36). Os centros educacionais proibiam totalmente a participação de membros de grupos religiosos em profissões como psicologia, filosofia e ciências políticas (Sosa, entrevista; Cardenal, 1974, p. 142). A religião tornou-se tabu como tópico de investigação acadêmica, mesmo entre aqueles que não professavam nenhuma fé[452]. Os formulários de solicitação de emprego (*planillas de trabajo*) com frequência perguntavam aos candidatos se eles tinham crenças religiosas e negavam-lhes posições de destaque se respondessem sim[453]. Ao se vestirem de branco cerimonial, rasparem a cabeça para fins rituais ou usarem colares sagrados, os devotos da Santeria corriam o risco de sofrer sérias consequências profissionais. Em termos de acesso a novas moradias, carros, utilidades domésticas e uma série de questões relacionadas, a preferência dada aos membros do partido e aos revolucionários ateus fazia com que as crenças religiosas não pudessem ser admitidas de modo explícito.

Campanhas para inculcar visões negativas em relação à religião eram ainda mais visíveis entre os jovens. O Estado proibiu

---

451. María Elena Vinueza, comunicação pessoal com o autor.

452. A rigidez dos currículos universitários e da investigação acadêmica nesse sentido parece ser, em parte, o resultado da criação de um Centro de Investigaciones Socio-Religiosas isolado, composto por membros leais ao partido. Somente os indivíduos desse centro estavam autorizados a investigar tais assuntos.

453. Uma foto de uma típica *planilla* pode ser encontrada em Clark (1992). Cristóbal Sosa (entrevista, 1997) observa que, seguindo uma regra não escrita, os diretores de quase todos os centros de trabalho tendiam a ser militantes do partido. Esses indivíduos geralmente tinham opiniões bastante rígidas em relação à religião que, em muitos casos, excediam em severidade as diretrizes do Comitê Central para o tratamento dos fiéis (Lázaro Ros, comunicação pessoal com o autor).

o batismo de crianças ou sua iniciação na Santeria, ordenando que a polícia interviesse em alguns casos para removê-las à força de contextos cerimoniais[454]. Nas escolas primárias e secundárias, os instrutores não permitiam nenhuma discussão sobre assuntos religiosos, a não ser para ridicularizá-los como inúteis ou atrasados[455]. Os acampamentos de verão revolucionários patrocinados pela Unión de Jóvenes Comunistas também representavam um local importante para a disseminação dessas ideias (Linares *apud* Hagedorn, 1995, p. 232). Os devotos mais velhos podiam ter permissão para continuar seu envolvimento religioso relativamente em paz, mas o governo intervia para impedir que crianças e jovens adultos o fizessem, a fim de garantir um declínio gradual no número de fiéis.

Enrique Hernández Armenteros sugere que o governo deveria ser responsabilizado pelo roubo da face e da voz pública da religião que existia antes de 1959 (Fernández Robaina, 1994, p. 88-89). Além desses muitos impedimentos estruturais à atividade religiosa, outras ações mais aleatórias e cruéis foram praticadas contra os fiéis por indivíduos. Essas ações representavam atividades não sancionadas, ou seja, não eram defendidas nem sancionadas pelas autoridades, mas eram toleradas. Muitos socialistas com excesso de zelo, na esperança de provar seu compromisso com a agenda revolucionária, agiram com crueldade desnecessária contra adeptos religiosos[456]. Alguns assediaram vizinhos por manterem artefatos iorubás em suas casas. Em alguns casos, os excessivamente zelosos tomavam para si a tarefa de derrubar altares e estátuas de "cazuelas" ou "guerrero"[457] na rua, desfigurar a iconografia ou as casas e destruir instrumentos religiosos[458].

---

454. Ariana Orujuela, comunicação pessoal com o autor.
455. Alexis Esquivel, comunicação pessoal com o autor.
456. Vinueza, comunicação pessoal com o autor.
457. Itens simbólicos associados à Santeria.
458. Orujuela, comunicação pessoal com o autor.

Essas atitudes ajudam a explicar por que a pesquisa sobre a cultura religiosa avançou pouco além dos escritos de Fernando Ortiz, Lydia Cabrera e Rómulo Lachatañeré a partir da década de 1950. Em 1964, foi publicado *Del canto y el tiempo*, de León, baseado em seminários no Teatro Nacional. É uma obra importante, mas é apenas uma visão geral, destinada a ser uma introdução à música cultural religiosa cubana com ênfase no repertório de origem africana. *Actas del folklore*, a revista oficial dos folcloristas do Teatro Nacional, publicou estudos perspicazes sobre tradições religiosas a partir de janeiro de 1961, mas parou de repente no ano seguinte. A revista por um breve tempo permitiu que os próprios autores afro-cubanos escrevessem sobre a história religiosa e cultural, muitas vezes pela primeira vez, no entanto sua distribuição e o número de leitores foram severamente limitados desde o início[459]. Artigos de natureza semelhante apareceram na *Etnología y Folklore* no início de 1966, sob os auspícios da Academia de Ciências, mas a revista deixou de ser publicada pouco depois, em 1969[460]. As edições anteriores a 1968 continham mais ensaios religiosos do que os volumes posteriores. Os exemplos dos primeiros anos incluem uma análise do ritual Abakuá por Rafael López Valdés[461] e do vocabulário sagrado bantu/palo por Lydia González Huguet e Jean René Baudry[462]. Nos volumes posteriores, a análise dos temas

---

459. Exemplos de trabalhos publicados por autores afro-cubanos na *Actas del folklore* incluem o de Rómulo Lachatañeré (1909-1951) sobre as etnias escravizadas no século XIX (março de 1961); estudos sobre os "cabildos de nación" do poeta Marcelino Arozarena (1912-1996) na mesma edição; e "Antecedentes históricos de las tumbas francesas", de Elisa Tamanes, *Actas del folklore* (setembro de 1961). Alberto Pedro é outro importante autor afro-cubano presente na revista.

460. O Instituto de Etnología y Folklore já existia há uma década, tendo sido criado pela Lei nº 994 do novo governo.

461. Esse artigo aparece em *Etnología y Folklore*, vol. 2, julho-dezembro de 1966. Cristóbal Díaz Ayala (comunicação pessoal) observa que López Valdés pediu asilo em Porto Rico há muitos anos e depois trabalhou como professor no Instituto de Estudios Avanzados del Caribe em San Juan, dirigido por Ricardo Alegría.

462. *Etnología y Folklore*, vol. 3, janeiro-junho de 1967.

afro-cubanos permaneceu central, mas tornou-se mais histórica e secular. Os tópicos tendiam a girar em torno de tendências sociais ou demográficas, geralmente do século XIX – por exemplo, a abolição e seus efeitos sociais imediatos ou a atividade colonial dos quilombolas – e demonstravam menos preocupação com a expressão religiosa.

Entre 1968 e 1975, muito pouco de substancial apareceu na mídia impressa ou em LPs relacionado às religiões afro-cubanas ou à música religiosa. As publicações que faziam alusão ao assunto expressavam cada vez mais atitudes condescendentes em relação aos rituais ou se referiam abertamente às maneiras pelas quais a política revolucionária pretendia impedir sua perpetuação. León e outros membros progressistas da comunidade acadêmica, apesar de seu compromisso com a revolução, enfrentaram uma resistência cada vez maior às suas tentativas de continuar a pesquisa sobre música religiosa. O próprio León aparentemente perdeu seu emprego na Academia de Ciências por causa dessa questão[463]. Carreiras inteiras de indivíduos envolvidos em rituais sagrados foram arruinadas como resultado do desinteresse do Estado pelo assunto, como no caso de Teodoro Díaz Fabelo (1916-1970?)[464]. Conforme essas pesquisas continuavam, o envolvimento com os praticantes religiosos passou a se orientar na direção de tentativas de manipular ou modificar seu comportamento em vez de valorizá-lo. Até hoje,

---

463. Zoila Lapique Becali, comunicação pessoal com o autor.

464. Díaz Fabelo, que começou seu trabalho como assistente de Fernando Ortiz, foi totalmente marginalizado durante os anos que teriam sido os mais produtivos de sua vida profissional. Seus únicos trabalhos significativos publicados em Cuba são *Lengua de santeros*, de 1956 – um livro que ele mesmo pagou para ser publicado – e *Olórun*, que apareceu em 1960 com a ajuda de León no Teatro Nacional. A frustração de Díaz Fabelo com a falta de apoio ao seu trabalho acabou levando à sua deserção para a Venezuela (Lázara Menéndez, comunicação pessoal com o autor). Vários são seus manuscritos não publicados, muitos dos quais estão disponíveis na Biblioteca Nacional (Díaz Fabelo, 1967a, 1967b, 1969a, 1969c, 1969d). Há também outras obras que o autor conseguiu publicar pela Unesco, mas que nunca se tornaram muito conhecidas na ilha (Díaz Fabelo, 1969b, 1971, 1972, 1974).

ainda não foram realizados estudos detalhados do extenso repertório de músicas e danças da Santeria. Embora tenham voltado a ser comuns desde a década de 1980, ainda era raro as gravações de música religiosa incluírem transcrições extensas de melodias ou letras ou explicações detalhadas do contexto cerimonial. Rogelio Martínez Furé sugere que o Partido se recusou a apoiar publicações desse tipo por acreditar que sua disseminação poderia resultar na perpetuação desnecessária de crenças indesejáveis[465].

Os comentários negativos sobre religiões afro-cubanas nos documentos do partido tendem a fundir críticas múltiplas e muitas vezes discrepantes em uma única voz. Algumas derivam da doutrina marxista; outras se baseiam em preconceitos raciais velados que se manifestam no novo governo essencialmente da mesma forma que em épocas anteriores. É evidente que uma das justificativas mais comuns para suprimir a religião foi a afirmação de que ela representava uma forma de falsa consciência. As publicações com frequência se referem às "crenças ridículas dos escravizados" durante a colônia e ao fato de que elas constituíam, entre outras coisas, um "refúgio para os oprimidos, uma esperança estéril, ópio elementar e bebida alcóolica usados para anestesiar seu sofrimento e para escapar mentalmente de suas circunstâncias reais"[466]. O folclorista Miguel Barnet (1983, p. 143) – um dos alunos mais proeminentes dos seminários de León no início da década de 1960 – descreveu as religiões afro-cubanas em termos de um refúgio, um protetor usado por homens que vivem em condições desumanas e que, de outra maneira, não conseguiriam dar sentido a seu destino. Por mais pitoresco ou envolvente que acreditassem ser a cultura religiosa do ponto de vista estético, esses observadores acabaram por denunciar essa expressão como um grilhão ideológico que prendia o indivíduo ao passado, uma obstrução à

---

465. Rogelio Martínez Furé, comunicação pessoal com o autor.

466. Essa citação é retirada de: EMC. Trabajo político: Boletín de organización del PCC-FAR, ano 2, n. 4, dezembro de 1968, p. 49. O artigo é assinado por "EMC".

criação do *hombre nuevo*, o novo cidadão socialista[467]. Do mesmo modo, Jesús Guanche (1983, p. 450-451) descreveu as principais motivações da crença religiosa como "ignorância", "obscurantismo" e "subdesenvolvimento intelectual". Ele e outros afirmaram que a fé em seres sobrenaturais simplesmente desapareceria como resultado de níveis mais altos de educação entre o público[468]. Essa crença, como veremos, era totalmente infundada.

De acordo com a liderança, a religião afro-cubana derivava de modos primitivos de pensamento ligados à África pré-histórica. Os membros do partido argumentaram, durante a década de 1980, que os pontos de vista dos santeros representavam um "estágio anterior" de pensamento que não tinha lugar na Cuba revolucionária[469]. Estudiosos ilustres, até mesmo alguns da comunidade afro-cubana, descreveram o sistema de crenças em torno da Santeria como "remanescentes de ontem"[470]. Militantes do partido comunista ridicularizaram a religião como menos sofisticada do que o cristianismo, baseada no uso de símbolos e atos rituais rudes em

---

467. Artigo não assinado publicado em *El Militante Comunista*, dezembro de 1968, p. 41.

468. O artigo de López Valdés (1966) é um dos muitos outros que contêm críticas dessa natureza. Comentários desse tipo, inclusive dos próprios praticantes, estão incluídos em Fernandez Robaina (1994b, p. 48). Durante os primeiros anos da revolução, muitos decidiram levar todos os seus *canastilleros*, *soperas* e outros itens rituais para os museus, ou quebrá-los como um gesto de solidariedade à política do governo.

469. Fernández Robaina e Walterio Carbonell, comunicação pessoal com o autor.

470. Chapeaux *apud* Matibag (1990, p. 242). Pedro Deschamps Chapeaux foi um historiador afro-cubano especializado em história do século XIX. Vários estudiosos negros e mulatos ridicularizaram as religiões de origem africana em suas publicações, às vezes por convicção genuína ou porque se sentiram obrigados a se conformar com as opiniões da liderança. O proeminente acadêmico Rogelio Martínez Furé me confidenciou que não via contradição entre dedicar sua vida ao apoio das artes afro-cubanas e desafiar as atitudes racistas, por um lado, e, por outro, discordar das práticas da comunidade negra que ele considerava sexistas, homofóbicas ou de outra forma equivocadas (comunicação pessoal ao autor).

vez de ideias abstratas[471]. Da mesma forma, atacaram as cerimônias Abakuá e Palo como equivocadas, confusas, atrasadas, incultas e submersas em mitos de origem "antediluviana"[472]. Guanche (1983, p. 400) se referiu aos envolvidos na Santeria como "limitados em suas faculdades físicas e intelectuais", acrescentando que quando homens e mulheres "conseguirem superar essa fase da pré-história [...] deixarão de ser sujeitos dependentes de seres sobrenaturais [...] criados por ignorância ou medo". Essas visões têm uma semelhança assustadora com comentários racistas feitos em obras de acadêmicos cubanos da virada do século XX (Matibag, 1990, p. 247; Moore, 1994, p. 32-54).

Outras críticas mais extravagantes à religião afro-cubana foram encontradas em publicações do governo, embora não esteja claro até que ponto elas representavam a liderança ou apenas as opiniões de indivíduos específicos. Representantes do Ministério da Educação, como parte de sua campanha contra a "delinquência" de todos os tipos, apontaram a religião iorubá como um fator central que contribuía para isso (Ministerio de Educación, 1971, p. 202). Alguns descreveram a Santeria como uma influência "patológica", e outros acusaram os anciãos religiosos de utilizar os fiéis para organizar atos criminosos (McGarrity, 1992, p. 199)[473]. Outros ainda (um número surpreendente) sugeriram que a crença na religião afro-cubana deveria ser considerada um sintoma de transtorno

---

471. Considere-se a seguinte citação não assinada, traduzida de *El Militante Comunista* (outubro de 1968, p. 85): "[...] uma religião é primitiva se nem sequer começou a elaborar abstrações, mas trabalha diretamente com objetos e sujeitos. Aqui está um exemplo: secreções dos olhos de um pássaro com visão penetrante usadas para aumentar a clarividência dos olhos humanos. Para nós, a ideia é revoltante, mas para as mentes primitivas ela é lógica".

472. Referências à religião congo/palo podem ser encontradas em um artigo não assinado do *El Militante Comunista* (novembro de 1968, p. 24-25). Um artigo não assinado sobre grupos abakuá na mesma publicação é intitulado "La sociedad secreta abakuá" (p. 44). Em outro lugar, um redator do *El Militante Comunista* (dezembro de 1968, p. 39) descreveu todas as religiões afro-cubanas como "sumamente arcaicas".

473. Cf. *El Militante Comunista*, novembro de 1968, p. 24-25, 47.

mental. Angel Bustamonte (1969, p. 75-84) afirmou que participar das cerimônias religiosas iorubás causava doenças psicológicas. Os colaboradores de *El militante comunista* descreveram os fiéis como "completamente dominados por suas neuroses"[474]. Guanche, em seu ensaio "Los trastornos psíquicos", também caracterizou a Santeria como uma doença, e os fiéis, como paranoicos: "As crenças sincréticas, e particularmente a Santeria [...] apresentam modalidades sintomáticas que fazem com que o paciente pareça ser um verdadeiro *esquizofrênico*, além de manifestar *reações histéricas e dissociativas*". O termo "esquizofrênico" é definido em uma nota de rodapé como "um processo grave e mórbido caracterizado por incoerência mental e pensamento dissociativo" (Guanche, 1983, p. 398; cf. 396-399). Não é de surpreender que os mesmos autores com frequência pedissem a eliminação da religião afro-cubana em nome do bem-estar da sociedade cubana.

> Essas crenças absurdas e sem sentido que desafiam o senso comum continuam a existir entre nós e estão tentando se perpetuar em meio à nossa Revolução Socialista. Elas mantêm inúmeras pessoas escravizadas, desafiam nosso senso de educação e cultura, destroem lares, deformam vidas e, por todas essas razões, constituem um lembrete doloroso de que ainda há muito a ser feito[475].

Em meados da década de 1960, muitos afro-cubanos se opuseram ao que consideravam uma intolerância crescente em relação às suas crenças e artes tradicionais. Para muitos, a doutrina marxista aparentemente era usada como desculpa para eliminar as práticas culturais que a liderança branca e hispânica não aprovava. Por óbvio, eles tinham poucas opções de dissidência pública, já que toda a mídia permanecia nas mãos do governo e poucos negros e

---

474. *El Militante Comunista*, janeiro de 1968, p. 45.

475. *El Militante Comunista*, novembro de 1968, p. 25. Compare esses comentários com aqueles usados nas décadas de 1910 e 1920 em Cuba para justificar a perseguição das mesmas práticas (Moore, 1997, p. 29-31).

mulatos ocupavam cargos de autoridade. As figuras que poderiam ter expressado tais opiniões – Juan René Betancourt, Walterio Carbonell, Carlos Moore – haviam sido exiladas, humilhadas publicamente ou silenciadas de outra maneira. Escrevendo do exterior, Carlos Moore foi um dos primeiros a criticar a insensibilidade do governo socialista em relação à cultura afro-cubana. Seus ataques contundentes podem ser excessivos, mas levantam questões importantes.

> Primeiro, vem o silêncio; segundo, o esforço para distorcer o papel que os negros desempenharam na formação de uma verdadeira consciência cubana e na libertação de Cuba do colonialismo espanhol [...] terceiro, a afirmação de que as religiões [afro-cubanas] são "o ópio do povo" e, portanto, incompatíveis com uma revolução socialista; quarto, a classificação delas como contrarrevolucionárias, e a cova foi aberta para enterrar uma cultura inteira [...] Sim, é evidente que nossas religiões "entraram em conflito com a revolução" pela simples razão de que os "revolucionários" brancos intentam destruir são os valores, costumes, hábitos, credos e cultura que constituem a essência da nação afro-cubana, como um pré-requisito indispensável para seu objetivo de transformar Cuba e seus habitantes em uma nação [culturalmente] branca (Moore, 1964, p. 222).

Apesar da natureza opressiva da política por muitos anos, os eventos religiosos afro-cubanos continuaram a ocorrer da mesma forma que durante a era capitalista. A maioria dos participantes negou suas crenças para conseguir um emprego ou obter permissão para estudar na universidade, mas continuaram a praticá-las. A revolução, nesse sentido, pressionou-os a adotar uma postura hipócrita em relação à sua fé (Fernandéz Robaina, 1994b, p. 36), mas não necessariamente impediu seu envolvimento. O fato de grande parte do culto à Santeria ser realizado em casas particulares ajudou os devotos a mantê-la em um ambiente muitas vezes hostil (Hagedorn, 1995, p. 191). Os crentes conseguiram manter seus eventos em segredo desde pelo menos meados do século XIX e sabiam como organizar reuniões discretas. Além disso, a autoridade governamental nem sempre se estendia aos bairros marginais que constituíam os principais centros de atividade religiosa afro-cubana. Em Pogolotti, Manglar, Atarés e outros setores de Havana, a política nacional não afetava a vida dos habitantes tão rapidamente ou na mesma medida que em Vedado ou Marianao, por exemplo.

A supressão da música sagrada

Com o endurecimento da política governamental em relação à religião no fim da década de 1960, as apresentações da cultura religiosa entraram em declínio. Os tipos de concertos promovidos por Argeliers León durante os primeiros anos do Teatro Nacional não desapareceram da noite para o dia, mas se tornaram menos frequentes e perderam seu destaque no planejamento cultural nacional[476]. As publicações do Instituto de Folclore e Etnologia diminuíram na década de 1970, assim como as de estudiosos independentes. A Trupe de Folclore Nacional conseguiu gravar suas músicas e apresentá-las na televisão nacional apenas raramente nessa época. Mas a cultura religiosa nunca desapareceu por completo da visão do público. O Estado continuou a apoiar muitos conjuntos de música tradicional que apresentavam o repertório religioso em suas próprias comunidades, muitas vezes como parte de eventos nas Casas de Cultura dos bairros.

---

476. Um dos últimos concertos públicos de repertório religioso permaneceu por anos, segundo meu conhecimento, sendo aquele realizado em 3 de maio de 1970 na Biblioteca Nacional. O concerto, organizado por Rogelio Martínez Furé, incluiu canções sacras de origem iorubá, banto e daomeana, além de percussões batá de Jesús Pérez, Ricardo Caraballo e Bárbaro Valdés. Nancy Morejón, analisando o recital pouco depois, observou que, desde as apresentações de Ortiz sobre a música religiosa afro-cubana no fim da década de 1930, poucos eventos semelhantes haviam se seguido (Morejón, 1970, p. 173-175). Lázaro Ros participou de uma apresentação semelhante, embora um pouco menos "tradicional", em 1973, cantando como artista convidado da Orquestra Sinfônica de Matanzas (Los Muñequitos de Matanzas, 1996).

Os grupos de dança moderna baseados na Escuela Nacional de Arte (ENA) incorporavam alguns movimentos sagrados em suas coreografias e muitas vezes se apresentavam com percussionistas tradicionais, como Justo Pedrito, ele próprio um membro fundador do Conjunto Folclórico Nacional. Os alunos que se formaram em ciências humanas na Universidade de Havana (reconhecidamente um número pequeno)[477] tiveram pelo menos algum contato com a filosofia religiosa afro-cubana por meio dos escritos de Ortiz, Cabrera e outros. A partir do fim da década de 1970, os alunos de percussão da ENA começaram a receber instruções limitadas sobre tambores batá, "chéqueres" (shaker musical iorubá) e outros instrumentos sagrados durante seus últimos anos de estudo[478].

É difícil interpretar uma política governamental que manifestou apoio ativo à apresentação da cultura religiosa afro-cubana em ambientes específicos, mas que permitiu poucas publicações sobre tradições derivadas da África e suprimiu as religiões propriamente ditas. Tomás Fernández Robaina explicou essa aparente contradição, sugerindo que, embora os formuladores de políticas acreditassem que as religiões afro-cubanas fossem indesejáveis, eles reconheciam que a música e a dança associadas a elas tinham valor estético e, por isso, decidiram autorizar sua incorporação em alguns currículos escolares. As artes afro-cubanas também representavam um símbolo popular de nacionalidade e, portanto, tinham conotações positivas como um marcador de localidade ou "cubanidad". O apoio às danças e aos batuques associados à Santeria, assim, não foi uma declaração implícita de apoio à religião, mas sim a afirmação de uma cultura nacional secularizada e, consequentemente, "purificada". Nas palavras da plataforma do Partido Comunista, os educadores socialistas achavam que as manifestações culturais – música, dança, instrumentos musicais e assim por diante – deveriam ser

---

477. A professora Lázara Menéndez sugeriu-me que a universidade normalmente admitia apenas três ou quatro alunos por ano nos cursos de Artes e Letras ou Ciências Humanas.

478. Tomás Jimeno, entrevista com o autor.

assimiladas nos programas educacionais, mas "despojando-se de elementos místicos, de modo que a utilização de suas essências não sirva para manter costumes e práticas alheios à verdade científica" (Partido Comunista de Cuba, 1982).

Como parte de sua campanha para desencorajar as religiões iorubá, o partido tentou restringir o número de reuniões sagradas que ocorriam. Diz-se que o próprio Castro não gostava dos batuques e que participou ativamente de algumas restrições iniciais (Moore, 1988, p. 100). Em meados da década de 1960, autoridades exigiam que os celebrantes solicitassem uma autorização especial para realizar um "toque de santo" (evento religioso que envolvia tambores, danças e cantos), obtida por meio da recém-criada Secretaria de Religião (parte do Ministério do Interior), de uma delegacia de polícia ou da sede local do Comitê Defensa de la Revolución (Matibag, 1990, p. 230).

As solicitações exigiam o envio de formulários com 30 dias de antecedência, com uma lista de todos os participantes, informações sobre quanto dinheiro seria cobrado pelos tocadores de tambor e cantores, uma foto da pessoa, se houvesse, "fazendo seu santo" e uma explicação da razão pela qual se desejava fazer a cerimônia. A apresentação do requerimento não garantia de forma alguma que a permissão para a cerimônia fosse concedida, especialmente se houvesse crianças ou adolescentes envolvidos, e, de todo modo, complicava os preparativos. As autoridades podiam negar as petições de imediato, visitar os fiéis na tentativa de convencê-los a não participar ou restringir com severidade o tempo permitido para a cerimônia. Com frequência, os grupos Abakuá sofriam regulamentações de natureza ainda mais intrusiva: Helio Orovio lembra que os "plantes" (eventos cerimoniais Abakuá) tornaram-se praticamente impossíveis durante anos após a chegada de Castro ao poder[479]. Felipe García Villamil descreve seu medo de ser preso na década de 1970 até mesmo por fazer réplicas de tambores Aba-

---

479. Orovio, comunicação pessoal com o autor.

kuá para turistas[480]. Como é óbvio, muitos devotos continuaram a planejar toques sem o consentimento do governo, muitas vezes com consequências mínimas.

As autoridades mantiveram limites rígidos por muitos anos quanto à quantidade de música religiosa executada no rádio e na televisão. Até hoje, nunca criaram um programa dedicado exclusivamente à música religiosa tradicional, apesar de sua ampla popularidade e da extensão do repertório[481]. Por outro lado, muitos estilos seculares ("nueva trova", repertórios de dança, "música guajira") foram apresentados dessa forma. Alguns programas de rádio vez ou outra transmitem música litúrgica afro-cubana[482], mas são a exceção, e não a regra. Mesmo no século XXI, a maior parte dessa música só agora começou a entrar na esfera comercial, pelo menos em Cuba. Nos últimos anos, os programadores de televisão Às vezes convidaram grupos afro-cubanos como Iorubá Andabo ou o já falecido Merceditas Valdés para se apresentar, mas frequentemente pediram que eles tocassem "afros" estilizados ou peças seculares em vez de música religiosa. Mais uma vez, essas políticas resultam, em parte, dos preconceitos da filosofia marxista, mas também da ambivalência fundamental em relação à cultura de origem africana, bem como de total ignorância cultural. Grande parte da liderança política nunca participou de um toque; a música e a dança associadas a ela permanecem, por completo, ininteligíveis e desinteressantes, até mesmo ofensivas para eles. Até o fim da década de 1980, os funcionários da gravadora estatal EGREM proibiam artistas de incluir referências à Santeria em suas composições[483]. Peças bem conhecidas escritas antes da revolução, como "Que viva Changó", desapareceram das ondas do rádio ou tiveram a letra alterada; a peça ora mencionada foi regravada como

---

480. Extraído de Vélez (2000).

481. Sosa, comunicação pessoal com o autor.

482. Isso incluía transmissões sob a direção de Alberto Faya e Vladimir Zamora com um foco eclético ou educacional, ou ambos.

483. Bolívar, comunicação pessoal com o autor.

"Que viva Fidel" em pelo menos uma ocasião![484] Representantes do Ministério da Cultura proibiram a principal intérprete dessa música, Celina González, de cantar o original mesmo durante shows ao vivo[485], restringindo-a ao material secular "campesino" (música sertaneja cubana). Durante décadas, eles lhe negaram permissão para viajar para fora do país, apesar de seu apoio à liderança de Castro, talvez temendo que ela aceitasse os pagamentos de royalties que a esperavam nos Estados Unidos e optasse pelo exílio. Merceditas Valdés, que colaborou estreitamente com Fernando Ortiz na década de 1950 e, da mesma forma, construiu sua carreira tocando a música da Santeria, viu-se impossibilitada de tocar essa música em público por décadas[486].

Durante os períodos de maior intolerância, a polícia ocasionalmente prendia alguns fiéis por organizarem suas cerimônias sem o consentimento do governo. Com mais frequência, eles confiscavam à força instrumentos musicais e outros pertences de líderes espirituais proeminentes que haviam morrido. Itens de propriedade de Arcadio, o famoso santero de Guanabacoa, foram tirados de sua família dessa maneira. A maioria de seus artefatos acabou indo para o Museu de Guanabacoa, onde permanecem até hoje, embora outros tenham sido roubados ou perdidos (Fernández Robaina, 1994b, p. 64). Em outros casos, o Estado proibiu por completo as celebrações tradicionais iorubás, como no caso de um importante ritual anual em Matanzas, destinado a preparar espiritualmente a comunidade para a colheita do açúcar[487]. Além da política governamental, atos individuais causaram abusos em várias comunidades. Em especial, um exemplo trágico é o do

---

484. Uma gravação da peça transformada está incluída em um disco de José Luis Rupérez (2000).

485. Orovio, comunicação pessoal com o autor.

486. A primeira oportunidade que Valdés teve de gravar música religiosa no período socialista ocorreu na década de 1980, com o lançamento de *Aché* I, II e III. Cf. Valdés (1992).

487. Vinueza, comunicação pessoal com o autor.

Templo de San Juan Bautista em Matanzas, um dos centros mais antigos da religião iorubá na ilha. Quando o último membro da antiga geração de fiéis morreu, jovens revolucionários de Havana entraram no prédio e destruíram tudo o que havia dentro, inclusive "tambores yuka" (derivados de grupos étnicos congoleses), tambores batá do século XIX e esculturas sagradas[488]. Atos dessa natureza e o clima geral de intolerância religiosa levaram ao êxodo de muitos fiéis durante a liberação de saída pelo Porto de Mariel em 1980. O baterista Felipe García Villamil optou por deixar Cuba naquela época, depois de ser ameaçado, caso decidisse ficar, com uma pena de quatro anos de prisão por envolvimento religioso (Vélez, 1996, p. 95).

Retificação: maior tolerância com a música religiosa

A partir de meados da década de 1970, a postura intolerante do governo em relação à religião e à música vinculada a ela começou a se abrandar. Durante os primeiros anos, essas mudanças foram pequenas e não melhoraram de modo perceptível as condições cotidianas dos fiéis. No entanto, com o tempo, elas resultaram em pronunciamentos e práticas oficiais menos beligerantes. O papel desempenhado pela Igreja Católica e pela Teologia da Libertação em movimentos progressistas na América Central teve um impacto positivo na política do Partido nesse sentido. O exemplo de Oscar Romero e de outros padres pró-sandinistas na Nicarágua, em especial, provou que a crença em Deus não estava inerentemente em conflito com os valores marxistas e poderia, na verdade, ser uma ferramenta dos insurgentes (Cardenal, 1974, p. 102; Cox, 1987). O envolvimento militar de Cuba na África, começando com as excursões de Che Guevara à Argélia em 1964 e terminando com a participação na guerra civil angolana nas décadas de 1970 e 1980, também ajudou a desenvolver maior sensibilidade por parte da

---

488. Vinueza, comunicação pessoal com o autor.

liderança cubana em relação à cultura subsaariana. Desde o início, o contato intensificado com a África estimulou novas pesquisas entre os cubanos e conferências que contaram com a participação de acadêmicos da África Ocidental[489]. No fim da década de 1970, mais de 300 mil cubanos já haviam sido combatentes ativos em Angola ou na Etiópia (Perez-Stable, 1993, p. 176) e retornaram com um novo apreço por formas culturais que há muito tempo eram estigmatizadas no Caribe.

As primeiras manifestações de mudanças de política no campo da música incluíram um maior apoio ao uso de instrumentos sagrados em contextos seculares. Em meados da década de 1970, audaciosos grupos de dança, como o Irakere e a Orquesta Elio Revé, começaram a experimentar ritmos sagrados do tambor batá na música secular[490]. Em 1980, o governo criou o Centro de Investigação e Desenvolvimento da Música Cubana (CIDMUC) em Havana, um órgão muito mais dinâmico do que o Instituto de Etnologia e Folclore. O CIDMUC especializou-se durante anos em gravações de campo em eventos sagrados predominantemente afro-cubanos e, em poucos anos, lançou mais gravações desses encontros do que jamais havia sido feito antes ou depois da Revolução. Embora às vezes demonstrassem uma atitude um tanto condescendente em relação ao seu objeto de estudo – as publicações nem sempre valorizavam as práticas religiosas que documentavam –, o trabalho dos pesquisadores do CIDMUC foi uma conquista essencial[491].

---

489. *Etnología y folklore*, vol. 2, 1966, páginas finais); *Etnología y folklore*, vol. 6, 1968, p. 106).

490. Orovio, comunicação pessoal com o autor.

491. A mais conhecida das gravações de campo do CIDMUC é a *Antología de la Música Afrocubana*, em nove volumes. O conjunto inclui exemplos de música "bembé" (música de dovação informal iorubá), cerimônias "ararás" com origem em Daomé, percussão batá, "música iyesá" e outros estilos sagrados. Muitas das gravações de campo desses LPs datam da década de 1970, mas não apareceram em formato comercial naquela época. Cristóbal Díaz Ayala observa que o volume 1 da série foi publicado pela primeira vez no México, em 1980, pelo selo Nueva Cultura Latinoamericana, em colaboração com a Academia Cubana de Ciências.

A liberalização parcial das atitudes do governo em relação à religião se aplicava tanto aos cristãos quanto aos praticantes de religiões africanas, fato observado pelo arcebispo de Havana, Jaime Ortega, em meados da década de 1980 (Cox, 1987, p. 25). Em 1984, Castro se reuniu com o reverendo Jesse Jackson e visitou publicamente uma igreja metodista com ele. Em 1987, ele permitiu uma série de entrevistas com Frei Betto, que resultaram no *best-seller* intitulado *Fidel e a religião*. Durante as conversas com Frei Betto, Castro modificou suas críticas anteriores à Igreja Católica e tentou uma reaproximação. Em 1987, o governo abriu a Casa da África em Havana, a primeira instituição em Cuba dedicada à promoção da cultura africana. Em junho do mesmo ano, o Instituto Cubano de Amistad con los Pueblos (ICAP) convidou Alaiyeluwa Oba Okunade Sijuwade Olubuse II, o representante supremo da religião iorubá na Nigéria, para uma visita de cinco dias a Cuba[492]. O Ministro da Cultura Armando Hart, o próprio Castro e outros membros do Comitê Central foram recebê-lo em pessoa (Matibag, 1990, p. 232). Os membros da comunidade afro-cubana observaram que sua presença significava muito para os santeros, mas também que o tema das religiões africanas continuava a inspirar controvérsia entre o público em geral.

> Havia muitos que não gostavam [da atenção que a espiritualidade africana recebeu naquela época]. Eles continuavam a ver a Santeria, o Palo e as religiões Abakuá como "coisa de negro", algo associado aos degenerados, aos supersticiosos, algo a ser rejeitado, esquecido. Foi ótimo que [Okunade] tenha recebido cobertura da imprensa, do rádio e da televisão. Mas, depois que o rei foi embora, o assunto religião desapareceu; nada mais foi falado ou dito sobre isso (Fernández Robaina, 1994b, p. 90).

---

492. O Icap normalmente dedica suas energias à criação de laços culturais e políticos mais estreitos entre Cuba e outros países em desenvolvimento.

A maior tolerância dos líderes do governo em relação à cultura religiosa se manifestou no âmbito das publicações durante a década de 1980. Em seu livro de 1983, *La fuente viva*, Miguel Barnet (1983, p. 146) dedicou uma atenção considerável às religiões sincréticas nacionais e as descreveu, pelo menos às vezes, como manifestações de um espírito "revolucionário", e não como mera visão mal orientada ou delirante. No ano seguinte, o governo relançou o estudo musical de Argeliers León de 1964, que enfatizava as tradições afro-cubanas, com o novo título *Del canto y el tiempo*. Essas obras foram as primeiras a discutir a cultura religiosa de forma positiva, ou pelo menos neutra, em quase 20 anos. A eles se seguiu *Presencia Arará en la música folklórica de matanzas*, de Maria Elena Vinueza (1989). Este último trabalho é típico do período, pois, embora seja bem pesquisado e valorize muito os tambores e as canções religiosas, ao mesmo tempo critica as próprias religiões (Vinueza, 1989, p. 51, 55)[493]. Dois anos depois, a Letras Cubanas publicou *Teatralización del folklore y otros ensayos*, de Ramiro Guerra (1989). Essa obra é importante por ter sido publicada por um coreógrafo afro-cubano que trabalhou em estreita colaboração com a Trupe de Folclore Nacional. Ela inclui informações úteis sobre as tradições de influência africana de várias partes da ilha, mas deixa de lado a questão das religiões e evita dizer se elas seriam em si mesmas um componente positivo ou não da cultura cubana.

A natureza conflituosa desses estudos acadêmicos tem seu corolário na música popular; um exemplo especialmente revelador é "Papá Eleguá", de Elio Revé (1930-1997) e sua "charanga" (uma banda de dança com flauta e violinos como seus principais instrumentos melódicos), composta por volta de 1984. Revé, um cubano negro e membro do Partido Comunista, foi um dos muitos

---

493. Vinueza descreve as crenças oriundas de Daomé como "obscurantismo" resultante da falta de educação formal. Ela se refere à comunidade arará como se fosse uma sobrevivência antiquada do passado e enfatiza que o objetivo do marxismo é erradicar a religião (Vinueza, 1989, p. 55).

que mantiveram seu envolvimento religioso oculto por anos, a fim de se integrar ao *establishment* político. Na peça mencionada, ele simultaneamente se associa à Santeria e ao Palo por meio da inclusão de termos rituais – "Yalorddé" (nome para uma encarnação da deusa Ochún), "irá" (positivo, bom em língua iorubá) e "kimbisa" (uma forma específica de Palo) – e sugere que, em geral, a religião não passa de superstição sem sentido. Essas contradições são típicas do discurso desse período. Apesar de sua tentativa de tornar a música mais aceitável por meio da inclusão de críticas marxistas, os representantes da EGREM se recusaram a gravá-la por quase uma década.

***Papá Eleguá* de Elio Revé**

La religión, la religión Es la concepción limitada de los hombres Los hombres, al verse imposibilitados ante los fenómenos que crean la naturaleza tuvieron que crear sus propios dioses	A religião, a religião é a concepção limitada dos homens Os homens, ao se verem impossibilitados ante os fenômenos que criam a natureza, tiveram de criar seus próprios deuses

Fonte: Revé (1993).

Observando as atitudes mais liberais em relação à religião no fim da década de 1980, alguns músicos começaram a experimentar a incorporação de elementos adicionais do iorubá em suas composições. O grupo Síntesis, liderado pelo casal Carlos e Ele Alfonso, destaca-se nesse aspecto. Foi um dos primeiros a fundir cantos rituais tradicionais inteiros no idioma iorubá, geralmente executados por cantores da comunidade religiosa, com rock tocado com baixo elétrico, guitarra, teclado e percussão. Os Alfonsos colaboraram estreitamente em suas gravações com o cantor Lázaro Ros, solicitando seus conselhos sobre o estilo de performance vocal e, às vezes, convidando-o para cantar com eles. O repertório do grupo do fim da década de 1980 e da década de 1990 chama a atenção pelas origens de muitos cantos, muitas vezes retirados de fontes obscuras. Suas composições podem ser ouvidas nos álbuns *Ancestros*, *Ancestros II* e *Olorum* para todos[494]. Na esteira desses experimentos e do reconhecimento de que expressões dessa natureza seriam toleradas, a religião ressurgiu como tema central nas músicas de muitos grupos comerciais. Em contraste com as respostas muitas vezes ambivalentes à apresentação de músicas religiosas no Teatro Nacional da década de 1960, as reações do público ao repertório do Síntesis foram positivas ao extremo. Isso reflete o fato de que seu público principal era mais jovem e mais aberto à experimentação, bem como o fato de que o "rock religioso" não comprometia os segredos rituais da mesma forma que León e a Trupe de Folclore Nacional possivelmente haviam feito.

Nos primeiros anos após o colapso da União Soviética, a religião iorubá se restabeleceu na vida dos cubanos de modo surpreendente, superando em muito os desenvolvimentos tímidos dos anos anteriores. Esse *boom* religioso, como é frequentemente descrito na ilha, trouxe praticamente todas as facetas da devoção à vista do público. Muitos observadores atribuem isso, pelo menos em parte, ao início da crise econômica; a liberalização das políticas em relação à religião parece ter sido uma medida calculada, tomada para garantir o apoio contínuo ao socialismo entre os negros durante os períodos de grave escassez de alimentos[495]. É óbvio que todas as formas de religião, inclusive o cristianismo, atraíram mais seguidores à medida que a vida se tornou difícil, e o futuro, incerto, e que o Estado se mostrou incapaz de cumprir seu papel de provedor com algum grau de eficácia. A adoção de um estilo de vida abertamente religioso também constituía uma maneira de

---

494. Carlos Alfonso *et al.* (1991, 1992, 1993). Essas são as citações dos discos atualmente disponíveis nos Estados Unidos. O primeiro álbum importante desse grupo, *Ancestros*, foi lançado em 1987 (Ned Sublette, comunicação pessoal com o autor). Sublette observa ainda que uma encarnação anterior da banda Síntesis, chamada Tema IV, lançou um disco alguns anos antes de *Ancestros*, que incluía algumas das mesmas peças. O lançamento de *Ancestros*, entretanto, foi o momento mais decisivo na popularização do "pop religioso".
495. Alexis Esquivel, comunicação pessoal com o autor.

manifestar a insatisfação com o dogmatismo do governo anterior. Natalia Bolívar[496] vê o envolvimento em massa dos cubanos com a religião na década de 1990, ao menos em parte, dessa forma, ou seja, como uma rejeição aos 25 anos de vigilância e regulamentação excessivamente zelosas da vida espiritual. Tendências semelhantes em outros países pós-socialistas dão crédito à sua posição. O surpreendente grau de tolerância à cultura religiosa nos anos 1990 também pode ser resultado da necessidade de atrair investimentos estrangeiros e empréstimos. Grupos como a União Europeia sempre associaram a ajuda econômica a melhorias nos direitos humanos, incluindo a liberdade de expressão religiosa. De qualquer modo, as autoridades reconhecem os lucros potenciais a serem obtidos, tanto com a venda de gravações de música influenciadas pela Santeria quanto com oficinas de turismo cultural, nas quais os estrangeiros pagam para ter aulas de percussão e dança. Ambos tiveram um aumento exponencial com o passar dos anos.

Por volta de 1990, documentários sobre as religiões afro-cubanas começaram a ser exibidos com maior regularidade na televisão, e as gravações de músicas com temas religiosos receberam maior representação no rádio. As autoridades concederam aos porta-vozes da Igreja Católica acesso à mídia em alguns feriados religiosos[497], e a cantora Celina González conseguiu gravar e distribuir uma nova versão de "Que viva Changó" pela primeira vez em mais de 20 anos (Oppenheimer, 1992, p. 343). Em 1991, a União de Escritores e Artistas Cubanos (UNEAC) publicou *Los orichas en Cuba*, o primeiro livro que discutia especificamente o

---

496. Natalia Bolívar, comunicação pessoal com o autor.

497. Documentos internos da Radio Habana Cuba (RHC), por exemplo, indicam que em 31 de março de 1991 um programa dedicado à celebração da Semana Santa foi ao ar naquela estação. Entre os oradores estavam Raúl Suárez Ramos, presidente do Conselho Ecumênico de Cuba; o Reverendo Arnaldo Mirando, presidente da Igreja Nazarena; e Joel Ajo, bispo da Igreja Metodista. Deve-se observar que a RHC é uma estação de ondas curtas destinada principalmente a ouvintes do exterior.

sistema de crenças da Santeria em décadas[498]. Foi lançado quase ao mesmo tempo que a série de quatro volumes dos *Estudios afrocubanos* (1990), de Lázara Menéndez, com significativo conteúdo religioso; *Como suena un tambor arará* (1991), de Neira Betancourt; e *Hablen paleros y santeros* (1994), de Tomás Fernández Robaina, que documenta a experiência dos santeros durante a revolução. Esse último trabalho é especialmente digno de nota, pois inclui comentários dos próprios praticantes sobre suas comunidades.

O governo permitiu a criação de uma sociedade cultural iorubá no início da década de 1990, unindo espontaneamente os membros das casas religiosas de toda a ilha pela primeira vez desde a década de 1950. Além disso, a Academia de Ciências patrocinou um workshop internacional dedicado à cultura iorubá (Fernández Robaina, 1994b, p. 2). A partir desse período, tornou-se aceitável que os iniciados na Santeria andassem pelas ruas usando vestimentas e colares rituais. Os estrangeiros com interesse em religiões africanas visitaram Cuba para consultar abertamente os líderes espirituais[499]. Talvez o mais importante seja que, durante o IV Congresso do Partido, em outubro de 1991, a liderança política começou a permitir a entrada de indivíduos religiosos no Partido Comunista. Diz-se que José Felipe Carneado, chefe do Gabinete de Assuntos Religiosos (um grupo de trabalho do Comitê Central), liderou essa mudança de política, bem como o fim de toda discriminação de fato com base na afiliação religiosa; outros defensores incluíam o historiador Eusebio Leal e o escritor Cintio Vitier[500]. Os membros de

---

498. Observadores notam que a publicação de Bolívar não continha nada de novo e, na realidade, não passava de uma reprodução condensada dos escritos sobre orichas produzidos por Fernando Ortiz e outros durante os anos pré-
-Castro. No entanto, o fato de esse trabalho ter sido publicado é significativo.

499. A prática de cobrar dos estrangeiros para "fazer seus santos" se tornou comum, ajudando a comunidade religiosa economicamente, mas trazendo tensões desagradáveis para os contextos rituais.

500. Uma disposição do Partido no ano seguinte oficializou a mudança; para um resumo desse documento, cf. *CubaINFO*, vol. 4, n. 8, 21 de julho de 1992.

todos os grupos religiosos passaram a identificar suas afiliações sem impedimentos. No que diz respeito à Santeria, esse estado de coisas não tem precedentes em toda a história de Cuba.

A profusão das novas gravações de música popular influenciadas de alguma forma pela Santeria é compreensível, dado que os afro-cubanos representam a maioria dos intérpretes contemporâneos e que tendem a viver em bairros onde as tradições religiosas africanas permaneceram fortes. Os álbuns com conteúdo religioso produzidos desde o início da década de 1990 normalmente fundem elementos culturais sagrados com música secular, como no caso de *Ancestros*, do grupo Síntesis, ou *Papá Eleguá*, de Elio Revé. Combinam descrições líricas de cerimônias de Santeria, terminologia iorubá, melodias sagradas e fragmentos de ritmos *batá* com uma batida de dança. Uma das primeiras peças a incorporar material dessa natureza e a ser amplamente tocada foi "Yo voy a pedir pa' tí", de Adalberto Álvarez, em 1991 (Álvarez, 1999). Ela começa com um canto tradicional para Ochún, harmonizado e sobreposto a sons de ondas do mar. Álvarez foi considerado ousado na época devido à sua decisão de mencionar seus padrinhos espirituais pelo nome[501], reconhecendo abertamente seu envolvimento pessoal com a Santeria[502]. "Yo voy a pedir pa' tí" foi um êxito tremendo e inspirou composições semelhantes de Dan Den, Los Van Van, Isaac Delgado e outros[503]. Entre 1992 e 1996, as referências à religião na música dançante se tornaram mais predominantes do que praticamente qualquer outro tema, dominando com efetividade

---

501. Ele menciona sua *padrina*, por exemplo, mencionando seu nome público (Rosa Zayas) e também seu nome religioso (Oché Elogüe).

502. Orovio, comunicação pessoal com o autor.

503. Exemplos de peças específicas desses e de outros artistas incluem: "Maferefú Obatalá" e "La reina de Ifé", de Pachito Alonso e su Kini Kini; "Viejo Lázaro", de Dan Den; "Babalú Ayé", de Kiki Korona; "Santa palabra", de NG La Banda; e "Soy todo", "Hierbero, vem" e "Ay, Dios ampárame", de Los Van Van. O CD *Despójate*, da Caribe Productions, de 1994, contém muitas dessas músicas.

o repertório comercial[504]. Em muitos casos, bandas que nunca tinham gravado música com temas religiosos começaram a fazê--lo naquele momento. Apareceram numerosas antologias de CD que utilizavam referências religiosas como uma estratégia central de marketing. Alguns anos após o início do *boom* de gravações musicais estilizadas, a própria cultura religiosa (e secular) tradicional afro-cubana começou a aparecer em quantidades cada vez maiores. Os artistas envolvidos no repertório devocional que não tinham podido gravar tiveram, de súbito, novas oportunidades de fazer vídeos e CDs, bem como de atuar para turistas no país ou no estrangeiro[505].

A revolução social liderada por Fidel Castro e Che Guevara teve associações abertamente moralistas, talvez até quase religiosas, desde o início. Em muitos aspectos, foi uma cruzada em favor dos oprimidos, abandonados e explorados. Por meio de campanhas contínuas para construir novas escolas e hospitais, oferecer trabalho aos desempregados, promover a alfabetização de adultos, tirar pessoas da prostituição e oferecer assistência médica e aposentadoria universal, as metas da liderança revolucionária são paralelas às das instituições de caridade e religiosas estabelecidas. Alguns afirmam que a liderança promove ideais marxistas com a mesma dedicação absoluta com que uma guerra religiosa é empreendida (Vázquez Montalbán, 1998). Músicos que apoiam o estado socialista, como Pedro Izquierdo (1990), chegaram ao ponto de comparar Castro a "um Jesus Cristo materializado" por causa de seus sacrifícios e lutas em favor das classes trabalhadoras.

---

504. David Calzado, em uma comunicação pessoal com o autor, observa que, nos últimos anos, o tema religião tem sido um pouco menos proeminente. O tema começou a ser percebido como excessivamente utilizado, e o mercado para esse tipo de material ficou saturado.

505. Exemplos dos inúmeros lançamentos de músicas e tambores religiosos tradicionais que surgiram desde meados da década de 1990 incluem Lázaro Ros (1992); CIDMUC (1995); Los Muñequitos de Matanzas (1996); e Justo Pelladito *et al.* (1997).

Em vista de seus objetivos comuns, é surpreendente que os revolucionários tenham entrado em conflito direto com grupos religiosos. Os embates com os cristãos surgiram logo no início, em parte devido aos laços estreitos entre a Igreja Católica e a elite cubana, em geral antagônica ao socialismo, e em parte devido à forte presença de padres espanhóis aliados à ditadura direitista de Franco. As tensões com os grupos religiosos iorubás surgiram um pouco mais tarde, derivadas de preconceitos de longa data na sociedade cubana branca de classe média contra a cultura de origem africana, e agravadas ainda mais pela filosofia marxista. As experiências dos fiéis variaram muito ao longo dos anos, mas a maioria sofreu alguma forma de perseguição pelo menos até o fim da década de 1980. Na maioria das vezes, isso consistia na perda de oportunidades educacionais ou de emprego. Em meados da década de 1980, os porta-vozes do governo com frequência afirmavam que a religião afro-cubana estava em declínio em Cuba e que o "poço profundo" representado por essas crenças confusas estava enfim secando[506]. Não existe nenhum reconhecimento oficial desses abusos, muito menos um pedido de desculpas por eles ou pelo fato de que, durante décadas, influências religiosas foram expurgadas quase que completamente da vida social e musical.

Desde o fim da década de 1980, as condições para os fiéis e para os interessados em cultura religiosa melhoraram drasticamente. As fileiras das organizações cristãs aumentaram, em parte devido às mudanças políticas e em parte devido ao apoio de grupos de ajuda no exterior. Em 1997, os cubanos celebraram seu primeiro

---

506. O comentário exato de Miguel Barnet (1983, p. 196), ao discutir nesse caso as religiões de origem africana, é o seguinte: "Em Cuba, é evidente que cultos como a Santeria vêm perdendo sua preeminência desde os primeiros anos após o triunfo da Revolução. Nossa nova sociedade [...] cria incentivos à vida que permitem às perspectivas humanas se abrirem e se livrarem das estruturas religiosas [...] As divindades ocuparão, em um futuro próximo, o lugar que os panteões grego e romano ocupam. Elas serão figuras de lenda [...] O poço das religiões africanas em Cuba [...] está secando dia a dia".

Natal oficial em 29 anos com a bênção do governo[507]. Algumas festividades religiosas voltaram a ser consideradas "patrimônio nacional"; centros financiados pelo governo começaram a publicar informações sobre suas histórias e manifestações. Muitos membros das religiões afro-cubanas passam a ganhar a vida se apresentando ou ensinando rituais de tambor, canto e dança para visitantes. Poucas restrições limitam a gravação de canções religiosas em modos tradicionais ou estilizados. Alguns sugeriram que, na Cuba do novo milênio, o "problema da religião" foi resolvido[508]. Os crentes entrevistados por Tomás Fernández Robaina, inclusive uma pessoa que se identificou como "santero-espiritista-palero-católicomilitante" (!), considerava-se totalmente integrada ao processo revolucionário (Fernandez Robaina, 1994b, p. 37). Pode-se sugerir, no entanto, que a religião e a música religiosa, sobretudo derivadas da África, permanecem controversas. Por um lado, elas passaram a ser aceitas como componente do patrimônio da nação. Por outro lado, muitos continuam a ver as religiões populares como "falsa consciência" e até mesmo como degeneradas. As editoras governamentais ainda não produzem compilações do repertório religioso afro-cubano ou mesmo partituras de canções individuais, apesar dos esforços de praticantes proeminentes. Os cantos iorubás ou congoleses ainda não foram integrados de um jeito consistente ao estudo nas escolas de arte nacionais, e não existe nenhuma instituição específica onde a tradição possa ser perpetuada e disseminada de forma mais ampla[509].

Em um nível mais amplo, as restrições permanecem sobre todas as expressões religiosas. Os conjuntos performáticos e os

---

507. *CubaINFO*, vol. 10, n. 2, 1997, p. 7.

508. Calzado, comunicação pessoal com o autor.

509. O próprio Lázaro Ros, juntamente com seu empresário, discutiu essas questões comigo em 1996. Eles fizeram campanha por algum tempo para a criação de compilações musicais de cantos sagrados, bem como para sua inclusão nos currículos, sem sucesso. Parece que o governo está muito mais disposto a aceitar estudos de música religiosa feitos por não participantes do que por aqueles que estão pessoalmente envolvidos.

representantes de grupos religiosos não têm acesso direto à mídia, aparecendo na televisão, por exemplo, somente a convite de representantes do Estado. Eles não podem publicar ou fazer circular livremente material impresso destinado para si mesmos e suas comunidades, mesmo de natureza não política[510]. A polícia ainda exige oficialmente autorizações para que as casas de santo agendem um toque, e os eventos devem terminar, em geral, às 21h[511]. Sob muitos aspectos, prece que "nenhum deus pode aceitar um concorrente" (Feher; Heller; Márkus, 1983, p. 199), e o partido reserva esse papel para si mesmo. Mas se o "mito secular" (Matibag, 1990, p. 246) da revolução substituiu o dos orichas e santos católicos, pode ser que seu reaparecimento nas canções ao longo dos anos sugira que um futuro mais equilibrado e equitativo para todos os cubanos esteja próximo.

---

510. Porta-vozes da Igreja Católica expressaram essa preocupação em seu famoso documento clandestino de 1993; embora as condições tenham melhorado desde aquela época, muitas questões ainda precisam ser consideradas.

511. Lázaro Ros e Valdés, comunicação pessoal como o autor.

15

Reivindicando o passado

Elementos iorubás nas artes afro-americanas

Babatunde Lawal

O termo "afro-americano" indica uma síntese de duas tradições: a africana e a americana. Assim como a última – um conjunto de tradições europeias, ameríndias e outras –, o componente africano é composto por pedaços de diferentes partes da terra natal. Com o passar do tempo, os fragmentos africanos se misturaram uns com os outros e com componentes americanos, a tal ponto que, muitas vezes, é difícil identificar sua origem em grupos étnicos específicos na África. Este capítulo examina as dinâmicas históricas, sociais, culturais e ideológicas que resultaram em transferência, retenção, perda, recuperação e reinterpretação de fatores culturais e artísticos iorubás nas artes afro-americanas[512]. A expressão "elemento iorubá", como usada aqui, tem uma conotação dupla. Por um lado, refere-se a itens culturais e artísticos transmitidos para a América do Norte durante o tráfico atlântico de escravizados, por cativos nascidos em Iorubalândia ou africanos de outras etnias influenciados por iorubás, que vieram da região hoje localizada no sudoeste da Nigéria, na República do Benim e no Togo. Por outro lado, a expressão também designa um renascimento mais recente de tradições iorubás por artistas norte-americanos de ascendência

---

512. Neste capítulo, traduzimos os nomes dos orixás e os conceitos iorubanos em inglês segundo sua grafia mais comum em português [N.T.].

africana, que buscam recuperar seu legado ancestral africano e, no processo, negociar novas identidades especificamente negras para fortalecer de sua vida individual ou coletiva.

Os iorubás

Atualmente com mais de 25 milhões de pessoas, os iorubás vivem na atual Nigéria, em Benim e no Togo, na África Ocidental. Embora unidos por língua e cultura comuns, eles estão divididos em vários reinos independentes, cada um chefiado por um rei. A abundância de recursos naturais permitiu que eles desenvolvessem uma das culturas mais avançadas da África subsaariana. No início do segundo milênio d.C., Ifé, sua cidade mais sagrada, havia se tornado um grande centro urbano com instituições religiosas, sociais e políticas muito sofisticadas. As artes antigas de Ifé incluem esculturas de terracota e bronze extremamente naturalistas datadas entre os séculos XI e XVI d.C., o que indica uma era de prosperidade econômica e atividades culturais intensas. A pesquisa arqueológica feita na cidade produziu dados importantes que agora estão sendo usados para reconstruir seu passado[513]. Outros reinos importantes de iorubás são Ketu, Sabe, Ohori, Anago, Igbomina, Ijebu, Ijexá, Ekiti, Ondo, Akoko, Owo, Egba, Egbado e Oió. Como estava localizada nas pastagens do norte e perto do Rio Níger, o reino de Oió pôde participar do comércio transaariano entre o oeste e o norte da África. Ele logo passou por desenvolvimento econômico e militar, tornando-se o reino mais poderoso entre o século XVI e o início do XIX, controlando um vasto império que incluía alguns grupos não iorubás.

A religião nativa iorubá se concentra na crença em um Ser Supremo (Olodumarê), o criador do universo e o gerador do princípio vital chamado *axé*, que sustenta o universo. Depois de completar o ato da criação, o Ser Supremo supostamente delegou a

---

513. Para detalhes, cf. Willet (1967) e Ojo (1967).

responsabilidade de administrar a terra a várias divindades chamadas *orixás*, que fazem a mediação entre ele e a humanidade. Cada orixá personifica um *axé*, associado a um fenômeno natural ou cultural. Assim, Obatala personifica a criatividade; Ilê personifica a terra que nutre; Iemanjá personifica a maternidade; Osanyin, a medicina herbal; Ogum, as ferramentas de ferro, a guerra e a bravura; Xangô (ou Shango), a tempestade e a justiça social; Oxum, a fertilidade e a beleza; Oyá, o tornado; e Ifa, a clarividência e a sabedoria. Exu Elegbara é o mensageiro divino, associado ao destino e ao dinamismo. O objetivo final da religião iorubá é garantir a benevolência e a proteção espiritual de Olodumarê e dos orixás na busca humana pela paz e pela felicidade na Terra.

A arte tem grande importância na cultura iorubá, porque é inseparável da vida. Segundo o mito iorubá da criação, a imagem humana arquetípica foi moldada em argila por Obatala, a divindade da criatividade. Depois disso, o Ser Supremo a infundiu com uma força vital chamada "èmí". O corpo humano, sendo uma obra de arte, contém, portanto, um poder especial, inspirando e sustentando a criatividade manifestada nas artes visuais e cênicas. Englobando desde a decoração da arquitetura ou de objetos úteis usados para comunicar bom gosto ou *status* elevado até o uso de vestimentas, esculturas, trabalhos em couro, itens com miçangas e emblemas rituais para fins sociais, políticos e religiosos, a arte é usada pelos Iorubá não apenas para fazer a mediação entre os mundos humano e espiritual, mas também para enriquecer a qualidade de vida e celebrar a alegria de viver.

Da dança "ijuba" iorubá à dança "juba" afro-americana

Como não havia uma contagem sistemática das pessoas, não é possível determinar o número exato de iorubás cativos nas Américas durante o tráfico escravista transatlântico. Mas a maioria dos estudiosos conjectura entre 1 e 2 milhões, ainda que muitos deles tenham sido levados para o Caribe e para a América do Sul (cf. os capítulos de David Eltis e Paul Lovejoy nesta obra).

A identificação étnica dos escravizados na América do Norte é muito mais difícil dado o fato de que eles foram ocasionalmente classificados de acordo com o porto de embarque. Assim, dezenas de cativos iorubás foram listados, junto com escravizados dos povos Ewe e Fom, como oriundos do Golfo de Benim, a área costeira correspondente ao atual Togo, à República do Benim e ao sudoeste da Nigéria (Curtin, 1969, p. 201-203). Esse grupo constituía cerca de 28% da população africana da Louisiana colonial entre 1760 e 1800 (Hall, 1992, p. 402-404).

Os registros de escravizados indicam que muitos escravizadores norte-americanos consideravam os cativos iorubás (então identificados como nagôs, popos e whydahs)[514] como os mais ideais e estimados de todos os escravizados, porque "eram vigorosos, trabalhadores e [...] submissos" (Phillips, 1929, p. 190). Segundo relatos, eles eram "muito educados e civilizados, muito respeitosos com os superiores, diante dos quais imediatamente se ajoelhavam e beijavam a terra enquanto batiam palmas três vezes" (Mullin, 1992, p. 285-286)[515]. Assim, alguns iorubás serviam como empregados

---

514. Antes do século XIX, os subgrupos que agora constituem os iorubás se identificavam por nomes diferentes, como Oió, Egba, Egbado, Ijebu, Ijexá, Ife, Ketu e assim por diante. No início, o nome "Iorubá" se referia apenas ao subgrupo Oió e, mais tarde, foi aplicado a todos os outros que compartilham a mesma língua e cultura.

515. Cf. tb. Astley (1745-1747). É necessário esclarecer aqui a suposta "submissão" e "polidez" do iorubá escravizado. De acordo com um provérbio popular iorubá: "Até que você tenha uma espada na mão, não confronte a pessoa que matou seu pai!" (*Bi owo eni ko ba te eeku ada, a ki I bere iku ti o pa baba eni*). Cf. Ajibola (1947, p. 14). Em outras palavras, a diplomacia compensa; se você não puder se defender com sucesso, não desafie seus adversários, especialmente na América do Norte anterior à guerra, onde a força brutal foi usada para esmagar revoltas de escravizados. Mas em outros lugares, como na Cuba do século XIX, onde eram conhecidos como Lucumi e tinham os meios para desafiar o sistema, os iorubás acabaram sendo "os escravos mais rebeldes e corajosos". Cf. Montejo (1976, p. 37-38 *apud* Brandon, 1993, p. 57). Sobre a contribuição dos cativos de Iorubá para as revoltas de escravizados em outras partes do Novo Mundo, cf. Clarke (1976, vol. 2, p. 607-612).

domésticos e artesãos, enquanto escravizados menos submissos de outras partes da África eram obrigados a trabalhar nos campos.

Uma pintura em aquarela na coleção do Centro de Arte Folclórica Abby Aldrich Rockefeller, em Williamsburg, Virgínia, intitulada *The old plantation* [*A antiga plantação*], com frequência é citada como um dos primeiros registros visuais da presença iorubá na América do Norte[516]. Com sua produção atribuída a um artista não identificado da Carolina do Sul entre o fim do século XVIII e o início do século XIX, a pintura apresenta três dançarinos – duas mulheres (com pedaços de tecido) e um homem segurando um bastão, todos com um laço na cabeça.

Há dois músicos – um está tocando um tambor em forma de tigela, com uma só membrana, e o outro, um instrumento de corda. O público é composto por sete pessoas; entre elas, há um homem usando um laço na cabeça. Acredita-se que a cena represente uma cerimônia iorubá, em parte porque a dança das figuras se assemelha à dança iorubá, e em parte porque o tambor em forma de tigela se parece com o "gudugudu", bem como o instrumento de corda se parece com o "molo", um alaúde, ambos iorubás (Chase, 1971, p. 52; Rumford; Weekley, 1989, p. 98, 104 e fig. 68).

Por mais impressionantes que sejam os paralelos com a cultura iorubá, no entanto, ainda não há uma explicação satisfatória para a dança do bastão e os laços masculinos na cabeça que, como Beatrix Rumford e Carolyn Weekley (1989, p. 98) observam com razão, "aparentemente têm um significado ligado à dança". Em segundo lugar, tanto o tambor em forma de tigela quanto o alaúde não são exclusivos dos iorubás; eles também são encontrados entre os hauçás do atual norte da Nigéria. Há um consenso entre os musicólogos de que os iorubás tomaram de empréstimo os dois instrumentos dos hauçás (seus vizinhos do norte), que têm nomes idênticos para os instrumentos: "kutunku" para o tambor em forma de tigela e "molo"

---

516. Ilustrado e discutido em Chase (1971, p. 52), Fine (1973, p. 11), Rumford e Weekley (1989, p. 98 e imagem 68) e Franklin (1996, p. 9).

para o alaúde[517]. Além disso, dada a grande influência da música islâmica sobre os hauçás, eles, por sua vez, parecem ter adotado os dois instrumentos dos árabes e berberes com os quais tiveram contato por vários séculos. A origem do instrumento de cordas em outras partes da África Ocidental é frequentemente atribuída aos mesmos grupos – árabes e berberes – que dominaram o comércio transaariano desde as primeiras décadas da era cristã até o fim do século XVI[518]. É claro que há uma grande variedade de alaúdes e tambores em forma de taça em diferentes partes da África e é difícil, se não impossível, atribuir todos eles à influência islâmica.

No entanto, é significativo que alguns dos homens na pintura *The old plantation* usem laços na cabeça – acessórios de vestuário que, nas culturas nativas africanas, normalmente não são associados aos homens, mas sim às mulheres. Esses laços na cabeça, em especial os usados pelo tocador de gudugudu e pelo homem de pé no extremo do lado esquerdo (do observador) da pintura, lembram o turbante ou o "kaffiyeh" árabe, que se tornou popular na savana da África Ocidental já no século XIII, quando alguns muçulmanos da região (incluindo os reis do antigo Mali) foram em peregrinação a Meca. Portanto, é provável que esses homens sejam muçulmanos, já que muitos deles foram escravizados e transportados para a América do Norte no século XVIII e no início do século XIX. Um deles, Ayuba Suleiman Diallo (conhecido pelo nome de escravizado Job Ben Solomon), foi levado da Gâmbia para Maryland em 1731. Uma gravura publicada na revista *Gentleman's* em 1750 mostra-o usando um turbante (Curtin, 1967, p. 53). Seus companheiros muçulmanos na Carolina do Sul também não abandonaram sua fé; eles "continuaram a observar as orações e devoções do Islã da melhor forma possível" (Raboteau, 1999, p. 54). Mesmo os muçulmanos convertidos

---

517. Cf. Thieme (1969, p. 14); Euba (1990, p. 56); e Oyetunji Mustapha (1975, p. 518-519).

518. Cf., por exemplo, Djedje (1999, p. 105).

ao cristianismo, como Omar Ibn Said – que havia viajado para Meca antes de ser escravizado –, continuaram a escrever em árabe (Raboteau, 1999, p. 54).

Portanto, é plausível que essa pintura tenha mais a ver com hauçás, fulanis ou outros africanos que foram expostos ao Islã muito antes dos iorubás, entre os quais o Islã não fez nenhuma incursão significativa até o início do século XIX. No entanto, considerando todos os aspectos, o estilo de dança das duas mulheres na pintura é tão parecido com o dos iorubás que elas parecem ser oriundas dessa cultura, apesar de seu novo traje europeu. Como Robert Farris Thompson (2002, p. 17) observou:

> Eu veria essa mesma ação muitas vezes em Iorubalândia nas décadas de 1960 e 1970: mulheres dançando, movendo-se repentinamente para perto da terra, exibindo juventude e flexibilidade, balançando uma tira de tecido que elas seguram diante do corpo como um detalhe final de estilo. Elas fazem dançar o tecido enquanto dançam sua dança.

Uma fotografia tirada pelo musicólogo Darius Thieme (1967, p. 37, fig. 4) na aldeia iorubá de Isundunrin na década de 1960 corrobora a observação de Thompson. Ela mostra uma mulher "dançando com uma tira de tecido" em frente a uma orquestra que inclui um músico tocando um tambor em forma de tigela semelhante ao da pintura *The old plantation*. Outra fotografia tirada por Michel Huet (1996, p. 134) na década de 1970 mostra duas máscaras Guelede femininas executando uma dança semelhante. A tira de pano que elas estão segurando é chamada de "oja" (faixa de bebê). Embora normalmente usada pelas mães iorubás para prender uma criança nas costas, a *oja* também pode ser empregada em rituais que visam garantir a fertilidade e pedir às divindades orixás que protejam a humanidade, tal como a *oja* prende com firmeza uma criança nas costas da mãe[519]. Às vezes, as mulheres

---

519. Para mais informações sobre a importância da faixa de bebê ("oja") entre os iorubás, cf. Lawal (1996b, p. 184-186).

iorubás podem usar um laço na cabeça ("gele") ou um pano no ombro ("iborun") para conduzir um convidado de honra à arena de dança, dançando de costas na frente da pessoa e segurando o pano da mesma forma como mostrado naquela pintura em aquarela.

Às vezes, elas podem estender o pano no chão para que o homenageado caminhe ou dance sobre ele. Isso é chamado de "iyesi" (tratamento de tapete vermelho). Em troca, o homenageado deixa cair presentes ou dinheiro sobre os pedaços de pano para agradecer a essas admiradoras pela demonstração pública de afeto. É possível, então, que o homem dançando na pintura seja o homenageado, usando o que parece ser sua bengala para responder ao movimento do tecido que está sendo "dançado" pelas duas mulheres à sua frente. Infelizmente, não há nenhuma pista sobre o motivo da comemoração. Tampouco sabemos por que ele usa um lenço. Entretanto, o fato de alguns elementos da pintura poderem ser, com facilidade, identificados com as tradições iorubás, enquanto outros não, pode muito bem indicar que a cena inclui não apenas iorubás mas também outros africanos que foram obrigados pelas circunstâncias da escravidão a sintetizar diferentes tradições africanas e estrangeiras no Novo Mundo[520].

A contribuição dos iorubás para essa síntese cultural na América do Norte é evidente no "juba", uma dança caracterizada por movimentos corporais intensos e um intrincado trabalho com os pés. Em Wilmington, Carolina do Norte, por exemplo, diz-se que a dança foi popularizada pelos "negros da Guiné", que "mantiveram muitas das ideias e tradições de sua terra natal"

---

520. Uma pintura do Mint Museum of Art, em Charlotte, Carolina do Norte, é semelhante em forma, estilo e conteúdo à do Centro de Arte Folclórica Abby Aldrich Rockefeller. Cf. Franklin (1996, p. 9). Com sua realização atribuída a uma data posterior, possivelmente no início do século XIX, a pintura do Mint Museum tem seis em vez de 12 figuras, executando a mesma dança contra o mesmo fundo. Os dois músicos foram separados. O homem que dança com a vara no primeiro quadro segura agora um pedaço de pano, estando de frente para apenas uma dançarina, em vez de duas. No centro do quadro está uma rã. A relação entre os dois quadros está ainda para ser desvendada.

(Warren, 1885, p. 200). Eles divertiam o público durante a época natalina. Edward Warren (1885, p. 201-202) fornece um relato de uma testemunha ocular do início do século XIX:

> O personagem principal é o "homem do trapo", cuja "vestimenta" consiste em um traje de trapos, todos eles arrumados de modo a ter uma de suas extremidades solta e pendente; dois grandes chifres de boi, presos à pele de um guaxinim, que é puxada sobre a cabeça e o rosto, deixando aberturas apenas para os olhos e a boca; sandálias de pele de algum "bicho" selvagem; vários sinos de vaca e ovelha ou cordas de chifres ressecados de cabra pendurados no ombro e dispostos de modo a tilintar a cada movimento; e uma vara curta de madeira temperada, carregada nas mãos.
>
> A segunda cadeira é ocupada pelo negro mais bonito do lugar, que não usa nenhum disfarce, mas está simplesmente vestido com o que eles chamam de "traje de domingo", e carrega na mão uma pequena tigela ou recipiente de lata, enquanto os outros assentos são ocupados por meia dúzia de companheiros, cada um fantasiado com fitas, trapos e penas, e carregando entre eles vários instrumentos musicais, as assim chamadas "caixas de gumba", que consistem em armações de madeira cobertas com peles de ovelha curtidas. Eles geralmente são seguidos por uma multidão heterogênea de todas as idades, vestida com roupas de trabalho comuns...
>
> Depois de lhes dar uma ideia dos personagens, descreverei a apresentação como a vi pela primeira vez no "Lago". Ao chegarem à porta da frente da "grande casa", os músicos passaram a violentamente bater em suas caixas de gumba, enquanto os personagens nº 1 e nº 2 iniciavam uma dança com as mais extraordinárias características – uma combinação de contorções corporais, arremessos, chutes, giros e travessuras de todas as descrições imagináveis; pareciam atuar como parceiros, mas cada um tentando superar o outro na variedade e no exotismo de seus movimentos. Ao mesmo tempo, o nº 2 começou com uma canção de

cadência estranha e monótona, que parecia ter sido improvisada para a ocasião e que funcionava mais ou menos assim:

"Meu sinhô é homem branco, juba!
A sinhá, a velha é dama, juba!
Crianças, potes do mel, Juba! juba!
Krimas só uma vez no ano, juba!
Juba! Juba! Ah, sim juba!..."

Depois de cantar um ou dois versos, o nº 2 foi até o mestre, com o chapéu em uma mão e o recipiente de lata na outra, para receber a esperada "moeda" e, enquanto fazia a reverência mais baixa, gritou: "Que o bom Deus abençoe o velho mestre e a senhora, e todas os jovens sinhôs, juba!"[521].

Embora a dança juba fosse popular em todas as Américas (como parte do baile de máscaras de Natal de John Kunering/ Jonkonnu)[522], sua origem exata e o significado do termo "juba" são obscuros. Uma lenda afirma que o termo se referia aos restos de comida colocados em um grande recipiente que os africanos escravizados compartilhavam com o gado. Mas essa lenda não explica de todo como os restos de comida passaram a ser associados à dança juba. A suposição atual é que a dança se originou entre escravizados bantos e que o termo "juba" provavelmente deriva das palavras centro-africanas (bantos) "giouba", "nguba", "ginguba" ou "diuba", que significam, nessa mesma ordem, "amendoim", "a hora", "o sol" e "tocar ou bater o tempo"[523]. Ainda que isso seja possível, deve-se observar que o termo também ocorre entre os Acã da Costa do Marfim, da Gana e do Togo, onde se refere a uma mulher nascida em uma segunda-feira. Mas não está asso- ciado a uma dança nessas culturas. Entre os iorubás da Nigéria

---

521. Transcrito em inglês crioulo no original [N.T.].
522. Para uma pesquisa acerca desse tópico, cf. Bettelheim (1988, p. 39-83).
523. Para uma revisão dessa literatura, cf. Robinson (1990, p. 215-217). Cf. tb. Vass (1979, p. 110) e Stearns e Stearns (1994, p. 27-29).

446

e da República do Benim, por outro lado, essa palavra expressa homenagem ou reverência (Crowther, 1950, p. 135) e em geral se refere ao gesto ou à dança que o acompanha. A associação da dança juba de Wilmington com "obediência" é, portanto, significativa: além de corresponder ao significado iorubá do termo, ela também lembra a preferência por escravizados iorubás na América do Norte que, conforme dito antes, eram reputados por sua "polidez" ou sua "subserviência". De fato, o termo "juba", junto com suas variações como "jiba", "yuba" e "moyuba" ("prestar reverência"), aparece com destaque em canções, danças e cerimônias religiosas associadas aos cativos iorubás e seus descendentes no Caribe e no Brasil[524]. Vale a pena mencionar que há um "Santuário Ijuba" (considerado dos mais antigos) em Trinidad dedicado a Ogum, a divindade iorubá das ferramentas de ferro, armas e guerras. De acordo com Candice Goucher (1999, p. 156), "os passos de dança dos devotos de Ogum, vistos nas cerimônias de orixás afro-cari-benhos em Trinidad e Tobago, também são preservados na mais tradicional dança carnavalesca de marinheiros hoje".

Outro aspecto da dança juba de Wilmington que sugere uma origem iorubá é o "traje de trapos, arrumados de modo a ter uma de suas extremidades solta e pendente". Como bem observou Sterling Stuckey (1987, p. 68-69), essa configuração lembra a máscara ancestral "Egungun" dos Iorubá, que povos em Daomé (Fom) e grupos relacionados podem ter introduzido na Carolina do Norte[525]. Um relato dos dançarinos menciona a presença de homens mascarados vestidos como mulheres – em "tiras de tecido

---

524. A variação cubana da juba é "yuba", como em "moyuba". Este último pode ser etimologizado como "mo" = eu; "yuba" = prestar respeito/homenagem. Na religião cubana Santeria, de influência iorubá, refere-se à invocação feita às divindades iorubás, aos orixás. Cf. González-Wippler (1982, p. 40,52). Em Trinidad, os termos "juba" e "jiba" são usados indistintamente por pessoas de ascendência iorubá para significar "homenagem". Cf. Warner-Lewis (1994, p. 23, 37).

525. Os Fom de Daomé foram outrora dominados pelos iorubás e, portanto, assimilaram muitos aspectos da cultura iorubana.

de cores alegres costuradas em suas roupas habituais e produzindo um efeito exótico e insólito" (MacMillan, 1926, p. 54-55). Isso lembra a Guelede, uma máscara iorubá dedicada aos poderes espirituais das mulheres. Como resultado, tal máscara, usada por homens, muitas vezes representa uma mulher, e o traje consiste em "laços femininos multicoloridos para usar no cabelo e faixas de bebê [...] amarradas ao redor do corpo" (Lawal, 1996b, p. 173, fig. 6.1-6.12)[526].

Uma característica da dança juba no Caribe e nos Estados Unidos é a ênfase na batida dos pés e nos movimentos corporais vigorosos (Winter, 1948, p. 40). Isso também está presente na dança Guelede. Por exemplo, quem usa a máscara Guelede chamada "Efe",

> no início de sua apresentação, começa a entoar cantos encantatórios [...] para poderes superiores. Isso [...] é chamado de "ijuba", a prestação de homenagem [...] Suas danças consistem em passos masculinos, giros rápidos e dramáticos, padrões rítmicos de pés em staccato e estampidos, balanço vigoroso dos braços... Efe dá uma volta rápida para fazer seu painel de toucas girar e vibrar, batendo os pés no chão para manter o equilíbrio (Ìbítókun, 1993, p. 105, 113)[527].

Igualmente relevante aqui é a observação de Edward Warren de que os trajes dos dançarinos de juba em Wilmington incluíam "sinos de ovelha ou cordas de chifres ressecados de cabra [...] dispostos de modo a tilintar a cada movimento". Isso pode muito bem ser um substituto para a tornozeleira metálica ("iku") da indumentária Guelede, que tilinta ritmicamente durante a dança, amplificando

---

526. Sendo um porto marítimo popular, diz-se que Wilmington estava "em contato próximo" com Nassau e as Bahamas (MacMillan, 1926, p. 55). Dada a proeminência da influência cultural iorubá no Caribe, a ligação Wilmington-Caribe reforça ainda mais a possibilidade de a dança testemunhada por Edward Warren conter alguns elementos iorubás, mesmo que os dançarinos não fossem todos provenientes de um único grupo étnico africano.

527. Para outros relatos sobre o Ijuba, especialmente a dança circular do coro Efe, cf. Harper (1970, p. 67- 94), Drewal e Drewal (1983) e Lawal (1996b, p. 118, 125).

os "padrões rítmicos dos pés em staccato"[528]. Assim, será que os escravizados iorubás poderiam ter originado ou popularizado a expressão "juba", apesar da natureza crioula da dança associada a ela? No Brasil e no Caribe, sabe-se que os elementos religiosos e culturais iorubás e bantos (em especial Congo) se reforçaram mutuamente devido às semelhanças fundamentais em seus elementos constituintes (Thompson, 1988, p. 20)[529]. A dança juba parece ser mais um exemplo dessa convergência cultural[530]. Espera-se que pesquisas futuras lancem mais luz sobre o assunto[531].

As contribuições dos iorubás para a shotgun house

Uma visão comum em muitas áreas do Extremo Sul dos Estados Unidos, a *shotgun house* ("casa de espingarda") é amplamente considerada uma das mais proeminentes contribuições afro-americanas para a paisagem norte-americana. Ela é assim chamada por causa da passagem ou do corredor que vai da frente até a porta dos fundos, de modo que uma bala disparada pela entrada transitaria sem impedimentos até a saída por trás. Outros comparam esse efeito de "passagem" a espiar pelo cano de uma espingarda. Uma típica *shotgun house* tem uma varanda frontal e um telhado de duas águas e compõe-se de cerca de um cômodo de largura e três ou quatro cômodos de comprimento. Embora o interior muitas vezes seja dividido em cômodos, nem todos têm porta.

---

528. Para detalhes, cf. Lawal (1996b, p. 187-188).

529. Cf. tb. Gomez (1998, p. 55).

530. Na década de 1840, William Henry Lane, de Providence, Rhode Island, tornou-se o dançarino de juba mais popular dos Estados Unidos e recebeu o apelido de "Mestre Juba". Em 1846, ele viajou para Londres, onde se apresentou em salões lotados. Ele morreu na capital inglesa em 1852. Cf. Thorpe (1990, p. 42-44).

531. Outras danças derivadas da África, mas crioulizadas, executadas por escravizados incluíam Ring Shout, Buzzard Lope, Bamboula, Pas-ma-la e Calenda. Para uma pesquisa nesse tópico, cf. Long (1989), Thorpe (1990) e Hughes e Meltzer (1990). Cf. tb. Lawal (2002, p. 45-47).

A maioria dos estudiosos concorda que a "shotgun house" foi introduzida no Extremo Sul (especialmente na Louisiana, nas Carolinas e no Alabama) no fim do século XVIII ou no início do século XIX por cativos africanos e negros livres/crioulos do Haiti e de Cuba (Vlach, 1980, p. 125-126). John M. Vlach, a maior autoridade no assunto, identifica o Haiti como o berço desse tipo de arquitetura no Caribe e na América do Norte, pois alguns dos exemplos mais antigos foram encontrados lá. Segundo ele, apesar de se saber que indígenas Arawak da zona rural do Haiti construíram casas semelhantes antes do início do tráfico escravista transatlântico, a arquitetura que acabaria se tornando conhecida como *shotgun house* é uma síntese das tradições arquitetônicas arawaks e africanas, beneficiando-se das técnicas francesas de construção e marcenaria (Vlach, 1976b, p. 47-56, 57-60; 1980, p. 125-126)[532].

Em outras palavras, os primeiros cativos negros no Haiti, ao encontrarem a casa indígena Arawak semelhante à deles, adotaram-na e modificaram-na para algo próximo ao que haviam deixado na África. A modificação parece ter ocorrido no fim do século XVIII, quando a maioria dos cativos africanos na zona rural do Haiti chegara oriundos do Golfo de Benim (Vlach, 1980, p. 125). A área não era apenas controlada pelo reino iorubá de Oió, mas muitos dos escravizados exportados de lá eram nagôs (outro nome para os iorubás) ou grupos afins, como Fom, Egun, Arada, Adja ou Ewe (Curtin, 1969, p. 192-196, 201, 202, 227).

Mesmo que existam estruturas semelhantes às *shotgun houses* em muitas partes da África subsaariana, algumas das formas mais avançadas podem ser encontradas entre os iorubás e grupos associados, como os Edo e os Fom. Os exemplares iorubás são construídos como unidades únicas, com telhado de duas águas e alpendres, ou como um complexo, composto por quatro ou mais unidades. Chamado "agbo-ile" (composto), cada complexo é ocupado por uma família ampliada e tem um pátio com "implúvio",

---

532. Cf. tb. Patton (1998, p. 59).

mais varandas elaboradas, às vezes adornadas com postes esculpidos[533]. Uma comparação dos principais elementos da *shotgun house* (como a varanda frontal, o telhado de duas águas e o espaço interno aberto) com a arquitetura iorubá revela semelhanças importantes. Vlach (1991, p. 207) observou o seguinte no decorrer de seu trabalho de campo na Nigéria:

> A característica mais partilhada é a dependência do módulo retangular de dois cômodos. A unidade iorubá de 3m × 6m coincide muito com a *shotgun house* rural de 3m × 6,5m do Haiti. As dimensões verticais também são semelhantes, de modo que as alturas das paredes geralmente variam entre 1,8 e 2,5 metros nas casas haitianas e africanas. Assim, a casa iorubá contém as características espaciais dessa estrutura. Embora o aspecto da orientação seja variável na arquitetura iorubá, ocorre de a casa de dois cômodos ter a empena voltada para a frente, como as casas haitianas com essa arquitetura. Nesses casos, tudo o que é necessário para converter a cabana iorubá em uma "espingarda" completa é um deslocamento da porta. Na casa iorubá, como na adaptação norte-americana, passa-se primeiro por uma sala de estar antes de entrar no quarto; a função do cômodo não precisa ser alterada. Como a casa de dois cômodos é uma unidade de trabalho na arquitetura iorubá que se destina a ser alongada, comprimida e reordenada em diferentes tipos de construção, o movimento de uma porta ou a mudança de um alinhamento de paralelo para perpendicular é um tipo de mudança esperada. Tais alterações ocorrem de vez em quando no contexto africano e, portanto, a espingarda haitiana pode ser considerada um produto do processo contínuo de modificação arquitetônica africana. As casas haitianas certamente incluem em seu projeto as mesmas preferências espaciais encontradas na África Ocidental. Portanto, a *shotgun house* rural manteve certo núcleo das expectativas africanas e, ao mesmo tempo, satisfez a necessidade que os proprietários das *plantations* tinham para alojamentos para escravizados: assim, houve um encontro de prioridade e preferência.

---

533. Para saber mais sobre a arquitetura iorubá, cf. Ojo (1966), Dmochowski (1990, vol. 2) e Vlach (1976a, p. 48-53).

Em suma, como Vlach (1991, p. 207) aponta, a semelhança entre a *shotgun house* haitiana com o projeto arquitetônico nativo iorubá sugere ligações antigas, se não uma relação genética. Isso não quer dizer que essa estrutura seja exclusiva dos iorubás. Ela também é encontrada em outros grupos da África Ocidental, Central e Equatorial que talvez pudessem ter contribuído para seu desenvolvimento no Haiti e em outras partes das Américas. No entanto, a possibilidade de uma grande contribuição dos iorubás (e grupos relacionados do Golfo de Benim) continua muito forte e é corroborada pelo fato de que a *shotgun house* era igualmente popular na vizinha Cuba do século XIX, onde os cativos iorubás (às vezes identificados como lucumis[534]) constituíam a maioria. De fato, o mercado cubano estava tão inundado de escravizados do Golfo de Benim, que alguns deles eram constantemente contrabandeados para a América continental, muito depois da lei de 1808, que proibia novas importações[535]. Por exemplo, embora a Espanha tenha cedido a Flórida aos Estados Unidos em 1819, muitos africanos com marcas faciais ainda podiam ser encontrados no estado na década de 1830 (Hall, 1990, p. 103). Não é preciso dizer que muitos subgrupos iorubás, no passado, usavam marcas faciais pelas quais eram identificados nos mercados escravistas cubanos e brasileiros. A propósito, um escravo lucumi (iorubá) entrevistado na Flórida na década de 1850 comentou que "ele havia sido contrabandeado de Cuba para cá muitos anos atrás"[536].

---

534. Esse termo deriva do iorubá *oluku mi*, que significa "meu amigo ou associado".

535. Cf. Hall (1990, p. 103). Para outros casos, cf. Dodd (1935, p. 117-128).

536. Cf. Hall (1990, p. 103) citando Bremer (1853, p. 289-290). Nas décadas de 1830 e 1840, houve grandes divergências entre os negros livres da América do Norte quanto à participação no programa "Back to Africa" (*De volta à África*), da American Colonization Society. Controlada pelos brancos, essa organização incentivava o reassentamento de negros livres na Libéria. O Dr. Martin Robison Delany, famoso médico negro e ativista dos direitos civis, foi um dos que se opuseram ao programa, alegando que ele tinha uma agenda oculta com o objetivo de privar os negros escravizados da liderança informada e dinâmica necessária para libertá-los. Mais tarde, ele

A contribuição significativa dos iorubás para o desenvolvimento da *shotgun house* também pode ser inferida pela proeminência das divindades iorubás (os orixás) em religiões de inspiração africana como o Voodu (Haiti, Louisiana e República Dominicana), a Santeria (Cuba) e o candomblé (Brasil). A divindade iorubá das encruzilhadas e mensageiro divino, Exu Elegba, liga todas essas religiões, uma entidade conhecida como "Lebat" na Louisiana do século XIX (Cable, 1898, p. 85, 167 *apud* Herskovits, 1958, p. 246)[537], "Legba" no Haiti, "Leggua" em Cuba e "Exu" no Brasil. De modo geral, mesmo que seja difícil rastrear seu início no extremo sul norte-americano, a *shotgun house* tornou-se muito popular e assumiu uma forma distinta no início do século XIX, quando muitos escravizados, crioulos negros livres e outros imigrantes de Cuba, Haiti e República Dominicana se estabeleceram em Nova Orleans e em outras grandes cidades, como Charleston e Mobile (Patton, 1998, p. 59).

---

mudou de ideia, em parte por causa das terríveis dificuldades enfrentadas por muitos negros livres e, em parte, depois de ler, entre outras obras, *Adventures and Missionary Labors... in the Interior of Africa from 1849 to 1856* (*Aventuras e trabalhos missionários... no interior da África de 1849 a 1856*), do Reverendo Thomas J. Bowen, lançado em 1857 pela Southern Baptist Publication Society, Charleston. Nele, o Reverendo Bowen fez um relato impressionante de seu trabalho missionário entre os iorubás, persuadindo assim o Dr. Delany a apoiar a ideia de uma possível imigração para a África. Ele visitou a Iorubalândia em 1859 e adquiriu lotes de terra em nome da National Emigration Convention of Colored Men (NECCM, "Convenção Nacional de Emigração dos Homens de Cor"). É provável que a escolha de Iorubalândia como um dos possíveis locais para o reassentamento dos negros americanos também tenha sido influenciada pela presença de muitos escravizados e negros livres iorubás na América do Norte naquela época. De fato, há um boato de que o avô materno do Dr. Delany era conhecido como "Xangô", e isso implica que ele era um príncipe iorubá de Oió (cf. Ullman, 1971, p. 4). De qualquer forma, o projeto da NECCM foi posteriormente tomado pela Guerra Civil Americana (1861-1865), durante a qual o Dr. Delany serviu como major e cirurgião do exército. Para obter mais informações sobre o projeto de assentamento da NECCM, cf. Delany (1861) e Campbell (1861).

537. Uma imagem de Exu Eleguá de Nova Orleans é ilustrada em Haskins (1978, p. 105).

Transformações nas artes visuais

A *shotgun house* sobreviveu até os dias de hoje em muitas partes do extremo sul por dois motivos principais. Primeiro, os senhores escravistas permitiam que os cativos africanos as construíssem; segundo, as casas são baratas e adequadas ao clima quente (Patton, 1998, p. 59). Os escravistas desencorajavam a produção da arte africana tradicional, em parte por causa de sua associação com a religião – que eles consideravam pagã – e em parte porque sua abordagem conceitual era confundida com uma tentativa fracassada de imitar a natureza. No entanto, alguns escravizados produziram obras no estilo africano para rituais particulares ou cerimônias secretas envolvendo outros africanos[538].

Na Flórida, sabe-se que os seminoles abrigaram escravizados africanos fugitivos no século XVIII e no início do século XIX, quando essa parte da América do Norte foi colonizada e explorada por britânicos, espanhóis e franceses. Alguns dos refugiados continuaram com suas tradições africanas, criando santuários para se reconectar com seus ancestrais. Outros adotaram vestes e hábitos ameríndios e até se casaram com seminoles (Littlefield, 1977; Ogunleye, 1996, p. 27). Na segunda década do século XIX, ocorreram mudanças drásticas no trabalho com miçangas entre os seminoles. A moda de novos itens com miçangas, como uma bolsa de ombro ou bandoleira, pode ser facilmente atribuída à influência dos colonizadores europeus[539]. Mas esse não é o caso do

---

538. Um tambor esculpido confiscado de escravizados na Virgínia colonial no século XVII segue o estilo acã, enquanto os assim chamados *face vessels* (vasos de rosto) africanos das Carolinas e da Georgia exibem características fisionômicas que lembram as figuras esculpidas "minkisi" do Congo. Outros exemplos incluem figuras esculpidas em altares, colheres e bengalas com motivos de cobras. Para ver as ilustrações, cf. Georgia Writers' Project (1940, figuras I-IV) e Vlach (1980). Muitos aspectos do estilo africano parecem ter sobrevivido na arte vernacular ou autodidata afro-americana. Para detalhes, cf. Lawal (2000, p. 30-49).

539. No entanto, essas bolsas de ombro são decoradas com desenhos exclusivos dos nativos americanos, embora a adoção de técnicas europeias de bordado seja evidente.

aparecimento de padrões irregulares e composições assimétricas, bem como certos desenhos preenchidos em algumas das bandoleiras. Tampouco é possível encontrar precedentes convincentes no trabalho com miçangas dos Seminole ou de qualquer grupo ameríndio contíguo. Como essas novas características são mais típicas do trabalho com miçangas entre os africanos, Marcilene Wittmer, Dorothy Downs, Thomas Larose e outros estudiosos sugeriram que elas podem ter sido introduzidas pelos negros, dado seu grande número entre os seminoles nas décadas de 1820 e 1830 (Downs, 1995, p. 155-156; 1998, p. 1-10; Larose, 2001; Wittmer, 1989, p. 269-275). Muitos dos recém-chegados eram oriundos do Golfo de Benim (Curtin, 1969, p. 235-264 *apud* Larose, 2001). Uma bolsa bandoleira, com efeito, expõe uma figura negra em calças que normalmente não eram usadas pelos seminoles naquela época[540].

Alguns dos padrões em formato de diamante no trabalho de miçangas entre os Seminole são comparáveis aos encontrados na cultura congo da atual República Democrática do Congo. No entanto, a grande maioria dos símbolos, cores, estilos e técnicas associados às mudanças no artesanato com miçangas dos Seminole pode ser facilmente comparada ao mesmo tipo de artesanato entre os iorubás[541]. Será que esses paralelos devem ser considerados evidência da influência iorubá na produção dessas peças com miçangas entre os Seminole? Essa possibilidade não pode ser totalmente descartada. Na época em que as mudanças ocorreram, os iorubás constituíam uma parte considerável da população escravizada da Flórida (Curtin, 1969, p. 235-264 *apud* Larose, 2001, p. 6-7)[542]. Muitos deles, como já mencionado, haviam sido importados ilegalmente de Cuba. Além disso, os iorubás têm uma

---

540. Ilustrado e discutido em Downs (1995, p. 166-167, figura colorida 24). Também discutido em Larose (2001).

541. Essas comparações foram bem realizadas na conferência de Thomas Larose, não publicada.

542. Cf. tb. Ogunleye (1999).

tradição rica e antiga de artesania com miçangas, cuja antiguidade é atestada pelas vestes com tais peças em algumas das figuras de bronze e terracota de Ifé, que datam do início do segundo milênio da era cristã[543].

Em meados do século XIX, a desvalorização euro-americana da arte africana levou artistas negros como Robert Scott Duncanson (1821-1872), Patrick Reason (1816-1898), Edward Mitchell Bannister (1826-1901), Mary Edmonia Lewis (1845-1911) e Henry Ossawa Tanner (1859-1937) a adquirirem as habilidades necessárias para o realismo acadêmico. Essa demanda os desconectou de sua herança africana nas artes visuais, relacionando-os cada vez mais à tradição europeia. Foi somente com o movimento Harlem Renaissance (Renascença do Harlem), nas décadas de 1920 e 1930, que os artistas norte-americanos de ascendência africana formalmente treinados começaram a se reconectar com sua herança artística – graças aos esforços do crítico de arte e filósofo afro-americano Alain Locke, que chamou a atenção dos artistas negros para a influência da escultura africana na arte moderna europeia, aconselhando-os a buscar inspiração em seu legado ancestral em vez de imitar o naturalismo da Europa anterior ao século XX (Locke, 1968, p. 254-267). Em resposta, alguns artistas negros estilizaram suas formas à maneira africana. Outros criaram composições com temas africanos.

Ressuscitando os orixás na América do Norte

Um dos primeiros intelectuais afro-americanos a envolver os orixás em uma apresentação teatral foi W. E. B. Du Bois (1868-1963). Membro do Conselho de Governadores da Exposição Nacional de Emancipação de Nova York, Du Bois escreveu uma ópera em 1913 intitulada *The star of Ethiopia* [*A estrela da Etiópia*]. Ela

---

543. Para ilustrações, cf. Willett (1967), Fagg (1980) e Drewal e Mason (1998).

comemorava o 50° aniversário da Proclamação de Emancipação de 1863. Com o objetivo de inspirar os companheiros negros a se redescobrirem, a recuperarem sua herança cultural e a lutarem pela liberdade total, a ópera sintetizou personagens e elementos artísticos de diferentes partes da África e do mundo negro. Como observa Freda Scott (1989, p. 259):

> Du Bois iniciou o primeiro de vários rascunhos de *The star of Ethiopia* em 1911. No início, ele chamou a obra de *The jewel of Ethiopia: a masque in episodes* [*A joia da Etiópia: uma mascarada em episódios*] (havia seis no primeiro rascunho). Como a mascarada é um gênero mais alegórico do que celebratório, ele começou com uma cena em que Xangô, o deus do trovão, dá a Joia da Liberdade à Etiópia em troca de sua alma. A joia finalmente chega aos Estados Unidos depois de ser perdida e encontrada várias vezes. Lá, as pedras de fundação do Trabalho, da Riqueza, da Justiça, da Beleza, da Educação e da Verdade são colocadas, e a joia é enfim colocada em um Pilar de Luz e assentada sobre essa base [...] Os 13 personagens principais incluíam a Rainha de Sabá, Nat Turner, Toussaint L'Ouverture e Mohammed Askia.

Como mencionado antes, a divindade iorubá Xangô está associada não apenas à tempestade, mas também à justiça social e retributiva. O fato de Du Bois ter incluído tal entidade entre os 13 personagens principais de *The star of Ethiopia* revela sua consciência do potencial de Xangô como instrumento de fortalecimento da luta afro-americana por justiça social e emancipação cultural. Ele provavelmente encontrou Xangô durante sua ávida coleção de materiais sobre a história e a cultura africanas ou como resultado de suas interações com afro-americanos que haviam migrado do Caribe para os Estados Unidos, onde muitos dos orixás iorubás haviam sobrevivido em várias formas. No entanto, os orixás não atraíram a atenção do público nos Estados Unidos até a década de 1940, quando mais imigrantes chegaram do Caribe (sobretudo de Cuba e Porto Rico), trazendo com eles a religião de inspiração africana chamada Santeria, ou seja, a adoração dos orixás sob a forma de santos católicos romanos (Vega, 1995, p. 210-212)[544].

Logo a música e as danças complexas associadas ao culto aos orixás chamaram a atenção de Katherine Durnham, a famosa coreógrafa afro-americana. Ela empregou alguns dos recém-chegados em sua companhia de dança e também organizou concertos mensais com orquestras cubanas que tocavam músicas influenciadas pela cultura iorubá. Em 1947, o trompetista de jazz e maestro de bebop Dizzy Gillespie colaborou com o percussionista de conga Chano Pozo, cubano, em sessões de gravação durante as quais Chano cantou músicas iorubás em homenagem a Iemanjá, a personificação iorubana da maternidade (Thompson, 1994, p. 227). Nas palavras de Dizzy Gillespie e Al Fraser (1979, p. 319 *apud* Vega, 1995, p. 202-203):

> Chano nos ensinou todo o multirritmo; aprendemos com o mestre [...] Ele nos ensinava alguns daqueles cantos cubanos e coisas do gênero [...] Há vários deles, o Nanigo, o Arara, o Santo (música do orixá iorubá) e vários outros, e cada um tem seu próprio ritmo [...] Todas elas são de origem africana.

Essas colaborações entre afro-americanos e afro-cubanos geraram muito interesse nos círculos musicais, culminando no Cubop Jazz, que às vezes incluía o ritmo bata, a música sagrada de Xangô. Atribui-se ao baterista de jazz Mongo Santamaria a realização do primeiro concerto público de música orixá em 1956 no Palladium Night Club, em Nova York (Vega, 1995, p. 202-203). O concerto foi dedicado a Xangô, cujo nome já era familiar ao público de teatro americano por conta da dança dramática *Carib song*, de Katherine Durnham, encenada em Nova York em 1945

---

544. Acredita-se que Pancho Mora (cujo nome iorubá é Ifa Morote) tenha sido o primeiro afro-cubano a se associar publicamente ao culto aos orixás nos Estados Unidos. Ele chegou em 1946. Cf. Brandon (1993, p. 106).

(Long, 1989, p. 72-73)[545]. Um dos primeiros afro-americanos convertidos à Santeria foi Walter Eugene King (nascido em 1928), artista gráfico e membro da Companhia de Dança de Durnham. Na época, King procurava alternativas africanas ao cristianismo e ao islamismo e viajou para Matanzas, Cuba, em 1959, onde foi iniciado e se tornou sacerdote de Obatala, a divindade iorubá da criatividade.

O início da década de 1960 marcou um ponto de virada na experiência afro-americana. Uma combinação de eventos, como o surgimento de estados africanos independentes, a intensificação do nacionalismo negro nos Estados Unidos e a luta contra a segregação, pela igualdade de oportunidades e pela emancipação cultural, incentivou muitos negros a se identificarem de maneira mais íntima com sua terra natal. A criação dos programas *Peace corps* [*Corpo da paz*] e *Operation Crossroads* (*Operação Encruzilhadas*) e a disponibilidade de subsídios para viagens permitiram que muitos afro-americanos visitassem a África. Alguns fizeram isso como uma espécie de retorno ao lar. Outros viajaram e viveram na África por algum tempo para realizar pesquisas ou simplesmente para ter uma experiência em primeira mão de sua herança cultural, da qual só sabiam até então o que lhes ensinava a literatura etnográfica. A criação de programas de estudos africanos e negros nas universidades americanas ofereceu uma oportunidade única para que os negros sem condições de deixar os Estados Unidos aprofundassem seus conhecimentos sobre a África e suas tradições culturais. Uma consequência desse novo desenvolvimento é que alguns afro-americanos abandonaram a fé cristã e se converteram ao islamismo ou às religiões africanas nativas.

---

545. Vale notar que em 1936, no entanto, Momodu Johnson e Norman Coker, dois residentes iorubás de Nova York, encenaram uma peça na cidade chamada *Bassa Moona* (*Terra do amor*). Patrocinada pelo Federal Theatre Project, a peça se passava em Lagos, na Nigéria, e alguns dos atores falavam iorubá. Cf. Martin (1975, p. 123-124).

Em 1960, Walter Eugene King fundou um templo iorubá no Harlem, em Nova York, e começou a converter outros negros à religião dos orixás. Ele rompeu com a tradição cubana de adorar tais divindades sob o disfarce de santos cristãos, restaurando-lhes sua identidade iorubá original. Por isso, chamou essa religião reformada de Orixá-Voodu, em vez de Santeria. Ele eliminou as imagens cristãs de santos católicos usadas pelos afro-cubanos para representar os orixás nos altares, substituindo-as por esculturas no estilo iorubá. Sendo ele próprio um artista, esculpiu algumas das esculturas de altar dedicadas aos orixás no templo de Iorubá. Também introduziu a performance com máscaras Egungun que os iorubás usam para representar as almas dos ancestrais falecidos que retornam ao mundo físico para interagir com os descendentes vivos. Ele abriu uma loja de roupas no Harlem que popularizou entre os negros o uso de vestes africanas, sobretudo "agbadas", "dansikis", "filas", "bubas", "iros" e "geles" iorubanas, que logo se tornaram símbolos do nacionalismo negro e da busca do negro por redenção cultural (Hunt, 1979, p. 28).

Alguns negros adotaram nomes iorubás. O próprio King mudou seu nome para Efuntol Oseijiman Adefunmi. Em 1970, ele fundou a Vila Oyotunji na Carolina do Sul, que desde então se tornou a Meca da religião, da arte e da cultura iorubás nos Estados Unidos. A vila, influenciada pelo projeto arquitetônico iorubá, é chefiada por Adefunmi, que usa uma coroa de contas como um rei iorubá. Desde 1972, ele visitou a Iorubalândia várias vezes e é fluente no idioma iorubano. É certo que, como Mikelle Smith Omari (1991, p. 67) observa apropriadamente, o renascimento das tradições iorubás na Vila de Oyotunji não pode ser atribuído de modo direto a "sobrevivências de culturas escravizadas", como ocorreu no Brasil, em Cuba, no Haiti e em outras partes do Caribe. Esse ponto também se reflete na natureza eclética do renascimento, que incorpora elementos egípcios antigos, fons, edos e axantes (Omari, 1991, p. 67). No entanto, de acordo com um morador da vila, o experimento constitui um ato de reivindicação e de reintegração de um patrimônio que foi perdido e depois reencontrado, patrimônio esse que tem sido de enorme valor terapêutico para milhares de afro-americanos em períodos críticos de sua luta por sobrevivência na América do Norte.

Muitas cidades americanas agora têm uma população crescente de devotos de orixás ou indivíduos que se identificam com a tradição iorubá e usam seus princípios para enriquecer suas vidas. O número de botânicas (lojas que vendem ervas e produtos relacionados aos orixás) aumentou ao longo dos anos. Alguns dos produtos são importados de Iorubalândia, do Brasil e do Caribe; outros, incluindo imagens e miçangas com aparência iorubá, são fabricados nos Estados Unidos[546]. No entanto, há uma crença geral de que materiais e imagens da Iorubalândia são mais eficazes no uso ritualístico. Isso explica em parte por que os membros da Sociedade de Descendentes de Iemanjá de Nova York (Egbe Yemoja), fundada em 1988, viajaram para Ibadan (Nigéria) em 1990 com o objetivo de encomendar uma imagem especial da deusa para ser usada em seus rituais (Mason, 1996, p. 70). Em resumo, os santuários para os orixás combinam imagens e móveis rituais feitos em Iorubá e nos Estados Unidos.

Invocando os orixás em palavra e imagem

Devido à sua associação com salvação, dinamismo e justiça retributiva, os orixás inspiraram novas peças de teatro, poemas e formas de arte durante a luta pelos direitos civis nas décadas de 1960 e 1970, e continuam a fazê-lo até hoje. No seguinte trecho da peça *The slave ship* [*O navio escravista*, 1967] de Amiri Baraka (1978, p. 133-134) – anteriormente Leroi Jones –, os negros cativos invocam o orixá durante o percurso transatlântico:

---

546. Cf., por exemplo, Mason (1998, p. 87-177).

MULHER 1. Ooooooooooo, Oxalá!
MULHER 2. Xangô!

. . . .

HOMEM 1. Xangô, Oxalá, faça seu relâmpago, bata no interior brilhante com caminhos para seu povo. Bata. Bata. Bata.
(Os tambores surgem, mas são paredes e pisos sendo batidos. Correntes chacoalham. Correntes chacoalham. Arraste as correntes).

. . . .

HOMEM 2. Fukwididila! Fukwididila! Fukwididila! Vá se foder, Orixá!
Deus! Onde você está? Onde você está agora, Deus Negro? Ajude-me. Sou um guerreiro forte e não sou mulher. E me esforço contra essas correntes! Mas você precisa me ajudar, Orixá. Oxalá!

A invocação do orixá iorubá para a intervenção divina em *The slave ship* reverte a dependência anterior dos negros escravizados e oprimidos em relação ao Deus cristão (Raboteau, 1999, p. 53):

Oh, meu Senhor que salvou Daniel
Oh, por que não me salvou também?[547]

Essa dependência resultou na expectativa metafórica de um "Moisés" negro para liderar os desprivilegiados para a Terra Prometida, assim como o Moisés bíblico liderou os "Filhos de Israel", libertando-os da escravidão egípcia[548]. Essa cena citada de *The*

---

547. Para uma antologia das orações afro-americanas dos primeiros períodos até os anos 1990, cf. Washington (1994).

548. Daí a popular prece dos escravizados: "A terra de Canaã é a terra para mim / E deixe os santos de Deus entrarem / Havia um homem perverso / Ele manteve as crianças na terra do Egito / A terra de Canaã é a terra para mim / E deixe os santos de Deus entrarem / Deus disse a Moisés um dia / Disse, Moisés, vá à terra do Egito / E diga a ele para deixar meu povo ir / A terra de Canaã é a terra para mim / E deixe os santos de Deus entrarem". Cf. Raboteau (1994, p. 1) e Lawal (2001a, p. 98-103).

slave ship, portanto, tem duas implicações principais. Primeiro, ela relembra a experiência traumática do percurso pelo Atlântico, de modo que a geração atual possa aprender e corrigir algumas das injustiças sociais do passado com o objetivo de melhorar o futuro dos afro-americanos. Em segundo lugar, chama a atenção para o fato de que os líderes das revoltas bem-sucedidas contra a escravidão (como o de Toussaint L'Ouverture, haitiano, e o de Joseph Cinqué, do caso Amistad) tinham uma fé inabalável em sua própria capacidade de lutar pela liberdade antes de recorrer a amuletos, orixás e voodu[549]. Esse ponto ressoa na passagem: "Sou um guerreiro forte, [...] Mas você precisa me ajudar, orixá. Oxalá". Em outras palavras – e como diz o ditado: "Deus ajuda aqueles que se ajudam". A dramaturga Barbara Ann Teer, fundadora do National Black Theater of Harlem (NBT, Teatro Nacional Negro do Harlem), também envolveu o orixá em muitas de suas peças. Na década de 1970, ela levou membros de sua trupe para a Nigéria, a fim de aprofundar seus conhecimentos sobre a dramaturgia africana, especialmente a iorubá. Na Nigéria, os membros do NBT colaboraram com dramaturgos locais (Williams, 1985, p. 52-53).

De acordo com Teer (1981, p. 210, 235-236), a tradição dos orixás tem sido um instrumento poderoso que reconecta o dramaturgo afro-americano com seu passado e, ao mesmo tempo, serve como um instigador eficaz de inspiração e libertação:

> [...] Orixá, levante-se
> Eu sou imutável / Levante-se / Imperecível / Levante-se
> Por natureza sou puro
> De quem devo ter medo?
> Ogum[550], traga seu poderoso exército, Orixá, Orixá

---

549. Toussaint L'Ouverture liderou a revolta de escravizados que resultou na independência do Haiti em 1804. Em 1839, Cinque, cujo nome africano era Sengbe Pieh, liderou o bem-sucedido motim a bordo do navio negreiro espanhol *Amistad* durante sua viagem de Havana a Puerto Principe, em Cuba. Cinque e seus colegas foram escravizados em Serra Leoa e levados para Havana em outro navio. Depois de serem vendidos, foram transferidos para o *Amistad*.

550. Ogum é a divindade das ferramentas de ferro, das armas e da guerra.

Liberte-nos da escravidão mental, quebre essas
correntes
Agora entre rapidamente em nossas comunidades, Oiá[551],
Como um furacão, corte nossas formas-pensamento
de dor
Elimine a negatividade em nossas famílias
Encha nossos guetos, Oxalá[552], com uma nova força
de luz branca
Orixá, envie as cores do arco-íris
Envie o som do arco-íris
Xangô, desça como um trovão
Oxum[553], traga sua chuva pesada
Encha nossos corações com seu amor e sua compaixão
Orixá, liberte nossa mente dessas correntes ocidentais.

Um poema de Audre Lorde (1992, p. 93) escrito em 1970, de
título "The Winds of Orisha" ("Os ventos dos orixás") faz uma
observação semelhante:

[...] Lendas impacientes falam através de minha carne
mudando a formação desta terra
espalhando
Eu mesma me transformo em um encantamento
personagens sombrios e roucos
saltando para frente e para trás em páginas sem graça
Mãe Iemanjá levanta seus seios para iniciar meu parto
perto da água
o belo Oxum e eu nos deitamos juntos
no calor da verdade de seu corpo
minha voz se torna mais forte
Xangô será meu irmão, rugindo do mar
a terra sacode nossa escuridão
inchando um no outro
ventos de advertência nos anunciam vivendo
como Oiá, Oiá minha irmã minha filha
destrói a crosta das praias afinadas
e o riso negro de Exu
revira a areia pura e adormecida.

---

551. Oiá é a deusa do tornado.
552. Oxalá é a divindade da criação.
553. Oxum é a deusa da fertilidade e da beleza.

Nesse poema, Audre Lorde se vê passando por um rito de passagem. Ela foi transformada ao mesmo tempo em uma médium espiritual e "um encantamento", tornando-se a personificação do que os Iorubá descrevem tradicionalmente como "axé" – a força que empodera, força com a qual os orixás manifestam seu poder e sua presença e que pode então ser aproveitada para o bem humano ou para dar novas oportunidade aos desfavorecidos[554].

Uma melhor compreensão da história e do significado da arte africana permitiu que os artistas plásticos afro-americanos contemporâneos usassem imagens e símbolos dos orixás de forma mais significativa[555]. Hale Woodruff foi um dos primeiros entre esses artistas a invocar Xangô em suas obras. Em 1951, ele concluiu seis murais intitulados *Art of the negro* para a Biblioteca Trevor-Arnett, da Universidade de Atlanta (agora Clark-Atlanta), em Atlanta, Geórgia. Um dos murais, "Native Forms" (Formas nativas), é dominado por uma figura colocada sob um machado duplo, aludindo à presença divina e ao poder protetor de Xangô. Tal figura é ladeada, à esquerda, por máscaras dançantes, representando seres espirituais e ancestrais; à direita, por guerreiros carregando escudos, lanças e armas duplas. Abaixo da figura central de "Xangô", há representações de artistas negros trabalhando e exemplos da antiga arte africana – tudo com o objetivo de inspirar os artistas afro-americanos contemporâneos a buscar o mesmo alto nível de criatividade de seus ancestrais na África (McDaniel, 1995 p. 5-17)[556].

---

554. Para uma discussão sobre os temas dos orixás nas obras do famoso dramaturgo afro-americano e vencedor do Pulitzer August Wilson, cf. Richards (1999, p. 93-105).

555. Entre os artistas afro-americanos que visitaram a Iorubalândia entre as décadas de 1950 e 1970 estão Elton Fax, John Biggers, Jacob Lawrence, James Lewis, Carrol Sims, Lois Mailou Jones, David C. Driskell, Jeff Donaldson e Charles Searles. Desde então, vários outros estiveram lá por períodos mais longos, realizando trabalhos de campo ou atuando como professores visitantes em instituições educacionais.

556. Um dos primeiros esboços de "Native Forms" ("Formas nativas"), agora na Bellevue Gallery em Trenton, Nova Jersey, data de 1941. Cf. Taha (1998, p. 146).

Uma análise das obras produzidas durante o movimento Black Arts das décadas de 1960 e 1970 revela invocações diferentes, mas relacionadas, de Xangô, para fortalecer a busca por justiça social. Cf., por exemplo, o trabalho plástico com várias mídias intitulado *Xangô* (1969), de Ademola Olugebefola, anteriormente Bedwick Thomas. Nela, o artista transforma a haste de trovão do machado de dois gumes de Xangô em uma figura feminina que dispara fogo pela cabeça, como se invocasse a ira desse orixá (do lado africano do Atlântico) sobre aqueles que maltratam ou discriminam outros seres humanos. O fogo no topo da figura é alimentado por raízes profundamente embutidas no corpo da figura feminina e conecta, de modo metafórico, a África às Américas. A pintura lembra o *Manifesto Etíope*, publicado por Robert Alexander Young (1829 *apud* Moses, 1996, p. 60-67), alertando os proprietários escravistas de uma possível intervenção divina.

O uso de temas relativos aos orixás é mais complexo na pintura de Jeff Donaldson de 1971 intitulada *Victory in the Valley of Esu* [*Vitória no Vale de Exu*]. Ela apresenta um casal negro, os pais do artista, que incutiram nele, desde a infância, a determinação de lutar pela justiça social, uma determinação representada pelo machado ritual de dois gumes de Xangô segurado por seu pai. Na frente do casal está a "Estrela Negra", um símbolo da busca afro-americana por emancipação cultural, política e espiritual. O olho no centro da estrela reflete a imagem de outro casal de negros – o Sr. e a Sra. Edwin Lexie, de Washington, D.C. –, que desafiaram com sucesso uma tentativa arbitrária das autoridades da cidade de adquirir sua propriedade residencial para uso público (Okediji, 2003, p. 104, 192 nota 31). Assim, o machado ritual de Xangô na pintura também é um emblema da luta vitoriosa do casal Lexie por equidade. A imagem do olho, por outro lado, denota a vigilância protetora de Exu Eleguá, o guardião dinâmico e o agente catalisador do destino e das encruzilhadas[557]. Como Xangô, Exu Eleguá defende a causa

---

557. Para mais informações sobre Exu, cf. Pemberton (1975, p. 20-27, 66-70, 90-91) e Lawal (2001b, p. 501-502).

dos oprimidos, levando ajuda aos desamparados e esperança aos desesperançados, fornecendo a vigilância e os equilíbrios cruciais para a manutenção da ordem social[558].

A década de 1960 também testemunhou o surgimento do movimento feminista, quando as mulheres realizaram protestos públicos contra a discriminação de gênero. Até então, a mulher negra era estereotipada como a dócil Tia Jemima, o logotipo da empregada doméstica que vendia uma popular massa para panquecas. A pintura em aquarela de Jeff Donaldson, *Wives of Shango* (1968) [*Esposas de Xangô*], desafia esse estereótipo[559]. A pintura mostra três mulheres negras ostentando "afros" espessos e cintos de bala, lembrando Oiá (esquerda), Obá (centro) e Oxum (direita), as deusas iorubás do tornado, da tranquilidade e da beleza/fertilidade, respectivamente. Essas deusas são reverenciadas como modelos femininos dinâmicos cujos poderes complementam os do orixá masculino. Por meio delas, Donaldson nos lembra das contribuições feitas por heroínas negras para a luta afro-americana pela igualdade racial e de gênero – heroínas negras como Harriet Tubman, Sojourner Truth, Maggie Walker, Rosa Parks e Angela Davis.

O monumento público de Muneer Bahauddeen, intitulado *Orisha wall* [*Muro dos orixás*], é uma das mais ousadas invocações esculturais do passado ancestral africano na paisagem americana. Localizado na faixa central da Rua 55ª, entre as avenidas Lake Park e Kenwood, em Chicago, Illinois, o monumento foi encomendado em 1987 pela Câmara de Comércio de Hyde Park em Chicago. Feito de concreto e azulejos multicoloridos, tem cerca de 3 metros de altura e 4 metros de largura. Embora represente seis dos principais orixás iorubás – a saber, Xangô (deidade da tempestade), Oxalá (deidade da criatividade), Ogum (deidade do metal e da

---

558. Sobre as ressonâncias de Exu Eleguá na literatura afro-americana, cf. Gates (1988) e Euba (2002, p. 167-180).

559. Para uma ilustração desse quadro, cf. Brown (1998, p. 52).

guerra), Exu Eleguá (mensageiro divino), Oiá (deusa do tornado) e Oxum (deusa da fertilidade e da beleza) –, a escultura consiste em apenas duas figuras, uma masculina e outra feminina. A figura masculina (na parte de trás), com cores vermelhas, representa Xangô, a divindade da tempestade. Um lado da figura feminina (na frente, segurando um leque) tem cores rosa e avermelhadas para representar Oiá, a deusa do tornado. O outro lado dessa figura feminina tem cores verde-âmbar e dourado que aludem a Oxum, a deusa da fertilidade e da beleza. Oxalá, Ogum e Exu Eleguá são representados por três outras cores[560]. Outro monumento público dedicado a Xangô é um mosaico de cerâmica na Estação da Rua 110ª, Metrô da Avenida Lexington, na cidade de Nova York. Ele é intitulado *Fire: a saturday on 110th street* [*Fogo: um sábado na Rua 110ª*]. Criado por Manuel Vega em 1996, o mosaico retrata um sacerdote com o bastão ritual de Xangô, dançando ao ritmo revigorante de bata, a música sagrada de Xangô. Conforme observado antes, a música bata teve destaque no Cubop Jazz de Nova York nas décadas de 1950 e 1960[561].

Em suma, ao glorificar a imagem do orixá em cidades altamente urbanizadas e industrializadas como Chicago e Nova York, Bahauddeen e Vega proclamam a importância deles para a luta pela sobrevivência na era tecnológica. A associação de Xangô com o fogo (relâmpago) e, por extensão, com a energia dinâmica

---

560. Para mais detalhes, cf. Glinski (1991, p. 33-47).

561. Neste ponto, é pertinente mencionar as contribuições à música afro-americana de músicos iorubás, como Babatunde Olatunji, Fela Anikulapo-Kuti e Solomon Ilori. O famoso saxofonista tenor de jazz John Coltrane era amigo íntimo de Babatunde Olatunji, que tinha um centro cultural no Harlem, em Nova York, na década de 1960. John Coltrane visitou o centro cultural e interagiu de perto com Olatunji, buscando inspiração em sua música. Cf. R. Turner (1975, p. 10). Fela visitou os Estados Unidos várias vezes nas décadas de 1960 e 1970, colaborando com eminentes músicos de jazz, como Roy Ayres, que também visitou a Nigéria e tocou com Fela em sua casa noturna, a Kalakuta Republic. Na década de 1970, Solomon Ilori liderou uma orquestra nos Estados Unidos que popularizou a música iorubá. A orquestra era formada por músicos iorubás e afro-americanos. Cf. Roberts (1998, p. 255-256), Veal (2000, p. 258-259) e Schoonmaker (2003).

ressoa nesses dois monumentos por causa da ênfase em azulejos de cerâmica, que são feitos com a queima de argila.

De modo geral, embora a expressão criativa afro-americana não possa ser divorciada de seu ambiente norte-americano, o fato é que o legado ancestral africano nas artes visuais e cênicas continuou a nutri-la e revitalizá-la, e a contribuição da estética iorubá para essa revitalização foi imensa. Ela permitiu que muitos artistas afro-americanos relacionassem sua criatividade de forma mais significativa a situações da vida individual e às forças sociais, econômicas e ideológicas que afetam a experiência negra nos Estados Unidos. Ao se aprofundarem em seu passado africano, esses artistas desenvolveram uma nova autoconfiança em sua capacidade inata de se destacar e encontrar seu rumo e novas identidades em uma era impulsionada pela tecnologia com suas crescentes complexidades.

Na virada do século, W. E. B. Du Bois descreveu o negro americano como um indivíduo com uma "consciência dupla", refletindo o fato de ser africano e americano ao mesmo tempo. Em suas palavras, esse indivíduo tem "duas almas, dois pensamentos, dois esforços não conciliados; dois ideais em guerra em um corpo escuro" (Du Bois, 1968, p. 3). A crescente adaptação da herança cultural e artística africana à experiência negra nos Estados Unidos permitiu que muitos artistas afro-americanos dessem passos gigantescos em direção à reconciliação dessa "consciência dupla". Ao tentar sintetizar o africano com o americano, esses artistas estão começando a forjar uma identidade verdadeiramente afro-americana.

Nota: Este capítulo é uma versão revisada e muito ampliada de uma palestra pública intitulada "African American Art: The Iorubá Connection" (Arte africana americana: a conexão iorubá), proferida pela primeira vez na Universidade do Alasca, Anchorage, em 25 de março de 1998. Gostaria de agradecer ao professor Charles E. Licka pelo convite para dar a palestra. Também sou grato a Marcilene Wittmer, Thomas Larose e Tolagbe Ogunleye por me disponibilizarem cópias de suas publicações e trabalhos de conferência não publicados sobre as influências africanas nos artesanatos com miçangas entre os Seminole e a presença iorubá na Flórida. Por fim, um agradecimento especial aos pareceristas anônimos da versão preliminar deste capítulo por seus comentários perspicazes.

16

"IORUBANISMOS" NOS PADRÕES DE "FALA" AFRO-AMERICANOS

Augustine H. Agwuele

Alguns desses meus pensamentos vieram à luz antes, sob outras formas.

W. E. B. Du Bois

O intelecto coletivo, as conquistas e a memória de qualquer civilização ou grupo de pessoas só podem ser compartilhados e transmitidos de uma geração para outra por meio da capacidade superlativa da humanidade de ouvir e produzir os sons significativos que compõem uma língua. Quando as pessoas, especialmente as da civilização da escuta, são deslocadas, elas carregam consigo sua cultura em suas linguagens e a desdobram em um novo lugar. Assim, a língua, de certa forma, é um resumo de sua consciência e da subconsciência comunitária e individual, a sinopse de sua existência e sua experiência, o acúmulo de conquistas das gerações anteriores, seus valores e sua visão de mundo, que por natureza são irreprimíveis. Os iorubás na diáspora trouxeram ao continente americano um rico legado linguístico que permeia muitas facetas da sociedade. Esse legado é o ponto de apoio e a pedra angular, em maior ou menor grau, de muitas práticas (linguísticas) encontradas entre os afrodescendentes da América, tanto histórica quanto atualmente.

Este capítulo explica o legado linguístico dos iorubás nas Américas a partir de duas perspectivas: enumerando algumas características linguísticas iorubanas encontradas em algumas línguas da América[562] e demonstrando como alguns desses traços da linguagem impactam regiões da vida social americana. A seção final do capítulo é um relatório provisório de um estudo etnográfico a respeito de uma comunidade iorubá sediada em Austin, Texas. É feita breve menção a algumas das formas como a língua iorubá é empregada por esses iorubás afro-americanos, que estão recriando um estilo de vida iorubano no Novo Mundo. O capítulo observa de passagem que os atuais "iorubás americanos" se beneficiam de um maior contato com os iorubás nigerianos e babalaôs (sacerdotes), bem como de peregrinações e formações na Iorubalândia. Por fim, o capítulo propõe que o "iorubá americano" contemporâneo é um sincretismo de religião e estilo de vida que é responsável pelo padrão de fala que está surgindo lentamente – o qual Aina Olomo, uma sacerdotisa iorubá, chamou de "iorubabônico"[563].

Contexto

Vários grupos de pessoas e culturas foram retirados da África e trazidos para as Américas. Muitos desses povos transplantados participaram da formação do Novo Mundo. De modo semelhante a outros povos e culturas, como os congos, os africanos orientais ou os servos contratados da Grã-Bretanha, as práticas culturais, a religião tradicional e a língua iorubás exerceram profundas

---

562. Devido a restrições de idioma, a maioria dos exemplos apresentados serão oriundos das Américas anglófonas, mas as afirmações serão válidas para regiões americanas que não falam inglês. Também é preciso observar que este artigo trata principalmente das formas de fala "afro-americanas", ou seja, aquelas encontradas na América desde o comércio de escravizados e que são resultado do contato entre africanos e as várias línguas europeias das quais elas obtêm seu léxico.

563. O termo retoma e modula o conceito de *ebonics*, cunhado nos anos 1970 por intelectuais negros norte-americanos para se referir à linguagem de todos os povos descendentes de africanos escravizados (*ebony*), especialmente sua dimensão fônica (*phonics*). Assim, o conceito de "iorubabônico" procura nomear a presença específica da língua iorubá nesse substrato linguístico afro-americano [N.T.].

influências nas Américas. A cultura iorubá é um dos assuntos mais pesquisados por muitos estudiosos da diáspora, e seu idioma continua sendo um dos idiomas africanos mais ensinados nas universidades americanas e um dos sistemas culturais e de crenças mais versáteis encontrados no mundo ocidental. O idioma, a religião e a cultura iorubanas são proeminentes nos estudos africanos em toda a América[564]. O reverendo Samuel Johnson (1966), em 1921, caracterizou os Iorubá da África Ocidental como uma nação. De acordo com Matory (1999c, p. 76), desde o século XIX, a nação Iorubá se elevou acima de todas as outras nações afro-latinas: "ela é proeminente em tamanho, riqueza, grandeza e prestígio internacional, é estudada, escrita e imitada muito mais do que qualquer outra, não apenas por crentes mas também por antropólogos, historiadores da arte, romancistas e críticos literários".

A "nação" Iorubá é uma expressão genérica que define pessoas de diferentes países fora da África, as quais professam uma religião de divindades e práticas de adivinhação e culto ancestral e aceitam a Iorubalândia como sua terra de proveniência. Entre eles estão devotos de Xangô, a umbanda e o candomblé no Brasil; os Lucumi e os adeptos da Santeria em Cuba, Trinidad e Estados Unidos; e os nagôs do Haiti. Tal nacionalidade consiste na convicção religiosa compartilhada, no modo de adoração, que geralmente inclui transe, sacrifício, adivinhação e a ideia de

---

564. O iorubá tem grande número de praticantes, mas, devido ao histórico de repressão e a outros fatores sociopolíticos do Novo Mundo, os adeptos tiveram de se diluir na cultura dominante para sobreviver. Portanto, é difícil obter documentação adequada e precisa da maneira usual. Em uma entrevista com Aina Olomo, ela disse que, em 1987, enquanto treinava policiais sobre interações éticas com comunidades de orixás, havia 43 mil iorubás documentados somente no Condado de Dade, Flórida. Os dados sobre a língua iorubana são em grande parte, e essencialmente, ainda de natureza oral e devem ser obtidos dessa forma. Além disso, como evidência adicional da disseminação do iorubá, comunidades iorubanas de 57 países se registraram para a Oitava Conferência Mundial de Ifá Orixá (em 6 de julho de 2003, em Cuba). Ademais, há peregrinações anuais organizadas para Osogbo, Oyo e Ede partindo do continente americano.

"ori" (chefe espiritual), ancestrais mútuos, uma história compartilhada e um idioma comum, ou seja, o iorubá e, recentemente, o iorubabônico.

Vários fatores responsáveis pelo domínio iorubá foram identificados na literatura. Esses fatores incluem sua força numérica no transplante para a América, sua resiliência e sua tenacidade na preservação de seu patrimônio cultural, apesar da separação de sua terra natal, e o destino cruel a que foram expostos nas Américas. Por exemplo, os iorubás foram considerados um dos principais grupos tribais de Trinidad, de acordo com o testemunho de Joseph Lewis à Royal Franchise Commission em 1888 e de acordo com Garcia-Zamor (1970, p. 243), e são o grupo mais influente no Brasil e em Cuba. Alguns estudiosos argumentaram que eles tinham um sacerdócio mais organizado com uma mitologia mais evoluída e, portanto, mais complexa da prática religiosa iorubá. Outros postularam que os iorubás escravizados tinham um *status* social elevado, que incluía sacerdotes conscientes de suas instituições e com firme apego aos preceitos de sua religião (Matory, 1999c, p. 77). Embora não haja consenso entre os estudiosos sobre essa questão, não se pode ignorar um fator importante, ou seja, sua unidade e seu *status* social, que podem tê-los posicionado de forma especial e única para serem influentes.

Sua unidade e suas características pessoais como um grupo étnico e cultural distinto fizeram com que os iorubás fossem valorizados por seus escravizadores. Comentando sobre eles, De Verteuil disse: "Os Yarrabas merecem atenção especial [...] são uma raça excelente [...] suas casas são limpas, confortáveis e mantidas em perfeita ordem por dentro. Em termos de caráter, eles costumam ser honestos e, em termos de disposição, são orgulhosos e até arrogantes". De acordo com Gamble, em 1910, "os Yarrabas vivem em grupos, cooperam uns com os outros [...] e são hábeis no aprendizado de idiomas" (Aimé de Verteuil, 1858, p. 175 *apud* Werner-Lewis, 1996, p. 31). E o mais importante: como resultado dessas qualidades e do fato de serem considerados menos rebeldes do que outras raças, não é de surpreender que tenham sido o grupo étnico preferido para trabalhar no artesanato e no serviço doméstico (Holloway, 1990, p. 12). Portanto, seu contato diário com os europeus os colocou em uma posição favorável – como os mais próximos ou provavelmente os primeiros receptores das línguas europeias – para imprimir a forma de fala desenvolvida na comunidade escravizada, possível precursora das línguas afro-americanas contemporâneas[565], com a estrutura fonológica e sintática inconfundível de sua língua nativa. Assim, conclui-se que o idioma iorubá pode ter desempenhado um papel decisivo na formação do desenvolvimento da fala e da cultura no início da escravidão, que seguiu constante em algum grau e de várias formas nas Américas de hoje. Este capítulo apresenta algumas práticas linguísticas e culturais encontradas na cultura americana hegemônica que parecem ter sido resultado de influência iorubá.

Condições e interações do início da escravidão

A nova rede de contatos sociais e o novo sistema linguístico que foram forjados por meio da interação macroinstitucional encontrada em cada plantação (Plantation Creole) e da interação microinstitucional entre os africanos e os europeus (na costa oeste africana) resultaram em um sistema linguístico e social único que carrega, em diferentes graus, aspectos das muitas culturas da África Ocidental. Por mais que seja razoável argumentar que somente os hábitos africanos predominantes e comuns a todos os grupos têm maior chance de sobrevivência no Novo Mundo, não é tão difícil notar, no entanto, que certos grupos exercem maior influência do que outros. É indiscutível que os iorubás, como um dos grupos dominantes, desempenharam um papel considerável no legado

---

565. Reconheço que essa é uma questão muito debatida e, como está fora do escopo deste capítulo, não participarei dela. Entretanto, dentro das várias hipóteses de substrato, a influência africana na fala americana foi efetivamente estabelecida desde que foi descrita por Mufwene (1993).

linguístico da África para as Américas nos dias de hoje. Sendo assim, este capítulo não só endossa e toma como apoio o extenso trabalho de estudiosos como Frances Herskovits, Lorenzo D. Turner e Ian Hancock, entre outros, mas também compartilha a convicção de que elementos consideráveis dos africanismos, por meio da escravidão, foram mantidos e se mantêm vivos em vários aspectos da vida dos afro-americanos, apesar de sua aculturação. Embora este capítulo se concentre na influência dos iorubás (os iorubanismos) em particular, ele não deixa de implicar a influência africana em geral.

Para esta exposição, sustentamos que os africanismos, para citar o *American Heritage Dictionary* (2000), são (1) "um traço cultural caracteristicamente africano, como uma crença ou um costume" e (2) "um traço linguístico de uma língua africana que ocorre em uma língua não africana". Esperamos que os africanismos continuem vivos nas várias linguagens dos afro-americanos, mesmo que seja por uma simples convicção: a de que, exceto aniquilação total, nenhuma repressão, escravidão ou punição é suficiente para fazer com que um grupo de pessoas deslocadas social e geograficamente perca sua língua por completo. Certas características básicas dela sobreviverão, não importa a extensão do sincretismo com outros idiomas. As línguas da América continental apresentam algumas particularidades não europeias que têm considerável afinidade com os idiomas da África Ocidental, inclusive o iorubá. Essa afinidade transcende a ocorrência casual, deixando a quem se opõe a essa tese a tarefa onerosa de refutar as raízes oeste-africanas dessas características.

Mais evidências para a aceitação da sobrevivência dos africanismos nas Américas são os traços e características comuns, porém com singularidades em cada caso, encontradas na fala das comunidades negras em todo o Novo Mundo. Os estudiosos examinaram formas de fala de algumas comunidades que se tornaram lares de escravizados dispersos, como Libéria, Serra Leoa, América do Sul, Caribe e Canadá, e descobriram que elas compartilham elementos linguísticos básicos. Alguns desses elementos compartilhados se

mostram nas características peculiares do inglês vernacular afro-
-americano, que vários pesquisadores identificaram como fruto
de raízes africanas. Essencialmente, neste capítulo tomo a posição
de que há várias influências no idioma e na cultura dos Estados
Unidos. Embora possa ser difícil apontar uma fonte específica
exercendo toda a influência, a negação da participação iorubá, dada
sua posição vantajosa, pareceria estranha diante de semelhanças
mais do que prováveis entre o sistema linguístico iorubano e os
dos crioulos do Atlântico, das línguas e práticas afro-americanas,
incluindo aí inglês afro-americano. A seguir, apresento exemplos
que apoiam essa afirmação.

Fragmentos da língua iorubá nas américas

O iorubá não é mais uma língua de comunicação na maior parte
das Américas. Em Trinidad, Tobago, Cuba, Brasil e Estados Unidos,
o uso do idioma iorubano, ou o que restou dele, está em grande parte
confinado a propósitos especiais, um deles atividades religiosas. No
entanto, fragmentos dessa língua sobreviveram no Novo Mundo. Há
alguns bolsões de falantes moribundos na Jamaica, em Trinidad, no
Brasil e em Cuba. Nesses casos, a fonologia e as formas estruturais
do idioma iorubá estão preservadas, a gramática é simplificada, e o
léxico é bastante reduzido, já que ele não é mais usado ativamente
e adquirido como primeira língua pelas crianças.

Aqui, vou abordar alguns desses traços do iorubá que são
observados nas maneiras de falar encontradas nas Américas. Os
exemplos provêm de territórios de língua inglesa, para permitir
uma comparação adequada com a forma de inglês encontrada entre
os iorubás nigerianos. A estudiosa Martha Baudet (1981, p. 115),
com base em sua análise dos paralelos estruturais encontrados
em quatro idiomas da África Ocidental (twi, ewe, iorubá e igbo),
concluiu que "há semelhanças consideráveis nos padrões sintáticos
entre os crioulos do Caribe e os idiomas da África Ocidental, e
um apoio substancial é dado à hipótese de que o crioulo deveria

exibir características gramaticais comuns a todos os idiomas que forneceram elementos gramaticais". Levando isso em conta, consideremos as evidências encontradas na fonética.

A fonética é o ramo da linguística que estuda os sons da fala humana. Ela busca identificar quais são esses sons e como eles formam padrões, além de formular leis gerais relativas à produção e à percepção desses sons. Os exemplos a seguir da fonética de algumas línguas das Américas mostram sua relação com elementos africanos/iorubás e atestam sua influência.

O crioulo jamaicano (sigla JC) substitui as fricativas (sons como f, s, v e th) de unidades lexicais baseadas no inglês por paradas consonantais ou fricativas. Assim, [θ] > [t]: "nothing" se torna "notin", "method" se torna "metod"; [ð] > [d]: por exemplo, "father" se torna "fada", "them" se torna "dem", e "there" é pronunciado "dere"; e, ocasionalmente, [s] ou [ʃ] se alternam na substituição de [t ʃ]: "which" ou "wish" torna-se "wis". Os fonemas substituídos correspondem àqueles ausentes nos substratos da África Ocidental, incluindo iorubá e twi, e o padrão de substituição está de acordo com o que ocorre nos pidgins (línguas de contato entre estrangeiros) e crioulos baseados no inglês da África Ocidental (Escure, 1981).

Os sistemas de vogais orais da maioria das formas de falar afro-americanas, ou seja, saramacana, jamaicana, guianense e gullah[566], são semelhantes. Eles consistem, em sua maioria, de sete vogais, com uma distinção entre posterior e anterior, em vez de uma distinção de três vias com uma vogal central. Quando comparado ao sistema de vogais do iorubá, fica evidente uma afinidade maior não encontrada nas várias formas coloniais do inglês durante seu surgimento[567].

---

566. Gullah é uma língua crioula baseada no inglês, falada por comunidades negras seminoles espalhadas no Texas, em Oklahoma e no norte do México [N.T.].

567. Observe que os aparentes desvios entre essas línguas são consequência de desenvolvimentos separados e da pressão das línguas dominantes em seus arredores (Hancock, 1993, p. 182-191). Para uma análise completa das vogais na língua gullah, cf. Turner (1963).

Iorubá		Gullah	
i	u	i	u
e	o	e	o
ɛ	ɔ	ɛ	ɔ
ɑ		a	

Além dessas, há as vogais nasais, como ĩ, ã e ũ.

A fonologia, semelhante à fonética, é a ciência dos sons da fala. Ela trata da delimitada disposição dos sons da fala e de suas interações em uma língua. O que se segue é uma ilustração de certas características fonológicas dos idiomas americanos, que atestam influência iorubá. Um traço essencial e distintivo da fala afro-americana são os contornos tonais que devem ser atribuídos diretamente à África, se não ao iorubá. Enquanto o inglês e outras línguas europeias são classificadas como línguas entonacionais, o iorubá e as línguas afro-americanas usam o tom para marcar a diferença semântica. Por exemplo, dependendo do tom, a partícula de negação "ko" (não), usada na frase "ko lo" (não ir), pode significar "ela/ele não foi" ou "deixou-a/o ir" ou "se afastou" (da residência). O uso do tom para marcar mudanças no significado está ausente nos idiomas europeus das Américas, mas permeia línguas como o saramacano, o jamaicano, o guianense e o trinidadiano, entre outros, falados, por exemplo, por descendentes de africanos (Alleyne, 1980, p. 74):

"dem kya kuk" "they can cook"
"dem kya kuk" "they can't cook"

Os tons encontrados nos idiomas afro-americanos são lexicais e gramaticais e estão presentes em graus variados. Suzanne Sylvain (1936) registrou o tom gramatical usado no Haiti, e Hazel Carter (1987, p. 221), dois tons para o trinidadês e o guianense. A Jamaica tem três sistemas tonais: alto, baixo e médio. O saramacano tem dois tons lexicais, alto e baixo, bem como tons de contorno que incidem junto com a duração da vogal quando ao longo dela ocorre uma mudança de tom (Alleyne, 1980).

O iorubá, proposto aqui como a fonte dos tons nessas línguas, tem três tons análogos ao jamaicano. Os tons do iorubá funcionam de modo semelhante aos tons do haitiano, do trinidadiano, do saramacano e do guianense. Uma vez mais, argumentamos que esses traços tonais fazem parte da influência do iorubá nas línguas americanas; dado que são especificamente africanos, não são encontrados de outra maneira em modos de falar europeus.

Outro vestígio do iorubá presente nas Américas tem a ver com a forma da sílaba. A forma peculiar e predominante (C) VCV – (Consoante) Vogal-Consoante-Vogal –[568], ou seja, a estrutura de sílaba aberta, ou fechada por uma consoante nasal, e a ausência de encontros consonantais além daqueles que são nasais + paradas, têm sua origem nitidamente rastreável até a família linguística kwa, à qual o iorubá pertence. A evasão de encontros consonantais, sobretudo nas sílabas inicial e final da palavra, deve ter resultado dos esforços dos africanos escravizados para impor sua própria fonologia às várias línguas europeias dominantes nas diversas *plantations* para as quais foram transplantados. Para exemplificar, um exame minucioso dos falantes iorubanos de inglês e do inglês pidgin na Nigéria revela que as estruturas silábicas fechadas são evitadas. Os grupos de consoantes são quebrados por meio de epêntese ou deleção. Por exemplo, temos "buredi" e "fulawa" para "pão" e "flor", e "srongi"/"siron(gi)" para "forte". Lisa Green (2002), em sua discussão sobre a redução de encontros consonantais no inglês afro-americano (doravante indicado pela sigla AAE, de "african american english"), deu os seguintes exemplos: "tes" ("test"), "des" ("desk"), "han" ("hand") e "contac" ("contact"), e observou que, para os africanistas que se debruçam sobre as origens do AAE na África Ocidental, "os falantes têm essas pronúncias não porque o som da consoante final é excluído em alguns ambientes, mas porque os idiomas dos quais o AAE descende não têm encontros consonantais finais". Esse mesmo padrão é atestado no jamaicano,

---

568. C = consoante; V = vogal.

no saramacano e no gullah, entre outros. O argumento aqui é que a discrepância estrutural em relação aos idiomas europeus apenas atesta a influência desses substratos (iorubás, entre outros), se não uma retenção direta da sua estrutura.

Além dessas equivalências meramente superficiais, Alleyne (1980) demonstrou que existe uma reestruturação formal do inglês e de outras palavras nos dialetos afro-americanos, de acordo com uma estrutura básica (C) V que obedece às regras de harmonia vocálica encontradas nos idiomas da África Ocidental. A operação dessa harmonia vocálica no saramacano e no surinamês é modelada de acordo com as regras do sistema de vogais do iorubá. Assim, temos um sistema predominante em que as vogais tensas e soltas não ocorrem simultaneamente. Essas características fonéticas e fonológicas são ubíquas e se mostram específicas ou gerais para muitas das línguas das Índias Ocidentais, da América Latina e algumas da América do Norte.

A sintaxe tem a ver com a gramática subconsciente, mas ativa, na mente de qualquer falante, por meio da qual ele constrói sentenças corretas e aceitáveis em sua comunidade linguística. Considere o uso do associativo "dem" como marcador de plural. Essa prática, especialmente predominante no crioulo caribenho baseado no inglês, tem paralelo em uso similar feito pelos falantes do iorubá nigeriano e pelos falantes do inglês pidgin da África Ocidental. Usando o inglês pidgin nigeriano (NPE) como paradigma do inglês pidgin da África Ocidental, dividimos os falantes de acordo com seu nível de escolaridade e local de residência[569]. Essa divisão se deve ao léxico dos falantes e à inovação em sua fala. Consideremos a pluralidade como exemplo. Em geral, os substantivos aparecem em suas formas singular ou simples, com a pluralidade designada morfossintática ou pragmaticamente.

---

569. Apesar dessa divisão, a alternância de código é comum, com a única diferença de que as pessoas com alto grau de instrução incluem itens lexicais padrão em seu discurso e, às vezes, marcam o tempo verbal. Observe também que os falantes negros de inglês nos Estados Unidos não são identificados exclusivamente pelo nível educacional; a troca de código é igualmente uma prática comum.

A forma morfossintática mais comum de marcação de plural é o uso do associativo "dem". Isso ocorre no jamaicano e no gullah de maneira pós-nominal, por exemplo, "luku o, one tausand soja$_i$, dem$_i$ dey kom"[570] ("look, one thousand soldiers are coming"; "vejam, mil soldados estão chegando"), e de maneira preposicional no saramacano e no surinamês, por exemplo, "dem$_i$ pikin$_i$ dey kom" ("the children are coming"; "as crianças estão chegando"). Ambas as versões ocorrem em NPE, krio e guianês. A questão aqui é que os falantes de formas de inglês com influência do iorubá não marcam o plural com "s", portanto frases como "the pikins" ou "one thousand soldiers" são empréstimos raros ou inovações recentes.

As inovações atestadas resultam da infiltração ou do empréstimo do marcador de plural "s" do inglês padrão por falantes nele instruídos. Esse uso, então, encontra seu caminho até a sintaxe; entretanto, quando ocorre, é acompanhado por uma falta de concordância entre verbo e objeto, pois ouve-se uma frase como "The people / the Children / We was home" ("As pessoas / as crianças / nós está em casa"), que é o padrão que aparece no iorubá.

Outra característica sintática do iorubá encontrada nas Américas é o uso de pronomes de terceira pessoa do singular não pertencentes ao gênero (ele ou ela) e o uso de "am" ou "-um" para a terceira pessoa, independentemente do gênero e do número. Por exemplo, "a gi am im book" ("I give him/her/ their/his/her book"; "eu dou a ele/ela o livro dele/dela") ou "a gi am book" ("I give him/ her the books"; "eu dou a ele/ela os livros"). Note-se mais uma vez a falta de plural para "book" e a ausência do artigo definido.

Há também o uso do pronome crioulo indiferenciado "him", "dem" e "me", indiferenciado no sentido de que essas mesmas formas pronominais são empregadas para mostrar sujeito, objeto e, às vezes, posse. Por exemplo, em "dem dey house" ("they are at home"; "eles estão em casa"), "dem" é usado como sujeito; em

---

570. O texto subscrito, conforme citado aqui, mostra apenas que "dem" se refere a soldado.

"dat na dem book" ("that is/are their book[s]"; "esse[s] é/são o[s] livro[s] dele[s]), "dem" ocorre como pronome possesivo; e em "him/me talk say" ("He/I said"; "ele/eu disse"), "him/me" ocorre como sujeito.

Há também o uso de "bin" para marcar uma ação que está no passado sem uma diferenciação completa entre perfeito e pretérito. Considere-se o seguinte (Stewart, 1975, p. 245):

> JMC: We ben a nyam-an' we a drink, too.
> SRA: We ben de nyang-en' we de dringe, too.
> WAP: We bin de chop -an' we de dring, too.
> ("We are eating – and we are drinking too"; "estamos comendo – e bebendo também")[571].

Por fim, há algumas opções de formas de palavras e construções de frases encontradas na fala afro-americana que soariam estranhas para os ouvidos ingleses, mas que, no entanto, refletem perfeitamente sua versão equivalente em iorubá; por exemplo, "I come see say" ("I come to realize"; "eu passei a perceber", ou "me ocorreu") é uma tradução palavra por palavra da frase em iorubá "mo wa ri wipe" ("I come see say"). Outro exemplo é a frase em orubá "mo wa lati ri", que ocorre em sua forma literal no inglês afro-americano, por exemplo, em gullah como "I come for to see" ("eu vim para ver"). A frase em gullah e em crioulo jamaicano "go bring am come" só poderia ter se originado da sintaxe iorubá "lo mu u wa". Esses exemplos são dados para comprovar o fato de que é preciso uma influência africana, em geral, e de iorubá, em particular, para gerar essa sintaxe.

Outra ilustração da influência do iorubá inclui a serialização de verbos e eventos. Os verbos em série referem-se ao uso de mais de um verbo para expressar eventos complexos que poderiam exigir apenas um verbo no inglês americano padrão; em essência, há uma sequência de verbos sem nenhum elemento evidente que os conecte.

---

571. JMC = jamaicano; SRA = surinamês; WAP = pidgin oeste-africano.

Os verbos em uma construção em série compartilham um sujeito comum na estrutura de superfície, e o segundo verbo promove a intenção do primeiro. Por exemplo, "o ba mi se ere" ("[s]he meet/aid/support me make game", "ele/ela me encontrou/apoiou/ajudou fazer jogo"). Em inglês padrão, a frase é "(s)he played with me" ("ela/ele brincou comigo"). Frases desse tipo, ou seja, em que os eventos são divididos em seus componentes narrativos, são encontradas em ebonics (AAE), jamaicano, gullah, surinamês e outros padrões de fala afro-americanos. Considere os exemplos a seguir:

"I hear tell you went home" (Ebônico)[572].
"I hear that you went home"
("Eu sei que você foi para casa").
"An di people gadda roun tune een to er soun"
(jamaicano).
"And the people gathered round and tuned in to her sound".
("E as pessoas se reuniram em volta e sintonizaram no som dela").
"Dɛm də caəm ji di ɲaɲ pipl" (Gullah).
"They carry it to [literally, give] the young people".
("Eles carregaram-no [literalmente, deram] até os jovens")[573].

Por trás desses exemplos está o mesmo estilo narrativo. O falante descreve cada ação que compõe o evento, usando um verbo de cada vez. A suposição subjacente de um enunciado como "we played together" ("nós brincamos juntos") fica explícita na frase do iorubá "(s)he joined me, (s)he played, with me" ("ele/ela juntou-se a mim, ele/ela brincou comigo"). Outro exemplo de uma construção em série é o seguinte:

"Yu a man dat e pai dji".
"That man is paying for you".
("Aquele homem está pagando por você").

---

572. Retirado de Holloway (1990, p. 28).
573. Retirado de Sutcliffe e Figueroa (1992, p. 45).

Contudo, a tradução literal seria a seguinte:

"Você, aquele homem está pagando dar" (Alleyne, 1980, p. 94).

Por fim, com relação às construções comparativas, Baudet (1981, p. 111) deu os seguintes exemplos para ilustrar as semelhanças entre os crioulos e os idiomas da África Ocidental:

Iorubá	Ioye ju mi lo Intelligent surpass (ju... lo) me "more intelligent than I" ("mais inteligente do que eu")
Gullah	tɔl pas mi "taller than I" ("mais alto do que eu")
Crioulo martinicano	grã pase fĩ mwẽ "older than my girl" ("mais velha do que minha namorada")
Surinamês	pasá tén lítri "more than ten liters" ("mais do que 10 litros")

As poucas características sintáticas apontadas seguem a linha geral de argumentação que este capítulo adota, qual seja: uma vez que essas características, bem como outras mencionadas ao longo do capítulo, são específicas das línguas identificadas com a fala dos afro-americanos, independentemente das línguas da qual eles retiram seu léxico, e dado que essas características não encontram paralelo com nenhum sistema linguístico de nenhuma língua euro-americana, mas seguem padrões encontrados na língua iorubá e entre os falantes de iorubá, então é possível concluir, sem muita dificuldade, que essa semelhança, por mais superficial que seja, transcende uma ocorrência casual.

Listas de palavras

Dos 30 idiomas africanos que Turner (1963) listou como contribuintes de um total de 3.328 palavras para o idioma gullah, o iorubá sozinho responde pela origem de 788 palavras. O estudioso lista em ordem alfabética essas palavras. Na letra "A", por exemplo, estão palavras como "abashe", do iorubá nigeriano (sigla NY), que vira: "agabase" (a lida do trabalhador); "agogô", NY: "agogo" (sino); "akasa", NY: "akara" (farinha de milho); "alamisha", NY: "alamisi" (quinta-feira); "awu", NY: "ewu" (vestido); "apara", NY: "apara" (brincadeira); "awusa", NY: "ewusa" (noz); "ayedele", NY: "ayo(dele)" (alegria). Dos 33 registros em "A", na minha opinião, 16 são identificáveis como palavras do iorubá. Da mesma maneira, do total de 4.870 nomes pessoais, de 33 idiomas africanos também encontrados no gullah, o iorubá é responsável por 775 nomes, ou seja, 16%. Esses números são fornecidos para ilustrar a presença inegável do africano/iorubá entre os crioulos americanos contemporâneos; "para alguns, como o saramacano, eles constituem um quinto ou mais do léxico total; fora de sua ocorrência em domínios semânticos especializados, eles representam apenas 2% e 4% do vocabulário de trabalho cotidiano. Isso é verdade, por exemplo, para o krio, o jamaicano, o belizenho, o gullah, as línguas crioulas de São Cristovão e de São Vicente e a maioria dos outros" (Hancock, 1993, p. 85). Esses nomes, como será ilustrado em breve, servem ao propósito de reforçar a identidade africana de seus portadores; eles demonstram seu patrocínio espiritual e sustentam seu senso de comunidade.

Warner-Lewis (1996, p. 31) fez um inventário dos nomes iorubá em várias categorias. "Uma categoria desses nomes iorubá é chamada 'amutorunwa', nomes que a criança traz do céu". Exemplos são "Aina", "Ajayi", "Ojo" e assim por diante; eles descrevem as condições físicas que cercaram o nascimento da criança assim nomeada. Outra categoria é "abiso", que inclui nomes dados no nascimento, bem como outros que a criança pode adquirir ao longo da vida. Esses nomes geralmente refletem as circunstâncias predominantes na casa da criança ou as conquistas de sua vida. Os nomes que se enquadram nessas categorias são encontrados entre os afro-americanos, mas não é evidente se eles têm a mesma representação nos Estados Unidos que na África. Por exemplo, na "ilê" (casa ou comunidade) onde realizei o estudo etnográfico, alguns dos nomes das pessoas incluem "Aina", "Omi", "Alalade" e "Olu", para citar apenas alguns.

Influências sociais

Outra área evidente em que o iorubá deixou sua presença definitiva e indelével no padrão linguístico afro-americano é a esfera da cinestesia. Esse é um forte traço ou característica cultural que distingue os africanos e seus descendentes de outros habitantes das Américas. Uma observação superficial dos negros durante qualquer interação social revelará uma confluência peculiar de expressões linguísticas que transcende os sons e o ritmo e inclui gestos característicos, vivacidade e sinais externos fascinantes de discurso. A fala, nesse contexto, torna-se uma performance, de modo que o discurso é impregnado de ações físicas, a ponto de "suplantar as palavras não apenas em termos de concisão, mas também em termos de persuasão e nitidez na transição do significado" (Zeigler, 2001, p. 172). Esse modo de fala encenado ficou conhecido como "shout'n", um fenômeno mencionado e estudado há mais de um século[574]. "Shout'n" refere-se aos atos performativos de dançar, cantar, bater palmas e, de fato, gesticular, que começaram primeiro como parte das práticas rituais dos afro-americanos e continuaram de vários modos entre os praticantes da religião tradicional da África Ocidental, a saber, os adoradores de Xangô de Trinidad, os adeptos do candomblé do Brasil, os santerianos

---

574. Zora N. Hurston (1970, p. 34), em seu artigo "Shouting", discutiu esse fenômeno em um ambiente religioso e afirmou: "Há pouca dúvida de que o *shout* é uma sobrevivência da 'possessão' africana pelos deuses. Na África, isso é sagrado para sacerdotes e acólitos; nos Estados Unidos, tornou-se uma experiência generalizada".

de Cuba e os de convicção lucumi nos Estados Unidos. É uma explosão emocional que responde a ritmos (Hurston, 1970, p. 34). A manifestação física do "grito" inclui canto, percussão e possessão espiritual. Além disso, os gestos peculiares observados atualmente e a maneira animada de conversar entre os afro-americanos têm suas raízes no "shout".

Esse fenômeno do *shout* (grito) tem origem na África Ocidental e conota celebração, alegria e júbilo. Mary Zeigler ilustrou de maneira acertada a etimologia e a conectou com a palavra iorubá "we", como ocorre na frase "A fe lo we ile Mary". O verbo iorubá "we" é traduzido para o inglês como "lavar" e é encontrado no inglês nigeriano. Assim, a frase significa literalmente: "Queremos ir e lavar a casa de Mary" (Zeigler, 2001, p. 175). Entretanto, "lavar", nesse contexto, tem tanta afinidade com água e sabão quanto a palavra *shower* (chuveiro) na frase "have a baby shower" ("fazer um chá de bebê") tem com o banho. O significado real da frase iorubá, na verdade, traduz-se como: "queremos ir e celebrar, proclamar com alegria, risos e cantos a realização de Maria". Visto sob essa luz, o termo "shout" é apenas homófono à palavra inglesa *shout*, que significa "gritar".

De maior relevância, entretanto, é "o fato de o 'shout' ser uma estrutura de comunicação que consiste em uma combinação de objetos ou eventos e seu significado" (Hurston, 1970, p. 32). Portanto, é uma maneira de falar que carrega uma mensagem peculiar interpretável somente por quem compartilha essa linguagem. Espiritualmente, ela transmite e sinaliza, entre outras coisas, a presença do espírito em uma pessoa. Assim, durante os cultos cristãos, o "sermão quase sempre se eleva a um nível de exaltação no qual a pronúncia da prosa comum, a entonação e a ordem das palavras são muito suaves para expressar a emoção que flui em seu interior; o sermão se torna um grito, um poema, uma improvisação; é entoado com energia melodiosa [...] que se torna uma orgia de figuras e metáforas soluçadas ou gritadas" (Harrison, 1975, p. 145). É também, para a maioria, um canal para a mistura de alegria, dor e confusão. O "shout", assim, é uma rota linguística pela qual os africanos escravizados e seus descendentes escapam da hostilidade imediata e suportam sua dor. É uma experiência coletiva de adoração alegre e um meio de comunhão ou participação com os ancestrais. Até hoje, isso continua sendo um modo de vida e é a base da tão aclamada paixão pela música, do tato e do padrão rítmico da fala dos afro-americanos[575].

Os artifícios verbais das igrejas africanas que envolvem uma relação de chamada e resposta entre o pregador e o público, por exemplo, o "Amém, pregue, estou ouvindo", fazem parte da cultura do "shout". Essa prática cultural não se limita às experiências religiosas, à música ou às conversas na esquina; na verdade, uma provável extensão dela para a vida cotidiana é muitas vezes ouvida quando as pessoas ligam para um programa de rádio para enviar um "shout" aos amigos; isso pode, de fato, ser uma lexicalização em andamento.

Contos populares da África

Outra parte essencial do legado linguístico do iorubá encontrado na diáspora africana inclui contos populares e canções. As narrativas e a contação de histórias são uma parte vital e vibrante da vida iorubá. A tradição iorubana é usada para ensinar moral e transmitir valores. Para os afro-americanos, contar histórias é uma parte importante da continuidade de seu passado africano. Os tipos muito específicos de contos que são de interesse aqui são aqueles que têm suas origens na Iorubalândia. Esses incluem contos dos

---

575. De forma alguma estou sugerindo que todos os negros apresentem essas características, nem afirmo que os afro-americanos e os euro-americanos não compartilham nenhuma dessas habilidades cinéticas ou de comunicação não verbal. No entanto, reconhece-se que a separação e a exclusão dos negros por centenas de anos durante a escravidão também levaram ao desenvolvimento de traços peculiares e distintos. Ao mesmo tempo, os anos de separação em relação aos negros da África e de interação com outros povos no Novo Mundo definitivamente produziram novos padrões, mais ligados à cultura da África Ocidental do que a qualquer cultura europeia.

escravizados que apresentam figuras de animais africanos ardilosos, *tricksters*, e exibem motivos peculiares à África. Lawrence Levine (1977, p. 81-133) explorou alguns desses contos. William Bascom, convencido de que os tipos de conto africanos poderiam ser encontrados nas Américas, compilou várias dessas histórias em todo o continente americano.

Um desses contos é a orelha de Oba, que estaria mais para um mito sagrado iorubá sobre uma deusa iorubana, Oxum, que, por amor a seu marido, Xangô, corta sua orelha e a cozinha no mingau, para que o amor dele por ela se intensifique. Mas Xangô, depois de comer o mingau e descobrir que uma das orelhas de Oxum está faltando e que, na verdade, ele a comeu, fica furioso e deixa sua esposa. Incapaz de suportar a dor de sua perda, Oxum chora tanto que suas lágrimas se transformam no rio Oxum, do qual ela é a deusa (Bascom, 1976, p. 149-165). Bascom coletou várias versões desse conto em francês, espanhol, português e iorubá, e as traduziu. Versões dessa mesma história podem ser encontradas no Brasil e em Cuba, bem como entre os iorubás nigerianos.

Outro conto desse tipo diz respeito aos "Cães que resgatam seu dono em refúgio na árvore". Ele é conhecido nas Ilhas de Cabo Verde, na parte sul dos Estados Unidos, nas Bahamas, na República Dominicana, em Porto Rico e na Guiana. Diversas versões desse conto, com pequenas variações, podem ser encontradas em toda a África, mas, dada a sua preponderância entre os iorubás, é provável que tenha vindo com eles, quando vieram escravizados para o Novo Mundo. Basicamente, esse conto trata de três cães que resgatam seu dono, o caçador, das mãos de uma bruxa, que pode se transformar em uma cobra ou em dentes. Um dos cachorros mata a bruxa, o segundo lambe o sangue, e o terceiro limpa o local. Outro conto popular desse tipo é a história do Coelho Brer, escrita pela primeira vez por Emily Harvey (1919, p. 443-444). Ainda é possível ouvi-la sendo contada à noite em várias casas iorubás na Nigéria.

Esses tipos de enredo, os temas, o uso de personagens animais e a forma de narração continuaram entre os afro-americanos, apesar de sua adaptação ao Novo Mundo. Por exemplo, para ensinar a importância do compromisso e da amizade, conta-se a história de um sapo preso em um poço profundo que pede ajuda a uma cascavel. O sapo promete recompensar a cascavel se a cobra o ajudar. Quando é salvo, o sapo se recusa a cumprir sua obrigação. Pouco tempo depois, eles se encontram na floresta, e a cascavel o agarra. "Ai, sim, eu lhe pago!!! Ai, sim, eu lhe pago!!! Ai sim, eu lhe pago!", grita o sapo, mas "conforme o sapo diz isso a cascavel o mastiga"[576]. Outra história é contada para ensinar o contentamento e a aceitação da própria identidade com orgulho: certa vez, o Lobo Buh perguntou ao Coelho Buh: "Como é que você tem um rabo tão curto?"; "Porque Deus o colocou e não queria que eu tivesse um rabo comprido" (Levine, 1977, p. 93)[577].

Essencialmente, todos esses contos didáticos abrangem vários aspectos da vida e das circunstâncias e são apresentados como um aviso e uma exortação, de acordo com cada situação. Além disso, são um meio de promover a vida em comunidade.

Estilo de vida

A discussão até agora se concentrou na influência diacrônica do iorubá nas Américas. O restante do capítulo foca o iorubá americano contemporâneo que está se desenvolvendo na América do Norte. Os exemplos são de um estudo etnográfico com uma comunidade iorubá em Austin, Texas. A escolha desse ilê específico foi influenciada por elo e conveniência pessoal. Entretanto, não se poderia ter escolhido um ilê "melhor" para ser observado. A sacerdotisa Aina Olomo é uma ativista espiritual com três décadas

---

576. No original: "as Grawg tell dat rattlesnake chaw up him" [N.T.].
577. No original: "Cause Gawd put it on, an' he didn' mean fur me to have any long tail" [N.T.].

de experiência nas tradições dos orixás. Ela foi iniciada na tradição cubana dos Lucumi nos Estados Unidos, mais especificamente no Bronx. Seu ponto de vista abrange uma compilação de suas experiências na diáspora africana com os santeros da costa leste, os tradicionalistas da Vila de Oyotunji, Carolina do Sul, a comunidade de grande diversidade do sul da Flórida e os orixás da Nigéria, do Panamá, de Porto Rico e de Trinidad. Ela conduziu grupos sobre direitos das mulheres, trabalhou em oficinas de sensibilidade racial e treinou policiais sobre interação ética com comunidades orixás. Foi nomeada conselheira especial do Conselho Cultural e de Patrimônio dos Chefes de Osogbo, na Nigéria. Ela é praticante da terceira geração da casa de Olokun Sanya Awopeju e está entre os que defendem a documentação escrita dessa prática tradicional de essência oral. É, ainda, autora do livro *Core of fire: a guide to Yoruba spiritual activism* [*Núcleo do fogo: um guia para o ativismo espiritual iorubá*]. Esse ilê poderia, assim, ser considerado representativo das comunidades iorubás contemporâneas nos Estados Unidos. Uma implicação específica da análise que será feita na seção seguinte é o fato de as Américas não permanecerem como receptoras passivas das influências iorubás; ao contrário, o continente deu seguimento ao seu próprio desenvolvimento dentro de seus próprios contextos socioculturais.

Além das características do iorubá encontradas nos vernáculos dos afro-americanos, a cultura iorubana se tornou um modo de vida para muitos. Esses americanos (tanto europeus quanto afro-americanos) definem sua personalidade com base nas concepções iorubás e encontram ancoragem emocional e cultural na história e nas práticas culturais iorubanas. Essa nova onda de identidade pan-Iorubá é cada vez mais realizada, em termos práticos, na forma do "ilê" ou "lar". O ilê é uma comunidade de pessoas que aceitaram a religião tradicional, as práticas culturais e o idioma iorubá como um modo de vida. A coesão encontrada nesses lares é uma reminiscência da unidade observada entre os iorubás escravizados.

No ilê em Austin, a existência diária se desenrola como em uma comunidade iorubá. Organizado como um "agbo-ile" ou "composto", esse grupo consiste em um "Yeye", a sacerdotisa (mãe) e seus filhos (membros). A relação familiar não é biológica, embora não a exclua; no entanto, ela se baseia em um vínculo notável que é tão puro e real quanto espiritual. Entre si, os membros usam seus nomes iorubás. Enquanto alguns mantêm esses nomes o tempo todo, outros voltam a usar seus nomes de nascimento quando saem do ilê. Os nomes iorubás que eles têm são, em sua maioria, antropônimos. Os membros recebem esses nomes após consultar a divindade que dirige seu "ori" ou sua "cabeça espiritual". Cada nome também reflete os caracteres da divindade padroeira do indivíduo. Os nomes dos membros incluem Omioxum (Oxum é a divindade principal), Xangobiyi (Xangô), Omiyemi, Alalade, Aina, Efunsalewa, Egbegbenga e assim por diante. Efunsalewa, um nome feminino na Nigéria, é um nome masculino no ilê. Além disso, Aina não é um antropônimo; é um dos chamados amutorunwa, que é dado a uma criança do sexo feminino que nasce com o cordão umbilical no pescoço. Entretanto, a circunstância do nascimento nem sempre foi a base para esse nome nessa situação.

Os costumes iorubás são observados no ilê. O dia começa com o Yeye derramando libações para os ancestrais. As decisões de vida são tomadas somente após a adivinhação adequada. Além disso, o costume iorubá de saudação, em que as mulheres se ajoelham e os homens se prostram, é praticado. A antiguidade espiritual, em contraste com a preferência africana e iorubá pela idade e pelas conquistas sociais, está presente e é observada na cadeia de comando. A cortesia é expressa em iorubá; "obrigado" se torna "e se o" ou "adupe"; adeus é "odaabo"; e "bem-vindo" é expresso como "ekaabo". À noite, diz-se "odaaro" em vez de "boa noite", e, quando se derramam libações aos ancestrais, ou quando são ditas palavras de sabedoria e conselhos são dados, fala-se em coro "axé" ou "que assim seja". Embora as conversas sejam realizadas em inglês, elas são muito intercaladas com palavras e expressões comuns em iorubá.

Fora do ilê, a vida pessoal dos adeptos é igualmente guiada pelo estilo de vida e pelo idioma iorubás. Por exemplo, durante o almoço com um devoto em área externa à comunidade, graças foram dadas antes da refeição. Ainda que anunciada como uma prece de graças, não se tratava da prática cristã de dar graças, mas sim de um agradecimento proferido em iorubá. Em outra ocasião, enquanto visitava outro praticante, observei que as perguntas pessoais eram feitas em iorubá: "Tani yen?" ("Quem é aquele?"), "Kilode?" ("Qual é o problema?"), "Ki loruko e?" ("Qual é o seu nome?") e "Se o ti gbo?" ("Você entendeu?").

O legado do iorubá na liturgia

Certos aspectos vitais do culto aos orixás, seja ele conhecido como Santeria em Cuba, candomblé no Brasil ou Lucumi nos Estados Unidos, são facilitados principalmente pelo idioma iorubá. O elaborado processo de iniciação, por exemplo, envolve rituais cuja eficácia depende do "awo" (conhecimento secreto) e dos encantamentos iorubás. Acredita-se que os orixás que governam o "ori" (destino) do adorador podem ser acessados por meio de louvores e encômios que se tornam potentes e frutíferos quando são apresentados na poderosa linguagem oral do awo. "Ebo" (sacrifícios) e outras cerimônias comemorativas feitas em homenagem a um determinado orixá só podem ser realizadas sob os auspícios de alguém com treinamento sacerdotal, ou seja, alguém que tenha conhecimento dos ritos, que conheça o modo de proceder e seja capaz de falar com os ancestrais; isso deve ser feito para que súplicas, litígios e qualquer outra maneira de suplicar por intervenções às divindades sejam sancionadas. Ritos fúnebres, matrimoniais e de nomeação, consagração de casas e outros exigem rituais elaborados cuidadosamente e oferecidos no idioma iorubá, caso contrário os deuses ficarão ofendidos e poderão exercer vingança.

A língua iorubá mantém aberta a linha de comunicação com as divindades e os ancestrais. Mesmo quando os fiéis perdem os tons corretos das letras e súplicas aos orixás, eles ainda são diligentes em mantê-los e passá-los para a próxima geração, a fim de manter seu poder místico e afastar estranhos. Esse papel religioso especial ressalta ainda mais a tenacidade e a continuidade do idioma iorubá nas Américas.

Iorubabônico

Um desenvolvimento fascinante que interessará a qualquer linguista social é a forma de discurso que está sendo criada a partir das práticas religiosas e de relações com o povo africano nativo iorubá. Aina Olomo chamou essa fala funcionalista de iorubabônico[578].

Como mencionado, práticas religiosas como Santeria, lucumi, orixá e Ifá são diretamente baseadas no sistema de crenças iorubá. Partes integrais dessas práticas religiosas incluem cerimônias e rituais cuja eficácia depende de encantamentos, cantos e canções iorubanas. Essas práticas religiosas, reforçadas por uma existência comunitária como a dos ilês, tornaram-se um repositório da língua iorubá (arcaica) e também "um clássico local para o estudo da memória, das formas de retenção e continuidade" (Matory, 1999a, p. 1). Também passou a constituir um mecanismo influente para a transmissão linguística e um território de interação entre os iorubás nativos da Nigéria e os praticantes americanos do iorubá.

Por meio dessa interação, surgiu uma forma de iorubá fragmentário ou pidgin, que é empregada sobretudo durante os cultos

---

578. Há uma grande disparidade tonal e entonacional entre o iorubabônico e o iorubá nigeriano. A ortografia das palavras iorubabônicas é diferente, e suas consoantes labiovelares não são pronunciadas ao mesmo tempo. Às vezes, elas se desdobram sequencialmente ou como um único fone (produção efetiva de um fonema na fala). Ademais, o iorubabônico compartilha algumas características fonológicas do pidgin.

religiosos e em conversas. O termo "iorubabônico" refere-se de modo abrangente ao modo negociado da língua iorubá encontrada entre seus adeptos afro-americanos nos Estados Unidos. Os falantes, em geral adultos, têm em sua liturgia e seu repertório uma forma atrofiada de iorubá. O recente influxo de praticantes nigerianos da língua e de babalaôs que vieram da Nigéria para residir nos ilês (por exemplo, na Vila Oyotunji, em Nova York e em Atlanta) permitiu uma maior interação entre o iorubá americano e o africano. Os americanos que desejam uma maior afinidade com a vida iorubá estão adquirindo mais léxicos iorubanos e incorporando-os diretamente em sua fala. Outro impulso vem do número crescente de americanos que fazem peregrinações e recebem treinamento espiritual nas cidades iorubás na Nigéria. Essas pessoas, depois de mergulharem no idioma iorubá nigeriano, tentam mantê-lo após seu retorno aos Estados Unidos por meio de aulas formais da língua.

O iorubabônico é, sem dúvida, o produto de eventos diacrônicos e sincrônicos. Os primeiros são a tentativa inicial dos africanos desenraizados de manter uma conexão cultural e histórica com a África Ocidental "utópica", como forma de escapar da dor imediata da escravidão. Essa conexão psicológica pode ter sido promovida por seus descendentes diaspóricos, talvez como uma consciência espiritual e um renascimento cultural em resposta ao fato de terem sido marginalizados linguística e culturalmente no Novo Mundo. O evento sincrônico também tem natureza psicológica. É provável que os afro-americanos atuais, ainda mais os devotos de orixás, ao se verem como em parte iorubás, considerem a língua e as práticas iorubanas sua herança e, portanto, definam-se linguisticamente como tal. Se essa tendência inicial continuar – em outras palavras, se o ile continuar a crescer em todo o país e se a cooperação com o iorubá da Nigéria persistir –, esse processo linguístico poderá se tornar fonte útil de informações sobre o curso do desenvolvimento do idioma.

Instâncias de iorubabônico

A iniciação aos orixás exemplifica uma circunstância religiosa em que o iorubabônico pode ser observado[579]. O fim de um processo de iniciação de uma semana no ilê em Austin é um dia festivo chamado Dia do Trono. É um dia de festa, música, dança e alegria com a nova iniciada, chamada "iyaawo" ou "noviciada". Vestida com seus trajes sagrados, usando uma coroa e um véu, a iyaawo é apresentada aos amigos, familiares e devotos. O uso da palavra "iyáawo" (suma sacerdotisa) para falar de uma nova iniciada, em vez de "ìyàwó" (noiva), é exemplo de iorubabônico. Durante essa apresentação, somente canções em iorubá são permitidas. Cada canção é oferecida a uma divindade particular e é acompanhada por passos de dança específicos. As músicas revelam a personalidade da divindade direcionada, elogiam seus feitos, alertam sobre seus tabus e exortam a aderir a seus comandos. O mais importante é o discurso de louvor. Cada um faz orações a seus antepassados; observam-se as pessoas louvando os feitos de seus antepassados norte-americanos, incluindo ativistas, líderes e pessoas que contribuíram de modo positivo para a vida dos afro-americanos. Chamar seus espíritos significa narrar seus feitos. É usada uma mistura de iorubá e inglês.

A seguir, uma das muitas canções apresentadas na iniciação. Algumas dessas canções eram compreensíveis para falantes nativos de Iorubá, enquanto outras tinham um léxico e uma tonalidade difíceis de analisar.

> Yenmonja Yemonja olodo
> ("Yemonja, Yemonja, a dona do rio")
> Yenmonja Yenmonja iya mi olodo
> ("Yemonja, Yenmonja, minha mãe, a dona do rio")
> Yenmomja Yenmonja Yenmonja olodo

---

579. Sem a permissão da sacerdotisa, não posso expor as falas enunciadas durante as sessões religiosas. Portanto, meus exemplos limitados se concentrarão em itens lexicais ouvidos em conversas normais.

("Yemonja, Yemonja, Yenmonja, a dona do rio")
Yenmonja iyami asesun olodo
("Yemonja, a fonte do rio")[580].

A oração de graças é outra ilustração do iorubabônico: a oração antes das refeições exemplifica uma dessas práticas sociais que agora são facilitadas pela língua materna. Um adepto do iorubá proferiu a seguinte oração quando nos sentamos para almoçar:

E se ori	Obrigado pelo ori (chefe espiritual)
E se owo	Obrigado pelas finanças
E se inu	Obrigado pelo estômago
E se o nje	Obrigado pela refeição
Mo dupe olodumare	Sou grato a você, Olodumarê

Ainda que alguns tons estivessem errados, a oração é perfeitamente compreensível para falantes nativos do iorubá. Além de seu lugar na vida do povo, o idioma iorubá constituiu um veículo para expressões emotivas. Para a maioria dos norte-americanos iorubás, suas alegrias e tristezas encontram expressão adequada, ou o mais alto canal expressivo, por meio da língua ancestral. Warner-Lewis (1996, p. 59) fez um relato sobre uma pessoa em Trinidad que, quando estava doente no hospital, foi perguntado por seu filho sobre o que estava acontecendo, situação que fez o homem "irromper em uma canção que expressava a alegria de receber a visita de seus próprios filhos":

Arálé ni	Os parentes perguntam
Sé ni mo ma jí ire	Se eu realmente acordei bem
Sé ni mo ma jí ire	Se eu de fato acordei bem
Kò sé bí abímo ni	(Mas) não é a mesma coisa se meus próprios filhos perguntam.

---

580. Mantivemos a grafia de "Yemonja/Yenmonja" do original, dada a variação entre os versos [N.T.].

Warner-Lewis (1996, p. 59) também relatou que a mesma pessoa, em outra ocasião, usou "a canção iorubá como meio de manter um ritmo de trabalho constante e também de distrair sua mente da percepção de uma atividade física árdua":

Ojónkpéré	Estamos todos juntos
Sáwé ojúdè	Corte da grama lá fora
Sáwé ojúdè	Corte da grama lá fora.

Observei esse mesmo fenômeno entre alguns praticantes do iorubá no Texas durante a limpeza do quintal do ilê; além disso, quando um membro voltava para casa em segurança depois de viajar para fora do país, era recebido com cantos alegres e ações de graça na língua iorubá. Além de tais exemplos e da expressão ocasional de um provérbio iorubano, entretanto, não observei uma conversa completa travada em iorubá. Por certo, a maioria das palavras nessa língua adquiriu um significado diferente no Novo Mundo.

"Odunde", atualmente dito na Nigéria no advento do Natal, é usado nas Américas para denotar a celebração associada ao fim do treinamento obrigatório de um ano para se tornar um *Iaô*. A expressão "oriki orile", que em Iorubalândia significa "o louvor ou a história de uma dinastia", torna-se no "Orikiile" ("a história da família") no Novo Mundo. "Osesede" significa literalmente um recém-chegado, mas é usado no ilê para designar um adepto no estágio inicial do treinamento espiritual.

Também é digno de nota o fato de que, no ilê, os membros não falam apenas em inglês, mas inserem o maior número possível de palavras em iorubá. Por exemplo:

"Mustafa wanbi" (Mustafa, venha aqui).
"We need mariwo for the ebo, se o ye?".
("Precisamos de folhas de palmeira para o sacrifício, entendeu?").

Muitos deveres espirituais são realizados somente em iorubá, e é essa forma de falar, junto com sua fonologia e sua semântica peculiares, que é chamada de iorubabônico. Essa forma de fala, independentemente de seu desvio gramatical do iorubá nigeriano, tem um propósito maior do que ser meramente um meio de comunicação ou conversação. Ela pode ser vista como uma unidade de cultura, identidade e fé, e é mantida e levada adiante por uma expressão linguística que transcende a fronteira geopolítica atual do continente americano.

Conforme demonstrado neste capítulo, a cultura iorubá influenciou as Américas tanto linguística quanto socialmente. Grande parte do atual modo de vida contemporâneo nas Américas também se baseia em crenças iorubás. A cultura iorubana não é mais estrangeira ou distante. Ao contrário, ela se enraizou nas Américas, produzindo novos povos Iorubá conscientes de sua história e cujas experiências moldaram sua visão de mundo de maneira única. Por fim, a língua iorubana não é mais apenas uma língua religiosa, mas está sendo cada vez mais usada como um meio de comunicação.

Nota: Agradeço imensamente a Lisa Green pelos inestimáveis comentários e orientações que fez, desde as primeiras até as últimas versões deste capítulo. Recebi sugestões úteis e apoio de Ian Hancock, agradeço a Joni Jones por ter me apresentado à comunidade afro-americana iorubá em Austin e sou muito grato a Yeye Olomo por ter me fornecido informações úteis. Agradeço ao povo do "ilê" Olokun Sanya Awopeju, por ter me recebido em seu meio. Nenhuma dessas pessoas é responsável por qualquer erro ou conclusão contida neste capítulo.

Parte IV

RETORNO À IORUBALÂNDIA

17

ESCRAVIZADOS LIBERTOS IORUBÁS QUE RETORNARAM À ÁFRICA OCIDENTAL

Robin Law

A criação de uma diáspora iorubá nas Américas por meio do comércio atlântico de escravizados é tratada em outra parte deste volume. Os iorubás escravizados eram numerosos o suficiente nas populações de cativos transatlânticos para permanecerem visíveis como um grupo linguístico e cultural distinto, mais frequentemente conhecido nas Américas (no Brasil, por exemplo) como "nagôs", mas nas colônias espanholas (incluindo Cuba) como "lucumí". Embora os escravizados iorubás tenham sido transportados pelo Atlântico desde o século XVI, o comércio escravista que partia de Iorubalândia atingiu sua maior escala no início do século XIX, quando foi alimentado pela eclosão da série devastadora de guerras intraiorubás, iniciada com a extensão da jihad de Sokoto para a região iorubana a partir de 1817 e depois difundida para o sul de Iorubalândia na década de 1820. Esse desdobramento também estava ligado ao surgimento de Lagos como porto principal de embarque de cativos na "Costa dos Escravizados" (ou Golfo de Benim), superando o porto de Uidá, no reino de Daomé, a oeste, que até então era dominante. Naquela época, a direção do fluxo de africanos escravizados foi afetada pela proibição legal do tráfico escravista e ficou em grande parte restrito aos territórios onde essa proibição se mostrou mais difícil de ser aplicada, a saber, no Brasil e em Cuba. A presença iorubá era especialmente proeminente na população escravizada do Brasil e, em particular, na província da Bahia. Em Salvador, a capital da Bahia, os nagôs representavam quase 30% dos escravizados nascidos na África e desempenharam o papel principal na grande rebelião dos cativos ocorrida em 1835 (Reis, 1993). Em Cuba, os escravizados lucumis representavam uma proporção menor, mas ainda significativa: cerca de 9% (Bergad; García; Barcia, 1995, p. 72).

Como consequência direta de sua proeminência entre as vítimas do comércio atlântico de escravizados no período, os iorubás também foram proeminentes nas diásporas reversas dos "repatriados", pessoas de origem ou descendência africana que, uma vez libertadas da escravidão, voltaram para se estabelecer em suas comunidades natais ou ancestrais. O exemplo mais conhecido é o movimento da colônia britânica de Freetown, em Serra Leoa, onde se estabeleceram pessoas libertadas de navios negreiros ilegais interceptados pela marinha britânica, algumas das quais começaram a voltar para Iorubalândia no fim da década de 1830[581]. Mas essa migração de retorno dos serra-leoneses (ou "Saros") foi paralela a um movimento similar de pessoas que haviam sido escravizadas nas Américas, mas que compraram sua liberdade ou a obtiveram de algum outro modo por lá; e, na verdade, ela foi precedida por tal movimento. Essa reemigração veio sobretudo do Brasil, mas também houve um movimento menor de ex-escravizados de Cuba de volta à África[582]; na África Ocidental, no entanto, esses cubanos retornados eram em geral absorvidos pela mais abrangente comunidade brasileira, em vez de manterem uma identidade distinta. Isso se refletiu não apenas na preeminência do Brasil e de Cuba como destinos do comércio transatlântico de escravizados naquela época, mas também na maior facilidade que os cativos tinham para obter a liberdade nesses lugares, em comparação com outros lugares nas Américas. Na Bahia, na década de 1830,

---

581. Cf. esp. Kopytoff (1965).
582. A reemigração cubana foi pouco estudada, mas cf. Sarracino (1988).

por exemplo, os negros e mulatos livres eram mais numerosos do que os cativos. E, ainda que fosse mais fácil para os escravizados nascidos na região ("crioulos") obterem a liberdade do que para os de nascença africana, cerca de um quinto dos baianos nascidos na África eram livres (Reis, 1993, p. 4-6)[583]. Em Cuba, até os anos 1870, a alforria de cativos, normalmente realizada pela compra de si mesmo, representava cerca de um quinto de todas as vendas de escravizados registradas (Bergad; García; Barcia, 1995, p. 128).

Os colonos brasileiros na África costumavam ser conhecidos como "Aguda", um termo que, ao ser usado pela primeira vez em registros da época de meados do século XVIII entre os escravizados no Brasil originários da região do Daomé, diferenciava Brasil de Portugal (Peixoto; Silveira; Lopes, 1945, p. 20)[584]; mas na África Ocidental no século XIX sua referência era nacional ou linguística, não geográfica, e aplicava-se aos portugueses em geral, incluindo os brasileiros, e não apenas à distinção desses em relação a Portugal. A origem do termo é desconhecida[585]. A palavra "Aguda" incluía portugueses e brasileiros de ascendência tanto europeia quanto africana, mas um termo alternativo, "Maro" (ou, em iorubá, "Amaro"), parece ter sido usado mais especificamente para ex-escravizados nascidos na África. Esse último uso parece ter origem no interior, onde "Maro" era um nome às vezes dado aos quarteirões de uma cidade ocupados por comerciantes estrangeiros (sobretudo), por exemplo, em Nikki[586].

Ex-escravizados do Brasil se estabeleceram em vários lugares na costa da África Ocidental, inclusive em Accra, na Costa do Ouro (Gana), onde eram conhecidos como "Tabon", palavra que

---

583. Para as pessoas libertadas na Bahia, cf. Côrtes de Oliveira (1988).

584. O vocabulário é retirado do gun, a língua de Porto Novo e Badagry.

585. A sugestão que costuma ser feita é a de que deriva de Ajuda, a forma portuguesa do nome Uidá, é improvável tanto em termos linguísticos quanto em termos históricos.

586. A sugestão feita às vezes de que o termo "Amaro" deriva de "América" é certamente incorreta.

se supõe ter derivado da frase em português "Tá bom" (Parker, 2000, p. 14-16). Contudo, a principal concentração de assentamentos brasileiros foi mais a leste, ao longo do Golfo de Benim, numa área que corresponde ao Togo moderno, ao Benim e ao oeste da Nigéria. A pesquisa mais substancial sobre a diáspora brasileira na África Ocidental concentrou-se na área do Benim[587]; a seção nigeriana da costa, incluindo a terra natal iorubá, tem sido relativamente negligenciada[588].

Ainda que a diáspora brasileira para a África Ocidental seja em geral percebida como um fenômeno específico do século XIX, deve-se enfatizar que as pessoas de origem ou descendência africana já haviam retornado para se reassentar na África durante os séculos XVII e XVIII. Nas décadas de 1650 e 1660, o rei de Aladá, que dominava a Costa dos Escravizados antes do surgimento de Daomé, tinha um intérprete que falava português chamado Mateus Lopes, um cristão professo que, em 1670, empreendeu uma missão diplomática à corte do Rei Luís XIV na França; ele foi descrito como detentor de "nacionalidade portuguesa", expressão sugestiva de que ele era imigrante (ou reemigrante) em vez de nascido no local. Da mesma forma, em Hueda, o reino que incluía o principal "porto" costeiro de Uidá, em 1694, o rei tinha a seu serviço um "negro português", também cristão, chamado João Fernandes, que servia como seu artilheiro e médico (Law, 1991a, p. 42-77). Nesses documentos, não há especificação de onde Lopes e Fernandes vieram, pode muito bem ter sido da ilha de São Tomé, e não do Brasil; tampouco foram registradas suas origens africanas específicas. Da mesma forma, no século XVIII, vários comerciantes escravistas proeminentes no Golfo de Benim eram ex-escravos retornados do Brasil e de outros lugares, incluindo alguns que nasceram na África.

---

587. Cf. sobretudo J. Turner (1975) e Gurán (1999).

588. Algumas referências aos brasileiros, porém, são feitas em Kopytoff (1965). C. tb. Verger (1976, cap. 16).

Um dos primeiros exemplos foi João de Oliveira, escravizado em sua infância e levado originalmente para Pernambuco, mas depois residente na Bahia. Ele retornou à África como comerciante por volta de 1733 e se aposentou na Bahia em 1770. Foi responsável pela abertura, às suas próprias custas, de dois novos portos para o comércio escravista português: Porto Novo e Lagos. Documentos relacionados a Oliveira o descrevem apenas como nascido na África (ou na "Costa da Mina", que significa Costa do Ouro, mas, no uso português, inclui o Golfo de Benim). No entanto, uma descrição de suas escarificações faciais – três linhas em cada uma de suas bochechas – sugere que ele pode muito bem ter sido iorubá, uma vez que tais linhas correspondem às marcas de "abaja" características do reino de Oió e de alguns grupos relacionados (Verger, 1992, p. 9-13)[589]. Um dos principais comerciantes de escravos em Porto Novo na década de 1780, chamado Pierre, que também serviu como secretário do rei, igualmente era um ex-escravizado, de propriedade anterior de um capitão de navio francês e educado na França. Diz-se que ele era de origem hauçá, mas notou-se que ele falava iorubá ("Eyeo", ou seja, Oió), tanto quanto as línguas hauçá e francês, o que com certeza facilitou suas negociações com comerciantes de Oió que traziam pessoas escravizadas para venda no litoral (Adams, 1823, p. 82-84).

No entanto, uma reemigração em escala muito maior do Brasil para a África ocorreu no século XIX, começando na década de 1830. Isso foi parte de um processo mais geral de criação e consolidação de uma comunidade brasileira residente na costa do Golfo de Benim, inicialmente em Uidá, mas depois se espalhando para outras cidades costeiras da região, o que refletia a predominância do Brasil como mercado para o comércio transatlântico de escravizados nesse período[590]. As principais figuras

---

589. Textos dos documentos originais em Verger (1992, p. 101-106).
590. Cf. Law e Mann (1999, p. 307-334) e, para o caso específico de Uidá, Law (2001b, p. 22-41).

dessa comunidade brasileira eram importantes comerciantes de escravizados: sobretudo Francisco Felix de Souza (falecido em 1849), que chegou à costa por volta de 1800 e comercializou em Badagri, Uidá e Pequeno Popo (Anécho) antes de se estabelecer permanentemente em Uidá em 1820, onde se tornou agente comercial do rei de Daomé; Domingos José Martins (falecido em 1864), que inicialmente se destacou no comércio escravista em Lagos, mas se estabeleceu em Porto Novo em 1846; Joaquim d'Almeida (falecido em 1857), que comercializava principalmente em Agoué, a oeste de Uidá, onde acabou se estabelecendo de modo permanente em 1845; e Francisco José de Medeiros (falecido em 1875), que na verdade era da ilha da Madeira, e não do Brasil, e se estabeleceu em Agoué no fim da década de 1850, mas se mudou para Uidá na década de 1860[591]. Esses comerciantes casavam-se na localidade (muitas vezes de forma poligâmica), formando famílias com suas esposas africanas, famílias que permaneciam proeminentes após suas mortes, em muitos casos até os dias atuais. Apesar de as cidades costeiras em que se estabeleceram pertencerem a diferentes estados africanos, eles mantiveram um senso de identidade comum que transcendia as fronteiras políticas locais, refletido não só no uso contínuo da língua portuguesa, mas também na facilidade de comunicação proporcionada pelo sistema de lagoas que, nessa região, corria em paralelo à costa, proporcionando uma via navegável quase contínua de Pequeno Popo, a oeste, até Lagos e além, a leste. Os colonos brasileiros no Golfo de Benim com frequência mudavam suas residências entre os portos ao longo das lagoas, como já observado, ou mantinham várias casas ao mesmo tempo, de modo que seus descendentes ficavam espalhados por toda a costa. Esse alcance transnacional permaneceu, de fato, característico das famílias "brasileiras" até os dias atuais, cruzando as fronteiras políticas modernas entre

---

591. Cf. Ross (1965, p. 79-90; 1969, p. 19-28), Law (2001a, p. 9-39) e Verger (1992, p. 43-48, para d'Almeida) e J. Turner (1975, p. 126-127, sobre de Medeiros).

Nigéria, Benim e Togo, assim como fizeram com as dos estados africanos anteriores[592].

Alguns dos comerciantes escravistas brasileiros no Golfo de Benim nesse período eram eles próprios ex-escravizados de origem africana, sendo o exemplo mais rico Joaquim d'Almeida, nascido em Mahi, ao norte de Daomé. De modo geral, os ex-cativos que reemigravam para a África Ocidental eram atraídos para se estabelecer em cidades onde havia grandes comerciantes brasileiros já fixados, que podiam lhes oferecer proteção e aos quais eles muitas vezes se ligavam por meio de relações de clientela. Embora ex-escravizados individuais tivessem retornado à África antes, a reemigração em larga escala começou após a grande rebelião dos cativos na Bahia em 1835, que as autoridades locais atribuíram à influência da população negra livre e que foi seguida pela deportação de muitos suspeitos de cumplicidade ou considerados uma ameaça em potencial (Reis, 1993, p. 207-208, 220-222). No entanto, a reemigração continuou de forma voluntária durante todo o resto do século XIX, por uma variedade de motivos, incluindo oportunidades comerciais, bem como a nostalgia do país de origem (incluindo alguns que se retiraram para a África em sua velhice) e talvez também a crescente hostilidade e discriminação enfrentada pelos negros livres no Brasil. De início, os reemigrantes viajaram mais como passageiros em navios que faziam o comércio entre o Brasil e a África, ironicamente incluindo muitos que estavam envolvidos no contínuo comércio escravista; mesmo após o fim do tráfico escravista para o Brasil, em 1850, os contatos regulares de transporte marítimo continuaram, uma vez que na África ainda havia demanda por produtos brasileiros, como rum e tabaco, bem como um mercado no Brasil para produtos africanos, como óleo de palma, nozes de cola e tecidos africanos. No entanto, após o estabelecimento de um serviço regular de navios a vapor

---

592. Essa dimensão costeira das atividades e da identidade brasileiras é bem evidenciada no romance histórico de António Olinto (1969), *A Casa de Aqua*.

de Liverpool para Lagos em 1852, muitos vieram pela Inglaterra. Ao longo de todo o século XIX, estima-se que o número total de brasileiros reemigrados para a África Ocidental tenha sido entre 3 e 4 mil (Turner, J., 1975, p. 77-78, 85); o tamanho da comunidade brasileira na África Ocidental era, obviamente, muito maior do que isso, incluindo suas famílias por casamentos locais e também escravizados e clientes livres incorporados em suas casas, que poderiam vir a se identificar como "brasileiros", ainda que nunca tivessem deixado a África.

Os ex-escravizados que retornaram à África Ocidental eram de diversas origens na África, incluindo Mahi, "Atakpa" (Nupe), Hauçá e "Kaniké" (Borno), bem como "Nagô" (Iorubá). No entanto, os iorubás eram mais numerosos, o que reflete sua preeminência numérica entre os africanos escravizados na Bahia e, talvez, também a suspeita especial atribuída a eles após a rebelião de escravizados de 1835, na qual os cativos e libertos iorubás assumiram o papel principal. Presume-se que a concentração de assentamentos de reemigrantes no Golfo de Benim refletia não só o padrão dominante da comunicação marítima e, portanto, de oportunidades de transporte, entre a Bahia e a África, mas também o desejo de muitos dos reemigrantes de retornar aos seus países de origem específicos, e não apenas à África em geral. No entanto, nem todos os reemigrantes escolheram ou puderam retornar às suas comunidades de origem. O reassentamento brasileiro se concentrou, em geral, nas cidades litorâneas em vez de no interior, e muitos reemigrantes de origem iorubá se estabeleceram em comunidades não iorubás a oeste, em especial Agoué, Uidá e Porto Novo, no que hoje é a República do Benim.

Assentamento brasileiro em Benim: Uidá, Agoué e Porto Novo

Na costa do Benim, a princípio o maior foco do reassentamento brasileiro foi Uidá, o porto do reino de Daomé e principal centro do comércio atlântico na região da Costa dos Escravizados antes do surgimento de Lagos. Imediatamente após a rebelião dos cativos de 1835 na Bahia, como parte da deportação dos suspeitos de envolvimento, as autoridades provinciais fretaram um navio para entregar 200 africanos livres a Uidá (Reis, 1993, p. 220). Além disso, a tradição local da cidade lembra a chegada de um grupo de africanos libertados em um determinado navio, que foram recebidos pelo comerciante escravista estabelecido no local, o brasileiro Francisco Felix de Souza. Esse grupo recebeu terras para se fixar, em um local que ficou conhecido como o Bairro Maro[593]. Em documentos da época, a comunidade de repatriados brasileiros em Uidá foi notada pela primeira vez, em 1845, pelo explorador escocês John Duncan, que notou, além dos "verdadeiros portugueses" residindo na cidade, os "numerosos" ex-escravizados do Brasil, que haviam obtido sua liberdade por meio de compra ou retornando como empregados de traficantes escravistas. Duncan entendeu que "muitos" deles haviam deixado o Brasil depois de terem "participado de uma tentativa de revolução entre os escravizados de lá", referindo-se, é evidente, à revolta da Bahia de 1835. O oficial da marinha britânica Frederick Forbes, em 1849-1850, também faz alusão a "africanos libertados" que viviam em Uidá, incluindo alguns do Brasil e de Serra Leoa, que haviam adquirido sua liberdade em território brasileiro, "muitos" dos quais, segundo ele, estavam agora envolvidos no tráfico escravista (Duncan, 1967, p. i, 138, 185, 201-202; Forbes, 1851, p. ii, 71-72). Uma ideia do tamanho dessa comunidade de repatriados é fornecida pela Missão Católica Francesa estabelecida em Uidá em 1861, que estimou em 600 o número de cristãos já existentes na cidade, que eram sobretudo ex-escravizados do Brasil (Borghero, 1997, p. 280)[594].

---

593. Cf. as tradições da fundação do Bairro Maro em "Note historique sur Uidá par l'Administrateur Gavoy (1913)" (1955, p. 69-70); "Ouidah: organisation du commandement" (1993, p. 44-46) (documento de 1917 escrito pelo administrador francês Reynier). As datas fornecidas (1812 por Gavoy, 1829 por Reynier) estão obviamente incorretas.

594. Embora alguns desses cristãos brasileiros fossem imigrantes nascidos livres, e não ex-escravizados, alguns deles não eram cristãos.

Duncan afirmou que a maioria dos escravizados libertados em Uidá era de origem "Fulani" (significando provavelmente Hauçás) e Oió; Forbes afirmou que eles eram "iorubás" (ou seja, Oió) e Borno. A missão católica romana francesa, que chegou na década de 1860, listou os idiomas iorubá ("nagô"), fom e português como as "línguas usuais" em Uidá; e, mesmo que essa proeminência da língua iorubana talvez se devesse em parte ao grande número de escravizados iorubás mantidos na cidade e importados do interior, ela também refletia o predomínio das origens iorubás dos repatriados brasileiros. Observou-se que os brasileiros "quase sempre falam nagô e português, mas poucas vezes a língua local onde ela não é nagô, mesmo aqueles nascidos em Uidá de pais nagôs raramente falam a língua local" (Borghero, 1997, p. 48, 251). As famílias descendentes de ex-cativos brasileiros que ainda residem no bairro de Maro e em outros lugares de Uidá não costumem se lembrar da etnia africana original de seus fundadores e, ainda que esses incluam pessoas de Mahi, Nupe, Hauçá e Borno, muitos deles se lembram de ter sido iorubás. Em vários casos, são indicadas suas cidades ou áreas de origem específicas em Iorubalândia. Os descendentes de Antonio d'Almeida (falecido em 1890), por exemplo, relembram que ele era de Iseyin, e a família ainda mantém um sobrenome iorubá: Olufade (Verger, 1992, p. 48-53). O principal historiador local de Uidá, Casimir Agbo (1959, p. 276-277, 279, 295), em um livro publicado em 1959, conseguiu registrar os nomes de louvor ("oriki") de várias famílias iorubás brasileiras; além do nome de Antonio d'Almeida, incluem-se os das famílias Americo e Villaça, que lembram suas origens, respectivamente, de Iseri e Ijexá.

A oeste de Uidá, uma comunidade substancial de repatriados também se desenvolveu em Agoué. Segundo a tradição local, ela remonta ao reinado de Toyi (1835-1844) e, portanto, provavelmente também se originou, em primeira instância, das deportações que se seguiram à rebelião de 1835 na Bahia[595]. A missão católica

---

595. Cf. esp. as tradições coletadas nas décadas de 1930 e 1940 em Byll-Cataria (2002); cf. tb. Strickrodt (2004).

512

francesa em Uidá, quando entrou em contato com Agoué pela primeira vez em 1863, estimou que já havia cerca de 100 cristãos no local, todos repatriados do Brasil, que eram "quase todos nagôs por nacionalidade" (Borghero, 1997, p. 123). Mas, no longo prazo, a comunidade brasileira nitidamente cresceu mais do que isso e era mais variada em suas origens étnicas, apesar de o elemento iorubá continuar sendo majoritário. Agoué passou a incluir nada menos do que quatro bairros estabelecidos por ex-escravizados brasileiros, bem como um bairro "Salo [ou seja, Saro]" ocupado por repatriados de Serra Leoa. Um deles, Zokikomè, "bairro de Zoki" (ou seja, de Joaquim), é o local de estabelecimento do comerciante escravista Joaquim d'Almeida; é evidente que os nomes dos outros três – Anagakomè (também chamado de Idi-Ata), Fonkome e Haoussakomè (ou seja, os bairros Nagô, Fom e Hauçá) – refletem as origens étnicas dos colonos. Uma lista de famílias Agoué de ascendência repatriada compilada na década de 1930 inclui 46 cujos ancestrais vieram do Brasil, com mais cinco originários de Cuba e sete de Serra Leoa. Mais da metade das famílias brasileiras eram de origem iorubá: 24, em comparação com 11 que eram do povo Mahi, quatro do povo Fom, cinco Hauçás, um Nupe e um Bariba (de Borgu); a maioria das famílias de Serra Leoa também era Iorubá. Entre as famílias de Cuba, havia Fom, Mahi e Hauçá, mas nenhuma Iorubá (Byll-Cataria, 2002, p. 31-32).

Na costa leste de Uidá, seu maior rival comercial antes do surgimento de Lagos era Porto Novo. Apesar de inicialmente ser uma comunidade não iorubá, ela pode ser considerada como parte efetiva da terra natal Iorubá, já que seu papel como principal escoadouro para o comércio de escravizados do reino de Oió levou ao estabelecimento de um grupo iorubá significativo, fundado, segundo a tradição, na segunda metade do século XVIII (Akindele; Aguessy, 1953, p. 71, 73). Porto Novo também se tornou sede de uma comunidade de repatriados brasileiros, embora talvez um pouco mais tarde do que Uidá e Agoué. Em 1884, havia cerca de 100 repatriados estabelecidos no local, a maioria deles do Brasil, apesar de alguns serem de Serra Leoa (Verger, 1992, p. 543). A figura principal da comunidade brasileira de Porto Novo era José Paraíso, que teria chegado à África Ocidental em 1850 (Verger, 1992, p. 34-41). Ele era de origem iorubá e, de acordo com a tradição familiar, membro da família real de Oió. Parece que ele chegou à África não como liberto, mas ainda como escravizado, empregado como barbeiro do relevante comerciante escravista Domingos Martins. No entanto, com a morte de Martins em 1864, o rei de Porto Novo confiscou muitos de seus bens, incluindo o próprio Paraíso, a título de imposto sobre herança. Assim, o então ex-escravizado se tornou um "caboceer" (chefe) e conselheiro real sênior. Seu filho, Ignacio Paraíso, por sua vez, transformou-se em um líder notável (membro do Conseil d'Administration) sob o domínio colonial francês.

É notável que, no Benim, muitos dos repatriados brasileiros tenham permanecido instalados nas cidades costeiras, em vez de regressarem às suas comunidades de origem no interior. Isso pode ter ocorrido mais por necessidade do que por escolha própria. Forbes (1851, p. ii, 72), em 1850, relatou que os ex-escravizados brasileiros que ele encontrou em Uidá tinham originalmente regressado à África "com grandes esperanças de chegar ao seu país", mas viram-se impedidos de fazê-lo e confinados a Uidá pelas autoridades de Daomé. Dada a facilidade de viajar ao longo da lagoa costeira, é difícil acreditar que alguém determinado a regressar ao seu país de origem não pudesse tê-lo feito. Em alguns casos, por certo, não havia mais terra para onde voltar; Duncan, em 1845, no interior ao norte do Daomé, encontrou um ex-escravizado da Bahia, um homem originário de Borno, que havia retornado a Uidá e de lá, via Iorubalândia, para sua cidade natal, apenas para descobrir que ela havia sido "duas vezes destruída pelo inimigo, e era habitada principalmente por estranhos de um país distante". Agora, ele estava em seu caminho de volta para a costa, com a intenção de retornar, se possível, ao Brasil (Duncan, 1967, p. ii, 177). Mas, mesmo quando o retorno para casa era viável, ele nem sempre era atraente, já que os repatriados se estabeleciam em posições influentes nas cidades costeiras, lá tendo oportunidades comerciais no crescente comércio "legítimo" de produtos de palma, no tráfico escravista e como agentes de empresas europeias, caso eles não tivessem capital o suficiente para se firmar como comerciantes independentes, o que eram menos acessível no interior.

Lagos e seu interior

Os repatriados iorubás, para os quais a volta para casa era prioridade, provavelmente escolheriam Lagos em vez dos portos mais a oeste. Lagos acabou se tornando o local da maior comunidade de repatriados brasileiros, bem como o principal centro de reassentamento serra-leonês[596]. O assentamento de ex-escravizados brasileiros teria começado por volta de 1840[597]. Os primeiros a chegar não tiveram uma recepção calorosa, pois o Rei Kosoko de Lagos (que governou de 1845 a 1851) teria "saqueado" suas riquezas e até executado algumas pessoas que resistiram às suas exigências. Em 1847, no entanto, Kosoko teria mudado sua política e enviado um de seus chefes seniores, Oshodi Tapa, em uma missão ao Brasil para garantir aos emigrantes em potencial sua segurança em Lagos. Em 1853, já havia cerca de 130 famílias de "africanos autoemancipados do Brasil" instaladas em Lagos, que se dizia serem "todas de origem iorubá e, em sua maioria, da província de Egba"[598].

O estabelecimento da influência britânica sobre Lagos após sua intervenção para depor o Rei Kosoko no fim de 1851, embora

---

596. Cf. esp. Lindsay (1994, p. 22-50). Algumas referências podem também ser encontradas em obras gerais sobre Lagos: Brown (1964), Cole (1975), Echeruo (1977) e Smith (1978).

597. Segundo a narrativa do Governador Moloney de Lagos, datada de 20 de julho de 1887 (*apud* Verger, 1992, p. 553).

598. Documentos Parlamentares do Reino Unido: correspondência relativa ao tráfico escravista, 1853-1854, Classe B, nº 56, Cônsul Campbell, Lagos, 28 de dezembro de 1853.

tenha levado à expulsão dos principais traficantes escravistas brasileiros, serviu também para incentivar o reassentamento de brasileiros e serra-leoneses, ao fornecer uma estrutura de segurança mais eficaz. Isso já ficara evidente durante o período do Consulado Britânico (1852 a 1861), no qual Lagos efetivamente se tornou um quase-protetorado inglês mesmo antes de sua anexação formal como colônia da Grã-Bretanha em 1861. As autoridades britânicas também incentivaram os brasileiros de maneira positiva, considerando-os, assim como os serra-leoneses, uma possível influência positiva para o progresso de Lagos. O cônsul britânico interveio junto ao rei nativo Dosunmu, por exemplo, para reduzir e por fim abolir um imposto (de 10 sacos de moedas de búzios) sobre cada pessoa, que fora instituído aos colonos brasileiros[599]. Vários outros grupos de reemigrantes brasileiros chegaram durante a década de 1850, e em 1855 um grupo de 48 ex-escravizados de Cuba também voltou, via Inglaterra, pelo serviço de navios a vapor de Liverpool[600]. Em 1887, o número de repatriados brasileiros em Lagos era de 3.221 (Lindsay, 1994, p. 27), e outros continuaram a chegar até o fim do século.

Esses repatriados brasileiros ocuparam o que foi chamado de "bairro brasileiro" (também denominado "Cidade Portuguesa" e, em iorubá, "Popo Aguda" ou "Popo Maro"), local que era separado do bairro de Serra Leoa, centrado em torno da Praça Campos, na extremidade norte da Rua Campos, ainda existente, que recebeu o nome de um brasileiro proeminente; as ruas vizinhas Bamgbose e Tokunboh igualmente são uma homenagem a brasileiros repatriados do século XIX. Na imprensa de Lagos do fim daquele século, as atividades sociais da comunidade brasileira eram noticiadas com destaque, incluindo uma Companhia Dramática Brasileira que

---

599. Documentos parlamentares do Reino Unido: correspondência relativa ao tráfico escravista, 1857-1858, Classe B, nº 11, Campbell, 5 de junho de 1857.

600. Cf. "Cuban Slaves in England", *Anti-Slavery Reporter*, vol. 2, n. 10, outubro de 1854, p. 234).

realizou apresentações para o aniversário do imperador brasileiro Pedro II em 1880, bem como para o aniversário da Rainha Vitória em 1882, e também promoveu uma celebração da proclamação da emancipação dos escravizados no Brasil em 1888 (Verger, 1992, p. 557).

A maioria da comunidade brasileira em Lagos era de origem iorubá, embora alguns repatriados também viessem de outras regiões do interior, incluindo Nupe e Hauçá. Diferentemente do padrão encontrado no oeste da Costa dos Escravizados, alguns repatriados brasileiros que de início vieram para Lagos continuaram a se estabelecer no interior. O cônsul britânico, em 1859, observou que "vários dos africanos autoemancipados do Brasil" haviam demonstrado "grande ansiedade para voltar aos seus antigos lares" nas terras iorubás, nupes e hauçás; e ele lhes havia dado passaportes em inglês e árabe para facilitar a segurança deles (Verger, 1992, p. 549). Abeokuta, que era o principal centro no interior do reassentamento de repatriados de Serra Leoa, também atraiu alguns brasileiros. Um homem chamado F. Ribeiro (que pode ter vindo de uma família brasileira estabelecida em Accra) atuou como agente do comerciante italiano Giambattista Scala a partir de 1856 e se tornou uma figura de certo destaque na comunidade comercial de Abeokuta, atuando, por exemplo, junto com vários repatriados de Serra Leoa, na Abeokuta Road-Improving Society, empresa formada em 1859, e na Abeokuta Mercantile Association, de 1860. Ele também atuou como representante dos Egba, junto com o serra-leonês Henry Robbins, em negociações de paz com as autoridades de Lagos no fim da década de 1860 (Borghero, 1997, p. 165ss)[601]. Outro brasileiro residente em Abeokuta desde a década de 1860 foi Pedro P. Martins, que desempenhou um papel de liderança na organização do fornecimento de armas e

---

601. Cf. tb. Documentos Parlamentares do Reino Unido, Tráfico Escravista, 1860, Classe B, nº 9, Cônsul Brand, Lagos, 1 de dezembro de 1859; 1861, Classe B, número 22, Cônsul Interino Hand, Lagos, 13 de agosto de 1860; Ajisafe (1964, p. 113); Biobaku (1991, p. 76).

no apoio financeiro aos esforços de guerra da cidade; em 1893, ele atuou como "amigo e conselheiro dos chefes" na negociação do tratado de "amizade" (na verdade, de protetorado, ainda que a independência de Abeokuta fosse formalmente garantida) com a Grã-Bretanha e, quando Gbadebo se tornou Aláke (soberano) de Abeokuta em 1898, Martins virou secretário do rei (Ajisafe, 1964, p. 111, 124, 135, 147, 153).

Mesmo quando não retornavam para se estabelecer permanentemente no interior, os repatriados brasileiros residentes em Lagos com frequência mantinham uma identificação com suas terras natais e defendiam seus interesses. Os brasileiros, assim como os serra-leoneses, eram ativos nas associações "tribais" formadas em Lagos para mobilizar apoio para os diferentes lados nas guerras intraiorubá do período. Uma Associação Nacional Iorubá (ou seja, Oió) formada em 1865 para mediar as guerras no interior tinha como um de seus vice-presidentes um brasileiro, Francisco Reis, apesar de todos os outros membros proeminentes serem saros; em 1886, entre seus membros havia outro brasileiro, Gaspar da Silva (Brown, 1964, p. 192-193). Outro, Filipe José Meffre, era bastante ativo na Associação Ijexá, que na década de 1870 passou a ser nomeada Sociedade Lagos Ekitiparapo. Em 1866, Meffre fazia parte de um grupo de repatriados Ijexá de Lagos que aproveitou a oportunidade da reabertura das estradas após o fim da Guerra Ijaye para visitar sua terra natal e acabou sendo preso como suspeito de espionagem em Ibadan em sua viagem de volta ao litoral. Em 1882, Meffre serviu, junto com o serra-leonês Joseph Haastrup, como delegado do governador de Lagos para sondar a disposição dos ijexás de se pacificar com Ibadan. Nas negociações de paz de 1886, o representante do governador, o clérigo serra-leonês Charles Phillips, viu seus esforços de pacificação serem contrariados por um "mensageiro especial" da Sociedade Ekitiparapo de Lagos, chamado Abeh, que era "um crioulo brasileiro, um carpinteiro por profissão" (Johnson, 1937, p. 369-370, 467, 534).

Cristianismo e islamismo

Em suas atividades comerciais e políticas, os repatriados brasileiros em grande parte replicaram ou complementaram as atividades dos serra-leoneses, mais do que cumprir um papel distinto. Eles também contribuíram com uma série de habilidades artesanais aprendidas no Brasil. O predomínio numérico de tais artesãos entre os repatriados refletia o fato de que em geral o trabalho especializado oferecia oportunidades de acumulação individual e, portanto, de autoalforria da escravidão. Os carpinteiros e pedreiros brasileiros, em particular, tiveram um impacto duradouro no estilo arquitetônico das cidades costeiras da região, onde muitos dos principais edifícios do século XIX e início do século XX foram construídos com estilo brasileiro, por artesãos repatriados do Brasil[602]. Esses edifícios "afro-brasileiros" incluíam, notadamente, os mais relevantes edifícios religiosos, igrejas e mesquitas.

Os brasileiros também trouxeram uma contribuição singular para a esfera da religião por meio de sua associação com a Igreja Católica Romana. Enquanto os serra-leoneses muitas vezes aderiam às missões de língua inglesa, à Sociedade Missionária da Igreja Anglicana e aos metodistas, os brasileiros eram sobretudo católicos e haviam sido batizados na Igreja Católica Romana no Brasil. Seu catolicismo era admitidamente superficial, e muitos voltaram à religião africana ancestral, ou a combinaram com o cristianismo, após seu retorno à África. Filipe Meffre, por exemplo, era praticante da adivinhação Ifá (até ser convertido à versão protestante do cristianismo pela Sociedade Missionária da Igreja [doravante CMS]) (Kopytoff, 1965, p. 368, nota 121). Os missionários franceses que chegaram na década de 1860 criticavam muito a compreensão e a prática do cristianismo pelos brasileiros (incluindo os descendentes de brasileiros brancos, como os de Souza, bem como os escravizados africanos que retornaram) e os estigmatizavam por viverem

---

602. Sobre a arquitetura "afro-brasileira" de modo mais geral, cf. Cunha e Cunha (1985).

"exatamente como pagãos na maior parte do tempo", praticarem a poligamia e uma religião sincrética, "um amálgama monstruoso de paganismo, cristianismo e superstições fetichistas" (Borghero, 1997, p. 46). Ainda assim, o batismo cristão continuou sendo um importante símbolo da identidade brasileira na África Ocidental.

Os repatriados brasileiros foram, de fato, os pioneiros efetivos do catolicismo romano na costa do Benim e da Nigéria antes do estabelecimento de qualquer missão organizada. Em Agoué, por exemplo, a primeira capela católica foi construída na década de 1830 por uma escravizada liberta do Brasil, e Joaquim d'Almeida, em 1845, construiu uma segunda capela, para a qual trouxe os móveis necessários do Brasil, incluindo até mesmo sinos de igreja (Byll-Cataria, 2002, p. 7). Em Lagos, em 1853, os "portugueses e brasileiros brancos e negros" ergueram uma "cruz católica romana" para marcar o lugar de uma futura igreja católica, o que aborreceu os missionários da CMS, recentemente chegados. Além disso, um ex-escravizado da Bahia chamado "Pa" Antônio estabeleceu uma capela católica romana e realizou ritos não sacramentais antes da chegada do primeiro missionário católico ordenado em 1863 (Smith, 1978, p. 39; Turner, J., 1975, p. 169-174).

Uma Igreja Católica Romana oficial foi estabelecida na região em 1844, quando o forte português em Uidá, que havia sido abandonado quando o comércio escravista se tornou ilegal, foi reocupado; seu pessoal, fornecido por São Tomé, incluía um padre para trabalhar como capelão da capela do forte (Sarmento, 1891, p. 61). Esses padres portugueses realizavam missas semanais e batizados em Uidá e visitavam periodicamente Agoué, a oeste. Eles viam sua função não como a evangelização dos pagãos locais, mas como a prestação de serviços religiosos à população católica romana existente, incluindo os ex-escravizados que retornavam, bem como os comerciantes brasileiros nascidos livres e suas famílias. Em 1861, chegou um corpo explicitamente missionário, na forma da Société des Missions Africaines (SMA) de Lyon, que se estabeleceu primeiro em Uidá e, de lá, visitava Agoué, Porto

Novo e Lagos[603]. Entretanto, antes do estabelecimento do governo colonial, a missão católica, na prática, teve impacto insignificante na conquista de convertidos e serviu basicamente para atender à comunidade católica preexistente representada pelos brasileiros. A dependência da missão em relação aos brasileiros é demonstrada pelo fato de que ela se viu obrigada a usar a língua portuguesa para se comunicar com sua congregação. Em sua primeira chegada a Uidá, em 1861, o chefe da missão, Francesco Borghero (1997, p. 46) (que na verdade era italiano), não sabendo português, pregava em espanhol para se fazer entender. Além disso, as escolas da missão usavam o português em vez do francês como idioma de instrução.

No entanto, nem todos os repatriados brasileiros que retornaram à África eram cristãos. A população escravizada na Bahia incluía um número significativo de muçulmanos, inclusive muitos iorubás, bem como hauçás e outros nortistas, mais alguns que foram convertidos ao islamismo por outros cativos no próprio Brasil; os muçulmanos na Bahia eram conhecidos como "malês", que é o termo iorubá (e também fom) corrente. A revolta dos escravizados de 1835 foi atribuída especificamente aos muçulmanos e, como era de se esperar, eles se tornaram mais sujeitos à deportação nos anos seguintes. Os muçulmanos do Brasil desempenharam um papel significativo no estabelecimento do Islã nas cidades costeiras do Benim[604]. Em Uidá, a tradição local confirma que uma parte dos ex-escravizados brasileiros que se estabeleceram no Bairro Maro era de muçulmanos e afirma também que eles foram os primeiros muçulmanos da cidade e construíram a primeira mesquita; os muçulmanos do interior (sobretudo os hauçás) chegaram apenas mais tarde, sob o domínio colonial francês, e se assentaram em um bairro separado, chamado Zongo. O primeiro imã de Uidá, Baba Onioubon, era um repatriado do Brasil e de origem Iorubá,

---

603. Sobre a missão SMA, cf. esp. Roussé-Grosseau (1992).

604. Cf. esp. Marty (1925, p. 109-188; 1926, p. 75-146); cf. tb. Law (1986, p. 50-64).

da cidade de Ofa. Os imãs posteriores eram iorubás, hauçás e de Borno, igualmente oriundos do grupo brasileiro (Marty, 1925, p. 103-104)[605]. Tal como em Agoué, tanto o bairro iorubá, Anagokomè, quanto o bairro hauçá, Haoussakomè, incluíam alguns colonos muçulmanos e tinham mesquitas. O primeiro imã de Agoué, Saidou, era um escravizado iorubá liberto do Brasil, e a liderança da comunidade muçulmana permaneceu com os iorubás até 1915, quando passou para o imã da mesquita hauçá (Byll-Cataria, 2002, p. 7; Marty, 1925, p. 113-114).

Em Porto Novo e Lagos, os muçulmanos brasileiros desempenharam um papel menor, pois nesses locais o Islã já havia sido introduzido, diretamente do interior, antes da reemigração brasileira na década de 1830. Em Porto Novo, no entanto, alguns indivíduos brasileiros se tornaram proeminentes na comunidade muçulmana, em especial José Paraíso, cujo nome muçulmano era Abubakar. Diz-se que ele se converteu ao islamismo no Brasil, e na atualidade a tradição entre seus descendentes sustenta que ele esteve envolvido na rebelião de escravizados de 1835[606]. No entanto, na África Ocidental, diz-se que ele, a princípio, escondeu sua fé, professando em público o cristianismo católico, e se declarou abertamente muçulmano somente depois de começar a trabalhar para o rei de Porto Novo, em 1864. José Paraíso e, mais tarde, seu filho Ignácio (cujo nome muçulmano era Sule Nunassu) atuaram como os líderes políticos efetivos dos muçulmanos de Porto Novo. Um cisma dentro da comunidade muçulmana, iniciado em 1911, deu-se em parte como um desafio à autoridade da família Paraíso e refletiu uma divisão entre os brasileiros e os iorubás do interior (Marty, 1925, p. 164-80)[607]. Em Lagos, também alguns dos repatriados brasileiros eram muçulmanos e ergueram suas próprias mesquitas, como a Mesquita

---

605. Cf. tb. "Ouidah: organisation du commandement" (documento de 1917 escrito pelo administrador francês Reynier), p. 44-45.

606. Entrevista com Urbain Karim da Silva, Porto Novo, setembro de 1994.

607. Cf. tb. os documentos publicados em «L'Islam au Daomé: les musulmans de Porto-Novo", *Mémoires du Bénin*, vol. 3, 1994, p. 45-81.

Salvador (nomeada em homenagem ao seu patrono brasileiro) na Rua Bamgbose (Gbadamosi, 1978, p. 28, 30).

O catolicismo romano nesses lugares também mantém características identificáveis como brasileiras, notadamente a proeminência da festa de Nosso Senhor do Bonfim (em janeiro), derivada da Bahia, e uma festa de carnaval associada a tal festa, a mascarada de Buriyan, inspirada no bumba meu boi brasileiro, evento em que ainda se cantam músicas em português. Ainda, é possível dizer que a prática religiosa brasileira contribuiu para uma tradição de tolerância ou de coexistência pacífica entre as religiões. Por exemplo, muitas famílias brasileiras têm ramos cristãos e muçulmanos; é até mesmo comum que muçulmanos brasileiros batizem seus filhos na Igreja Católica e muitas vezes também pratiquem os cultos tradicionais – que permanecem fortemente influentes na região até os dias atuais (Yai, 2001, p. 72-82).

Etnogênese iorubá

Também é possível sugerir que a comunidade brasileira repatriada tenha desempenhado algum papel no surgimento de uma identidade Iorubá coletiva. Está bem estabelecido que os Iorubá, como um grupo étnico autoconsciente ("tribo" ou "nação"), são um fenômeno recente (quiçá uma "invenção"). O próprio nome "Iorubá" originalmente designava o povo Oió em específico, e não aqueles que na atualidade são chamados de iorubás em geral, que não tinham um nome genérico para si mesmos antes do século XIX. Um senso de etnia comum surgiu primeiro na diáspora, e não na terra natal. De acordo com a visão convencional, isso começou entre os escravizados libertos que se estabeleceram em Freetown, Serra Leoa (onde o termo genérico mais usado era "Aku", ainda que "Iorubá" também fosse usado), e foi realimentado na terra natal iorubana por meio da reemigração dos "saros" a partir do fim da década de 1830[608]. No entanto, como explicação do

---

608. Sobre a etnogênese iorubá, cf. esp. Peel (2000); cf. tb. Law (1996, p. 55-90).

processo de etnogênese iorubá, esse relato parece incompleto. O que está faltando, sugiro, é a dimensão transatlântica. Um senso de identidade pan-étnica surgiu ainda antes entre os escravizados de língua iorubá nas Américas, onde eles começaram a usar um nome coletivo comum para si mesmos. Porém, o nome não era ainda "Iorubá" (nem "Aku", como em Freetown), mas "Nagô" ou, em Cuba, "Lucumi", ambos etnônimos (ou topônimos) que existiam na África Ocidental em um sentido restrito, aplicados apenas a subgrupos iorubás específicos, mas que foram generalizados nas Américas para designar todo o grupo linguístico (Law, 1997a, p. 205-219).

Dada a grande escala de reemigração de ex-escravizados iorubás para a África Ocidental, é muito provável que a identidade étnica ampliada que havia surgido no Brasil tenha sido realimentada na África Ocidental. Como foi visto, os escravizados que voltaram do Brasil mantiveram um senso de identificação com suas comunidades africanas de nascimento e ascendência, bem como um senso de sua identidade coletiva brasileira; embora a lealdade primária dos repatriados iorubás se voltasse, em alguns contextos, a estados ou comunidades determinadas (como na política "tribal" de Lagos) mais do que à "nação" Iorubá, é evidente que um senso identitário genérico "Nagô" também persistiu. Até os dias de hoje, por exemplo, as famílias de origem brasileira em Uidá se definem como nagôs, não só como brasileiras.

Além disso, durante o século XIX, e de fato no século seguinte, houve uma comunicação regular entre Brasil e Iorubalândia – o que provavelmente facilitou a troca de ideias e informações, bem como de mercadorias e pessoas. Como Lorand Matory (1999c, p. 72-103) argumentou, para entender de modo correto a história intelectual dos iorubás, incluindo a construção da etnia iorubana em ambos os lados do Atlântico, é preciso conceituar esse povo como uma "nação transatlântica". A contribuição brasileira no processo de etnogênese Iorubá é ilustrada pelo fato (ignorado com facilidade pelos estudiosos nigerianos e, mais geralmente, pelos

524

pesquisadores anglófonos) de que, no Benim, o uso francófono adotou "Nagô" em vez de "Iorubá" como nome étnico preferido; ademais, em sua aplicação genérica, em oposição à sua aplicação original mais restrita, o termo "nagô" parece ser empréstimo do contexto brasileiro. Essa palavra foi estabelecida no contexto francófono em primeira instância por meio de sua adoção pelos missionários católicos romanos franceses, o que, por sua vez, refletia a estreita associação que se desenvolveu, conforme observado, entre a missão francesa e a comunidade brasileira nessa região.

Os ex-escravizados iorubás que retornaram do Brasil e de Cuba para se reassentar na África Ocidental representavam um grupo numericamente minúsculo – alguns milhares – em comparação com a população nativa de Iorubalândia, mas, mesmo assim, eles desempenharam um papel muito importante na história iorubana durante o século XIX (e, de fato, depois), em paralelo à diáspora reversa mais conhecida dos repatriados iorubás de Serra Leoa. Assim como os serra-leoneses, os brasileiros funcionaram como intermediários críticos entre as comunidades nativas africanas e a crescente penetração da influência europeia, nas esferas da religião e da política, bem como no comércio e na consequente redefinição da cultura e da identidade iorubás. Ademais, as atividades e a influência dos brasileiros não se limitaram a reproduzir o que já faziam os serra-leoneses, pois eles trouxeram uma contribuição singular, especialmente na esfera da arquitetura e em relação à disseminação do cristianismo católico romano e do islamismo, contribuições cujo legado permanece visível até os dias atuais.

18

A DIÁSPORA IORUBÁ NA SOCIEDADE KRIO DE SERRA LEOA

C. Magbaily Fyle

A expressão "diáspora africana", que surgiu em meados do século XX, foi, de acordo com os historiadores T. R. Patterson e R. D. Kelley (2000, p. 14), cunhado para "enfatizar as experiências unificadoras dos povos africanos dispersos pelo comércio escravista". Por onde quer que esses povos estejam espalhados, a essência de uma diáspora é "em grande parte dependente de uma identidade diaspórica que liga suas partes constituintes a uma terra natal" – nesse caso, o continente africano. Assim, se por um lado a ideia de diáspora africana está ligada a uma ampla dispersão, em todo o mundo, de povos com diferentes origens na África, por outro a criação e a conservação de uma consciência diaspórica comum é sempre um elemento fundamental. Para Patterson e Kelley, isso envolve constantes "construção e reprodução de identidades diaspóricas", similar ao que Stuart Hall (1994, p. 392-403) descreveu como uma reformulação identitária perpétua. Hall também nos lembra de que a construção de uma identidade diaspórica africana não ocorre de modo isolado, mas sim é complicada implicitamente por "desenvolvimentos socioeconômicos, culturais e políticos mais amplos de um determinado momento histórico". Em essência, trata-se de uma questão de identidade em constante metamorfose, sempre relacionada à terra natal.

Visto sob um enfoque mais restrito, essas questões de identidade e terra natal estão diretamente ligadas ao surgimento de diásporas na própria África, embora os estudos sobre a experiência diaspórica africana tenham, de modo geral, desconsiderado essa conceituação[609]. A diáspora e a terra natal aqui estariam relacionadas a diferentes partes do grande continente africano, bem como a questões de influências vindo de fora do continente, como o comércio atlântico escravista e o papel daqueles que voltaram das Américas.

Essa é a base da discussão deste capítulo sobre a diáspora iorubá em Serra Leoa, bem como sobre o crescimento de uma cultura urbana vinculado a ela. A questão de uma cultura urbana com semelhanças básicas em todo o continente tem sido geralmente tratada no que diz respeito a fatores isolados dessa cultura, como música, educação ou religião[610]. Há uma necessidade maior de estudar as complexidades intrincadas de uma fusão de todos esses elementos em uma única massa.

O surgimento de uma nova etnia na forma da sociedade Krio em Freetown, a capital de Serra Leoa, no fim do século XIX, foi o resultado de uma concatenação de fatores oriundos de diferentes direções. Normalmente, como no caso do crescimento de uma burguesia urbana sob domínio colonial, o elemento dominante da nova cultura, o fator que define o padrão para o progresso e o *status* social, foi a cultura ocidental. Com a cultura krio, no entanto, o elemento africano básico veio de diferentes grupos étnicos de toda a África Ocidental, como resultado da atividade naval britânica na África Ocidental contra o tráfico escravista transatlântico. A cultura krio que se forma a partir da mistura de etnias africanas e de uma sobreposição em larga medida britânica tinha uma linhagem africana imperante: a dos iorubá da atual

---

609. Para uma concentração geográfica dos estudos da diáspora em áreas fora da África, cf. Gilroy (1993), Harris (1982), Okpehwo, Boyce-Davies e Mazrui (1999) e Conniff e Davis (1994).

610. Por exemplo, Martin (1982, p. 155-163), Kinney (1970, p. 3-10), Foster (1965) e Glélé (1981).

Nigéria. Essa etnia iorubá de maior predomínio, portanto, promoveu um sabor iorubano proeminente na cultura krio. Tem havido uma grande controvérsia entre os estudiosos sobre o nome dessa nova etnia em Serra Leoa, se ela é chamada de "crioula", como faz a maior parte da literatura, ou de "krio", como as pessoas se referem a si mesmas quando falam seu próprio idioma, uma conclusão apoiada por evidências do idioma iorubá. Essa controvérsia será abordada mais adiante neste capítulo.

Em comparação com a diáspora iorubana no Brasil[611], por exemplo, teria sido mais fácil para os iorubás em Freetown, devido à proximidade, manter um vínculo constante com sua terra natal na atual Nigéria. Esse fator teria incentivado um reforço vibrante do elemento iorubá na sociedade de Freetown a partir da década de 1840. Com o estabelecimento da sociedade Krio no fim do século XIX, grupos e identidades anteriores começaram a adotar a uma nova percepção de si próprios como Krio. Houve, porém, uma forte relutância por parte de alguns elementos influentes dentro dessa nova mistura em abrir mão de sua identidade, o que também garantiu aos iorubás, numericamente mais fortes na comunidade de Freetown, manter sua própria cultura por um período mais longo. A sociedade Krio surgiu, no entanto, dominada por elementos culturais ocidentais e depois iorubanos, tais como padrões alimentares e antroponímia, conforme os iorubás passaram a ter uma influência significativa sobre outros grupos étnicos ao redor de Freetown, em especial os Temne.

O experimento de Freetown

A colônia de Serra Leoa começou como uma Província da Liberdade, resultado dos esforços filantrópicos de alguns cidadãos britânicos[612]. Algumas centenas de ex-escravizados na Inglaterra foram transportados à península de Serra Leoa para iniciar um

---

611. Cf., por exemplo, Nascimento (1992).
612. Cf. Peterson (1969). Para uma qualificação desse conceito, cf. Campbell (1993).

novo assentamento em terras negociadas com os chefes temnes locais em Romarong (Sibthorpe, 1970, p. 7). Ainda que esse assentamento inicial tenha fracassado, ele foi refundado com o novo nome de "Freetown" em 1792, com cerca de mil escravizados libertos da Nova Escócia. Esses últimos haviam lutado contra seus senhores escravistas nas colônias americanas a convite dos britânicos. Quando esses perderam a guerra, os "negros leais" (Walker, 1976), que haviam sido libertados ao lutar pelos ingleses, foram levados para a Nova Escócia, no Canadá, que ainda era uma colônia britânica. O frio intenso e as promessas não cumpridas de terra fizeram com que esses afro-americanos aceitassem o transporte para Serra Leoa. Esses "novo-escoceses", como passaram a ser chamados na historiografia de Serra Leoa, foram acompanhados em 1800 por outro grupo de negros libertos, os Maroons[613] da Jamaica, que haviam sido transferidos de lá para a Nova Escócia, onde eram uma ameaça à autoridade britânica. Por fim, eles também foram enviados para Serra Leoa (Blyden, 2000). Esses três grupos formaram os primeiros "colonos" da nova colônia de Serra Leoa, administrada pela Sierra Leone Company até 1808, quando foi comprada pelo governo britânico.

Esses três grupos representam uma diáspora de negros que voltaram das Américas e começaram a viver em Freetown, esforçando-se para manter identidades separadas uns dos outros e dos habitantes locais vizinhos, dos quais se sentiam superiores por causa de sua origem ocidental (Schick, 1977).

As patrulhas contra o tráfico escravista e os africanos libertos

Nos primeiros anos do século XIX, a Marinha Britânica começou a navegar pelas águas da África Ocidental para interceptar

---

613. "Maroons" é o termo utilizado na Jamaica e outros países do Caribe para designar os grupos de escravizados que se libertaram do cativeiro e criaram comunidades autônomas no interior do país, tal como os quilombolas no Brasil [N.T.].

navios negreiros que ainda realizavam o comércio ilegal de pessoas escravizadas. As vítimas encontradas a bordo desses navios eram libertadas em Freetown – um bom motivo para a tomada da colônia de Serra Leoa pelos britânicos em 1808. Esses negros recém-libertados vinham de toda a África Ocidental, do Senegal ao Congo. Eles haviam sido antes capturados e colocados em navios como escravizados, depois foram resgatados pela Marinha Britânica. Por isso, foram chamados de "resgatados" ou "africanos libertos". Entre esses africanos libertados, havia grande número de pessoas oriundas de culturas da África Ocidental. Um linguista alemão, Sigismond Koelle, atestou esse fato quando publicou sua *Polyglotta Africana* em 1854, com base em um estudo minucioso que fez do vocabulário entre os africanos libertados. Entre os idiomas falados por eles, Koelle (1854) identificou mais de 200 oriundos da África, entre Moçambique e Senegal. Isso trouxe um histórico linguístico e cultural muito rico que, mais tarde, alimentaria a nova cultura krio.

O elemento aku

Houve um aumento muito rápido do grupo iorubá entre a população africana libertada na década de 1820. Isso foi resultado das guerras de sucessão que acompanharam a queda do Império de Oió no fim do século XVIII (Akinjogbin, 1998, p. 409). Uma dessas guerras, descrita pelos resgatados como "Guerra de Owu", ocorreu em 1821 (Akinjogbin, 1998; Fyfe, 1962, p. 156; Sibthorpe, 1970). Como era comum, por diferentes razões, com as guerras da África Ocidental na época, tais conflagrações foram alimentadas pela demanda por escravizados no litoral e pelo fornecimento incessante de armas de fogo. Muitas das vítimas da Guerra de Owu foram capturadas e vendidas a traficantes de escravizados com destino à travessia do Atlântico. Como a marinha britânica estava particularmente ativa na costa da África Ocidental nessa época, muitos desses navios negreiros foram interceptados, e os escravizados a bordo, libertados em Freetown. Assim, no fim da década de 1820, os iorubás superaram em muito todos os outros grupos africanos libertos. Os Iorubá eram chamados na colônia de "Aku", um termo derivado de uma saudação iorubana – "akushɛ"[614]. À medida que a população de africanos libertados aumentava, eles se estabeleciam em vilas recém-criadas ao redor da colônia. Entre essas vilas, as maiores – Hastings, Waterloo e Benguema – eram predominantemente habitadas por akus (Fyfe, 1962, p. 233).

Os akus fizeram sua preponderância numérica ser acompanhada de empreendedorismo, o que aos poucos levou ao seu domínio, primeiro entre os africanos libertos, mas, na década de 1840, também entre os primeiros colonos. Os novo-escoceses, a princípio, desprezavam os Maroons como inferiores. No fim dos anos 1820, tal distinção estava desaparecendo. Ambos os grupos passaram a ser vistos como "colonos", em oposição aos "africanos libertos", que os primeiros agora consideravam "krut" (sem polidez). Os akus eram conhecidos por se manterem unidos em um grupo comunitário separado, praticando e mantendo suas tradições iorubás em face da influência ocidentalizante dominante dos novo-escoceses e do governo colonial. Como seu número recebeu rápido reforço por novos resgatados, os akus se organizaram economica e socialmente, e essa solidariedade começou a dar frutos.

Os akus se uniam em empreendimentos comerciais, por exemplo, e superavam os outros grupos em leilões públicos de mercadorias de navios condenados pelo tráfico escravista. Socialmente, eles agiam como uma comunidade distinta e elegeram seu primeiro "rei" já em meados da década de 1820, no mais tardar. O rei aku foi reconhecido pelo governador colonial (Fyfe, 1962, p. 233), que precisava desse apoio na administração da colônia. Supervisionados pelo rei, os akus aprovavam leis que eram obedecidas

---

614. Fyfe (1962, p. 170) cita evidências de uma publicação de 1828 para apoiar esse fato. Entretanto, é amplamente conhecido em Freetown entre o povo Krio que o termo veio da saudação muito comum "akushe O" ou "okushe O". Assim, em obras literárias, essas pessoas são representadas como "Aku", enquanto na linguagem mais geral são chamadas de "Oku".

por todos eles, sob pena de serem condenados ao ostracismo pelo restante da comunidade. Por exemplo, aqueles que não obedeciam a essas leis não recebiam os ritos tradicionais de sepultamento, uma consequência que todos os akus temiam.

Esse primeiro rei aku, Thomas Will, estava entre os mais ricos da colônia. Como outros líderes akus, os membros da comunidade compravam propriedades valiosas no centro de Freetown, contra o protesto veemente de outros colonos que consideravam aquela área sua reserva territorial (Fyfe, 1962, p. 204-205). Conforme observado por A. B. C. Sibthorpe, um historiador nativo que escreveu na década de 1860, "os akus [eram] os mais proeminentes entre os aprimorados africanos libertos" na década de 1840 (Sibthorpe, 1970, p. 57).

A sociedade de Freetown, na década de 1840, havia sido dominada econômica e culturalmente pelos akus. Seu número, sua unidade e sua prosperidade econômica lhes garantiram conquistar o respeito dos colonos. Alguns dos novo-escoceses voltaram para os Estados Unidos contrariados. Muitos Maroons resistiram a essa mudança, deixando suas propriedades de aluguel vazias e perdendo renda em vez de alugá-las para pessoas akus. Mas, à medida que o número de colonos diminuía por falta de reforço e atitudes de desdém, os akus prosperavam. Na década de 1850, os colonos estavam começando a aceitar, a contragosto, o domínio dos akus como um fato da vida, o que contribuiu para derrubar barreiras entre os colonos e os africanos libertos.

Ocidentalização

Todos esses desenvolvimentos foram realizados sob os olhos atentos dos governantes coloniais britânicos, de quem provinha a camada cultural hegemônica para todos os africanos na colônia. Akus ou não akus foram socializados em um paradigma escolar predominantemente cristão e ocidental. Os missionários atuavam nas novas aldeias com o apoio do governo colonial. Os padrões de aceitabilidade eram definidos pelo sistema colonial dominante. Como relata Christopher Fyfe (1962, p. 187), "os resgatados eram proibidos de usar roupas muçulmanas". Boa parte dos akus era muçulmana antes de chegar a Freetown. Sua prática do islamismo foi contestada pelo sistema colonial; um governador, nos anos 1830, demonstrou sua aversão aos akus muçulmanos. Construindo uma mesquita em Fourah Bay, perto de Freetown, esse grupo procurara manter uma identidade muçulmana distinta da de seus correligionários fula. O governador da colônia,

> Doherty, recusou-se a acreditar que eles tinham se convertido em sua terra natal iorubá [...] Ele presumia que eles haviam sido conquistados pelo povo (vizinho) Fula, cuja propagação bem-sucedida de sua fé poligâmica lhe parecia subversiva dos princípios cristãos, sendo disseminação destes o propósito de fundação da colônia [...] Em 1839, a polícia destruiu a mesquita de Foulah Town. Doherty, sem se opor diretamente, aproveitou a oportunidade para propor ao Gabinete Colonial que afastasse os muçulmanos resgatados de Freetown e aprovasse uma lei para expulsar estrangeiros (Fyfe, 1962, p. 215).

Os colonos e alguns resgatados ressentidos com os Aku deram apoio ao governador nessas ações. Mas elas não detiveram esse grupo, pois eram apenas uma declaração de valores feita pela força controladora, o governo colonial, declaração que os súditos africanos tinham de aceitar, em geral, ou enfrentar consequências às vezes desagradáveis. Assim, os Aku e os outros grupos de resgatados enfrentavam uma força acima de suas próprias disputas de grupo, contra a qual tinham pouco poder para lutar. Consequentemente, toda a comunidade de colonos e de africanos libertos em Freetown estava sendo doutrinada sob uma influência ocidental e cristã, com todas as armadilhas da cultura ocidental que a acompanhavam, dinâmica que construía o outro lado da emergente cultura krio.

A resiliência dos akus, entretanto, serviu em grande parte para manter um forte elemento africano, principalmente iorubá, na cultura Krio, como é demonstrado na comida, no vestuário, no idioma e em seus padrões religiosos e de nomenclatura. Mas antes que esse desenvolvimento se formalizasse, a comunidade Aku vivenciou seus próprios processos internos de aculturação. A questão da identidade Aku, em meados do século XIX, tem causado alguns problemas aos historiadores. Fyfe (1962, p. 170) comenta com razão que, em Freetown, o termo "Aku" era "aplicado de forma vaga aos habitantes de países adjacentes à Iorubalândia". De fato, esse processo de aculturação ocorreu em muitas sociedades em que uma maioria dominante absorve culturalmente aqueles com associação mais íntima a ela. Nesse caso, a associação próxima era diaspórica e fora deslocada da proximidade física com seu local de origem para uma quase assimilação em seu novo ambiente diaspórico. Assim, esses grupos étnicos que emanaram de lares originais adjacentes aos iorubás na Nigéria tornaram-se associados à diáspora iorubana, relativamente grande, em Freetown. Um dos reis iorubás, John Macauley, que assumiu o ofício em 1840, era de origem hauçá. É evidente que ele foi aculturado para se tornar iorubá, e seu apelido, "atakpa" (chutador), era iorubá.

Assim, mesmo que a ideia de "tornar-se aku" tenha sido definitivamente um processo de socialização de meados do século XIX, pode ser um exagero supor que todos os africanos que se tornaram parte da sociedade Krio eram conhecidos como akus na colônia (Harrell-Bond; Howard; Skinner, 1978, p. 106). É evidente que o termo "Aku", até o fim do século XIX, não era sinônimo do que viria a ser "Krio", como certos estudiosos insinuam, e que os akus eram diferenciados de outros grupos étnicos na colônia até o fim do século XIX. Inclusive, o primeiro censo na colônia, em abril de 1891, indicava que metade dos 30 mil habitantes de Freetown eram africanos libertados, a maioria Aku e Ibo (Sibthorpe, 1970, p. 112). A discriminação feita entre Aku e Ibo nesse censo traz uma nítida indicação de que nem todos os negros libertos eram todos considerados akus.

O retorno aku para a terra natal original

Em 1840, a prosperidade conquistada pelos akus passou a se exprimir em seu desejo de retornar à terra natal original. Esse processo começou com o primeiro barco comprado em conjunto por três akus com o propósito de realizar a primeira expedição para Iorubalândia, levando 67 akus em abril de 1839. Esse movimento não foi iniciado nem particularmente apoiado pelo governo colonial, apesar de pedidos repetidos dos akus para que o governo os apoiasse (Fyfe, 1962, p. 212).

O destino inicial desses akus era a cidade iorubá de Badagri. Um casal de hauçás libertados em Trinidad passara por Freetown e estimulara o interesse dos Akus de lá em se mudar para a cidade para a qual rumavam. Sucessivos empreendimentos individuais ou conjuntos de akus compraram navios e passaram a transportar akus resgatados de Freetown para Badagri, sem desanimar com a recepção inicial morna que receberam lá. Assim, como comenta Fyfe (1962, p. 213), três ou quatro anos após o primeiro empreendimento, "várias centenas" de akus haviam retornado ao território iorubá, na Nigéria.

Apesar de Badagri ser seu destino original, eles começaram a se mudar para o coração da terra egba em Abeokuta a partir de 1842. Eles foram bem-recebidos lá, e esse destino logo se tornou o local preferido dos akus que retornavam. A Church Missionary Society (CMS, Sociedade Missionária Cristã) logo atendeu às solicitações dos akus e concordou em abrir uma missão em Abeokuta. Um missionário branco, Henry Townsend, foi o primeiro a ser enviado para lá, pois recebeu passagem gratuita dos Aku, donos do navio em que viajava. Townsend foi acompanhado por outro líder cristão aku chamado Andrew Wilhelm, cuja passagem foi paga pelos membros de sua igreja no vilarejo de Hastings, onde os akus eram maioria. Wilhelm ficou tão satisfeito com sua viagem a Abeokuta que retornou a Hastings e com facilidade persuadiu um grande grupo de akus de lá a voltar com ele para Abeokuta.

Abeokuta logo se tornou o centro de um polo missionário da CMS em Iorubalândia. O desenvolvimento dessa cidade como um centro cristão deveu-se em grande parte ao trabalho de Ajayi Crowther, um escravizado iorubá libertado[615]. Crowther havia acompanhado uma expedição britânica ao Rio Níger e, a seu pedido, fora enviado à Grã-Bretanha para estudar religião. Ele foi ordenado sacerdote em 1843 e retornou a Freetown, onde ministrou aos akus em sua igreja no extremo leste de Freetown. Crowther pregou sermões em iorubá nessa igreja, para o deleite da congregação aku. Isso entusiasmou tanto os iorubás que até mesmo o chefe muçulmano aku pediu à sua comunidade que frequentasse a igreja e desfrutasse da cultura iorubá expressa no elemento cristão (Fyfe, 1962, p. 236).

Identidade entre os akus

Essas atividades demonstram um notável senso de identidade entre os akus, que transcendia as especificidades religiosas. Essa identidade era agora cultural, não particularmente iorubá, embora tivesse uma base iorubana. Esses akus viveram em Freetown por algumas décadas, desde o início da década de 1820. Embora as crianças desse grupo nascidas em Freetown em meados do século XIX crescessem falando sobretudo iorubá e mantivessem elementos culturais como marcas faciais (Fyfe, 1962, p. 292), elas haviam nascido em uma sociedade que estava pouco a pouco misturando os valores iorubanos com uma nova cultura. Muitas receberam nomes ocidentais que continuaram a usar. Elas foram socializadas em escolas ocidentais, com esforços missionários cristãos que tinham um nítido paradigma europeu. Como já dito, os akus haviam assimilado grupos periféricos de sua área de origem ao redor da atual Nigéria. Todos esses fatores estavam moldando uma nova identidade Aku.

---

615. Sobre esse ponto, cf. Sibthorpe (1970, p. 61) e Ajayi (1965).

Por isso, a pregação missionária de Crowther em iorubá foi muito bem-vinda. Até mesmo os muçulmanos akus estavam agora sendo socializados em termos de uma cultura islâmica, longe de seu ambiente original. Eles então se associavam principalmente com os muçulmanos fulas em Freetown e eram forçados a adotar o reforço islâmico dessa fonte para combater a influência cristã, então predominante, do sistema colonial. Para receber treinamento islâmico avançado, eles enviavam seus filhos para Futa Jalon, a "Meca" dos muçulmanos fulas nessa região da África. Em todas as frentes, portanto, os akus viam-se sendo socializados em uma nova cultura, ao mesmo tempo que se mantinham firmes em sua base de Iorubá. Essa nova identidade se evidenciou quando os akus de Freetown começaram a arrecadar dinheiro para construir uma "Igreja de Freetown" em Abeokuta (Fyfe, 1962, p. 236). Eles não a identificaram como uma Igreja iorubá, pois agora eram pessoas de Freetown, em grande parte com descendência iorubana; ainda que estivessem se ocidentalizando, divulgavam então com orgulho essa forte tendência à cultura iorubá.

A sociedade krio emergente

No fim do século XIX, estava surgindo uma nova cultura krio que englobava o grupo novo-escocês, os Maroons e os africanos libertados, akus ou não. De início, os novo-escoceses consideravam os Maroons inferiores, já que de início eles eram o grupo menos influenciado pela cultura ocidental e continuavam a praticar elementos de sua herança africana, como a poliginia, quando retornaram a Serra Leoa em 1800 (Fyfe, 1962, p. 88). Conforme o grupo novo-escocês e os Maroons se deparavam com o número de africanos libertados, em crescimento alarmante, eles começaram a se unir para considerar esse último grupo recém-chegado como inferior. Eu ainda consigo ouvir minha própria avó dizendo uma expressão que se considerava uma calúnia abusiva: "Seu liberto, farsante!". Nos anos 1850, o sucesso dos africanos libertados, em especial os akus, a princípio desiludiu os oriundos de Nova Escócia e os Maroons. Como eles diziam na época, era intolerável para eles suportar esses africanos libertados, esses *nouveaux riches* dominando os Maroons e novo-escoceses "educados". Escrevendo na década de 1860, o historiador nativo de Serra Leoa Sibthorpe (1970, p. 59) resumiu bem como era a situação em meados do século:

> O grupo novo-escocês via com desgosto e inveja que eles próprios estavam afundando no esquecimento, enquanto os "resgatados", como eles os chamavam, estavam ganhando influência e poder. Em vez de competir com aqueles que consideravam seus inferiores, esses novo-escoceses, com poucas exceções, retiraram-se dos empreendimentos com desgosto, alguns se transportando de volta para a América.

As "poucas exceções" entre os que haviam chegado da Nova Escócia e os Maroons abriram caminho para a integração, pois, no último quarto do século XIX, eles já não se opunham mais ao casamento de seus filhos e filhas com crianças de famílias de africanos libertados.

O uso do termo "Krio" em referência a essa nova cultura gerou uma grande discussão entre os historiadores: os estudiosos desse grupo em Serra Leoa insistem que o termo deriva do iorubá "akiriyo", que significa "aqueles que saem para fazer visitas" (Wyse, 1989). Gibril Cole, um estudioso muçulmano krio, aprofunda-se na etimologia desse termo. Ele afirma:

> A palavra "krio" pode ser atribuída ao verbo "kiri" (negociar) do iorubá. Entre os iorubás, era costume que os possíveis compradores perguntassem aos comerciantes: "kilo'on Kiri?" (O que você está vendendo?). Em Serra Leoa, a palavra "Akiriyo" foi usada no princípio para se referir aos iorubás libertados, que iam de um lugar para outro vendendo seus produtos nas aldeias rurais fora de Freetown. De acordo com a tradição oral, o nome foi inicialmente empregado como um "oki" (ou apelido) para pequenos comerciantes nos assentamentos das aldeias por outros iorubás. No entanto, com o tempo, outros africanos libertados não

iorubás começaram a usar o nome como referência genérica para todos os iorubás libertos, especialmente quando sua propensão ao comércio se tornou ainda mais evidente. O termo "Akiriyo" evoluiu ao longo dos anos para "Kiriyo" e, por fim, para sua forma atual, Krio (Cole, 2000, p. 10).

O linguista krio Clifford Fyle (1992, p. 15-18) insiste que, no idioma krio, "linguisticamente, as palavras emprestadas do inglês não perdem o som do 'l' final quando pronunciadas". Portanto, ao contrário do que os linguistas ocidentais insistiram, a palavra "Krio" não poderia ter vindo do inglês "Creole" ("crioulo"), assim como a palavra krio "adu" não teria vindo do inglês "how do", como esses mesmos linguistas afirmaram, mas sim da expressão de saudação iorubá "adukpe". Paul Hair (1998, p. 112), um historiador inglês de Serra Leoa, ainda insistiu que, devido ao antecedente histórico e acadêmico da palavra para "crioulo" em inglês, por todas as suas evidências históricas remontando até o século XVII, o nome desse povo de Serra Leoa deve ter sido derivado de "creole".

Mas não há nenhuma razão específica para concluir que o antecedente do século XVII teria permanecido até o fim do século XIX. Não havia nenhuma estrutura ou sistema que pudesse ter operado para preservar o uso dessa palavra durante todo esse período. Ele poderia ter sido preservado em qualquer um dos idiomas locais, assim como o termo temne "mpotho", que significa "homem branco", derivava da palavra "português", o primeiro povo branco a ter contato com os temnes da costa[616]. Não há indício de tal preservação em nenhuma forma. Se, por outro lado, os novo-escoceses estivessem familiarizados com o termo "creole" de alguma forma antes de chegarem à colônia, isso teria aparecido de uma maneira ou de outra nas evidências disponíveis. Ora, não há nenhum vestígio disso em fontes orais ou escritas.

---

616. Comunicação pessoal com A. K. Turay, no fim da década de 1970.

É interessante notar que a opinião de Paul Hair é apoiada por muitos krios, que desprezariam a interpretação dada pelos estudiosos oriundos de seu próprio povo. É preciso rastrear essa atitude até o início da colônia, quando os novo-escoceses consideravam todos os outros inferiores e sem cultura. Assim, uma interpretação do termo "Krio" que o associa a uma origem ocidental seria mais "digna" para esse povo do que uma interpretação proveniente dessa mesma cultura iorubá tida por "inferior". As evidências são inequívocas de que a palavra "Krio" foi, antes de tudo, aplicada aos descendentes dos africanos libertados, a maioria dos quais era aku. Como comenta John Peterson (1968, p. 101), "originalmente, ser crioulo significava ser filho de pais africanos libertados". Isso reforçaria o argumento da derivação de "Krio" a partir do iorubá "akiriyo". Peterson (1968, p. 102) argumenta que os maiores opositores à aplicação do termo "Krio" a si mesmos eram os descendentes dos novo-escoceses e dos Maroons.

Esses dois grupos, que se consideravam mais ocidentalizados e, por isso, superiores aos africanos libertados, não gostavam de ser identificados por um termo que costumava ser aplicado a estes últimos. Apesar de suas objeções veementes, às vezes expressas por escrito, o termo "Krio", no início do século XX, passou a ser aplicado a todos os africanos ocidentalizados em Freetown[617]. Os africanos libertados, sobretudo os akus, também mantiveram uma fé obstinada em sua cultura iorubá até o fim do século, mas esse gesto passou a sucumbir a uma identidade Krio mais ampla naquela época. O último rei aku, I. B. Pratt, exerceu influência até sua morte, em 1880. O reinado não foi preenchido após sua morte. Quando alguns akus determinados tentaram reavivá-lo em 1891, eles fizeram um esforço para relacionar tal reavivamento não somente aos Aku mas também a todos os povos de Freetown (Fyfe, 1962, p. 497), indicação clara de seu reconhecimento da sociedade

---

617. Cf. Wyse (1979 p. 405-415), que estava reagindo a um artigo de D. E. Skinner e B. Harrell-Bond (1977, p. 305-319).

Krio emergente, abrangendo então não só os Aku como também outros. O fato de o plano ter fracassado e ter sido ridicularizado por krios educados e influentes de todas as origens foi um testemunho adicional de que, cada vez mais, os africanos da colônia aceitavam se ver como pertencentes a uma única identidade Krio.

O iorubá na cultura krio

A cultura Krio que se evidenciava com nitidez no início do século XX era uma mistura de cultura dos Aku, formada por elementos ocidentais e africanos, quase todos iorubás. A contribuição vinda do Ocidente era significativamente britânica, embora aspectos da cultura norte-americana trazidos pelos emigrados da Nova Escócia permanecessem. Por exemplo, a alta sociedade de Freetown dançava o "Charleston" em eventos respeitáveis de salão de baile[618]. O aspecto britânico predominava, entretanto, com o efeito infeliz, muito comum no domínio colonial na África, de mostrar aos africanos que seus próprios elementos culturais não tinham valor ou eram, na melhor das hipóteses, inferiores, enquanto a cultura ocidental era tida como superior em todos os aspectos. Foi possível implantar essa atitude entre o povo Krio, pois o governo colonial dominante tinha os recursos e o controle e insistia em condenar a cultura africana na colônia, às vezes por meio de legislação. Os emigrados da Nova Escócia também haviam absorvido atitudes semelhantes por meio da escravidão na América e, portanto, também acreditavam que a cultura ocidental que eles haviam levado para a colônia de Serra Leoa era inquestionavelmente superior aos valores africanos. Assim, um aspecto da cultura krio, o elemento ocidental, era hegemônico e repleto de preconceito e muita intolerância em relação a outras culturas africanas.

Foi com essa atitude imposta que os Krio consideraram o elemento africano em sua nova cultura. No entanto, como havia um

---

618. Comunicação pessoal com o falecido Ojumiri Cole, em diversas ocasiões na década de 1970.

forte elemento aku na sociedade Krio, que já havia sido rejeitado pelos emigrados da Nova Escócia e pelos Maroons, a tendência entre os akus incluiu também reagir apegando-se à sua cultura de base iorubá. Os akus, portanto, garantiram que a cultura krio mantivesse um forte elemento iorubá na língua, na comida, na antroponímia e em outros fatores que os krios, altamente ocidentalizados e cristianizados, não puderam ignorar com facilidade. Por isso, esses últimos se dispuseram a praticar a parte africana de sua cultura, mas com o desejo de falar "com mais orgulho" dos fatores ocidentais – a Igreja, a loja maçônica, as vestimentas, a comida e a música ocidentais. Rapidamente, eles passavam a falar inglês ou a incluir frases em inglês em seu discurso, não importando o quão inusual resultasse o estilo (Fyle, 1994, p. 48-49).

Língua krio

Uma das áreas mais reveladoras da influência iorubá na cultura Krio é a sua língua. Ainda que ela seja dominada por um vocabulário derivado do inglês, talvez um quarto de suas palavras venha do iorubá. Com a posição dominante dos britânicos na colônia e a insistência hegemônica da Grã-Bretanha na superioridade de seus próprios valores, a preponderância lexical do inglês na língua krio é facilmente explicada. Os iorubás, maior grupo étnico da colônia, foram a segunda influência mais forte no vocabulário. As palavras krio de origem iorubá, assim como suas contrapartes em inglês, adotaram significados não exatamente determinados pelos idiomas de origem. Por exemplo, enquanto o iorubá diria "oko" para significar "marido", em krio esse termo só é usado para se referir ao noivo em uma cerimônia de casamento. Um krio diz "odukoko" para descrever uma grande e perigosa vala, quando inundada pela chuva, ao passo que, em iorubá, a mesma palavra significa "panela grande". Ademais, o iorubá "akpari", usado para se referir à parte superior do inhame, significa "careca" em krio. Não apenas palavras como também frases inteiras foram transportadas do iorubá para o krio. Uma frase em krio como "a je-o" ("por favor, aceite o preço que estou lhe oferecendo") ou "shegbu ma shegbu" ("sabemos que não é bom, mas deixe-nos tentar lidar com isso") tornou-se parte da fala comum nesse idioma.

A justaposição do iorubá, de outras palavras africanas e de palavras derivadas do inglês no idioma krio levava os termos oriundos do iorubá ou de outras línguas africanas a serem utilizados às vezes como sinônimos de palavras inglesas, mas com uma distinção expressando desdém, desprezo ou desaprovação. Um bom exemplo é a palavra "dance" (dança), usada em krio com praticamente o mesmo significado que em inglês. No entanto, na língua krio, a palavra iorubá para dança, "sire", significa dançar de forma bastante indômita e desrespeitosa, com uma atitude faceira semelhante à associada à palavra iorubá "rokoto", que significa, em krio, "sacudir os quadris com vigor enquanto dança"[619].

A comida e hábitos culturais associados

Uma área de predominante influência iorubá na cultura krio está relacionada a questões culturais que envolvem comida[620]. Um acontecimento importante onde isso é visível é o banquete "awujo". A palavra em iorubá se refere a "uma reunião de pessoas". Na língua krio, "awujo" é um "banquete cerimonial para os mortos em memória deles ou para assegurar sua cooperação e bênção em uma ocasião familiar importante (por exemplo, um casamento, a posse de uma nova casa)" (Fyle; Jones, 1980, p. 18). O "awujo" geralmente é celebrado em períodos específicos após uma morte, sendo o mais popular o "fɔti de" (40º dia). Isso ocorre 40 dias após a realização do funeral.

---

619. Cf. Fyle e Jones (1980, p. 1). A derivação iorubá dos nomes e termos nas próximas páginas foi obtida desta fonte. As palavras iorubanas não são prontamente identificáveis em alguns dicionários da língua iorubá, pois algumas delas são arcaicas.

620. A discussão sobre comida iorubá e padrões culturais associados tem como fundamento algumas entrevistas orais conduzidas pelo autor do artigo.

Tipos específicos de pratos são feitos para o "awujo", sobretudo o prato de feijão, feito com feijão-fradinho e óleo de palma à moda iorubá, servido com banana-da-terra frita, batata-doce e "akara", também feito com feijão-fradinho amassado. A propósito, o feijão-fradinho é usado em outros lanches, como o "abobo" e o "olèlè", ambos alimentos iorubás que também costumam ser servidos no "awujo" e são consumidos com frequência em Freetown.

Outro prato importante do "awujo" é o "fufu εn bitas". O "fufu" é feito de mandioca amassada e cozido como purê de batatas, acompanhado de "bitas", cujo nome vem de "folhas amargas", um vegetal que costuma ter um sabor amargo e é removido ao ser esmagando e limpo. Uma pequena quantidade dessas folhas amargas é usada e misturada com uma quantidade muito maior de outro vegetal, chamado "plasas" (e usado para preparar pratos de sopa). A "plasas" predominante pode ser de um ou dois tipos, entre várias opções. Exemplos mais populares dessa variedade são "bologi", mas também possivelmente o "ogumo" ou o "ajefawo", todas plantas comestíveis de introdução direta pelos iorubás.

Outro ingrediente "plasas" para o "awujo" é o "krenkren", um vegetal viscoso usado para o molho, mas às vezes cozido à parte do "alakpa", ou seja, o restante da sopa, para manter melhor seu frescor. O "alakpa" e o "krenkren" cozido são então misturados quando a refeição é consumida. Essa variante desse prato é chamada de "obiata". Há outros tipos de alimentos entre os Krio que emanam das tradições iorubás. O milho triturado é usado para cozinhar um mingau chamado "ogi" e em um lanche chamado "agidi".

Foi necessário nos determos longamente na identificação desses pratos e métodos de preparo para demonstrar que o "awujo" e o sistema alimentar associado a ele são derivados de tradições iorubás. Pessoas krios de todas as convicções, desde aqueles que acreditam ser superiores aos outros até os mansos e humildes, praticam a tradição do "awujo". Embora a maioria dos krios exalte alimentos ocidentais, como a salada francesa ou iguarias de presunto e bacon, devido ao prestígio atribuído a elementos ocidentais, todos eles retomam alimentos africanos básicos em seu consumo diário.

Clubes esotéricos

Os iorubás introduziram na cultura krio organizações esotéricas que ainda têm importância dentro dela. São as sociedades "oje" e de caçadores. Essas sociedades são descritas aqui como esotéricas, pois a maioria de suas atividades é mantida em segredo para os não iniciados. Há um elemento público envolvido, por meio do qual os membros realizam desfiles carnavalescos abertos acompanhando um dançarino mascarado, seja em um campo, seja em uma clareira, seja dançando pelas ruas de Freetown.

Uma maneira de manter a maior parte das atividades dessas organizações longe do público em geral é por meio do uso de linguagem esotérica, desconhecida do restante da população. Assim, quando ocorrem os desfiles e mascaradas públicas, essas organizações realizam suas atividades no idioma iorubá (Kreutzinger, 1966, p. 30-39). O público em geral só consegue acompanhar as canções pelas sílabas que são pronunciadas, mas se familiariza com as ordens e palavras iorubás isoladas no discurso – termos como "igberi" (não iniciado), "gbada" (pare), "fakun" (usar trajes de Egungun), "Iyaode" (mulher mais velha em uma sociedade de caçadores) e assim por diante (Kreutzinger, 1966, p. 35).

A prática de usar um idioma esotérico não é incomum em sociedades secretas organizadas em Serra Leoa, pois foi observado que, entre o grupo étnico Mende nesse país, a sociedade secreta feminina chamada Sande usa canções e palavras no idioma vizinho temne, e o inverso é feito na sociedade Temne Bundo (Turay, 1972).

A organização "ojε" era o grupo hegemônico entre muçulmanos krios no extremo leste de Freetown. Eles se relacionavam mais com seus correligionários de outros grupos étnicos, que migraram para Freetown vindos de outras comunidades para além da colônia de Serra Leoa e se estabeleceram sobretudo na mesma área geral que os krios muçulmanos. Consequentemente, a sociedade "ojε" se espalhou para outros grupos muçulmanos, em especial os Temne (Kreutzinger, 1966, p. 42). As sociedades de caçadores em Freetown ainda mantêm a tradição iorubá, com forte ênfase no uso de ervas e na caça de carne nas áreas florestais, muitas vezes para comemorar o casamento ou a morte de um membro ou um evento público importante. Os krios de todos os níveis sociais têm se identificado cada vez mais com essas sociedades no passado mais recente, superando o estigma ocidental – que muitos da elite krio partilhavam – de pertencer a grupos "pagãos".

Os nomes e as cerimônias de nomeação

Várias outras práticas culturais do povo Krio são derivação direta dos Iorubá. Sua cerimônia "komojade" tem um significado semelhante ao ritual iorubano "ako konjade", que celebra a nomeação de uma criança. Realizado alguns dias após o nascimento, o "komojade" dos krios difere da cerimônia cristã de batismo, que também é celebrada por eles, mas alguns meses após esse rito de nomeação iorubá. Os Krio consideram o "komojade" um rito de mesmo tipo do "pul na do" ("levar para fora de casa"), uma cerimônia na qual o novo bebê é levado para fora de casa pela primeira vez, já que muitos nascimentos aconteciam em casa. O bebê é literalmente apresentado ao seu entorno imediato por uma mulher idosa, depois que as orações são feitas pelo pastor local ou por um parente idoso. A criança já terá sido batizada, e o nome, formalizado no batismo. Entre os krios muçulmanos, o "komojade" ainda mantém a característica de uma cerimônia de nomeação, e não há celebração de batismo depois.

Entre os krios cristãos, as crianças recebem nomes que refletem a mistura de valores ocidentais e africanos dessa cultura. Elas recebem um primeiro nome, em geral chamado de "nome cristão", que sempre é um nome ocidental. Um segundo nome, chamado "os nem" (literalmente, "nome da casa"), também é dado. Esse é o nome pelo qual o indivíduo passa a ser chamado por amigos e parentes e em ambientes informais. Alguns desses "os nem" vêm das culturas ibo, akan ou hauçá, refletindo a origem variada dos krios. A grande maioria desses nomes "os nem", entretanto, é iorubá: Ayodele, Iyatunde, Babashola, Ekundayo, Abiodun, Iyalode; e uma série de outros são muito comuns entre os Krio.

Entretanto, os krios encurtam os nomes iorubás à sua própria maneira. Eles não seguem nenhum princípio do idioma iorubá, dentro do qual cada nome tem um significado, e a palavra abreviada geralmente está de acordo com princípios relacionados. Os krios prestam pouca atenção ao significado dos nomes, e, quando os encurtam, as abreviações deixam de ter sentido para o povo Iorubá. O nome "Omolara", por exemplo, é abreviado em krio para "Omo". Isso não é característico dos iorubás, que preferem dizer "Molara", tornando assim inteligível parte do significado de tal nome – qual seja, "meus filhos são minha comunidade e família". Outro exemplo é o nome "Modukpɛ", que os iorubás abreviam para "Dukpe", que significa "eu dei graças", enquanto os krios encurtam para "Modu", um nome que iorubás não conseguem entender. No fim do século XX, a cultura krio havia transformado de tal modo os nomes "os nem" que a preponderância das palavras iorubás não era mais tão notável.

A questão das formas alteradas dos nomes iorubanos no seio do povo Krio diz respeito ao fenômeno da transformação das culturas diaspóricas. Patterson e Kelley (2000, p. 14-19) abordam essa questão de forma bastante sucinta em sua discussão sobre os processos de mudança cultural à medida que os africanos foram levados à força através do Atlântico para a diáspora nas Américas. Em essência, as questões de retenção "adequada" de características culturais seriam irrelevantes, pois a cultura é uma dinâmica sobre a qual vários fatores indeterminados do processo de migração têm impacto. Os produtos finais, em geral, estão em desacordo com as cópias originais, e mesmo esses produtos sofrem mutações contínuas em formas mais novas, adquirindo vez ou outra complexidades perigosamente irreconhecíveis.

Esusu

Outra instituição krio que era bastante comum entre os grupos étnicos do sul da Nigéria e que, sem dúvida, foi introduzida pelos iorubás é o clube de poupança chamado "esusu" (ou "osusu")[621]. Nesse método de economia, amigos, parentes ou colegas de trabalho se reúnem em um grupo definido e por um período específico, geralmente no fim do mês, e cada um deposita uma quantia fixa em um fundo que é recolhido ao mesmo tempo por um dos membros do grupo. Supondo, então, que haja 12 membros, uma vez por ano cada um receberá a quantia que investiu multiplicada por 12. O "Esusu" se espalhou amplamente em Serra Leoa e, até hoje, continua sendo um mecanismo de poupança atraente para pessoas que podem ter motivos convincentes para desconfiar de um banco.

* * *

Este capítulo tentou identificar os principais elementos da cultura krio derivados de tradições iorubás, em práticas como alimentação, antroponímia e cultura popular, que às vezes são ignorados em debates sobre hibridização cultural. Uma série de outros itens define basicamente o aspecto africano da cultura krio. Vale notar que o capítulo também explorou o uso da etnia nas relações de poder entre os primeiros colonos e os resgatados, relações que se dissiparam quando a fortuna econômica dos últimos elevou seu *status* em relação aos primeiros, com os quais terminaram por se misturar, dando origem à sociedade Krio. Conforme observado, o povo Krio sempre tendeu a enfatizar sua identidade sublinhando os fatores ocidentais de sua cultura, relegando os aspectos africanos a um lugar de menor valor, ainda que continuasse a praticá-los com tanto vigor quanto recebia a influência do Ocidente. Essa atitude é bastante predominante nas culturas

---

621. Para uma discussão sobre o clube "esusu", cf. Ardener (1964, p. 201-229).

africanas urbanas (Fyle, 2003, p. 391-408), embora persista a negação "pública" da prática de alguns valores africanos, como as crenças religiosas nativas. Nas últimas décadas, a aceitação pública passou a incluir cada vez mais certos aspectos dos valores africanos na cultura urbana africana. Uma reorientação da identidade entre os africanos urbanos, incluindo os krios, está, portanto, em andamento. Assim, no processo aqui delineado, experimenta-se o desenvolvimento da cultura krio como uma formulação e uma reformulação da identidade com base em influências sobrepostas oriundas de várias direções, mas preservando uma identidade de base, significativamente iorubá neste caso.

19

ESCRAVIZADOS LIBERTOS E O ISLÃ NA ÁFRICA OCIDENTAL DO SÉCULO XIX

Gibril R. Cole

Grande parte da literatura sobre as comunidades do século XIX estabelecidas por africanos libertados do flagelo da escravidão e do tráfico transatlântico de escravizados tende a retratá-las como se fossem entidades somente cristãs. A narrativa sobre assentamentos africanos ao longo da costa da África Ocidental após as leis de abolição promulgadas pelo Parlamento Britânico em 1807 e 1833, respectivamente, certamente privilegiou o papel e o impacto dos valores cristãos ingleses vitorianos sobre as comunidades de ex-escravizados. Sem dúvida, a influência cristã sobre os iorubás na diáspora supera a do Islã, pelo menos segundo a perspectiva de muitos estudiosos. Por isso, sabemos mais sobre o papel e as influências religiosas e culturais de grupos como a Church Missionary Society (CMS, Sociedade Missionária Cristã), os Wesleyanos e outros grupos missionários evangélicos da Europa. Assim, a atenção tem se concentrado quase exclusivamente no impacto resultante dos alunos dessas sociedades missionárias, sobretudo o Bispo Samuel Adjai Crowther e outros membros da Missão do Níger.

É possível que esse paradigma tenha se tornado predominante em razão da influência de autoridades coloniais e evangélicas europeias, que buscavam convencer seus superiores na Europa de que seus esforços de proselitismo na África tinham um impacto inequívoco nos povos africanos para os quais foram enviados. Assim, já em 1834, o Governador Octavius Temple relatava ao Escritório Colonial em Londres que o governo da colônia em Serra Leoa estava no controle de "uma nação de cristãos negros livres" (Fyfe, 1974, p. 30-56). A afirmação de Temple era, é óbvio, exagerada. No entanto, escritores posteriores quase sempre se concentraram na presença cristã nas comunidades de escravizados libertos da África Ocidental do século XIX.

A colônia de Freetown foi o principal assentamento de escravizados libertos levados de Iorubalândia no século XIX. O governo colonial, que assumiu o controle do território em 1808, buscou consistentemente criar uma sociedade cristã constituída pelos africanos alforriados. O número crescente de escravizados libertos que chegavam à colônia na década de 1820, a maioria proveniente de nações iorubanas, incentivou as autoridades coloniais a criar uma base evangélica em Serra Leoa, onde pregadores leigos africanos seriam treinados e de onde seriam enviados para outras partes da África Ocidental e além, com o objetivo de difundir os valores cristãos europeus. Com esse propósito comum, o governo colonial e os missionários evangélicos se uniram em estreita cooperação para supervisionar as atividades dos escravizados libertos. Essa coordenação rigorosa das atividades político-religiosas fez com que a maioria dos africanos libertados se convertesse à fé cristã.

No entanto, uma proporção considerável dos ex-escravizados iorubás optou por manter sua fé islâmica, com a qual haviam entrado em contato antes do cativeiro, e posteriormente muitos outros optaram pelo islamismo, apesar das exortações e pressões sociopolíticas a que tiveram de se submeter dentro da colônia. Essa conexão entre os escravizados libertos e o Islã é, sem dúvida, uma nova área que deve chamar nossa atenção.

O colapso do antigo Oió, a Guerra de Owu e a Colônia de Serra Leoa

A colônia de Serra Leoa, que foi estabelecida como um assentamento de escravizados libertos em 1787, era originalmente composta por grupos de ex-cativos da Inglaterra e do sul dos Estados Unidos (então conhecidos como "Negros Pobres"), os emigrados da Nova Escócia, os Maroons da Jamaica, pessoas alforriadas e pensionistas militares vindos das Índias Ocidentais, bem como os africanos libertados.

O mais populoso desses grupos demográficos em Serra Leoa no século XIX eram os africanos libertados. Esses últimos, diferentemente dos grupos anteriores, a princípio chamavam-se de "resgatados" (porque haviam sido resgatados de navios negreiros com destino às Américas). Em seguida, eles eram libertados em Freetown pelo Esquadrão Britânico da África Ocidental. Os primeiros grupos de africanos libertos incluíam pouquíssimos dos vários grupos subculturais – como Oió, Ketu, Egbado, Egba, Ijebu, Owu, Ife, Ibadan etc. – que vieram a constituir a cultura iorubá (Ajayi, 1969, p. 25; 1974, p. 129-166; Fyfe, 1964, p. 149). Nos anos 1820, porém, a população das nações iorubás havia aumentado exponencialmente e acabou por constituir o grupo demográfico predominante em Serra Leoa. Em 1831, a maioria dos habitantes dos assentamentos de africanos libertados nas aldeias rurais fora de Freetown, como Hastings e Waterloo, era de origem iorubá (Cole, 2000, p. 95). Essa maior presença dos grupos subculturais iorubanos constituiu-se sobretudo em razão do colapso do antigo Império de Oió e da eclosão da Guerra Owu em 1821. A instabilidade social resultante da desintegração desse império provocou a dispersão de muitas pessoas que viviam naquela área, a qual era até então "a parte mais densamente povoada de Iorubalância antes de 1800" (Ajayi, 1974, p. 145). Muitos dos que saíram de Oió acabaram se envolvendo na Guerra de Owu.

Tal guerra pode ser descrita como "o sinal de uma disrupção geral da terra iorubá" (Biobaku, 1991, p. 13). De acordo com Ade Ajayi (1974), a Guerra de Owu foi, em grande parte, uma disputa pelo domínio do comércio, em especial na área de Apomu. Com o colapso do antigo Oió, Owu sentiu-se com força militar suficiente para estender seu controle sobre o que, na realidade, era território de Ifé. A guerra começou "como uma disputa pela cidade mercantil de Apomu, que comerciantes de Oió, Ifé, Ijebu e Owu costumavam frequentar". Saburi Biobaku sugere que o desastre de Owu deve ser visto no contexto da jihad islâmica e do comércio transatlântico de escravizados (Ajayi, 1967; Biobaku, 1991, p. 13). O colapso de Oió promoveu as condições que facilitaram os sequestros e a remoção de pessoas da sociedade. A jihad fulani serviu efetivamente para ajudar os comerciantes escravistas a capturar muitos membros da sociedade.

Em termos de baixa, a Guerra de Owu teve um impacto severo em toda a Iorubalândia e trouxe uma mudança demográfica significativa para a região. Como a guerra deu oportunidades para os traficantes de escravizados, milhares de pessoas foram aprisionadas e depois vendidas a compradores, que as colocaram a bordo de navios com destino às Américas. Um número significativo de pessoas levadas à escravidão acabou resgatado pelo esquadrão naval britânico, que atuava contra o tráfico escravista. Em seguida, tais pessoas eram transferidas para Serra Leoa.

Muitos dos iorubás que foram reassentados em Serra Leoa eram muçulmanos. O Islã começou a fazer incursões nas cidades iorubás, tais como Oió, Ikoyi, Ogbomoso, Iseyin, Iwo e Kuwo, mesmo antes do citado colapso do império (Ajayi, 1974, p. 142). Mesmo em número limitado, os muçulmanos em Oió, por exemplo, conseguiram adquirir *status* de prestígio social como guerreiros e comerciantes de longa distância.

A jihad fulani e o emergente domínio islâmico em Ilorin levaram, com isso, à conversão de muitos iorubás ao Islã. Uma vez em Serra Leoa, os escravizados libertados mantiveram sua fé islâmica, apesar dos esforços tenazes dos evangelizadores cristãos europeus na colônia para convertê-los ao cristianismo. Tais esforços de missionários cristãos foram dificultados ainda mais pela crescente influência do clero muçulmano fula e mandinga em Freetown e em vilarejos da colônia, como Hastings e Waterloo[622].

Essa influência crescente de clérigos e intelectuais islâmicos em meados da década de 1820 passou a ser percebida pela administração colonial como uma ameaça real ao desenvolvimento do cristianismo na colônia. O Governador Charles Turner observou, em um memorando para Whitehall em 1824, que a presença de muçulmanos minava o propósito expresso da própria existência da colônia, ou seja, "a introdução das bênçãos do cristianismo e da civilização na África"[623]. Porém, os missionários cristãos estavam preparados para lidar com a questão da crescente presença islâmica, utilizando-se da cooperação com o governo da colônia.

Muçulmanos iorubás e a oposição do governo colonial

A percepção da ameaça ao crescimento do cristianismo pela presença de muçulmanos na colônia levou o Estado colonial a adotar uma atitude, sem dúvida, anti-islâmica. Esforços governamentais nesse sentido foram direcionados especificamente contra os iorubás libertados que escolheram seguir a fé islâmica. Em 1826, o governo da colônia havia identificado como alvo evidente um grupo de muçulmanos que se opunha não só à conversão ao cristianismo, mas também ao trabalho manual e às medidas disciplinares rigorosas aplicadas por administradores de um vilarejo (que também eram missionários da CMS). Em uma tentativa de evitar o esse trabalho manual e as ordens diárias, e com o objetivo de aderir à fé islâmica e às tradições culturais iorubás, um grupo de muçulmanos africanos libertados decidiu se retirar da super-

---

622. CO 267/204, Relato do Governador Pine, incluído no despacho nº 88, 27 de outubro de 1848, Gabinete de Registros Oficiais (doravante PRO).

623. CO 267/60, Turner para Bathurst, 20 de setembro de 1824, PRO.

visão dessa gerência local da CMS. Eles então se mudaram para alguns quilômetros a nordeste da aldeia de Waterloo, para se fixar em uma área conhecida como Cobolo, ao longo do Rio Ribbie[624].

A decisão de se mudar para Cobolo foi vista pelas autoridades nos vilarejos e em Freetown como uma afronta deliberada à política colonial. O Reverendo Godfrey Wilhem, reitor e superintendente de Waterloo, informou a Freetown que os muçulmanos de lá estavam prestes a sitiar o local. Ele então ordenou que uma milícia do vilarejo, reunida às pressas, prendesse todos os muçulmanos oku (como eram chamados os africanos iorubás libertados) (Peterson, 1969, p. 212)[625]. Posteriormente, 13 iorubás muçulmanos foram encontrados com machados em suas casas e detidos e transferidos para Hastings (Peterson, 1969, p. 213). O Reverendo Wilhem ficou muito frustrado com os muçulmanos de Waterloo, pois não havia conseguido muito progresso em seus esforços de proselitismo entre eles. Esses muçulmanos iorubás também não escondiam seu ressentimento com a presença dos missionários cristãos em suas aldeias rurais e, como consequência, tornavam a vida deles bastante desagradável. Como representante da administração colonial, o Reverendo Wilhem sofreu bastante desaprovação e ressentimento dos habitantes do vilarejo e terminou sendo removido de Waterloo.

A partida de Wilhem de Waterloo coincidiu com a inauguração da administração do Tenente-Coronel Alexander Findlay em Freetown, em 1830. Sua administração deu início a um período de estreita supervisão militar da colônia. Os superintendentes foram substituídos por administradores que deveriam fazer cumprir os decretos do novo governador com rapidez e vigor. Findlay explicitou que não iria permitir que os muçulmanos e outros habitantes não cristãos das aldeias, especialmente os adoradores de Xangô

---

624. CO 267/118, Acusação de traição, J. W. Cole, Secretário Colonial, Freetown, 3 de janeiro de 1833, PRO.

625. O nome "Oku" era uma referência à forma tradicional de saudação dos ex-escravizados iorubás, "Oku-o". Sou grato ao professor Ade Ajayi por essa informação.

(o deus iorubá do trovão), minassem os esforços dos proselitistas cristãos na colônia. Um de seus primeiros decretos ao assumir o controle administrativo da colônia foi restringir a livre circulação de pessoas. O governador também instruiu seus administradores a "usar todo esforço para fazer com que os africanos libertados sob seu controle apreciassem as bênçãos que acompanham o uso cuidadoso de seu tempo"[626].

A atitude de Findlay em relação aos iorubás muçulmanos

Findlay não deu a si mesmo tempo suficiente para ter uma apreensão segura da situação específica dos vilarejos rurais antes de tomar decisões que teriam um impacto significativo sobre o cenário político e religioso. Tendo já ordenado aos administradores de cada vilarejo que o movimento de todos os africanos libertos fosse restrito, Findlay emitiu outras ordens em agosto de 1830, proibindo a adoração do que ele descreveu como "ídolos". Dois anos depois, ele formalizou essas instruções com uma ordem deliberada em conselho[627], que buscava avisar os iorubás libertos de que a nova administração adotaria medidas ainda mais severas para restringir suas atividades religiosas e culturais[628]. Um mês após a promulgação dessa ordem tomada por Findlay, os iorubás libertos, que haviam sido presos por supostamente conspirarem para sitiar os vilarejos rurais, foram condenados à prisão.

Enquanto isso, a questão da escravidão e do comércio de escravizados passou a ser usada pelo governo colonial para justificar a repressão à agitação dos iorubás muçulmanos nos vilarejos. O oficial sênior do Departamento da África Libertada, Thomas Cole,

---

626. Departamento dos Africanos Libertos, T. Cole para J. Auguin, Freetown, 1 de abril de 1831, Arquivos de Serra Leoa (doravante, SLA).

627. "Order-in-council" é uma forma legislativa adotada de variadas maneiras em diferentes repúblicas da Commonwealth inglesa, sendo geralmente resultado de uma reunião da autoridade executiva com um conselho legislativo [N.T.].

628. CO 267/119, Order-in-Council, Câmara do Conselho Executivo, Freetown, Serra Leoa, 24 de outubro de 1832, PRO.

anunciou que os islâmicos okus que haviam se mudado de Waterloo para Cobolo teriam sido persuadidos por seus correligionários de fora da colônia, pessoas que estariam interessadas principalmente no comércio de escravizados. Cole sustentou que essas forças externas, na realidade, queriam apenas induzir os ex-escravizados iorubás a se mudarem "para fora do alcance da jurisdição desta colônia", a fim de escravizá-los novamente[629]. Cole observou ainda que "três dos descontentes Ackoos (Ogubah, Odohoo e Joko) [...] [confessaram] que são da fé maometana em seu próprio país"[630].

Apesar da insistência dos muçulmanos de que já haviam se convertido ao islamismo em suas áreas de origem, o governo da colônia acreditava que os iorubás muçulmanos haviam sido profundamente influenciados pela presença de um número crescente de escribas e comerciantes muçulmanos do interior de Serra Leoa nos vilarejos coloniais. A própria colônia de Freetown começou a receber um fluxo de comerciantes e pregadores muçulmanos do interior pouco tempo depois do assentamento do primeiro lote de escravizados libertos. No início do século XIX, os comerciantes muçulmanos fulas, mandingas e sosos estavam se tornando parte essencial das crescentes relações comerciais entre Freetown e os estados do interior. Comerciantes muçulmanos e fazendeiros, assim, buscavam obter vantagens de seu crescente contato com a colônia (Alharazim, 1939, p. 13-26; Jalloh; Skinner, 1997; Skinner, 1971; Trimigham; Fyfe, 1960, p. 37). Muitos escribas fulas fixaram residência em Freetown em 1819 e estabeleceram reputações comerciais confiáveis e dignas de crédito, como de comerciantes de gado, fornecedores de carne, ferreiros e coureiros (Fyfe, 1962, p. 149). Os comerciantes migrantes muçulmanos do interior tiveram um impacto significativo sobre seus correligionários em Freetown e nos vilarejos rurais da colônia. De fato, os Fula, Mandinga e

---

629. Livro de Cartas dos Africanos Libertos, 1830-1831, Departamento de Africanos Libertos, 11 de setembro de 1830, SLA.

630. Livro de Cartas dos Africanos Libertos, 1830-1831, Departamento de Africanos Libertos, 11 de setembro de 1830, SLA.

Soso não limitaram seu contato com os ex-escravizados iorubás apenas às relações comerciais, mas se envolveram cada vez mais em atividades de proselitismo em tais vilarejos.

A consequência disso é que o Departamento da África Libertada aconselhou o governador da colônia a proibir a presença de escribas muçulmanos nas aldeias rurais. Nesse meio tempo, os iorubás muçulmanos continuaram a resistir silenciosamente aos esforços das autoridades para limitar sua liberdade de culto religioso. Apesar das instruções do governo em contrário, os iorubás muçulmanos libertados continuaram praticando sua fé, incluindo a utilização de vestes islâmicas. Findlay concluiu que a única maneira de conter a crescente influência do Islã na comunidade Iorubá era prender e processar os muçulmanos que haviam deixado a jurisdição da colônia.

Ele então instruiu o superintendente assistente do Departamento da África Libertada a buscar o auxílio do chefe das vizinhas Ilhas Plantain, Thomas Caulker, na tarefa de prender e depois reenviar para Freetown "os numerosos africanos libertos que seguem a fé maometana"[631]. Em uma tentativa de convencer seus superiores em Whitehall da pertinência de suas ações, Findlay relatou que os muçulmanos estavam prontos para atacar a colônia e informou ao escritório colonial que estava prestes a "adotar as medidas mais rígidas com o objetivo de punir esses infratores"[632]. Além de reunir os iorubás muçulmanos, Findlay também proibiu o uso de roupas islâmicas nos vilarejos e em Freetown.

Guerra Cobolo

O objetivo aparente dos muçulmanos iorubanos ao deixar a jurisdição da colônia era cumprir suas obrigações religiosas e escapar a uma série de medidas tomadas pelos administradores

---

631. Campbell para Caulker, Livro de Cartas dos Africanos Libertos, 1831-1834, nº 5, 21 de outubro de 1832, Freetown, SLA.
632. Findlay para o Visconde Goderich, 15 de maio de 1833, Livro de Cartas dos Africanos Libertos, SLA.

dos vilarejos, medidas que eles consideravam opressivas. Findlay estava convencido, portanto, de que era necessário tomar outras iniciativas para além das ações políticas que já tinha adotado em relação aos iorubás muçulmanos. Assim, em 13 de novembro de 1832, ele enviou um grupo de milicianos para prender os muçulmanos em Cobolo. O governador anunciou que tinha recebido um relato de que "um grande grupo de ackoos" estava em vias de lançar um ataque ao vilarejo de Waterloo e que provavelmente outros compatriotas de Iorubá se juntariam a eles[633].

Não muito confiante na capacidade de sua milícia de cumprir suas ordens com eficácia, Findlay mobilizou as forças policiais de Waterloo e de Hastings para apoiá-la, supostamente para garantir que todo o grupo de muçulmanos fosse detido e devolvido à colônia. As tropas enviadas a Cobolo, no entanto, estavam bem armadas e, como é evidente, preparadas para a guerra, e receberam instruções detalhadas sobre seu objetivo. O gerente do vilarejo de Hastings, John Dougherty, foi escolhido para liderar a milícia, auxiliado pelo administrador de Waterloo, John Hazeley, que ficou também com o comando de um contingente de tropas de sua vila.

As forças de Hazeley encontraram forte resistência fora de Cobolo, e suas tropas em pânico recuaram de forma indisciplinada. O líder das forças da colônia, Dougherty, irritado (como não podia deixar de ser), sugeriu que Hazely e suas tropas eram covardes, pois ele não se lembrava de nenhum muçulmano perseguindo os milicianos em fuga. No entanto, dois dos soldados teriam sofrido ferimentos graves, "um com um golpe de cutelo na cabeça e o outro com uma flecha na bochecha"[634]. Como resultado das perdas iniciais das tropas milicianas, Findlay achou necessário que as forças da colônia fossem complementadas com um novo grupo

---

633. C. B. Jones para J. Dougherty, 12 de novembro de 1832, Livro de Cartas dos Africanos Libertos, SLA.

634. CO 267/118, Anexo nº 4, Findlay para R. W. Hay, 14 de janeiro de 1833, PRO.

de tropas de Freetown. Ele decidiu acionar a Marinha entre o Rio Ribbie e a Península de Serra Leoa.

Um contingente naval britânico, sob o comando do Coronel Islington, recebeu ordens para subir o Ribbie e prestar assistência às forças da milícia. Islington também foi instruído a dizer com firmeza aos milicianos de Hastings e Waterloo que eles corriam o risco de serem sumariamente executados se tentassem fugir da frente de batalha. Além das forças de Islington, Findlay também instruiu a fragata britânica *HMS Charybdis*, que estava no porto de Freetown, a ir também para Ribbie. O comandante da *Charybdis*, Tenente Crawford, recebeu ordens para adiar sua viagem iminente a Bathurst, na Gâmbia, e prestar assistência nessa guerra contra os muçulmanos iorubás em Cobolo. Esperava-se que as forças navais atacassem os africanos libertados muçulmanos pela retaguarda ou interrompessem sua retirada caso tentassem atravessar o Ribbie.

As fontes disponíveis não evidenciam como a guerra em si foi conduzida quando as forças da colônia entraram em Cobolo. O líder das tropas da colônia, Dougherty, relatou não ter visto ninguém no vilarejo quando suas tropas entraram. Posteriormente, chegou-se à conclusão de que os iorubás muçulmanos já haviam sido derrotados pelos vizinhos Loko antes da chegada das tropas da colônia[635]. Mais tarde, o governador informou ao escritório colonial em Londres que os africanos libertos, tão logo capturados, seriam punidos por sua participação na rebelião. Findlay afirmou que as evidências obtidas de uma investigação sobre os muçulmanos aprisionados forneciam ampla prova de um "plano de rebelião radical planejada pelos maometannos Ackoos". De acordo com Findlay, os muçulmanos iorubás tinham a intenção de "matar todos os brancos" da colônia[636]. Ele informou a Whitehall sua decisão de processar por alta traição os líderes sobreviventes dos muçulmanos africanos livres.

---

635. Findlay para Goderich, 15 de maio de 1833, Livro de Cartas dos Africanos Libertos, SLA; cf. tb. Peterson (1969, p. 215) e Fyfe (1962, p. 187).
636. CO 267/118, Findlay para Hay, 15 de maio de 1833, PRO.

Julgamento por traição

O governador estava extremamente confiante de que seu departamento de justiça poderia processar com eficiência os africanos livres acusados no tribunal da colônia. Porém, a afirmação de Findlay de que as provas reunidas por seus assessores jurídicos na colônia apontariam sem equívocos para um cerco planejado parece ter tido pouca ou nenhuma base legal. A fraqueza do caso levantado pela administração colonial contra os iorubás muçulmanos ficou evidente logo no início do julgamento por traição, que se seguiu em Freetown. No dia de Ano-Novo de 1833, o presidente interino da Suprema Corte de Serra Leoa, Michael Melville, iniciou os procedimentos daquele que se tornou um caso decisivo na história constitucional da colônia.

No julgamento por traição perante o Juiz Melville estavam William Cole (1), William Cole (2), George Cole (1) e George Cole (2). Todos eles se declararam trabalhadores. Cada um deles enfrentou cinco acusações de traição. O caso do governo contra os muçulmanos baseava-se na acusação de que eles haviam agido de forma desleal contra a autoridade do monarca britânico[637]. Os muçulmanos acusados não tinham representação legal própria, o que levou o Presidente da Corte, Melville, a nomear William Henry Savage, um advogado de origem mista europeia e africana, como advogado de defesa.

Savage questionou a legitimidade que a administração da colônia teria para processar legalmente os muçulmanos por terem participado de uma atividade que teria ocorrido fora dos limites geográficos da colônia de Serra Leoa. Savage apontou que Cobolo estava claramente fora da jurisdição da colônia, e, logo, o tribunal não poderia julgar por vias legais os muçulmanos (Fyfe, 1962, p. 187; Peterson, 1969, p. 216-217). O presidente do tribunal concordou com o argumento do advogado de defesa e, assim, absolveu as pessoas acusadas.

---

637. "Examination of Ackoo Rebels", Anexo nº 4, Findlay para Hay, 14 de janeiro de 1833, PRO.

Findlay não estava preparado para aceitar o veredicto da Suprema Corte. Ele ordenou que os africanos muçulmanos libertados fossem julgados uma segunda vez, apenas para vê-los absolvidos novamente depois que o júri não encontrou provas que sustentassem as acusações de que eles teriam assassinado membros da milícia. O caso foi muito prejudicado pela principal testemunha da acusação, que admitiu, sob interrogatório, que não poderia provar que qualquer um dos muçulmanos em julgamento estivesse envolvido em um plano para atacar a colônia. Findlay estava determinado a julgar os muçulmanos uma terceira vez, mas acusando-os de pirataria, já que a guerra deles com a milícia da colônia havia sido travada perto do Rio Ribbie. Ele acabou sendo dissuadido por sua própria equipe de promotores, que o lembraram de que ato de pirataria só pode ocorrer em alto-mar; logo, seria impossível condenar os homens acusados de tal crime, pois dificilmente o Ribbie poderia ser classificado como um oceano (Fyfe, 1962, p. 187).

A absolvição dos iorubás acusados de traição pode ter servido para aumentar a confiança e a determinação dos africanos libertos muçulmanos. Em vez de ficarem presos aos vilarejos rurais, eles coletivamente passaram a se deslocar com frequência de Waterloo e dos vilarejos vizinhos para Freetown, com o objetivo de participar dos cultos de oração em um local chamado Yardie (Alharazim, 1939, p. 13-26; Cole, 1979)[638]. A frequência dessas procissões e a evidente dificuldade envolvida em fazer a pé uma viagem de 32 quilômetros, na travessia entre Freetown e Waterloo, levaram muitos a permanecer perto de seu local de culto por longos períodos. Foi para aliviar essa dificuldade patente que os muçulmanos fizeram súplicas ao seu advogado, William Savage, que possuía várias propriedades de terra na área. Savage havia morado na colônia por muitos anos e exercido diversas funções, além de ser um advogado. Assim, na década de 1820, ele havia se tornado um bem-sucedido

---

638. Yardie é o nome do domicílio de Alfa Yadalieu Savage, primeiro imã de Fourah Bay.

comerciante de importação e exportação e proprietário de terras em Freetown. Após sua vitoriosa representação dos muçulmanos iorubás em Cobolo, Savage, tendo sofrido preconceito racial no estabelecimento da colônia, identificou-se com os muçulmanos africanos libertados. Mais tarde, ele se tornou defensor legal daqueles que considerava vítimas de perseguição política e religiosa.

Assim, em 1833, quando os muçulmanos precisavam de um lugar para ficar, Savage pôde e estava disposto a oferecer-lhes parte de suas propriedades em Fourah Bay. A concessão de terras aos muçulmanos foi, em grande parte, o resultado dos esforços incansáveis de líderes dos africanos iorubás libertos, incluindo Mohammed Yadalieu, Sumanu Othman Ajibode e Mohammed Badamasie[639]. Em 1836, um número significativo de africanos muçulmanos libertos havia fixado residência em Fourah Bay, embora muitos outros continuassem a manter domicílios nos vilarejos rurais e fizessem a longa caminhada até Freetown às sextas-feiras, para as orações de juma'a.

Enquanto isso, com o aumento do número de muçulmanos nas vilas africanas libertadas em Fourah Bay, alguns começaram a se mudar para o oeste, a fim de viver e estudar o Alcorão sob a tutela de seus correligionários fulas, em Fula Town. Posteriormente, os africanos livres superaram em número os anfitriões fulas, mas mantiveram o nome da comunidade em homenagem aos seus mentores religiosos.

A Igreja, o Estado colonial e os iorubás muçulmanos

Com o estabelecimento de comunidades muçulmanas distintas em Fourah Bay e Fula Town, dominadas por africanos libertos de herança iorubá, o islamismo continuou a florescer na colônia,

---

639. B. B. Ibrahim, "Fourah Bay – The First Hundred Years, 1836–1936", panfleto apresentado no lançamento da Fourah Bay Community Foundation, em 11 de abril de 1993. Vários líderes de Fourah Bay, inclusive o Imã Yadalieu e Mohammed Badamasie, acrescentaram Savage ao seu nome, talvez como um tributo ao seu benfeitor.

para desgosto das autoridades coloniais e religiosas europeias. Os oficiais evangélicos da CMS empolgavam-se cada vez menos com seu trabalho, devido ao crescimento de uma comunidade muçulmana de alto nível na colônia. A Igreja e o Estado colonial se depararam, assim, com um dilema interessante: como poderiam cumprir a agenda de construção de uma sociedade cristã baseada nos valores da Inglaterra vitoriana com um número crescente de muçulmanos dentro da população da colônia? Que tipo de política o Estado colonial deveria adotar em relação a esses muçulmanos?

Com os missionários europeus cada vez mais frustrados em seus esforços de proselitismo devido à relutância dos iorubás muçulmanos livres em renunciar à sua fé, o governo da colônia foi chamado a se envolver mais ativamente nos esforços para conter a presença islâmica. Em 13 de janeiro de 1839, os agentes europeus da CMS enviaram uma petição ao Governador Richard Doherty denunciando o crescimento do Islã e defendendo uma ação governamental ativa para suprimir a religião. Após isso, Doherty pediu a opinião dos pregadores leigos africanos com relação à presença islâmica na comunidade africana livre. Os pregadores leigos responderam que o islamismo e a Xaria em relação ao matrimônio eram "contrários à lei de Deus e inconsistentes com ela e com o uso e os costume comuns desta colônia"[640].

Com os clérigos europeus e africanos evidentemente contra a presença islâmica dentro da comunidade de escravizados resgatados, Doherty sentiu-se seguro do apoio oficial de Freetown e Whitehall para implementar uma política de contenção rigorosa do Islã na colônia. Doherty, assim como seus antecessores, não se convenceu com a afirmação dos muçulmanos iorubás de que eles haviam entrado em contato com o Islã antes de sua chegada a Freetown e, em vez disso, acreditava que os Fula e outros pregadores islâmicos eram de alguma forma responsáveis pelo que

---

640. CO 267/154, Doherty para Russell, Anexo n° 2, 4 de dezembro de 1839, PRO.

565

ele considerava uma subversão muçulmana do Estado colonial. Em 18 de março de 1839, ele notificou o Secretário de Estado das Colônias de que havia evidências de subversão islâmica do governo colonial. Ele informou Whitehall "sobre um problema um tanto novo e curioso para colocar à prova nossos princípios de tolerância religiosa"[641].

Doherty propôs aos seus superiores em Londres remediar a ameaça islâmica despojando os africanos muçulmanos livres de suas mesquitas e casas, com o argumento de que essas estruturas foram construídas em terras da Coroa. Ele acreditava que o efeito imediato do confisco de terras ocupadas por esses muçulmanos seria a saída deles da colônia e sua realocação em algum distrito colonial remoto ou além de seus limites geográficos. Tal ação era claramente ilegal, sobretudo porque o governo da colônia nunca havia contestado a propriedade da terra por William Savage.

O próprio governador certamente estava ciente das implicações legais da solução proposta. Portanto, ele aconselhou ao Secretário de Estado que, por parte do Estado colonial, deveria haver cautela na tentativa de expulsar os africanos muçulmanos livres das terras que eles haviam ocupado sem contestação por muitos anos. Doherty ressaltou que a remoção de alguns africanos livres com o único argumento de que eles teriam adotado o Islã "parece-me nada menos do que perseguição"[642]. No entanto, o governador não estava disposto a deixar que as nuances constitucionais atrapalhassem. Para evitar transgredir a letra da lei, Doherty optou por comprometer o espírito dela. Assim, ele propôs ao Secretário de Estado para as Colônias que os muçulmanos fossem removidos não com base no fato de terem abraçado o islamismo e, portanto, rejeitado o cristianismo, o que ele admitiu ser equivalente à perseguição religiosa, mas sim com base no argumento mais conveniente e legalmente maleável

---

641. CO 267/154, Doherty para Russell, Anexo nº 77.
642. CO 267/154, Doherty para Russell, Anexo nº 77.

de que eles eram maus inquilinos[643]. Doherty informou a Londres que, enquanto a papelada estava sendo preparada para expulsar os africanos livres da colônia, ele já emitira um aviso àqueles vivendo em Fula Town, ao fazer a mesquita deles ser incendiada por alguns policiais, que haviam "recentemente se oferecido e demonstrado sua disposição para atender a meus desejos"[644]. Mais tarde, o governador atribuiu o incêndio a um erro da polícia.

Com sua mesquita em Fula Town destruída e enfrentando o despejo iminente de seus domicílios em Fourah Bay, os muçulmanos africanos livres resolveram sair da colônia em vez de renunciar à sua fé. Mas eles não estavam dispostos a sair sem tornar sua posição conhecida. Assim, em 21 de junho de 1839, os habitantes de Fourah Bay enviaram carta ao Governador Doherty expressando desaprovação da política governamental contra eles.

Descrevendo-se como súditos africanos livres obedientes e leais ao monarca britânico, eles acusaram o recebimento da notificação de despejo do governador e expressaram tristeza por essa "imposição melancólica", especificando que eles deviam desocupar suas casas em um período de cinco meses, tendo de deixar de adorar em sua mesquita em menos de uma semana. Eles afirmaram que as ações de Doherty foram prejudiciais e rechaçaram a opinião que ele tinha sobre sua comunidade, considerada "um grupo de pessoas ociosas e preguiçosas". Muito pelo contrário, eles informaram ao governador que eram um povo de classe trabalhadora, composto por serradores, carpinteiros, ferreiros, alfaiates, vendedores ambulantes, comerciantes, trabalhadores e fazendeiros[645]. Também lembraram a Doherty que seus antecessores não haviam contestado sua ocupação da terra e, mais importante, "nunca questionaram o direito do Sr. Savage à referida propriedade durante sua vida". Eles também afirmaram que o antecessor de

---

643. CO 267/154, Doherty para Russell, Anexo n° 77.

644. CO 267/154, Doherty para Russell, Anexo n° 77.

645. CO 267/154, Doherty para Russell, Anexo n° 4.

Doherty, o Governador Campbell, havia até mesmo os incentivado a construir uma mesquita antes de sua partida para a Inglaterra.

Os muçulmanos africanos livres fizeram uma contestação direta à afirmação de Doherty de que haviam sido convertidos ao islamismo somente após sua chegada à colônia. Longe disso, insistiam, eles já eram muçulmanos em Iorubalândia antes de serem reassentados em Freetown. Eles suplicaram a Doherty, portanto, que não os obrigasse a "renunciar a essa fé que está tão profundamente enraizada e mergulhada em suas mentes".

Por uma estranha reviravolta do destino, Doherty foi chamado de volta a Londres antes que pudesse colocar sua decisão em prática contra os habitantes de Fourah Bay e Fula Town. Seu substituto no gabinete do governador, Sir John Jeremie, chegou à colônia em outubro de 1840, aconselhou o Secretário de Estado a não expulsar os muçulmanos iorubás e permitiu a reconstrução da mesquita em Fula Town. Para grande decepção dos missionários cristãos, Jeremie tinha uma visão muito diferente e desapaixonada da ameaça muçulmana à civilização cristã. Um missionário que se sentia bastante desconfortável com a presença islâmica na população da colônia era o Reverendo Samuel Adjai Crowther.

Reverendo Adjai Crowther e os iorubás muçulmanos

O Reverendo Adjai Crowther, principal pregador da missão da CMS durante a maior parte da primeira metade do século XIX, tinha imensa gratidão aos britânicos por tê-lo resgatado da escravidão. O jovem Adjai chegou à colônia em 1822 e foi batizado em 1825, passando a se chamar Samuel Crowther, "em homenagem ao vigário da Christ Church, Newgate"[646]. Ade Ajayi descreve o novo convertido cristão de 1825 como "um jovem trabalhador, inteligente e humilde, um tipo muito amado por missionários".

---

646. Para um estudo detalhado sobre a vida do reverendo (e posteriormente bispo) Samuel Adjai Crowther e sobre o impacto que ela teve sobre o cristianismo na África Ocidental, cf. Ajayi (1969) e Ayandele (1966).

Posteriormente, em 1843, ele foi ordenado ministro da CMS, depois de se formar em Estudos da Religião em Islington, Inglaterra. Ele retornou a Freetown pouco tempo depois[647].

O Reverendo Crowther, ao retornar à colônia, decidiu que parte de suas principais obrigações evangélicas era a conversão de seus compatriotas iorubás muçulmanos ao cristianismo. Com a administração da colônia menos hostil à presença islâmica na região, os cristãos se tornaram mais agressivos em sua busca de cristianizar os muçulmanos e os tradicionalistas, todos classificados por eles como pagãos. No entanto, apesar de suas crenças religiosas diferentes, os iorubás maometanos tinham muito orgulho do Reverendo Crowther, que também era considerado um dos seus. Em seu bem conservado diário, Crowther lembrou-se de ter ficado muito comovido com o gesto do imã do jamaat[648] de Fourah Bay, que, ao saber da mudança iminente do reverendo para o Delta do Níger, enviou uma delegação à residência dele na vila de Bathurst em 17 de dezembro de 1843, com o obtivo de visitá-lo e "perguntar pela minha saúde e saber com certeza se eu estava indo para a terra iorubá"[649].

Um dia após a visita dos muçulmanos de Fourah Bay à sua residência em Bathurst, Crowther fez uma visita recíproca à casa do imã do jamaat de Fourah Bay, com quem, assim ele se lembrava, tivera conversas em iorubá fluente. O reverendo pregou ao imã e a outros que estavam presentes sobre as bênçãos cristãs e tentou convencer seus anfitriões "da importância de se render à religião da Bíblia do homem branco, porque ela conduz ao caminho certo

---

647. CA1/079/0, Relatório do Reverendo Crowther, Bathurst, 18 de dezembro de 1843, Arquivos da Sociedade Missionária da Igreja, Birmingham (doravante, CMS).

648. O "jamaat" é uma assembleia de pessoas de fé islâmica reunida por diferentes motivos religiosos (adoração coletiva, partilha de ensinamentos, defesa dos valores comunitários etc.) [N.T.].

649. CA1/079/0, Relatório do Reverendo Crowther, Bathurst, 18 de dezembro de 1843, CMS.

para a felicidade"[650]. Crowther observou que, em uma ocasião anterior, dera uma cópia da versão árabe da Bíblia ao imã de Fourah Bay. Ele informou a este último que fora instruído pelo Comitê de Londres da CMS a traduzir a Bíblia para o idioma iorubá, de modo "que as pessoas pudessem ler este livro em sua própria língua".

O Reverendo Crowther afirmou que sempre teve o cuidado de não se opor à adoção do Islã pelos africanos libertos, mas esforçou-se "para mostrar-lhes as grandes bênçãos que o cristianismo concede à humanidade sempre que é adotado". Ele observou que a reação dos muçulmanos ao seu papel de evangelizador da CMS era muito interessante. Segundo seu relato, eles estavam bastante orgulhosos do fato de seu "compatriota" ser um ministro da Igreja da Inglaterra. Porém, ficava desapontado com o fato de os muçulmanos iorubás serem inflexíveis em manter a fidelidade à sua fé.

Em 8 de janeiro de 1844, o Reverendo Crowther notificou o imã de Fourah Bay sobre seu culto inaugural em iorubá na Igreja misssionária de Freetown e convidou os muçulmanos a participarem. Crowther sugeriu que os iorubás islâmicos comparecessem, especialmente porque ouviriam a doutrina cristã interpretada em seu próprio idioma, eliminando assim quaisquer reservas que pudessem ter em relação ao cristianismo.

A comunidade Iorubá de Fourah Bay enviou uma delegação ao culto, que Crowther observou ter "reunido um grande número de pessoas – iorubás, igbos, calabares etc. – para testemunhar a leitura e a pregação [do] Evangelho de Cristo em uma língua nativa dentro de uma Igreja inglesa". Como os muçulmanos haviam observado, em uma de suas reuniões com Crowther, que as fés islâmica e cristã eram essencialmente as mesmas, exceto pela questão do relacionamento de Jesus Cristo com Deus, o sermão

---

650. CA1/079/11a, diário do Reverendo Crowther para o trimestre que terminou em 25 de março de 1844, CMS. Todas as citações subsequentes de Crowther são de seu diário para esse trimestre, exceto quando indicado de outra forma.

de Crowther para o culto foi tirado de Lc 1,35[651]. Ele anotou em seu diário que o ponto principal de seu sermão foi "Ohung Ohwoh ti aobih mi inoh reh li aomokhe li ommoh olorung" (A coisa santa que nascerá de ti será chamada de Filho de Deus).

Nos cultos subsequentes, o Reverendo Crowther atacou diretamente vários aspectos da vida na colônia. Outro grupo que sofreu o impacto da admoestação de Crowther foi o dos adeptos de Xangô, a divindade iorubá do trovão e do relâmpago. Os membros desse grupo sempre rejeitaram os esforços de proselitismo de cristãos e muçulmanos. Em 23 de fevereiro de 1844, Crowther visitou o local de culto dos que acreditavam em Xangô e começou a questionar suas crenças. Como consequência, o reverendo foi confrontado por crentes zombeteiros que apontaram a sensível hipocrisia dos cristãos, "que eram os maiores adúlteros que poderiam ser encontrados em toda a colônia"[652]. Crowther relatou ter se sentido muito mortificado quando os adeptos de Xangô apontaram que o hábito dos cristãos de afirmar, durante os cultos da igreja, que eles podiam literalmente ver Deus era ridículo, e ele observou que tinha "de segurar minha língua", dado que "as acusações eram verdadeiras".

Em geral, o Reverendo Crowther estava desapontado com a relutância de seus compatriotas, tanto os muçulmanos quanto os seguidores de Xangô, em se converter ao cristianismo. Ele ficava ainda mais frustrado com a indisposição desses dois grupos para deixar de fazer qualquer tipo de trabalho manual no domingo, o Sábado cristão. Embora não tenha deixado de pregar para essas duas comunidades religiosas, ele não relatou nenhum sucesso na mudança de suas respectivas crenças. Aparentemente, os cristãos, os muçulmanos e os adeptos das formas tradicionais de adoração religiosa dentro da comunidade iorubá na colônia arraigavam-se

---

651. CA1/079/11a, diário do Reverendo Crowther.
652. CA1/079/11a, diário do Reverendo Crowther.

em seus respectivos sistemas de crenças. E era evidente que estavam preparados para abrir espaço para a pluralidade religiosa.

Sua herança cultural iorubá comum – assim parecem ter concluído na segunda metade do século XIX – não deveria ser sacrificada no altar da religião. O próprio Estado colonial, em 1853, não estava em posição de seguir uma política consistente de anti-islamismo agressivo. As crescentes relações comerciais da colônia com os Estados do interior estavam ficando cada vez mais dependentes de relações cordiais com iorubás muçulmanos, que se tornavam cada vez mais importantes na manutenção do contato com os Estados majoritariamente islâmicos do interior. Como consequência, o Estado colonial sentiu-se compelido, por razões apenas econômicas, a adotar uma política, em última instância, ambivalente em relação ao Islã e aos muçulmanos na Freetown colonial.

Muçulmanos africanos livres e o comércio da Colônia com os Estados do interior

Ciente do papel dos muçulmanos no crescente comércio com os Estados do interior, a administração da colônia procurou desencorajar o antagonismo aberto contra os muçulmanos em Freetown e nos vilarejos da colônia. Ao mesmo tempo que assegurava às missões cristãs o apoio contínuo do governo, a administração estava pouco a pouco fazendo um esforço para recrutar alguns muçulmanos para o serviço público colonial. Em 16 de dezembro de 1872, Mohammed Sanusi, um muçulmano iorubá, foi nomeado para o cargo de redator árabe no Departamento de Assuntos Nativos[653]. O papel de Sanusi foi fundamental para as relações entre a administração da colônia e os comerciantes maometanos do interior. Como redator árabe, a ele também foi delegada a responsabilidade adicional de assistente do intérprete do governo, cargo que o tornou o contato oficial entre Freetown e os Estados do interior.

---

653. Livro de Registros Oficiais de Serra Leoa, 1879, SLA.

O papel cada vez mais proeminente dos muçulmanos africanos livres na colônia serviu para melhorar o comércio com o interior. Em 1879, as missões comerciais ou "caravanas" do interior haviam aumentado significativamente. O intérprete do governo relatou que "1.176 caravanas" haviam chegado a Freetown vindas do interior durante o primeiro trimestre daquele ano[654]. Entre os itens de comércio que se destacaram na época estavam o marfim e o ouro. O ouro que chegou a Freetown entre 1878 e 1879 era originário de Segu e Buré; comerciantes de lugares como Dinguiray e Kankan transportaram artigos como manteiga de karité, cabaças e tecidos finos de algodão do interior[655].

O aumento do comércio entre Freetown e o interior foi ainda mais facilitado pelos iorubás muçulmanos, que faziam a viagem para o interior, às vezes em pequenos barcos ao longo dos rios do norte. No fim de 1886, muitos desses comerciantes que residiam na colônia atuavam com destaque no fornecimento feito aos mercados de Freetown, com mercadorias como borracha indiana, óleo e grãos de palma, sementes de gergelim, gado, ouro, cera de abelha, arroz e peles[656]. O sucesso no comércio do interior permitiu aos muçulmanos africanos livres que lançassem seus olhos empreendedores ainda mais longe. Muitos estavam bastante interessados em se aventurar no comércio na Gâmbia, no Senegal e na colônia de Lagos, onde outros já haviam estabelecido contato. Vários dos muçulmanos africanos livres nos anos 1890 haviam se tornado parte integrante do comércio com comunidades costeiras da África Ocidental, principalmente Gâmbia, Senegal e Nigéria. De fato, muitos dos ex-escravizados iorubás estavam embarcando em missões comerciais ao longo da costa desde a década de 1830.

---

654. Documentado com a etiqueta "Miscellaneous", Aborígenes n° 54, Caravanas do Interior, 2 de abril de 1879, SLA.

655. T. G. Lawson para a Sede do Governo, "Miscellaneous", Freetown, 7 de abril de 1879, SLA.

656. "Miscellaneous" n° A 142/8G, Lawson para Parkes, 10 de novembro de 1886, SLA.

Motivados pelo desejo de alcançar o sucesso econômico, como seus antecessores, alguns compraram navios negreiros condenados por Tribunais da Comissão Mista em Freetown e saíram em viagens comerciais para vários lugares ao longo da costa. Mesmo que muitos fossem de fé cristã, outros mantiveram sua fé islâmica ou ainda continuaram a adorar Xangô (Ajayi, 1974, p. 156-157).

Na Gâmbia e no Senegal, os comerciantes muçulmanos de Freetown se dedicavam ao comércio de cola. Normalmente, grandes quantidades de nozes de cola eram compradas em Freetown e depois vendidas a um preço bem alto na Gâmbia[657]. Aproveitando seus contatos com outros muçulmanos nesse país, os Oku Marabous (nome pelo qual os iorubás de fé islâmica eram chamados em Senegal e na Gâmbia) comercializavam também mercadorias diversas, como couro, óleo de palma, pimenta, manteiga de karité, inhame, feijão, fufu, peixe seco e ostras tanto nesses dois países[658]. Após venderem seus produtos com sucesso, eles compravam grandes quantidades de itens como cestas, cabaças, velas, artigos de armarinho, panelas de ferro, cabras, ovelhas e outros produtos comerciais para venda em Freetown e no interior de Serra Leoa[659]. Apesar de os comerciantes muçulmanos serem em sua maioria homens, havia várias mulheres que se dedicavam sobretudo ao comércio de peixe seco, cola, fufu, agidi, ogiri, egusi e olele (Othman, 1999, p. 16-17). Muitos dos comerciantes do sexo masculino se casaram com membros de famílias locais, em lugares como Bathurst e Georgetown, na Gâmbia; e Dakar, St. Louis e Kaolak, no Senegal. Dessa forma, eles estabeleceram fortes vínculos sociais com os povos locais Wolof, Sarakule e Mandinga. Na virada do século, esses contatos sociais ajudaram a solidificar o

---

657. Sou grato ao professor Allen Howard, da Universidade Rutgers, por ter gentilmente me fornecido a transcrição de uma entrevista feita com comerciantes muçulmanos okus em Aberdeen Village (Colônia de Freetown) em 1968; cf. tb. Howard (1997).

658. Livro de Registros Oficiais de Serra Leoa, 1894, SLA.

659. Livro de Registros Oficiais de Serra Leoa, 1900, SLA.

lugar dos Oku Marabous nas comunidades locais. Muitos deles se tornaram dominantes no que mais tarde se tornaria um próspero comércio sazonal de ovelhas entre Freetown e a região da Senegâmbia. Mas foi na Nigéria que muitos outros estavam prestes a obter um sucesso significativo.

Muçulmanos saros na Nigéria

A grande maioria dos comerciantes da população de ex-escravizados resgatados de Freetown negociava ao longo da costa da África Ocidental e se deslocou para várias partes do que hoje é o sul da Nigéria. Muitos dos cristãos, muçulmanos e grupos adeptos das formas africanas tradicionais de culto religioso demonstravam um interesse forte no crescente comércio de importação e exportação que estava surgindo entre Freetown e Lagos e seus arredores. Muitos da comunidade muçulmana de africanos libertados em Freetown estavam convencidos, como outros resgatados de herança iorubá, de que não só poderiam voltar para casa, mas também poderiam se beneficiar do que consideravam uma economia próspera em Iorubalândia. O grupo inicial de comerciantes chegou a Badagri no fim da década de 1830. Entretanto, alguns dos comerciantes imigrantes "saros" (como os africanos resgatados eram conhecidos na Nigéria) parecem ter se preparado para essa eventualidade muito antes. Há relatos de que ex-escravizados iorubás usaram parte de sua nova riqueza para comprar navios negreiros condenados, com o objetivo de navegar até Lagos. Osoba e Harry Johnson foram dois dos primeiros africanos resgatados a comprar esses navios.

O primeiro usou seu navio, chamado *Nancy*, para transferir toda a sua família para Lagos (Biobaku, 1991, p. 25). Incentivados pelo sucesso dos primeiros retornados, vários dos principais membros da comunidade africana livre juntaram seus recursos para comprar um navio, que carregaram com uma infinidade de mercadorias comerciais e cerca de 40 passageiros, e partiram de Freetown para Badagri. A notícia da recepção calorosa concedida aos comerciantes saros no território egba estimulou ainda mais o interesse pelo comércio emergente. Muitos expressaram o desejo de ir a Abeokuta para fazer comércio ou simplesmente para voltar à sua área de origem. O sucesso evidente dos grupos anteriores incentivou o líder dos africanos livres (ou rei oku), Thomas Will, a solicitar à administração da colônia em Freetown permissão oficial para estabelecer um assentamento em Badagri (Fyfe, 1962, p. 212). Embora o governo da colônia relutasse em endossar a mudança para essa região, muitos dos ex-escravizados resgatados, de todos os credos, continuaram a realizar o caminho até Badagri.

Outros optaram por arriscar suas vidas e se aventurar no interior, apesar da instabilidade na região gerada pelas atividades das forças de Ijebu e Ibadan na área. Os egbas, sob liderança de Shodeke, terminariam ganhando o controle dessas terras, trazendo assim uma aparência de estabilidade social para a região. Enquanto isso, Abeokuta continuava a crescer, com refugiados de Oió, Ifé e Ijebu aumentando a população (Biobaku, 1991, p. 23-24). Foram notícias desse movimentado ambiente cosmopolita interiorano que podem ter motivado os Saro de Badagri a se aventurar na incerteza das estradas interiores que levavam a Abeokuta. Quando o primeiro grupo conseguiu chegar até a cidade, outros se tornaram corajosos o suficiente para seguir seu rastro, geralmente chegando em seu destino com recepções calorosas. Os africanos resgatados de fé islâmica chegaram a Abeokuta e se tornaram logo parte de uma comunidade muçulmana pequena, mas crescente e significativa.

O líder egba, Shodeke, estava bastante ciente da presença islâmica no que ainda era uma sociedade dominada por adeptos de grupos religiosos tradicionais não islâmicos. Ele também não era avesso à presença de novos imigrantes cristãos oriundos de Freetown, Bahia e Cuba (Ajayi, 1974, p. 157), mesmo sendo provável que estivesse ciente dos riscos de tensão entre os tradicionalistas religiosos e as novas religiões monoteístas. De fato, os muçulmanos e os cristãos sofreram certa perseguição religiosa em meados do século XIX: as mesquitas maometanas foram destruídas, e os cristãos foram proibidos de celebrar seus cultos na igreja (Biobaku, 1991, p. 35). No entanto, por volta de 1851, a população de ex-escravizados resgatados em Abeokuta havia aumentado consideravelmente.

Os líderes muçulmanos e cristãos em Freetown passaram a ver o movimento para a Nigéria como essencial para o sucesso de suas respectivas agendas religiosas. O clero africano da missão do Níger acabou sendo substituído pelos evangelizadores europeus da CMS, mas os africanos muçulmanos libertados não foram impedidos de se deslocar para Badagri, Abeokuta e Lagos. Alguns dos principais muçulmanos saros que obtiveram sucesso no comércio nessas cidades ajudaram a erguer as primeiras mesquitas de concreto por lá. Um dos mais proeminentes comerciantes islâmicos saros foi Mohammed Shitta, cujo papel de liderança e benevolência tornou-se universalmente conhecido em Iorubalândia e em outros lugares.

Mohammed Shitta

Nascido em Waterloo, filho de pais africanos libertados que haviam sido escravizados em Badagri, Shitta acompanhou seus pais na ida para casa ainda jovem, em 1844. Antes de retornar à sua terra natal, seu pai havia alcançado proeminência religiosa e política em Freetown, onde era o imã do jamaat de Fourah Bay[660]. Ele morreu em 1849, e sua morte parece ter motivado o filho, o já empreendedor e ambicioso Mohammed Shitta, que decidiu se mudar para Lagos.

Por fim, ele conseguiu convencer o resto da família a sair de Badagri e criar uma nova vida na cidade maior, mais empolgante e relativamente próspera, onde havia uma crescente comunidade Saro. Shitta entrou no comércio de cola e também se envolveu na compra e na venda de várias outras mercadorias, incluindo teci-

---

660. *Sierra Leone Weekly News*, vol. 9, n. 45 (6 de julho de 1895), p. 5, na Biblioteca Britânica, Colindale, Inglaterra.

dos de algodão, couros, egusi e goma copal. Em 1864, ele estava no controle de um negócio próspero, que o levava a viajar entre Lagos, Delta do Níger e Serra Leoa. Em 1869, ele se estabeleceu de forma semipermanente no Alto Níger, deixando que seu irmão, Yusuf, e outros membros da família administrassem a parte de seus negócios com sede em Lagos.

Até sua morte, em 1895, Shitta dedicou sua enorme riqueza ao desenvolvimento das comunidades muçulmanas de Lagos, Badagri e Freetown. Ele construiu o que foi descrito, após sua conclusão, como "uma magnífica mesquita" em Lagos, formalmente inaugurada com grande alarde em 5 de julho de 1894. Como parte das cerimônias de inauguração, Shitta recebeu o título de "Bey" do Sultão do Império Otomano e, a partir de então, passou a ser conhecido como Mohammed Shitta Bey nas comunidades muçulmanas de Serra Leoa e da Nigéria[661]. Shitta também fez contribuições financeiras significativas para a construção das mesquitas em Fourah Bay e Fula Town na colônia de Freetown, na década de 1890. Assim, quando a notícia de sua morte chegou a essa última cidade por telégrafo em 4 de julho de 1895, o *Sierra Leone Weekly News* [*Notícias Semanais de Serra Leoa*] relatou uma atmosfera sombria na comunidade de africanos resgatados e seus descendentes em Freetown, tanto muçulmanos quanto cristãos.

Shitta Bey foi talvez o mais conhecido dos muçulmanos africanos livres que prosperaram no comércio em Iorubalândia. No entanto, ele foi apenas um dos muitos membros da comunidade de africanos resgatados que se aventuraram a buscar fortuna no comércio fora da colônia de Serra Leoa. Muitos outros viajaram de um lado para o outro entre Lagos e Freetown e, nesse processo, ajudaram a solidificar os laços culturais entre essas sociedades. Com o sucesso deles no comércio, muitos dos principais comerciantes buscaram e conquistaram posições de liderança dentro da

---

661. *Sierra Leone Weekly News*, vol. 9, n. 45 (6 de julho de 1895), p. 5, na Biblioteca Britânica, Colindale, Inglaterra.

comunidade muçulmana e do jamaat. As tensões que existiam entre os tradicionalistas e os seguidores do islamismo e do cristianismo em Abeokuta e Badagri acabariam reaparecendo dentro das comunidades muçulmanas de Fourah Bay e Fula Town.

Fissura em Fourah Bay: o Islã e a cultura iorubá

Tendo conquistado o direito de manter suas próprias comunidades islâmicas dentro da colônia, muitos dos líderes muçulmanos procuraram fazer com que o Islã servisse como o único guia de todos os aspectos da vida comunitária. Desde as instituições sociais e políticas de suas comunidades até os aspectos culturais da vida comunitária, a religião do Islã deveria ser uma força viva que influenciasse a perspectiva do povo de Fourah Bay e Fula Town. No entanto, apesar dessa forte presença, o Islã teve de coexistir com uma influência igualmente forte das instituições culturais iorubás. Uma característica notável da interação entre a religião e a cultura iorubás nas comunidades muçulmanas da África Livre não era só a natureza sincrética da vida religiosa e social, mas também as tensões que existiam entre o Islã e a cultura tradicional iorubana. Uma das principais consequências desse encontro foi o atrito e a eventual divisão do jamaat de Fourah Bay em duas facções distintas na década de 1870.

Embora os muçulmanos krios tenham passado um período significativo de tempo resistindo aos esforços dos missionários cristãos e do estado colonial para eliminar o Islã e certos aspectos da cultura iorubá, muitos nessa sociedade de ex-escravizados resgatados tiveram que enfrentar puristas islâmicos em seu meio, pessoas que também consideravam certas práticas culturais iorubanas como anátemas contra os preceitos do Islã. A rixa histórica de Fourah Bay resultou, portanto, de diferenças fundamentais entre aqueles que, por um lado, acreditavam não haver lugar legítimo para algumas formas culturais iorubanas em uma comunidade islâmica e aqueles que, por outro, aderiam com fidelidade à fé islâmica, mas não necessariamente consideravam sua comunidade uma teocracia. Para esses últimos, a Xaria do Islã não deveria ser uma força avassaladora em suas vidas diárias. Ainda que ela fosse considerada relevante para a comunidade no que se refere ao casamento, às disputas pessoais e comunitárias, às heranças e a certas questões políticas, muitos na comunidade não se sentiam obrigados a renunciar ou descartar suas tradições e costumes cerimoniais iorubás para serem bons muçulmanos. Eles não viam contradição entre manter sua fé islâmica e adotar costumes que, segundo eles, haviam lhes sido transmitidos por seus antepassados.

O crescimento da ortodoxia islâmica entre alguns dos líderes da comunidade e a relutância de muitos em se desvincular de sociedades culturais iorubanas como os Egugu, Ogunuko, Gelede e Keri-Keri acabaram contribuindo para a divisão do jamaat em duas facções: Tamba e Jama. A fonte mais importante da divisão girava em torno da questão da propriedade do terreno onde a mesquita central, Jami-ul-atiq, fora construída. Entretanto, a própria separação pode ter sido motivada por um desacordo político dentro da mesquita no que diz respeito à posição do imã, uma questão que emergira na década de 1850.

No fim da década de 1870 e na década de 1880, o conflito sobre o lugar e o papel da mais resistente dessas sociedades secretas, a Egugu (ou Orjeh), tornou-se um fator importante na disputa que levou ao rompimento em Fourah Bay. O Reverendo Adjai Crowther observou ser possível que a sociedade Egugu fora introduzida em Iorubalândia pelos Nupe[662] e que mais tarde ela teria sido transplantada para os vilarejos da colônia de Waterloo e Hastings pelos ex-escravizados resgatados. Muitos estudiosos islâmicos de Fourah Bay não aprovavam a natureza secreta dos Egugu, nem seus rituais elaborados e supostamente exigidos para

---

662. CA1/079/12, diário do Reverendo Crowther para o trimestre que terminou em 25 de junho de 1844, CMS. Para uma discussão sobre a sociedade Egugu no contexto nigeriano, cf. Soyinka (1989).

a filiação. A facção Tamba, mais conservadora, defendia um Islã mais doutrinário e, portanto, questionava a permanência de muitos membros da liderança da mesquita entre os Egugus. Ainda que reconhecessem as origens iorubás dessa sociedade, eles sustentavam com firmeza que ela não era islâmica em sua natureza e suas práticas.

Apesar de a questão da terra ter sido finalmente resolvida no primeiro de uma série de casos legais julgados em 1893, a luta continuou entre os adeptos do Islã ortodoxo e aqueles que estavam inclinados a manter suas instituições culturais iorubás. Os africanos libertados que haviam entrado em contato com o islamismo antes de serem escravizados e vendidos em seu ambiente cultural iorubá conseguiram manter sua fé islâmica em uma colônia concebida para ser uma entidade exclusivamente cristã, a partir da qual o Evangelho de Jesus Cristo deveria ser disseminado para todo o continente africano. Por mais que sua fé islâmica tenha se mostrado bastante resistente diante dos esforços contínuos das autoridades coloniais e evangélicas para cristianizá-los e "civilizá-los", os africanos livres oriundos de Iorubalândia, que ajudaram a formar o que, na virada do século, passou a ser conhecido como sociedade Krio, ainda conseguiram manter grande parte de sua herança iorubá até hoje.

BIBLIOGRAFIA

Coleções de arquivo

Bahamas – Nassau

The National Archives of the Bahamas

Brasil – Bahia

Arquivo Público do Estado da Bahia

 Legislativa. Abaixo-assinados

 Livros de Registros do Tabelião

 Livro de Registros de Testamentos

Arquivo Regional de Cachoeira

Inventários

Brasil – Rio de Contas

Arquivo Municipal de Rio de Contas

 Matrícula Seg. do Ano de 1848

Brasil – Rio de Janeiro

Arquivo da Cúria Metropolitana do Rio de Janeiro

Livros de Batismo de Escravos da Freguesia da Sé

Arquivo da irmandade de Santo Elesbão e Santa Efigênia

Registros de Autorizações para Enterros

Compromisso da Irmandade de Santo Elesbão e Santa Efigênia
Livro de registro de entrada de irmãos
Arquivo Nacional
Correspondência reservada recebida pela Repartição de Polícia
Processos do Código Penal
Biblioteca Nacional

Cuba – Havana

Archivo Nacional de Cuba, Havana
Asuntos Políticos
Gobierno Superior Civil

Costa Rica – San José

Archivo Metropolitana de la Curia de San José
Archivo Nacional de Costa Rica, San José

Nigéria – Kaduna

Nigerian National Archives Kaduna

Serra Leoa – Freetown

Sierra Leone Archives

Espanha – Madrid

Archivo Histórico Nacional
Estado
Ultramar

Espanha – Sevilha

Archivo General de Indias

Reino Unido

British Library, Colindale, England
Church Missionary Society Archives, University of Birmingham
Public Records Office, Kew, England
Colonial Office
Foreign Office

Estados Unidos

University of Texas at Austin

Center for American History, William J. Massie Papers

Nettie Lee Benson Latin American Collection

Fontes primárias publicadas

ADAMS, J. *Remarks on the country extending from Cape Palmas to the River Congo*. Londres: G. & W.B. Whittaker, 1823.

AGASSIZ, L.; AGASSIZ, E. C. C. *A Journey in Brazil*. Nova York: Praeger, 1969.

AIMÉ DE VERTEUIL, L. A. *Three essays on the cultivation of sugar cane in Trinidad*. Porto da Espanha: Standard's Office, 1858.

AJAYI, J. F. A. Samuel Ajayi Crowther of Oyo. *In*: CURTIN, P. D. (ed.). *Africa remembered*: narratives by West Africans from the era of the slave trade. 2. ed. Prospect Heights: Waveland, 1997 [1967]. p. 289-316.

AL-BAGDĀDĬ, A. al-R. *The amusement of the foreigner*. 1865. Traduzido por Yacind Daddi Addoun e Renée Soulodre – La France. Harriet Tubman Resource Centre on the African Diaspora, SHADD. Disponível em: www.yorku.ca/nhp/shadd/index.htm.

ALFONSO, C. *et al. Ancestros II*: Qbadisc CD 9015. Nova York: Qbadisc, 1993.

ALFONSO, C. *et al. Ancestros*: Qbadisc CD 9001. Nova York: Qbadisc, 1992. Originalmente lançado em 1987 em um LP com o mesmo nome, EGREM LD-4432.

ALFONSO, C. *et al. En los limites del barrio*: Artcolor CD #1A-501-36031 A. Canada: Arcolor, 1995.

ALFONSO, C. *et al. Olorum para todos*. Lázaro Ros con Grupo Mexcla. Havana: EGREM LP #LD-4662, 1991.

ÁLVAREZ, A. *Adalberto Álvarez y su son*. Sony Discos PWK 83563. Miami Beach: POW Records, 1999.

ARAÚJO, J. S. A. P. *Memórias históricas do Rio de Janeiro*. Rio de Janeiro: Imprensa Nacional, 1948. 9 vols.

ASTLEY, T. (ed.). *A new general collection of voyages and travels*. Londres: T. Astley, 1745-1747. 4. vol.

BACHILLER Y MORALES, A. *Los negros*. Barcelona: Gorgas y Compañía, n.d.

BOWEN, T. J. *Central Africa*: Adventures and Missionary Labors... in the Interior of Africa from 1849 to 1856. Charleston: Southern Baptist Publication Society, 1857.

BREMER, F. *Cartas desde Cuba*. Havana: Fundación Fernando Ortiz, 2002 [1851].

BREMER, F. *The homes of the New World*: Impressions of America. Londres: Arthur Hall; Virtle, 1853.

BYLL-CATARIA, R. (ed.). *Histoire d'Agoué (République du Bénin) par le Révérend Père Isidore Pélofy*. Leipzig: University of Leipzig, 2002.

CAMPBELL, R. *Pilgrimage to my motherland*: an account of a journey among the Egba and Yorubas of Central Africa. Filadélfia: T. Hamilton, 1861. Publicação particular.

CASTELNAU, F. de. *Reseignements sur L'Afrique Centrale et sur une nation d'hommes à queue qui s'y trouvait d'aprés le rapport des négres du Soudan, esclaves à Bahia*. Paris: P. Betrand; Librarie-Editeur, 1851.

CASTRO, T. (ed.). *História documental do Brasil*. São Paulo: Record, 1969.

CIDMUC (ed.). *Sacred rhythms of Cuban Santería*: Smithsonian Folkways compact disc #SFCD40419. Washington: Smithsonian Institution, 1995.

CLAPPERTON, H. *Journal of a second expedition into the interior of Africa, from the Bight of Benin to Soccatoo*. Londres: Cass, 1966 [1829].

Código de posturas da ilustríssima Câmara Municipal do Rio de Janeiro. Rio de Janeiro: Typographia Imperial e Nacional, 1930.

CRESWELL, N. *The Journal of Nicholas Creswell, 1774-1777*. Nova York: Kennikat, 1924.

CROWTHER, S.; TAYLOR, J. *The Gospel on the Banks of the Niger*: Journals and Notices of the Native Missionaries Accompanying the Niger Expedition of 1857-1859. Londres: Dawsons, 1859.

CUBAN Slaves in England. *Anti-slavery reporter*, vol. 2, n. 10, p. 234, 1854.

CURTIN, P. A. (ed.). *Africa remembered*: Narratives by West Africans from the Era of the Slave Trade. Prospect Heights: Waveland, 1997.

DALZEL, A. *The history of Daomé, an Inland kingdom of Africa*. Londres: Frank Cass, 1967.

DEBRET, J. B. *Viagem pitoresca e histórica ao Brasil*. Comentários de Sergio Milliet. São Paulo: Livraria Martins, 1940.

DELANY, M. R. *Official report of the Niger Valley exploring party*. Nova York: Thomas Hamilton, 1861.

DEVASSA do levante de escravos ocorrido em Salvador em 1835. *Anais do Arquivo Público do Estado da Bahia*, vol. 38, 1968.

DEVASSA do levante de escravos ocorrido em Salvador em 1835. *Anais do Arquivo Público do Estado da Bahia*, vol. 40, 1971.

DEVASSA do levante de escravos ocorrido em Salvador em 1835. *Anais do Arquivo Público do Estado da Bahia*, vol. 53, 1996.

DUNCAN, J. *Travels in Western Africa in 1845 and 1846*: Comprising a Journey from Whydah, through the Kingdom of Daomé, to Adofoodia, in the Interior. Londres: Richard Bentley, 1967 [1847].

ELLIS, A. *The Yoruba-speaking peoples*. Oosterhout: Anthropological Publications, 1966 [1894].

EWBANK, T. *Life in Brazil; or, A journal of a visit to the land of the cocoa and the palm*. Nova York: Harper and Brothers, 1856.

FORBES, F. E. *Daomé and the Dahomans*: Being the Journals of Two Missions to the King of Daomé, and Residence at His Capital, in the Year 1849 and 1850. Londres: Longman/Brown/Green/Longmans, 1851.

FORMELL, J.; LOS VAN VAN. *Te pone la cabeza mala*. Metro Blue CD 7243-8-21307-2-7. Madri: EMI-Odeson, 1997.

FRY, P. Reflexões sobre a II Conferência Mundial da Tradição dos Orixás e Cultura: de um observador não participante. *Comunicações do ISER*, vol. 8, n. 3, p. 34-45, 1984.

GILLESPIE, D.; FRASER, Al. *To Be, or Not to Bop*. Garden City: Doubleday, 1979.

GILROY, P. *The black Atlantic*: Modernity and Double Consciousness. Cambridge: Harvard University Press, 1993.

GRANT, G. L. *Governour's Dispatches, 1827-1831*. Nassau: Department of Archives, n.d.

HAZOUMÉ, P. *Doguicimi*. Paris: G-P Maisonneuve et Larose, 1978.

INFORME sobre la Provincia de Costa Rica presentado por el Ingeniero Don Luis Diez Navarro al Capitán General De Guatemala Don Tomás de Rivera y Santa Cruz. Año de 1744. *Revista de los Archivos Nacionales*, vol. 3, p. 579-600, 1939.

JUSTESEN, O. (ed.). *Danish Documents concerning the History of Ghana*. 2005.

KOELLE, S. W. *Polyglotta africana*. Londres: Church Missionary Society, 1854.

LABAT, J.-B. *Voyage du Chevalier des Marchais en Guinée, isles voisines et à Cayenne, fait en 1725, 1726 et 1727*. Paris: Chez Saugrain, Quay de Gefvres, a la Croix Blanche, 1730. 4. vol.

LANDER, R. (ed.). *Records of captain Clapperton's last expedition to Africa*. Londres: Cass, 1967 [1830]. 2. vol.

LEWIS, M. W. *Yoruba songs of Trinidad*. Londres: Karnak House, 1994.

LOS MUÑEQUITOS DE MATANZAS. *Ito Iban Echu*: Sacred Yoruba Music of Cuba. Qbadisc compact disc QB 9022. Nova York: Qbadisc, 1996.

MONTEJO, E. *The autobiography of a runaway slave*. Nova York: Pantheon, 1976.

NOTE Historique Sur Uidá Par L'Administrateur Gavoy (1913). *Etudes dahoméennes*, vol. 13, p. 69-70, 1955.

OLAWOYIN, J. S. *My political reminiscences*: 1948-1983. Ikeja: John West, 1993.

PARTIDO COMUNISTA DE CUBA. *Plataforma programática del Partido Comunista de Cuba*: Tesis y resolución. Havana: Editorial de Ciencias Sociales, 1978.

PARTIDO COMUNISTA DE CUBA. *Selección de documentos del I y II Congresos del Partido Comunista de Cuba*. Havana: Editora Política, 1982.

PARTIDO COMUNISTA DE CUBA. *Tesis y resoluciones*: Primer Congreso del Partido Comunista de Cuba. Havana: Departamento de Orientación Revolucionaria del Comité Central del Partido Comunista de Cuba, 1976.

PEDIMENTO del Procurador Sindico de Cartago al Cabildo para que reciba el Cacao como Moneda en la compra de toda clases Víveres y otros artículos de comercio. Año de 1703. *Revista de los Archivos Nacionales*, vol. 1, p. 590-599, 1937.

PEIXOTO, A. C. *Obra nova de língua G. de Mina traduzida, ao nosso idioma... anno de 1741*. Lisboa: Agência Geral das Colónias, 1945.

PEIXOTO, A. C.; SILVEIRA, L.; LOPES, E. C. (ed.). *Obra nova de língua geral de Mina de Antonio da Costa Peixoto*. Manuscrito da Biblioteca Pública de Évora e da Biblioteca Nacional de Lisboa. Publicado e apresentado por Luís Silveira e acompanhado de comentário filológico de Edmundo Correia Lopes. Lisboa: República Portuguesa, Ministério das Colónias, Divisão de Publicações e Biblioteca, Agência Geral das Colónias, 1945.

PELLADITO, J. *et al. Cuba, Afroamérica*: Chants et rythmes afrocubaines. VDE-Gallo compact disc CD-959. Lausanne: AIMP& VDE-Gallo, 1997.

PHILLIPS, U. B. *Life and labor in the old South*. Boston: Little, Brown, 1929.

PIÑEIRO, I. *Ignacio Piñeiro and his septeto nacional*. Tumbao Cuban Classics CD TCD-019. Spain: Camarillo Music, 1992.

PINTO, B. H. d'el R. *Livro de batismo dos pretos pertencentes a paróquia de Irajá*. Rio de Janeiro: Biblioteca Nacional, 1988.

REIS, J. J.; GOMES, F. S.; CARVALHO, M. J. *O alufá Rufino*: tráfico, escravidão e liberdade no Atlântico negro (1822-1853). São Paulo: Companhia das Letras, 2010.

REVÉ, E. *Papá Eleguá*. Egrem CD #0078. Havana: Egrem, 1993.

RIO, J. do (Paulo Barreto). *As religiões no Rio*. Rio de Janeiro: Nova Aguilar, 1976.

ROCHA, A. M. *Os candomblés antigos do Rio de Janeiro – a nação de Ketu*: origens, ritos e crenças. Rio de Janeiro: Top Books, 1994.

ROS, L. *Asoyí*: cantos arará. OK Records CD-9476. Havana: Caribe Productions, 1995.

ROS, L. *Olorun 1*. EGREM CD #0013. Havana: EGREM, 1992.

RUGENDAS, J. M. *Viagem pitoresca através do Brasil*. São Paulo: Itatiaia/USP, 1979.

RUPÉREZ, J. L. (ed.). *Album de la revolución*. Cuba Soul compact disc, sem número de identificação. Madri: Cuba Siglo XXI Music, Inc., 2000.

SACO, J. A. *Historia de la esclavitud*: desde los tiempos mas remotos hasta nuestros días. Havana: Alfa, 1937. 6 vols.

SAGRA, R. de la. *Cuba en 1860, o sea cuadro de sus adelantos en la población, la agricultura, el comercio y las rentas públicas*: Suplemento a la primera parte de la historia política y natural de la isla de Cuba. Paris: L. Hachette, 1863.

SE DISPONE que el cacao corra en la Provincia de Costa Rica para la Compra de Víveres por no habar en ella Moneda de Plata. Año de 1709. *Revista de los Archivos Nacionales*, vol. 1, p. 600-603, 1937.

SIMMONS, W. H. *Notices of East Florida*: uma reprodução facsimile da edição de 1822. Gainesville: University Press of Florida, 1973 (Bicentennial Floridiana Facsimile).

SPIX, J. B. von; MARTIUS, C. F. P. von. *Viagem pelo Brasil*. Rio de Janeiro: Imprensa Nacional, 1938.

TUCKER, M. S. *Abbeokuta; or, Sunrise within the Tropics*: An Outline of the Origin and Progress of the Yoruba Mission. Londres: James Nisbet, 1853.

UIDÁ: Organisation du Commandement. *Mémoires du Bénin*, vol. 2, p. 44-46, 1993.

VALDÉS, J. C. *Indestructible*. P.O.W. Records compact disc #PWK 83558. Miami Beach: Sony, 1999.

VALDÉS, J. C. *Irakere*: Selección de éxitos, 1973-1978. Aréito cassette #C- 4003. Havana: EGREM, n.d. vol. 1.

VALDÉS, M. *Ache*. EGREM cassette C-230. Gravado em Santiago de Cuba, 1985. Havana: EGREM, 1992.

VALDÉS, M. *Cantos afrocubanos*: Merceditas Valdés con los tambores de Jesús Pérez. Aréito cassette C-224. Havana: EGREM, 1995.

VANDELEUR, S. *Campaigning on the Upper Nile and Niger*. Londres: Methuen, 1898.

VERGER, P. *Notícias da Bahia – 1850*. Salvador: Corrupio, 1999 [1981].

WARREN, E. *A Doctor's Experiences in Three Continents*. Baltimore: Cushings and Bailey, 1885.

WASHINGTON, J. M. (ed.) *Conversations with God*: Two Centuries of Prayers by African Americans. Nova York: HarperCollins, 1994.

Fontes secundárias

ADDERLEY, R. M. *New negroes from Africa*: Culture and Community among Liberated Africans in the Bahamas and Trinidad, 1810-1900. 1996. Tese (Ph.D) – University of Pennsylvania, 1996.

ADEDIRAN, B. *The frontier states of western Yorùbáland, circa 1600-1889*: State Formation and Political Growth in an Ethnic Frontier Zone. Ibadan: French Institute for Research in Africa, 1994.

ADEDIRAN, B. Yoruba Ethnic Groups or a Yoruba Ethnic Group? A Review of the Problem of Ethnic Identification. *África*, vol. 7, p. 57-70, 1984.

AGBO, C. *Histoire de Uidá du XVIe au XXe siècle*. Avignon: Les Presses Universelles, 1959.

AJAYI, J. F. A. *Christian missions in Nigeria, 1841-1891*: The Making of a New Elite. Londres: Longmans, 1965.

AJAYI, J. F. A. *Christian missions in Nigeria*: The Making of a New Elite. Evanston: Northwestern University Press, 1969.

AJAYI, J. F. A. The Aftermath of the Fall of Old Òyó. *In*: AJAYI, J. F. A.; CROWDER, M. (ed.). *History of West Africa*. Nova York: Columbia University Press, 1974. vol. 2. p. 129-166.

AJAYI, J. F. A.; SMITH, R. *Yoruba warfare in the nineteenth century*. Ibadan: Ibadan University Press, 1971.

AJIBOLA, J. O. *Owe Yoruba*. Oxford: Oxford University Press, 1947.

AJISAFE, A. K. *History of Abeokuta*. Abeokuta: Fola Bookshops, 1964.

AKINDELE, A.; AGUESSY, C. *Contribution à l'étude de l'histoire de l'ancien royaume de Porto-Novo*. Dakar: Ifan, 1953.

AKINJOGBIN, A. (ed.). *War and peace in Yorubaland, 1793-1893*. Ibadan: Heinemann Educational Press, 1998.

AKINNASO, F. N. Traditional Yoruba names and the transmission of cultural knowledge. *Names*, vol. 31, p. 139-158, 1983.

AKINTOYE, S. A. *Revolution and power politics in Yorubaland, 1840-1893*: Ibadan expansion and the rise of Ekiti Parapo. Londres: Longman, 1971.

AKINYELE, I. B. *Iwe Itan Ibadan, Iwo, Ikirun ati Osogbo*. Ibadan: Ibadan University Press, [1911?].

ALHARAZIM, S. A. The origins and progress of Islam in Sierra Leone. *Sierra Leone Studie*, vol. 21, p. 13-26, 1939.

ALLEYNE, M. C. *Comparative Afro-American*: A historical comparative study of English-based Afro-American dialects of the New World. Ann Arbor: Karoma, 1980.

ÁLVAREZ, E. C. *El crimen de la niña Cecilia*: la brujería en Cuba como fenómeno social (1902-1925). Havana: Editorial de Ciencias Sociales, 1991.

ANDRADE, M. J. de S. *A mão de obra escrava em Salvador de 1811 a 1860*. São Paulo: Corrupio, 1988.

ANDRADE, M. J. de S. *A mão de obra escrava em Salvador, de 1811 a 1860*: um estudo de História Quantitativa. 1975. Dissertação (Mestrado em Ciências Humanas) – Universidade Federal da Bahia, Salvador, 1975.

ANGARICA, N. V. El "Lucumí" al alcance de todos. *In*: MENÉNDEZ, L. (ed.). *Estudios Afro-Cubanos*: selección de lecturas. Havana: Universidad de la Habana, 1990.

ANGARICA, N. V. *Manual de Orihaté: religión Lucumí*. [*S. l.*: *s. n.*], 1955.

APTER, A. Atinga revisited: Yoruba witchcraft and the cocoa economy, 1950-1951. *In*: COMAROFF, J.; COMAROFF, J. L. (ed.). *Modernity and its malcontents*: ritual and power in postcolonial Africa. Chicago: University of Chicago Press, 1993. p. 111-128.

APTER, A. *Black critics and kings*: the hermeneutics of power in Yoruba society. Chicago: University of Chicago Press, 1992.

ARANGO, P. Manual de santería de Pedro Arango. *In*: MENÉNDEZ, L. (ed.). *Estudios afrocubanos*: selección de lecturas. Havana: Universidad de la Habana, 1990. vol. 4. p. 129-344.

ARDENER, S. The comparative study of rotating credit association. *Journal of the Royal Anthropological Institute of Great Britain and Ireland*, vol. 94, n. 2, p. 201-229, 1964.

ARGÜELLES MEDEROS, A.; LIMONTA, I. H. *Los llamados cultos sincréticos y el espiritismo*: estudio monográfico sobre su significación social en la sociedade Cubana contemporánea. Havana: Academia, 1991.

ARÓSTEGUI, N. B. *Los orishas en Cuba*. Havana: Unión, 1990.

ASIEGBU, J. U. *Slavery and the politics of liberation, 1787-1861*: A study of liberated African emigration and British anti-slavery policy. Nova York: Africana, 1969.

ASIWAJU, A. I. Dynamics of Yoruba studies. *In*: OLUSANYA, G. O. *Studies in Yoruba history and culture*: essays in honour of Professor S.O.I. Biobaku. Ibadan: Ibadan University Press, 1983. p. 26-41.

ASKARI, E. K. The social organization of the Owe. *African Notes*, vol. 2, n. 3, p. 9-12, 1964-1965.

ASTLEY, T. (ed.). *A new general collection of voyages and travels*. Londres: [*s. n.*], 1745-1747. 4. vol.

AVERILL, G. *A day for the hunter, a day for the prey*: popular music and power in Haiti. Chicago: University of Chicago Press, 1997.

AWOLALU, J. O. *Yoruba beliefs and sacrificial rites*. Londres: Longman, 1979.

AYANDELE, E. A. *The missionary impact on modern Nigeria, 1842-1914*: A Political and Social Analysis. Londres: Longman, 1966.

BABAYEMI, S. O. *The fall and rise of Oyo c. 1706–1905*: a study in the traditional culture of an African polity. Lagos: Lichfield Nigeria, 1990.

BABBITT, M. Who cares if you listen. *High Fidelity*, vol. 8, p. 39, 1958.

BARAKA, A. *The motion of history and other plays*. Nova York: William Morrow, 1978.

BARBER, K. Discursive strategies in the texts of Ifá and in the 'Holy Book of Odù' of the African church of Orunmila. *In*: FARIAS, P. F. de M.; BARBER, K. (ed.). *Self-assertion and Brokerage*: early cultural nationalism in West Africa. Birmingham: Centre of West African Studies, 1990a. p. 196-224.

BARBER, K. Oríkì, women and the proliferation and merging of Òrìsà. *Africa*, vol. 60, n. 3, p. 313-337, 1990b.

BARBER, K. How man makes God in West Africa: Yoruba attitudes towards the Òrìsà. *Africa*, vol. 51, n. 3, p. 724-745, 1981.

BARICKMAN, B. J. *A Bahian counterpoint*: sugar, tobacco, cassava, and slavery in the recôncavo, 1780-1860. Stanford: Stanford University Press, 1998.

BARNES, S. T.; BEN-AMOS, P. G. Ogun, the empire builder. *In*: BARNES, S. T. (ed.) *Africa's Ogun*: old world and new. Bloomington: Indiana University Press, 1997. p. 39-64.

BARNET, M. *La fuente viva*. Havana: Letras Cubanas, 1983.

BARNET, M. La hora de Yemayá. *Gaceta de Cuba*, vol. 34, p. 48-50, 1996.

BARREAL, I. Tendencias sincréticas de los cultos populares en Cuba. *Etnología y Folklore*, vol. 1, p. 17-24, p. 1966.

BASCOM, W. *Ifá Divination*: Communication between Gods and Men in West Africa. 2. ed. Bloomington: Indiana University Press, 1991.

BASCOM, W. La religion africaine au Nouveau Monde. *In*: *Les religions africaines traditionnelles*. Paris: Seuil, 1965. p. 119-137.

BASCOM, W. Oba's ear: a Yoruba myth in Cuba and Brazil. *Research in African Literature*, vol. 7, p. 149-165, 1976.

BASCOM, W. *Sixteen cowries*: Yoruba divination from Africa to the New World. Bloomington: Indiana University Press, 1993.

BASCOM, W. The focus of Cuban santería. *Southwestern Journal of Anthropology*, vol. 6, n. 1, p. 64-68, 1950.

BASCOM, W. *The Yoruba of southwestern Nigeria*. Nova York: Holt, Rinehart, and Winston, 1969.

BASCOM, W. Two forms of Afro-Cuban divination. *In*: TAX, S. (ed.). *Acculturation in the Americas*. Nova York: Cooper Square, 1952.

BASTIDE, R. *African civilizations in the New World*. Nova York: Harper and Row, 1971a.

BASTIDE, R. *As religiões africanas no Brasil*. São Paulo: Pioneira, 1971b.

BASTIDE, R. Continuité et discontinuité des sociétés et des cultures afro-américains. *Bastiana*, vol. 13-14, p. 77-88, 1996 [1970].

BASTIDE, R. *Sociología de la Religión*. Madrid: Ediciones Jucar, 1986 [1960].

BASTIDE, R. *The African religions of Brazil*: toward a sociology of the interpenetration of civilizations. Baltimore: The Johns Hopkins University Press, 1978 [1960].

BAUDET, M. Identifying the African grammatical base of the Caribbean creoles: a typological approach. *In*: HIGHFIELD, A.; VALDMAN, A. (ed.). *Historicity and variations in creole studies*. Ann Arbor: Karoma, 1981. p. 105-117.

BEARDEN, R.; HENDERSON, H. *A history of African-American artists from 1792 to the present*. Nova York: Pantheon, 1993.

BEIER, U. *A year of sacred festivals in one Yoruba town*. Lagos: Nigeria Magazine, 1959.

BEIER, U. Ancient African religions and the modern world. *Présence Africaine*, vol. 13, n. 41, p. 38-45, 1962.

BEIER, U. *The return of the gods*: the sacred art of Susanne Wenger. Cambridge: Cambridge University Press, 1975.

BELASCO, B. I. *The entrepreneur as culture hero*: preadaptations in Nigerian economic development. Nova York: Praeger, 1980.

BELTRÁN, G. A. *La población negra de México, 1519-1810*: Estudio etnohistórico. México: Fondo de Cultura Económica, 1972.

BERGAD, L. W. *Cuban rural society in the nineteenth century*: The Social and Economic History of Monoculture in Matanzas. Princeton: Princeton University Press, 1990.

BERGAD, L. W.; GARCÍA, F. I.; BARCIA, M. del C. *The Cuban slave market, 1790-1880*. Cambridge: Cambridge University Press, 1995.

BETHELL, L. *The abolition of the Brazilian slave trade*: Britain, Brazil, and the slave trade question, 1807-1869. Cambridge: Cambridge University Press, 1970.

BETTELHEIM, J. Jonkonnu and other Christmas Masquerades. *In*: NUNLEY, J. W.; BETTELHEIM, J. (ed.). *Caribbean festival arts*: each and every bit of difference. Seattle: University of Washington Press, 1988. p. 17-29.

BIMBOLA, W. (ed.). *Ifá divination poetry*. Nova York: Nok, 1977.

BIOBAKU, S. O. *The Egba and their neighbours, 1842-1872*. Ibadan: Ibadan University Press, 1991 [1957].

BIRMAN, P. *Feitiço, carrego e olho grande, os males do Brasil são*: Estudo de um centro umbandista numa favela do Rio de Janeiro. 1980. Dissertação (Mestrado) – Programa de Pós-Graduação em Antropologia Social do Museu Nacional (PPGAS), Rio de Janeiro, 1980.

BISNAUTH, D. *History of religions in the Caribbean*. Trenton: Africa World Press, 1996.

BLASSINGAME, J. W. *The slave community*. Nova York: Oxford University Press, 1976 [1972].

BLUM, D. *Cuban youth and revolutionary values*: alla en la lucha. 2002. Tese (Doutorado) – Universidade do Texas em Austin, Austin, 2002.

BLYDEN, N. *West Indians in West Africa: 1808-1880*: the African Diaspora in reverse. Rochester: University of Rochester Press, 2000.

BORGHERO, F. Relation sur l'établissement des missions dans le Vicariat apostolique du Dahomé, 3 December 1863. *In*: MANDIROLA, R.; MOREL, Y. (ed.). *Journal de Francesco Borghero, premier missionnaire du Daomé, 1861-1865*. Paris: Karthala, 1997. p. 237-283.

BOWSER, F. P. *The African slave in colonial Peru, 1524-1650*. Stanford: Stanford University Press, 1974.

BOXER, C. R. *A idade de ouro do Brasil (Dores de crescimento de uma sociedade colonial)*. São Paulo: Companhia Editora Nacional, 1969.

BRAGA, J. *Na gamela do feitiço*: repressão e resistência nos candomblés da Bahia. Salvador: EDUFBA, 1995.

BRANDON, G. *Santeria from Africa to the New World*: the dead sell memories. Bloomington: Indiana University Press, 1993.

BRETAS, M. L. *Ordem na cidade*: o exercício cotidiano da autoridade Policial no Rio de Janeiro. Rio de Janeiro: Rocco, 1997.

BROWN, D. H. *Garden in the machine*: Afro-Cuban sacred art and performance in urban New Jersey and New York. 1989. Tese (Doutorado) – University Yale, New Haven, 1989.

BROWN, K. The emergence of black women artists: The 1970s, New York. *International Review of African American Art*, vol. 15, n. 1, p. 45-52, 1998.

BROWN, S. H. A History of the people of Lagos, 1850-1886. 1964. Tese (Doutorado) – Universidade Northwestern, Evanston, 1964.

BULGARELLI, O. R. A. *La esclavitud negra en Costa Rica*: Origen de la oligarquia económica y política nacional. San José: Progreso Editora, 1997.

BUSTAMONTE, J. A. Influencia de algunos factores culturales en nuestros cuadros psiquiátricos. *Etnología folklore*, n. 7, p. 75-84, 1969.

CABLE, G. W. *The grandissimes*: a story of creole life. Nova York: Sagamore, 1898.

CABRERA, L. *Anagó*: vocabulario Lucumí (el Yoruba que se habla en Cuba). Miami: Cabrera y Rojas, 1970.

CABRERA, L. *El monte*. Havana: Ed. SI-MAR, 1996.

CÁCERES, R. Costa Rica, en la frontera del comercio de esclavos africanos. *Reflexiones*, n. 65, p. 3-14, 1997.

CÁCERES, R. *Negros, mulatos, esclavos y libertos en la Costa Rica del siglo XVII.* México: Instituto Panamericana de Geografía e Historia, 2000.

CALDERÓN GONZÁLEZ, J. *María Teresa Vera*. Havana: Letras Cubanas, 1986.

CAMPBELL, M. *Back to Africa*: George Ross and the Maroons – From Nova Scotia to Sierra Leone. Trenton: Africa World Press, 1993.

CAMPBELL, R. *Pilgrimage to my motherland*: An Account of a Journey among the Egba and Yorubas of Central Africa. Filadélfia: [*s. n.*], 1861.

CANET, C. *Lucumí*: Religión de los Yorubas en Cuba. Miami: Editorial A.I.P., 1973.

CAPO, H. B. C. *Comparative phonology of Gbe*. Berlim: Foris, 1991.

CAPONE, S. *La quête de l'Afrique dans le candomblé*: pouvoir et tradition au Brésil. Paris: Karthala, 1999.

CAPONE, S. Regards contemporains sur les premiers candomblés à Salvador de Bahia. *In*: KOUVOUAMA, A.; COCHART, D. (ed.). *Modernités transversals citoyenneté, politique et religion*. Paris: Editions Paari, 2003. p. 47-72.

CARBONELL, W. *Crítica*: como surgió la cultura nacional. Havana: Ediciones Yaka, 1961.

CARDENAL, E. *In Cuba*. Nova York: New Directions, 1974.

CARDOZO, M. S. The lay brotherhoods of colonial Brazil. *Catholic Historical Review*, vol. 33, p. 12-30, 1947.

CARNEIRO, E. *Candomblés da Bahia*. Salvador: Ediouro, 1985 [1948].

CARNEIRO, E. *Religiões negras e negros bantos*. Rio de Janeiro: Civilização Brasileira, 1991 [1936-1937].

CARROLL, P. J. *Blacks in colonial Veracruz*: Race, Ethnicity, and Regional Development. Austin: University of Texas Press, 1991.

CARTER, H. Suprasegmentals in Guyanese: some African comparisons. *In*: GILBERT, G. (ed.). *Pidgin and creole languages*: essays in memory of John E. Reinecke. Honolulu: University of Hawaii Press, 1987.

CARVALHO, D. de. *História da cidade do Rio de Janeiro*. Rio de Janeiro: Prefeitura da Cidade do Rio de Janeiro; Secretaria Municipal de Cultura; DGDIC, 1988.

CARVALHO, D. de. *História da cidade do Rio de Janeiro*. 2. ed. Rio de Janeiro: Prefeitura da Cidade do Rio de Janeiro; Secretaria Municipal de Cultura; DGDIC, 1994.

CASH, P.; GORDON, S.; SAUNDERS, G. *Sources of Bahamian history*. Londres: Macmillan, 1991.

CASTELLANOS, I. *Elegua quiere tambó*: cosmovisión religiosa afrocubana en las canciones populares. Cali: Departamento de Publicaciones, Universidad del Valle, 1983.

CASTELLANOS, J.; CASTELLANOS, I. *Cultura afro-cubana*: el negro en Cuba, 1492-1844. Miami: Ediciones Universal, 1988. vol. 1.

CASTELLANOS, J.; CASTELLANOS, I. *Cultura afro-cubana*: las religiones y las lenguas. Miami: Ediciones Universal, 1992. vol. 3.

CASTELLANOS, J.; CASTELLANOS, I. The geographic, ethnologic, and linguistic roots of black Cubans. *Cuban Studies*, vol. 17, p. 95-110, 1987.

CASTRO, F.; FREI BETTO. *Fidel and religion*. Nova York: Simon and Schuster, 1987.

CASTRO, H. M. M. *Das cores do silêncio*: os significados da liberdade no sudeste escravista. Brasil séc XIX. Rio de Janeiro: Arquivo Nacional, 1995.

CASTRO, Y. P. de. Língua e nação de candomblé. *África*, vol. 4, p. 57-77, 1981.

CHALHOUB, S. *Visões de liberdade*: uma história das últimas décadas da escravidão na corte. São Paulo: Companhia das Letras, 1990.

CHAMBERS, D. B. Tracing Igbo into the African diaspora. *In*: LOVEJOY, P. E. (ed.). *Identity in the Shadow of Slavery*. Londres: Continuum, 2000.

CHAPEAUX, P. D. *El negro en la economía habanera del siglo XIX*. Havana: Unión de Escritores y Artistas de Cuba, 1971.

CHAPEAUX, P. D. *Los cimarrones urbanos*. Havana: Editorial de Ciencias Sociales, 1983.

CHASE, J. W. *Afro-American art and craft*. Nova York: Van Nostrand Reinhold, 1971.

CHÁVEZ-HITA, A. N. *Esclavos negros en las haciendas azucareras de Córdoba, Veracruz, 1690-1830*. Xalapa: Centro de Investigaciones Históricas, Universidad Veracruzana, 1987.

CHILDS, M. Pathways to African ethnicity in the Americas: African national associations in Cuba during slavery. *In*: FALOLA, T.; JENNINGS, C. (ed.). *Sources and methods in African history*: spoken, written, unearthed. Rochester: University of Rochester Press, 2003. p. 118-144.

CHILDS, M. *The aponte rebellion of 1812 and the transformation of Cuban Society*: Race, Slavery, and freedom in the Atlantic World. 2001. Tese (Doutorado) – University of Texas at Austin, Austin, 2001.

CLARK, E.; GOULD, V. M. The feminine face of afro-catholicism in New Orleans, 1727-1852. *William and Mary Quarterly*, vol. 59, p. 409-448, 2002.

CLARK, J. *Cuba*: Mito y realidad: testimonios de un pueblo. Miami: Saeta Ediciones, 1992.

CLARKE, J. H. Some neglected aspects of Yoruba culture in the Americas and in the Caribbean *In*: AKINJOGBIN, I. A.; EKEMODE, G. O. (ed.). *The proceedings of the conference on Yoruba civilization*. Ile-Ife: University of Ife, Department of History, 1976. vol. 2. p. 607-612.

CODY, C. A. Naming, Kinship, and estate dispersal: notes on slave family life on a South Carolina plantation, 1786 to 1833. *William and Mary Quarterly*, vol. 39, p. 192-211, 1982.

CODY, C. A. There was no "Absalom" on the ball plantations: slave-naming practices in the South Carolina low country, 1720-1865. *American Historical Review*, vol. 92, p. 563-596, 1987.

COLE, G. R. *Embracing Islam and African traditions in a British colony*: The muslim Krios of Sierra Leone, 1787-1910. 2000. Tese (Doutorado) – University of California, Los Angeles, 2000.

COLE, G. R. *Krio Muslim society of freetown*: a case study on Fourah Bay and Foulah town. Dissertação (B.A. – Hons) – Fourah Bay College, 1979.

COLE, P. *Modern and traditional elites in the politics of Lagos*. Cambridge: Cambridge University Press, 1975.

COLLINWOOD, D. W. The Bahamas in social transition. *In*: COLLINWOOD, D. W.; DODGE, S. (ed.). *Modern Bahamian society*. Parkersburg: Caribbean, 1989. p. 3-26.

COLMENARES, G. *Popayán*: Una sociedad esclavista, 1600-1800. Medellín: La Carreta, 1979.

COMMONWEALTH OF THE BAHAMAS. An account of all cotton plantations in the Bahamas. *In*: DEPARTMENT OF ARCHIVES BAHAMAS. *The Bahamas in the age of revolution, 1775–1848*. Nassau: Department of Archives, Ministry of Education, 1989.

COMMONWEALTH OF THE BAHAMAS. *Aspects of slavery part II*: A booklet to commemorate the 150th anniversary of the abolition of slavery. Nassau: Department of Archives, Ministry of Education, 1984.

CONNIFF, M. L.; DAVIS, T. J. *Africans in the Americas*: A History of the Black Diaspora. Nova York: St. Martin's, 1994.

CÔRTES DE OLIVEIRA, M. I. *O liberto – o seu mundo e os outros*: Salvador, 1790-1890. Salvador: Corrupio, 1988.

CÔRTES DE OLIVEIRA, M. I. Quem eram os "negros da guiné"? A origem dos africanos na Bahia. *Afro-Ásia*, vol. 19/20, p. 53-63, 1997.

CÔRTES DE OLIVEIRA, M. I. *Retrouver une identité*: jeux sociaux des Africains de Bahia (Vers 1750-Vers 1890). 1992. Tese (Doutorado) – Universidade Paris-Sorbonne, Paris, 1992.

COSTA E SILVA, A. da. Buying and selling Korans in nineteenth-century Rio de Janeiro. *Slavery and Abolition*, vol. 22, n. 1, p. 83-90, 2001.

COSTA E SILVA, A. da. Sobre a rebelião de 1835 na Bahia. *Revista Brasileira*, vol. 8, n. 31, p. 9-33, 2002.

COX, H. Introduction. *In*: CASTRO, F.; FREI BETTO. (ed.). *Fidel and religion*. Nova York: Simon and Schuster, 1987. p. 11-27.

CRAHAN, M. E.; KNIGHT, F. W. *Africa and the Caribbean*: The Legacies of a Link. Baltimore: The Johns Hopkins University Press, 1979.

CRATON, M. Changing patterns of slave families in the British West Indies. *Journal of Interdisciplinary History*, vol. 10, p. 1-35, 1979.

CRATON, M. *Testing the chains*: resistance to slavery in the British West Indies. Ithaca: Cornell University Press, 1982.

CRATON, M.; SAUNDERS, G. *Islanders in the stream: a history of the Bahamian people*: from the aboriginal times to the end of slavery. Athens: University of Georgia Press, 1992. vol. 1.

CROWDER, M. *The story of Nigeria*. Londres: Faber and Faber, 1973.

CROWTHER, S. A. *Dictionary of the Yoruba language*. Londres: Oxford University Press, 1950.

CROZIER, D. H.; BLENCH, R. M. *An index of Nigerian languages*. Dallas: Summer Institute of Linguistics, 1992.

CUNHA, M. C. *Negros, estrangeiros*: os escravos libertos e a sua volta à África. São Paulo: Brasiliense, 1985.

CUNHA, M. C.; CUNHA, M. C. *From slave quarters to town houses*: Brazilian architecture in Nigeria and the people's Republic of Benin. São Paulo: Nobel, 1985.

CURTIN, P. D. Ayuba Suleiman of Bondu. *In*: CURTIN, P. D. (ed.). *Africa remembered*: narratives by West African from the era of the slave trade. Madison: University of Wisconsin Press, 1967. p. 17-59.

CURTIN, P. D. From guesses to calculations. *In*: NORTHUP, D. (ed.). *The Atlantic slave trade*. Lexington: Heath, 1994.

CURTIN, P. D. *The Atlantic slave trade*: a census. Madison: University of Wisconsin Press, 1969.

DALTON, H. *Racial healing*: confronting the fear between blacks and whites. Nova York: Doubleday, 1995.

DANIEL, Y. *Rumba, dance, and social change in contemporary Cuba*. Bloomington: Indiana University Press, 1995.

DANMOLE, H. O. *The frontier emirate*: a history of Islam in Ilorin. 1980. Tese (Doutorado) – Universidade de Birmingham, Birmingham, 1980.

DANTAS, B. G. Pureza e poder no mundo dos Candomblés. *In*: MOURA, C. E. M. (ed.). *Candomblé*: Desvendando identidades. São Paulo: EMW, 1987. p. 121-127.

DANTAS, B. G. *Vovó nagô e papai branco*: usos e abusos da África no Brasil. 2. ed. Rio de Janeiro: Edições Graal, 1988.

DEBIEN, G. Les origines des esclaves aux Antilles. *Bulletin de l'Institut d'Afrique Noire*, sèr. B, vol. 23, p. 363-387, 1961.

DEBIEN, G. Les origines des esclaves aux Antilles. *Bulletin de l'Institut d'Afrique Noire*, sèr. B, vol. 24, p. 1-41, 1962.

DEBIEN, G. Les origines des esclaves aux Antilles. *Bulletin de l'Institut d'Afrique Noire*, sèr. B, vol. 25, p. 1-38, 215-266, 1963.

DENNETT, R. E. *Nigerian Studies; or, The Religious and Political System of the Yoruba*. Londres: Frank Cass, 1968 [1910].

DENNIS, C. Women and the State in Nigeria: The Case of the Federal Military Government, 1984-1985. *In*: AFSHAR, H. (ed.). *Women, state, and ideology*: studies from Africa and Asia. Londres: Macmillan, 1987. p. 13-27.

DESMANGLES, L. G. *The faces of the gods*: vodou and Roman catholicism in Haiti. Chapel Hill: University of North Carolina Press, 1992.

DÍAZ AYALA, C. *Cuando salí de la Habana, 1898-1997*: cien años de música Cubana por el mundo. San Juan: Fundación Musicalia, 1998.

DÍAZ AYALA, C. Intercambios, diásporas, fusiones. *Encuentro de la cultura Cubana*, vol. 15, p. 86-95, 1999.

DÍAZ AYALA, C. *La música cubana como producto exportable*. Presented at the Cuban Research Institute Conference at Florida International University, 2002.

DÍAZ AYALA, C. *Música cubana del areyto a la nueva trova*. Miami: Ediciones Universal, 1981.

DÍAZ FABELO, T. *Análisis y evaluación cultural de las letras del Diloggun*. Manuscrito não publicado. Biblioteca Nacional José Martí, 1967a.

DÍAZ FABELO, T. *Cómo se tira y lee el coco*. Paris: Unesco, 1969a.

DÍAZ FABELO, T. *Diccionario de la lengua conga residual en Cuba*. Paris: UNESCO Library, 1972. 2 vols.

DÍAZ FABELO, T. *Diccionario de yerbas y palos rituales, medicinales, y el alimenticios en el uso por los Afrocubanos*. Paris: UNESCO Library, 1969b.

DÍAZ FABELO, T. *El poblamiento*. Manuscrito não publicado. Havana: Biblioteca Nacional José Martí, 1969c.

DÍAZ FABELO, T. *Introducción al estudio de las culturas Afrocubanas*. Manuscrito não publicado. Havana: Biblioteca Nacional José Martí, 1969d.

DÍAZ FABELO, T. *La escritura de los Abakua*. Paris: UNESCO Library, 1971.

DÍAZ FABELO, T. *Lengua de santeros*. Havana: Vanity, 1956.

DÍAZ FABELO, T. *Los caracoles*. Manuscrito não publicado. Biblioteca Nacional José Martí, 1967b.

DÍAZ FABELO, T. *Los negros cimarrones de Cuba*. Paris: Unesco Library, 1974.

DÍAZ FABELO, T. *Olórun*. Havana: Teatro Nacional, 1960.

DIAZ, J. G. El cabildo congo de nueva paz a sociedad africana virgin de regal. *Revista de la Biblioteca Nacional José Marti*, vol. 2, p. 37-54, 1992.

DÍAZ, M. E. Rethinking tradition and identity: the Virgin of Charity of El Cobre. *In*: FERNÁNDEZ, D. J.; BETANCOURT, M. C. (ed.). *Cuba, the elusive nation*: interpretations of national identity. Gainesville: University Press of Florida, 2000. p. 43-59.

DILLARD, J. (ed.). *Perspectives on black English*. Haia: Mouton, 1975.

DJEDJE, J. C. The fulbe fiddle in the Gambia: a symbol of identity. *In*: DJEDJE, J. C. (ed.). *Turn up the volume!* A celebration of African music. Los Angeles: University of California at Los Angeles, Fowler Museum of Cultural History, 1999. p. 98-113.

DMOCHOWSKI, Z. R. *An introduction to Nigerian traditional architecture*. Londres: Ethnographica, 1990.

DODD, D. The schooner emperor: an incident of the illegal trade in Florida. *Florida Historical Quarterly, vol.* 13, p. 117-128, 1935.

DOMINGUEZ, V. R. The marketing of heritage. *American Ethnologist*, vol. 13, n. 3, p. 546-555, 1986.

DOORTMONT, M. R. The invention of the Yorubas: regional and pan-African nationalism versus ethnic provincialism. *In*: FARIAS, P. F. de M.; BARBER, K. (ed.). *Self-assertion and brokerage*: early cultural nationalism in West Africa. Birmingham: Center for West African Studies, University of Birmingham, 1990. p. 101-108.

DOWNS, D. *Art of the Florida seminoles and Miccosukee Indians*. Gainesville: University Press of Florida, 1995.

DOWNS, D. Possible African influence on the art of the Florida seminoles. *In*: *African impact on the material culture of the Americas*: Conference Proceedings, Diggs Gallery at Winston-Salem State University. Winston-Salem: Museum of Early Southern Decorative Arts, 1998. p. 1-10.

DREWAL, H. J. Art or accident: Yòrúba body artists and their deity Ògun. *In*: BARNES, S. T. (ed.). *Africa's Ogun*: Old World and New. Bloomington: Indiana University Press, 1997. p. 235-260.

DREWAL, H. J.; DREWAL, M. T. *Gelede*: art and female power among the Yoruba. Bloomington: Indiana University Press, 1983; 2. ed. 1990.

DREWAL, H. J.; MASON, J. *Beads, Body, and Soul*: art and light in the Yoruba universe. Los Angeles: Fowler Museum of Cultural History, 1998.

DREWAL, M. T. Embodied practice/embodied history: mastery of metaphor in the performances of diviner Kolawole Ositola. *In*: ABIODUN, R.; DREWAL, H. J.; PEMBERTON, J. (ed.). *The Yoruba artist*: new theoretical perspectives on African arts. Washington: Smithsonian, 1994. p. 171-192.

DREWAL, M. T. *Yoruba ritual*: performers, play, agency. Bloomington: Indiana University Press, 1992.

DRISKELL, D. C. *Two centuries of black American art*. Nova York: Knopf, 1976.

DU BOIS, W. E. B. *The negro*. Nova York: Oxford University Press, 1970 [1915].

DU BOIS, W. E. B. *The souls of black folks*. Nova York: Allograph, 1968 [1903].

DU BOIS, W. E. B. *The suppression of the African slave trade to the United States of America, 1638-1870*. Baton Rouge: Louisiana State University Press, 1969 [1896].

DUNGLAS, É. Contribution à l'histoire du Moyen-Daomé (Royaumes d'Abomey, de Kétou et de Uidá). *Etudes Dahoméennes*, vol. 19, p. 19-74, 1957.

DUPIGNY, E. G. M. *Gazetteer of Nupe province*. Londres: Waterlow, 1920.

ECHERUO, M. J. C. An African diaspora: the ontological project. *In*: OKPEWHO, I.; DAVIES, C. B.; MAZURI, A. A. (ed.). *The African diaspora*: African origins and new world identities. Bloomington: Indiana University Press, 1999. p. 3-18.

ECHERUO, M. J. C. *Victorian Lagos*: aspects of nineteenth century Lagos life. Londres: Macmillan, 1977.

ELKINS, S. *Slavery*: A problem in American institutional and intellectual life. Chicago: University of Chicago Press, 1959.

ELPHINSTONE, K. V. *Gazetteer of Ilorin province*. Londres: Waterlow, 1921.

ELTIS, D. *Economic growth and the ending of the transatlantic slave trade*. Nova York: Oxford University Press, 1987.

ELTIS, D. Fluctuations in sex and age ratios in the transatlantic slave trade, 1663-1864. *Economic History Review*, vol. 46, p. 308-323, 1993.

ELTIS, D. Free and coerced migrations from the old world to the new. *In*: ELTIS, D. (ed.). *Coerced and free migration*: global perspectives. Stanford: Stanford University Press, 2002. p. 34-74.

ELTIS, D. Nutritional trends in Africa and the Americas: heights of Africans, 1819-1839. *Journal of Interdisciplinary History*, vol. 22, p. 453-475, 1982.

ELTIS, D. The export of slaves from Africa, 1821-1843. *Journal of Economic History*, vol. 37, p. 409-433, 1977.

ELTIS, D. *The rise of African slavery in the Americas*. Cambridge: Cambridge University Press, 2000.

ELTIS, D. The slave trade in nineteenth-century Nigeria. *In*: FALOLA, T.; O'HEAR, A. (ed.). *Studies in the nineteenth century economic history of Nigeria*. Madison: African Studies Program, University of Wisconsin, 1998. p. 85-96.

ELTIS, D. Welfare trends among the Yoruba at the beginning of the nineteenth century: the anthropometric evidence. *Journal of Economic History*, vol. 50, p. 521-540, 1990.

ELTIS, D. *et al. The trans-atlantic slave trade*: a database on CD--ROM. Cambridge: Cambridge University Press, 1999.

ELTIS, D.; ENGERMAN, S. Fluctuations in the age and sex ratios of slave in the nineteenth-century transatlantic slave traffic. *Slavery and Abolition*, vol. 7, 1986.

ELTIS, D.; ENGERMAN, S. Was the slave trade dominated by men? *Journal of Interdisciplinary History*, vol. 23, p. 237-257, 1992.

ELTIS, D.; LOVEJOY, P. E.; RICHARDSON, D. Ports of the slave trade: an atlantic-wide perspective, 1676–1832. *In*: LAW, R.; STRIKRODT, S. (ed.). *The ports of the slave trade (Bights of Benin and Biafra)*. Stirling: Centre of Commonwealth Studies, University of Stirling, 1999. p. 12-34.

ELTIS, D.; RICHARDSON, D. West Africa and the transatlantic slave trade new evidence of long-run trends. *In*: ELTIS, D.; RICHARDSON, D. (ed.). *Routes to slavery*: direction, ethnicity, and mortality in the transatlantic slave trade. Londres: Frank Cass, 1997. p. 16-35.

ELTIS, D.; RICHARDSON, D.; BEHRENDT, S. *The atlantic slave trade*: a new census. Cambridge: Cambridge University Press, no prelo.

ENEAS, C. W. *Bain town*. Nassau: Timpaul, 1976.

EPSTEIN, D. J. *Sinful tunes and spirituals*: black folk music to the civil war. Chicago: University of Illinois Press, 1977.

ESCURE, G. Decreolization in a creole continuum: Belize. *In*: HIGHFIELD, A.; VALDMAN, A. (ed.). *Historicity and variations in creole studies*. Ann Arbor: Karoma, 1981.

EUBA, A. *Yoruba drumming*: the dùndún tradition. Bayreuth: Bayreuth African Studies Series, 1990.

EUBA, F. Legba and the politics of metaphysics: The Trickster in black drama. *In*: HARRISON, P. C.; WALKER, V. L.; EDWARDS, G. (ed.). *Black theatre*: ritual performance in the African diaspora. Filadélfia: Temple University Press, 2002. p. 167-180.

FABRE, G. African-American commemorative celebrations in the nineteenth century. *In*: FABRE, G.; O'MEALLY, R. (ed.). *History and memory in African-American culture*. Nova York: Oxford University Press, 1994. p. 72-91.

FAGG, W. *Yoruba beadwork*: art of Nigeria. Nova York: Rizzoli, 1980.

FALOLA, T. *Culture and customs of Nigeria*. Westport: Greenwood, 2001.

FALOLA, T. Power relations and social interactions among Ibadan slaves, 1850-1900. *African Economic History*, vol. 16, p. 95-114, 1987.

FALOLA, T. Slavery and Pawnship in the Yoruba economy of the nineteenth century. *In*: LOVEJOY, P. E.; ROGERS, N. (ed.). *Unfree labour in the development of the Atlantic world*. Londres: Frank Cass, 1994. p. 221-245.

FALOLA, T. The end of slavery among the Yoruba. *Slavery and Abolition*, vol. 19, n. 2, p. 232-249, 1998.

FALOLA, T. The Yoruba wars of the nineteenth century. *In*: FALOLA, T. (ed.). *Yoruba historiography*. Madison: African Studies Program, 1991. p. 135-145.

FALOLA, T.; ADEBAYO, A. *Culture, politics, and money among the Yoruba*. New Brunswick: Transaction, 2000.

FALOLA, T.; OGUNTOMISIN, G. O. *Yoruba warlords of the nineteenth century*. Trenton: Africa World Press, 2001.

FARIAS, J. B. Crenças e religiosidades cotidianas: práticas culturais e religiosidades afro-brasileiras no Rio de Janeiro (1870s.–1930s.). Artigo não publicado, 2002.

FARIAS, P. F. M.; BARBER, K. (ed.). *Self-assertion and brokerage*: early cultural nationalism in West Africa. Birmingham: Center for West African Studies, University of Birmingham, 1990.

FEHER, F.; HELLER, A.; MÁRKUS, G. (ed.). *Dictatorship over needs*: an analysis of soviet societies. Nova York: Basil Blackwell, 1983.

FERNÁNDEZ ROBAINA, T. *Bibliografía de temas afrocubanos*. Havana: Biblioteca Nacional José Martí, 1985.

FERNÁNDEZ ROBAINA, T. *El negro en Cuba, 1902-1958*: apuntes para la historia de la lucha contra la discriminación racial. Havana: Editorial de Ciencias Sociales, 1994a.

FERNÁNDEZ ROBAINA, T. *Hablen paleros y santeros*. Havana: Editorial de Ciencias Sociales, 1994b.

FERNÁNDEZ ROBAINA, T. *Recuerdos secretos de dos mujeres públicas*. Habana: Letras Cubanas, 1983.

FERNÁNDEZ, L. (ed.). *Asentamientos, hacienda y gobierno*. San José: Editorial Costa Rica, 1976.

FERRAZ, A. C. Volte à África. *Revista do Arquivo Municipal de São Paulo*, vol. 54, p. 175-178, 1939.

FERREIRA DOS REIS, I. C. *Histórias de vida familiar e afetiva de escravos na Bahia do século XIX*. Salvador: Centro de Estudos Baianos/UFBA, 2001.

FERRER, A. *Insurgent Cuba*: race, nation, and revolution, 1868-1898. Chapel Hill: University of North Carolina Press, 1999.

FERRETTI, S. F. *Repensando o sincretismo*. São Paulo: Edusp, 1995.

FICK, C. E. *The making of Haiti*: the Saint Domingue revolution from below. Knoxville: University of Tennessee Press, 1990.

FINE, E. H. *The Afro-american artist*: a search for identity. Nova York: Holt, Rinehart and Winston, 1973.

FLORENTINO, M. Alforria e etnicidade no Rio de Janeiro oitocentista: Notas de pesquisa. *Topói*, vol. 5, p. 9-40, 2002.

FLORENTINO, M. *Em costas negras*: uma história do tráfico atlântico de escravos entre a África e o Rio de Janeiro (séculos XVIII e XIX). Rio de Janeiro: Arquivo Nacional, 1995.

FONSECA, E. C. El cultivo de la caña de azúcar en el Valle Central de Costa Rica: Época Colonial. *In*: SIBAJA, L. F. (ed.). *Costa Rica Colonial*. San José: Ediciones Guayacán, 1989. p. 79-104.

FORDE, D. *The Yoruba-speaking people of south-western Nigeria*. Londres: International African Institute, 1951.

FOSTER, P. *Education and social change in Ghana*. Londres: Routledge, 1965.

FOSTER, R. J. Marketing national cultures in the global ecumene. *Annual Review of Anthropology*, vol. 20, p. 235-260, 1991.

FRAGINALS, M. M. *El ingenio*: Complejo económico social cubano del azúcar. Havana: Editorial de Ciencias Sociales, 1978. 3 vols.

FRANCO, J. L. *Afroamérica*. Havana: Junta Nacional de Arqueología y Etnología, 1961.

FRANCO, J. L. *La Conspiración de Aponte de 1812*. Havana: Publicaciones del Archivo Nacional, 1963.

FRANKLIN, M. Early Black spirituality and the cultural strategy of protective symbolism: evidence from art and archaeology. *In*: *African impact on the material culture of the Americas*: Conference Proceedings, Diggs Gallery at Winston-Salem State University. Museum on Early Southern Decorative Arts, Winston-Salem, 30 de maio-2 de junho de 1996.

FRAZIER, E. F. *The negro family in the United States*. Chicago: University of Chicago Press, 1966 [1939].

FREYRE, G. *The masters and the slaves*: a study in the development of Brazilian civilization. Nova York: Knopf, 1946. [Em português: *Casa-grande & senzala*. São Paulo: Global, 2006].

FUENTE GARCÍA, A. de la. Esclavos africanos en la Habana: zonas de procedencia y denominaciones étnicas, 1570-1699. *Revista Española de Antropología Americana*, vol. 20, p. 135-160, 1990.

FURÉ, R. M. A national cultural identity? Homogenizing monomania and the plural heritage. *In*: SARDUY, P. P.; STUBBS, J. (ed.). *Afro-Cuban voices*: on race and identity in contemporary Cuba. Gainesville: University Press of Florida, 2000. p. 154-161.

FURÉ, R. M. *Diálogos imaginarios*. Havana: Editorial Arte y Literatura, 1979.

FURÉ, R. M. *El conjunto folklórico de Cuba*: XX aniversario (1962-1982) apuntos cronológicos. Havana: Ministerio de Cultura, 1982.

FYFE, C. *A history of Sierra Leone*. Londres: Oxford University Press, 1962.

FYFE, C. Reform in West Africa: the abolition of the slave trade. *In*: AJAYI, J. F. A.; CROWDER, M. (ed.). *History of West Africa*. Londres: Longman, 1974. vol. 2. p. 30-56.

FYFE, C. *Sierra Leone inheritance*. Londres: Oxford University Press, 1964.

FYLE, C. M. Contemporary african urban culture, Indigenous religious beliefs, and issues of African identity in the diaspora. *In*: FALOLA, T. (ed.). *Ghana in Africa and the world*: essays in honor of Adu Boahen. Trenton: Africa World Press, 2003. p. 391-406.

FYLE, C. M. Language Krio. *BBC Focus on Africa Magazine*, vol. 3, n. 3, p. 15-18, 1992.

FYLE, C. M. Official and Unofficial attitudes and policy towards krio as the main lingua franca in Sierra Leone. *In*: FARDON, R.; FURNISS, G. (ed.). *African languages in development and the state*. Londres: Routledge, 1994. p. 44-54.

FYLE, C. M.; JONES, E. D. *Krio-English Dictionary*. Nova York: Oxford University Press, 1980.

GAMA, L. Luis Gama's letter to Lúcio de Mendonça. Publicado em inglês em *Negro de corpo e alma*. São Paulo: Fundação Bienal de São Paulo, 2000.

GARCIA-ZAMOR, J.-C. Social mobility of negroes in Brazil. *Journal of Inter-American Studies*, vol. 12, n. 2, p. 242-254, 1970.

GARRET, R. B. African survivals in American culture. *Journal of Negro History*, vol. 51, n. 4, p. 239-245, 1966.

GATES, H. L. *The signifying monkey*: a theory of Afro-American literary criticism. Nova York: Oxford University Press, 1988.

GBADAMOSI, T. G. O. *The growth of Islam among the Yoruba, 1841-1908*. Londres: Longman, 1978.

GEGGUS, D. P. Marronage, vodou, and the Saint Domingue slave revolt of 1791. *Proceedings of the Annual Meeting of the French Colonial Historical Society*, vol. 15, p. 22-35, 1992.

GEGGUS, D. P. Sex ratio, age, and ethnicity in the Atlantic slave trade: data from French shipping and plantation records. *Journal of African History*, vol. 30, n. 1, p. 23-45, 1989.

GEGGUS, D. P. Slavery, war, and revolution in the greater Caribbean, 1789-1815. *In*: GASPAR, D. B.; GEGGUS, D. P. (ed.). *A turbulent time*: the French revolution and the greater Caribbean. Bloomington: Indiana University Press, 1997. p. 1-50.

GEGGUS, D. P. Sugar and coffee cultivation in Saint Domingue and the shaping of the slave labor force. *In*: BERLIN, I.; MORGAN, P. (ed.). *Cultivation and culture*: labor and the shaping of slave life in the Americas. Charlottesville: University of Virginia Press, 1993. p. 73-98.

GEGGUS, D. P. The demographic composition of the French Caribbean slave trade. *In*: BOUCHER, P. (ed.). *Proceedings of the thirteenth and fourteenth meetings of the French colonial history society*. Lanham: University Press of America, 1990. p. 14-30.

GENOVESE, E. *Roll, jordan, roll*: the world the slaves made. Nova York: Vintage, 1976.

GEORGIA WRITERS' PROJECT. *Drums and shadows*: survival studies among the Georgia Coastal Negroes. Athens: University of Georgia Press, 1940.

GILROY, P. *The black Atlantic*: modernity and double consciousness. Cambridge: Harvard University Press, 1993.

GLAZIER, S. D. *Marchin' the pilgrims home*: leadership and decision-making in an Afro-caribbean faith. Westport: Greenwood, 1983.

GLÉLÉ, M. A. *Religion, culture et politique en Afrique noire*. Paris: Economica, 1981.

GLINSKI, M. Orisha Wall. *International Review of African American Art*, vol. 9, n. 3, p. 33-47, 1991.

GOMES, F. dos S. *Histórias de quilombolas*: mocambos e comunidades de senzalas no Rio de Janeiro – século XIX. Rio de Janeiro: Arquivo Nacional, 1995.

GOMES, F. dos S. Jogando a rede, revendo as malhas: fugas e fugitivos no Brasil escravista. *Tempo*, vol. 1, n. 1 p. 67-93, 1996.

GOMEZ, M. A. *Exchanging our country marks*: the transformation of African identities in the colonial and antebellum south. Chapel Hill: University of North Carolina Press, 1998.

GONZÁLEZ-WIPPLER, M. *Santería, the religion*: a legacy of faith, rites, and magic. Nova York: Harmony, 1989.

GONZÁLEZ-WIPPLER, M. *The santería experience*. Nova York: Original, 1982.

GOODY, J. *Comparative studies in kinship*. Stanford: Stanford University Press, 1969.

GOSSAI, H.; MURRELL, N. S. (ed.). *Religion, culture, and tradition in the Caribbean*. Nova York: St. Martin's, 2000.

GOUCHER, C. African-Caribbean metal technology: forging cultural survivals in the Atlantic world. *In*: HAVISER, J. B. (ed.). *African sites archaeology in the Caribbean*. Princeton: Markus Wiener, 1999. p. 143-156.

GOULART, M. *A escravidão africana no Brasil*: das origens a extinção do tráfico. São Paulo: Editora Alfa-Omega, 1975.

GRAGG, L. The pious and the profane: the religious life of early Barbados planters. *The Historian*, vol. 62, p. 264-283, 2000.

GRAHAM, R. Slave families of a rural estate in colonial Brazil. *Journal of Social History*, vol. 9, p. 382-402, 1976.

GREEN, L. J. *African American English*: a linguistic introduction. Cambridge: Cambridge University Press, 2002.

GREEN, W. The creolization of Caribbean history: the emancipation era and a critique of dialectical analysis. *In*: BECKLES, H.; SHEPARD, V. (ed.). *Caribbean freedom*: economy and society from emancipation to the present. Princeton: Markus Wiener, 1996. p. 28-41.

GUANCHE, J. *Procesos etnoculturales de Cuba*. Havana: Letras Cubanas, 1983.

GUANCHE, J. Santería cubana e identidad cultural. *Revolución y Cultura*, p. 43-46, mar./abr. 1996.

GUANCHE, J.; LEÓN, A. Integración y desintegración de los cultos sincréticos de origen africano en Cuba. *Revolución y Cultura*, vol. 80, p. 14-19, 1979.

GUDEMAN, S.; SCHWARTZ, S. B. Cleansing original sin: godparenthood and the baptism of slaves in eighteenth-century Bahia. *In*: SMITH, R. T. (ed.). *Kinship ideology and practice in Latin America*. Chapel Hill: University of North Carolina Press, 1984. p. 35-58.

GUDMUNDSON, L. Mecanismos de movilidad social para la población de procedência Africana en Costa Rica colonial: manumisión y mestizaje. *In*: GUDMUNDSON, L. (ed.). *Estratificación socio-racial y económica de Costa Rica, 1700-1850*. San José: Editorial Universidad Estatal a Distancia, 1978. p. 17-78.

GUERRA, R. *Teatralización del folklore y otros ensayos*. Havana: Letras Cubanas, 1989.

GURÁN, M. *Agudás*: os "brasileiros" do Benim. Rio de Janeiro: Editora Nova Fronteira, 1999.

GUTMAN, H. *The black family in slavery and freedom, 1750-1925*. Nova York: Pantheon, 1976.

HACKETT, R. Revitalization in African traditional religion. *In*: OLUPQNA, J. K. (ed.). *African traditional religions in contemporary society*. Nova York: Paragon, 1991. p. 135-148.

HAGEDORN, K. J. *Anatomía del proceso folklórico*: the "folkloricization" of Afro-cuban religious performance in Cuba. 1996. Tese (Doutorado) – Universidade Brown, Providence, 1995.

HAGEDORN, K. J. *Divine utterances*: the performance of Afro--cuban santería. Washington: Smithsonian Institution Press, 2001.

HAIR, P. E. H. Aspects of the prehistory of freetown and "creoledom". *History in Africa*, vol. 25, p. 111-118, 1998.

HALL, G. M. African ethnicities and the meanings of "Mina". *In*: LOVEJOY, P. E.; TROTMAN, D. (ed.). *The transatlantic dimensions of slaving*. Londres: Continuum, 2002. p. 65-81.

HALL, G. M. *Africans in colonial Louisiana*: the development of afro-creole culture in the eighteenth century. Baton Rouge: Louisiana State University Press, 1992.

HALL, G. M. *Afro-Louisiana history and genealogy database*. Baton Rouge: Louisiana State University Press, 2000.

HALL, R. L. African religious retentions in Florida. *In*: HOLLOWAY, J. (ed.). *Africanisms in American cultures*. Bloomington: Indiana University Press, 1990. p. 98-118.

HALL, S. Cultural identity and diaspora. *In*: WILLIAMS, P.; CHRISMAN, L. (ed.). *Colonial discourse and post-colonial theory*. Hertfordshire: Harvester Wheatsheaf, 1994. p. 392-403.

HANCOCK, I. A preliminary classification of the anglophone Atlantic creoles, with syntactic data from thirty-three representative dialects.

In: GILBERT, G. (ed.). *Pidgin and creole languages*: essays in memory of John E. Reinecke. Honolulu: University of Hawaii Press, 1987. p. 264-334.

HANCOCK, I. Creole language provenance and the African component. *In*: MUFWENE, S. S. (ed.). *Africanisms in Afro-American language varieties*. Athens: University of Georgia Press, 1993. p. 182-191.

HANCOCK, I. The domestic hypothesis, diffusion, and componentiality: an account of Atlantic anglophone creole origin. *In*: MUYSKEN, P.; SMITH, N. (ed.). *Substrata versus universals in creole genesis*. Amsterdam: John Benjamins, 1986. p. 71-102.

HANDLER, J. S.; JACOBY, J. Slave names and naming in Barbados. *William and Mary Quarterly*, vol. 53, p. 685-728, 1996.

HARDING, R. E. *A refuge in thunder*: candomblé and alternative spaces of blackness. Bloomington: Indiana University Press, 2000.

HARPER, P. The role of dance in the gelede ceremonies of the village of Ijio. *Odu: A Journal of West African Studies*, vol. 4, p. 67-94, 1970.

HARRELL-BOND, B.; HOWARD, A. M.; SKINNER, D. E. *Community leadership and the transformation of freetown (1870-1976)*. Haia: Mouton, 1978.

HARRIS, J. E. (ed.). *Global dimensions of the African diaspora*. Washington: Howard University Press, 1982.

HARRISON, F. V. *Decolonizing anthropology*: moving further toward an anthropology for liberation. Washington: American Anthropological Association, 1991.

HARRISON, J. A. Negro English. *In*: DILLARD, J. *Perspectives on black English*. Haia: Mouton, 1975. p. 9-32.

HARVEY, E. N. A brer rabbit story. *Journal of American Folklore*, vol. 32, p. 443-444, 1919.

HASKINS, J. *Voodoo and Hoodoo*: the craft as revealed by actual practitioners. Nova York: Stein and Day, 1978.

HELG, A. *Our rightful share*: the Afro-cuban struggle for equality, 1886–1912. Chapel Hill: University of North Carolina Press, 1995.

HELMS, M. W. Miskito slaving and culture contact: ethnicity and opportunity in an expanding population. *Journal of Anthropological Research*, vol. 39, n. 2, p. 179-197, 1983.

HERMON-HODGE, H. B. *Gazetteer of Ilorin Province*. Londres: Allen and Unwin, 1929.

HERSKOVITS, M. J. Acculturation and the American negro. *Southwestern Political and Social Science Quarterly*, vol. 8, p. 211-412, 1927.

HERSKOVITS, M. J. African gods and catholic saints in new world negro belief. *American Anthropologist*, vol. 39, p. 635-643, 1937.

HERSKOVITS, M. J. *Daomé*: an ancient west African kingdom. Nova York: J. J. Augustin, 1938. 2 vols.

HERSKOVITS, M. J. *The American negro*: A Study in Racial Crossing. Nova York: Knopf, 1928.

HERSKOVITS, M. J. *The myth of the negro past*. Boston: Beacon, 1958 [1941].

HERSKOVITS, M. J. The social history of the negro. *In*: MURCHINSON, C. (ed.). *A handbook of social psychology*. Worcester: Clark University Press, 1935. p. 207-267.

HERSKOVITS, M. J.; HERSKOVITS, F. Suriname folklore. *In*: *Columbia University contributions to anthropology*. Nova York: Columbia University Press, 1936. vol. 27.

HEWITT, J. C. *Yoruba presence in contemporary Cuban narrative*. 1981. Tese (Doutorado) – Universidade Vanderbilt, Nashville, 1981.

HEYWOOD, L. (ed.). *Central Africans and cultural transformations in the African Diaspora*. Cambridge: Cambridge University Press, 2002.

HIGGINBOTHAM, A. L. *In the matter of color*: race and the American legal process. Oxford: Oxford University Press, 1978.

HIGMAN, B. W. African and creole slave family patterns in Trinidad. *Journal of Family History*, vol. 3, p. 163-180, 1978.

HIGMAN, B. W. African and creole slave family patterns in Trinidad. *In*: CRAHAN, M. E.; KNIGHT, F. W. (ed.). *Africa and the Caribbean*: the legacies of a link. Baltimore: The Johns Hopkins University Press, 1979.

HIGMAN, B. W. *Slave populations of the British Caribbean, 1807-1834*. Baltimore: The Johns Hopkins University Press, 1984a.

HIGMAN, B. W. Terms for kin in the British West Indian slave community: differing perceptions of masters and slaves. *In*: SMITH, R. T. (ed.). *Kinship ideology and practice in Latin America*. Chapel Hill: University of North Carolina Press, 1984b. p. 59-81.

HOGBEN, S. J.; KIRK-GREENE, A. H. M. *The Emirates of Northern Nigeria*. Londres: Oxford University Press, 1966.

HOLLOWAY, J. R. (ed.). *Africanisms in American culture*. Bloomington: Indiana University Press, 1990.

HOLLOWAY, J. E.; VASS, W. K. *The African heritage of American English*. Bloomington: Indiana University Press, 1993.

HOLM, J. A. *The creole English of Nicaragua's Miskito Coast*: Its Sociolinguistic History and a Comparative Study of Its Lexicon and Syntax. 1978. Tese (Doutorado) – University of London, Londres, 1978.

HORTON, R. African conversion. *Africa*, vol. 41, p. 85-108, 1971.

HOUK, J. T. *Spirits, blood, and drums*: the orisha religion in Trinidad. Filadélfia: Temple University Press, 1995.

HOUNTONDJI, P. (ed.). *Les savoirs endogènes*: Pistes pour une recherche. Dakar: Codesria, 1994.

HOWARD, A. Islam and trade in Sierra Leone. *In*: JALLOH, A.; SKINNER, D. (ed.). *Islam and trade in Sierra Leone*. Trenton: Africa World Press, 1997. p. 21-63.

HOWARD, P. A. *Changing history*: Afro-Cuban Cabildos and Societies of Color in the Nineteenth Century. Baton Rouge: Louisiana State University Press, 1998.

HOWARD, R. *Black seminoles in the Bahamas*. Gainesville: University Press of Florida, 2002.

HUDSON JR., L. E. *To have and to hold*: slave work and family life in antebellum South Carolina. Athens: University of Georgia Press, 1997.

HUET, M. *The dances of Africa*. Nova York: Harry N. Abrams, 1996.

HUGHES, C. P. *Race and politics in the Bahamas*. Nova York: St. Martin's, 1981.

HUGHES, L.; MELTZER, M. *Black magic*: a pictorial history of the African American in the performing arts. Nova York: Da Capo, 1990.

HUNT, C. M. *Oyotunji village*: the Yoruba movement in America. Washington: University Press of America, 1979.

HUNWICK, J.; HARRAK, F. *Mi'Raj Al-Su'Ud*: Ahmad Baba's Replies on Slavery. Rabat: Institute of African Studies, 2000.

HURSTON, Z. N. Shouting. *In*: CUNARD, N. (ed.). *Negro*: an anthology. Nova York: Ungar, 1970.

ÌBÍTÓKUN, B. M. *Dance as ritual drama and entertainment in the Gèlèdé of the Kétu-Yorùbá subgroups in West Africa*. Ifé: Obafemi Awolowo, 1993.

IDOWU, B. *Olódùmarè*: God in Yoruba belief. Londres: Longman, 1962.

IGUE, J.; YAI, O. The Yoruba-speaking peoples of Daomé and Togo. *Yoruba*, vol. 1, n. 1, p. 1-29, 1972.

ISICHEI, E. *A history of African societies to 1870*. Cambridge: Cambridge University Press, 1997.

IZQUIERDO, P. Detrás de la música, esta música. *Trabajadores*, 4 abr. 1990. Archives, Instituto Cubano de Radio y Televisión.

JALLOH, A.; SKINNER, D. (ed.). *Islam and trade in Sierra Leone*. Trenton: Africa World Press, 1997.

JIMOH, L. A. K. *Ilorin*: The journey so far. Ilorin: L. A. K. Jimoh, 1994.

JOHNSON, H. *The Bahamas in slavery and freedom*. Kingston: Ian Randle, 1991.

JOHNSON, P. C. Migrating bodies, circulating signs: Brazilian candomblé, the garifuna of the caribbean, and the category of Indigenous religions. *History of Religions*, vol. 41, n. 4, p. 301-327, 2002.

JOHNSON, S. *The history of the Yorubas*: From the earliest times to the beginning of the British protectorate. Londres: Routledge and Kegan Paul, 1976 [1921].

JOHNSON, S. *The history of the Yorubas*: from the earliest times to the beginning of the British protectorate. 2. ed. Lagos: [s. n.], 1937.

JONES, R. Why PAN-Africanism failed: blackness and international relations. *The Griot*, vol. 14, n. 1, p. 53-70, 1995.

JULES-ROSETTE, B. W. Tradition and continuity in African religions: the case of new religious movements. *In*: OLUPONA, J. K. (ed.). *African traditional religions in contemporary society*. Nova York: Paragon, 1991. p. 149-168.

KARASCH, M. C. *A vida dos escravos no Rio de Janeiro 1808-1850*. 2. ed. São Paulo: Campanhia das Letras, 2000.

KARASCH, M. C. Central Africans in central Brazil, 1780-1835. *In*: HEYWOOD, L. (ed.). *Central African and cultural transformations in the African diaspora*. Cambridge: Cambridge University Press, 2002. p. 117-151.

KARASCH, M. C. Guine, Mina, Angola, and Benguela: African and crioulo nations in central Brazil, 1780-1835. *In*: CURTO, J. C.; LOVEJOY, P. E. (ed.). *Enslaving connections*: changing cultures of Africa and Brazil during the era of slavery. Nova York: Humanities Books, 2004. p. 163-184.

KARASCH, M. C. Os quilombos do ouro na capitania de Goiás. *In*: REIS, J. J.; GOMES, F. dos S. (ed.). *Liberdade por um fio*: história dos quilombos no Brasil. São Paulo: Companhia das Letras, 1996. p. 240-262.

KARASCH, M. C. *Slave life in Rio de Janeiro, 1808-1850*. Princeton: Princeton University Press, 1987.

KHAN, A. Journey to the center of the earth: the Caribbean as master symbol. *Cultural Anthropology*, vol. 16, p. 271-302, 2001.

KHAN, A. On the "right path": interpolating religion in Trinidad. *In*: PULIS, J.W. (ed.). *Religion, diaspora, and cultural identity*: a reader in the anglophone Caribbean. Amsterdam: Gordon and Breach, 1999. p. 247-276.

KINNEY, E. S. Urban west African music and dance. *African Urban Notes*, vol. 5, n. 4, p. 3-10, 1970.

KIPLE, K. F. *Blacks in colonial Cuba, 1774-1899*. Gainesville: University Press of Florida, 1976.

KIRK, J. M.; FUENTES, L. P. *Culture and the Cuban Revolution*: conversations in Havana. Gainesville: University Press of Florida, 2001.

KLEIN, H. S. *The Atlantic slave trade*. Cambridge: Cambridge University Press, 1999.

KLEIN, H. S.; ENGERMAN, S. L. A note on mortality in the French Slave trade in the eighteenth century. *In*: GEMERY, H. A.; HOGENDORN, J. S. *The uncommon market*: essays in the economic history of the slave trade. Londres: Academic Press, 1979. p. 261-272.

KNIGHT, F. W. Cuba. *In*: COHEN, D. W.; GREENE, J. P. *Neither slave nor free*: the freedman of African descent in the slave societies of the new world. Baltimore: The Johns Hopkins University Press, 1972. p. 278-308.

KOLAPO, F. J. *Military turbulence, population displacement and commerce on a slaving frontier of the Sokoto caliphate*: Nupe, c. 1830-1857. 1999. Tese (Doutorado) – Universidade de York, York, 1999.

KOLAPO, F. J. Nineteenth-century Niger River trade and the 1844-1862 aboh interregnum. *African Economic History*, vol. 28, p. 1-29, 2001.

KOLAPO, F. J. The 1858-59 gbebe cms journal of missionary James Thomas. *History in Africa*, vol. 27, p. 159-192, 2000.

KOPYTOFF, J. H. *A preface to modern Nigeria*: the "Sierra Leonians" in Yoruba, 1830-1890. Madison: University of Wisconsin Press, 1965.

KREUTZINGER, H. *The eri devils in freetown, Sierra Leone*. Viena: Österreichische Ethnologische Gesellschaft, 1966.

KUBIK, G. *Angolan traits in black music, games, and dances of Brazil*: a study of African cultural extensions overseas. Lisboa: Junta de Investigações Cientifica do Ultramar, Centro de Antropologia Cultural, 1979.

KUTZINSKI, V. *Sugar's secrets*: race and the erotics of Cuban nationalism. Charlottesville: University Press of Virginia, 1993.

LABOURET, H.; RIVET, P. *Le Royaume D'Arda et son Évangélisation au XVIIe siècle*. Paris: Travaux et Mémoires de l'Institut e'Ethnologie, 1929.

LACHANCE, P. F. The 1809 immigration of Saint-Domingue refugees from New Orleans: reception, integration, and impact. *Louisiana History*, vol. 29, p. 109-141, 1988.

LACHATAÑERÉ, R. *El sistema religioso de los Afrocubanas*. Havana: Editorial de Ciencias Sociales, 1992.

LAHAYE GUERRA, R. M.; LOUREDA, R. Z. *Yemayá a través de sus mitos*. Havana: Editorial de Ciencias Sociales, 1996.

LANDES, R. A cult matriarchate and male homosexuality. *Journal of Abnormal and Social Psychology*, vol. 35, n. 3, p. 386-397, 1940.

LAROSE, T. African influences on seminole beadwork – Comunicação apresentada no 20º Simpósio Trienal do Conselho de Arte da Associação de Estudos Africanos, St. Thomas, Ilhas Virgens, 25-29 de abril de 2001.

LAW, R. (ed.). *From slave trade to "legitimate" commerce*. Cambridge: Cambridge University Press, 1995.

LAW, R. A carreira de Francisco Felix de Souza na África Ocidental (1800-1849). *Topoi*, vol. 2, p. 9-39, 2001a.

LAW, R. A lagoonside port on the eighteenth century Slave Coast: the early history of Badagri. *Canadian Journal of African Studies*, vol. 28, n. 1, p. 32-59, 1994.

LAW, R. A pioneer of Yoruba studies: Moses Lijadu (1862-1926). *In*: OLUSANYA, G. O. (ed.). *Studies in Yoruba history and culture*. Ibadan: Ibadan University Press, 1983. p. 105-115.

LAW, R. Between the sea and the lagoons: The interaction of maritime and inland navigation on the pre-colonial Slave Coast. *Cahiers d'Études Africaines*, vol. 29, n. 2, p. 209-237, 1989a.

LAW, R. Ethnicity and the slave trade: "Lucumi" and "Nago" as ethnonyms in West Africa. *History in Africa*, vol. 24, p. 205-219, 1997a.

LAW, R. Islam in Daomé: a case study of the introduction and influence of Islam in a peripheral area of West Africa. *Scottish Journal of Religious Studies*, vol. 9, n. 2, p. 50-64, 1986.

LAW, R. Local amateur scholarship in the construction of Yoruba ethnicity, 1880-1914. *In*: GORGONDIÈRE, L. DE LA; KING, K.; VAUGHAN, S. (ed.). *Ethnicity in Africa*: roots, meanings, and implications. Edimburgo: Centre of African Studies, Universidade de Edimburgo, 1996. p. 55-90.

LAW, R. Religion, trade, and politics on the "Slave Coast": Roman Catholic missions in Allada and Whydah in the seventeenth century. *Journal of Religion in Africa*, vol. 21, p. 42-77, 1991a.

LAW, R. Royal monopoly and private enterprise: the case of Daomé. *Journal of African History*, vol. 18, p. 555-577, 1977a.

LAW, R. Slave-Raiders and middlemen, Monopolists and free traders: the supply of slaves for the Atlantic trade in Daomé, c. 1715-1850. *Journal of African History*, vol. 30, p. 45-68, 1989b.

LAW, R. The Atlantic slave trade in Yoruba historiography. *In*: FALOLA, T. (ed.). *Yoruba historiography*. Madison: African Studies Program, 1991b. p. 123-134.

LAW, R. The evolution of the Brazilian community in Uidá. *Slavery and abolition*, vol. 22, n. 1, p. 22-41, 2001b.

LAW, R. The heritage of the Oduduwa: traditional history and political propaganda among the Yoruba. *Journal of African History*, vol. 14, n. 2, p. 207-222, 1973.

LAW, R. *The kingdom of Allada*. Leiden: Research School CNWS, School of Asian, African, and Amerindian Studies, 1997b.

LAW, R. *The Oyo Empire, c. 1600-c. 1836*: A West African Imperialism in the Era of the Atlantic Slave Trade. Oxford: Clarendon, 1977b.

LAW, R. *The Slave Coast of West Africa, 1550-1750*: the impact of the Atlantic slave trade on an African society. Oxford: Clarendon, 1991c.

LAW, R. *Ouidah*: The social history of a west African slaving "Port", 1727-1892. Oxford: James Currey, 2004.

LAW, R.; MANN, K. West africa in the Atlantic community: the case of the Slave Coast. *William and Mary Quarterly*, vol. 56, p. 307-334, 1999.

LAW, R.; STRICKRODT, S. (ed.). *Ports of the slave trade (bights of Benin and Biafra)*. Stirling: Centre of Commonwealth Studies, University of Stirling, 1999.

LAWAL, B. African roots, American branches: tradition and transformation in African American self-taught art. *In*: ARNETT, W.; ARNETT, P. (ed.). *Souls grown deep*: African American vernacular art from the south. Atlanta: Tinwood, in association with the Schomburg Center for Research in Black Cultures, Nova York, 2000. vol. 1. p. 30-49.

LAWAL, B. Anticipating Ethiopia's rise to glory: rereading James Hampton's *Throne of the third heaven of the nations millennium general assembly. In*: ARNETT, W.; ARNETT, P. (ed.). *Souls grown deep*: African American Vernacular art of the south. Atlanta: Tinwood, 2001a. vol. 2. p. 98-103.

LAWAL, B. *Aworan*: The self and its metaphysical other in Yoruba Art. *The Art Bulletin: A Quarterly Published by the College Art Association*, vol. 83, n. 3, p. 498-526, 2001b.

LAWAL, B. From Africa to the new world: art in Yoruba religion. *In*: LINDSAY, A. (ed.). *Santería aesthetics in contemporary Latin American art*. Washington: Smithsonian Institution Press, 1996a. p. 3-39.

LAWAL, B. The African heritage of African American Art and performance. *In*: HARRISON, P. C.; WALKER, V. L.; EDWARDS, G. (ed.). *Black theatre*: ritual performance in the African Diaspora. Filadélfia: Temple University Press, 2002. p. 39-63.

LAWAL, B. *The Gèlèdé Spectacle*: Art, gender, and social harmony in an African culture. Seattle: University of Washington Press, 1996b.

LEÓN, A. El folklore: su estudio y recuperación. *In*: MINISTERIO DE CULTURA. *La cultura Cuba socialista*. Havana: Editorial Arte y letras, 1982. p. 182-193.

LEÓN, A. El instituto de etnología y folklore de la academia de ciencias de Cuba. *Etnología y folklore*, vol. 1, p. 5-16, 1966.

LEÓN, A. La música como mercancía. *In*: GARCÍA, Z. G. (ed.). *Musicología en Latinoamérica*. Havana: Editorial Arte y Literatura, 1985. p. 406-428.

LEÓN, A. *Música folklórica Cubana*. Havana: Biblioteca Nacional José Martí, 1964.

LEÓN, A. Música popular de origen africana en América Latina. *América indígena: Órgano Oficial del Instituto Indigenista Interamericano*, vol. 29, p. 627-664, 1969.

LEÓN, A. Un caso de tradición oral escrita. *Islas*, vol. 39/40, p. 139-151, 1971.

LEUCHSENRING, E. R. Bailando junto al abismo. *Social*, vol. 17, p. 12-13, 80, 1932.

LEVINE, L. W. *Black culture and black consciousness*: Afro-American folk thought from slavery to freedom. Nova York: Oxford University Press, 1977.

LIMA, V. C. *A família-de-santo nos Candomblés Jeje-Nagos da Bahia*: Um estudo de relações intra-grupais. 1977. Dissertação (Mestrado) – Universidade Federal de Bahia, Salvador, 1977.

LIMA, V. C. Os obás de Xangô. *Afro-Ásia*, vol. 2-3, p. 5-36, 1966.

LIMA, V. C.; OLIVEIRA, W. F. (ed.). *Cartas de Edison Carneiro a Artur Ramos*. São Paulo: Corrupio, 1987.

LINDSAY, L. A. To return to the bosom of their fatherland: Brazilian immigrants in nineteenth-century Lagos. *Slavery and Abolition*, vol. 15, p. 22-50, 1994.

LINARES, M. T. *El punto cubano*. Austin: Oriente: 1999.

LITTLEFIELD, D. F. *Africans and seminoles*: from removal to emancipation. Westport: Greenwood, 1977.

LLOYD, P. C. Divorce among the Yoruba. *American Anthropologist*, vol. 70, n. 1, p. 67-81, 1968.

LLOYD, P. C. Osifekunde of Ijebu. *In*: CURTIN, P. D. (ed.). *Africa remembered*: Narratives by West Africans from the era of the slave trade. Madison: University of Wisconsin Press, 1967. p. 217-288.

LLOYD, P. C. Political and social structure. *In*: BIOBAKU, S. O. (ed.). *Sources of Yoruba history*. Oxford: Clarendon, 1973. p. 205-223.

LOCKE, A. The legacy of the ancestral arts. *In*: LOCKE, A. (ed.). *The new negro*. Nova York: Atheneum, 1968. p. 254-267.

LONG, R. A. *The black tradition in American dance*. Nova York: Rizzoli, 1989.

LORDE, A. *Undersong*: chosen poems old and new. ed. rev. Nova York: Norton, 1992.

LOVEJOY, P. E. (ed.). *Identity in the shadow of slavery*. Londres: Continuum, 2000a.

LOVEJOY, P. E. *A escravidão na África*: uma história de suas transformações. Rio de Janeiro: Civilização Brasileira, 2002a.

LOVEJOY, P. E. Background to rebellion: the origins of muslim slaves in Bahia. *Slavery and Abolition*, vol. 15, n. 2, p. 151-180, 1994a.

LOVEJOY, P. E. Biography as source material: towards a biographical archive of enslaved Africans. *In*: LAW, R. (ed.). *Source Material for studying the slave trade and the African diaspora*. Stirling: Centre of Commonwealth Studies, 1997a. p. 119-140.

LOVEJOY, P. E. Identifying enslaved Africans in the african diaspora. *In*: LOVEJOY, P. E. (ed.). *Identity in the Shadow of Slavery*. Londres: Continuum, 2000b. p. 1-29.

LOVEJOY, P. E. Islam, slavery, and political transformation in West Africa: constraints on the trans-atlantic slave trade. *Revue française d'histoire d'outre-mer*, vol. 89, p. 247-282, 2002b.

LOVEJOY, P. E. Jihad e escravidão: as origens dos escravos muçulmanos da Bahia. *Topoi*, vol. 1, p. 11-44, 2000c.

LOVEJOY, P. E. The African diaspora: revisionist interpretations of ethnicity, culture, and religion under slavery. *Studies in the World History of Slavery, Abolition, and Emancipation*, vol. 2, n. 1, 1997b.

LOVEJOY, P. E. The central Sudan and the Atlantic slave trade. *In*: HARMS, R. W.; MILLER, J. C.; NEWBURY, D. S.; WAGNER, M. D. (ed.). *Paths toward the past*: African historical essays in honor of Jan Vansina. Atlanta: African Studies Association Press, 1994b. p. 345-370.

LOVEJOY, P. E. *Transformations in slavery*: a history of slavery in Africa. 2. ed. Cambridge: Cambridge University Press, 2000d [1983].

LOVEJOY, P. E.; RICHARDSON, D. The initial "crisis of adaptation": the impact of British abolition on the Atlantic slave trade in West Africa, 1808-1820. *In*: LAW, R. (ed.). *From slave trade to "legitimate" commerce*. Cambridge: Cambridge University Press, 1995. p. 32-56.

LOVEJOY, P. E.; TROTMAN, D. V. Experiencias de vida y expectativas: nociones africanas sobre la esclavitud y la realidad en América. *In*: CÁCERES, R. (ed.). *Rutas de la esclavitud en África y América Latina*. San José: Editorial de la Universidad de Costa Rica, 2001. p. 379-404.

LUCAS, J. O. *The religion of the Yorubas*. Lagos: CMS, 1948.

LÜHNING, A. E. Acabe com este anto, pedrito vem ai... mito e realidade da perseguição policial ao Candomblé baiano entre 1920 e 1942. *Revista USP*, vol. 28, p. 194-220, 1995-1996.

LÜHNING, A. E. O compositor Mozart Camargo Guarnieri e o 2 Congresso afro-Brasileiro em Salvador, 1937. *In*: SANSONE, L.; SANTOS, J. T. dos. *Ritmos em trânsito*: sócio-antropologia da música Baiana. São Paulo: Dynamis Editorial and Programa a Cor da Bahia, 1998. p. 59-72.

LUZ, M. A.; LAPASSADE, G. *O segredo da macumba*. Rio de Janeiro: Paz e Terra, 1972.

MACGOWAN, F.; GORDON, J. Introduction (Syncretism). *Australian Journal of Anthropology*, vol. 12, n. 3, p. 1, 2001.

MACHADO, M. H. *O plano e o pânico*: os movimentos sociais na década da abolição. Rio de Janeiro: Editora da UFRJ/Edusp, 1994.

MACLEOD, M. J. *Spanish Central America*: A Socioeconomic History, 1520-1720. Berkeley: University of California Press, 1973.

MACMILLAN, J. John Kuners. *Journal of American Folk-lore*, vol. 39, p. 53-57, 1926.

MAGGIE, Y. *Medo do feitiço*: relações entre magia e poder no Brasil. Rio de Janeiro: Arquivo Nacional, 1992.

MALONE, A. P. *Sweet chariot*: slave family and household structure in nineteenth-century Louisiana. Chapel Hill: University of North Carolina Press, 1992.

MAMIGONIAN, B. G. Do que "o preto mina" é capaz: etnia e resistência entr africanos livres. *Afro-Asia*, vol. 24, p. 71-95, 2000.

MAMIGONIAN, B. G. *To be liberated African in Brazil*: labour and citizenship in the 19th Century. 2002. Tese (Doutorado) – Universidade de Waterloo, Waterloo, 2002.

MANN, K. Marriage choices among the educated African elite in Lagos Colony, 1880-1915. *The International Journal of African Historical Studies*, vol. 14, n. 2, p. 201-228, 1981.

MANN, K. Owners, slaves and the struggle for labour in the commercial transition at Lagos. *In*: LAW, R. (ed.). *From slave trade to legitimate commerce*: the commercial transition in nineteenth-century West Africa. Cambridge: Cambridge University Press, 1995. p. 144-171.

MANN, K. Shifting paradigms in the study of the African diaspora and of Atlantic history and culture. *Slavery and Abolition*, vol. 22, n. 1, p. 3-21, 2001.

MANN, K. Slave exports from Lagos, c. 1760-1851. *In*: *Canadian Association of African Studies*. Montreal: [*s. n.*], 1996.

MANN, K. *Slavery and the birth of an African city:* Lagos, 1760-1900. Bloomington: Indiana University Press, 2007.

MANN, K.; BAY, E. (ed.). *Rethinking the African diaspora*: the making of black Atlantic world in the Bight of Benin and Brazil. Londres: Frank Cass, 2001.

MANNING, P. *Slavery, Colonialism, and Economic Growth in Daomé, 1640-1960*. Cambridge: Cambridge University Press, 1982.

MANNING, P. The slave trade in the Bight of Benin, 1640-1890. *In*: GEMERY, H. A.; HOGENDORN, J. S. (ed.). *The Uncommon market*: essays in the economic history of the Atlantic slave trade. Nova York: Academic Press, 1979. p. 107-141.

MARRERO, L. (ed.). *Cuba*: economía y sociedad, del monopolio hacia la libertad commercial (1701-1763). Madri: Playor, 1980. 14 vol.

MARTIN, K. K. America's first African Dance Theatre. *Odu: A Journal of West African Studies*, vol. 11, p. 115-128, 1975.

MARTIN, S. H. Music in Urban East Africa: Five Genres in Dar Es Salaam. *Journal of African Studies*, vol. 9, n. 3, p. 155-163, 1982.

MARTINEZ-ALIER, V. *Marriage, Class, and Colour in Nineteenth Century Cuba*: A Study of Racial Attitudes and Sexual Values in a Slave Society. Ann Arbor: University of Michigan Press, 1989.

MARTY, P. Etudes sur l'Islam au Daomé, Livre 1: Le bas Daomé. 2 partes. *Revue du monde musulman*, vol. 60, p. 109-188, 1925; vol. 61, p. 75-146, 1926.

MARX, K.; ENGELS, F. *The Marx-Engels Reader*. Editado por R. Tucker. Nova York: Norton, 1978.

MASON, J. *Olóòkun*: Owners of Rivers and Seas. Nova York: Yorùbá Theological Archministry, 1996.

MASON, J. Yoruba Beadwork in the Americas. *In*: DREWAL, H. J.; MASON, J. (ed.). *Beads, Body, and Soul*: Art and Light in the Yoruba Universe. Los Angeles: University of California Fowler Museum of Cultural History, 1998. p. 87-177.

MASON, J. Yoruba-American Art: New Rivers to Explore. In: ABIODUN, R.; DREWAL, H. J.; PEMBERTON, H. (ed.). *The Yoruba Artist*: New Theoretical Perspectives on African Art. Washington: Smithsonian Institution Press, 1994. p. 241-250.

MASON, M. *Foundations of the Bida Kingdom*. Zaria: Ahmadu Bello University Press, 1981.

MASON, M. The Jihad in the south: an outline of the nineteenth century nupe hegemony in north-eastern Yorubaland and Afenmai. *Journal of the Historical Society of Nigeria*, vol. 5, n. 2, p. 193-208, 1970.

MATIBAG, E. *Afro-cuban religious experience*: cultural reflections in narrative. Gainesville: University Press of Florida, 1990.

MATORY, J. L. Afro-Atlantic culture: on the live dialogue between Africa and the Americas. *In*: APPIAH, K. A.; GATES, H. L. (ed.). *Africana*: the encyclopedia of the African and African American experience. Duke: Basic Civitas, 1999a. p. 36-44.

MATORY, J. L. *Black Atlantic religion*: tradition, trans-nationalism, and matriarchy in the Brazilian candomblé. Princeton: Princeton University Press, 2005.

MATORY, J. L. Government by seduction: History and the tropes of mounting in Oyo-Yoruba religion. *In*: COMAROFF, J.; COMAROFF, J. (ed.). *Modernity and its malcontents*. Chicago: University of Chicago Press, 1993.

MATORY, J. L. Jeje: repensando nações e transnacionalismo. *Mana*, vol. 5, p. 57-80, 1999b.

MATORY, J. L. *Sex and the empire that is no more*: Gender and the politics of metaphor in Oyo Yoruba religion. Mineápolis: University of Minnesota Press, 1994.

MATORY, J. L. The english professors of Brazil: on the diasporic roots of the Yorùbá Nation. *Comparative Studies in Society and History*, vol. 41, n. 1, p. 72-103, 1999c.

MATSUOKA, A.; SORENSON, J. *Ghosts and shadows*: constructions of identity and community in an African diaspora. Toronto: University of Toronto Press, 2001.

MATTOSO, K. *Bahia século XIX*: uma província no império. Rio de Janeiro: Nova Fronteira, 1992.

MATTOSO, K. *Être esclave au Brésil*. Paris: Hachette, 1979.

MAULTSBY, P. K. Influences and retentions of West African musical concepts in U.S. Black Music. *Western Journal of Black Studies*, vol. 3, p. 198-200, 1979.

MBITI, J. *African religions and philosophy*. Nova York: Praeger, 1969.

MCDANIEL, M. A. Reexamining Hale Woodruff's Talladega College and Atlanta University Mural. *International Review of African American Art*, vol. 12, p. 5-17, 1995.

MCDONALD, R. A. *The economy and material culture of slaves*: goods and chattels on the sugar plantations of Jamaica and Louisiana. Baton Rouge: Louisiana State University Press, 1993.

MCGARRITY, G. L. Race, culture, and social change in contemporary Cuba. *In*: HALEBSKY, S. MIRK, J. M. (ed.). *Cuba in transition*. Boulder: Westview, 1992. p. 193-205.

MELÉNDEZ, C. El negro en Costa Rica durante la colonia. *In*: MELÉNDEZ, C.; DUNCAN, Q. (ed.). *El negro en Costa Rica*. 9. ed. San José: Editorial Costa Rica, 1989 [1972]. p. 11-58.

MELLO E SOUZA, M. *Reis negros no Brasil escravista*: História da festa de coroação de Rei Congo. Belo Horizonte: Ed. UFMG, 2002.

MELLO, M. A. L. de. *Reviras, batuques e carnavais*: a cultura de resistência dos escravos em Pelotas. Pelotas: Editora Universitária da UFPel, 1994.

MENÉNDEZ, L. *Estudios afro-cubanos*: selección de lecturas. Havana: Facultad de Arte y Letras, Universidad de la Habana, 1990-1998. 4. vol.

MENÉNDEZ, L. Un cake para Obatalá? *Temas*, vol. 4, p. 38-51, 1995.

MERCIER, P. Notice sur le peuplement Yoruba au Daomé-Togo. *Études Dahoméennes*, vol. 4, p. 40-41, 1950.

MERCIER, P. The Fon of Daomé. *In*: FORDE, D. (ed.). *African worlds*: studies in the cosmological ideas and social values of African people. Londres: Oxford University Press, 1954. p. 210-234.

METCALF, A. *Family and frontier in colonial Brazil*. Berkeley: University of California Press, 1992.

METCALF, A. Searching for the slave family in colonial Brazil: a reconstruction from São Paulo. *Journal of Family History*, vol. 16, p. 283-297, 1991.

MEYER-HEISELBERG, R. *Notes from the liberated African department in the archives at Fourah Bay College, Freetown, Sierre Leone*. Uppsala: Scandinavian Institute of African Studies, 1967.

MILLER, J. C. *The way of death*: merchant capitalism and the Angolan slave trade, 1730-1830. Madison: University of Wisconsin Press, 1988.

MILLET, J.; BREA, R. *Grupos folklóricos de Santiago de Cuba*. Santiago de Cuba: Editorial Oriente, 1989.

MILLS, K. *Idolatry and its enemies*: colonial andean religion and extirpation, 1640-1750. Princeton: Princeton University Press, 1997.

MINISTERIO DE CUBA (ed.). *La cultura en Cuba socialista*. Havana: Arte y Letras, 1982.

MINISTERIO DE EDUCACIÓN (ed.). *Memorias*: Congreso Nacional de Educación y Cultura. Havana: Ministerio de Educación, 1971.

MINTZ, S. W. Africa of Latin America: an unguarded reflection. *In*: FRAGINALS, M. M. (ed.). *Africa in Latin America*: essays on history, culture, and socialization. Nova York: Holmes and Meier, 1984. p. 286-305.

MINTZ, S. W. *Caribbean transformations*. Nova York: Columbia University Press, 1989 [1974].

MINTZ, S. W.; PRICE, R. *The birth of African-American culture*: an anthropological perspective. Boston: Beacon, 1992 [1976].

MONTANER, C. A. El testamento de Fidel Castro. *El Nuevo Heráld*, 2001.

MONTANER, C. A. *Fidel Castro y la Revolución Cubana*. Barcelona: Plaza y Janes, S.A., 1985.

MONTEJO, E. *The autobiography of a runaway slave*. Nova York: Pantheon, 1976.

MOORE, C. *Castro, the blacks, and Africa*. Los Angeles: University of California, Center for Afro-American Studies, 1988.

MOORE, C. Cuba: The untold story. *Présence Africaine: Cultural Review of the Negro World*, vol. 24, n. 52, p. 177-229, 1964.

MOORE, R. D. *Nationalizing Blackness*: Afrocubanismo and Artistic Revolution in Havana, 1920-1940. Pitsburgo: University of Pittsburgh Press, 1997.

MOORE, R. D. Representations of Afrocuban expressive culture in the writings of Fernando Ortiz. *Latin American Music Review*, vol. 15, n. 1, p. 32-54, 1994.

MOORE, R. D. Salsa and socialism: dance music in Cuba, 1959-1999. *In*: WAXER, L. (ed.). *Situating salsa*: global markets and local meanings in latin popular music. Nova York: Routledge, 2002. p. 51-74.

MOREJÓN, N. Cantos africanos de Cuba. *Revista de la Biblioteca Nacional "Jose Martí"*, vol. 12, n. 2, p. 173-175, 1970.

MORGAN, P. D. *Slave counterpoint*: black culture in the eighteenth-century Chesapeake an Lowcountry. Chapel Hill: University of North Carolina Press, 1998.

MORGAN, P. D. The cultural implications of the Atlantic slave trade: African Regional Origins, American destinations, and new world developments. *In*: ELTIS, D.; RICHARDSON, D. (ed.). *Routes to slavery*: direction, ethnicity, and mortality in the transatlantic slave trade. Londres: Frank Cass, 1997. p. 122-145.

MORTON-WILLIAMS, P. An outline of the cosmology and cult organization of the Oyo Yoruba. *Africa*, vol. 34, p. 243-260, 1964a.

MORTON-WILLIAMS, P. An outline of the cosmology and cult organization of the Oyo Yoruba. *In*: SKINNER, E. (ed.). *Peoples and cultures of Africa*. Garden City: Natural History Press, 1973. p. 654-677.

MORTON-WILLIAMS, P. The Oyo Yoruba and the Atlantic slave trade, 1670-1830. *Journal of the Historica Society of Nigeria*, vol. 3, n. 1, p. 25-45, 1964b.

MORTON-WILLIAMS, P. The Yoruba kingdom of Oyo. *In*: FORDE, D.; KABERRY, P. M. (ed.). *West African kingdoms in the nineteenth century*. Londres: Oxford University Press, 1967. p. 32-69.

MORTON-WILLIAMS, P. Two studies of Ifa divination. Introduction: the mode of divination. *Africa*, vol. 36, p. 406-431, 1966.

MOSES, W. J. (ed.). *Classical black nationalism*: from the American Revolution to Marcus Garvey. Nova York: New York University Press, 1996.

MOTT, L. "Acotundá": raízes setecentistas do sincretismo religioso afro-brasileiro. *Revista do Museu Paulista*, vol. 31, p. 124-147, 1986.

MOTT, L. *Escravidão, homossexualidade e demonologia*. São Paulo: Ícone, 1988.

MOTT, L.; CERQUEIRA, M. (ed.). *As religiões afro-brasileiras na luta contra a aids*. Salvador: Editora Centro Baiano Anti-Aids, 1998.

MOURA, R. *Tia ciata e a pequena África no Rio de Janeiro*. Rio de Janeiro: Secretaria Municipal da Cultura, 1995.

MOYNIHAN, D. P. *The negro family*: the case for national action. Washington: Office of Policy Planning Research, U.S. Department of Labor, 1965.

MUFWENE, S. S. (ed.). *Africanisms in Afro-American language varieties*. Athens: University of Georgia Press, 1993.

MULLIN, M. *Africa in America*: slave acculturation and resistance in the American south and British Caribbean, 1736–1831. Urbana: University of Illinois Press, 1992.

MULVEY, P. *The black lay brotherhoods of colonial Brazil*: a history. 1976. Dissertação (Ph.D) – Universidade da Cidade de Nova York, Nova York, 1976.

MURPHY, J. A. Ritual systems in Cuban santería. 1981. Tese (Doutorado) – Universidade Temple, Filadélfia, 1981.

MURPHY, J. M. *Santería*: African spirits in America. Boston: Beacon, 1993.

MURPHY, J. M.; SANFORD, M.-M. (ed.). *Òşun across the waters*: a Yoruba goddess in Africa and the Americas. Bloomington: Indiana University Press, 2001.

MURRAY, D. R. *Odious commerce*: Britain, Spain, and the abolition of the Cuban slave trade. Cambridge: Cambridge University Press, 1980.

MURRAY, E. J. (ed.). *Religions of Trinidad and Tobago*: a guide to the history, beliefs, and polity of 23 religious faiths. Porto da Espanha: Murray, 1998.

NASCIMENTO, A. do. *Africans in Brazil*: a pan African perspective. Trenton: Third World Press, 1992.

NEIRA BETANCOURT, L. A. *Como suena un tambor abakuá*. Havana: Editorial Pueblo y Educación, 1991.

NICHOLLS, D. *Haiti in Caribbean context*: ethnicity, economy, and revolt. Nova York: St. Martin's, 1985.

NISHIDA, M. From Ethnicity to race and gender: transformations of black lay sodalities in Salvador, Brazil. *Journal of Social History*, vol. 32, p. 329-348, 1998.

NISHIDA, M. Manumission and ethnicity in urban slavery: Salvador, Brazil, 1808-1888. *Hispanic American Historical Review*, vol. 73, n. 3, p. 361-391, 1993.

NØRREGÅRD, G. *Danish settlements in West Africa, 1658-1850*. Boston: Boston University Press, 1966.

NØRREGÅRD, G. Forliset Ved Nicaragua 1710. *Ärbor 1948* (Handels-og Søfartsmuseet pä Kronborg, Helsinger, Denmark), p. 67-98, 1948.

NORTHRUP, D. *Indentured labor in the age of imperialism, 1834-1922*. Cambridge: Cambridge University Press, 1995.

NORTHRUP, D. *Trade without Rulers*: precolonial economic development in southeastern Nigeria. Oxford: Clarendon, 1978.

NUNLEY, J. W.; BETTLEHEIM, J. *Caribbean festival arts*: each and every bit of difference. Seattle: University of Washington Press, 1988.

NWOKEJI, G. U.; ELTIS, D. Characteristics of captives leaving the Cameroons for the Americas. *Journal of African History*, vol. 43, p. 191-210, 2002a.

NWOKEJI, G. U.; ELTIS, D. The roots of the African diaspora: methodological considerations in the analysis of names in the liberated African registers of Sierra Leone and Havana. *History in Africa*, vol. 29, p. 365-379, 2002b.

O'HEAR, A. Ilorin as a slaving and slave-trading state. *In*: LOVEJOY, P. E. (ed.). *Slavery on the frontiers of Islam*. Princeton: Markus Wiener, 2003a. p. 55-68.

O'HEAR, A. *Power relations in Nigeria*: Ilorin slaves and their successors. Rochester: University of Rochester Press, 1997.

630

O'HEAR, A. *The [Okun] Yoruba and the peoples of the Niger-Benue confluence*. 2003b. Disponível em: https://www.ofemipo.org/o-hear-section-2/2.4c(ii)-%E2%80%9Cthe-%5Bokun%5D-yoruba-and-the-peoples-of-the-niger-benue-confluence%E2%80%9D--. Acesso em: 20 out. 2023.

OBANDO, M. M. Contrabando de esclavos, *In*: LOBO WIEJOFF, T.; OBANDO, M. M. *Negros y blancos*: todo mezclado. San José: Editorial de la Universidad de Costa Rica, 1997.

OBEYEMI, A. The Sokota jihad and the O-Kun Yoruba: A review. *Journal of the Historical Society of Nigeria*, vol. 9, n. 2 (1978), p. 61-87, 1978.

ODUYOYE, M. A. Foreword. *In*: ERSKINE, N. L. (ed.). *Decolonizing theology*: A Caribbean perspective. Trenton: Africa World Press, 1998. p. ix-xiv.

OGUNLEYE, T. M. *Aroko and Ogede*: Yoruba Arts as resistance to enslavement stratagems in Florida in the 18th and 19th centuries. Comunicação apresentada na conferência sobre Cultura e Ética Iorubá na Universidade da Califórnia, Los Angeles, fev. 1999.

OGUNLEYE, T. M. The self-emancipated Africans of Florida: Pan-African nationalists in the "New World". *Journal of Black Studies*, vol. 27, n. 1, p. 24-38, 1996.

OJO, G. J. A. *Yoruba culture*: a geographical analysis. Londres: University of London Press, 1966.

OKEDIJI, M. *The shattered gourd*: Yoruba forms in twentieth century American art. Seattle: University of Washington Press, 2003.

OKPEWHO, I. Introduction. *In*: OKPEWHO, I.; DAVIES, C. B.; MAZRUI, A. A. (ed.). *The African diaspora*: African origins and new world identities. Bloomington: Indiana University Press, 1999. p. xi-xviii.

OKPEWHO, I.; DAVIES, C. B.; MAZRUI, A. A. (ed.). *The African diaspora*: African origins and new world identities. Bloomington: Indiana University Press, 1999.

OLAWAIYE, J. A. *Yoruba religious and social traditions in Ekiti, Nigeria, and three Caribbean countries*: Trinidad-Tobago, Guyana, and Belize. 1980. Tese (Doutorado) – Universidade do Missouri, Kansas City, 1980.

OLINTO, A. *A casa de água*. Lisboa: Minerva, 1969. [Em inglês: *The water house*. Londres: Rex Collings, 1970].

OLOMO, A. *Core of fire*: a guide to Yoruba spiritual activism. Nova York: Athelia, 2002.

OLUPONA, J. K. *African traditional religions in contemporary society*. Nova York: Paragon, 1991a.

OLUPONA, J. K. *Kingship, religion, and ritual in a Nigerian community*: a phenomenological study of Ondo-Yoruba festivals. Estocolmo: Almqvist and Wiksell, 1991b.

OLUPONA, J. K. The study of Yoruba religious tradition in historical perspective. *Numen*, vol. 1, p. 240-273, 1993.

OMARI, M. S. Completing the circle: notes on African art, society, and religion in Oyotunji, South Carolina. *African Arts*, vol. 24, n. 3, p. 66-75, 1991.

OPPENHEIMER, A. *Castro's final hour*: the secret story behind the coming downfall of communist Cuba. Nova York: Simon and Schuster, 1992.

ORO, A. Religiões afro-brasileiras do Rio Grande do Sul: passado e presente. *Estudos Afro-Asiáticos, vol.* 24, n. 2, p. 345-384, 2002.

OROGE, E. A. *The institution of slavery in Yorubaland with particular reference to the nineteenth century*. 1971. Tese (Doutorado) – Universidade de Birmingham, Birmingham, 1971.

ORTIZ, F. *Los bailes y el teatro de los negros en el folklore de Cuba*. Havana: Letras Cubanas, 1981 [1951].

ORTIZ, F. Los cabildos afro-cubanos. *Revista Bimestre Cubana*, vol. 16, p. 5-39, 1921. / Reimpressão: Havana: Editorial de Ciencias Sociales, 1992a.

ORTIZ, F. *Los cabildos y la fiesta afrocubanos del Día de Reyes*. Havana: Editorial de Ciencias Sociales, 1992b [1921].

ORTIZ, F. *Los negros brujos*. Havana: Editorial de Ciencias Sociales, 1995 [1906].

ORTIZ, F. *Los negros esclavos*. Havana: Editorial de Ciencias Sociales, 1975 [1916].

OTHMAN, R. O. *A cherished heritage*: tracing the roots of the Oku--Marabou, early 19th to mid-20th century. Serekunda: Edward Francis Small, 1999.

OTT, C. O negro bahiano. *In*: INSTITUT FRANÇAIS D'AFRIQUE NOIRE (ed.). *Les Afro-Americains*. Dakar: IFAN, 1952. p. 141-152.

REYNIER. Ouidah: organisation du commandement. *Mémoires du Bénin*, vol. 2, 1993 [1917].

OYETUNJI MUSTAPHA, O. A literary appraisal of Sakara: A Yoruba Traditional Form of Music. *In*: ABIMBOLA, W. (ed.). *Yoruba oral tradition*: poetry in music, dance, and drama. Ifé: Department of African Languages and Literatures, University of Ife, 1975. p. 517-549.

PALMER, C. A. *Slaves of the white god*: blacks in Mexico, 1570-1650. Cambridge: Harvard University Press, 1976.

PALMIÉ, S. Against syncretism: "Africanizing" and "Cubanizing" discourses in North American Òrìsà worship. *Counterworks*, p. 73-103, 1993.

PAQUETTE, R. L. *Sugar is made with blood*: the conspiracy of La Escalera and the conflict between empires over slavery in Cuba. Middletown: Wesleyan University Press, 1988.

PARÉS, L. N. *Do lado de jeje*: história e ritual do vodun na Bahia. Texto não publicado.

PARÉS, L. N. Transformations of the sea and thunder Voduns in the Gbe-Speaking Area and in the Bahian Jeje Candomblé. *In*: CURTO, J.; SOULODRE, R. (ed.). *Africa and the Americas*: interconnections during the slave trade. Trenton: African World Press, 2004.

PARÉS, L. N. Transformations of the sea and thunder Voduns in the Gbe-Speaking Area and in the Bahian Jeje Candomblé. *In*: CURTO, J. C.; LOVEJOY, P. E. (ed.). *Enslaving Connections*: Africa and Brazil during the era of the slave trade. Toronto: York University, 2000. vol. 2. p. 1-30.

PARKER, J. *Making the town*: Ga state and society in early colonial Accra. Oxford: James Currey, 2000.

PARRINDER, G. *West African religion*: a study of the beliefs and practices of Akan, Ewe, Yoruba, Ibo, and Kindred peoples. 2. ed. Nova York: Barnes & Noble, 1970.

PATTERSON, T. R.; KELLEY, R. D. Unfinished migrations: reflections on the African diaspora and the making of the modern world. *African Studies Review*, vol. 43, n. 1, p. 11-45, 2000.

PATTON, S. F. *African-American art*. Nova York: Oxford University Press, 1998.

PEEL, J. D. Y. A comparative analysis of Ogun in precolonial Yorubaland. *In*: BARNES, S. T. (ed.). *Africa's Ogun*: old world and new. Bloomington: Indiana University Press, 1997. p. 263-289.

PEEL, J. D. Y. Religious change in Yorubaland. *Africa*, vol. 37, p. 292-306, 1967.

PEEL, J. D. Y. *Religious encounter and the making of the Yoruba*. Bloomington: Indiana University Press, 2000.

PEEL, J. D. Y. Review article – Historicity and pluralism in some recent studies of Yoruba religion. *Africa*, vol. 64, n. 1, p. 150-166, 1994.

PEEL, J. D. Y. Syncretism and religious change. *Comparative Studies in Society and History*, vol. 10, p. 121-141, 1968.

PEEL, J. D. Y. The cultural work of Yoruba ethnogenesis. *In*: TONKIN, E.; MACDONALD, M.; CHAPMAN, M. (ed.). *History and ethnicity*. Londres: Routledge and Kegan Paul, 1989. p. 198-215.

PEEL, J. D. Y. The pastor and the babalawo: the interaction of religions in nineteenth-century Yorubaland. *Africa*, vol. 60, p. 338-369, 1990.

PEMBERTON, J. Eshu-Elegba: the Yoruba Trickster god. *African Arts*, vol. 9, n. 1, p. 20-27, 60-70, 90-91, 1975.

PEREZ-STABLE, M. *The Cuban Revolution*: origins, course, and legacy. Nova York: Oxford University Press, 1993.

PETERSON, J. *Province of freedom*: a history of Sierra Leone, 1787-1870. Evanston: Northwestern University Press, 1969.

PETERSON, J. The Sierra Leone Creole: a reappraisal. *In*: FYFE, C.; JONES, E. D. (ed.). *Freetown*: a symposium. Freetown: Sierra Leone University Press, 1968. p. 100-117.

PIERSON, D. *Brancos e pretos na Bahia*: estudo de contato racial. São Paulo: Editora Nacional, 1971.

PRADEL, L. *African beliefs in the New World*. Trenton: Africa World Press, 2000.

QUERINO, M. *A raça africana no Brasil e seus costumes*. Salvador: Progresso, 1955.

QUIRÓS, C. V. de Q. *Aspectos socioeconómicos de la cuidad del Espíritu Santo de Esparza y su jurisdicción (1574-1878)*. 1976. Tese (Licenciatura) – Universidade da Costa Rica, San Pedro, 1976.

RABOTEAU, A. J. *African American religion*. Nova York: Oxford University Press, 1999.

RABOTEAU, A. J. African-Americans, exodus, and the American Israel. *In*: JOHNSON, P. E. (ed.). *African American Christianity*: Essays in History. Berkeley: University of California Press, 1994. p. 1-18.

RAMOS, A. Introdução. *In*: PEREIRA, N. (ed.). *A casa das minas*: culto dos vodus jeje no Maranhão. Petrópolis: Vozes, 1979 [1947]. p. 11-18.

REIS, J. J. O "Rol dos Culpados": Notas sobre um documento da rebelião de 1835. *Anais do APEBa*, vol. 48, p. 119-138, 1985.

REIS, J. J. "The revolution of the ganhadores": Urban Labour, Ethnicity, and the African Strike of 1857 in Bahia, Brazil. *Journal of Latin American Studies*, vol. 29, n. 2, p. 355-393, 1997a.

REIS, J. J. Candomblé in nineteenth-century Bahia: priests, followers, clients. *In*: MANN, K.; BAY, E. (ed.). *Rethinking the African diaspora*: the making of a black Atlantic world in the Bight of Benin and Brazil. Londres: Frank Cass, 2001a. p. 116-134.

REIS, J. J. De olho no canto: Trabalho de rua na Bahia na véspera da abolição. *Afro-Ásia*, vol. 24, p. 199-242, 2001b.

REIS, J. J. Identidade e diversidades étnicas nas irmandades negras no tempo da escravidão. *Tempo*, vol. 3, p. 7-33, 1997b.

REIS, J. J. Magia jeje na Bahia: A invasão do Calundu do Pasto de Cachoeira, 1785. *Revista Brasileira de História*, vol. 8, n. 16, p. 57-81, 233-249, 1988.

REIS, J. J. *Rebelião escrava no Brasil*: A história do levante dos males na Bahia em 1835. ed. rev. e ampl. São Paulo: Companhia das Letras, 2003.

REIS, J. J. Recôncavo rebelde: Revoltas escravas nos engenhos baianos. *Afro-Ásia*, vol. 15, p. 121-126, 1992.

REIS, J. J. *Slave rebellion in Brazil*: the Muslim Uprising of 1835 in Bahia. Baltimore: The Johns Hopkins University Press, 1993.

REIS, J. J. Tambores e tremores: A festa negra na Bahia na primeira metade do século XIX". *In*: CUNHA, M. C. P. (ed.). *Carnaval e outras f(r)estas*: Ensaios de história social da cultura. São Paulo: Editora da Unicamp, 2002. p. 101-155.

REYNOLDS, E. D. *Jesuits for the negro*. Nova York: America Press, 1949.

RIBAS, O. R. *Santería Yoruba*: magia, culto y sabiduría afroamericana. Madri: Ediciones Karma 7, 2001.

RICARD, R. *The spiritual conquest of Mexico*: an essay on the apostolate and the evangelizing methods of the mendicant orders in New Spain, 1523-1672. Berkeley: University of California Press, 1966.

RICE, T. *May it fill your soul*: experiencing Bulgarian music. Chicago: University of Chicago Press, 1994.

RICHARDS, S. Yoruba gods on the American stage: August Wilson's "Joe Turner's come and gone". *Research in African Literatures*, vol. 30, n. 4, p. 93-105, 1999.

RICHARDSON, D. Slave exports from West and West-Central Africa, 1700-1810: new estimates of volume and distribution. *Journal of African History*, vol. 30, p. 1-22, 1989.

ROBERTS, J. S. *Black music of two worlds*: African, Caribbean, Latin, and African American traditions. 2. ed. rev. Londres: Schirmer, 1998.

ROBINSON, B. Africanisms and the study of folklore. *In*: HOLLOWAY, J. E. (ed.). *Africanisms in American culture*. Bloomington: Indiana University Press, 1990. p. 211-224.

RODRIGUES, N. *O animismo fetichista dos negros bahianos*. Rio de Janeiro: Civilização Brasileira, 1935 [1896].

RODRIGUES, N. *Os africanos no Brasil*. São Paulo: Companhia Editora Nacional, 1932 [1906].

RODRIGUES, N. *Os africanos no Brasil*. São Paulo: Companhia Editora Nacional, 1977 [1906].

RODRÍGUEZ, V. E. Cuban music and black ethnicity: historical considerations. *In*: BÉHAGE, G. (ed.). *Music and black ethnicity*: the Caribbean and South America. New Brunswick: Transaction, 1994. p. 91-108.

ROMÁN, R. *The routes of Cuban spiritism: disciplining man-gods in town and country*. Comunicação apresentada na Conferência do Instituto de Pesquisa Cubano, Florida International University, março de 2002.

ROSS, D. The career of Domingo Martinez in the Bight of Benin, 1833-1864. *Journal of African History*, vol. 6, p. 79-90, 1965.

ROSS, D. The first Chacha of Whydah: Francisco Felix De Souza". *Odu*, vol. 2, p. 19-28, 1969.

ROUSSÉ-GROSSEAU, C. *Mission catholique et choc des modèles culturels en Afrique*: l'exemple du Daomé, 1861-1928. Paris: L'Harmattan, 1992.

RUMFORD, B. T.; WEEKLEY, C. J. *Treasures of American art from the Abby Aldrich Rockefeller Folk Art Center*. Boston: Little, Brown, 1989.

RUSH, D. L. *Vodun vortex*: accumulative arts, histories, and religious consciousnesses along Coastal Benin. 1997. Tese (Doutorado) – Universidade de Iowa, Iowa City, 1997.

RUSSELL-WOOD, A. J. R. Black and mulatto brotherhoods in colonial Brazil. *Hispanic American Historical Review*, vol. 54, n. 4, p. 567-602, 1974.

RYDER, A. F. C. *Benin and the Europeans, 1485-1897*. Londres: Humanities, 1969.

RYDER, A. F. C. Dutch trade on the Nigerian coast during the seventeenth century. *Journal of the Historical Society of Nigeria*, vol. 3, n. 2, p. 195-210, 1965.

SAHLINS, M. *Historical metaphors and mythical realities*: structure in the early history of the Sandwich Islands kingdom. Ann Arbor: University of Michigan Press, 1981.

SALIKOKO, S. M. (ed.). *Africanisms in Afro-American Language*. Athens: University of Georgia Press, 1933.

SAMARA, E. M. A família negra no Brasil. *Revista de História*, vol. 120, p. 27-44, 1989.

SÁNCHEZ DE FUENTES, E. Bailes y canciones. *In*: *Diario de la Marina*: número centenario. Havana: Ucar, García y Cía., 1932. p. 101-102.

SANDOVAL, A. de. *Un tratado sobre la esclavitud*. Madrid: Alianza Editorial, 1987 [1627].

SANTOS, D. M. dos M. D. *História de um terreiro Nagô*: crônica histórica. São Paulo: Carthago and Forte, 1994.

SANTOS, J. E. dos. *Os Nàgô e a morte*: Pàde, Àsésé e o Culto Égun na Bahia. Petrópolis: Vozes, 1986.

SANTOS, J. T. dos. *O dono da terra*: o caboclo nos candomblés da Bahia. Salvador: Sarah Letras, 1995.

SARMENTO, A. *Portugal no Dahomé*. Lisboa: Tavares Cardoso, 1891.

SARRACINO, R. *Los que volvieron a África*. Havana: Editorial de Ciencias Sociales, 1988.

SARUP, M.; RAJA, T. Raja. *Identity, culture, and the postmodern world*. Edimburgo: Edinburgh University Press, 1998.

SAUNDERS, G. Aspects of traditional African-Bahamian culture in the late 19th and early 20th century. *Journal of the Bahamas Historical Society*, vol. 17, p. 2, 1995.

SAUNDERS, G. *Bahamian loyalists and their slaves*. Londres: Macmillan Education, 1983.

SAUNDERS, G. *Slavery in the Bahamas, 1648-1838*. Nassau: The Nassau Guardian, 1990 [1985].

SAUNDERS, H. C. *The other Bahamas*. Nassau: Bodab, 1991.

SCARANO, J. Black brotherhoods: integration or contradiction? *Luso Brazilian Review*, vol. 16, p. 1-17, 1979.

SCHICK, T. *Behold the promised land!* a history of Sierra Leone and Liberia. Madison: University of Wisconsin Press, 1977.

SCHILTZ, M. Yoruba thunder deities and sovereignty: Ara versus Sango. *Anthropos*, vol. 80, p. 67-84, 1985.

SCHOONMAKER, T. (ed.). *Black president*: the art and legacy of Fela Anikulapo Kuti. Nova York: New Museum of Contemporary Art, 2003.

SCHULER, M. *"Alas, Alas, Kongo"*: a social history of indentured African immigration into Jamaica, 1841-1865. Baltimore: The Johns Hopkins University Press, 1980.

SCHWARTZ, R. *Pleasure island*: tourism and temptation in Cuba. Lincoln: University of Nebraska Press, 1997.

SCHWARTZ, S. B. *Sugar plantations in the formation of Brazilian society*: Bahia, 1550-1835. Cambridge: Cambridge University Press, 1985.

SCOTT, F. M. *The star of Ethiopia*: a contribution toward the development of black drama and theatre in the harlem renaissance. *In*: SINGH, A.; SHIVER, W. S.; BRODWIN, S. (ed.). *The harlem renaissance*: revaluations. Nova York: Garland, 1989. p. 257-280.

SCOTT, R. J. *Slave emancipation in Cuba*: the transition to free labor, 1860-1899. Princeton: Princeton University Press, 1985.

SEGUROLA, R. P. B. *Dictionnaire Fon-Français*. Cotonou: Procure de l'Archidiocèse, 1963.

SHARP, W. F. *Slavery on the Spanish frontier*: the Columbian Chocó, 1680-1810. Norman: University of Oklahoma Press, 1976.

SIBTHORPE, A. B. C. *The history of Sierra Leone*. 4. ed. Nova York: Humanities, 1970.

SILVA, V. G. da. *Orixás da metrópole*. Petropólis: Vozes, 1995.

SILVEIRA, R. da. *Iya Nassô Oka, Babá Axipá e Bamboxê Obiticô*: uma narrativa sobre a fundação do Candomblé da Barroquinha, o mais antigo terreiro Ketu na Bahia. Artigo não publicado, 2001.

SILVEIRA, R. da. Pragmatismo e milagres de fé no Extremo Ocidente. *In*: REIS, J. J. (ed.). *Escravidão e invenção da liberdade*: estudos sobre o negro no Brasil. São Paulo: Brasiliense, 1988. p. 166-197.

SIMMONS, W. H. *Notices of east Florida*: a facsimile reproduction of the 1822 edition. Gainesville: University Press of Florida, 1973. (Bicentennial Floridiana Facsimile).

SKINNER, D. E. Islam and trade in Sierra Leone in the nineteenth century. 1971. Tese (Doutorado) – Universidade da Califórnia, Berkeley, 1971.

SKINNER, D. E.; HARRELL-BOND, B. Misunderstandings arising from the use of the term "creole" in the literature on Sierra Leone. *Africa*, vol. 47, n. 3, p. 305-319, 1977.

SKINNER, E. (ed.). *Peoples and cultures of Africa*. Garden City: Natural History Press, 1973.

SLENES, R. W. *"Malungu ngoma vem!"*: África coberta e descoberta do Brasil. *Revista USP*, vol. 12, p. 48-67, 1991-1992.

SLENES, R. W. Lares negros, olhares broncos: histórias de família escrava no século XIX. *Revista Brasileira de História*, vol. 8, p. 89-103, 1988.

SLENES, R. W. The great porpoise-skull strike: Central African water spirits and slave identity in early nineteenth-century Rio de Janeiro. *In*: HEYWOOD, L. (ed.). *Central Africans and cultural transformations in the American diaspora*. Cambridge: Cambridge University Press, 2002. p. 183-208.

SLENES, R. W. *The Lagos consulate, 1851-1861*. Londres: Macmillan, 1978.

SMITH, R. S. *Kingdoms of the Yoruba*. 3. ed. Londres: James Currey, 1988.

SMITH, R. S. *The Lagos consulate, 1851-1861*. Londres: Macmillan, 1978.

SOARES, C. E. L. *A capoeira escrava e outras tradições rebeldes no Rio de Janeiro, 1808-1850*. Campinas: Unicamp, 2001.

SOARES, C. E. L. *A negregada instituição*: os capoeiras na corte imperial, 1850-1890. Rio de Janeiro: Access, 1999.

SOARES, C. E. L. *Zungú*: rumor de muitas vozes. Rio de Janeiro: Arquivo Público do Estado do Rio de Janeiro, 1998.

SOARES, M. de C. Apreço e imitação no diálogo do gentio convertido. *Ipotesi*, vol. 4, n. 1, p. 111-123, 2000a.

SOARES, M. de C. *Devotos da cor*: identidade étnica, religiosidade e escravidão no Rio de Janeiro, século XVIII. Rio de Janeiro: Civilização Brasileira, 2000b.

SOARES, M. de C. *The Mahi-Mina in Rio de Janeiro in the 18th century*. Harriet Tubman Seminar, Universidade York, 2001. Manuscrito não publicado.

SOLOMON, M. (ed.). *Marxism and art*: essays classic and contemporary. Nova York: Knopf, 1973.

SOLÓRZANO FONSECA, J. C. *Comercio exterior de la provincia de Costa Rica (1690-1760)*. 1977. Tese (Licenciatura) – Universidade da Costa Rica, San Pedro, 1977.

SORENSEN-GILMOUR, C. Slave-trading along the lagoons of south-west Nigeria: The Case of Badagry. *In*: LAW, R.; STRICKRODT, s. (ed.). *Ports of the slave trade (Bights of Benin and Biafra)*. Stirling: Centre of Commonwealth Studies, University of Stirling, 1999. p. 84-95.

SOUTHERN, E. *The music of black Americans*: a history. Nova York: Norton, 1997.

SOYINKA, W. *Ake*: the years of childhood. Nova York: Vintage International, 1989.

SOYINKA, W. *Myth, literature, and the African world*. Cambridge: Cambridge University Press, 1992.

SPRINGER, P. E. Orisa and the spiritual baptist religion in Trinidad and Tobago. *In*: SANKERALLI, B. (ed.). *At the crossroads*: African Caribbean religion and Christianity. St. James: Caribbean Conference of Churches, 1995. p. 85-108.

STAUDT MOREIRA, P. R. *Faces da liberdade, máscaras do cativeiro*. Porto Alegre: EDIPUCRS, 1996.

STEARNS, M.; STEARNS, J. *Jazz dance*: the story of American vernacular dance. Nova York: Da Capo, 1994.

STECKEL, R. N.; JENSEN, R. A. New Evidence on the causes of slave and crew mortality in the Atlantic slave trade. *Journal of Economic History*, vol. 46, p. 57-77, 1986.

STEIN, R. L. *The French slave trade in the eighteenth century*: an old regime business. Madison: University of Wisconsin Press, 1979.

STEWART, W. A. Continuity and change in American negro dialects. *In*: DILLARD, J. (ed.). *Perspectives on black English*. Haia: Houton, 1975. p. 233-247.

STONE, R. H. *In Africa's forest and jungle; or, six years among the Yorubans*. Londres: Anderson and Fernier, 1900.

STRICKRODT, S. *"Afro-Brazilians" of the western slave coast in the nineteenth century*. Nova York: Humanity Books, 2004.

STUBBS, J. *Cuba*: the test of time. Londres: Latin American Bureau, 1989.

STUCKEY, S. *Slave culture*: nationalist theory and the foundations of black America. Nova York: Oxford University Press, 1987.

SURGY, A. de. *Le système religieux des évhè*. Paris: L'Harmattan, 1988.

SUTCLIFFE, D.; FIGUEROA, J. *System in black language*. Filadélfia: Multilingual Matters, 1992.

SYLVAIN, S. M. *Le creole haitian*: morphologie et syntaxe. Port-au--Prince: Imprimerie de Meester, 1936.

TAHA, H. *Collecting African American art*: works on paper and canvas. Nova York: Crown, 1998.

TAIWO, O. Music, art, and movement among the Yoruba. *In*: HARVEY, G. (ed.). *Indigenous religions*: a companion. Londres: Cassell, 2000. p. 173-189.

TAVARES, L. H. D. *Comércio proibido de escravos*. São Paulo: Ática; CNPq, 1988.

TAYLOR, W. *Magistrates of the sacred*: priests and parishioners in eighteenth-century Mexico. Stanford: Stanford University Press, 1996.

TEER, B. A. The African American experience: needed a new mythology. *In*: *Proceedings of the First World Conference on Orisa Tradition, Ili-Ife, Nigeria, 1-7 Junho de 1981*. Ifé: Department of African Languages and Literatures, University of Ife, 1981.

The American Heritage Dictionary of the English Language. 4. ed. Boston: Houghton Mifflin, 2000.

The Freeman. Newsletter in the Bahamas National Archives, maio de 1888.

THIEME, D. L. *A descriptive catalogue of Yoruba musical instruments*. 1969. Tese (Doutorado) – Universidade Católica da América, Washington, 1969.

THIEME, D. L. Style in Yoruba music. *Ibadan*, vol. 24, p. 33-39, 1967.

THOMAS, H. *Cuba*: the pursuit of freedom. Nova York: Harper and Row, 1971.

THOMPSON, R. F. African art in motion. *In*: MCCLUSKY, P. (ed.). *Art from Africa*: long steps never broke a back. Princeton: Princeton University Press, 2002. p. 17-60.

THOMPSON, R. F. *Face of the gods*: art and altars of Africa and the African Americas. Nova York: Museum of African Art, 1993.

THOMPSON, R. F. *Flash of the spirit*: African and Afro-American art and philosophy. Nova York: Vintage, 1984.

THOMPSON, R. F. Recapturing heaven's glamour: Afro-Caribbean festivalizing arts. *In*: NUNLEY, J. W.; BETTLEHEIM, J. (ed.). *Caribbean festival arts*: each and every bit of difference. Seattle: University of Washington Press, 1988. p. 17-29.

THOMPSON, R. F. The three warriors: Atlantic altars of Esu, Ogun, and Osoosi. *In*: ABIODUN, R.; DREWAL, J. H.; PEMBERTON, J. (ed.). *The Yoruba artist:* new theoretical perspectives on African art. Washington: Smithsonian Institution Press, 1994. p. 225-239.

THOMPSON, R. F.; CONERT, J. *Four moments of the sun*: Kongo Art in Two Worlds. Washington: National Gallery, 1981.

THORNTON, J. K. *Africa and Africans in the making of the Atlantic World, 1400-1800*. 2. ed. Cambridge: Cambridge University Press, 1998 [1992].

THORPE, E. *Black dance*. Woodstock: Overlook, 1990.

TIDJANI-SERPOS, N. The postcolonial condition: the archeology of African knowledge – from the feat of Ogun and Sango to the postcolonial creativity of Obatala. *Research in African Literatures*, vol. 27, n. 1, p. 3-18, 1996.

TINAJERO, P. T. *Crecimiento económico y transformaciones sociales*: Esclavos, hacendados y comerciantes en la Cuba colonial (1760-1840). Madrid: Ministerio de Trabajo y Seguridad Social, 1996.

TRIMIGHAM, J. S.; FYFE, C. The early expansion of Islam in Sierra Leone. *Sierra Leone Bulletin of Religion*, vol. 2, n. 2, p. 33-40, 1960.

TRINIDADE SERRA, O. *Águas do rei*. Petrópolis: Vozes, 1995.

TURAY, A. K. *Loan words in temne*. 1972. Tese (Doutorado) – University of London, Londres, 1972.

TURNER, J. M. *Les Brésiliens*: the impact of former Brazilian slaves upon Daomé. 1975. Tese (Doutorado) – Universidade de Boston, Boston, 1975.

TURNER, L. D. *Africanisms in the Gullah dialect*. Chicago: University of Chicago Press, 1949.

TURNER, L. D. *Africanisms in the Gullah dialects*. Chicago: University of Chicago Press, 1963.

TURNER, R. John Coltrane: a biographical sketch. *The black perspective in music*, vol. 3, n. 1., p. 3-16, 1975.

ULLMAN, V. *Martin delany*: The Beginnings of Black Nationalism. Boston: Beacon, 1971.

ULRICH, B. *Life and labor in the old south*. Boston: Little, Brown, 1929.

VALDÉS, N. Fidel Castro, charisma, and santeria: Max Weber revisited. *In*: ALLAHAR, A. (ed.). *Caribbean charisma*: reflections on leadership, legitimacy, and populist politics. Boulder: Lynne Rienner, 2001. p. 212-241.

VALDÉS, R. L. *Componentes africanos en el etnos cubano*. Havana: Editorial de Ciencias Sociales, 1985.

VALDÉS, R. L. La sociedad secreta "Abakuá" en un grupo de obreros portuários. *Etnología y Folklore*, vol. 2, p. 5-26, 1966.

VALDÉS, R. L. Notas para el estudio etnohistórico de los esclavos lucumi de Cuba. *Anales del Caribe*, vol. 6, p. 54-74, 1986.

VALDÉS, R. L. Notas para el estudio etnohistórico de los esclavos lucumí en Cuba. *In*: MENÉNDEZ, L. (ed.). *Estudios Afro-cubanos*. Havana: Universidad de la Habana, 1990. vol. 2.

VARGAS, G. R. *Las sociedades del atlántico de Nicaragua en los siglos XVII y XVIII*. Managua: Fondo de Promoción Cultural – BANIC, 1995.

VARGENS, J. B. M.; LOPES, N. *Islamismo e negritude*: da África ao Brasil, da Idade Média aos nossos dias. Rio de Janerio: Setor de Estudos Árabes, 1982.

VASS, W. K. The bantu-speaking heritage of the United States. *In*: HOLLOWAY, J. E. (ed.). *Africanisms in American culture*. Bloomington: Indiana University Press, 1990.

VASS, W. K. *The Bantu-speaking heritage of the United States*. Los Angeles: Center for Afro-American Studies, University of California at Los Angeles, 1979.

VÁZQUEZ MONTALBÁN, M. *Y dios entró en la Habana*. Madrid: Aguilar, 1998.

VÁZQUEZ, L. M. Un cake para Obatalá? *Temas*, vol. 4, p. 38-51, 1995.

VEAL, M. E. *Fela*: The life and times of an African musical icon. Filadélfia: Temple University Press, 2000.

VEGA, M. M. Interlocking African diaspora cultures in the work of Fernando Ortiz. *Journal of Black Studies*, vol. 31, p. 39-50, 2000.

VEGA, M. M. The Yoruba orisha tradition comes to New York city. *African American Review*, vol. 29, n. 2, p. 201-206, 1995.

VÉLEZ, M. T. *Drumming for the gods*: the life and times of Felipe García Villamil, Santero, Palero, and Abakuá. Filadélfia: Temple University Press, 2000.

VÉLEZ, M. T. *The trade of an afrocuban religious drummer*: Felipe Garcia Villamil. 1996. Tese (Doutorado) – Universidade Wesleyan, Middletown, 1996.

VERDERY, K. *National ideology under socialism*: identity and cultural politics in Ceausescu's Romania. Berkeley: University of California Press, 1991a.

VERDERY, K. Theorizing socialism: a prologue to the "transition". *American Ethnologist*, vol. 18, n. 3, p. 419-439, 1991b.

VERDERY, K. *What was socialism and what comes next?* Princeton: Princeton University, 1996.

VERGER, P. *Flux et reflux de la traite des nègres entre le golfe de Bénin et Bahia de Todos os Santos du XVIIe au XIXe siècle*. Paris: Mouton, 1968.

VERGER, P. *Notes sur le culte des Orisa et Vodun, à Bahia, la Baie de tous les Saints, au Brésil et a l'ancienne Cote des Esclaves en Afrique*. Dakar: IFAN, 1957.

VERGER, P. *Orixás*: deuses iorubás na África e no Novo Mundo. São Paulo: Corrupio, 1981.

VERGER, P. *Os libertos*: sete caminhos na liberdade de escravos da Bahia no século XIX. Salvador: Corrupio Fundação Cultural, Estado da Bahia, 1992.

VERGER, P. *Trade relations between the bight of Benin and Bahia, 17th to 19th Centuries*. Ibadan: Ibadan University Press, 1976.

VINUEZA, M. E. *Presencia arará en la música folklórica de Matanzas*. Havana: Casa de las Américas, 1989.

VLACH, J. M. *Back of the big house*: the architecture of plantation slavery. Chapel Hill: University of North Carolina Press, 1993.

VLACH, J. M. *By the work of their hands*: studies in Afro-American folklife. Charlottesville: University of Virginia Press, 1991.

VLACH, J. M. The affecting architecture of the Yoruba. *African Arts*, vol. 10, n. 1, p. 48-53, 1976a.

VLACH, J. M. *The Afro-American tradition in the decorative arts*. Athens: University of Georgia Press, 1980.

VLACH, J. M. The shotgun house: an African architectural legacy. *Pioneer America*, vol. 8, n. 1, p. 47-56 (parte 1); p. 57-70 (parte 2), 1976b.

WAFER, J.; SANTANA, H. R. Africa in Brazil: cultural politics and the candomble religion. *Folklore Forum*, vol. 23, p. 98-114, 1990.

WALKER, J. *The black loyalists*: the search for a promised land in Nova Scotia and Sierra Leone, 1783-1830. Nova York: Africana, 1976.

WARNER-LEWIS, M. Cultural reconfigurations in the African Caribbean. *In*: OKPEWHO, I.; DAVIES, C. B.; MAZRUI, A. A. (ed.). *The African diaspora*: African origins and New World identities. Bloomington: Indiana University Press, 1999. p. 19-27.

WARNER-LEWIS, M. Ethnic and religious plurality among Yoruba immigrants in Trinidad in the nineteenth century. *In*: LOVEJOY, P. E. *Identity in the shadow of slavery*. Londres: Continuum, 2000. p. 113-128.

WARNER-LEWIS, M. Trinidad Yoruba: a language of exile. *International Journal of the Sociology of Language*, vol. 83, p. 9-20, 1990.

WARNER-LEWIS, M. *Trinidad Yoruba*: from mother tongue to memory. Tuscaloosa: University of Alabama Press, 1996.

WARNER-LEWIS, M. Trinidad Yoruba: notes on survivals. *Caribbean Quarterly*, vol. 17, n. 2, p. 40-49, 1971.

WARNER-LEWIS, M. *Yoruba songs of Trinidad with translations.* Londres: Karnak House, 1994.

WATSON, J. F. *Methodist errors.* Trenton: Fenton, 1819.

WESCOTT, J.; MORTON-WILLIAMS, P. The symbolism and ritual context of the Yoruba Laba Shango. *Journal of the Royal Anthropological Institute*, vol. 92, p. 23-37, 1962.

WESTCOTT, J. The sculpture and myths of Eshu-Elegba, the Yoruba Trickster. *Africa*, vol. 32, p. 336-354, 1962.

WILLETT, F. *Ife in the history of west African sculpture.* Londres: Thames and Hudson, 1967.

WILLIAMS, M. *Black theatre in the 1960s and 1970s:* a historical--critical analysis of the movement. Westport: Greenwood, 1985.

WILLIAMS, P. *A guide to African villages in New Providence.* Nassau: Department of Archives, 1991 [1979].

WINANT, H. Race and race theory. *Annual Review of Sociology*, vol. 26, p. 169-185, 2000.

WINTER, M. H. Juba and American minstrelsy: from the shakers to Martha Graham. *In*: MAGRIEL, P. (ed.). *Chronicles of the American Dance*. Nova York: Henry Holt, 1948. [Reimpressão, Nova York: Da Capo, 1978.]

WITTMER, M. African influence on seminole Indian patchwork. *Southeastern College Art Conference Review*, vol. 11, p. 269-275, 1989.

WOKECK, M. Irish and German migration to eighteenth century North America. *In*: ELTIS, D. (ed.). *Coerced and free migration*: global perspectives. Stanford: Stanford University Press, 2002. p. 152-175.

WYSE, A. J. G. On Misunderstandings arising from the use of the term 'creole' in the literature on Sierra Leone. *Africa*, vol. 49, n. 4, p. 408-417, 1979.

WYSE, A. J. G. *The krios of Sierra Leone.* Londres: Hurst, 1989.

YAI, O. B. The identity, contributions, and ideology of the Aguda (Afro-Brazilians) on the Gulf of Benin: a reinterpretation. *Slavery and Abolition*, vol. 22, n. 1, p. 72-82, 2001.

YELVINGTON, K. A. The anthropology of Afro-Latin America and the Caribbean: diasporic dimensions. *Annual Review of Anthropology*, vol. 30, p. 227-260, 2001.

YEMILÓ, O. *Documentos para la historia de Osha-Ifá en Cuba*: tratado enciclopédico de caminos, Odi. [*S. l.*]: Regla, 1997.

YOUNG, R. A. *The Ethiopian manifesto*: Issued in defence of the black man's rights in the scale of universal freedom. Nova York: Robert A. Young, 1829.

ZEIGLER, M. B. Something to Shout About. *In*: LANEHART, S. L. (ed.). *Sociocultural and historical context of African American English*. Amsterdam: John Benjamins, 2001. p. 169-186.

Sobre os autores

Augustine H. Agwuele é licenciado em Alemão, Inglês e Pedagogia pela Universidade Friedrich-Schiller de Iena, Alemanha. Os seus interesses de pesquisa incluem processamento de linguagem natural, sintaxe, fonética e fonologia. Contribuiu com capítulos para vários livros.

Christine Ayorinde tem doutorado em Religião Afro-cubana pelo Centro de Estudos da África Ocidental da Universidade de Birmingham, Reino Unido. Suas publicações atuais e no prelo incluem capítulos nas coletâneas *Identity in the Shadow of Slavery, Control and Resistance in the Century after Emancipation in the Caribbean* e *Repercussions of the Atlantic Slave Trade: The Interior of the Bight of Benin and the African Diaspora*.

Matt D. Childs é professor assistente de História do Caribe na Florida State University. Obteve o seu doutorado em História na Universidade do Texas em Austin (2001). Publicou artigos nos periódicos *Journal of Latin American Studies, The Americas, The Historian* e *History Workshop Journal*.

Gibril R. Cole tem doutorado pela Universidade da Califórnia, em Los Angeles, onde atualmente ensina História de África. Entre seus interesses de pesquisa acadêmica, destacam-se o desenvolvimento da sociedade Krio da Serra Leoa e a diáspora krio, a diáspora africana e o Islã no mundo atlântico.

David Eltis é professor de História da cátedra Robert W. Woodruff na Emory University, em Atlanta. Suas publicações incluem *Rise of African Slavery in the Americas, The Transatlantic Slave Trade: A Database on CD-ROM*, bem como vários artigos nos periódicos *Journal of African History, Economic History Review* e *Journal of*

Economic History. É o editor de *Coerced and Free Migrations: Global Perspectives and Slavery in the Development of the Americas* e co-editor dos quatro volumes da *Cambridge World History of Slavery*.

Toyin Falola é professor de História da Cátedra Frances Higginbothom Nalle Centennial da Universidade do Texas em Austin. Entre suas obras publicadas, destacam-se *Key Events in African History: A Reference Guide*, *Nationalism and African Intellectuals* e vários volumes editados, incluindo *Tradition and Change in Africa* e *African Writers and the Readers*. É coeditor do *Journal of African Economic History* e editor das séries *Rochester Studies in African History and the Diaspora* e *Culture and Customs of Africa*.

C. Magbaily Fyle é professor de História da África no Departamento de Estudos Africanos e Afro-Americanos da Universidade Estadual de Ohio. Suas publicações incluem *The History of Sierra Leone: A Concise Introduction* e o livro de dois volumes *Introduction to the History of African Civilization*.

Rosalyn Howard é professora assistente de Antropologia na Universidade da Flórida Central. É especialista na diáspora africana, com foco na região do Caribe e nas relações entre africanos e indígenas americanos. Entre seus trabalhos publicados, destaca-se *Black Seminoles in the Bahamas*.

Robin Law é professor de História Africana na Universidade de Stirling, Escócia. Suas publicações incluem *The Oyo Empire c. 1600-c.1836* e *The Slave Coast of West Africa, 1550-1750*. Ele editou *From Slave Trade to "Legitimate" Commerce: The Commercial Transition in Nineteenth-Century West Africa* e coeditou, com Silke Strickrodt, *Ports of the Slave Trade*.

Babatunde Lawal recebeu seus títulos de mestrado e doutorado em História da Arte pela Universidade de Indiana. Ele é professor de Arte Africana e Afro-americana no Departamento de História da Arte da Virginia Commonwealth University, em Richmond. É autor de *The Gelede Spectacle: Art, Gender, and Social Harmony in an African Culture*. Faz parte dos conselhos editoriais dos periódicos *Art Bulletin, CAA Reviews* e *Nineteenth Century Art Worldwide*, entre outros.

Russell Lohse é doutor em História na Universidade do Texas em Austin. Ele é autor de "Slave-Trade Nomenclature and African Ethnicities in the Americas: Evidence from Early Eighteenth-Century Costa Rica", artigo publicado na *Slavery and Abolition* (v. 23, n. 3).

Paul E. Lovejoy é professor e pesquisador emérito do Departamento de História da Universidade de York, Canadá, e membro da Royal Society of Canada. Ele detém a Cátedra canadense de Pesquisa em História da Diáspora Africana e é diretor do Centro de Recursos Harriet Tubman sobre a Diáspora Africana em York. É autor ou editor de mais de 20 livros e escreveu mais de 55 artigos e capítulos em livros editados. É coautor, com Robin Law, de *The Biography of Mahommah Gardo Baquaqua: His Passage from Slavery to Freedom in Africa and America.*

Beatriz Gallotti Mamigonian é professora de História na Universidade Federal de Santa Catarina. Doutorou-se pela Universidade de Waterloo após concluir um estudo que analisou a experiência de africanos libertados no Brasil do século XIX.

Robin Moore concluiu seu doutorado em Etnomusicologia na Universidade do Texas em Austin. Ele é professor associado da Faculdade de Música da Temple University, na Filadélfia. Entre suas publicações, destacam-se *Nationalizing Blackness: Afrocubanismo and Artistic Revolution in Havana, 1920-1940*, além de artigos nos periódicos *New Grove Dictionary of Music and Musicians, Ethnomusicology* e *Latin American Music Review*, entre outros.

Ann O'Hear é pesquisadora independente que trabalha na área editorial. Por dez anos, lecionou História na Kwara State Polytechnic, em Ilorin, Nigéria. É especialista na história do Emirado de Ilorin e dos estados e povos da confluência dos Rios Níger e Benué; e publicou estudos sobre escravidão e outras formas de dependência, indústrias artesanais e historiografia. Ela é autora de *Power Relations in Nigeria: Ilorin Slaves and Their Successors* e, de 1992 a 2002, foi coeditora da revista *African Economic History*.

Luis Nicolau Parés é doutor em Religião Afro-brasileira pela School of Oriental and African Studies, da Universidade de Londres, e é pesquisador visitante da Universidade Federal da Bahia, onde faz estudos sobre história e religião afro-baiana. É autor de artigos como "The Jeje in Bahian Candomblé and the Tambor de Mina of Maranhão" e "Transformations of the Sea and Thunder Voduns in the Gbe-speaking Area and in the Bahian Jeje Candomblé".

João José Reis é professor de história na Universidade Federal da Bahia. Dois de seus livros foram traduzidos para o inglês: *Slave Rebellion in Brazil: The 1835 Muslim Uprising in Bahia* e *Death Is a Festival: Funerary Rituals and Popular Rebellion in Nineteenth-Century Brazil.*

Michele Reid é doutora e examinou em sua tese as maneiras como as pessoas livres de ascendência africana lidaram com as complexidades da sociedade escravista cubana após a repressão da Conspiração de La Escalera, em 1844, até o início da Guerra dos Dez Anos, em 1868. Entre seus temas de pesquisa, destacam-se estudos sobre pessoas racializadas nas Américas e sobre construção e política de identidade, raça, gênero e imigração.

Kevin Roberts é professor assistente de História na Universidade Estadual do Novo México. Obteve seu doutorado em História Colonial dos Estados Unidos e do Atlântico na Universidade do Texas em Austin. Com Toyin Falola, coeditou *The Atlantic World, 1450-2000* e publicou artigos sobre a formação da identidade Bambara na Louisiana dos séculos XVIII e XIX e sobre as práticas iorubanas de parentesco na diáspora africana.

Mariza de Carvalho Soares é professora associada do Departamento de História e do Programa de Pós-Graduação em História da Universidade Federal Fluminense. Entre suas publicações, destaca-se *Devotos da cor: identidade étnica, religiosidade e escravidão no Rio de Janeiro (século XVIII)*. Também coeditou *A história vai ao cinema.*

ÍNDICE

A

Abeokuta 87, 99, 101, 102, 103, 104, 109, 111, 113, 114, 118, 119, 517, 536, 537, 538, 576, 577, 579
adivinhação 323, 324, 325, 326, 328, 329, 330, 331, 332, 341, 362, 366, 473, 493, 519
África do Sul 36
África Ocidental 29, 37, 38, 39, 44, 46, 59, 72, 75, 93, 125, 126, 129, 130, 138, 141, 158, 165, 168, 172, 174, 177, 178, 180, 182, 188, 208, 227, 238, 254, 264, 267, 270, 272, 273, 274, 283, 284, 287, 296, 316, 318, 320, 323, 324, 325, 329, 331, 336, 343, 350, 352, 356, 357, 361, 365, 377, 378, 379, 387, 388, 424, 438, 442, 451, 452, 473, 475, 476, 477, 478, 480, 481, 485, 487, 488, 489, 496, 503, 504, 505, 506, 509, 510, 514, 520, 522, 524, 525, 528, 530, 531, 551, 552, 553, 568, 573, 575
Akoko 100, 101, 102, 108, 183, 438
Aku 76, 79, 523, 532, 534, 535, 536, 537, 541, 542
Alcorão 156, 166, 167, 363, 564
alforria 87, 145, 147, 162, 166, 168, 170, 172, 175, 505
Alto Peru 181
América Central 25, 28, 32, 33, 201, 205, 210, 235, 423
América do Sul 125, 181, 439, 476

Anago 284, 438
Angola 36, 72, 86, 125, 130, 148, 171, 181, 225, 247, 279, 280, 285, 286, 287, 289, 306, 312, 350, 359, 365, 371, 424
antagonismo afro-crioulo 312
Arawak, povo 450
Armenteros, Enrique Hernández 391, 410
arquitetura 37, 387, 389, 439, 450, 451, 519, 525
artes visuais 37, 439, 454, 456, 469
Askia, Mohammed 457

B

Bahamas 33, 241, 242, 249, 254, 255, 256, 257, 258, 259, 261, 262, 263, 264, 265, 266, 448, 490
Bahia 25, 27, 29, 30, 31, 34, 47, 57, 58, 63, 69, 70, 73, 76, 81, 84, 85, 87, 92, 125, 126, 127, 128, 129, 130, 131, 132, 133, 134, 135, 136, 137, 139, 141, 142, 143, 145, 147, 148, 149, 150, 151, 153, 154, 155, 157, 158, 159, 160, 161, 162, 164, 165, 166, 167, 169, 172, 174, 175, 268, 279, 280, 282, 284, 285, 286, 289, 294, 295, 296, 298, 305, 306, 307, 308, 310, 312, 349, 350, 351, 352, 353, 356, 358, 359, 360, 361, 362, 363, 365, 366, 367, 370, 381, 383, 504, 505, 507, 509, 510, 511, 512, 514, 520, 521, 523, 576

653

baianos, comerciantes 126, 143, 356
Bastão, dança do 441
Batistas 253, 254
Behrendt, Stephen D. 21, 45, 50, 54, 56, 66, 69
Benim 26, 31, 34, 43, 45, 46, 48, 49, 52, 53, 54, 55, 56, 59, 60, 61, 62, 63, 64, 65, 66, 69, 73, 75, 76, 77, 80, 81, 83, 84, 97, 178, 179, 205, 207, 209, 218, 237, 254, 268, 273, 280, 316, 356, 437, 438, 447, 510, 514, 520, 521, 525
Bida 99, 101, 102, 106, 112, 120
Black Arts, movimento 466
Brasil 21, 25, 26, 27, 28, 29, 30, 31, 33, 34, 35, 37, 58, 63, 70, 71, 78, 84, 110, 111, 114, 125, 126, 128, 129, 130, 132, 137, 141, 143, 147, 149, 150, 151, 158, 159, 160, 161, 162, 164, 165, 167, 172, 174, 175, 183, 201, 210, 251, 268, 279, 282, 287, 288, 293, 295, 302, 309, 311, 317, 330, 335, 349, 350, 351, 352, 353, 354, 356, 358, 359, 362, 363, 365, 366, 369, 370, 372, 376, 380, 381, 382, 383, 384, 388, 447, 449, 453, 460, 461, 473, 474, 477, 487, 490, 494, 503, 504, 505, 506, 507, 509, 511, 513, 514, 515, 517, 519, 520, 521, 522, 524, 525, 529, 530
bruxaria 238, 319, 343
Buenos Aires 33, 181

C

Cabala 253
Cabildos de nación 185, 187, 188, 189, 190, 192, 194, 195, 200, 317, 384, 385, 411
Cabo Verde 354, 358, 361, 490
Camarões 121, 241, 358

candomblé 31, 152, 162, 164, 174, 251, 281, 286, 288, 295, 337, 365, 366, 367, 368, 371, 384, 388, 453, 473, 494
Candomblé 33, 34, 279, 280, 281, 282, 283, 286, 287, 288, 289, 290, 291, 292, 293, 294, 296, 297, 298, 299, 300, 301, 303, 307, 308, 310, 311, 312, 313, 361, 366, 369
candomblé, adeptos do 487
Caribe Britânico 28, 33, 61, 69, 70, 71, 241, 255, 257, 262, 265, 266, 385, 387
Caribe Espanhol 69, 181
Caribe Francês 70, 76, 115
Caribe Francófono 85
Carnaval de Trinidad 254
Carolina do Sul 310, 441, 442, 460, 492
Cartagena 181, 203, 215
casas de culto 280, 289, 292, 304, 306, 312, 332, 402
Castro, Fidel 35, 401, 432
catolicismo 162, 164, 191, 192, 247, 250, 252, 253, 266, 272, 273, 274, 309, 334, 338, 382, 388, 392, 402, 519, 520, 523
Centro de Investigação e Desenvolvimento da Música Cubana (CIDMUC) 424
cerimônia de nomeação 547
Changó 316, 319, 320, 321, 322, 323, 324, 327, 331, 335, 338, 340, 392, 398, 401, 421, 429
Christianus Quintus 205, 209, 212, 213, 214, 219, 238
Church Missionary Society 94, 101, 103, 536, 551
cinestesia 487
classe média cubana 197
Cobolo 556, 558, 560, 561, 562, 564

Cole, Gibril 38, 539

comércio 21, 22, 28, 30, 31, 33, 34, 38, 43, 45, 46, 55, 57, 61, 64, 69, 73, 75, 79, 80, 81, 82, 88, 93, 97, 98, 100, 107, 113, 114, 115, 116, 117, 120, 121, 125, 126, 127, 128, 130, 131, 132, 141, 143, 149, 150, 165, 169, 174, 178, 179, 184, 185, 201, 203, 208, 235, 239, 242, 246, 249, 260, 267, 268, 285, 305, 321, 350, 351, 352, 353, 356, 357, 358, 365, 379, 386, 398, 438, 442, 472, 503, 504, 507, 509, 510, 513, 515, 520, 525, 527, 528, 531, 540, 554, 557, 572, 573, 574, 575, 576, 577, 578

consciência dupla 469

Costa dos Escravizados 53, 57, 58, 60, 61, 63, 72, 98, 114, 202, 203, 205, 207, 209, 210, 212, 216, 217, 218, 219, 221, 225, 227, 229, 230, 234, 237, 238, 241, 503, 506, 510, 517

Costa Rica 32, 201, 202, 204, 205, 206, 209, 215, 216, 218, 219, 221, 222, 223, 224, 226, 227, 228, 230, 232, 233, 237, 238, 239

crioulo jamaicano 478, 483

Cristianismo 519

Crowther, Ajayi 100, 109, 110, 537

Cuba 21, 25, 27, 28, 29, 30, 31, 33, 35, 37, 61, 69, 70, 72, 73, 76, 79, 81, 84, 114, 115, 125, 177, 178, 179, 180, 181, 183, 184, 185, 187, 188, 189, 190, 192, 195, 196, 197, 199, 200, 201, 251, 254, 268, 271, 310, 315, 316, 317, 318, 319, 320, 321, 323, 324, 325, 326, 327, 329, 330, 332, 333, 334, 335, 336, 337, 338, 339, 341, 342, 343, 344, 345, 346, 357, 376, 380, 381, 384, 385, 388, 391, 393, 394, 395, 397, 398, 399, 400, 401, 405, 408, 412, 414, 416, 417, 420, 421, 423, 425, 429, 430, 433, 434, 440, 450, 452, 453, 455, 457, 459, 460, 463, 473, 474, 477, 488, 490, 494, 503, 504, 513, 516, 524, 525, 576

cultura crioula 226, 239, 296

cultura escravizada 175, 268

cultura popular 196, 197, 405, 406, 549

cultura urbana 528, 550

D

dança 37, 177, 190, 195, 196, 197, 198, 199, 265, 274, 327, 343, 392, 397, 398, 399, 404, 405, 407, 419, 421, 424, 426, 429, 431, 434, 439, 441, 443, 444, 445, 446, 447, 448, 458, 497, 544

Daomé 26, 27, 53, 55, 58, 61, 62, 78, 79, 81, 98, 102, 131, 135, 178, 179, 180, 182, 208, 241, 269, 270, 272, 273, 275, 283, 284, 294, 305, 306, 341, 354, 355, 358, 424, 426, 447, 503, 505, 506, 508, 509, 510, 514, 522

demografia 248, 258, 261, 290

descendência 20, 186, 323, 326, 378, 504, 506, 538

Dinamarca 205

Du Bois, W. E. B. 20, 456, 457, 469, 471

Durnham, Katherine 458

E

Egba 26, 72, 94, 99, 102, 103, 104, 107, 111, 112, 113, 136, 183, 263, 286, 334, 438, 440, 515, 517, 553

Egungun 254, 264, 447, 460, 546

Ekiti 100, 101, 103, 104, 105, 108, 183, 319, 438

Elegguá 322, 323, 327, 331, 398, 399, 403

Eltis, David 21, 23, 28, 43, 75, 80, 96, 97, 108, 126, 268, 271, 439

Epe 53, 54, 55, 56, 59, 62, 81, 118

Epo 100, 105

escarificação 31, 133, 134, 135, 150

escravidão 22, 23, 24, 27, 31, 32, 35, 38, 43, 70, 97, 100, 102, 104, 107, 110, 111, 120, 121, 128, 131, 135, 137, 139, 140, 145, 147, 149, 151, 158, 162, 167, 174, 175, 178, 181, 182, 186, 188, 195, 202, 210, 215, 216, 220, 222, 224, 227, 230, 232, 239, 242, 244, 247, 248, 249, 250, 252, 255, 256, 257, 259, 264, 265, 267, 269, 271, 272, 273, 274, 295, 309, 317, 326, 339, 357, 365, 368, 373, 375, 376, 377, 378, 379, 383, 384, 385, 388, 389, 394, 395, 444, 462, 464, 475, 476, 489, 496, 504, 519, 542, 551, 554, 557, 568

escravização 28, 30, 47, 58, 85, 88, 90, 93, 94, 95, 97, 98, 99, 103, 104, 105, 107, 108, 109, 120, 121, 135, 216, 219, 228, 238, 247

escravizados fugitivos 134, 148, 152

Espanha 31, 178, 180, 181, 184, 188, 190, 195, 240, 242, 250, 256, 317, 394, 401, 452

esusu (clube de poupança) 147, 549

Etiópia 36, 424, 457

Etnocentrismo 292, 299

F

Findlay, Alexander 556

Flórida 254, 256, 452, 454, 455, 470, 473, 492

Freetown 100, 110, 504, 523, 528, 529, 530, 531, 532, 533, 534, 535, 536, 537, 538, 539, 541, 542, 545, 546, 552, 553, 555, 556, 557, 558, 559, 561, 562, 563, 564, 565, 568, 569, 570, 572, 573, 574, 575, 576, 577, 578

Freyre, Gilberto 21

G

Gâmbia 46, 442, 561, 573, 574

Gana 205, 241, 264, 281, 446, 505

Gbebe 115

Gelede 334, 339, 580

gênero, papéis de 35, 374, 389

Gilroy, Paul 23, 293

Goiás 127, 165

Golfo de Benim 50, 80, 81, 84, 85, 86, 87, 88, 89, 91, 94, 125, 126, 128, 130, 174, 180, 203, 241, 267, 268, 269, 270, 273, 349, 350, 351, 353, 354, 357, 358, 360, 376, 440, 450, 452, 455, 503, 506, 507, 508, 509, 510

Golfo do Biafra 45, 49, 50, 115, 206, 211, 241

Gomez, Michael 23

Grã-Bretanha 46, 114, 126, 263, 472, 516, 518, 537, 543

Guerra Cobolo 559

Guerra de Owu 87, 531, 553, 554

Gullah 478, 484, 485

Gwandu 99, 113

H

Haiti 28, 182, 251, 254, 267, 268, 269, 271, 272, 273, 274, 388, 450, 451, 452, 453, 460, 463, 473, 479

Hauçá 63, 77, 83, 86, 94, 95, 98, 119, 131, 137, 148, 151, 155, 156, 157, 165, 241, 358, 510, 512, 513, 517

Herskovits, Melville 20, 244, 251
historiografia 349, 383, 530
Honduras 235, 236
Huet, Michel 443

I

Ibadan 87, 99, 101, 102, 103, 104, 105, 107, 108, 109, 113, 116, 117, 118, 119, 334, 461, 518, 553, 576
Ibeji 323
Ibo 535
Iemanjá 194, 200, 252, 316, 319, 439, 458, 461, 464
Ifá 307, 319, 324, 325, 329, 330, 331, 332, 339, 340, 341, 342, 344, 366, 396, 473, 495, 519
Igbolo 100
Igbomina 100, 104, 135, 438
Igreja Anglicana 519
Igreja Católica 36, 192, 231, 240, 285, 363, 365, 382, 384, 385, 423, 425, 429, 433, 435, 519, 523
Igreja de Santa Efigênia 359, 360, 364, 368
Igreja de Santa Ifigênia 360
Ijaye 99, 102, 104, 105, 118, 518
Ijebu 26, 78, 87, 94, 100, 103, 104, 110, 111, 113, 118, 119, 133, 135, 179, 182, 283, 438, 440, 553, 554, 576
Ijexá 72, 94, 100, 103, 104, 105, 108, 135, 280, 286, 333, 438, 440, 512, 518
Ijuba 447, 448
Ikoyi 554
Ilorin 30, 88, 95, 99, 100, 101, 102, 105, 106, 108, 112, 113, 118, 119, 120, 121, 157, 178, 554
Império de Oió 27, 32, 99, 182, 316, 553
Inle 323, 327

Instituto Cubano de Amistad con los Pueblos (Icap) 425
Instituto de Folclore e Etnologia 418
Iorubabônico 495
Iorubalândia 26, 27, 28, 30, 31, 34, 38, 76, 93, 95, 97, 99, 106, 107, 108, 114, 115, 116, 117, 119, 121, 131, 132, 135, 138, 141, 145, 151, 164, 171, 178, 179, 180, 181, 182, 186, 208, 210, 218, 219, 223, 238, 272, 273, 275, 281, 282, 311, 313, 318, 319, 320, 321, 331, 333, 371, 377, 378, 380, 381, 383, 387, 388, 437, 443, 453, 460, 461, 465, 472, 473, 489, 499, 503, 504, 512, 514, 524, 525, 535, 536, 537, 552, 554, 568, 575, 577, 578, 580, 581
irmandades 162, 163, 164, 286, 357, 381, 383, 385
Iseyin 100, 110, 512, 554
Islã 27, 29, 31, 38, 77, 87, 95, 155, 157, 158, 162, 167, 365, 369, 381, 442, 443, 521, 522, 551, 552, 554, 559, 565, 566, 570, 572, 579, 581
islamismo 77, 151, 316, 339, 364, 459, 519, 521, 522, 525, 534, 552, 558, 564, 565, 566, 568, 572, 579, 581
Iwo 100, 554

J

Jakin 54, 55, 56, 81, 127
Jakuta 218
Jamaica 27, 67, 69, 70, 236, 237, 268, 376, 384, 477, 479, 530, 553
Jeje 80, 83, 86, 131, 135, 136, 137, 148, 158, 160, 164, 279, 280, 285, 286, 287, 288, 289, 290, 291, 295, 312, 361, 371
Jesus Cristo 224, 252, 337, 432, 570, 581

jihad 29, 87, 90, 95, 99, 155, 285, 380, 503, 554

Johnson, James 103, 113, 116, 119

Johnson, Samuel 26, 101, 107, 116, 118, 135, 147, 473

Journal of Negro History 20

Juba 446, 449

K

Ketu 27, 280, 282, 288, 294, 295, 304, 305, 306, 307, 308, 366, 368, 369, 370, 438, 440, 553

King, Walter Eugene 459, 460

Krio 37, 527, 528, 529, 532, 535, 539, 540, 541, 542, 543, 545, 547, 548, 549, 581

Kurunmi 99, 105, 109, 118

Kuwo 554

L

Lagos 27, 52, 54, 56, 57, 58, 59, 60, 61, 62, 63, 64, 70, 81, 82, 87, 89, 98, 102, 103, 104, 110, 112, 113, 114, 118, 126, 178, 285, 293, 294, 295, 296, 334, 349, 367, 369, 459, 503, 507, 508, 510, 511, 513, 515, 516, 517, 518, 520, 521, 522, 524, 573, 575, 577, 578

Law, Robin 23, 27, 37, 38, 76, 208, 351, 355, 503

libação 142

Lokoja 115

Louisiana 71, 85, 271, 362, 388, 440, 450, 453

L'Ouverture, Toussaint 457, 463

Lovejoy, Paul 21, 23, 24, 29, 51, 74, 130, 220, 229, 370, 372, 439

Lucumi 25, 26, 27, 28, 29, 32, 44, 48, 61, 75, 76, 78, 79, 83, 94, 177, 184, 186, 187, 188, 195, 200, 202, 203, 207, 208, 210, 220, 238, 316,

317, 318, 351, 357, 385, 388, 440, 473, 492, 494, 524

Lunda 72

M

Mamigonian, Beatriz Gallotti 35

Mann, Kristin 20

Maroons 530, 532, 533, 538, 539, 541, 543, 553

marxismo 426

Maryland 442

migração 20, 24, 37, 39, 43, 44, 49, 65, 71, 75, 81, 94, 126, 271, 334, 350, 365, 504, 548

Miller, Joseph 23

Mina 31, 35, 79, 80, 81, 83, 86, 125, 126, 127, 128, 131, 148, 165, 166, 168, 169, 170, 171, 172, 173, 174, 188, 206, 211, 216, 222, 225, 228, 230, 232, 234, 284, 294, 349, 350, 351, 352, 354, 357, 358, 359, 360, 361, 362, 363, 364, 365, 368, 369, 370, 371, 507

Minas Gerais 127, 167, 350, 352, 356, 362

Mintz, Sidney 22, 227, 251, 282

Missão Católica Francesa 511

Missão do Níger 551

missionários 38, 246, 247, 262, 453, 519, 520, 525, 533, 537, 551, 552, 555, 556, 565, 568, 579

missionários batistas 262

Moçambique 36, 354, 359, 360, 531

moradia 47

Muçulmanos 555, 572, 575

muçulmanos de Fourah Bay 569

música 35, 163, 177, 195, 196, 197, 198, 199, 253, 265, 298, 343, 389, 391, 392, 393, 394, 396, 397, 398, 399, 403, 405, 406, 408, 411, 412, 418, 419, 421, 422, 423, 424, 426,

429, 431, 434, 442, 458, 468, 489, 497, 528, 543
música popular 396, 399, 426, 431
música religiosa 393, 397, 399, 403, 405, 412, 418, 421, 422, 423, 434
música sacra 391, 394

N

Nicarágua 204, 205, 223, 235, 423
Nigéria 21, 29, 72, 87, 98, 108, 112, 121, 178, 219, 241, 254, 265, 273, 294, 306, 309, 315, 316, 334, 335, 338, 341, 342, 344, 358, 425, 437, 438, 440, 441, 446, 451, 459, 461, 463, 468, 480, 490, 492, 493, 495, 496, 499, 506, 509, 520, 529, 535, 536, 537, 549, 573, 575, 577, 578
Níger, Rio 26, 115, 320, 438, 537
Novo Mundo 21, 22, 23, 25, 26, 27, 28, 29, 32, 33, 35, 36, 39, 43, 44, 53, 66, 73, 97, 121, 133, 175, 178, 179, 184, 187, 191, 193, 200, 203, 228, 232, 242, 243, 244, 245, 247, 248, 249, 251, 267, 268, 270, 272, 273, 274, 315, 373, 374, 375, 376, 377, 378, 379, 380, 382, 384, 385, 387, 388, 440, 444, 472, 473, 475, 476, 477, 489, 490, 491, 496, 499
Nupe 83, 86, 88, 90, 95, 98, 99, 101, 102, 104, 108, 120, 131, 136, 155, 165, 510, 512, 513, 517, 580
Nupe-Fulani 99, 101

O

Obatalá 319, 320, 322, 323, 324, 327, 398, 401, 403, 431
Ochún 319, 320, 322, 323, 324, 327, 328, 330, 334, 336, 398, 427, 431
Ocidentalização 533
Odua 323

oferendas rituais 279
Offra 54, 56, 59, 61, 64, 81
Ogbomoso 554
Ogboni 186, 332
Ogum 133, 134, 151, 178, 252, 273, 319, 321, 334, 335, 366, 439, 447, 463, 467
Oió 26, 27, 30, 31, 44, 49, 52, 55, 58, 62, 65, 77, 78, 79, 81, 87, 94, 95, 97, 98, 99, 100, 103, 104, 105, 107, 110, 121, 131, 132, 133, 134, 135, 136, 139, 151, 153, 157, 167, 174, 178, 180, 181, 182, 183, 185, 208, 269, 282, 283, 284, 285, 286, 305, 306, 316, 321, 325, 328, 331, 332, 333, 335, 353, 354, 355, 368, 380, 438, 440, 450, 453, 507, 512, 513, 518, 523, 531, 553, 554, 576
Oko 135, 141, 319, 327
Oku 532, 556, 574
Okun 88, 95
Olodumarê 192, 337, 438
Olofi 192, 320, 323, 337, 338
Olofim 192, 327, 337, 342
Olokun 320, 322, 323, 324, 334, 492, 500
Olorum 132, 133, 192, 337, 428
Olugebefola 466
Ondo 109, 118, 135, 362, 438
oráculo 319, 329
Oricha 319, 327
Orixás 27, 132, 151, 153, 164
Ortiz, Fernando 21, 316, 397, 411, 412, 422, 430
Orula 319, 321, 325, 327, 329, 330, 331
Osun 323
Owu 94, 95, 99, 111, 182, 531, 553, 554
Oxum 193, 273, 291, 319, 439, 464, 467, 468, 490, 493

P

padrões de fala afro-americanos 484
Panamá 203, 204, 205, 213, 223, 492
parentesco 35, 218, 227, 239, 281,
287, 339, 373, 374, 375, 377, 378,
379, 380, 381, 382, 383, 384, 385,
386, 387, 388
Partido Comunista 393, 399, 401,
408, 409, 419, 426, 430
pena de morte 159
percussão 286, 397, 419, 424, 427,
429, 488
Porto Novo 54, 55, 56, 57, 58, 59,
64, 79, 81, 82, 89, 103, 113, 126,
127, 131, 180, 285, 296, 505, 507,
508, 510, 513, 521, 522
possessão 246, 262, 279, 328, 335,
487, 488
possessão de espíritos 279
Pratt, I. B. 541
Price, Richard 22, 227
Punta Carreto 205
pureza 194, 281, 282, 293, 297, 299,
300, 301, 302, 303, 304, 306, 308,
309, 311, 312, 313

Q

Quartus, Fredericus 205, 212, 213,
214, 219, 238

R

rádio cubana 397
Rainha de Sabá 457
Regla de Ifá 325, 332
Regla de Ocha 191, 315, 316, 317,
318, 321, 323, 330, 332, 338, 340,
344
religião dos orixás 250, 251, 252,
253, 254, 265, 371, 460
repatriação 70

República Democrática do Congo
455
resgatados 38, 47, 50, 52, 70, 79, 85,
112, 210, 344, 531, 532, 534, 536,
539, 549, 553, 565, 575, 576, 577,
578, 579, 580
Revolta dos Malês 31, 155, 160, 286
Revolução Cubana 35, 197, 401
Revolução Haitiana 71, 128, 267,
270, 271, 272
Richardson, David 21, 45, 74
Rio da Prata 66, 181
Rio de Janeiro 31, 34, 70, 125, 127,
135, 159, 164, 165, 166, 167, 168,
170, 171, 172, 174, 175, 210, 296,
307, 349, 350, 351, 352, 353, 354,
355, 356, 357, 358, 359, 360, 361,
362, 363, 364, 365, 366, 367, 368,
369, 370, 371, 372
ritos fúnebres 262
ritual 142, 198, 227, 280, 284, 288,
289, 294, 300, 301, 304, 315, 321,
324, 325, 326, 327, 332, 333, 338,
339, 342, 345, 366, 367, 392, 394,
396, 407, 411, 422, 466, 468, 547
Rodrigues, Nina 21, 155, 158, 282,
290, 296

S

Santeria 32, 33, 35, 72, 177, 187,
191, 192, 193, 194, 196, 197, 198,
199, 200, 251, 310, 315, 316, 319,
321, 326, 331, 333, 337, 338, 339,
340, 344, 345, 346, 347, 388, 392,
393, 394, 395, 396, 397, 398, 399,
400, 402, 404, 409, 410, 413, 414,
415, 417, 419, 421, 425, 427, 429,
430, 431, 433, 447, 453, 458, 459,
460, 473, 494, 495
santos 162, 163, 164, 191, 192, 193,
194, 246, 252, 309, 311, 317, 324,

333, 334, 337, 340, 344, 399, 430, 435, 458, 460, 462

santos negros 162

Santuário 447

São Domingos 29, 63, 69, 71, 85, 181, 267, 268, 269, 270, 271, 273, 376, 384

São Tomás 205, 213

Saro, muçulmanos 114, 118, 513, 576, 577

Scott, Freda 457

Seminole 455, 470

Serra Leoa 27, 35, 37, 38, 47, 49, 66, 70, 72, 76, 79, 81, 94, 110, 112, 114, 115, 168, 376, 463, 476, 504, 511, 513, 514, 516, 517, 523, 525, 527, 528, 529, 531, 538, 539, 540, 542, 546, 549, 552, 553, 554, 557, 558, 561, 562, 572, 574, 578

Shitta, Mohammed 577, 578

socialismo 198, 428, 433

Sokoto 99, 113, 380, 503

T

The negro(Du Bois) 20

The old plantation 441, 442

The Old plantation 443

The slave ship (1967) 461, 462, 463

The slave trade
a census (Curtin) 21

The Winds of Orisha, (Audre Lorde) 464

Thieme, Darius 443

Thomas, James 108, 115

Thornton, John 23, 269

Togo 205, 209, 237, 280, 437, 438, 440, 446, 506, 509

tradição oral 245, 281, 288, 295, 340, 351, 367, 368, 539

tráfico escravista 21, 22, 24, 27, 28, 30, 33, 35, 38, 44, 46, 55, 57, 58,

63, 69, 70, 72, 83, 89, 91, 93, 98, 103, 107, 112, 113, 114, 115, 117, 121, 125, 126, 131, 132, 172, 178, 179, 180, 203, 210, 243, 283, 284, 294, 305, 317, 331, 355, 357, 373, 374, 380, 385, 387, 439, 450, 503, 509, 511, 515, 516, 528, 530, 532, 554

tráfico transatlântico 22, 31, 38, 39, 45, 48, 58, 75, 114, 150, 211, 241, 269, 376, 377, 551

tráfico transatlântico de escravizados 31, 38, 39, 48, 75, 150, 376, 377, 551

travessia do Atlântico 531

Trupe Nacional de Folclore 405, 408

U

Uidá 46, 52, 53, 54, 55, 56, 57, 58, 59, 60, 61, 62, 64, 81, 82, 83, 114, 126, 127, 131, 179, 209, 217, 218, 273, 283, 285, 349, 353, 355, 503, 505, 506, 507, 510, 511, 512, 513, 514, 520, 521, 524

União Soviética 36, 199, 402, 428

V

velórios 262

vodu 217, 283, 291, 366, 367, 403, 404

voodu 251, 463

W

Waterloo 532, 553, 555, 556, 558, 560, 561, 563, 577, 580

Wating, Reverendo C. E. 106, 107

Wilhem, Godfrey 556

Will, Thomas 533, 576

Winant, Howard 19

Woodruff, Hale 465

Woodson, Carter G. 20

X

Xangô 132, 151, 153, 186, 194, 217, 218, 219, 250, 252, 254, 281, 282, 296, 298, 305, 306, 316, 319, 325, 331, 333, 335, 336, 392, 439, 453, 457, 458, 462, 464, 465, 466, 467, 468, 473, 487, 490, 493, 556, 571, 574

Xaria 565, 580

Y

Yemayá 316, 319, 321, 322, 323, 324, 327, 328, 329, 334, 336, 340, 396, 398

Conecte-se conosco:

f facebook.com/editoravozes

◉ @editoravozes

𝕏 @editora_vozes

▶ youtube.com/editoravozes

☎ +55 24 2233-9033

www.vozes.com.br

Conheça nossas lojas:

www.livrariavozes.com.br

Belo Horizonte – Brasília – Campinas – Cuiabá – Curitiba
Fortaleza – Juiz de Fora – Petrópolis – Recife – São Paulo

  Vozes de Bolso

EDITORA VOZES LTDA.
Rua Frei Luís, 100 – Centro – Cep 25689-900 – Petrópolis, RJ
Tel.: (24) 2233-9000 – E-mail: vendas@vozes.com.br